노동 헌법론

강 희 원

법 영 사

서언 : 노동헌법론을 내면서

진정한 의미에 있어서 헌법(憲法, Verfassungsrecht, constitutional law)이란 그 헌법에 규정하고자 하는 정체(政體)의 역사적 체험으로부터 우러나오는 근본법적 현상이다. 이 말은 노동헌법의 경우에도 그대로 적용된다. 왜냐하면 노동헌법이 헌법 일반의 일부이기 때문이다. 한 국가의 실정노동헌법은 그 국가에 있어서 노동주체를 둘러싸고 현재 전개되고 있는 정치적 지배구조이자, 노동주체와 자본주체의 관계를 재단하는 실정헌법의 재구성 또는 재해석이다.

그런데 인류역사를 통해서 보면, 노동헌법은 노동주체의 역사적·정치적 체험의 규범적 결정체이다. 노동의 역사는 타인의 노동과 그 결과물을 어떻게 확보하는가에 관한 투쟁으로 점철되어 있다. 모든 지배자는 처음에는 물리적인 폭력으로 사실상 타인의 노동을 강제하지만, 그것을 기정사실화하기 위해 제도로서 정착시켜 사회적 구조로서 규범적으로 확보한다. 그러한 제도와 규범이 바로 실정노동헌법이다. 이러한 의미에서 노동헌법은 바로 노동조달을 위한 제도이자 노동주체에 대한 지배법이다. 노동헌법이란 노동을 확보하기 위한 지배자와 피지배자간의 투쟁이 남긴 법적 흔적이다. 그러므로 노동헌법은 전선(戰線)이다. 노동헌법은 인간사회가 존재하였던 곳이면 어디에서나 있었고, 또 앞으로도 계속 있을 것이다. 노동을 확보하기 위한 인간 상호간의 사회적 투쟁이 계속되는 한, 노동헌법은 그 근본에 있어서는 변함이 없지만, 그 양식과 내용은 인간의식의 발달에 따라 여러 가지로 변할 것이다. 노동헌법은 어느 사회에서든 과거에서 현재 그리고 미래로 관습법 및 성문법으로서 작용하고 있다.

그렇다면 우리의 노동헌법은 지금 어떠한 양식으로 존재하고 있는가? 대한민국에는 성문헌법이 있다. 그러므로 우리에게는 이미 성문노동헌법이 주어져 있는 것이다. 그렇지만 도대체 우리의 성문노동헌법이 어떻게 형성되었는가? 이 헌법이 어떻게 우리에게 주어졌던가? 그것은 누가 누구를 위(爲)해 그리고 누구에 대(對)해 누구에게 주어진 것인가? 그것은 피비린내 나는 투쟁과정에서 노동주체가 스스로 형성한 규범적 방어선이 아니다. 그것은 근로대중의 역사적 체험의 축석이 없이 몇 명의 제헌위원들이 수입된 재료로 사용해서 치열한 논쟁과정도 거치지 아니한 채 탁상에서 만들어냈던 추상적인 계획표였다. 그것이 정말 실현가능한 진짜계획표이었는지도 의심이 갈 정도다. 근로대중을 호도할 만큼 화려하게 포장되어 있었지만, 거기에는 그것을 그대로 실천하려는 강한 의지가 내포되어 있지는 않았던 것이 아닌가 한다. 우리의 노동헌법은 우리의 빛나는 비전(vision)이었지만, 도이치 헌법학자 뢰벤슈타인(Karl Löwenstein, 1891-1973)이 말했듯이, 우리의 신체가 의복에 맞을 정도로 성장할 때까지 서랍 속에 보관되어 있는 아무도 입지 않는 화려한 예복과도 같은 것이 아닌가? 진짜주인이 없었기 때문에, 아니 주인들이 제대로 의식하지 못했기 때문에, 권력을 장악했던 재단사들이 자신의 구미(口味)와 필요에 맞게 밑그림을 그리고 원단을 가위질하여 가식적인 수입무늬를 수놓고 알록달록한 모조보석을 박아 호화스럽게 포장하여 진열장에 전시용으로 걸어 놓고 있을 뿐, 그것을 주인들에게 넘겨주지는 않고 있다. 물론 의복의 주인들 중 용기 있는 일부는 항의하고 저항하면서 그 의복의 권리를 주장하지만, 재단사들은 그때마다 자신들이 만든 옷은 그들에게 너무 과분하기 때문에 그들이 그 옷을 걸칠 만큼 성숙하면 그때 주겠다고 달래면서 그들의 주장을 무시하고 있다. 재단사들은 지금까지 자신의 밥그릇을 챙기는 데에만 열심이었지 아직도 그 주인에게 그 의복을 돌려주지 않고 있다. 아니 대부분의 주인들은 오히려 저항하는 자들을 비난하면서 그 옷이 자신들의 것이라는 사실조차 자각하지 못하고 있는지도 모른다.

벌써 반세기 이상의 세월이 지나갔건만, 헌법이라는 옷을 걸치고 있는 우리 국민의 신체가 아직까지 성인으로 성장하지 못하여, 우리의 헌법은 여전히 양복점에 걸려 있는 전시용 의복이거나 그저 아주 속이 괴로울 때에만 간신히 구걸해서 기껏 살갗에만 바를 수 있는 위안용 고약(膏藥)과 같은 것으로 존재하고 있다. 어쩌면 헌법은 국민의 원망이 아니라 그들의 욕망일 뿐일지도 모른다. 국민은 헌법의 주체가 아니라 객체이다. 그래서 헌법의 진정한 주인들은 여전히 헌법에 미숙한 상태에 있는 것 같다. 노동과 관련된 헌법은 특히 그러하다. 헌법에 생명을 불어넣을 주체세력이 산재해 있으나 그 반대세력이 워낙 강하여 그 힘을 제대로 발휘하여 규범에 생명을 불어넣지 못하고 있는 것이 아닌가 한다. 그 사이에 많은 부분은 고사하여 흔적도 없이 사라진 것도 있다.

저자 나름의 노동법론체계에 따르면, 「노동헌법론」은 두 번째 서열에 속하는 저작이다. 오래 전부터 저자는 노동을 중심으로 한 헌법론을 구상해왔다. 그러나 그것을 구체적으로 실행하는 것은 그렇게 쉽지 않은 작업이었다. 우선 노동헌법의 개념을 어떻게 정의해야 하는가라는 것부터 어려운 문제였다. 무엇을 노동헌법으로 어떻게 파악할 것인가는 지난한 작업이다. 사실, 노동헌법을 역사적으로 파악하는 것은 역사학을 제대로 공부하지 못한 저자 자신에게는 능력 밖의 일이기 때문에 포기할 수밖에 없었다. 처음에 가졌던 거창한 시도는 결국 어설프게 규범적인 차원에서 수박겉핥기식으로 노동헌법을 얼버무릴 수밖에 없었다는 것을 자인하지 않을 수 없다.

그렇다면 왜 굳이 노동헌법론인가? 그것이 현실을 개선하는 데에 무슨 도움이 될 수 있는가? 이 질문에 대해 약간의 해명을 하고자 한다. 노동현실을 보는 입각점에 따라서는 노동헌법론이 현실을 개선하는 데에 아무런 도움이 되지 못한다고 말할 수도 있다. 특히 아무리 노동헌법을 외쳐보더라도, 그것이 실업의 늪에 빠져 허덕이고 있는 노동자들과, 비정규직이라는 올가미에 묶여서 죽은 듯이 숨죽이고 있지만, 약간의 상황변화만 있으면 다시 해고라는 확인사살을 당하고 있는 근로대중에게 아무런 위안을 줄 수 없기 때문에 충분히 그렇게 의식할 수 있다. 그래서 오히려 그 점에서 더욱 가슴이 답답하다. 사실, 어떠한 이론도 그 자체로 현실을 변화시킬 수는 없다. 노동법이론도 노동현실을 변화시킬 수 없다는 것은 이미 증명되었다. 변화의 힘은 실천에서 나온다. 노동현실의 변화는 근로대중 자신의 자각에서만 나올 수 있다. 노동헌법이론은 그들의 자각에 도움이 될 수 있다. 필자는 노동헌법론이 근로대중이 자신의 법적 현실을 자각하는 데에 약간의 기여라도 할 수 있었으면 하는 바램을 가지고 있다.

누구든 여러 번 추락하였다면, 그러한 경험을 통해 거기에서 다시 튀어 오르는 기법도 터득하게 되는 법이다. 공이 바닥을 치면 그것은 스스로 튀어 오른다. 자각은 바닥을 치는 순간에 올 수도 있다. 바닥을 경험한 근로대중이 스스로 현실을 다게해야 한다는 것을 자각할 것이나. 그러한 자각만이 살아 있는 노동법을 만들 수 있다. 그러한 자각에 기초해서 노동법이론이 만들어져야 그 이론이 현실에서 생명력을 가질 수 있다.

법철학적 및 법이론적으로 황량하기 그지없는 우리의 법학적 토양에서 양질의 법률실무가를 양성하겠다는 허망한 꿈이 너무나 갑작스럽게 현실로 되어버린 법학전문대학원으로 인해 지금까지 명맥을 유지해왔던 수입이론법학마저 수험법학으로 전락해버릴 위기에 처했다. 이러한 상황 속에서도 필자는 무모하게도 '철학이 있는 노동법학'을 하고자 노력해왔다고 생각한다. 본 노동헌법론도 그러한 노력의 일환이라고 할 수 있다. 그러나 그것은 너무나 어려운 길이었다. 노동헌법론의 원고는 이미 오래 전에 마련되었으니 세상의 빛을 보기까지는 상당한 시간이 걸렸다. 물론 시류에 역행하는 자가 어려움에 봉착하는 것은 당연하다고 생각한다. 법영사가 시세(時勢)에 저항하고자 하는 저자에게 도움의 손길을 주었다. 세계적인 경기침제로 경제사정이 나쁜데다가, 다양한 매체의 범람으로 출판업계의 사정이 좋지 않는데도 불구하고, 시장성이 미약한 본서의 출판을 쾌히 승낙해주신 고준영 사장님과 고호균 과장님께 정말 깊은 감사를 드린다.

경희대학교 대학원 박사과정에서 노동법을 전공하고 있는 김경신 군과 연구조교로 있는 석사과정의 변철환 군이 원고의 교정에 많은 수고를 했다. 특히 김경신군은 어려운 초고를 꼼꼼히 읽어서 교정하고 또 색인까지 만들었다. 김경신 군과 변철환 군에게 진심어린 고마운 마음을 표하고자 한다. 무엇보다 김 군은 직장의 노동조합 위원장을 맡았다가 본의 아니게 사용자의 부당노동행위에 의한 부당해고를 당해 자신의 권리를 확인하면서 공부하는 마음으로 본 원고를 읽었으리라고 생각한다. 김 군은 자본프렌드리한(capitalfriendly) 정부 아래에서 오도된 방향으로 한 때 질주했던 공기업선진화의 파고에 맞서 투쟁하고 있다. 그는 지식노동자로서 우리나라 노동자들의 현실과 노동법 사이에 있는 심연을 몸소 경험하고 있다. 하루 빨리 김 군의 어려운 상황이 정상으로 돌아오기를 바란다.

끝으로, 필자는 능력이 미약하여 보잘 것 없지만, 앞으로 계속 노력하여 노동헌법론을 이론적으로 보완하고자 다짐한다. 이에 선배님과 후배님들의 많은 격려를 기대한다.

2011. 8. 15.
해방시대를 생각하면서
천장산 기슭에서
강 희 원

차 례

제 2 편 노동헌법의 역사적 전개

제 3 편 한국노동헌법

서　설

서 설

모든 노동은 인간의 활동이다. 그렇지만 우리는 인간의 모든 활동이 노동이라고 말하지는 않는다. 보고 듣고 말하는 것은 활동이지만, 이들 활동이 그 자체로 곧바로 노동인 것은 아니다. 놀고 즐기는 것도 활동이다. 하지만 이들 활동도 노동이라는 개념에는 포섭되지 아니 한다. 그렇지만 이러한 일상적인 활동들도 사전(事前)에 부여되어져 있는 일정한 목적 또는 타인이 내리는 지시나 명령과 연관되어지면, 그것이 노동이라 규정되어지게 될 가능성은 높아진다. 즉 어떠한 활동이 그 활동을 하는 것 자체에 적어도 그 본래적인 목적이 내재하고 있지 않은 경우에 비로소 우리는 그것을 아주 넓은 의미에 있어서의 노동이라고 말할 수 있다. 이렇듯 어떠한 활동이 그 활동 밖에 있는 다른 목적을 추구하지 않을 때에는 그것을 노동이라는 개념에 포섭하지는 않는다.[1] 그 활동 자체에 목적이 있는 경우에 그 활동은 노동이 아니다. 어떠한 활동이 노동이 되기 위한 최소한의 필요조건은 그 활동 자체에 목적이 내재되어 있지 않는다는 것이다.

어떠한 활동을 노동으로 보든 간에, 오늘날에는 과학기술이 가속적으로 발달하고, 생산력이 비약적으로 상승하여, 생산노동을 위해 투입하여야 할 노동시간이나 노고가 상당히 감소되어 가고 있는 것이 사실이다. 이러한 상황은 노동에 대한 가치관을 크게 동요케 하고 또 질적으로 변화시키고 있다. 이제 직업적 고용노동은 재화를 위해 어쩔 수 없이 치러야 할 노고이지 그 자체로서는 아무런 의미가 없는 것처럼 박제되어 있다. 오늘날 우리 사회를 둘러보면, 노동을 하는 것에서 인생의 의의나 기쁨을 찾으려는 사람은 없다. 거의 대부분은 가족의 생계를 위해서 노동의 희생을 감내한다고 하거나 휴가 때에 즐겁게 놀 것을 상상하면서 노동의 고통을 감수한다고 말한다. 이렇듯 고통노동 자체에 의미를 두어 그것을 비노동화(非勞動化)하기보다는 노동 밖에 의미를 두면서 재미있고 즐겁게 노는 것에

1) 예컨대, 스포츠의 경우를 생각해보면, 야구나 축구 그 자체를 하는 것에 행위자의 주된 목적이 있다면, 그것은 노동이 아니다. 그렇지 않고, 프로선수와 같이 돈에 목적이 있다면, 그 프로선수가 야구나 축구를 하는 행위는 노동에 해당한다.

인생의 의미를 찾으려고 하는 사고방식이 점점 강해지고 있다. 앞으로 이러한 현상은 점점 더 현저해질 것이 분명하다.

그러나 인간이 생존하기 위해서는 생활재료가 불가결하게 필요하고, 이러한 생활재료는 인간이 자연을 가공하고, 이것을 인간에게 유용한 것으로 바꾸는 행위로서 노동 즉 생산을 통해서만 얻을 수 있다. 이러한 관점에서 생각하면, 예컨대 아무리 생산력이 향상되고, 노동의 형태가 다양하게 변할 수 있다고는 하겠지만, 인간이 노동으로부터 완전히 해방된다는 것은 불가능하고 또 그렇게 바랄 수도 없을 것이다.

이렇듯이 현대를 살아가는 사람이라면 누구나 좋든 싫든 간에 어쩔 수 없이 매일매일 그 활동 자체를 하는 것에 목적이 있지 않은 활동, 즉 노동을 하고 있다. 삶의 재료를 획득하기 위한 직업활동은 그 자체에 목적이 내재해 있다고 할 수 없기 때문에 모든 직업활동은 노동이라고 하겠다. 현대인은 이러한 노동을 하고 있으며 더욱이 회사나 공장에서 치열하게 고용노동[2]을 하고 있거나, 그렇지 않다고 하더라도 머지않은 장래에 고용노동을 하게 될 것이다. 특히나 우리는 그러한 노동의 기회를 가지지 못한 자들을 실업자로서 규정하고, 사회적 낙오자라는 딱지를 붙이고 있다. 실업자는 사회적 참여의 기회가 봉쇄되어 불행의 늪으로 빠져 사회적인 죽음을 맞이하게 된다. 그래서 국가나 사회는 이들을 구원하기 위해 온갖 구제책에 힘을 쏟고 있다. 이러한 맥락에서 우리가 노동문제에 관해 나름대로 성찰해보는 것 그 자체가 우리 자신의 삶에 뜨거운 사회적 의미를 부여할 수 있고 또 국가의 존재의의를 재음미할 수 있는 좋은 기회가 될 지도 모른다. 그렇지만 오늘날 우리의 현실을 돌아보면, 「노동의 존엄」, 「노동의 자유」 또는 「노동의 기본권」 등을 내걸고 자위하고 있긴 하지만, 모든 생산과 생활이 첨단기계들로 자동화되어가고 있어 인간노동은 너무나 왜소하게 퇴색해 가고 있는 듯이 보인다. 게다가 이미 지나칠 정도로 빠르게 변하고 있는 고속정보화사회에서 우리 모두가 사회의 변화에 따라 바쁘게 살아가고 있기 때문에, 우리의 개인적 삶이나 사회적 삶에서 노동의 의미를 생각해 볼 여유를 가질 수 없다. 하지만 정치가 노동으로 변한지 오래되었고, 스포츠도 이미 노동으로 변한지 상당히 되었으며, 우리가 가진 취미 역시 노동으로 변하고 있어, 우리 모두는 부지중에 이미 새로운 노동문제에 직면하고 있다. 그렇기 때문에 우리는 특별히 시간을 할애하여 의식적으로 노동의 의미를 재심재사 성찰해볼 필요가 더욱더 있다고 할 것이다.

---

2) 이 경우에 직업노동은 경제적인 의미에 있어서 자립적인 것도 있겠지만, 대부분은 종속노동(從屬勞動, Abhängige Arbeit)일 것이다.

이러한 의미에서 본다면, 노동은, 설령 노동관련분야를 공부하거나 전공하지 않더라도, 누구에게나 중요한 주제이고 또 절실한 주제일 수밖에 없다. 이러한 점에서 현대인은 모두 다 어떠한 차원에서든 노동이라는 주제에 이미 공통분모를 가지고 있다고 말해도 과언이 아니다.

오늘날 인간의 일상적 삶은 대부분 노동으로 구성되어 있다. 우리는 자기뿐만 아니라 지금까지 일면식(一面識)도 없는 누군가를 위해서 노동하고 있다. 우리의 의식주(衣食住)를 위한 재료는 누군가의 노동이 만들어낸 산물이다. 오늘날 우리의 생활수준 그리고 우리의 복지는 우리 선조들의 노동의 결과이다. 오늘 저녁에 나는 내 자신이 만든 것이 아닌, 누군가의 노동에 의해서 얻어진 밝은 전등불 아래에서 공부하고 있다. 그러나 이러한 여건은 저절로 이루어지는 것은 아니다. 이름조차 알지 못하는 어떠한 사람들이 그들의 노동을 통해서 전기를 공급하고 있는 것이다. 우리가 편안하게 앉아 있는 책상, 의자, 건물 등은 과거 누군가의 노동에 의해서 만들어진 물건이다. 이렇듯 우리는 이미 타인의 노동으로부터 헤아릴 수 없을 만큼 많은 혜택을 받고 있는 것이다.

그런데 최근에 아메리카합중국의 사회비평가 제레미 리프킨(Jeremy Rifkin, 1943-)이 쓴 The End of Work[3]이라는 책은 우리나라에서 "노동의 종말"이라는 제목으로 번역·출판되었기 때문에 컴퓨터 및 생명공학기술 등의 첨단과학의 발달에 의한 제3차 산업혁명으로 결과된 전(全)지구적인 차원의 하이테크정보사회에서는 인간의 노동이 사라질 것과 같은 착각을 불러일으켰다. 하지만 역사적으로 볼 때 사회경제적 조건과 상황에 따라서 노동의 형태가 달라져왔으며 또 앞으로도 계속 달라지겠지만, 노동이 개인과 사회에 대하여 지니고 있는 근본적인 의미는 지금까지 변하지 아니하였으며 또 앞으로도 아마 변하지 않을 것이다. 과학기술이 아무리 발전한다고 하더라도 생산요소로서 인간의 노동이 기계의 작용에 의해서 완전히 대치될 수는 없을 것이라고 생각한다. 노동이 어떠한 의미를 가지는가는 물질적인 생산의 영역에 국한되어 있는 것이 아니라 노동 및 노동생산성의 발전에 따른 인류문명의 진보에도 달려 있는 것이다. 정치체제의 성립과 발전 그리고 제도화 과정은 결국 물질적 생산의 변화에 기인하는 것인 동시에 이와 직결된 현상인 소유관계와 분배관계의 변동에 기인하고 있다.

노동은 개인적 차원에서는 각인의 가장 중요한 삶의 수단이며, 사회적 차원에서는 사회공동체의 물적 기초를 형성해내는 생산의 핵심요소이다. 그래서 노동을

3) 이 책은 이영호 교수에 의해서 번역되어서 『노동의 종말』이라는 책으로 1996년 민음사에서 출간되었다.

사회적 차원에서 어떻게 관리할 것인가는 인간이 사회생활을 시작할 때부터 사회공동체의 관심사이었고, 사회적 지배계층에 있어서 노동의 문제는 항상 "뜨거운 감자"이었으며, 또 앞으로도 계속 그럴 것이 분명하다.

이렇듯 노동은 인간에게 본질적인 의의를 가지지만, 현대사회에 있어서 우리의 노동은 대체로 급료와 교환하여 일정한 시간동안 타인의 지휘·명령 하에서 신체와 정신을 집중시켜야 하는 이른바 고용노동(종속노동)으로서 수행되고 있다는 점에서 아주 특징적이라고 할 것이다. 이러한 종속노동에서는 주지하고 있는 바와 같이, 우선 노동자와 사용자 간에 노동력과 임금의 교환계약 즉 고용(계약)이 체결되고, 이 결과로 형성된 법적 관계 속에서 노동계약의 이행으로서 사용자는 노동자에 대해 지휘·명령을 하고, 그러한 사용자의 지휘·명령 하에서 노동자가 스스로 자신의 신체와 정신을 바쳐야 한다. 근로자가 일정한 시간 동안 사용자의 지휘·명령에 따라 그의 신체와 정신을 받친 대가로서 사용자가 노동자에게 임금을 지불한다는 노동관계, 즉 노사관계는 현재에서는 아주 보편화된 것처럼 보이지만, 장구한 인류사를 역사적으로 보면, 그것은 자본주의가 일정한 발전단계에 도달한 사회가 가지고 있는 특유한 현상이라고 할 것이다.

어쩌면 어느 정도의 역사적인 안목을 가지고 있는 사람에게는, 왜 자본주의사회에 있어서 노동은 임금과 교환계약을 매개로 하여 행하여지는가, 자본주의 이전의 사회에 있어서 노동은 어떻게 수행되었고, 법적으로 어떻게 규제되었는가, 장래의 노동은 어떻게 행하여지고 규제될 것인가 등과 같은 의문들이 제기되는 것은 당연할 지도 모르겠다. 그러나 이들 의문을 인간사회의 시원에까지 소급하여 추구해 간다면, 사회의 발전과 변화가 노동에 대한 규제의 존재방식을 변경하였다고 하기보다는, 오히려 반대로 인간노동을 둘러싼 생산관계의 변화가 노동을 규제하는 그 사회특유의 법과 국가제도의 구조 즉 노동헌법을 나아가서 그 시대의 전체사회의 지배구조를 기본적으로 규정해 간다는 것을 알 수 있다.

이러한 문제의식 하에서, 본서에서는 제1편은 기본적인 인식을 보다 구체화하여 논의의 출발점을 보다 분명하게 하기 위한 서론적인 고찰로서 노동과 지배질서의 관계를 고찰하고 노동헌법의 개념을 설정하고자 한다. 이러한 노동헌법의 개념을 전제로 해서, 제2편에서는 그러한 노동헌법이 어떻게 구조화되어 왔는가를 각 시대의 지배구조, 즉 국가질서 속에서 역사적으로 전개되어온 과정을 고찰하고자 한다. 제2편의 고찰에서 얻은 안목을 「지금 여기에」로 돌려서 제3편에서 현재의 우리나라 노동질서가 어떻게 규범화되어 있는가라는 문제의식 하에 대한민국 실정노동헌법의 규범적 내용을 살펴보고자 한다.

제 I 편

기 초

제 1 장 노동헌법이란?

제 1 절 "헌법"이라는 용어

통상 헌법이라는 용어는 한 나라의 법질서의 정점에 있는 근본법을 지칭하는 의미로 사용되고 있다. 그렇지만, 헌법을 어떻게 파악할 것인가라는 문제에 있어서 그 파악대상으로 되어 있는 「헌법」이란 무엇인가는 분명하지 않다. 그래서 우선, 그 의미를 분명하게 해 둘 필요가 있다. 헌법이라는 말은 사람에 따라 지금까지 다양한 의미로 사용되어 왔다. 크게 세 가지의 의미로 구별해서 헌법의 의미를 생각할 수 있을 것 같다. 첫째는 법원(法源, Rechtsquelle)으로서의 헌법이고, 그 둘째는 이데올로기(Ideologie)로서의 헌법이고, 그 셋째는 제도(制度, Institution)로서의 헌법이 그것이다.

법원(法源)으로서 「헌법」이란 헌법전(憲法典)을 지칭한다. 헌법이란 무엇인가를 만약 「법원으로서 헌법전」이란 무엇인가라는 문제에 집중한다면, 헌법전이 그 제정당시 원래 어떠한 의미를 가지는 것으로서 만들어졌는가라는 사실을 확정하는 것이 근본문제이다. 따라서 헌법이란 무엇인가는 헌법제정 당시의 역사적 사정에 비추어 결정해야 한다. 우리가 지금 보고 있는 「언어적 구성」을 가진 헌법은 그러한 언어적 구성을 가질 수밖에 없는 역사적 이유에 기하여 만들어진 것이기 때문에, 그 언어의 의미 또한 그 역사적 이유와의 관련맥락에서 이해되어야 한다. 이 경우에 있어서 법원으로서의 헌법이 무엇인가라는 문제는 그러한 헌법상의 언어가 지시하고 있는 과거의 사실이 무엇이었는가라는 문제로 귀착하는 것이며, 헌법의 의미내용에 대한 역사적 사실에 대한 이해(理解)의 문제로 되고, 그것에 대한 다툼은 결국 과거의 역사적 사실에 대한 인식(認識)의 다툼으로 된다.

그런데 일반적으로 사람들이 헌법의 언어적 의미를 문제로 삼는 경우에는 반드시 헌법에 사용된 언어가 가지고 있었던 본래적인 사전적 의미가 그대로 문제로 되는 것은 아니다. 오히려 그 경우에는 헌법이 사용하고 있는 언어에 어떠한 의미를 부여해야 하는가가 자주 문제로 된다. 이 경우, 헌법의 언어는 인식의 대상으로서가 아니라, 해석의 대상으로서 해석자의 인식에 비추어지는 것이다. 이 경우에는 헌법이란 그 해석자의 해석대상으로 되고 있는 헌법을 말하는 것이다. 그런데 여기에서 해석이란 인간이 일정한 가치판단에 기초해서, 법문의 언어에 일정한 의미를 부여하는 실천행위, 즉 가치판단작용이다. 그 가치판단작용에 의해서 일정한 의미가 부여된 헌법이란, 말하자면 인간의 이데올로기적 활동의 소산(所産)이기 때문에, 「이데올로기로서의 헌법」이라고 할 수 있을 것이다.[1)]

「법원으로서의 헌법」, 즉 헌법전은 단지 하나밖에 존재하지 않지만, 「이데올로기로서의 헌법」은 해석자가 어떠한 이데올로기를 가지는가에 따라 다양할 수 있다. 즉 「이데올로기로서의 헌법」은 해석자의 법의식, 그것을 기초로 한 해석활동에 매개되면서, 무수히 존재하는 것이다. 「법원으로서 헌법」은 하나의 역사적 산물이고, 그 제정당시의 역사적 사정을 제외하고서는 그것을 말할 수 없다. 그러나 「이데올로기로서 헌법」은 머릿속에서 구성된 것이기 때문에, 제정 당시의 역사적 사정(事情)에 관한 인식을 반드시 필요로 하지도 않는다.

그런데 이러한 해석[2)]이라는 이데올로기적 활동의 소산으로서 관념의 세계에서 다수로 성립하는 헌법 중에, 권력의 해석활동의 소산인 헌법만이 「제도로서의 헌법」을 구성한다. 여기에서 「제도로서의 헌법」이란 권력의 인증 하에 현실에 강제력을 가지고 통용되고 있는 헌법질서를 말하는 것이다. 법규범이 다른 사회규범과 다른 점은 여러 가지이지만, 법을 법답게 하는 근본적인 점이 지배권력의 인증과 강제에 있다는 것은 두말을 할 필요가 없을 것이다. 지배권력이 해석하고, 생각하는 헌법만이 현실의 세계에서는 강제력으로써 통용되는 「제도로서의 헌법」이다.

권력을 가지지 않는 사람들의 해석은 관념의 세계에서의 해석에 그치는 것이고, 「이데올로기로서의 헌법」은 필경 「이데올로기로서의 헌법」으로 끝날 수밖에 없다. 이것에 반해서 권력을 가진 자들의 해석에 있어서 「이데올로기로서의 헌법」은 「제도로서의 헌법」에까지 고양될 수 있다. 따라서 권력을 가지지 않는 자는 「이데올로기로서 헌법」을 주장할 수 있지만, 「제도로서의 헌법」은 국가권력의 수중에 있기 때문에, 권력을 동원하지 못하는 비(非)권력자의 주장은 현실에 강제력

1) 법률해석에 있어서 법의 인식과 해석 간에 있어서 차이의 문제에 대한 자세한 것은 강희원, 『노동법 기초이론(제3판)』, 법영사, 2011, 484면 이하 참조.

2) 권력의 해석은 통상 유권해석이라고 말하는데, 이 경우에 있어 최종적으로는 법원 그것도 헌법재판소의 해석이 헌법을 확정한다고 할 수 있다.

으로써 통용되는 법이라고는 할 수 없다. 그러므로 헌법은 관념에서 출발하지 않고, 무엇보다도 현실의 경험적 세계에서 사용되고 있는 「제도로서의 헌법」에서 출발해서 파악되어야 할 것이다.

한편, 이와 같이 오늘날 우리가 별로 거리낌 없이 사용하고 있는 헌법이라는 말은 지금으로부터 100여 년 전까지만 해도 우리에게는 존재하지 않았다. 헌법이라는 용어의 성립사를 보면, 헌법(憲法)이란 용어는 20세기 초반에 일본 학자들이 만든 말이라고 할 수 있다. 일본 학자들은 도이치어 페어파숭(Verfassung)을 「헌(憲)」 또는 「헌법(憲法)」이라고 번역하였다. 도이치어의 페어파숭은 잉글리쉬어 컨스티튜션(constitution)과 프랜취어 콘스티튜트(constitute)의 동의어이다.[3] 그런데 우리말 "헌" 또는 "헌법"을 의미하는 도이치어 Verfassung이나 잉글리쉬 constitution, 프랜취어 constitute 등의 유럽어는 애초에는 경험적 개념이었다. 그것은 국가나 민족

3) 여기에서 외국의 이름이나 외국어를 우리말로 어떻게 불러야 하는가라는 문제에 관해서 좀 더 세심하게 생각해볼 필요가 있다. 그런데 요즘 우리가 유럽의 여러 나라들을 부르는 데에 별 의식 없이 사용하고 있는 명칭에는 19세기말엽 우리 조상들이 중국이나 일본을 통해서 서양을 받아들인 흔적이 남아 있는 것 같다. 이를테면 미국(美國, 米國), 영국(英國), 불란서(佛蘭西), 독일(獨逸), 서반아(西班牙) 등이 그것이다. 중국인들은 그 의미와 발음을 감안하여 the United States of America를 美利堅共和國로 표기하였고(일본사람들도 같은 이유로 the United States of America을 米合衆國으로 부르고 있다), England를 英國으로, Deutschland를 德國으로 조어해서 표기했다. 우리는 무슨 이유로 the United States of America를 "미합중국"으로 표기하고, England를 "영국"으로 또 Deutschland를 "독일"로 표기하고 있는 것일까? 중국인들과 일본인들이 그렇게 표기하고 있으니까, 우리도 그것들을 우리말로 그렇게 읽어야 하는가? 중국인들과 일본인들이 그렇게 표기하였던 것은 그들의 발음체계상 어쩔 수 없던 것이 아닌가? 우리말의 발음체계가 중국어와 일본어와 다름에도 불구하고 중국인과 일본인이 표기하였던 한자어를 우리말로 읽기만 하면 되는가? 물론 그렇게 표기하고 불렀던 연유가 어떻게 되었든, 오래 전부터 그렇게 사용해 왔으며, 그것은 언어관용상의 문제이기 때문에 특별한 의미가 없다고 치부해버릴지도 모르지만, 이들 명칭은 현대판 이두(吏讀)라고 해도 과언이 아니다. 만약 그렇다면, 20세기 후반부에 새롭게 생긴 국가의 명칭 예컨대, 아프리카의 "봉고"나 "세네갈" 또는 남태평양의 "피지"나 "티모르"는 왜 중국식 또는 일본식에 따라 부르지 않는가? 또 나라의 이름이 그 나라를 상징하고 또 그러한 명칭에 의하여 그 나라가 우리들의 의식에 각인되어 진다는 것을 생각해보면, 명칭을 함부로 정할 것은 아니다. 특히 美國, 英國, 獨逸 등의 한자어는 언어심리학적으로 볼 때, 한국인들에게는 상당히 영향을 미치고 있다. 이를테면 미국에 대해서는 "아름다운 나라", 영국의 경우에는 "영웅(신사)들의 나라", 독일의 경우에는 "독특하고 고고한 나라" 등과 같은 이미지가 그것이다. 19세기말 개화기에 중국 또는 일본을 통해서 우리나라에 소개된 중국식 또는 일본식 또는 한자식의 국가명칭이 현재에도 그대로 쓰이는 것은 재고할 필요가 있다고 생각한다. 나는 The United States of America를 「미국(美國)」이라고, The United Kingdom을 England 「영국(英國)」 Die Bundesrepublik Deutschland를 「독일(獨逸)」등과 같이 한자로 표기할 것이 아니라 적어도 그들의 원어명칭을 소리 나는 그대로 우리말식으로 고쳐서 부르고자 한다. 그래서 여기에서는 「독일」이 아니라 「도이치」또는 「도이칠란트」로 표기한다. 다른 한편, 우리나라의 국호 "대한민국"을 통상 the republic of korea라고 영역하는데, 이것이 옳은 번역인지도 의심해 보아야 한다. 왜냐하면 the republic of korea을 문자 그대로 번역한다면 "고려공화국(高麗共和國)"으로 되기 때문이다. 大韓民國이라는 의미를 그대로 살려서 영역한다면 "The People State of Great Khan"로 하는 것이 옳을 것이다.

의 자연적인 상태를 기술하는 것에서 법적·정치적 용어로 넘어가고 또 거기에서 나라의 상태를 나타내는 용어로 사용되었다.4)

도이치어 Verfassung은 한 나라가 영토와 주민의 소질, 역사적 발전과 현존권력관계, 법규범과 정치적 제도에 의해서 어떻게 주조되어지는 지를 나타내는 것이었다. 피지배자의 자유를 위해서 국가권력을 제한하려는 노력은 18세기 중반 이래 자연법론으로 확산되고, 이와 함께 헌법의 개념을 축소하는 것이 시작되고, 그러한 진행과정에서 비규범적인 요소가 점점 제거되어서 오늘날과 같이 한 나라의 통치질서에 관한 국내법을 의미하는 것으로 되었다. 이러한 의미에 있어서 헌법이라 함은 결국 국가법에 의해서 결정된 상태를 나타내는 것으로 된다고 할 것이다.

제2절 헌법의 두 측면

I. 소재연(所在然, das Sein)으로서 헌법

위와 같이 헌법이라는 말이 국가의 조직·구조·체제 등의 규범적인 차원에서 쓰이고 있지만, 한 나라의 권력관계라는 정치적 사실이나 통치방식과 기본권보장을 규율한 법규범을 뜻하기도 한다. 이와 같이 헌법은 정치적 측면과 법규범적 측면의 양면성을 갖는데, 정치적 사실·현실로 보는 것은 사회학적 헌법개념이다. 예컨대, 헌법의 본질을 사실적 측면에서 구하여 한 나라에 존재하는 사실적 권력관계를 헌법으로 보는 라살레(Ferdinand Lassalle, 1825-1864)나 헌법을 다양한 권력이나 세력에 의하여 정치적 통합이 끊임없이 새롭게 형성되어 가는 과정의 원리로 보아 헌법은 정치적 동태(動態)에 관한 기본질서이지 정태적(靜態的) 법규범은 아니라고 하는 스멘트(Rudolf Smend, 1882-1975)가 헌법의 사실적 측면을 파악하고 있고, 또한 헌법을 국가적 정치생활의 종류와 형태에 관하여 헌법제정권자가 내린 정치적 사실로서의 정치적 결단이라고 보는 슈미트(Carl Schmitt, 1888-1985)도 역시 마찬가지로 헌법을 사실로 파악하고 있다고 하겠다.

---

4) 도이치어 Verfassung의 어의 및 용법 그리고 역사에 관한 상세한 것은 Otto Brunner/Werner Conze/Reinahart Koselleck(Hrsg.), Geschichtliche Grundbegriffe (3. Aufl.) Band 6, Stuttgart 1992, S. 831-899 참조.

18세기 북아메리카와 프랑스로 전파된 혁명과 함께, 소재연(所在然: das Sein)개념이 소당연(所當然: Das Sollen)개념으로 이행되었던 것이다.[5] 이때부터 헌법은 국가권력의 설정과 행사 및 국가와 사회의 관계를 근저에서 규율하는 규범복합체와 동일시된다. 헌법은 주권에 귀속되어 있으면서 국가기관을 구속하는, 서면으로 종합된 변경하기 어려운, 최고의 법이다. 정당한 지배의 자연법적 기획으로부터 새로운 헌법은 실정법적 타당성에 의해서 구별되고, 지배계약, 기본법 등의 형태로 된 국가행위에 대한 종래의 법적 구속과는 지배구성적이고(수정하지 않을 뿐만 아니라) 보편적이며(부분적이 아닌) 포괄적인(개별사안적이 아닌) 성격에 의해서 구별된다. 이러한 규범적 의미에 있어서 헌법의 개념은 과거의 경험적 개념을 전혀 진부한 것으로 만들었다고 하더라도, 그것은 오늘날까지 중요하다. 법적 규범으로서 헌법이 사회적 현실에 관철되지 않거나 기대효과와 달리 나타날 때, 경험적 개념은 항상 설명인자(說明因子)로서 등장하는 것이다.

Ⅱ. 소당연(所當然, das Sollen)으로서 헌법

1. 헌법의 성립과 법적 확신

경험적 의미에 있어서 헌법은 모든 공동체가 가지고 있는 그 기본적 구조 또는 사실적인 전제를 의미한다고 할 것이다. 이러한 의미에 있어서 헌법은 인간의 인위적인 정치적 결단의 산물이 아니라 정치적·경제적·사회적 결과로서 생성된 것이라고 할 것이다. 그러므로 그 역사는 공동체의 존재만큼 장구하다고 하겠다. 이에 대하여 규범적 의미에 있어서 헌법은 18세기 후반 시민혁명의 산물이다. 규범적 의미에 있어서의 헌법에서는 그 때까지 전승되어 스스로 정당화되었던 왕정국가권력을 무너뜨리고 등장한 새로운 지배권력을 정당한 것으로서 정립해야 하

5) 도이치어 "sein"과 "sollen"이라는 동사는 주로 철학분야에서 특히 신칸트학파에 의해 "das Sein"과 "das Sollen"이라는 명사적인 형태로 사용된 것으로서 일본에서는 일찍이 이를 "존재(存在)"와 "당위(當爲)"로 번역하여 사용하였는데, 우리나라에서도 이를 그대로 받아들여 사용해오고 있다. 그런데 저자는 고봉 기대승(高峯 奇大升, 1527-1572) 선생과의 논쟁에서 퇴계 이황(退溪 李滉, 1501-1570) 선생이 사용하였던 어법을 "das Sein"과 "das Sollen"을 번역·조어하는 데에 살리고자 한다. 그래서 das Sein은 「소재연(所在然. 그렇게 있는 바)」으로, das Sollen은 「소당연(所當然, 당연히 그러한 바)」으로 번역하고자 한다. 그리고 도이치어 können이나 müssen이라는 동사를 명사적으로 사용하는 경우에도 「소능연(所能然 그럴 수 있는 바)」 그리고 「소필연(所必然, 반드시 그렇게 되어야 하는 바)」으로 번역·조어하고자 한다.

는 과제에 직면하였다. 이때에 이를 위한 다양한 인자들이 국가철학에서 나타났다. 무엇보다 종교개혁 등으로 종교적 신앙에 분열이 생기고 더 이상 지배를 종교적으로 정당화하는 것은 불가능하게 되었다. 이러한 종교적 정당화범형(正當化範形)이 퇴색한 후에는 근대국가철학에는 피지배자의 동의에 근거하여 지배를 정당화하는 것이 일반화되었다.[6)]

피지배자의 동의는 국가권력에 대한 규제적 관념으로서 생각되었는데, 그것은 전통적인 국가권력에 대한 시민(bourgeois)계급의 투쟁과정에서 현실적으로 요구되었던 내용이었다. 이것이 헌법에 대해서 가지는 의미는 새롭게 대두했던 시민계급의 위임에 기한 지배가 그것을 정당화하는 별도의 근거나 준칙 없이도 종래의 전례적인 또는 신적인 법에 기초한 지배를 대신해서 상정될 수 있다는 점에 있다. 규범적 의미에 있어서 헌법은 지배를 위한 위임약정서다. 위임에 의한 지배는 피지배자의 구성행위를 요구하지만, 그것은 그 이전의 경험적 의미에 있어서의 헌법과 이미 동일할 필요가 없다. 물론 위임의 양식에 따라서는 일단 위임된 국가권력은 절대적 지배로 되어 이 경우에는 헌법적 지배가 종전과 같이 전래된 법에서 나온 절대적 지배와 같다고도 생각할 수도 있다.

그러나 복지와 정의의 실현이라는 시민혁명의 사회적 주체의 신념에 기하여 개인의 자유를 확보하기 위해서는 국가권력을 어떻게 효율적으로 제한하는가가 관건이었기 때문에 이러한 내용을 성문화한 형식적 헌법이 나타나게 된다. 그리하여 근세에서는 국가권력이 집중되고 독점적 권력에 의해서 형성되고 유지되어서 다중심적인 다양한 자율적인 주체를 공간적 대상적 기능적으로 분리하였던 중세의 지배권력을 추방하면서도 형식적인 헌법에 의한 규율을 가능하게 하였다. 그러나 형식적인 헌법은 보장기능을 효과적으로 수행하지만, 본래의 조종의도를 전개할 수 없도록 하기 때문에 그것을 얼마나 변형할 것인가가 문제였다. 이러한 과제는 공법이론 특히 헌법이론에 기하여 적절한 해결을 찾을 있도록 되었다. 그 중에서 가장 중요한 것이 기본권이론이다. 기본권은 개인의 자유를 보호하고 상호간에 있어서 자유를 조정하는 데에만 국가권력의 사용을 한정하도록 하고, 이를 위해서 국가권력을 입법권력, 행정권 및 사법권으로 나누어 상호 견제하도록 하는 권력분립원칙에 기하여 국가권력의 오용에서 생기는 위험을 사전에 예방하고자 한다.

---

6) 예컨대 존 로크(John Locke)의 국가이론을 상기하라. 정치사회의 기원에 관해서 로크는 「인간이 이 세상에 태어날 때부터 갖게 되는 자연적인 자유를 포기하고 시민적 사회의 구속을 받게 되는 유일한 길은 다른 사람과 서로 결합하여 하나의 공동사회[공동체]를 형성하는 데에 동의하는 일이다.」라고 한다. 로크(이극찬 역), 『통치론』(삼성판 세계사상전집 13), 삼성출판사, 1982, 100면.

헌법은 시민에 대한 정치권력의 지배에 있어서 그 근거와 한계를 규정하는 것인데, 이것은 정치권력을 그 외부에서 현저하게 원심력으로서 작용한다. 이렇게 하여 비로소 헌법국가가 탄생하는 것이다. 헌법국가에 대한 논의는 19세기부터 지금까지 대부분의 유럽국가의 국내정치적 주제로 되었다. 그간의 상당히 긴 논의를 통해서 규범적 문서형식과 지배를 근거지우고 한정하는 기능과 기본적인 권력을 분립하는 내용이 구성원을 위해서 불가분의 통일체로서 결합된다. 지배규제의 형식으로서 헌법은 그 전형적인 내용에도 불구하고, 그 규범적 기능이 구체적인 사회상황 때문에 사전에 명확하게 확정될 수 없다는 점은 오히려 유럽전역으로 헌법이 확산하는데 유리하게 된다. 그래서 이러한 헌법은 그 성립이 적대적인 조건하에 있는 국가에서도 계수(繼受)가 가능하게 된다.[7]

어떠한 나라가 헌법국가의 성립조건에서 멀리 떨어져 있으면 있을수록, 헌법의 지배를 정당화하고 제한하는 내용은 점점 오그라든다. 헌법의 발명과 더불어 의사(疑似)헌법주의 또는 사이비(似而非)헌법주의의 가능성도 있었다. 선행한 혁명이 없으면 헌법에는 무엇보다 지배를 근거지우는 작용이 없다. 19세기의 많은 헌법은 지배의 수정에 국한되었고, 보편적 타당성과 포괄적 규제요청에 의해서 정치적 지배를 위한 종래의 법적 구속과 분리된다.

20세기의 헌법은 그간의 혁명, 전쟁의 경험 그리고 민주화의 결과로서 이룩된 보편타당한 가치에 기초하고 있으며, 특히 20세기 후반에는 이러한 헌법적 가치가 범세계적인 차원에서 각국의 헌법으로 관철되었다. 그래서 현대적 국가체계는 헌법에 기하여 근본적으로 변했다고 할 수 있다. 어떻든 오늘날과 같이 다원주의적 시대에는 선재해 있어서 정당하다고 생각되는 지배주체가 없기 때문에 국가권력의 설립과 소식의 필요성은 항상 서의 전직으로 헌법률로 표현하는 헌법제정적 행위를 촉구한다. 이러한 헌법제정적 행위가 가지는 규범적 의미가 원초적인 헌법을 정립하는 헌법제정폭력에서와 같은 규범적 의의가 부여된다는 것을 의미하지는 않는다. 그래서 현실에 있어서는 아직도 다수의 국가들은 이러한 헌법과 여전히 동떨어져 있기 때문에 형식적인 헌법이 범세계적으로 전파되어 있다는 사실에 기하여 현대적인 헌법적 가치가 실질적으로 보편적인 실효성을 가진다고 판단해서는 아니 된다.

---

7) 제2차 세계대전 후 식민지배로부터 독립하였던 신생국들에 유럽식헌법이 계수되었던 상황을 상기하라.

2. 헌법의 기능과 특성

규범적 의미에 있어서 헌법의 불안정적인 상황은 헌법이 최고권력을 대상으로 하고 있다는 점에서 생긴다. 역사적으로 볼 때, 소당연으로서의 근대헌법이 가지고 있는 목적은 정치적 권력행사를 법화(法化, Verrechtlicung)[8]하고자 하는 데에 있었다. 그렇기 때문에 이러한 의미에 있어서 근대헌법은 항상 헌법적 사실과 불일치할 수밖에 없다. 근대헌법은 한편에서는 근대사회가 추월해온 종래의 질서관념으로 돌아가서 정당화될 수 있어야 하지만, 다른 한편에서는 그 당시 변화된 조건에 적응한다. 그래서 정치적 지배는 당초에 그것에 선재하고 있으며 그 의사에 독립되어 있는 신적 기원에 기초하는 질서의 변호인으로서 요해되었다. 이러한 질서에 있어서 그 기반을 빼앗은 종교분열 및 그것으로부터 풀려나 전통적인 질서의 테두리 내에서는 극복되어질 수 없었던 종교적인 시민전쟁, 전래적 법의 문제적합성을 감소시켰던 가속적인 사회변동에 의해서 정치적 권력이 신적 질서로부터 계몽되어 스스로 새로운 세계질서의 원천으로 지양된다.

그 결과 지배권한은 법의 관철에서만 명료하게 될 뿐만 아니라 법의 정립도 장악하게 된다. 그래서 법은 영원한 기준에서 정치적 의사의 불확정적인 산물로 된다. 법의 실정화(Positivisierung des Rechts)가 되돌릴 수 없게 되고, 이에 의해서 지배에 법적 구속을 합의할 수 있게 되면서, 법정립(Rechtsetzungen)과 법관철(Rechtsdurchsetzungen)에 있어서 다시 실정법에 구속되게 된다. 이것이 공권력을 헌법제정권력(pouvoirconstituant)과 헌법개정권력(pouvoirs constitués)으로의 분열을 결정하고 그 결과 실정법도 권력자를 겨냥하고 있는 정치적 결정을 내리기 위한 기초규범과 피지배자를 겨냥하고 있는 정치생산규범으로 나누어진다. 전자는 반드시 후자 위에 있어야 한다. 도처에서 동일하게 인정되고 있지 않다고 하더라도, 이러한 우위는 개념적으로 헌법에 속한다. 이러한 방식으로 지배의 행사는 주체로부터 주관적인 자의를 박탈하고 객관적으로 그 의지로부터 독립하게 하여, 더 이상 불변적인 준칙 하에 놓이게 된다. 즉 지배는 더 이상 사람의 지배가 아니라 법의 지배가 된다.

8) 법화현상에 관한 일반적인 논의에 대해서는 Kang Hee-Won, Gesetzesflut und Rechtsfreier Raum, Freiburg a. M. 1990 참조. 그 외에 경제, 노동 및 사회적 연대의 법화의 문제점에 관해서는 Hans F. Zacher u.a., Verrechtlichung von Wirtschaft, Arbeit und sozialer Solidarität(suhrkamp taschenbuch wissenschaft 537) Frankfurt a.M. 1985, 특히 노사관계부문의 법화에 관해서는 좀 오래되기는 했지만 Rainer Erd, Verrechtlichung industrieller Konftikte, Normative Rahmenbedingungen des dualen Systems der Interessenvertretung, Frankfurt/New York 1978 참조.

그러한 법의 지배를 기능에 판단하면, 헌법은 법규범의 총(總)개념으로서 기능한다.

이러한 특성에서 헌법은 사회적 현실을 반영하는 것이 아니라. 그것에 대한 기대를 설정한다. 그것의 실행은 자명한 것이 아니기 때문에 법적 지지가 필요하다. 헌법은 현실과 거리가 있고, 정치에 대한 행동규준과 판단규준으로서 기여할 수 있는 능력을 얻는다. 그래서 헌법은 그 기능을 잃지 않고도 일회기적(一回起的)인 결단으로도 계속적인 과정으로도 해소되지 않고, 그 타당성이 의존하고 있는 결단의 규범으로서 독립되고, 그것이 전제하는 규범적 과정을 위한 구조로서 기능한다.

먼저, 헌법(Verfassungsrecht)은 그 규율 대상에 의해 다른 법규범과 구별된다. 헌법은 구성적이고 규제적으로 최고권력에 관계한다. 때문에 그것은 국가법에 있어서 또 국가조직에서 끝나지 않는다.

다음, 그 규범은 형식적인 성격에 있어서뿐만 아니라 내용적 성질에 있어서도 일상적이다. 그래서 헌법은 단순한 국가법을 능가한다. 헌법은 국가가 특히 사회와의 관계에서 그 과제를 수행하는 데에 있어, 국가를 수법자(受法者)로 하는 구조적 규정(構造規定), 선재목적(先在目的) 및 활동제약(活動制約)을 확정하고 사회질서의 기본원리를 형성한다. 그 자체로서 헌법은 통상의 법률보다 간결하고 구체화하는 것이 필요하다.

게다가 헌법(Verfassungsrecht)은 그 성립에 기하여 단순한 법보다 불완전하고 타협적이다. 무엇보다 헌법은 최고권력에 대한 행동규준으로서 조직된 집행기관이 없다. 규제수령자와 규제보장자가 동일하다. 헌법(Verfassungsrecht)이 가지고 있는 이러한 특수한 관철문제는 원리적으로 해결할 수 없고, 또한 헌법재판소에 의해서도 오로지 첨예하게 될 수 있을 뿐이지 제거될 수 없다. 그래서 헌법(Verfassungsrecht)은 아주 고도로 개개의 또는 아래위로 서열화된 국가기구의 행위를 지향한 법으로서 그 실현의 조건을 그 자체에 잉태하고 있다.

제 3 절 노동질서의 기본적 구조로서 노동헌법

노동질서를 경제질서의 일부로 파악할 때, 이것 또한 규범적 측면과 사실적 측면을 가지고 있다. 규범으로서 노동질서는 경제질서를 구성하고 결정하고 있는 규범 하에서 노동질서를 규정하고 있는 규범의 총체를 의미한다고 할 것이고, 사실로서 노동질서는 경제질서를 결정하는 사실적 구조인자 중 노동질서를 결정하는 인자의 총체를 의미한다. 마르크스(Karl Heinrich Marx, 1818~1883)의 구조이론을 원용할 경우, 전자를 노동질서의 상부구조라고 한다면, 후자는 노동질서의 하부구조라고 해도 좋을 것 같다. 노동질서의 상부구조는 각 시대마다 노동관계를 규제했던 규범, 이데올로기, 가치 등이 그 내용일 것이고, 노동질서의 하부구조는 바로 이들 노동규범, 노동이데올로기, 노동가치를 반영해냈던 경제적 기반 즉 생산력과 생산관계일 것이다.

여기에서 필자는 노동질서의 하부구조와 상부구조를 이루고 있는 요소들 모두를 노동헌법으로 규정하되, 전자보다는 후자에 중점을 두려고 한다. 노동을 규율하고 있는 규범들 즉 노동규범의 총체로서 노동헌법을 넘어서, 말하자면 분석의 중심은 법, 즉 기본조직(Verfassung)[9]의 질서를 중심에 둔다. 하지만 노동헌법의 위상과 그 틀을 얘기하는 전통적 <법적 논의>의 범주를 넘어서, 그 근저로 파고들어가 노동의 관점을 통해 그것에 연계되는 거의 모든 영역들인 사회·경제·역사·철학 그야말로 광의의 노동헌법을 이야기하고자 하는 것이다. 이러한 측면에서 논의의 대상은 오히려 단순한 노동질서가 아니라 "노동의 기본적 구조법론"이라고 해도 과언이 아닐 것이다.

---

9) 도이치어 "Verfassung"는 verfassen이라는 동사에서 파생된 명사형이다. 도이치어 verfassen는 "조직하다", "편성하다", "작성하다", "쓰다" 등이 그 일차적 의미다. 그러므로 Verfassung는 "조직된 상태", " 편성된 구조"를 뜻한다. 그러므로 헌법과 관련해서 Verfassung은 편성된 헌법조직이나 헌법제도의 "기본구조"라고 할 수 있다.

제 2 장 노동헌법의 구조적 결정인자

제 1 절 서 설

노동헌법이 역사적으로 어떻게 구조화될까? 역사적으로 존재했던 각 사회의 노동질서를 주조하고 있는 구조를 단일의 원리에 의해 설명하는 것은 매우 어려울 것이다. 하물며, 전세계의 모든 국가들을 대상으로 하여 과거부터 현재까지 걸쳐서 그것을 설명하려고 하는 경우에는 더욱더 그러할 것이다.

그렇지만 시대를 구분하고 각 시대를 관통하는 하나의 통합원리로 그리려고 하는 시도는 현재의 노동헌법을 보다 적실하게 파악하기 위한 이론적 요청이라고 할 것이다. 여기에서 이론적 요청이란, 하나의 역사적 세계는 그것에 고유한 사회적 문화적 구조를 가지고 있다. 만약, 그러한 고유한 구조가 발견되지 않는다고 하면 그 역사적 세계의 존재구조가 부인될 것이다. 「구조」라는 것은 여러 가지의 요소를 입체적으로 결합하는 골조이고 가시적으로 묘사하여 추상해 낼 수 있다. 그 때, 구조는 요소를 초월하고 있지만 이전부터 만들어져 있는 초월적 전체의 것은 아니다.

구조(構造)란 어떠한 조직이나 단체 또는 시간이나 역사 또는 물건이나 예술작품에 있어서 의식적으로 지배력을 행사하지 않으면서 모든 요소들을 통합적으로 기능하게 하는 '그 무엇'에 해당한다고 말할 수 있을 것 같다. 우리말 "구조"라는 말에서는, 그것에 해당하는 유럽어, 예컨대 잉글리쉬에 있어 'structure'나 도이치어의 'Aufbau' 등이 상기시키고 있듯이, 건축물이나 기계 등과 같은 축조물에 있어서 그것이 그 본연의 모습이나 기능을 하도록 하는 역학적 구조가 구체적인 이미지로서 전제될 것이다. 개개의 미세한 부수적인 요소는 대체가능하여도 기본적 모습이나 기본적 기능 자체가 변하지 않는 그러한 건조물의 골조(framework)나 기계의 작동메카니즘(operative mechanism)과 같은 것을 구조라고 할 것이다.

위와 같은 「구조」에 관한 이미지나 관념도 오늘날 언어학, 심리학, 인류학 등과 같은 현대인간학(또는 인문학)의 분야에서 논의되고 있는 이른바 구조주의(structuralism)와 곧바로 제휴될 수 있는 것은 아니라고 할지라도, 그 기본적인 기도(企圖)에 있어서 서로 통하는 공통점을 가지고 있다.[10] 이렇듯 구조의 이미지가 현대적 인문학에 관한 공통적인 관심에서 출발하여 역사세계에 대한 인식에 있어서도 다양한 모습으로서 범람해 가고 있다고 하여도, 그 구조원리는 의외로 단순할 수도 있다. 어떻든 구조적 이미지 또는 구조관념을 활용한다면, 인식의 대상을 구성하고 있는 개별적인 요소들을 무한히 열거하지 않더라도 그 대상을 적확하게 그릴 수 있는 과제를 달성될 수 있는 기본적인 통찰을 얻을 수 있다는 장점이 있다는 것은 부인할 수 없을 것이다.

노동헌법은 시대와 국가 그리고 정치적·사회적 전통 또는 관습에 따라 다를 수밖에 없을 것이다. 그렇지만 국가와 그곳의 세세한 전통 또는 관습을 구체적으로 파악하는 것은 미시적인 접근이 될 것이다. 여기에서 이러한 미시적인 접근을 시도하는 것은 적합하지 않을 것 같다. 그래서 여기에서는 시대적인 변화만을 감안하면서 범지구적(global)으로 일반화될 수 있는 거시적인 접근을 하여 유형적으로 파악하고자 한다.

이와 같이 거시적인 차원에서 접근할 때, 노동헌법의 구조인자를 시간의 흐름 즉 시대의 변화를 염두에 두고 생각해보면, 다음과 같이 두 가지로 구분하여 질문하고 그것에 대한 회답을 찾는 과정에서 그것들을 인식할 수 있을 것 같다. 첫 번째의 질문은 특정시점에 있어서 노동헌법의 규범적 구조를 결정하는 인자가 무엇인가라는 것이고, 두 번째의 질문은 시간의 흐름 속에서 노동헌법의 규범적 구조를 변하게 하는 인자는 무엇인가라는 것이다.

첫 번째의 질문에 대해서는 특정시대에 있어서 특정사회(또는 국가)의 노동헌법을 구조화하고 있는 현재의 규범적 인자를 찾아내면 그것이 답이 될 것이다. 두 번째의 질문에 대해서는 시간의 흐름을 전제로 해서 그 흐름에 따라 규범적 구조를 변동케 하는 요소를 규정하면 그것이 해답이 될 것이다. 전자는 시간횡단(時間橫斷)적 측면에서 규범적으로 노동헌법을 보는 시각으로 명명할 수 있을 것이고, 후자는 시간종단(從斷)적 측면에서 역사적으로 노동헌법의 구조요소를 파악하는 시각일 것이다.

---

10) 구조주의 일반에 관해서는 프랑스와 발르 외(민희식 옮김), 『구조주의란 무엇인가』, 고려원, 1985, 그 외에도 레비-스트로스(안정남 옮김), 『야생의 사고』, 한길사, 1999 및 Claude Levi-Strauss, Athropologie Structurale, Paris 1958(荒川幾男/生松敬三/川田順造/佐佐木明/田島節夫(공역), 『構造人類學』, みみず書房 1972) 참조.

제 2 절 시간횡단적 결정인자 : 노동과 지배질서

Ⅰ. 서

시간횡단(時間橫斷)적 측면에서 노동헌법의 구조적 결정인자를 파악한다고 함은 특정시점에 있어 노동질서의 구조를 결정하는 요소가 무엇인가를 찾아내는 것이다. 다시 말하면, 어떠한 시기에 있어 그 당시의 노동질서를 구성하고 있는 규범적 구조가 무엇인가라는 것이다. 예컨대, 현재 우리 사회의 노동질서를 결정하고 있는 것이 무엇인가라고 묻는다면, 이러한 질문이 바로 우리 사회의 노동질서의 시간횡단적 결정인자에 대한 질문이다. 그러므로 시간의 흐름에 따른 구조요소의 변화를 배제하고 특정시점 그때그때의 노동질서의 구조적 인자를 파악하면 될 것이다. 이렇게 보면, 특정시기의 소유구조와 경제질서가 바로 그 시기의 노동헌법을 결정하는 시간횡단적 인자로서 부각된다고 하겠다. 이 경우에 우리가 살고 있는 현재에 초점을 맞춘다면, 소유구조와 경제질서의 이념적 형태로는 자본주의체제 그리고 자본주의체제의 내적 요소로서 노동주체의 집단적인 노동운동을 추가할 수 있을 것 같다.

Ⅱ. 소유구조

인간이 자신을 위하여 타인의 노동을 사회적으로 확보하는 방식은 원시시대에서부터 지금까지 다양하게 변해왔다. 그리고 각 시대마다 구체적인 사회경제적 조건과 상황에 따라서 노동은 생산을 위하여 다기하게 조직될 수 있다. 생산에 있어서 노동의 확보방식과 조직형태가 아무리 변한다고 하더라도, 인간의 노동은 여전히 가치증식의 핵심적 요소임에는 틀림없다. 물론 개인과 사회에 따라 노동의 가치는 다양할 수 있다. 그러나 그것이 지니고 있는 근본적인 의미는 과거에서 지금까지 변하지 아니하였으며 또 앞으로도 아마 그러할 것이다.[11] 노동은 개인적 차원에서는 각인의 가장 중요한 삶의 수단이며, 사회적 차원에서는 사회공동체의 물적 기초를 형성해 내는 생산의 핵심요소이다.12) 그래서 노동을 사회적 차원에서 어떻게 관리할 것인가는 인간이 사회생활을 시작할 때부터 사회공동체의 관심사였고, 특히 지배계층에게는 어떠한 방식으로 피지배층의 노동을 조직하고 그것을 규범적으로 확보할 것인가라는 문제는 가장 중요한 관심사로 되었다.

어떠한 사회든 그 나름대로의 노동질서를 가지고 있다. 그 노동질서에 의하여 개인의 노동이 사회적 차원으로 편입되고 규정된다. 그런데 노동질서는 당해 사회의 사회적·경제적인 전제조건과 고립해 있는 것이 아니라 그 사회의 지배적인 사회적 관계들에 의해서 결정된다. 다시 말하면, 노동질서의 구조는 사회적 지배관계의 산물이다. 그렇지만 노동질서는 그것이 개인의 명령이든 공동체의 명령이든 항상 법이라는 형식으로 표현된다. 이것이 바로 노동헌법의 실질이다.

특정시대의 특정사회에 있어서 노동의 법이 '노동에 대(對)한 법'이든 '노동을 위(爲)한 법'이든, 그것은 그 시대의 그 사회에서 노동하는 사람이 차지하고 있는 법적 위치를 결정한다. 그런데 노동의 법은 각 시대의 정치·경제·사회의 구조와 밀접한 관계를 가지고 있으며, 이들 구조가 노동의 법의 실질적 내용을 규정한다. 노동주체와 노동수탈자 간의 처절한 투쟁의 역사가 그러했듯이, 노동의 법은 노동과 노동생산물을 둘러싼 투쟁의 역사 속에서 때로는 아주 서서히 때로는 혁명적으로 발전하여 왔다. 사실, 노동의 법은 생산관계의 반영이었으며, 유산(有産)의 지배계층이 노동계급에 대하여 노동조건과 생활조건을 강요하고, 그러한 강요를 정당화하는 수단으로서 발전되어 왔다. 노동계급의 투쟁 없이 노동의 법이 저절로 변화된 적은 역사상 한 번도 없었다.

생산양식과 노동주체의 사회의식과 사회력에 따라 노동질서는 다양하게 변할 수 있는데, 노동의 법적 지위는 지금까지 무엇보다 노동과 소유의 관계에 따라 결정되어 왔다. 결국, 노동의 법은 생산수단에 대한 "소유의 법(所有의 法)"의 이면으로서 전개되어 왔다. 그러므로 노동의 법의 역사는 노동주체에 대한 소유주체의 지배법(支配法)의 역사라고 해도 과언이 아니다. 소유주체의 지배법은 각 시대에 따라 일정한 형태의 정치적 함의(政治的 含意)를 가지고 있는 사소유권제도(私所有權制度)로 표현되었다. 생산수단의 사유를 보장하는 사소유권제도는 노동주체

11) 필자는 과학기술이 발전한다 하더라도 생산요소로서 인간의 노동이 기계의 작용에 의해서 완전히 대체될 수는 없을 것이라고 생각한다.

12) 노동의 의미는 물질적인 생산의 영역에 국한되어 있는 것이 아니라 인류문명의 진보가 노동 및 노동생산성의 발전에 달려 있는 것이다. 정치체제의 성립과 발전 그리고 제도화과정은 결국 물질적 생산의 변화에 기인하는 것인 동시에 이와 직결된 현상인 소유관계와 분배관계의 변동에 기인하고 있다.

에 대한 소유주체의 지배를 법적으로 정당화하는 제도적 보루이다. 이러한 사소유권제도는 한편에서는 생산객체에 대한 물적 지배를 보장하고, 다른 한편에서는 노동주체에 대한 사회적 지배를 확보하는 정치적 프로그램이라고 말할 수 있다. 그러나 생산력의 발전과 더불어 정치적 프로그램으로서 소유와 노동의 관계, 즉 생산에 있어서 노동주체와 소유주체의 관계내용은 역사적으로 변동하여 왔다.

Ⅲ. 경제질서

경제질서란 의식주 등 물적 재화의 생산・유통・소비에 관련되는 인간관계의 전체질서를 말한다. 역사적으로 볼 때, 경제질서는 생산력의 발전과 더불어 다양한 형태로 변환되어 왔다.

인간은 자신의 욕망을 충족시키기 위해서 요구되는 외계의 물자 또는 타인의 활동으로서 재화(財貨)와 용역(用役)을 필요로 한다. 그러나 이러한 재화와 용역은 언제나 사람의 요구를 금방 만족시켜 줄 수 있는 완성재의 형태로 존재하는 것이 아니고 대개는 재료로서만 존재한다. 재화와 용역의 소비와 생산에 관한 활동이 경제생활이며, 경제생활에서 요구대상이 되는 재화와 용역은 대개가 부족한 상태에 있는 데 반해, 재화 및 용역에 대한 요구는 무한하다. 따라서 재화와 용역에 대한 수요와 공급 사이에는 언제나 긴장된 상태 또는 모순된 상태가 존재하게 되며, 인간생활을 원활히 하기 위해서 이러한 모순을 끊임없이 극복 또는 완화해야 한다. 이 때문에 어떠한 형태로든 일정한 질서가 만들어질 수밖에 없다. 이러한 질서가 경제질서이고, 이것은 시대와 국가에 따라서 반드시 동일하지는 않다.

경제에 있어서 유한한 자연적 재료를 적절히 혼합하여 재화와 용역을 만들거나 만들어진 재화와 용역을 결합 또는 재배분해서 새로운 재화와 용역을 산출하는 것이 생산인데, 생산에 있어서 노동은 가장 필수적인 요소이다. 자연을 가공하여 재화를 만드는 노동방식, 즉 생산양식은 그 시대의 기술적 수준에 의해서 결정된다. 그러므로 생산양식의 사회적 형태는 각 시대마다 고유한 형태를 취하고 있다고 할 수 있다. 이러한 생산양식이 각 시대의 경제질서를 결정하는 핵심적 요소이다. 노동의 사회적 질서는 그 시대의 경제질서의 일부분이기 때문에, 결국 노동의 사회적 질서는 생산양식에 의해서 결정되는 것이다.

Ⅳ. 자본주의

소유구조와 경제질서는 우리 사회의 경우에는 자본주의라는 생산양식에 의해 구조화되어 있다. 그러므로 현재의 우리 노동헌법에 있어서는 그것을 결정하는 구조인자로 작용하고 있는 자본주의가 어떠한 수준에 이르고 있는가, 즉 자본주의의 전개수준이 현재의 소유구조와 경제질서를 포괄하는 거시적인 구조적 요소가 된다.

인류의 경제생활은 원시공산사회·고대노예사회·중세봉건사회를 거쳐 근대 및 현대시민사회로 발전해왔다. 근대 및 현대시민사회는 자본주의의 성립에 의해 비로소 가능해진 것이다. 자본주의는 18세기 영국 등에서 발생한 산업혁명의 결과로서 본격화되었다.[13] 자본주의는 상품경제가 그 본질적 특징이다. 이것은 산업혁명의 결과 기계의 이용에 의한 대량생산이 가능해졌으며, 이로 인해 자급자족을 위한 생산이 아닌, 상품으로서 팔기 위한 생산으로 본격적인 궤도에 오르게 된다.

자본주의경제에서는 자본과 노동이 분리되어 자본이 노동을 지배하게 된 것이다. 공장에서 대량생산이 행해짐에 따라 몰락한 종래의 수공업자와 상품경제의 발달 및 토지의 상실로 빈곤해진 농민들이 공장노동자로 바뀌어 갔다. 이에 따라 근대적 생산설비를 소유하는 소수의 자본가와 노동을 유일한 생산수단으로 하는 노동자가 발생하게 되었고, 생산수단을 가진 자본가가 노동자를 지배하게 되었다. 자본주의의 성립과 더불어 노동질서는 새로운 차원으로 전환된다. 신분에 의해서 구조화되어 있었던 노동은 해방되었으나, 자본에 의해서 재편성된다.

Ⅴ. 노동운동

자본주의노동질서의 질을 결정하는 중요한 동적 구조인자로서 가장 중요한 것이 노동운동이다. 그것은 노동자들의 현실적인 생존운동이자 자본의 수탈에 대한 직접적인 저항운동으로서 시작되었다. 그렇지만 노동자들의 의식이 각성되어지면

---

13) 자본주의의 성립과 전개에 관해서는 미셸 보(김윤자 역), 『자본주의의 역사』, 창작과비평사, 1987; 大塚久雄(송주인 옮김), 『자본주의 사회의 형성』, 한벗, 1981; 高橋幸八郎(광민사 편집부 역), 『자본주의 발달사』, 광민사, 1980 등 참조.

서 노동운동은 서서히 정치운동으로 발전해왔다. 정치운동으로서 노동운동은 크게 두 가지의 흐름으로 전개된다. 그 하나는 노동자들의 현실에 대한 국가적인 인정을 전제로 해서 과도한 자본주의적 착취의 구조를 어느 정도의 수준에서 개조(改造)하고자 하는 흐름이었고, 또 다른 하나는 자본주의 자체를 폐지(廢止)하여 노동주체를 중심으로 분배구조를 재구조화하고자 하는 흐름이었다. 전자는 보통 노동입법(또는 노동법)을 통해서 노동조합의 법인, 노동권과 노동조건의 개선을 법적으로 보장받고자 하는 온건한 노동조합운동이라고 말할 수 있고, 후자는 노동자들에 의한 국가권력의 장악, 다시 말하면 사회주의운동으로서 전개되었다고 말할 수 있겠다.[14)]

노동운동은 자본주의 노동헌법을 변화시키는 원동력이었다. 이러한 맥락에서 나는『노동법기초이론』제2장 기초시각에서「노동법과 노동운동」이라는 제목 하에 양자의 상호관계에 관해서 개괄적으로 논의한 적이 있다. 그「서」에서 "우리가 한국노동법의 발전과 향상을 자세히 관찰해 보면, 그 발전의 저변에는 비록 모든 요구사항이 완전히 관철되어 실정노동법으로 규범화되지는 못하였지만, 어떠한 형식으로든 노동법의 변화에 영향을 미치는 끊임없이 흐르고 있는 '사회적 힘'이 있다는 것을 감지하게 된다. 보다 깊이 파고 들어가서 노동법의 현실을 주시하면, 우리는 이 힘의 실체가 근로자들의 노동운동이라는 것을 인식하게 될 것이다. 근로자의 노동운동이 노동법을 창조하고 올바르게 유지하고 있는 것이다. 이러한 노동운동이 없었다면, 그나마 현재적 수준의 노동법과 노동법적 사고조차도 빛을 발할 수 없었을 것이라는 점이 분명해진다. 역사적 맥락에서든, 현실적 맥락에서든, 노동법은 노동운동의 자양분이 없다면, 자본의 논리에 의하여 금방 시들어 버릴 것이 분명하다. 이러한 의미에서 노동운동은 노동법을 끌이기고 있는 화차(火車)이며, 노동법은 노동운동에 의해서 끌려가는 객차(客車)라고 비유적으로 말할 수 있겠다."[15)]라고 기술하였다.

사실, 노동운동의 역사적 전개과정에 대한 인식 없이 노동법을 연구한다는 것은 국가가 배설해 놓은 실정노동법률을 구색에 맞춰 재탕하는 것에 불과하다고 할 것이다. 특히 노동질서의 기본구조인 노동헌법을 연구하기 위해서는 반드시 노동운동사에서 그 안목을 얻어야 할 것이다. 우리가 거의 자명하게 받아들이고 있는 현행 노동질서가 역사적으로 어떻게 구조화되어 왔는가? 특히 노동3권이 도대체 무엇이며 그것을 중심으로 하는 노동헌법이 어떻게 성립되었는가, 그것에

14) 이와 관련해서 서울대프랑스사연구회(편),『프랑스노동운동과 사회주의』, 느티나무, 1989 참조.
15) 강희원,『노동법기초이론(제3판)』, 법영사, 2011, 111면.

기하여 조직되어 있는 노동조합의 구체적인 역사적 실체가 무엇인가? 등등과 같은 근본적인 의문을 제기하고 그 해답을 찾아 나선다. 어떻든 우리는 이러한 물음들에 대한 답은 범세계적 차원에서든 특정지역의 맥락에서든 또는 특정국가의 맥락에서든 그 노동운동사에서 찾을 수밖에 없을 것이다.

노동질서는 노동주체의 역사적인 정치적 체험의 규범적 결정체라고 할 수 있다.[16] 사실, 노동은 물질적 생산의 인적 요소이지만, 누구나 생산적 요소가 되기를 원하지 않는다. 그래서 노동은 강제될 수밖에 없다. 노동의 역사를 보면, 그것은 타인의 노동과 그 결과물을 누가 어떻게 확보하는가에 관한 투쟁사였다고 해도 과언이 아니다. 지배자는 처음에는 무력에 의해 사실상 타인의 노동을 강제하지만 그것은 곧 제도로서 정착되어 사회적 구조로서 규범적으로 확보된다. 그러한 제도와 규범이 노동질서이다. 이러한 의미에서 노동헌법은 바로 노동조달을 위한 제도이자 노동주체에 대한 지배법의 내용을 결정하는 기본적 구조이다. 그러므로 특정사회의 노동질서의 기본구조로서 노동헌법이란 노동주체와 그 지배주체 간의 규범적 전선이다. 이러한 노동헌법은 인간사회가 존재하였던 곳이면 어디에서나 있었고, 또 앞으로도 계속 있을 것이다. 타인의 노동을 위한 투쟁이 계속되는 한 노동헌법은 그 근본에 있어서는 변함이 없지만, 인간의식의 발달에 따라 그 양식은 변할 것이다. 노동헌법은 어느 사회에서든 과거에서 현재 그리고 미래로 관습법 및 성문법으로서 작용하였고 또 작용하게 될 것이다.

자본주의 노동헌법이 어떻게 전개되어 왔는가? 자본주의노동질서는 노동자들의 투쟁 즉 노동운동에 의해서 어떻게 변해왔다. 그런데 자본주의 사회에 있어서 노동운동은 노동조합을 빼놓고는 생각할 수 없을 것이다. 노동운동이 진행되면서 자생적으로 노동단체가 결성되었고, 그것이 다시 노동운동을 조직화하여 한층 더 체계적으로 노동운동을 전개했다. 자본주의 사회에 있어서 노동운동은 바로 노동조합운동이라고 말할 수 있다. 그러므로 노동조합은 자본주의의 발전과 노동운동의 긴 역사 속에서 노동자를 어떠한 형태로 결속하면, 그 목적을 가장 효과적으로 달성할 수 있는가라는 노동자의 자주적인 창의에 의해 만들어졌던 것이다.

16) 이와 관련해서 강희원, 「노동과 국가 - 잉글랜드에 있어서 노동운동과 노동입법을 중심으로」, 『노동법학』, 제32호(2009년), 193면 이하 참조.

제 3 절 시간종단적 결정인자 : 생산력과 생산관계

Ⅰ. 서

노동이 역사적으로 어떻게 구조화되어 왔는가, 즉 노동헌법이 역사적으로 어떻게 전개되어 왔는가를 논의하기 위해서는 단순한 사실의 나열이 아니라, 그것을 분석하고 일정한 이론적인 체계화작업을 할 필요가 있다. 이를 제대로 하기 위해서는 논자(論者)에게는 인간노동을 둘러싼 생산관계의 변화가 노동을 규제하는 그 사회특유의 법, 국가제도의 구조를 파악하는 기본적인 입장이 요구된다. 이러한 기본적 입장을 정립해주는 역할을 하는 것이 각 논자가 입각하고 있는 경제사적 · 사회사적 · 정치사적 기본시각, 즉 역사관(歷史觀)이라고 할 것이다. 이러한 역사관에는 일정한 이데올로기가 전제되어 있을 수밖에 없다. 물론 역사적 논의에 있어서 이러한 역사관의 선택은 중요하다. 그러나 그것은 각 논자가 자신의 가치관에 따라 결정할 수밖에 없는 선택의 문제라고 할 것이다.

여기에서 우리는 어떠한 선택을 하여 어떻게 인간노동의 역사를 구분하는 것이 그 나름대로 가장 합리적이라고 평가받을 수 있는가라는 난문에 봉착한다. 그렇지만 여기에서 그러한 기본시각의 선택 자체에 대해서는 논의하지 않는다. 다만, 노동질서의 구조와 관련하여 시대를 구분하는 데에 있어 중요시되는 몇 가지의 일반경제사적인 관점은 반드시 언급하지 않을 수 없다. 따라서 그렇게 할 필요가 있다고 생각되는 기초개념을 나름대로 정리하는 것에 그치고자 한다.

Ⅱ. 사회적 현상으로서 노동

자연을 가공하여 생활재료로 바꾸는 행위로서 노동은 인간존재 본연의 것이다. 인간이 자연에서 생명을 영위하고 있는 한, 그 생명을 유지하기 위해서는 노동은 필연적인 활동이라고 할 것이다. 인간사회에서 노동을 빼놓고 생각할 수 있는 사회적 산물은 없다. 사회적 산물은 노동에 기초해서 형성되고 변동하는 것이다. 노동에 의한 생산과 사회적 지위와 역할에 의한 분배를 통해서 사회적 관계는 구조화된다. 그러므로 인간사회는 인간노동의 사회적 관계라고 해도 과언이 아닐 것이다. 이러한 맥락에서 볼 때, 노동의 역사는 인류사회의 시원에까지 소급한다. 그리고 인류사는 개인적인 노동이 공동체 속에서 사회화하는 과정이기도 하다.

인간은 그 생존을 위해 적당한 자연환경과 일정한 생활재료를 필요로 하는데, 이러한 생활재료는 인간이 자연에 대해 신체적 힘을 가하여 이것을 자신에게 유용한 것으로 가공하는 행위로서의 노동 즉 생산을 통해서 입수되고 또 획득할 수 있다.

이와 같이 인간생존에 있어서 불가결한 생활재료의 생산활동, 즉 노동은 그것의 아주 단순한 형태로서 개인적인 단독노동의 경우에도, 다양한 노동대상(자연 예컨대, 삼림, 대지, 물고기, 야생동물 등등 그리고 이들의 가공물과 원료 예컨대, 목재와 광석 등등)으로 이루어진 생산수단, 이들 노동대상의 성질을 파악하고, 그것을 효과적으로 가공하는 방법, 그 가공을 위한 노동도구를 개발하는 활동 등에 관하여 인간 자신이 가진고 있는 과학적·기술적 인식능력과 판단능력 그리고 육체적인 행동능력을 불가결한 요건으로 한다. 그러므로 이러한 주관적 및 객관적인 요건들의 종합이 특정인이 가질 수 있는 노동생산력을 결정한다.

그러나 일반적으로 인간노동은 그 수행에 있어 필연적으로 인간 상호간에 일정한 협동관계로서의 사회적 결합을 생기게 만들고, 인간의 이러한 사회적 결합은 자연적이고 혈연적인 관계로서 무의식적인 공동체적 결합에서 의식적이고 계산적인 약속으로서 사회적 협동관계로 발전한다. 또 이러한 협동관계는 노동과정에 있어서 생산수단과 과학기술의 성질에 의해서 기본적으로 규정된다. 그렇지만 이것은 단순한 협력에서 분업에 기초한 협업으로, 나아가서 조약한 자연적 도구에 기한 분업에서 인위적으로 제작된 기계에 기한 분업으로 발전한다. 그 결과 생산력도 또한 점점 높은 수준으로 발전해 간다. 우리는 이러한 「원생적인 공동체적 협동에서 의식적인 사회적 협동으로의 발전」을 "노동의 사회화(die Sozialisierung der Arbeit)" 또는 "생산의 사회화(die Sozialisierung der Produktion)"라고 한다. 그런데 여기에서 살펴보면, 「노동의 사회화」를 촉진하는 본질적인 계기는, 첫째 노동과정이 점점 지적이고 과학적인 통제와 규제 관리의 과정으로 되고 있다는 것이고, 둘째 노동과정에 있어서 개별적 노동자의 협력이 점점 의식적이고 합리적·계획적으로 편성된 협동, 즉 결합노동과정으로 발전하고 있다는 것이며, 셋째 의식적인 사회적 결합의 범위가 점점 확대되고, 머지않아 세계 전체, 인류 전체가 단일의 사회로 결합되고 있다는 것에 있다.

여기에 부연해서 노동의 사회화과정을 보다 자세한 사실(史實)에 기초해 좀 더 설명해 본다면, 인류의 기원은 약 400만 년 전까지 거슬러 올라간다고 말하지만, 원인(猿人)과 인간을 구별하는 징표는 직립보행에 의한 수지(手指)의 자유로운 사용과 그 결과로서 얻어진 도구, 특히 2차적 도구(가공된 도구, 예컨대 돌도끼)의 사용이라고 할 수 있다. 이러한 도구의 사용은 목적의식적인 작업과 무리(群) 간의 협력에 의한 협업(協業)을 가능하게 하였다. 그리고 협업은 협업자 상호간의 의사를 교환을 위한 몸짓이나 소리로서의 언어의 발생으로 연계되었다. 또 불이 사용되기 시작하자면서 화식이 가능하게 되고 일정한 곳에 거주할 수 있게 된다. 그리고 채취노동 외에 수렵노동이 행하여지게 되면서 인간은 포획물을 구하기 위해 그리고 보다 풍요로운 지역을 찾아, 발생지인 아프리카에서 한량한 유럽, 아세아, 아메리카 등의 광대한 지역으로 이동하였다. 그 결과 인류는 전지구상으로 확산되어서 지구의 주인이 되었다. 그러한 과정에서 야생동물을 길들여 가축으로 만들고(예컨대 "개(犬)"), 그 결과 수렵노동은 보다 효율적으로 되어 간다. 약 만여 년 전의 현생인류의 시대로 접어들게 되면, 도구도 생산력도 비약적으로 발전하여, 창, 촉 등이 만들어지게 되었다. 충적세(沖積世, Holocene Epoch: 약 1만 년 전에 시작되어 현재에 이르는 지질시대)로 들어오면, 타제석기(구석기) 외에 마제석기(신석기)도 나타난다. 이 시기에는 이미 농경과 목축이 시작되었고, 도구도 석도(石刀)와 같은 석기(石器)에서 청동기(靑銅器)로 그리고 철기(鐵器)로 발전한다.

통상 우리는 농업생산이 개시되기 시작했던 시대까지를 이른바 원시공산제사회(原始共産制社會)에 해당한다고 한다. 이러한 원시공산제사회에 있어서 원시인류는 그가 태어난 모계세가족이 소속하고 있는 혈연공동체(선형적으로는 부족)의 구성원으로서, 공동체 전체에서 점유하는 자연을 공동으로 이용하여 협업적으로 생산하고, 생산물을 공평하게 배분하고 소비하면서 생활하였다.

노동은 원시공산제사회에 있어서 자연발생적인 공동체적 결합 하에서 원시적인 도구에 의한 단순형태에서, 이를테면 오늘날의 거대한 다국적기업에서 의식적으로 편성된 노동조직 하에서 기술과학적인 발달의 결과로 만들어진 자동기계에 의한 분업적인 협업형태로 발전해 왔다. 향후 새로운 노동도구의 발달에 더불어 노동조직은 새로운 형태로 진개되어 갈 것이다.

이렇듯 노동의 사회화는 노동을 사회적으로 관리하는 것을 의미하는데, 이는 노동관계를 발전 또는 변동시기는 원동력으로 된다. 개인의 노동이 어떠한 양식으로 사회화되어 왔으며, 그 결과로 사회화된 노동이 어떠한 형태로 조직・관리되어 왔는가에 대한 연구는 현대기업에 있어서 노사관계 내지 현대사회구조의 특질을 해명하는 데에도 아주 중요한 단초를 제공하고 있다.

Ⅲ. 사회구성체

일정한 형태의 노동질서를 결정해 가는 시간종단적인 구조인자를 파악함에 있어 중요한 의의를 가지고 있는 것은 노동과정에서 과학(생산기술)적 조건과 사회(분업, 협업)적 조건과 더불어 생산관계가 어떻게 변해 왔는가라는 문제이다. 생산관계는 노동을 둘러싼 소유, 생산, 분배, 교환, 소비의 관계들을 포괄적으로 파악하는 개념이지만 이들 생산관계는 그것에 조응하는 사회 전체, 즉 사회구성체의 특질 내지 그 성립, 발전, 붕괴에 있어서 결정적 역할을 수행한다.

사회구체성에 관해 언급하려면, 무엇보다 마르크스를 생각하지 않을 수 없다. 마르크스는 인간사회의 구성, 즉 사회구성체를 다음과 같이 정식화하고 있다. 즉 「인간은 그 생활의 사회적 생산에 있어서 일정하고 필연적이며 그들의 의지에서 독립한 관계를, 결국 그들 물질적 생산력들의 일정한 발전단계에 대응하는 생산관계를 맺는다. 이러한 생산관계의 총체는 사회의 경제적 기구를 형성해가고, 이것이 현실의 토대로 되어, 그 위에 법률적·정치적 상부구조가 솟아올라오고, 또 일정한 사회적 의식형태는 이 현실의 토대에 대응하고 있다. 물질적 생활의 생산양식은 사회적·정치적·정신적 생활과정 일반을 제약한다. 인간의 의식이 그 존재를 규정하는 것이 아니라, 반대로 인간의 사회적 존재가 그 의식을 규정하는 것이다. 사회의 물질적 생산력은 그 발전이 어느 단계에 달하면, 지금까지 그것이 그 속에서 움직여왔던 기존의 생산관계들, 혹은 그 법적 표현에 불과한 소유관계와 모순하게 된다. 이들 관계는 생산력의 발전형태들로부터 그 질곡으로 변한다. 이 때, 사회혁명의 시기가 시작하는 것이다. … 하나의 사회구성(체)은 모든 생산력들이 그 속에 이미 발전의 여지가 없을 정도로 발전하지 않기 전에는 붕괴하는 일이 결코 없고, 또 새로운 보다 높은 생산관계는 그 물질적인 존재조건들이 낡은 사회의 태내에 완전히 부화하기까지는 낡은 것에 대체하는 것으로서, 아시아적, 고대적, 봉건적 및 근대부르조아적 생산양식을 들 수 있다. 근대부르조아적 생산관계들은 사회적 생산과정의 적대적인, 그렇더라도 개인적인 적대의 의미는 아니고, 개인들의 사회적 생활조건들에서 생기는 적대라는 의미에서의 적대적인 형태의 최후의 것이다. 그러나 근대부르조아사회의 태(胎)내에 발전해가고 있는 생산력들은 동시에 이 적대관계의 해결을 위한 물질적 조건들도 만들어낸다. 때문에 이 사회구성(체)로서 인간사회의 전사는 종말을 고하는 것이다[17]」.

소여(所與)의 사회구성체에 있어서 인간생활의 전체적 구조는 인간존재에 불가결한 생활재료의 생산, 분배, 교환, 소비를 둘러싼 경제적 관계들 즉 생산관계의 구조(토대=하부구조)와 경제적 관계들에 규정되어 성립하고 또 그것을 유지하는 기능을 수행하는 법과 국가 등의 사회적 제도의 구조 및 경제적 관계들에 규정되면서도 이들 경제적 관계 및 사회적 제도들을 생성·변동시키는 종교적·도덕적·법적 규범의식 및 예술·과학 등을 둘러싼 의미 내지 이론들의 이데올로기의 구조 즉 관념적 형태의 상부구조라는 이층구조에 있어서 파악될 수 있지만, 당해 사회구성체의 전체적 구조를 궁극적으로 규정하는 것으로서 본질적 중요성을 가지는 것이 하부구조로서의 생산관계들의 존재방식이다.[18]

Ⅳ. 생활과정

사회구성체라는 개념은 사회의 기본적인 구조와 그 변동의 시스템을 분명하게 하기 위한 것이다. 이는 생산양식과 생산관계가 사회의 토대를 이룬다고 하는 관점에서, 이론적으로 추상화하고 구조화해서 인간의 현실적인 생활과정의 실체적인 계기들을 재(再)파악한 것이다. 그런데 인간사회는 아래의 [표-1] 사회구성체와 생활과정과 같이 ① 개인들의 현실적인 생활과정의 총체로서의 사회와 ② 그것을 토대와 상부구조로서 구조적으로 다시 파악하였던 사회구성체라는 두 가지의 차원으로 나누어서 고찰하면, 사회구성체와 생활과정의 실체적인 계기들이 기본적으로 어떠한 관계에 있는가를 좀 더 잘 이해할 수 있다.

17) 칼 마르크스(김호균 역), 『정치경제학 비판을 위하여』 서문, 중원문화, 1988, 7-8면.

18) 사회구성체론에 관해서는 이진경, 『사회구성체론과 사회과학방법론』(증보판), 그린비, 2008, 특히 221면 이하 참조.

[표-1] 생활과정과 사회구성체

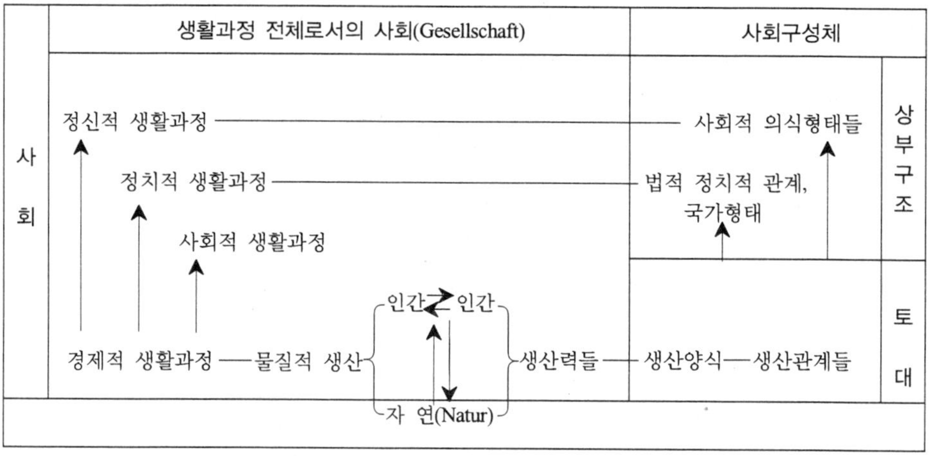

우리가 사회(Gesellschaft)라고 하는 것은 우리의 사회생활 전체를 말하는데, 이것은 통상 경제적(wirtschaftlich) · 사회적(sozial) · 정치적(politisch) · 정신적(geistig) 차원으로 구분해서 경제적 생활과정, 사회적 생활과정, 정치적 생활과정, 정신적 생활과정이라는 네 가지의 측면으로 나누어서 파악할 수 있다.19)

경제적 생활과정이란 물질적 재화의 생산, 분배, 교환, 소비하는 일련의 생활과정을 말한다. 생산력을 이용해서 인간이 상호에 관련하고 있고 자연과의 질료변환을 어떻게 하는가라는 그 양식에 역사적인 사회구조를 문제로 하는 관점에서 형태규정을 부여하는 것이 생산양식이다. 그리고 질료변환 시에 인간들의 관계를 생산양식이라는 개념장치를 미루어 다시 파악한 것이 생산관계이다. 이러한 생산관계에서 문제가 되는 것은 이미 개인들 간의 사적인 관련이 아니라, 계급 간의 관계이다. 이들 생산양식과 생산관계는 사회구성체의 토대를 이룬다.

여기에서 말하는 사회적 생활과정이란 전체사회 혹은 사회총체가 아니라 전체사회의 내부에 존재하고 있는 부분사회와 관련되어 있는 생활과정을 의미한다. 예컨대, 혈연(血緣)이나 지연(地緣) 등과 같은 관계에서 비롯된 다양한 인간관계(예컨대, 남녀관계, 친자관계, 가족, 지역집단, 부족, 종족, 민족 등) 혹은 개체의 재생산(이를테면 자기보존과 종의 생산)과 일정한 행동양식으로의 사회화(사회학에서 말하는 socialization)와 관련하는 소사회집단 등에서 이루어지는 신분적 · 계급적 관계나 교류과정이 그것이다. 경제적 생활과정에 있어 가장 기본적인 문제가 생산수단의 생산이라고 하면,

19) 富澤賢治, 『勞働と 生活』, 世界書院, 1987, 22면.

사회적 생활과정에 있어서 가장 기본적인 문제는 인간의 생산이라고 할 수 있다. 그런데 사회적 생활과정에 해당하는 생활관계들 중 상당한 부분이 사회구성체의 내부에 구조화되지 않을 수 있다. 이것은 사회적 생활과정이 개인과 개인의 관계, 개인과 소집단의 관계, 소집단과 소집단과의 관계 등에 관련된 것일수록 계급관계를 토대로 하는 사회구성체의 내부에는 구조화되기 어려운 성질을 가지고 있기 때문이다.

정치적 생활과정에서 문제로 되는 것은 개인들 및 집단들의 정치적 관계다. 이들 관계를 계급관계의 관점에서 사회구성체 속에 구조화하고 형태화하여 재파악한 것이 법적·정치적 관계 및 국가형태라고 할 수 있다.

정신적 생활과정은 개인 및 집단이 이념과 가치관념 등과 같은 정신적 산물을 생산하고 습득 전수하는 의사소통(Kommunikation)의 과정을 말한다. 여기에서 문제로 되는 것은 개인들, 집단들의 정신적 관계다. 정신적 생활과정이 낳은 산물인 언어, 예술, 과학 등 다수가 이들 산물 속에 특히 계급관계에 규정된다. 이것들은 정치이념, 철학, 종교 등이 「사회적 의식형태」로서 사회구성체 속에 형태화되고 구조화된다.

여기에서 이들 네 차원의 생활과정이 상호 어떠한 관계에 있는가를 보면, 경제적 생활과정이 사회적 생활과정, 정치적 생활과정 및 정신적 생활과정의 조건으로 되어 있다. 즉 경제적 생활과정이 그 외의 생활과정의 구조를 결정하고 있다.

Ⅴ. 생산양식

생산양식이란 사회의 각 역사적 발전단계에 고유한 사회적 생산의 형태를 의미한다. 따라서 생산양식은 그 사회구성체에 있어서 과학기술과 협업형태 및 생산수단의 소유관계와 이들에 규정된 생산력에 조응한 고유한 생산물취득양식과 생산발전법칙을 포함하고 있다. 생산양식론은 마르크스가 『경제학비판요론』에서 「자본주의에 선행하는 형태들」과 관련해서 전개하였던 이론이다. 그 중요성에 비추어, 마르크스 이후 생산양식에 관한 다양한 견해가 전개되었는데, 여기에서는 그 대표적인 견해를 예시하는 정도로 소개하고자 한다.

첫 번째의 견해가 이른바 「계기적 발전설」인데, 이 견해는 생산양식이 노예적 생산양식, 봉건적 생산양식 및 자본주의적 생산양식으로 전개되어 왔다고 한다.

인류의 역사를 개관하면 계기적으로 아시아적, 고대노예제적, 봉건제적, 자본주의적 등의 생산양식을 볼 수 있다. 이들 생산양식은 자본주의에 선행했던 것들인데, 모두 그 경제적 기반이 공동체(Gemeinde: 토지점유에 기초한 단위집단)였고, 구성원인 개인들은 공동체의 일원으로서 토지를 점취(占取)하여 생산활동을 영위하면서 개인적인 생활수요를 충족시켰던 것이 공통점이다. 이러한 생산양식에서도 공동체의 기초 위에 각기 특유한 생산관계가 구축되었는데, 그 기반으로서의 공동체의 형태(=발전단계)가 변동함에 따라, 생산관계의 사회적 형태로서 생산양식도 또한 변하였다.

아시아적 생산양식에 있어서는 혈연적인 부족공동체의 기반위에, 마르크스가 말하고 있는 이른바 일반적 노예제(Allgemeine Sklaverei)가 발전하였다. 아시아적 생산양식에서는, 고대오리엔트와 같이, 노예제도가 대규모적인 치수관개(治水灌漑)와 결합되고, 거대한 전제주의국가가 출현하였다. 그리고 지중해연안에서 전형적으로 나타났던 고대노예제적 생산양식에 있어서는 도시공동체 또는 반(半)도시적인 농업공동체를 거점으로, 도시자유인(이들이 이른바 시민이다)의 지배하에 노예제가 발전하였고, 노예제경제가 형성된다. 또한 봉건제적 생산양식의 경우는 촌락공동체의 기반위에 농노제가 전개되고, 봉건적 토지소유제(feudale Grundeigentum)가 구축된다. 그 후에 파생적인 길드제적 도시공동체가 이것을 보완한다. 이러한 봉건제는 중세유럽에 전형적이었다.

이들 공동체적 기반에 서 있는 생산양식들에 대해, 자본주의적 생산양식하의 근대시민사회에 있어서는 후에 상술하듯이, 공동체는 해체되고, 사회는 독립된 주체적 개인으로 구성된다. 이러한 사회 속에 상품생산이 전사회적인 규모로까지 발달하여 그것이 경제의 기반을 구성한다. 게다가 그 상품생산은 단순한 독립소생산자에 의한 것이 아니라, 자본가가 임금노동자를 고용하여 생산노동을 수행한다는 특징을 가지고 있다. 그래서 사회를 구성하는 개개인의 생활수용도 이러한 생산관계(즉 상품생산이라는 기초적 관계와 그 토대위에 구축된 자본가와 임금노동자라는 계급관계)의 기초 위에 있어서 끊임없이 충족되어 가는 것이다.[20]

두 번째의 견해가 분지설인데, 이는 계기적 발전설에 대해서 생산양식을 역사적으로 아시아적 생산양식, 로마적 생산양식 및 게르만적 생산양식이라는 세 가지의 유형으로 나눈다. 이 견해는 마르크스가 「아시아적 형태」를 규정하는 부분에서 논하고 있는 「본원적인 자연성장적 공동체」를 중시한다. 이에 의하면, 본원적 공동체(Gemeinwesen)가 노동과 소유의 동일성을 구현하는 토지소유의 최초의 전제로서 상정된다. 사회구성체는 자연성장적인 부족공동체(naturwüchsige Stammegemeinschaft) 또

20) 大塚久雄,『歐洲經濟史』, 岩波書店, 1973, 4-6면.

는 군거단체(Herdenwesen)이라고도 규정되지만, 기본적으로는 부족단체(Stammwesen)의 그것이고, 게마인샤프트적인 소유의 주체도 당연히 「부족」자체이다.

본원적인 자연성장적 공동체에 있어서의 생산형태는 이동하는 「채취, 수렵」 그리고 「유목」이기 때문에, 소유는 본질적으로 과실과 동물과 같은 동산(動産, mobile)의 형태를 취하지만, 결국은 잠정적으로라도 그 결과적인 「토지의 영유(領有)」가 시원으로서 설정되지 않으면 아니 된다. 또 부단한 이동은 필연적으로 다른 부족점유지에 대한 공격, 공격으로부터 방어 즉 전쟁을 진정으로 그 「본원적인 작업의 하나」로 한다. 이러한 의미에서도 「대지」의 영유는 본원적 단체의 성립과 존속의 기본적 전제를 이루는 것이다.

그런데 인간이 일정한 토지에 정주(定住)하게 되면서, 인간의 본원적인 공동체는 변형되게 된다. 정주생활, 즉 농경생활의 개시와 함께, 「변형」의 정도와 방향을 결정하는 요인이 작용한다. ① 각종의 외적 조건들(예컨대 기후적 · 지리적 그리고 토지의 물리적 성상 등), ② 부족의 자연적 소질 ③ 인접한 부족(部族)과의 적대적 관계 또는 교류관계 ④ 부족의 이동과 역사적 사건이 가져오는 변동 등이 그것이다. 마르크스는 특히 사회적 발전의 초기의 단계에서 지리적(오히려 자연적) 환경의 결정적 중요성에 주목하고 있다. 기본적인 공동체적 영유의 대상이 「대지」이고, 그 대지가 노동수단이나 노동재료를 제공하고, 또 거주지, 공동단체의 기지(基地)도 제공하는 거대한 일터이자 병기장이라고 하면, 그것이 한랭, 건조의 고원지인 경우와 덥고 습한 해변지대인 경우와는 정주 농경의 양식에 완전히 유형적인 변형을 가져온다는 것은 당연하다. 「최초의 전제」로서 이러한 「본원적이고 유목적인 부족적 공동단체」의 정착의 결과, 게마인샤프트적인 「대지」소유라는 「토지소유」에 대한 변형형태가 상정된다고 하면, 그것이 「제1(아시아적) 형태」 「제2(고전고대적) 형태」 「제3(게르만적) 형태」일 것이다. 이미 여기에 아시아세계, 고대로마세계, 게르만세계가 세계사의 시계열은 일정한 시간차로서 세로로 연결되는 것을 인정하더라도, 원리적으로는 공간적으로 이질의 문명권으로서 파악하려고 하는 마르크스의 시각을 읽을 수 있다. 마르크스가 말하는 세 가지의 형태는 역사적 형태인 동시에 공간적 형태이기도 하다.

제 3 장 자본주의 노동헌법과 국가

제 1 절 자본주의 노동헌법의 분석

이제 우리에게 제기되는 당면문제는 우리가 현재 살고 있는 자본주의국가에 있어서 그 노동헌법은 어떻게 형태화되어 왔고 구조화되어 있는가, 그리고 이를 어떻게 파악할 것인가라는 문제이다. 지금까지 우리는 「자본주의와 노동법」이라는 구도 하에 선진자본주의국가의 노동법제의 역사적 전개와 그 발전양식을 그 자본주의의 발전적 특질에 의해 규정된다고 기술하고, 또 노동법의 원리의 합법칙적 발전과 확립은 자본주의의 역사적 발전단계(원시적 축적단계→산업자본주의→자유주의단계→독점적 제국주의단계 및 그 내부적 단계로서 국가독점자본주의단계 그리고 국제독점자본주의)와 조응한다고 설명하는 것이 보통이다.

자본주의국가의 노동헌법이 어떻게 형태화되고 구조화되어왔는가는 결국 노동과 국가의 관계, 즉 노동계급과 자본주의국가지배권력의 관계가 어떻게 전개되었는가라는 문제이다. 이에 대한 대답은 노동조합운동이 자본주의국가의 기능과 역할 그리고 구조를 어떻게 변화시켰는가, 노동조합운동이 자본주의노동헌법에 내재화되었는가 등등의 문제제기에 대한 그 나름의 대답을 찾는 것이 될 것이다. 그러한 대답은 결국 노동운동과 그것을 통해 노동자들이 자본제국가에 대해 쟁취해 놓은 성과로서 노동입법과의 상호연관관계를 규정해본다면, 다시 말해, 노동운동이 자본제국가에 대해 어떠한 내용의 노동입법을 성취했는가를 살펴본다면 가사화될 수 있지 않을까 한다. 왜냐하면 자본주의사회에 있어서 노동입법은 어느 날 갑자기 하늘에서 떨어졌거나 노동자의 처지에 대한 국가적인 우호나 자본 측의 동정심(同情心)의 발로에서 저절로 이루어진 것이 아니었기 때문이다.[21]

---

21) 자본주의 노동헌법과 관련해서 그 주안점은 노동운동, 즉 노동조합운동과 국가의 관계에 집중된다. 그런데 자본주의국가에 있어서 노동조합운동에 대한 국가의 입장이 동일한 것은 아니었다. 주지하고 있듯이, 지금까지 역사적으로 나타났던 결과를 본다면, 그 현상은 「탄압→방임→승인

「자본주의 노동헌법과 국가」이라는 주제는 노동헌법구조의 전개 및 그 특질이 자본주의발전과의 관계 및 형태에 규정된다는 인식을 기초로 하면서도, 그 규정관계를 매개하는 것으로서 국가(보다 엄밀하게는 특정형태, 즉 정치적 체제하에서 활동하는 국가)를 조정하고 나누어서 각국의 노동헌법의 역사적 및 구조적 특질은 보다 명쾌하게 파악된다는 가설을 포함하고 있다. 각국을 분류하는 지표는 자본주의의 본격적 발전(산업혁명, 산업자본주의의 확립), 즉 노동문제의 본격화에 앞서서 시민혁명이 완료하였는지의 여부, 환언하면 노동문제의 처리에 있어서 국가가 어떠한 형태로 활동하는 국가인가에 있게 된다.

제 2 절 국가의 형태와 노동헌법

국가라는 용어는 국가통제, 국가사회주의, 민족국가 등등의 표현에서 쓰이고 있는데, 여기에서 국가란 무엇인가는 근본적으로 국가철학(Staatsphilosophie)의 문제이며, 국가철학은 다양하기 때문에, 이들 중에 어느 것을 선택하는가에 따라 국가의 의미는 상당히 다르게 규정될 것이다. 노동헌법은 일정한 국가에 있어서 정치적 · 사회적 · 경제적 가치의 반영인데, 여기에서 국가란 노동헌법의 구조를 결정하는 정치적 요소로서 국가권력을 말한다.[22)]

국가라는 개념은 이론적 추상이기 때문에 자본주의 노동헌법과 국가가 어떻게 관계가 있는지를 가시적으로 보여줄 수는 없다. 그러나 국가는 일정한 정책을 결정하고 그 정책을 구체화한 법을 집행하고, 그러한 법에 관한 분쟁을 판단하는 자로서 기능하고 있다. 그러므로 국가는 자본주의 생산양식을 유지하는 데에 필요한 노동을 관리 · 조직하고 지배하는 최종적인 운영자로서 자본주의 노동헌법의 구조결정자다. 그러므로 자본주의의 전개과정에서 누가 국가이고, 그것이 어떻게

→ 적극적 보호 → 해체(완화)」라는 양태로 전개되어 왔다.

22) 여기에서 국가권력이란 추상적 또는 관념적인 차원의 「국가의 본질」이나 「국가의 유형=역사적 유형」보다는 오히려 「국가의 내적 형태」 혹은 「정부레짐」 주로 계급세력의 배치 즉 편성에 부차적으로 그 사회의 정치적 · 경제적 · 문화적 수준에 의해 규정된다. 그러므로 여러 계급의 「국민」의 국가의 사무, 즉 통합에 대한 참가의 형태의 문제라고 할 수 있다. 국가의 형태가 demoskratia의 경우, 법은 주권자인 demos의 인권의 객관화인 법에 포섭되게 되지만(rule of law), autoskratis의 경우, 법은 주권자인 autos의 demos에 대한 diktat를 객관화한 것에 불과하고, rule of law는 국가(국가권력träger)에는 미치지 않는다.

작동되었는가를 살펴보면, 자본주의 국가형태와 노동헌법의 특질을 석출할 수 있다. 여기에서는 자본주의의 전개과정에서 국가가 어떻게 노동헌법을 결정했는지를 18세기부터 20세기까지에 몇몇 특징적인 자본주의국가의 구체적인 경우를 예로서 생각해보기로 한다.

[표-2] 자본주의국가와 노동헌법에서 α군의 국가와 β군의 국가 간에 있어 근본적인 차이는 α군의 국가에는 민중혁명(α1) 혹은 독립전쟁(α2)에 의해서 봉건제 내지 절대왕제와 단절하였고, 부르조아의 정치적 지배를 기본적으로 확립하였던 체제(bourgeois=demos-kratia)하에서 자본주의의 발전, 즉 원시적 축적→산업혁명 및 산업자본의 확립→독점자본주의로 이행→국가독점자본주의→국제독점자본주의가 순차적으로 수행된 것에 대해서, β군의 국가에는 혁명의 좌절 또는 중단(β1) 혹은 혁명의 미경험에 의해서 국가의 실체적 기초(국가장치 Staatsapparat) 및 형태를 기본적으로 유지하였던 상태에서 사회의 자본주의화가 진행되었던 것이다. 즉 후자의 경우에는 전근대국가인 「가산국가(家産國家, Patrimonialstaat)[23]」 또는 절대주의 국가와 근대사회의 자본제사회가 혼합 파행적으로 발전하고 있으며, 현재의 상황에는 국제독점자본주의적 요소가 가미되어 어느 하나의 관점에서 사회를 파악하기 어렵다고 말할 수 있다.

이것은 노동법의 발전에 있어서도 β군에 속하는 국가에서는 노동자보호법은 자본주의발전과 어느 정도의 조응관계를 가지고 있지만, 노동자의 단결에 관해서는 절대적 금지→자유화→적극적 승인의 프로세스를 거친다고는 반드시 말할 수 없다. 오히려 단결은 「전제국가」의 입장에서부터는 절대적 금지의 상태에 있었던 존재이며, 다만 그것이 노동시장에 있어서 하나의 시스템으로서 국가에 무해한 존재인 한도에 있어서 「자유화」를 경험하는 데에 그친다. 단결은 단결에 대해서 「결사법」을 적용하여 자의적으로 자유화를 취소할 수 있는 그러한 자유를 유보하고 있었다는 것에 유의하지 않으면 아니 된다.[24] 이것에 대해서 α군국가의 경우, 시민사회내적 존재인 단결에 대한 국가의 규제는 시민사회의 이론에 따라서 행하여지지 않으면 아니 되고, 마찬가지로 단결의 절대적 금지라고 하여도, 절대왕제 하에 그것과는 다른 새로운 논리의 구성이 요구되어 그러한 사명을 담당

23) 지배권력자 1인 또는 일가(一家)가 영토와 인민 등을 사소유물로 취급하는 국가형태를 말한다.

24) β군 국가에 있어서는 단결의 자유화가 법적으로 확립되는 데에는 국가형태의 변혁을 필요로 하지만(예컨대, 1917년 러시아혁명, 1918년 도이치혁명, 1945년 일본의 전후개혁), 그때 단결이 「자유론」과는 시각을 달리한다. 오히려 그것에 대당적인 것으로서 이해된 「생존권」론에 의해 법적으로(특권적으로) 공인되는 것은 주지하는 바이다. 단결권의 확립이 그 역사에 있어 「자유화」단계를 거치지 않고 있다는 것은 단결권의 논리적 구조에 자유론의 계기 내지 논리의 결여로서 우리의 노동법에 부채를 남기고 있다.

[표-2] 자본주의국가와 노동헌법25)

		α			β			비교
		α1		α2	β1	β2		
		잉글랜드	프랑스	아메리카합중국	도이칠란트	러시아	일본	한국
노동법제의전개	I	1799-1800단결금지법 1802 공장법	1791 르 사프리리에법 1810 나폴레온형법전 1841 아동노동보호법	(1806 필라델피아 제화공사건)	1845 프러시아 영업조례 1854 프러시아 노비, 농업노동자단결금지법	1874 형법전개정 1886공장법 1897신공장법(표준노동일)	1900 치안경찰법 1911 공장법 1924 치안유지법	
	Ⅱ-1	1824-25단결금지폐지법 1823 공장법(공장감독관제)	1864 형법전수정법 1874 공장감독관제도	(1842 헌트사건) 1890 셔만법	1869북도이치연방영업조례 1878 사회주의자통제법 1884재해보험법 1891 제국영업조례개정	1905 파업임시규칙 1906 직업조합임시규칙	1926 치안경찰법개정 1926 노동쟁의조정법 1926 폭력행위처벌법	
	Ⅱ-2	1871 노동조합법 1875 공모죄 재산보호법 1889주종법폐지법 1906 노동쟁의법	1884 직업조합법	1914 크래이튼법				
	Ⅲ	1937 공장법 1946 국민보험법*1971 노사관계법) 1978 고용보호(병합)법	1919 노동협약법 1919 8시간노동일법 1936 마치니욘협정 1946헌법 1968그르네르협정	1932 노리스-라 가디아법 1935 와그너법 1938 공정노동기준법 1947 태프트 하트리법 1959란드럼-그레이핀법 1962 노동력개발훈련법	1918 중앙노동협동체협정 1919 바이마르헌법 1949 본기본법 1951 해고제한법 1952 경영조직법 1976 신공동결정권법	1917 노동자통제령 1918 노동법전 1922 노동법전 1970노동입법의 기본원칙	1945 노동조합법 1946 헌법 1947 노동기준법 1966 고용대책법	1948 헌법 1953 근로기준법/노동조합법/ 노동쟁의조정법 /노동위원회법
	Ⅳ	1979~90 고용법 개정 1982 노동조합법개정	1995 주35시간법				2005 노동계약법	1997 노동조합및 노동관계조종법/근로기준법 개정 2007 기간제근로자보호법

시민혁명의 완료 산업혁명 국가의 내적 형태/정치레짐	1640~69 청교도혁명 1688 명예혁명 1760(제니 방적기) 1825 (공황) 입헌군주제/의회제 (1832 제1차 선거법 개정/1867 제2차 선거법 개정/1884 제3차 선거법 개정)	1789~99 프랑스혁명 1792~94 몽타뉴파독재 1810내지1830(7월혁명)~ 60 공화제(보나파르티즘 민주적공화제를 포함)	1775~83 독제혁명 1820~60(남북전쟁) 공화제	(1848 3월혁명) (1866~71 도이치 통일) 1918 도이치혁명 1830(관세동맹 성립)~1871 외견적 입헌군주제(입헌적 반대절대주의) (1848체제)부터 비스마르크체제/보나파르티즘적 군주제로(「위로부터 혁명=1871체제)	(1905 제1혁명) 1917 2월혁명 1861(농노해방)~90 짜르전제(절대주의)	(1880~85 자유민권운동) 1945 전후개혁 1890~1910 외견적 입헌군주제=절대주의 천황제(1889 헌법체제)에서 천황제파시즘(1930년대)로	 1945년 해방/남북 분단 1948 형식적 민주공화제 1950 6.25 민족전쟁 1963 박정희 군사쿠데타
독점=제국주의와 국가독점자본주의(제사건) ① 1873~93 대불황(독점형성) ② 1914~18 세계대전 ③ 1929~33 세계대공황 ④ 1939~45 제2차대전 ⑤ 전후 국제독점자본주의(신자유주의) ① 공산주의몰락 ② EU성립	 노동당정부와 전후개혁(국유화 복지국가 등) 대처정부 신자유주의적 개혁	신성동맹(1914) 인민전선(1935~38)과 레지스탕스(1939~45)	전국전시노동위원회(1918) 뉴딜(1933~39) 레이거노믹스(신자유주의)	 성남평화(1914) 바이마르공화국(1918~33) 나찌체제 : 파시즘(1933~45) 동서 분열(1949) 동서 통일(1990)	러시아혁명(1917.10월혁명) 스탈린체제(1930년대 중엽~1953) 소비에트연방해체	 전후개혁=민주화정책(1945~48) 고도성장노선 1960(「국민소득배증계획」)~1973(인플레이션) 장기침체	 사회민주주의 지향 군사독재에 의한 경제개발 IMF 구조조정 신자유주의체제 성립

25) 이것은 필자가 前田達男「國家」日本勞働法學會(編), 『현대노동법강좌 1: 노동법의 기초이론』, 총합노동연구소, 279면의 [표-4] 노동법의 역사적 전개양식과 국가에서 얻은 아이디어를 기초로 해서 새롭게 재구성한 것임을 밝혀둔다.

하는 단결금지법이 채용한 이론이 「노동조합의 억제(restraint of trade)」 혹은 「노동의 자유(liberté du travail)」라는 점은 주지하는 바이다. 국가를 자기목적화하지 않고, 국민의 자유의 수호자라는 것에서 국가의 이성(rasio d'etre)을 찾는 α군의 국가에서 단결의 자유화(개인의 「영업의 자유」와 「노동의 자유」의 총화, 공동적 행사로서의 단결의 국가로부터의 자유) 적극적 승인(집단적 자유방임(collective laissez-faire)의 승인, 「노동조합의 자유(liberté syndical)」의 개념의 구성 등)에 「자유론」, 그 전환 내지 사상적 심화가 중요한 위치를 차지하고 있다. 여기에는 단결 그 자체가 국가로부터 자유로운 존재로서 법적으로 승인되고 있는 이상, 개인의 자유(권)의 카탈로그 즉 그것이 없다면 개인이 자유롭다고 할 수 없는 자유권 중에 「단결의 자유」가 자리매김하게 된다는 것에 관심을 가져야 할 것이다.

제 4 장 자본주의 노동헌법과 기업

제1절 서 설

자본주의 노동헌법을 논의하는 데에 있어 우리가 또 한 가지 더 생각해야 하는 것은 기업(企業)의 구조와 그 사회적인 성격이다. 자본주의 노동헌법과 관련해서 자본과 노동이 결합하는 곳으로서의 기업 특히 사기업(私企業)을 자본의 사적 이익추구의 도구로만 생각할 것인가, 그렇지 않으면 노동과 자본의 공동체적 상호작용의 장(場)으로 파악할 것인가이다. 이것은 특히 근로관계를 규범적으로 어떻게 평가해야 하는가라는 문제와도 밀접하게 연관되어 있다. 이것은 근로관계가 사용자와 근로자간의 당사자의 의사에 기초한 개별적인 계약관계로만 상정할 것인가, 그렇지 않으면 개별근로자와 사용자 간의 단순한 계약관계를 넘어 새로운 자본주의적인 공동체적 결합관계로 평가할 것인가라는 문제이다. 물론 거시적인 차원에 있어서 기업의 사회적 성격과 구조는 소유구조와 경제질서의 총합(總合)으로서 자본주의의 전개수준에 의해 결정된다. 자본주의체제하에 있어 개별적인 차원에서 사기업은 노동과 자본의 사법적인 결합으로서 파악되고 있다. 따라서 사기업에 대해 중간적인 시각에서 어떠한 사회규범적인 성격을 부여할 수 있다. 이러한 성격이 얼마나 강한가에 따라 노동헌법의 질이 결정될 수도 있다.[26)]

여기에서 중요한 것은 우리 사회에서 기업이 어떻게 파악되고 있으며, 우리 노동헌법에서 규범적으로 어떻게 자리매김해야 하는가라는 것이다. 통상 우리는 인간을 공동체적 존재(共同體的 存在)라고 말하곤 한다. 이러한 말은 공동체를 전제로 하지 않고서는 인간이 존립할 수 없다는 것을 의미한다. 일반적으로 공동체란 인간의 다양한 공동생활이 행해지고 있는 일정한 사회집단 또는 사회적 결합체를

26) 이와 관련해서 마이클 노박(Michael Novak, 김진현 감역), 『소명으로서의 기업』, 한국경제신문사 1997; 한경구, 『공동체로서의 회사』, 서울대학교출판부 1994 참조.

말한다. 그런데 사회적 결합체로서 공동체는 형성요인과 규모에 있어서 매우 다양한 형태와 모습을 띠고 있다. 그 뿐만 아니라 구성원 간의 결합동기와 관계유지 및 상호작용의 형태도 다양하다. 공동체의 기초로는 지역성과 공동체의식이 지적되고 있지만, 공동체의 성립과 존속에 있어서는 구성원의 소속적 일체감 또는 연대감이라는 의미에서 공동체의식이 무엇보다 중요시되고 있다.

노동헌법과 관련하여 공동체 또는 공동체관계가 문제로 부각되는 것은 자본과 노동의 결합에 의한 생산과 분배의 관계로서의 기업 또는 경영 혹은 사업장을 공동체로 파악할 수 있는가라는 문제와 연관되어 있다. 공동체적 관점에서 노동법적 문제를 파악해야 하는가라는 문제제기는 특히 경영 내지 사업장 혹은 노동조합 내에 야기되는 문제를 공동체적 문제로서 해결할 것인가 또는 해결해야 하는가라는 문제와 내통하고 있다.

그런데 이들 관계를 공동체적 관계로 파악하여 해결해야 한다고 하면, 이 경우에 있어서 공동체란 무엇을 의미하고 또 이러한 경우의 공동체는 도대체 어떠한 성질을 갖는 공동체인가? 이러한 문제에 대한 답은 바로 자본과 노동의 결합관계인 기업 또는 경영 혹은 사업장에 있어서 그 주체의 상호간의 관계를 법적으로 평가하는 기초가 될 것이다.

위와 같은 문제의식을 가지고 노동법적 문제로 들어가기 전에, 우선 제기되는 것이 공동체의 개념을 어떻게 파악할 것인가라는 것이다. 여기에서 우리는 법학의 차원을 넘어서 다른 학문의 도움을 받지 않을 수 없다. 사회학에서는 분석적 개념으로서 공동체개념을 사용하고 있다. 이러한 현상은 특히 도이치 사회학에서 현저하다. 노동법학의 영역에 있어서 경영 내지 사업장 혹은 노동조합의 기능적 구조, 경영체 또는 사업장과 구성원의 관계, 노동조합과 조합원의 관계 및 구성원 상호간의 관계를 파악하고 분석하는데, 이러한 사회학적 개념도구를 차용하고자 한다.

제 2 절 공동사회(Gemeinschaft)와 이익사회(Gesellschaft)

기업체 내지 사업체 혹은 노동조합의 기능적 구조, 기업체 또는 사업체와 그 구성원의 관계, 노동조합과 조합원의 관계 및 이들 구성원 상호간의 관계에 있어서 구성원의 의식구조분석을 위해 필요한 개념적 장치가 필요하다. 여기에서는 도이치 사회학에서 그 기원을 두고 있는 「게마인샤프트(Gemeinschaft, 공동사회)」와 「게젤샤프트(Gesellschaft, 이익사회)」라는 개념을 그 개념적 장치로 사용하려고 한다. 그런데 이들 개념은 논자에 따라 그 용법이 다양하여 상당한 혼란을 야기할 우려가 있기 때문에, 여기에서 먼저 도구적 개념으로서 게마인샤프트와 게젤샤프트의 의미내용을 간단히 설명해 두고자 한다.

우리가 분석적 개념으로서 게마인샤프트와 게젤샤프트를 사용하려고 할 때, 우리에게 가장 먼저 떠오르는 것이 퇴니스(Ferdinans Tönnies, 1855-1936)[27]의 그것이다. 퇴니스는 사회적 결합체를 구성원의 결합의지에 따라 게마인샤프트와 게젤샤프트로 구분한다. 게마인샤프트에 있어서 결합의지의 특질은 혈연에 기초한 가족, 토지에 기초한 촌락, 정신적 서약에 기초한 교회의 사람들이 운명적 혹은 본래적 결합으로서 서로 받아들이고, 친밀한 공동생활을 영위하고 있는 이른바 「본질의지(Wesenwille)」에서 찾는 데 반해, 게젤샤프트에 있어서 결합의지의 특질은 협약에 기초한 대도시, 입법에 기초한 국가 등과 같이 사람들이 합리적인 계산에 의해서 결합에 가치를 인정하고 형성하는 「선택의지(Kürwille)」에서 찾고 있다.

이러한 퇴니스와는 달리 베버(Max Weber, 1864-1920)[28]는 게마인샤프트를 외부와의 명확한 경계를 가진 「폐쇄적」인 단체이라고 한다. 단지 그 단결과 연대의 기초는 「전통」이나 「정(情)」의 비합리적인 것이고, 결코 「목적」이나 「합리적 정관(定款)」은 없다. 가장 전형적인 것은 원생적으로 「정관」이 없는 「가(家)공동체」이다. 그러나 「마르크공동체(Markgenossenschaft)」[29], 「쭌프트(Zunft)」[30], 「국민공동체」와 같이 이차적으로 「정률(定律)」 또는 「헌장(憲章)」을 갖추게 되는 것도 있다. 이렇듯이 합리적으로 조직되어 가면, 그 다음에는 「안쉬탈트(Anstalt)[31]」의 성질을 강화해 가고, 궁극에는 합리적인 「안쉬탈트(Anstalt)」로 된다. 또 베버는 인간의 행위가 주관적으로 의미를 가지고 타인의 행동과 관계되는 경우에, 이러한 행위를 「공동체적 행위(Vergemeinschaftshandeln)」라고 부른다. 그것은 공동체구성원의 현실적인 행동 또는 머릿속에 생각되고 있는 잠재적 행동에 대한 다른 공동체구성원의 행동인 것이다. 이러한 게마인샤프적인 행위(공동사회적인 행위: Gemeinschaftliches Handeln)는

27) Ferdinans Tönnies의 Gemeinschaft und Gesellschaft는 1887년에 초판, 1935년에 제8판이 출간되었다. 우리나라에서는 1982년 삼성출판사 삼성사상전집 30권의 일부로서 황성모에 의해서 『공동사회와 이익사회』로 번역·출판된 바 있다.

28) 막스 베버(박성환 옮김), 『경제와 사회 1』, 문학과지성사, 1997, 170-174면. 베버의 Wirtschaft und Gesellschaft의 초판은 1922년에 발간되었다.

29) 게르만족의 촌락공동체.

30) 중세이 동업자조합, 즉 길드.

31) 도이치어 "Anstalt"는 시설, 제도 또는 기관 등으로 번역할 수 있는데, 막스 베버가 말하는 Anstalt란 어떻든 인위적으로 만들어진 시설, 제도 또는 기관을 의미한다고 할 것이다.

① 역사적으로 관찰되어진 것이라고 할 수 있고, ② 이론적으로 구성되는 것 결국 객관적으로 「가능한」 것으로서, 즉 「개연적인」 것으로서 구성된 것이라고도 할 수 있겠다.

공동사회적인 행위의 불가결한 구성요소라고는 할 수 없지만, 그것의 중요한 통상적인 구성요소를 이루고 있는 것은 그 행위가 타인의 일정한 행동에 대한 기대와 그러한 기대에 의한다면 자신의 행동의 결과가 어떠하게 될 것인 지를 (주관적으로) 예견할 수 있다고 하는 가능성을 기준으로 하여 그러한 의미에서 행하여진다고 하는 것이다. 이 경우에 행위를 가장 잘 이해할 수 있는 중요한 설명근거는 이러한 가능성의 객관적인 존재이다. 즉 그것은 이러한 기대가 올바르게 되고 있다고 하는 「객관적 가능성 판단」으로 표현되고 있다는 크거나 적은 객관적인 가능성이다.

그리고 이러한 공동사회적 행위가 다음의 두 요건을 구비하는 경우에만 이익사회적인 관계(Gesellschaftliche Verhältnisse)에 있는 행위(이익사회적 행위)라고 부른다. ① 그 행위가 정률을 근거로 그것에서 내포되어 있는 기대를 기준으로 하여, 의식적으로 행하여지고, ② 그 정률의 「제정」이 공동사회적 관계에 있는 사람들의 결과로서 기대된 행위를 고려하여 순수하게 목적합리적(目的合理的)으로 행하여지는 경우이다.

베버는 이익사회관계와 공동사회관계에 대해서 다음과 같이 말한다. 이익사회관계는 사회행위의 방향이 합리적(가치합리적 혹은 목적합리적)인 동기에 의한 이해의 균형이나 같은 계기에 의한 이해의 일치에 기초한 사회관계이다. 반드시 그런 것은 아니지만, 이익사회관계는 상호의 합의에 의한 합리적 일치에 기초한다. 합리적 경우에 있어서 이익사회적 행위는 ① 자신의 의무에 대한 신앙에 의해 가치합리적으로 구속되고, ② 상대방의 성실에 대한 기대에 의해서 목적합리적으로 구속된다. 이에 반해 공동사회관계는 모든 종류의 감정적, 정서적, 전통적인 기초를 가지고 있다. 그 예로서는 신앙공동체인 교회, 연애관계, 신뢰관계, 민족공동체, 전우로서 결속된 군대를 생각할 수 있지만, 가장 적절한 유형으로서 가족공동체를 들 수 있다. 그러나 다수의 사회적 관계에는 공동사회관계라는 성격과 이익사회관계라는 성격이 동시에 포함되어 있다. 완전히 계산해서 만들어진 목적본위의 목적합리적인 사회관계(예컨대, 주인과 고객의 관계)라도 그것이 겨냥하고 있는 목적 외에 감정적인 가치를 만들어내는 경우도 있다. 또 이익사회관계에서도 목적의 일치에 의한 당해행위를 넘어서 장기간 존속 그 자체를 목적으로 하는 경우도 있다. 이러한 경우에는 관계당사자는 사회적 관계를 유지하고자 한다. 이렇듯 이익사회관계도 처음부터 실질적 구체적인 결과만을 목적으로 하지 않는 것도 있다. 이러한 이익사회관계에서는 원래 정도의 차이는 다양하지만, 머지않아 위와 같은 감정적 가치를 만들어내는 경향이 있다. 예컨대, 군부대, 학교, 사무소, 공장 등에 있어서 구성원은 이익사회적 관계에 있지만, 이들 구성원은 부대, 학교 사무소, 공장이 같다는 사유로 상호간에 동일한 감정적 가치가 만들어지는 경우가 많다.

위의 내용을 종합해 본다면, 퇴니스의 개념은 특별히 형식적 · 유형적인 분류이고, 공동사회와 이익사회를 구별하고자 하는 의도가 구체적인 인간행동의 의식적 근거와는 관계가 없는 추상적인 개념에 불과하다고 할 수 있다. 이것에 대해, 베버의 경우는 공동사회와 이익사회는 모두 인간 스스로가 만든 집단으로서, 공동사회는 감정적, 전통적 의식, 동기에 기초해서 구성된 비합리적인 집단이고(이는 물론 가족, 촌락공동체 등 소여(所與)의 것으로서 나타나고 있다), 이익사회는 이익계산적 · 목적합리적 · 가치합리적인 의식, 동기에 기초해서 구성된 합리적인 집단이다.

그러므로 내가 의도하는 기업, 사업장 혹은 노동조합의 집단적 성격 내지 그 구성원의 행동의식을 분석하고자 하는 목적에서는 베버의 그것이 적절하다는 것은 말할 필요도 없을 것이다.

제 3 절 공동체로서 현대기업

Ⅰ. 공동사회로서 사업장

노동자가 매일 노동하는 직장, 즉 사업장에 있어서 노동자집단은 분업에 기초한 협업을 위한 노동조직으로 편성되어 있다. 그래서 사업장은 기술론적으로는 이익사회(Gesellschaft)이면서 동시에 긴밀하게 연결된 근로자 동료사이의 인간관계로서 심정적으로는 공동사회(Gemeinschaft)서의 성격을 가지고 있다고 할 것이다. 게다가 이러한 경우에 공동사회라고 하지만, 그것은 전근대적인 공동사회가 아니고, 근대적인 공동사회라고 이해해야 할 것이다. 그것은 세계의 현대경영이론이 생산성향상의 제1의 요건으로서 직장에 있어서 노동자의 융화, 협조의 중요성을 들고 있는 것에서도 분명히 알 수 있다. 기업가에 있어서 그러할 것이지만, 노동자에 있어서도 직장노동자집단은 이익사회라고 하기보다도 공동사회라고 하는 것이 바람직하다.

물론 직장노동자집단 특히 노동조합을 근래적인 공동사회의 한 형태로 볼 때, 근로자의 행동과 의식에 있어서 전근대성의 문제이다. 이를테면, 유니온숍협정에서 근로자의 전근대적 모순성이 부각된다. 유니온숍협정이 개개의 근로자의 단결 내지 자유를 박탈하고, 자기결정을 저해하는 것으로 위법하다고 하는 주장은 비조합원근로자가 조직노동자의 투쟁의 성과인 노동협약임금에 무임승차하여 어부지리를 하고자 하는 것(에고이즘)을 긍정하는 결과로 된다고 하는 모순을 포함하고 있다. 이러한 논지도 「무임승차를 허용하지 말라」라고 하는 조합구성원의 윤리의식을 전근대적이라고 단정해서는 아니 되지만, 만약 그렇다고 한다면, 19세기 이래 클로즈드숍(closed shop)협정의 체결을 둘러싸고 사용자와 국가권력과 사투를 계속하였던 유럽노동자를 편협한 중세적 인간상으로 평가해야 할 것이다. 그러나 이것은 잘못 평가이다. 유니온숍협정의 합법론을 주장하는 자도 유니온숍협정 하에서 단결하여 공동투쟁을 하는 자만이 노동법이 기대하는 인간상이고, 단순히 개개인의 추상적인 시민법적 자유권을 초월해서 비로 노동자의 연대와 실질적인 자유가 있을 수 있다고 하는 해석론을 전개하기 전에, 우선 교활한 무임승차행위는 허용해서는 아니 된다고 하는 대(對)사용자투쟁의 노동동지자(勞動同志者)적 도덕(moral)과 규칙이 존재하고 있다는 것을 근거로 하지 않으면 아니 된다.

노동조합원의 의식구조가 어떠한가에 대해서는 이상과 같이 애매하게 추정했던 시절이 있지만, 노동조합도 그 조직원리에 있어서는 자립한 인격을 가진 노동자가 구성하는 이익단체로서의 게젤샤프트이고, 민주주의적 룰(rule)에 의해 운영되어야 하는 것은 자명한 이치이지만, 전쟁터에서 생사를 공동으로 하는 분대병사들이 일종의 가족공동체적 단결심으로써 강고하게 결합하듯이, 본질적으로 투쟁단체인 노동조합의 구성원도 전투적인 동지적 감정으로 결합하는 것을 이해 못할 바는 아니라고 생각한다. 이러한 의미에서는 노동조합의 경우도 게젤샤프트이기보다는 게마인샤프트인 것으로 보는 쪽이 노동조합이나 그 조합원 모두에게 보다 바람직할 것이다.

그러나 우리나라의 경우는 대부분의 노동조합이 기업 내적 조직이기 때문에, 조합원이 서로 껴안는 의식에는 본래의 투쟁집단구성원으로서의 공동사회적 및 이익사회적인 요소 외에도 직장에 있어서 업무동료로서의 이익사회적 및 공동사회적 요소가 혼재하고, 이러한 의식의 중층구조가 우리나라 노동조합활동에 고유한 복잡성을 부여하고 있다는 점은 무시할 수 없다. 이러한 요인은 투쟁 시에 회사를 무너뜨릴 것 같은 파업(strike)은 피하려고 하는 태도로 나타나고, 과거 유럽의 노동조합에 있어서와 같이 철저한 장기파업은 회피되게 된다. 그러나 이 경우, 회사를 무너뜨리지 않는 한, 파업을 하는 것은 전술적으로 옳은가 어떤가는 일단 판단을 유보해 두고, 이러한 노동조합원의 행동 내지 의식이 전근대적인가 어떤가를 생각해보자. 이러한 행동은 분명히 목적합리적인 행동이고, 이러한 행동을 일으킨 의식은 투쟁단체구성원으로서의 투쟁수행 의식과 직장노동조직구성원으로서의 직장확보의 의식이며, 어느 것이든 기본적으로 근대적인 것이다. 지금까지 지배적이었던 게마인샤프트적인 것은 모두 전근대적이라고 단정해버리는 사고방식은 이러한 의미에서 잘못이고, 전근대적 근대적 게마인샤프트, 공동체(의식)의 의의라고 구별을 명확하게 파악해 둘 필요가 있을 것이다.

그러나 물론 이러한 설명은 우리나라 노동자의 의식에 전근대적인 것이 전혀 없다고까지 주장하는 것은 아니다. 유럽과 아메리카합중국과 같은 근대화사회에도 옛날의 잔존물은 많이 있고,[32] 우리나라 노동자 중에도 진정으로 회사에 대해 멸사봉공적인 의식을 가진 자도 있겠지만, 한결같이 우리나라의 노동자는 유럽노동자와 같이 이질적인 전근대인은 아니라는 것이다.

결국, 우리나라 노동자에 특유한 전근대적 의식 내지 행동이라고 하는 것은 실은 일상적인 노동에 있어서 한국노동자의 근면성, 높은 동료적 협력정신 및 노동조합조직의 기업 내적인 성격이 경합하여 초래된 것이라고 해야 할 것이다. 그러므로 한국노동자의 태도가 원초적으로 전근대적이고 노사협조적인 기업일가적(企業一家的)인 의식이 강하다고 평가하는 것은 잘못된 것이 아닐까 생각한다.

물론 한국노동자가 태생적으로 무비판적인 노사협조적인 태도를 가지고 있어 반(反)조합행위를 나타낸다고 한다면, 그것은 우리나라 조합간부의 지도책임이 문제로 될 수 있다. 우리나라 노동조합운동사를 보면, 노동조합간부가 건전한 조합원의식을 가진 일반노동자를 배신하고, 자본가와 공모하여 특정정당지지결의위반, 소수조합원의 반(反)집행부적인 언동 등 조합민주주의를 무시한다는 이유를 내걸고 유니온숍제의 악용 등의 수법으로 전투적인 양심적 노동조합활동가를 추방하고, 정리해고에 솔선하여 협력하면서 명백하게 친자본적 협조노선에 시종하였던 경우도 적지 않았던 것 같고, 현재에도 노동조합을 자신의 개인적인 영달을 위한 수단으로 악용하는 조합간부들이 있는 것 같다. 이러한 조합간부의 부패와 타락한 의식은 규탄되어야 하는 것이다.

---

32) 예컨대, 잉글랜드에 있어서 왕실경배자, 프랑스나 이탈리아에 있어서 강한 가족의식과 동족의식, 아메리카합중국의 광신적 민족차별자 등을 들 수 있을 것 같다.

결론적으로 말하면, 우리나라 노동자의 회사인(會社人)적 태도나 친(親)회사적 행동이 회사에 아주 충성적이지만, 기업외부에 있는 자에 대한 차별적 의식에서 비롯되었다고 하는 주장에는 인식적인 오류가 있다는 것을 분명하게 해두고자 한다. 즉 우리나라 노동자가 자신의 직무에 열심이고 협동의식이 강하다고 해서 자본과 노동의 대립관계가 희박하고 노사협조주의적이라고는 할 수 없다고 할 것이다.

Ⅱ. 노사(勞使)공동체로서 기업의 구조

그렇다면, 현대에서 공동체의식을 어떻게 보아야 하고, 그것이 도대체 어떠한 구조를 가지고 있는지가 문제이다.

이 문제에 대하여 드워킨(Ronald Dworkin, 1931-)의 공동체론[33]이 참고로 될 것 같다. 그는 공동체개념을 네 가지 유형으로 분류하였다. 첫 번째는 공동체를 다수파와 결부된 민주주의이론에 대한 논법으로, 공동체에는 자신이 가진 윤리적 품격(ethical decency)이라고 하는 것의 이상상(理想像)을 지지하기 위해 법을 이용하는 권리가 있다고 한다. 결국 공동체는 다수파라고 하는 것만으로 윤리에 대한 자신의 견해를 강행하는 권리가 있다고 하는 것이다. 두 번째는 패터날리즘(paternalism)의 논법으로, 진정한 정치공동체는 각 시민에게 다른 구성원의 선상태(善狀態, the well-being)에 대한 책임이 있다고 한다. 그러므로 왜곡된 행동에 의해 자신의 생을 형편없게 만들려고 하는 사람은 각 시민이 가진 정치권력을 이용하여 개선해야 한다고 한다(이것은 나찌즘의 전형적인 이론이다). 세 번째는 간략히 말해서 자기이익(self-interest)이라는 논법으로, 원자주의(atomism)라고 할 수 있다, 결국 개인은 스스로 자립하고 있다고 하는 견해를 비난하고, 물질적 · 지적 · 윤리적인 여러 가지 넓은 의미에 있어서 공동체를 필요로 한다고 강조한다. 리버랄(liberal)한 관용에 의해서, 이들의 필요를 준비하는 공동체의 능력이 삭감된다고 주장하는 것이다(스탈린주의가 이것일 것이다). 네 번째는 통합(integration)이라고 하고, 자유방임적인 관용은 공동체 내부에 있는 개개인의 삶과 전체로서의 공동체의 삶과의 부적절한 구별에 의거하고 있다고 논한다. 이 논법에 의하면, 어떠한 개개인의 시민의 삶이라도, 그 삶의 가치나 선(善)은 그 사람이 살고 있는 공동체 삶에 대한 가치(價値)의 반사 내지 함수에 불과하다고 할 것이다. 그러므로 시민은 자신의 삶을 성공시키기 위해서는 자신의 주위의 시민이 품격 있는 삶을 산다는 것이 확실해지도

33) R. Dworkin(高橋秀治 譯),「リベラルな 共同體」, 現代思想 22권 5호(1994), 117면.

록 투표나 일을 하지 않으면 아니 된다.

이들 드워킨의 공동체개념은 서로 실질적 또는 환원적인 개념이 아니다. 첫 번째의 논법에서는 공동체라는 말이 단순히 수치적으로 획정된 얼마간의 정치적 집단분포의 약호로서밖에 사용되지 않으며, 두 번째의 논법에서는 공동체개념에 약간 실질성이 부여되어 있지만, 공동체가 정치집단으로서가 아니라, 독자적인 공유책임이라는 차원에 있어서 획정되어 있다. 세 번째의 논법에서 공동체개념은 그것만으로는 실체로 될 수 없는 것으로서 결국 개개인이 각인으로서 행하는 기여로 환원될 수 없는 널리 다양한 영향과 편익의 원천으로서 인식되고 있다. 나아가서 자기동일화(自己同一化, self-identification)에 대한 네 번째의 논법에서는 공동체가 의인화되어 있으며, 정치공동체가 개개의 시민에서 독립하고 있을 뿐만 아니라 그것을 선행하고도 있다고 하는 것을 의미하고 있다. 여기에서 우리는 네 번째의 개념에 초점을 맞추고자 한다. 그 이유는 사람들은 자신의 이해관심을 자신들의 정치공동체의 이해관심과 동일시해야 한다고 하는 논법의 근원에 있는 발상을 진실적이며 가치가 있다고 생각하기 때문이다.

여기에서 현대국가의 기능과 관련하여 우리는 드워킨이 말하고 있는 네 번째의 공동체개념에 대해 좀 더 부연할 필요성이 있다. 네 번째의 공동체개념은 개개인의 생과 그들 개개인의 공동체의 생은 통합되고 있다는 것, 그리고 이들이 어떠한 삶으로도 그 비판적 성공은 하나의 전체로서의 공동체의 선의 한 측면이고, 그러므로 그것에 의존하고 있다고 하는 것으로써 그는 이 견해를 수용하는 사람을 공민적인 공화주의자(civic republicans)라고 한다.

여기에서 통합에 대해서는 다시 상세한 설명이 필요하다. 그 요점을 개조식으로 열기하면 다음과 같다. 공민적인 공화주의자는 타인의 이익이 가장 높은 중요성을 가지는 이타주의적 시민(the altruistic citizen)은 아니다. 통합은 오케스트라와 유사하다. 건강한 오케스트라는 그것 자체 일단위의 행위주체이다. 오케스트라의 구성원은 자신들 개개의 연주의 훌륭함에 의해서가 아니라, 일체의 전체로서의 오케스트라의 연주에 의해서 개인적 승리가 기분을 상쾌하게 하듯이, 상쾌한 기분으로 된다. 성공하거나 실패한 것은 오케스트라이지만, 이러한 공동체의 성공이나 실패는 그 구성원 각자의 성공과 실패이다. 그러나 오케스트라가 이와 같이 집합성을 가지고 있는 것은 오케스트라가 존재론적으로 근원적이기 때문이 아니라, 구성원의 실천이나 태도 때문이다. 구성원은 자신들이 인격화된 단위로서의 행위주체이지 이미 개인으로서는 아니고, 구성요소로서 등장하는 것이라고 하는 것을 승인해 두고, 공동체의 집합적 생은 구성원이 공동체의 집합적 생을 구성하고 있는 것으로서 취급되고 있다는 활동으로 성립하고 있다. 드워킨은 통합이 사회적 실천과 태도에 의존하고 있다는 것을 전제로 하고 있는 통합의 이러한 해석을 실천적 견해(the practice view)라고 칭하고, 통합은 공동체의 존재론적 제1차성에 의존한다고 하는 것을 전제로 하는 형이상학적 견해(the metaphysical view)와 구별한다.

오케스트라가 가지고 있는 공동체로서의 생명은 오케스트라음악을 산출하는 것에 한정되어 있다. 이러한 사실에 의해서 연주자의 존재는 공동체로서의 생명으로의 윤리적 통합의 성격과 한계가 결정되어진다.

이렇게 본다면, 현대적 직장에 있어서 노동자집단은 노동의 사회화가 놀라울 정도로 발전하여 노동자들이 노동과정에 있어서 직접적으로 강고하게 결합하면서 사용자에 대항할 수 있을 정도에 이르렀다. 하지만 노동과정에 있어서 개별 노동자는 다른 노동자와의 협동이라는 상호관련 속에서 비로소 직장노동자가 될 수 있다. 이 경우에 직장노동자집단은 경영자 내지 그 대리인과 대립하는 기업 내의 전체노동자의 집단, 즉 말단의 직장노동자집단의 복합체이고, 반(反)자율적 작업조직을 세포로 하는 기업 내의 전체작업조직을 기반으로 하고 있다. 직장노동자집단은 개별적 노동자가 노동과정에 자발적인 참가에 의한 협동적인 연관을 의미하고, 그것은 이러한 협동적 연관의 총체로서 직장집단이라는 의미에서 직장노동자의 총체는 그 실체적인 주체가 개인도 아니면, 단체도 아닌 상호연관적인 기능개념적인 주체로 등장한다.

오늘날 노동자는 위와 같이 자유민주적(liberal)인 공동체로서의 사업장(기업과 직장) 및 노동조합의 구성원으로서 일상적인 노동과정에 참가하고 있다. 그래서 현대적 노동자의 의식은 이러한 과정에서 스스로 체득한 결과에 의해서 형성되고 구조화되어 가고 있다고 할 것이다.

제4절 노동헌법적인 문제로서 한국적 기업집단주의

Ⅰ. 한국에 있어서 기업집단주의

한국사회는 외형에 있어서는 상당히 유럽화되었지만 유교가족주의적 문화가 여전히 강하다. 그래서 이러한 문화는 근로자가 취업을 한 경우에는 자신이 소속된 기업을 운명공동체로 생각하도록 하고 근로자 개인보다 기업 자체를 우선시하게 하는 기업집단주의적인 의식을 고취한다. 이러한 현상을 사회학적 관점에서 분석해보면, 우리나라 기업에는 「구조적 봉쇄성」과 「온정적 게마인샤프트적 감정적 상호융합」의 이념이 상당히 강하게 공유되어 있다는 특징을 알 수 있고, 종신고용 등의 노사관계제도가 이러한 구조적 특징으로서의 봉쇄성과 이것에 의한 감정적 상호융합의 실현을 담당하고 있다고 말할 수 있다.

그래서 기업은 단순한 경영조직으로서 보다도 하나의 공동체(comunity)로서 나타나고, 기업공동체에 대한 귀속은 노동자의 지위와 대우뿐만 아니라, 가치관이나 의식구조 상에서도 결정적인 영향력을 미치게 된다. 기업공동체의 내부규범은 구성원을 규율하는 제1차적 규범으로서 받아들여지고, 이것에 위배하는 것은 불가결적으로 공동체구성원으로서의 적격성을 결하는 것이라고 평가되며, 비난이나 배척의 대상으로 된다. 이리하여 여기에서는 근대적 개인주의의 모델로서의 노동자상, 예컨대 잉글랜드에서 볼 수 있듯이, 자기의 능력에만 의존하고, 시장에서 자기의 노동의 정당한 대가가 얻어지지 않으면, 조합이나 계급의 평등주의적 연대에 기대어 시스템을 변화시키려고 노력하는 「독립심과 자의적인 권력자에 대한 반항정신」을 가진 「완강한 개인주의」의 노동자와는 정확히 대조적으로 기업공동체의 구성원으로서 조직에 대한 신뢰와 협력의 정신에 충만한 집단주의형의 노동자상이 나타나게 된다.

Ⅱ. 기업집단주의의 문제점

기업집단주의는 기업 내부의 노사관계와 한국사회 전체의 민주화에 큰 악영향을 미치고 있다고 생각한다.

우선, 기업 내 노사관계에 있어서는 개별노동자의 종업원으로서의 지위취득은 법형식적으로는 대등당사자 간의 노동계약의 체결행위인데, 실질상은 기업공동체의 구성원자격의 취득뿐만 아니라, 노동자는 노동의 수행, 기타 기업 내외의 행동에 대해서 무엇보다 우선 집단주의적 내부규범의 강한 구속을 받게 된다. 그 결과, 노동자가 독립·대등의 법주체로서 자기의 권리를 주장하는 것은 커다란 제약을 받을 수밖에 없다. 이것은 근로관계의 구조나 근로조건을 결정하는 데에 있어서 많은 문제를 야기하고 있다. 이것은 근로관계를 사실상 비권리의무화 내지 비법화하게 할 우려가 크다. 물론 기업에 있어서 개별적 근로관계의 구조 내용(근로조건)에 관해서는 근로기준법 등의 노동법규나 계약법리의 규제가 전제로 되기 때문에 그것이 형식적으로는 비권리의무화 내지 비법화되는 것이 아니지만, 법정 최저기준의 규준을 제외하고 노동조건의 내용(예컨대, 노동의무의 내용, 인사배치, 경영질서의 유지 등)은 당사자의 합의에 의한 것이 원칙(근로기준법 제4조)이기 때문에 사실상 사용자가 마음으로 결정하거나 변경할 우려가 있다. 게다가 사용자는 사실상 단독으로 취업규칙을 작성하여 합의내용을 규범적으로 규제하는 것을 제도상 인정받고 있기 때문에(근로기준법 제93조 이하) 결국 사용자는 집단주의적인 사회적 권력을 배경에 근로조건의 내용결정에 대해서는 넓은 재량권한을 가지게 되고, 나아가 권리의무내용이 불확정하게 되거나 의무내용을 비한정화하는 결과를 낳을 여지가 아주 크다. 우리 사회에서 현재 문제화되고 있는 기업구조조정에 의한 근로자해고 그리고 장시간노동, 과로사 등과 같은 노동의 비인간화문제 도 기업집단주의와 법제도와의 결합에 의해 야기된 결과라고 할 수 있다. 노동법의 목적이자 이념인 노동자의 보호와 노사관계의 실태 사이에는 기업가족주의 내지 기업집단주의로 인하여 커다란 괴리가 생기고 있는 것이 인정된다.

둘째, 기업집단주의는 노동조합의 조직과 활동에도 악영향을 미쳐서 노동조합의 기능부전(機能不全)을 초래하고 있다. 노동조합은 본래 사용자에게 대한 민주적 대항세력으로서 노사관계를 규제하고, 근로조건과 노동자의 권리의 옹호를 임무로 하는 조직이다. 그러나 기업집단주의로 인하여 노동조합이 기업별로 분산되고 노동조합 자체는 기업공동체의 구성요소로 되어 있다. 노동조합이 기업의 존속과 발전을 위해서 사용자와의 상호협력을 우위로 하는 결과, 노사관계에 대한 노동조합의 규제력이 후퇴한다.[34] 게다가 노동조합이 이른바 '어용화'되어, 그나마 근로기준법에 의해 제도화되어 있는 노사협정제도의 운영에 있어서 조합원 내지 노동자에 대한 관계에 있어서도 사용자가 일방적으로 만든 기업내부규범에 대한 동조를 얻기 위해 조합통제권이 발동된다고 하는 일종의 전도된 사태가 다발화된다. 여기에서도 기업집단주의에 의한 노동조합의 목적과 실태의 중요한 괴리를 볼 수 있다.

셋째, 기업집단주의는 한국사회가 열린 민주적인 사회로 발전하는 데에 있어서 중대한 장애요인이 될 수 있다. 예컨대, 기업의 구성원이 일반사회에 있어서 인간의 권리 이익의 존중이라는「보편주의적인 가치의식과 행동태양」을 관철할 수 없다는 것, 그것에 의해 시민생활과의 대립(예컨대 공해문제, 소비자문제)이 생기고, 상호의 연대와 사회의 민주화의 발전을 방해할 우려가 있다. 마찬가지로 노동조합에 대해서도 노동자에게 공통한 권리문제나 일반적 사회문제에 연대하여 씨름하는 자세가 소극적으로 되고 사회의 민주화에 대한 조합운동의 영향력의 저하를 초래한다.

넷째, 기업집단주의는 한국사회를 이른바 기업사회로 만들어버릴 우려가 농후하다. 기업집단주의는 우리 사회 전체가 기업을 중심으로 구성되는 상황 즉「기업사회(企業社會)」를 출현시키고 있다. 소수의 재벌기업이 한국경제를 분점하고 있는 현재와 같은 상황에서 기업사회화 내지 재벌사회화의 문제는 심각하다고 말하지 않을 수 없다.[35] 이러한 기업사회화의 문제는 최근에 재벌기업사장이 정권을 장악하면서 더욱더 심화되어 가고 있다. 기업사회에서는 기업의 가치관이 사회를 지배하게 되어서 개인의 존재가 희박화하는 결과를 가져온다. 이와 같은 기업사회화는 사회 전체의 법적 근대화, 즉「사회 전체를 법적 권리의무로 매개하는 사회관계로 근대화하는 것」을 저해할 우려가 있다. 환언하면 기업사회는 일면에서는 전근대적 사회구조를 해체하고, 법적 근대화를 촉진하지만, 다른 한편에서는 법적 근대화에 대한 강한 억지력으로 작용한다.

한국사회가 기업을 중심으로 경제화하면서 노사관계 및 전체사회적 인간관계가 봉건적인 가족주의에 기초하고 있는 경제적인 기업집단주의로 전환되어서 한국

---

34) 노사협의제도하에서 기업별노조는 사실상 노사협의기구의 일부에 불과하다. 그래서 단체교섭은 노사협의의 우위 내시 내체로 되어 버린다.

35) 우리사회에서 커다란 사회적 문제로 부각되고 있는 예컨대 '삼성공화국'과 같은 재벌공화국의 문제, 내부고발자의 왕따화문제 등은 기업집단주의의 소산이라고 할 수 있다.

민주주의의 발전을 저해하게 된다.

Ⅲ. 한국노동자의 태도변화

현재 우리 사회에 만연되어 있는 기업집단주의는 전근대적 가족공동체의식에 기인한 전근대적 산물이라고 할 수 있다. 그러나 한국인의 기업일가의식은 유명하고, 회사의 동료와 회사 밖에 있는 사람들에 대한 태도의 상위는 바로 촌락공동체적이라고 하는 반론이 있을 수 있다. 격심한 경쟁에 노출된 회사원이 경쟁기업의 사원에 대항심을 가지는 것은 당연한 것이고, 경쟁관계가 없는 경우에도 동료와 동료 이외의 인간에 대한 친밀정도에 차이가 있는 것도 당연하다. 같은 회사 내에서도 각 부문, 예컨대, 부(部)나 과(課)가 대항한다든가 반목하는 것은 유럽에서도 일상적 현상이다. 아메리카합중국의 해병, 육·해·공군의 경우를 보면, 위(上)로는 장관까지, 아래(下)로는 이등병까지 서로 반목대항하고, 각을 세우고 있는 것은 헐리우드판 영화의 상투적인 소재가 되기도 한다. 또한 동일계열의 회사간에 있어 상호배타성 등은 조직시스템의 문제이지, 사회적 편성원리의 문제는 아니다.

지금까지 우리나라 기업 대부분은 종신고용제, 연공서열제, 기업별노동조합이라는 상당히 특이한 제도를 채용하여 왔으며, 노동자들로 하여금 기업 내에서만 사회적으로 성숙하게 하는 이른바 기업일가의식(企業一家意識)을 함양하는 경영정책을 유지해 왔다. 이러한 제도와 정책은 기업 밖에서 노동시장의 성립을 저해하였을 뿐만 아니라 노동자들로 하여금 저절로 기업, 즉 회사를 일종의 운명공동체적 시각에서 보도록 만들었던 것 같다.

그렇지만 기업 간에 이동이 가능한 경우에 급여, 지위 등에 있어서 보다 나은 대우를 받는다면, 예컨대, 대학교원의 경우와 같이 보다 사회적인 평판이 높은 대학으로의 이동이나 보다 많은 보수를 주는 양질의 직장이 있으면, 어떠한 망설임도 없이 전직하고 있는 것도 주지의 사실이다. 이러한 직역에서는 보통 전근대적인 애사심(愛社心)이나 애교심(愛校心) 등과 같은 요인은 개재될 여지가 없다. 외부노동시장이 개척되어 유리한 전직의 기회가 생기고 있는 오늘날에는, 유능한 인재가 좋은 기업에 스카웃(scout)되거나 이와 반대로 자신이 다니고 있는 직장인 회사를 떠나가는 것은 아주 흔히 있는 광경이다. 남아 있는 동료도 기회가 있으면, 호시탐탐 좋은 조건의 전직을 기도하고 있는 것이 현실이다. 이러한 사실을 감안해보면, 지금까지 특정회사에 입사하면 그곳을 평생직장으로 생각하면서 근무한다는 우리나라 근로자의 기본적인 자세와 특정기업에 종사하는 근로자의 기업일가적(企業一家的)인 애사정신은 이미 폐기되어야 할 전근대적 의식이었는데, 최근에 들어와 이것이 근대화되었다고 말할 수는 없을 것이다. 오히려 근로자가 이러한 의식을 가질 수밖에 없었던 것은 지금까지는 불만이 있어도 갈만 한 다른 취업처가 없기 때문에 체념할 수밖에 없었고, 그래서 반대로 타산적으로 열심히 일해 왔을 뿐인 것이었던 것은 아닐지 모르겠다.

또 발행주식 중 약간의 비율을 차지하는 것에 불과하지만, 종업원주주제도(이른바 우리사주제도)를 취하고 있는 기업이나 공정하고 합리적인 업적주의를 취하는 기업의 노동자가 배당과 승진, 상여 등을 목적으로 하여 통상의 근무정도를 넘어서 직무에 진력하는 경우 등도 전근대성, 비주체성의 문제는 아닐 것이다. 나아가서 노동자의 성실근무에는 근무 자체에서의 자기실현, 단순히 일을 좋아하는 것, 저임금 때문에 어쩔 수 없는 시간외수당 · 보너스 목적, 출세욕, 경쟁심, 과시욕 등등 다양한 동기가 있다. 이를 두고 단순히 회사에 대한 헌신적 봉사행위라고 결정할 수는 없다. 오늘날 서서히 변화가 일어나고 있다고는 하지만, 우리나라 사회의 현실적 양상을 직시할 때, 노동자가 동료에 대한 스스러움 때문에 무리한 일을 하는 경우에 있어서도 타산적인 정서적 애사정신에 의해 회사 그 자체를 위해 멸사봉공한다고는 도저히 생각할 수 없다.

제 2 편

노동헌법의 역사적 전개

제 1 장 기초적 고찰

일반적으로 역사학에서는 인류사의 시대구분을 주로 시간적 흐름선상에서 크게 선사, 고대, 중세, 근대 및 현대로 나누고 있으며, 경제사학은 생산양식과 생산관계에 입각한 사회구성체의 특질에 따라 원시공산시대, 노예국가시대, 봉건시대, 자본주의시대로 크게 구분하고, 다시 자본주의의 발전을 초기자본주의시대, 상업자본주의시대, 산업자본주의시대, 국가독점자본주의시대 및 국제독점자본주의시대(Postindustrial period) 등으로 구분하고 있는 듯하다. 아무튼 사회화된 인간노동이 생산요소라는 점에 착안할 때, 노동헌법의 역사적인 변화과정을 제대로 파악하기 위해서는 기본적으로 경제사적 시대구분에 따라 파악할 필요가 있을 것이다. 즉 노동헌법을 상부구조로서 생산수단과 생산력에 의해서 결정되는 생산양식의 총체라는 관점을 취한다면, 당연히 생산력의 발전과 함께 노동의 관점에서 공통적 요소를 추출해서 인류역사와 노동의 역사를 세밀하게 검토하여 현저한 차이가 있는 단층지점을 찾아서 시대를 구분해야 할 것이다. 여기에서는 주로 생산요소로서 노동의 문제를 취급하기 때문에, 기존의 경제사적 관점에서 접근하는 것이 무난할 것 같다. 물론 경제사에 있어서도 사관문제와 관련하여 다양한 학문적 조류가 있음은 우리가 주지하고 있는 바이다. 그렇지만 이러한 작업은 평생을 바쳐 연구한다고 해도 충분하다고 할 수 없을 정도로 큰 주제일 것이다. 그것은 필자의 능력범위를 넘는 문제라고 생각한다. 그래서 좀 무모하다고 할 수 있지만, 나의 관심은 경제사적 관점에서 유럽자본주의의 전개사를 중심으로 전근대, 근대 및 현대로 구분하고 그에 따른 노동헌법과 노동법이론을 구상해보려는 데에 있다.

이렇게 노동헌법의 역사적 전개를 전근대, 근대 및 현대로 개괄적으로 삼분할 때, 제기되는 또 다른 문제가 근대와 현대를 어떻게 구분할 것인가라는 것이다. 왜냐하면 현대란 근본적으로 근대의 연속선상에 있지 않은가라는 의문이 제기되기 때문이다. 또 근대와 현대를 구분한다고 하더라도 근대의 범위를 어떻게 보는가도 문제인 것 같다. 유럽인의 관점에서 보더라도 현대는 근대의 연속이라고 할 수 있다. 왜냐하면 넓은 의미에 있어서의 「근대」란 프랑스혁명에서 현재까지 진행되고 있는 약 200년의 역사적 경험을 가리키기 때문이다.[1]) 그래서 여기에서는 한국의 관점이 아니라 「지구인」의 관점에서 말하고자 한다. 이렇게 되면, 그것은 가장 앞서 가고 있는 유럽인의 관점이 될 것이다. 그렇다면 지구인으로서 우리는 이미 상당히 긴 세월 동안 근대라는 시대 속에서 살고 있다고 할 수 있다. 물론 구체적으로는 현재에도 지구상에는 근대를 경험하지 못하고 있는 사람들이 있다. 그리고 한국인을 포함하는 이른바 제3세계에는 이제서야 서유럽인들의 과거경험을 하고 있다. 근대는 많은 문제를 내포하고 있어도, 결코 뒤로 되돌아가지 않았고, 그 나름의 해결을 고안하고, 그것이 또한 다른 문제를 낳았다. 그뿐만 아니라, 혁명이나 전쟁 기타 혼란이 있으면서도, 특히 근대라는 구조는 온존하여 현재에 이르고 있다고 보면, 근대는 단순한 시대의 이름에 불과하지 않고, 명쾌한 윤곽으로 그려낼 수 있는 구조를 가지며, 독자적인 운동법칙을 가지고 있는 것으로 보인다. 하지만 여기에서 이러한 시대구분의 문제에 본격적으로 들어갈 여력은 없다.

생산력의 발전에 초점을 맞추어 법적 현상을 생산관계의 양식으로서 파악하고 근대국가와 근대법의 성립을 기점으로, 즉 근대국가의 탄생 이전의 국가를 총괄해서 전(前)근대국가로 총칭하는 한편, 그 이후부터 시민사회와 자본주의의 성립과 함께 그 기본적 질서의 유지자로서 정치체제를 근대국가로, 그리고 기술발전과 더불어 산업자본주의가 성립하여 자본주의의 병폐로 그의 적극적인 관리체제로서 기능이 확대된 국가를 현대국가로 지칭하고, 이들 각 국가의 노동질서를 전근대의 노동헌법, 근대의 노동헌법 및 현대의 노동헌법으로 시대적 구분을 한다. 제1차 및 제2차 세계대전을 거치면서 북아메리카와 유럽을 중심으로 형성된 거대한 자본이 형성되어 자본주의가 새로운 국면에 접어들면서 현대국가는 이러한 자본주의체제의 조절자로 기능을 확대하였다. 그리고 20세기 후반부터, 한쪽에서는 급속도로 발달한 컴퓨터기술에 의하여 전산화·정보화된 정보시대가 개시되고, 다른 한쪽에서는 개방화와 세계화로 노동과 자본에게 특히 자본 측에는 새로운 가능성이 전개되어가고 있다. 현재의 상황을 지칭하는 의미에서 이른바 국제자본주의시대라는 말을 사용하고자 한다. 통상 지금까지 우리가 논의해온 노동법의

---

1) 근대 200년을 만들어내는 데에는 그 전에 또 200년 정도의 준비기가 있었다. 더욱이 그 전에, 르네상스시대가 있고, 일반적으로는 그것은 근대의 새벽인 것처럼 말하고 있다. 그렇다고 하여, 르네상스시대와 그 후의 종교개혁과 대항종교개혁의 시대 혹은 종교전쟁의 시대는 봉건시대의 종언의 시대이고, 동시에 근대라는 시대로 들어가는 준비단계이다. 아마 15세기와 16세기에 걸친 거의 200년간은 낡은 시대의 잔존과 새로운 시대의 맹아가 공존하는 과정이고, 신구의 투쟁과 대립이 격렬하게 진행되었다고 말할 수 있다. 그러므로 15/16세기를 근대의 준비기, 17/18세기는 초기근대, 즉 근대의 구조가 형성되는 시기로, 그리고 19세기/20세기는 근대의 확립기라고 할 수 있겠다.

이념과 이론은 기본적으로 산업자본주의국가 내지 국가독점자본주의라는 틀을 전제로 한 것이라고 생각한다. 따라서 노동법과 노동법이론의 혁신을 위해서는 현대자본주의시대에 경험적인 노동법헌법이 어떻게 구조화되어 왔으며, 이를 혁신하기 위해서 규범적인 노동헌법을 어떻게 구성해야 할 것인지를 고민해야 할 것이다. 어떻든 노동헌법은 상부구조로서 인간노동을 둘러싼 기본적 관계이고, 우리가 현재라는 시간 속에 살고 있기 때문에, 결국 노동헌법론의 문제의식은 현시대에 집중될 수밖에 없다. 다시 말하면, 우리의 노동헌법적 관심은 노동의 주체가 법적 주체로 대두하는 주로 근대국가 성립 이후에 있다고 할 것이다.

이하에서 우리는 오늘날 현대노동헌법이 그 기원을 두고 있는 근대노동헌법을 논하기 전에, 고대인 및 중세인의 노동관 그리고 경제적·사회적 상황에 관한 개관을 통해서 전근대의 노동헌법이 어떠했는지를 잠시 살펴보는 것에서 논의를 시작하려고 한다.

제 2 장 전근대의 노동헌법

제 1 절 전근대인의 노동관

I. 고대의 노동관

고대에는 노동이 어떠한 상황에 있었는가? 이 물음에 대해 일의적으로 답할 수는 없을 것이다. 고대라고 하더라도 지역마다 당연히 상이하였을 것이라고 상상할 수 있다. 그러므로 각 지역의 노동상황을 구체적으로 정리한다는 것은 상당히 어려울 것 같다. 무엇보다 우선, 문헌자료의 면에서 제약이 있다. 몇몇의 기록이 존재하여도, 그 기록이 신화나 전설에 관한 것이고, 노동이 직접적으로 등장하는 것은 아주 드물다. 그래서 어느 정도 연구성과가 정리되어 있는 고대그리스의 노동상황을 소개하는 것에 그친다.

고대그리스의 노동은 상당히 복잡하게 착종되어 있다. 고대그리스의 경우에는 이미 직접적으로 조사할 수 없다. 고대그리스에서 노동에 대한 언급은 시나 설화 또는 창가의 형식으로 구전되고 있는 약간의 단편적인 자료를 기초로 해석을 통해서 파악해야 하지만, 그러한 해석에는 보는 관점에 따라 다소간의 편향을 피할 수 없을 것이다. 게다가 고대그리스인의 노동과 노동표상을 주제로 하고 있는 문헌들이 별로 많지 않고, 또 설사 있다고 하더라도 필자가 접하기가 쉽지 않고 그리고 그것을 구한다고 하더라도 해독이 쉽지 않기 때문에, 고대그리스인들의 노동과 노동관 전체를 리얼하게 재현해내는 것은 정말 지난한 작업이다.[2)]

고대그리스에 있어 노동의 중심은 직인노동이다. 직인노동은 「테크네(Techne)」와

---

2) 이하에 있어 고대그리스의 노동에 관한 기술은 Jean Pierre Vernant, Myth et Pensee chez les Grecs, I, II, Maspero, 1971에 의존한다. J. P. 베르낭은 지금까지 고대그리스의 노동관이라는 거의 아무도 손을 대고 있지 않았던 영역을 처음으로 개척하였고, 다양한 각도에서 계통적인 분석을 가하였던 최초의 연구자가 아닌가 생각된다.

「포이에시스(Poiesis)」라는 말로 표현될 수 있다. 이들 말이 띠고 있는 의미를 추구하는 것에 따라서 고대그리스의 노동관도 스스로 모습을 드러낸다.

테크네는 아주 간단히 말하면, 특정의 소재(재료)로 형상을 만들어내는 것이다. 이러한 형상(형식, 보이는 모습)은 그 소재가 가지고 있는 뒤나미스(Dynamis: 잠재력)를 이용해서 만들어진다. 테크네는 바로 이러한 뒤나미스를 이용하는 방법이라고 할 수 있다. 통상 우리가 말하는 근대적 직인 즉 기술자는 자신이 다루고 있는 기계의 메카니즘(mechanism)을 이해하고 있다. 그래서 그는 자신의 활동을 하나의 자립된 직업으로서 자각하고 있다. 직인은 자연을 인식하는 주체이고, 기술은 바로 자연을 과학적으로 인식하는 방법이다. 이에 대해 고대그리스에 있어 테크네의 행사자는 사물에 내재하는 뒤나미스를 필요에 따라 적절히 이용할 것을 심득해야 한다. 인공물이나 자연물에 모두 뒤나미스가 있는데, 사물에 따라 독자적인 뒤나미스가 있다. 각 사물에 고유한 뒤나미스를 적절하게 사용하여 형상을 만드는 작업이 바로 테크네이다. 테크네는 근대적인 테크놀로지와 달리, 오히려 감(感) 또는 요령(要領)에 가까운 것이라고 할 수 있다. 테크네가 대상으로 하는 뒤나미스란 모든 사물의 뒤나미스 일반이 아니라, 개별 사물에 내포되어 있는 뒤나미스이기 때문이다. 개별 사물마다 뒤나미스가 다른데, 이에 적적히 대응하기 하기 위해서는 일정한 수련이 필요하다. 테크네는 뒤나미스에 의해 규정된다. 그러므로 각 테크네에는 그것에 고유한 한계가 존재할 수밖에 없다. 이러한 의미에서 보면, 테크네의 사상은 한계의 사상이라고 할 수 있다.

고대그리스인의 기술적 사고는 현대의 과학기술적 사고와 같이 무한한 진보로 가는 문이 열려 있는 것이 아니다. 각 테크네, 즉 기술은 원칙적으로 고정된 시스템 내에 폐쇄되어 있다. 각 기법은 도구의 수나 힘에 의해 한정되고, 그것이 만들어내는 생산물의 한계 내에 정확히 거두어질 수 있다. 기술은 모두 한계가 정해져 있다. 도구는 수에서나 크기에서도 한계가 있다. 기술에 있어서, 목적으로부터 보아 수단은 유한하다. 이 목적이 도구에 한계를 정한다. 그리스의 사상에 있어서, 한계의 존재야말로 가장 기본적인 것이다. 이것은 단순히 테크네와 포이에시스에 한정된 것이 아니라, 그리스적 우주론의 특성이기도 하다. 근대가 무한으로 열린 세계상을 가지는 것에 대해, 그리스는 폐쇄된 우주를 가지고 있다. 테크네와 포이에시스는 그 자체가 폐쇄된 우주이다. 따라서 기술이 그 자연적 한계와 목적에 합치하는 효과를 산출하는 것이 아니라, 한계를 넘어버리면, 기술은 현실적인 것을 아무것도 생산하지 않는다고 비판된다. 한계를 넘는 기술도 존재한다. 이 비자연적, 비한계적 기술의 산물은 환영이나 모방이다. 모방(Mimesis, μίμησις)[3)]이나 환영

(Fathasima)은 쾌락에 결부되고, 그것 자체로 윤리적으로 나쁘다. 플라톤(Plato, BC 428/427-BC 348/347)은 다음과 같이 생각한다. 쾌락을 낳는 모방의 기술은 제한 없이 많다. 왜냐하면, 쾌락에는 한계가 없기 때문이다. 그것들은 환영을 낳지만, 현실은 낳지 않는다. … 고대그리스인에 있어서 현실이란 대상에 어울리는 한계의 내부에 그치는 것을 의미한다. 엄격한 구조 내에 그치는 것에서 비로소, 기술(테크네와 포이에시스)은 힘과 유효성을 가질 수 있다. 그리고 「한계 내에 있는 것」이 「현실적으로 있는 것」이고 「자연적으로 있는 것」이다.

고대그리스적인 기술노동은 근대적인 과학기술과는 다르다. 직인(職人, 데미우르고스: demiourgos)[4]은 자신의 생산물 속에 자신의 노동이 「자연화하는 것」을 본다. 기술의 「자연화」는 근대와는 반대로 인간의 기술을 자연의 작업에 동화하는 것이다.

그런데 테크네가 한계의 사상에 의해 통제되는 한은, 폐쇄된 우주상에 있어서 어떠한 문제도 일으키지 않는다. 한계를 심득한 테크네는 「좋은 테크네」로서 취급된다. 그래서 테크네에서는 약간의 균열이 있더라도 무마될 수 있다. 그렇지만 앞에서 약간 언급했듯이, 테크네에는 「한계를 초월하는 테크네」라는 성가신 것이 있다. 이러한 종류의 테크네와 그것이 내재하고 있는 「무한계의 사상」은 「한계의 사상」에 도전한다. 자연적 우주를 흔들고, 사람의 마음을 혼란시킨다. 이것이 「나쁜 테크네」이고, 책략, 교지(狡智)로서의 기교(Μήτις[5], 메티스)이다. 이것은 대개 픽션을 만드는 것을 업으로 하고, 사람의 우매한 쾌락을 기대한다. 이것은 쾌락의 제공 대신에 화폐를 얻는다. 요술, 마술, 시작, 예술, 상업기법(화식술) 등은 「나쁜 테크네」로 분류된다. 그래서 플라톤도 정직한 공화국에서는 모방적이고 가상적인 기술, 즉 미메시스(mimesis)로서의 포이에시스는 추방해야 하고, 상인, 요술사, 방랑예술가의 무리는 공화국의 외부 또는 주변에 가두어서 내부로의 침입을 허용해서는 아니 된다고 하였다. 이러한 종류의 「나쁜 테크네」가 증가하고, 공동체의 윤리가 침범된다고 생각되는 그 정도, 실제에는 경멸되었던 농업노동이 「자연적」활동으로서 대두되고, 기교적 직업의 지기로 모시게 된다. 농업이나 수공업은 자연적인 테크네이지만, 기교(메티스)는 이들과는 다른 것이라는 식으로. 헤시오도스(H

3) 미메시스는 '모방'을 의미하는데, 단순한 '복제'라기보다는 오히려 '재현'을 의미한다.

4) 장인(匠人)이라고 하고, 잉글리쉬로는 demiurge라고 표기한다. 플라톤의 <대화 Timaeus>에서는 세계의 창조자라는 뜻으로 쓰이고 있다. 그래서 후에는 종교적 의미로 사용되기도 했다. 즉 AD 2~3세기경에는 크리스트교의 영지주의(靈知主義 Gnosticism)자들은 질투심 많고 열등한 신을 데미우르고스라 하면서, 무지하고 평범한 크리스도교인들의 비(非)영지주의자들은 불완전한 세계를 실제로 창조한 데미우르고스를 맹목적으로 숭배하고 있다고 비난했다.

5) 메티스는 '지혜로운 여자'를 의미하는 것으로 교활한 지혜를 상징한다.

σίοδος, Hēsíodos, 기원전 7세기경)의 농업노동관은 오늘날 농업주의이데올로기로 전환하였다고 할 수 있다.

예컨대, 아리스토텔레스(Aristoteles, 기원전 384-322)는 화식술(크레마티스티케)를 엄히 고발한다. 화식술(貨殖術, 상업)은 「자연에 반하는 것」(ουιχαταφισυ)이다. 그것은 자연적 욕구를 만족시키는 것이 아니라, 화폐를 위해서 화폐를 구한다. 신발의 제작은 신발의 이용이라는 자연적 목적을 가지고 있다. 확실히, 이 제작도 자연적 목적은 아닌 목적(신발의 판매)을 가지는 것이 있다. 어떠한 테크네도 자연적 목적에서 벗어나 화폐로 지향할 수도 있을 수 있다. 그러나 화폐와의 교환이 대개 자연적 한계에 가두어져 있는 한은 어떠한 테크네도 「자연에 합치하고」 있다. 그러나 화식술은 진정한 테크네의 본성과는 반대로, 「한계가 없다」. 부를 획득하는 기술(예컨대, 고리대)은 무제한으로 화폐를 산출하는 힘을 가지고 있다. 화식술은 화폐라는 환상적인 것을 낳지만, 현실적인 것은 낳지 않는다. 「화폐는 환상적인 것밖에 없다. 환상적인 것은 자연에 의한 것이 아니라, 인위적인 약속이나 관습에 의해서 가치를 가지는 것에 불과하다.[6]」

상업(貨殖術, 상품교환)을 대표로 하는 기교(책략적 기술)에 대한 플라톤이나 아리스토텔레스의 논란은 그들만의 편견이라는 할 수 없다. 이러한 종류의 사고방식은 다소간 일반인에게 공유되었을 것이고, 플라톤이나 아리스토텔레스와 같은 지식은 이러한 사고방식을 명료하게 이론화하였던 것에 불과할 것이다. 일상적 현실에서 이러한 종류의 기교(책략)가 발전하였기 때문에, 어떠한 종류의 지식은 그것을 위기로 파악하고, 그 위기를 극복하는 사상을 구축하려고 하였던 것이다. 이것에 대해 당연히 별도의 사고방식이 있어야 한다. 현실을 직시하고 현실에 적응하는 현실주의자가 나타날지도 모른다. 그것이 이른바 소피스트이다. 소피스트는 화폐에 대해 그만큼 악의를 가지지 않고, 화폐를 좋아하고 축적하기까지 한다. 그들은 화폐와 바꾸어서 지식을 매매한 최초의 지식인이다. 게다가 소피스트들은 모든 기술노동을 높이 평가하고, 기술자민주주의의 사상마저 품고 있었다. 그들의 사상은 「기술자공화국」이었다고도 할 수 있다. 그러한 의미에서, 그들은 매우 모던적(modern)인 것이었고, 내용마저 달리, 그들은 어딘가 19세기 프랑스의 사상가 생시몽(Saint-Simon, Claude Henri de Rouvroy, comte de 1760-1825) 등과 유사하다고 할 수 있다. 소피스트들은 고대그리스에서 자주 격하 평가의 대상으로 되었던 테크네 일반에 편견을 가졌던 점에서 플라톤이나 아리스토텔레스와 대립하고, 다른 한편에서는 그들도 기술노동이 그대로 폴리스의 기초로 될 수 있다고는 생각하고

6) 아리스토텔레스(나종일 역), 『정치학』(세계사상전집 5), 삼성출판사, 1982, 1257b 11-15.

있지 않은 점에서, 폐쇄된 우주론의 권내에 있었다.

Ⅱ. 중세의 노동관

고대의 노동관이 중세 초기까지 특별한 변동 없이 계속되었는데, 중세 중기에 들어오면, 일종의 노동르네상스라고 말할 수 있는 현상이 생긴다.

첫째, 농업의 부문에서 황무지를 개간하는 운동과 같은 생산적 노력이 생긴다. 농업의 진보는 기술적인 측면에서 보다도 경지면적의 확대로 이루어진다. 경지의 확대와 더불어 내포적 집약적 노동이 발전한다. 그래서 농민(농노)의 수가 증가하고, 노동의 효율도 점차 높아진다. 이러한 상황을 배경으로 해서 노동에 대한 사회적 평가가 조금씩 상승한다. 이러한 사실은 다음과 같은 중세에 수도원을 중심으로 수행되었던 농업에 있어서 다음과 같은 두 가지의 예에서 확인할 수 있다. 첫째로, 13세기 경에는 입법의 차원에서 농업계약이라는 관념이 처음으로 생긴다. 그래서 농민에 있어서 생활조건의 개선, 노동효율이 토지에 대한 법적 권리의 문제와 결부되어 진다. 토지보유와 경지의 개선이 계약상 확인된다. 둘째로, 노동과 관련된 규칙이 생긴다. 일요일을 휴식일로 정하는 규칙이 생긴다. 이것은 종교적인 의미에 있어서 노동의 금지를 의미하는 것이 아니라, 노동의 재생산을 위해서 사회적 차원에서 노동의 휴식을 조직적으로 정하였다는 것을 의미한다. 이와 달리, 태만, 걸식을 고발하도록 하는 입법도 생겨난다. 이러한 규칙이 정착되어 감에 따라 농노와 임노동자의 수가 증가한다. 그래서 종래에 수도원의 농업에서 중요한 역할을 하였던 수도사의 노동도 소멸하기 시작한다. 수도사의 노동은 육체노동에서 상징적 활동으로 옮겨가고, 수도사의 일은 제빵(빵굽기), 원예, 제주(술담기) 등과 같은 보다 가벼운 노동으로 변한다.

둘째, 노동의 존재가 관직명(官職名)으로 정착하는 경우도 생기게 된다. 그 실례는 농사를 위한 중세기의 책력(冊曆)에 그려져 있는 그림 속에서 볼 수 있다. 근대 이전에 사용되었던 책력은 수렵 채취 또는 농사나 사냥을 위한 것이데, 거의 대부분에 그 표현양식(allegory)에 있어 차이는 있지만 종교적 함의가 들어 있다. 이러한 중세의 책력에는 여러 종류의 인물군(人物群)이 등장한다. 중세의 농사월력(農事月曆)에는 특히 하나의 명확한 인물군이 주제(테마)로 등장한다. 그러한 주제로 되었던 사람들이 「농민」들이다. 월력에는 계절이 바뀔 때마다 해야 한 농사일을 그림으로 표시했는데, 이 경우에 계절적 농업노동을 하는 농민들의 모습이 그림으로 그려졌다. 농사월력에 농민의 노동이 등장하였다는 것은 농업노동이 노동표상 안에 확립된 위치를 차지하였다는 것을 시사한다. 노동을 그림에 묘사하는 것 자체는 노동을 무시하고 침묵하였던 처지에서 그것을 주시하고 어느 정도 긍정적으로 평가하도록 하는 것으로 된다. 이러한 현상은 느릴지언정 경제생활의 발전이 조금씩 물질적 노동의 의미를 인간의 표상체계 내에 끌어넣도록 하였다는 것을 뜻한다.

물론 중세기의 노동세계는 압도적으로 농업노동이 중심이다. 그렇지만 농업노동의 기술 수준이 상승해가면서, 그것과 평행하여 그 다른 직인(職人)적인 기술도 서서히 발전하기 시작한다. 아마 10세기 이후부터 기술적 노동에 대해서도 상당히 열린 태도가 나타난다고 말할 수 있다. 그 대표적인 예가 「기술서」(기술의 안내서)의 등장이다. 기술을 「지적」으로 조직해서 생각하는 경향이 나타났던 것이다. 아마 「지성」과는 무관하다고 생각해왔던 「수작업(手作業)」에 대해 「지적이고 이론적」이라는 평가가 주어지게 되었던 것이 새로운 사실이다. 「기예(技藝, artes mechanicales)가 「자유학예(artes liberales)」와 거의 동일하게 취급된다. 그래서 「자유학예는 당연히도 지성으로부터 생긴다. 그렇지만 기계적(mechanical) 기예도 결코 자연에 주어지는 것이 아니고, 인간의 반성의 산물이다」라는 평가된다.

이상과 같이 농업노동과 직인노동을 불문하고, 물리적·육체적 노동(「기계적인」 노동)이 표상체계에서 그것 상응한 위치를 차지하기 시작하였던 것은 당시의 맥락에서는 새로운 사실이다. 이러한 변화가 그 후의 역사에서 상당히 중요한 의의를 가지는 것은 확실하지만, 중세에 있어서는, 전체로서 보면, 노동표상에 붙어 있는 차별감정이 여전히 아주 농후하게 남아 있었다. 이렇게 본다면, 중세의 중기로 접어들면서 노동의 지위에 적으나마 상당한 상승이 있었지만, 그것이 실질적으로 사회에 기여하였던 것에 비해 사회적 평가체계에서 제대로 정당하게 대우받고 있다는 것과는 아직 너무나 거리가 멀었다.

제2절 고대 및 중세의 사회경제적 상황

경제사학자들의 연구결과를 차용해서 인류사회의 발전사를 소유관계로 구분해 본다면, 인류사회는 원시공산사회, 고대노예사회, 중세봉건사회 그리고 근대자본주의사회로 발전되어 왔다고 한다.

인류가 지구상에 출현한 후 지금까지 가장 긴 시간을 보냈던 것은 원시사회상태에서라고 할 것이다. 원시사회에서 자연은 어떠한 사람에게도 속하지 않았다. 이러한 원시사회를 경제사회학자들은 오히려 자연이 모든 사람에게 속하였다는 의미에서 원시공산사회라고 부르고 있는 듯하다. 원시공산사회는 수십만 년간의 몽매시대(蒙昧時代)를 거치고 또다시 수십만 년의 야만시대를 지나서, 지금으로부터 삼사천 년 전에서야 겨우 고대사회로 접어들었다. 마제석기에 의한 농경이 가능해지면서 정착생활이 가능하게 되고, 이러한 정착생활에 터 잡아 씨족사회가 형성되고, 씨족 간의 불화와 전쟁을 통한 정복으로 부족국가가 성립하기까지 원시공산제사회는 서서히 붕괴되어 갔다. 이러한 인류생활의 변천을 생산수단의 소유관계로 파악해본다면, 농업생산의 개시로 사회적 생산력이 비약적으로 발전함에 따라 수십만 년간 거의 변함없이 계속되었던 원시공산제적인 생산수단의 소유관계는 고대사회에 들어와 노예적인 생산수단의 계급적 소유관계로 이행하였던 것이라고 할 수 있다.

원시공산사회는 기본적으로 이동적인 채취와 수렵경제에 바탕을 둔 사회이었다. 모계제가족을 중핵으로 하는 씨족 등 혈연적 공동체가 생활과 노동단위로 되어 단순하고 유치한 도구와 방법으로 생산활동을 하였다. 주요 생산수단(대상)인 자연은 공동체구성원 전원에 의한 점유와 이용 하에 있고, 아마 생산물은 구성원에게 공평하게 배분되었을 것이다.

이러한 원시사회에 있어서도, 노동의 사회화가 진행되어, 사회적 생산력이 일정한 규모에 달하게 되면서, 공동체존립의 기본조건인 생산노동을 목적합리적으로 편성하고 관리하는 한편, 부족공동체의 안전을 부족신(部族神)에게 기도하고, 외적에 의한 침입의 위협으로부터 동포를 보호하며, 생산물을 적정히 관리하고 배분하는 공동체에 불가결한 공동사업(비생산적 노동)에 전념하는 사람들이 등장하게 된다. 이들의 사회적 지위가 확정되면서 노동지휘, 제사, 군사, 행정, 기록 등의 기능을 수행하는 기관이 발달한다. 다른 한편에서는 공동체구성원이 준수해야 할 규범이나 그 위반에 대한 제재절차도 정비되어 간다. 이들 기관은 그 능력의 평가에 의해 선출된 개인으로 편성되고, 또 규범 내지 제재는 본질적으로 자연생성적인 모든 구성원에 의해서 지지되었던 것이다.

그렇지만 머지않아 농업생산이 어느 정도 보전되고 발전되어 감에 따라, 인간의 정주생활이 시작되고 경작노동이 생산노동의 중심을 차지하게 된다. 그렇게 되자 전쟁포로는 생산노동을 위한 도구로 사용되기 시작하였다. 즉 부족들 간의 전쟁에서 잡은 포로는 그 이전까지는 식량만 축내는 무용한 존재로서 거의 모두 살해되었으나, 전쟁포로는 이제 가축을 기르고 식물을 경작하여 수확을 증대시키고 또 잉여생산물을 가져다주는 경작지확대를 위한 귀중한 생산력으로서 노예화되게 된다. 이렇게 하여 얻어진 잉여생산물은 정주지에 축적되고, 공동체구성원의 풍요한 생활을 위하여 배분되거나 다른 부족과의 교역을 통해서 중요한 물자의 구입에 충당된다. 이런 식으로 증대하게 된 잉여생산물과 중요물자의 축적은 거의 필연적으로 공동체소유재산의 공동사무담당자에 의하여 사유재산으로 독점된다. 이러한 사유재산이라는 물적 조건하에서는 권력의 사적 집중, 가족제도의 부계제화, 재산(특히 생산수단으로서의 토지와 노예)과 신분의 세습화, 공동체구성원의 노예화 등과 같은 상태가 생기게 되었다.

그 결과로, 그때까지는 공동체의 공동사무처리의 제도이었던 공적 기관도 사적 권력에 봉사하는 것으로 변질하게 되고, 노예제적 생산기구의 유지, 피지배자에 대한 억압의 제도로서의 측면을 가지게 된다. 공동체의 지배기구는 국가, 즉 노예제국가로 전환되어서 여타의 사회규범에 우선하는 법규범은 노예제도를 정당화하고 또 다른 사람들에게 존중을 강제하기 위한 특수한 규범으로 전환된다. 다시 말하면, 그러한 규범이 지배자인 노예소유자에게는 정의(正義)일지라도, 노예에게 있어서는 아무런 정당성도 가지지 못하는 폭력만으로 담보되는 규범으로서의 법규범, 즉 계급법이 발생하는 것이다.

고대노예제사회는 기본적으로 정주적인 농업경제의 사회이다. 고대노예제사회에서는 농업공동체가 점유하는 토지를 기반으로 해서, 공동체구성원인 가부장제가족(노예소유자)이 그 토지의 일부를 사적으로 점유하고 있다. 이들 노예소유자는 가축과 같이 생산수단인 노예를 사역하여 생산을 수행하고, 노예가 생산하는 모든 생산물을 수탈하는 것을 특징으로 한다. 고대국가는 바로 그 관리제도의 가장 중추적인 기구였으며, 고대법이란 고대국가적인 노예지배를 정당화하는 법이었던 것이다.

또한 농업에 적합하지 않은 자연환경 하에 있었던 건조지역 또는 한랭지역에 있어서는 목축(양, 산양, 말, 소, 낙타 등)이 발전하지만, 대다수의 주민은 목초와 물을 구하기 위해서 옮겨 다닐 수밖에 없는 유목적인 생활양식을 취하고 있었다. 그런데 유목생활에서는 노예제도의 발생이 어려웠다고 한다. 즉 유목민 중에서 기마민족(騎馬民族)은 우수한 기마술과 병기에 의해서 짧은 기간에 농경민족(노예제사회)을 지배하는 것이 가능하였다고 할지라도, 유목이라는 생산양식 자체는 그 이전의 자연채취적인 생활양식과 마찬가지로 고유한 노예제의 발생으로 연결되기는 상당히 어려웠을 것이다.

일반적으로 선사시대란 문자가 없는 시대이고, 역사시대는 문헌자료에 의한 연구가 가능한 시대를 가리킨다. 고대 문자의 기원은 대개 기원전 3000년경 메소포타미아의 설형문자라고 하는데, 이러한 문자기록에 의하면, 이미 이들 사회에서는 농업생산이 시작되었고, 비로소 다수의 촌락이 서로 모여 사는 상당한 규모의 지역에 걸치는 대집락(大集落)이 나타났으며, 거기에 왕이라고 불리어지는 공동체의 수장이 등장하였다. 그로부터 머지않아, 강수량이 많고 비옥한 경작지를 확보할 수 있는, 이를테면 고대문명발상지와 같은 곳에서는 도시국가들이 통일되어, 중앙집권적 통일국가라고 할 수 있는, 예컨대 바빌로니아와 같은 고대국가가 서남아시아 지역에 창립되고, 함무라비법전과 같은 고대법전들이 편찬되었다. 이들 법전에는 생산유통에 관한 경제적 사항, 가족제도, 재판제도, 조세제도 등에 관한 규정뿐만 아니라 노예에 관한 규정도 포함되어 있다.

유럽에 있어서 고대국가의 전형적인 예로는 무엇보다 로마제국을 들 수 있겠다. 그것은 다수의 부족으로 이루어진 지역공동체이고, 또 군사적 공동체이었지만, 그 생산기반은 농업공동체였다. 로마는 이러한 터전 위에 대외친략을 통하여 획득된 포로를 귀족과 시민에게 배분하여 이들을 노예로서 직접생산노동에 사역케 하고 수탈하게 하는 노예제국가였다. 로마법은 이러한 노예제생산에 기한 상품생산과 상품유통관계를 반영한 시민법으로서, 개인주의적 거래법적 권리 의무관계를 포함하였지만, 그것은 어디까지나 노예소유자인 시민 상호간의 것이고, 노예는 그 소유자가 생사여탈의 권리를 가지고 있는 소나 말과 같지만, 이른바 "말하는 가축", 즉 물건으로 규정되었다.

고대로마제국은 후기로 접어들면서 중소농민이 몰락하고 대토지소유제도(예컨대, Latifundium)[7]가 생기지만, 노예의 부족, 노예제의 비효율성 등으로 노예제에 대

7) 라티푼디움(Latifundium)이란 '광대한 토지'라는 뜻의 라틴어르 고대로마의 대토지 소유제도를 말한다. 라티푼디움은 로마의 영토 확장과 영유지에 대한 처분법에 의해 성립했다.

신해서 예속적인 소작인(colonus)[8]에 의한 농업생산으로 이행하고, 로마제국은 서서히 몰락해 갔다.

위와 같이 로마인들이 대표적인 고대노예국가를 형성하였다고 한다면, 중세봉건제의 중심적 세력으로 되었던 것은 게르만족이었다. 서유럽봉건제의 본질은 봉토(영지)를 소유하는 영주가, 행정과 사법, 과세의 권리(불수불입권, immunity)를 보유하는 것에 있다. 영주는 촌락(공동체)을 장원으로서 지배하고, 농민은 가족단위(가부장제적 가족)이고, 생활과 농경을 하는 것이 허가되어 있지만, 그 땅을 떠나는 것은 금지되고, 연공(年貢: 봉건지대)을 납입할 의무를 진다. 경지는 공동경지로서 공동으로 경작되지만, 농가 1호당의 지분을 10헥타르 단위로 구획한 후, 이를 공동경지로 돌아가면서 경작하는 해방경지제가 일반적이었다. 농민은 농지 이외에도 삼림, 목초지 등의 입회지의 공동이용권(Allmenderecht)을 가지고 있었으며, 이들 경지지분과 입회권(入會權)에 대한 대가(代價)로서 부역(노역지대)과 조세납부의 의무가 부가되는데, 부역으로는 대개 주 2, 3일을 영주직영지에서 노동하는 의무가 부과되고, 조세에는 인두세, 상속세, 혼인세, 사망세, 수차사용료 등의 자의적인 과세도 있었다. 이와 같이 봉건영주에게 신분적으로 예속하는 농민을 농노라고 한다.

11세기부터 13세기에 걸쳐서, 윤작기술이 발달하고, 농지를 셋으로 나누어, 그 일부분에는 겨울곡물을 심고 또 다른 일부에는 여름곡물을 재배하며, 나머지부분은 휴경지로 하는 삼포제도(三圃制度, three field system)가 보급되면서[9] 경작도구도

---

8) 콜로누수(colonus)는 로마 제국 말기의 소작농이다. 이들은 주로 가난하고 영세한 자유농 출신이었으며, 일부는 해방된 노예였고 지주들 사이에서 농군으로 일하도록 보내어진 이방인들도 있었다. 이들은 토지를 빌려 쓰는 대가로 돈이나 생산물 또는 용역을 제공했다. 일부는 국가의 세금징수원이나 침략자 또는 도발적인 이웃에 대항해 지주로부터 보호받기 위해 콜로누스가 된 것으로 보인다. 이들은 표면상으로는 자유인이었으나, 상속되는 채무와 이전의 자유를 제한하는 법에 의해 그들이 빌린 농지에 예속되어 있었다. 고대로마시대의 콜로누스의 후손들은 중세에 농노가 되었다.

9) 삼포제도에 대해서 좀 더 자세히 설명하면, 이것은 유럽에서 근대적 윤작농법(輪作農法)이 도입되기까지 수백 년간 개방경지제도와 함께 실시되었던 대표적 토지이용제도로서 마을의 공동경지 전체를 거의 같은 크기의 3개의 경포(耕圃)로 나누어서 한 곳은 보리 · 귀리 등의 여름 곡물에, 다른 한 곳에는 가을 파종의 밀 · 호밀 등의 겨울 곡물에 할당하고, 나머지 한 곳은 휴작하고 가축을 방목하여 1년마다 순서를 바꾸어 3년에 일순(一巡)하도록 하는 방식이다. 겨울 곡물이나 여름 곡물을 심은 곳도 수확 후에는 휴한지와 함께 가축의 방목지가 되므로 지력의 회복을 꾀할 수 있다. 비옥하고 평탄한 토지가 많은 라인·루아르 사이 같은 농업선진지방에서는 8세기 무렵부터 실시되었지만, 일반적으로 보급된 것은 11～13세기이다. 지중해지방에서는 중세 내내 로마시대로부터의 이포제(二圃制)와 바퀴 없는 쟁기가 남아 있었고 과수(올리브 · 포도)재배지는 따로 도시 근교의 한 곳에 정해 두었다. 삼포제는 이포제에 비해 휴한지가 1/2에서 1/3로 줄고, 경지면적의 1/6의 이용증가를 꾀할 수 있으며, 1년의 다른 시기에 다른 작물을 2번 수확할 수 있으므로 노동력의 배분이나 기후 불순에도 효과적으로 대처할 수 있다는 장점이 있었다. 또한 봄파종작물로 귀리를 재

개량되고, 두 마리 이상의 말이 끄는 철제쟁기수레까지 발명되어서 농업생산력이 비약적으로 향상되었다.

부역이 초기에 생산물지대이었으나, 위와 같이 농업생산력이 향상되어감에 따라, 14세기 이후에는 화폐지대로 이행한다. 농촌에 있어서 농업생산력의 발전은 농민에게 어느 정도 여가를 가져오고, 이것에 따라 자급자족을 기본으로 하는 봉건제에서는 농업생산이 주력을 이루지만, 중세 후기에는 농가는 농업과는 이질적인 부업을 함으로써 상품생산과 상품유통의 위한 경제적인 기반을 마련하게 되었다. 이리하여 초보적인 상품경제가 서서히 성립하게 된다. 이 상품경제는 처음에는 영세한 가내공업이었지만, 머지않아 가내자본에 의한 수공업에서 대량생산(manufactue)[10)]으로 규모를 확대하고, 이것에 이어서 화폐경제도 발전하였다. 그리고 봉건영주에게 일정액의 대가를 지불하고 이와 교환하여 상품생산과 상품거래의 자유와 자치권을 가진 자치도시가 발달하기 시작한다. 이러한 도시에서는 국내적 상품생산과 상품유통뿐만 아니라 외국무역도 융성하게 된다. 도시는 상인이나 수공업자가 연대하는 도시공동체이고, 여기에는 길드(gild, Zunft)특권을 가진 시민이 상공업을 독점하였다.

봉건영주가 할거하였던 중세봉건국가는 이상과 같이 촌락공동체에 기초를 둔 협소하고 폐쇄적인 소우주이라고 할 수 있다. 봉건국가의 법규범인 봉건법은 기본적으로 관습법이었다. 그 전형인 게르만법은 로마의 개인법적 성격에 비교해서 공동체법적 성격이 현저하고, 소유개념 역시 로마법의 사적 소유권개념에 대해 공동체적 총유(總有, Gesamteigentum)개념이 특징적이었다. 그리고 농노는 법적으로 봉건영주와 이것에 신종(臣從)하는 귀족 및 봉건적 질서의 이데올로기적 지주인 크리스트교 교회의 승려에게 신분적으로 예종(隷從)되어 있는 반(半)자유인에 불과했다.

배합으로써 말의 사료를 확보하고 농산물을 다양화하여 식생활개선은 물론이고 중세농업경제를 획기적으로 증진하는 데에 기여하였다.

10) 산업혁명에 의해 기계제공업이 출현하기 이전의 최초의 자본주의적인 공업생산형태로서 일반적으로는 공장제수공업이라고 한다. 이 말은 manu(손)와 facturc(제조) 2단어로 되어 있는데, 역사적인 용어로서는 어느 정도의 노동자를 고용하는 대규모적인 수공업에 한해서 사용된다. 즉 한 작업장에 몇 명에서 몇 십 명의 노동자가 고용되어 수공업적인 기술에 기초하면서도, 분업과 협업(協業)의 체제 아래 공업생산이 이루어지는 자본주이저인 공입생산의 최초형태를 말한다. 한편 이런 역사적 용어로서가 아닌 오늘날의 일상용어로서 이 말이 사용되는 경우에는 단순히 공업이나 제조업을 뜻한다.

제 3 절 전근대적 노동헌법 : 신분적 예속노동질서

노예제도가 발생하기 전에는 인간들은 자연에 대한 자기노동에 기한 자급자족적인 경제상태에 있었기 때문에 타인의 노동을 지배하는 형태인 종속노동이라는 것은 없었다고 할 수 있다. 다른 한편, 이것은 노동이 사회화가 되지 않았다는 것을 의미한다. 그러므로 노동을 규율하는 것은 다른 동물의 경우와 유사하게 자연 그 자체의 법칙이었기 때문에 특별히 노동을 규율하는 사회적인 제도나 규범으로서의 법은 존재할 수 없다고 생각된다. 생산력이 발달하여 정착생활이 시작되고, 특히 부족 간의 전쟁에 의한 지배가 본격화되었던 고대사회로 접어들어 타인의 노동에 대한 지배가 생겨나면서 인간노동은 본격적으로 사회화되기 시작한다.

고대사회에 있어서 노동에 대한 물권법적 규율을 단적으로 나타내는 것이 바로 노예이다.[11] 예컨대 고대로마[12]에서 주인은 노예에 대하여 사법적으로뿐만 아니라 공법적으로도 완전한 권한을 가지고 있었다. 즉 노예는 물적 재산의 일부였던 것이다. 따라서 물건이 그 주인의 소유권에 속해 있듯이 노예 역시 주인의 소유권에 복종해야 했다. 부자유인으로서의 노예는 물건과 상품으로서 거래되고 노동을 하는 짐승과 거의 동일시되었다. 노예는 법적으로 재산을 취득할 수 없었고, 자신이 노동하는 곳에서 벗어날 수도 없었으며, 국가나 공동체의 의사형성에 참여할 수 없었다. 주인은 그의 생사를 결정하고 직업과 군무까지도 결정할 수 있었다.[13]

---

11) 로마제국의 경우가 대표적이다. 이에 관해서는 헬무트 쉬나이더 「고대의 노예경제 : 로마제국의 경우」, 헬무트 쉬나이더 외 6인공저(한정숙 역), 『노동의 역사 – 고대이집트에서 현대산업사회까지』, 한길사, 1982, 125-197면 참조.

12) 역사적 연구에 의하면 로마시대 초기에는 노예가 존재하지 않았으며, 로마가 이웃나라를 정복하면서 노예가 생겼다고 한다. 또 처음에 노예는 그 수도 적었으며, 가족의 일원으로서 그 지위가 단순한 물건의 지위는 아니었다. 그러나 로마의 정복지가 광범위하게 확장되면서 시민과 인종을 달리하는 노예의 수가 격증하고 도덕과 풍속이 피폐하여 노예의 지위가 오직 주인의 도구인 물건으로 다루어지는 상태로 전락하였다. 그 후 노예보호법이 제정되는 등 노예의 지위가 상당히 향상되기는 하였으나, 로마의 노예제도는 사회조직 전체와 긴밀하게 결합된 것이기 때문에 물건으로서 노예의 지위가 전면적으로는 제거되지 못하였다. 노예는 servus, homo, familia로 표현되었다. 특히 여자노예는 ancillia, 동산으로서의 노예는 mancipium이라고 하였다. M. Kaser, Das Römische Privatrecht, Erster Abschnitt 2. Aufl. 1971, 특히 440면 이하와 현승종, 『로마법원론』, 일조각, 1982, 78-79면 참조.

13) 국가가 전혀 존재하지 않았을 때 또는 봉건국가가 붕괴하여 봉건국가가 일시적으로 없었던 중

고대로마의 경우, 노예노동에 있어서 노동의 법을 생각해보면, 로마시대에 있어서 노동의 법형식은 소유의 법형식과 동일하다고 말할 수 있다. 즉 소유의 법형식이 노동의 주체에게 그대로 적용되었다. 노동의 고유한 법형식은 존재할 수 없었으며, 소유의 고유한 법형식만이 존재하였을 뿐이다. 그렇기 때문에 노동에는 물건에 관한 법, 즉 물권법이 적용되었다. 고대로마에 있어 노동을 담당하는 인간은 법의 주체(Subjekt)가 아니라 법의 객체(Objekt)였다. 노동하는 인간 즉 노예는 법적으로 인(人: Rechtsperson)으로서가 아니라 물건(Sache)으로서 취급되었다. 노예는 자신의 권리를 가지고 있으면서 독자적으로 법적 의미를 가진 행위를 할 수 있는 법주체(Rechtssubjekt)가 아니라 소유권자가 처분할 수 있는 소유의 대상이었다.[14]

중세에 들어와서 유럽에는 장원제도가 봉건사회의 경제적 하부구조로서 구축되면서 노예노동에 대한 물권법적 지배관계는 상당히 완화된다.[15] 그러나 노동에 대한 물권법적 규율은 폐지되지 않은 채 그대로 유지되었다. 고대의 노동제도로서 노예제도가 중세시대에는 농노제도라는 새로운 물권적 지배관계로 변한 것에 불과했다. 하지만 중세의 농노제도에서는 복종자에게 약간의 고유한 권리가 인정되었다.[16] 농노는 그가 경작하는 토지에 대한 일정한 권리를 가지고 있었기 때문에, 주인이라 하더라도 모든 것을 농노에게 강제로 요구할 수 없었고, 나아가 일정한 사항에 관해서는 협력을 주장할 수 있는 권리만 가지는 경우도 있었다. 이러한 범위 내에서 농노는 그의 노동에서 고유한 소득을 얻을 수 있었다. 농노는 그의 가정을 꾸릴 수 있었음은 물론 소유자에게 남아 있는 주인의 권리를 유보한 채 그의 재산을 후손에게 상속할 수도 있었다. 그러나 농노는 그가 소속된 토지에 구속되어 있었기 때문에 농노는 토지와 함께 매도되기도 하고 또 후손에게 상속되기도 했다.

고대 및 중세에 있어서도 물론 이른바 "자유로운" 근로관계가 존재하였다고 한다.[17] 그러나 이러한 현상은 극히 예외적인 것에 불과하였다. 자유로운 근로관계

세의 경우를 보면, 토지소유권에는 사적 및 공법적 권한이 포함되어 있었다. 그러므로 토지를 소유하지 못하고 노동하는 인간에게는 어떠한 사적 및 공적 공간도 허용될 수 없었다.

14) 이를 단적으로 나타내는 말이 로마법의 노예임차(Dienstmiete: 용역임차)이다. 그런데 로마법의 노예임차에 관한 법리는 민법의 고용계약에 관한 법리로 계승되고 있다. 또 현대노동법은 민법상의 고용계약을 전제로 하고 있다. 물론, 로마법상의 노예임차의 법리가 현대노동법에 그대로 수용될 수 있었던 것은 그것이 로마의 노예자본주의의 법적 구조가 현대의 자본재생산의 법적 구조와 형식적으로 일치하기 때문이라고 생각한다.

15) 이와 관해서는 아하트 폰 뮐러, 「봉건제 : 중부유럽의 농촌과 도시」, 헬무트 쉬나이더 외 6인 공저(한정숙 역), 위 같은 책, 199-252면 참조.

16) 황적인, 『로마법 서양법제사』, 박영사, 1993, 108면.

17) H. Sinzheimer, Die Demokratisierung des Arbeitsverhältnisses, ders., Arbeitsrecht und Rechtssoziologie, Bd I, 1976, S.116.

라고 하더라도 그것은 노예나 농노와 같이 물권법적으로 구속되어 있지 않다는 것을 의미하였을 뿐 내부적 관계는 가부장적으로 서열화되어 있었다. 그러므로 고대와 중세의 자유로운 근로관계에 있어서도 피용인이 주인과 동등한 법률상 지위를 가진다는 것은 생각해 볼 수조차 없는 일이었다.

전체적 맥락에서 볼 때, 고대와 중세에 있어서, 즉 전근대사회에 있어서 종속노동에 대한 법체계는 바로 물권법이었다고 할 것이다. 다시 말하면, 고대사회와 중세사회에 있어서 노동의 법은 아직 물권법으로부터도 분화하지 못한 상태에 있었다.

제 4 절 자본주의의 성립과 근대로의 이행

15, 6세기가 되면, 상품경제의 발전에 의해 공동체적 기반이 무너져 내려 약화된 봉건영주는 부역에 저항하는 농민을 억압하기 위해 권력을 국왕에 집중하게 된다. 이렇게 해서 이른바 절대주의 및 절대왕정이라고 불리어지는 중앙집권국가가 성립하게 된다.

이 시대는 또한 잉글랜드에 있어서 삼각무역(triangular trade)[18]이나 종획운동(enclosure movement)[19]에 전형적인 전기중상주의 정책에 의한 원시축적(본원적 축적: Ursprüngliche Akkumulation)[20]의 시대이고, 자본주의형성의 시대이었다.

---

18) 삼각무역이란, 일반적으로 2국간에서만 무역이 행해지면 편무역이 될 가능성이 많기 때문에, 제3국을 개입시켜 3국 전체로서 채권과 채무의 상쇄가 가능토록 꾀하는 무역 방법이다. 잉글랜드는 네덜란드 및 프랑스와의 무역경쟁에서 1757년의 플라시 전투를 계기로 잉글랜드가 주도권을 잡아 신대륙으로 모직물을 수출하고, 그곳에서 얻은 은을 가지고와 동양의 향료 등을 수입하는 중계무역을 하였다.

19) 인클로저는 토지의 집중적인 사유화, 서유럽에서 공유지와 초원, 목초지 및 그 밖의 경작 가능한 토지를 오늘날과 같이 세밀하게 구획된 개인 소유의 농장 부지로 분할하거나 통합하는 것을 말하는데, 인클로저운동은 중세 말부터 19세기까지 유럽 특히 잉글랜드에서 자본주의가 전개되면서 활발하게 진행되었다.

20) 본원적 축적이란 생산수단을 자본으로 전화(轉化)함과 동시에 생산수단에 결부된 직접적 생산자를 생산수단으로부터 갈라놓아 임금노동자로 전화시켜, 자본제적 생산의 전제조건을 창출하는 역사적 과정을 말한다. 자본제적 생산을 특징짓는 것은 노동력이 상품화하고 있는 것이다. 즉 자본제적 생산이 이루어지기 위해서는 한편에서 화폐 및 생산수단의 소유자와, 다른 한편에서 <인격적으로 자유롭고, 노동력을 자유롭게 판매하고, 또 생산수단으로부터 분리되어 노동력 이외에는 팔 만한 아무것도 가지고 있지 않다>는 이중적 의미의 자유로운 노동자가 존재하고 있는 것이 전제조건으로 되어 있다. 자본제적 생산은 축적과 재생산과정 속에서 그 전제조건을 유지, 재생산함과 동시에 더욱더 증대하는 규모로 재생산하게 되는데, 이와 같은 노동자와 노동실현조건

잉글랜드에는 15세기에 이미 부역이나 생산물지대는 거의 화폐지대로 바뀌고, 요우맨(yeoman)이라고 불리어지는 자유롭고 유복한 농민층이 생기고, 길드도 붕괴하여, 농촌공업이 발달하고 있었다. 이러한 환경에서 종획운동(Enclosure Movement)이 1차와 2차에 걸쳐서 강행되었다. 제1차 종획운동은 14세기 후반 경에 목양을 기반으로 하였던 모직물공업이 발달하게 되자, 곡물생산보다 상대적으로 유리한 양모생산을 위하여 차지인인 목양업자나 지주(젠틀맨: gentleman)가 공동지나 경지를 목장으로 전환하도록 하여 농민의 실업과 이농(離農), 농가의 황폐, 빈곤의 증대 등을 야기했고, 농민들의 폭발적인 유민화를 초래하였다. 잉글랜드의 절대왕정은 종획운동에 의한 농민의 부랑민화를 저지하는 정책을 시도하였다. 형벌로써 부랑(浮浪)이나 걸식(乞食)을 금지하거나 징역직장을 설치하여 부랑자의 직업교육을 시도하기도 하였지만, 얄궂게도 결과적으로는 신흥지주계급(젠트리, gentry)나 상인의 반발을 샀을 뿐만 아니라, 오히려 부랑자를 도제화해서 점점 더 대량생산화를 더욱더 촉진하는 것으로 되었다. 또 제2차 종획운동은 18세기 후반에서 19세기 전반에 걸쳐 인구 증가에 따른 식량 수요의 격증으로 곡물생산을 위한 대농경영을 위해 명예혁명(1688년)으로 권력을 잡은 의회가 법령에 의해 뒷받침하고 정부의 주도하에 이루어졌다. 이로 인하여 농민의 임금노동자화가 촉진되었다. 그 결과 잉글랜드에서는 한편에서는 엄청난 산업예비군이 배출되었고, 다른 한편에서 지주·농업자본가·농업노동자의 삼분제를 기초로 하여 자본제적 대농경영이 성립되어, 즉 이른바 자본의 '본원적 축적'이 되어 산업자본주의 성립을 위한 물적 기반을 구축했던 것이다.[21)]

삼각무역은 서인도제도에서 잉글랜드가 설탕플랜테이션(plantation)을 경영하면서 흑인노예를 사역한 것에서 시작되었다. 콜롬부스(Christopher Columbus, 1446-1506)에 의한 신대륙의 발견과 스페인의 정복자들(conquistador)이 멕시코와 페루로부터 엄청난 은을 약탈했던 시대로 상징되는 대(大)항해시대의 개막과 함께, 잉글랜드도

의 소유와의 분리는 자연발생적으로 주어지는 것이 아니고, 자본제적 생산에 선행하는 역사적 발전의 결과로서 나타난 것이다. 자본제적 생산은 봉건제도의 해체 위에 발전해 가는데, 봉건제도하의 토지보유 농민을 그 생산수단인 토지로부터 분리하여 임금노동자를 창출(創出)하는 것이 본원적 축적 전과정의 기초를 이루고 있다. 이와 같은 농민으로부터의 토지수탈 과정은 나라에 따라서 각기 다르고 그것이 각국의 자본주의 형태를 형성하지만, 전형적 형태를 취한 것은 영국뿐이다. 영국에서는 특히 16세기와 18세기 2차례에 걸쳐서 인클로저(enclosure)운동이 대규모이면서 폭력적으로 추진되어 농민들은 임금노동자로 전환되는 것을 강요당하였다. 본원적 축적을 위해서는 다른 한편에서 자본으로서 투하해야 할 화폐재산의 축적이 필요한데, 이것도 국가의 간섭으로 이루어졌다.

21) 石濱知幸行, 「資本主義の 成立とその以後における 經濟の發展」, 山川均/石濱知行/河野密, 『唯物史觀經濟史』, 改造社, 1929, 252-262면 참조.

16세기 중반부터 모직물의 밀수나 사적인 나포(拿捕)를 통해서 스페인의 신대륙무역에 침입해갔다. 양국 간의 대립이 격화되자. 잉글랜드가 스페인의 무적함대를 격파(1588년)하여 제해권은 확립하였지만, 아시아진출에 있어서 잉글랜드는 스페인이나 포르투갈에 뒤처져 인도를 식민지화하는 데에 그쳤다. 그 대신 잉글랜드는 북아메리카대륙으로 진출하는 데에 역점을 두었다. 스페인이 원주민을 노예로 하여 광산채굴에 사역하는 것에 대해서, 잉글랜드는 식민지의 경영에 맞춰 원칙적으로 원주민을 내쫓고 잉글랜드인을 이주 정착시켜 경영을 담당하게 하는 방식을 취하였다. 그렇지만 서인도제도에 있어서는 사탕수수플랜테이션의 경영은 기후적 이유 때문에 흑인노예를 사역하지 않을 수 없었다. 이를 위한 방책으로서 잉글랜드는 노예선으로 직물이나 잡화품을 아프리카 서해안에 운반하고 이것을 선물로 하여 매수한 흑인부족을 다른 흑인부족과 싸우게 하고, 포로를 서인도제도로 운반하여 경매하여, 그 대금으로 설탕을 구입하여 본국으로 가지고 돌아간다는 이른바 삼각무역을 조직하였다. 이러한 방식은 이미 17세기 초부터 북아메리카식민화의 개시와 함께, 면화플랜테이션의 경영에도 적용되었다. 이러한 삼각무역은 잉글랜드에 막대한 이익을 가져와 원시축적의 주축으로 되었지만, 식민지를 단순한 원료공급지에 그치고, 면화의 가공 등은 본국이 독점하는 중상주의정책, 브라질에 관한 프랑스와의 이권쟁탈전에 의한 재정위기타개책으로서의 식민지중과세정책 등과 같은 정책 때문에 식민지와의 이해대립이 격화하게 되었고, 이윽고 아메리카합중국의 독립전쟁(1775년)을 초래하게 되었다.[22)]

그러나 총체로서는 절대왕정기에 있어서 초기자본주의 단계의 국가법 내지 그 정책은 원시축적에 대해 억지적인 방향으로 작용하였다. 즉, 절대왕정은 봉건국가의 최종단계에 나타난 정치적 지배형태로서 봉건적 귀족계급이 몰락하고 자본가계급이 대두하였던 사이에 가능했다. 절대왕정은 이들 양 계급세력의 균형 위에서서 양 계급의 조정자로서 기능하였던 것에 그 본질적 특징이 있었다. 그래서 절대왕정은 봉건제국가의 분산성과 폐쇄성을 타파하여 민족을 기반으로 한 국내통일을 계획하고, 상비군과 관료기구를 정비해서 국내시장의 형성과 근대국가의 구축으로 가는 길을 개척하였다는 점에서 진보적이라고 할 수 있었지만, 봉건국가로서의 본질에서, 즉 자본주의적 생산의 보다 높은 발전과 자본가계급의 정치적 진출을 억압하였다는 점에 있어서 반동적이었다. 즉 절대왕정의 전기중상주의 정책은 중금주의정책이고, 봉건제말기의 재정적 위기를 극복하기 위해 오로지 특정의 특권산업 및 독점무역의 육성에 중점을 두고, 농촌에서 자본주의적 생산의

22) 앙드레 모로아(신용석 옮김), 『미국사』, 기린원, 1994, 89면 이하 참조.

확대를 억압하고, 다양한 봉건적 구속을 온존시켜서, 토지의 수확이나 길드의 해체에 의한 자본의 축적과 노동력의 해방이라는 원시축적이 진행하였던 것이다.

이러한 억압에 반항하여 절대왕정을 타도한 시민혁명(전형적으로는 프랑스혁명)은 봉건적 절대주의적 구속을 배제하고, 신분적 토지소유에서 재산적 토지소유로의 전환, 봉건제하에서의 물리적 강제에 의한 수탈에서 자본제하에 있어서 전면적인 법적 강제에 의한 수탈로의 전환, 소유와 노동의 자유의 실현을 그 사명으로 하였다는 의미에서 초기자본주의국가 즉 근대시민법성립이라는 획기(劃期)를 형성한다.

이러한 시민혁명을 추진하고 정당화하는 법적 이데올로기로 되었던 것은 계몽주의사상가들이 주창하였던 자연법사상과 그것에 기초하고 있는 기본적인 인권개념이었다고 말할 수 있겠다. 17, 8세기에 잉글랜드나 프랑스에 부흥했던 자연법사상은 이를테면, 잉글랜드의 퓨리턴혁명(청교도혁명, 1640-49년)시대에서는 토마스 홉스(Thomas Hobbes, 1588-1679)의 『리바이던(Leviathan)』[23](1651년)에서 볼 수 있고, 명예혁명(1688년)시대에는 자연권으로서의 생존권을 보장하기 위하여 체결된 계약에 국가의 존립근거를 찾으려고 했던 사회계약설을 주창하면서 명예혁명을 정당화하고 있는 존 로크(John Locke, 1632-1704) 『정부론(Two Treatises of Government)』(1689년)에서 볼 수 있으며, 프랑스혁명(1789년)에서는 혁명 이전에 있었던 앙상 레짐(ancien régime)[24]을 거부하고 국가조직원리로서의 삼권분립론을 주장하는 루소(Jean Jacques

---

23) 리바이던에는 <교회 및 시민의 공동체의 내용 · 형태 · 권력>이라는 부제가 붙어 있다. 홉스는 《구약성서》 <욥기>에 나오는 죽지 않고 영원히 산다는 거대한 동물 리바이던에 국가를 비유하여 국가유기체를 설명하였다. 서론 · 결론 외에 4부 47장으로 구성되었다. 혁명정권하의 영국에서 출판되었으며, 망명 중이었던 홉스는 이로 인해 귀국하게 되었고 왕당(王黨)으로부터 크롬웰을 위해 쓴 것이라는 공격을 받았다. 그의 근본적인 주장은 각자의 불가침의 자연적인 자기보존권에서 정치권력의 절대성을 끌어내어 종교도 정치권력에 종속시키려 했다. 제1부는 인간, 제2부는 코먼웰스, 제3부는 그리스도교의 코먼웰스, 제4부는 암흑의 왕국에 대하여 서술하고 있는데, 제3 · 4부는 교회 비판이다. 인간은 태어나면서부터 평등하되 자연상태에서는 <만민은 만민에 대해서 싸우는 상태>에 있으며 이 자연권의 자기부정을 벗어나기 위하여 이성(理性)이 스스로 발견하는 자연법에 의해서 자연권을 제한하고 절대주권 설립의 사회계약에 의해 국가가 성립한다고 하였다. 홉스는 전제군주제를 이상으로 여기지만 주권의 기초를 국민의 자기보존권에 두고 있으며 바로 거기서 그의 자연주의 입장을 볼 수 있다. 홉스의 비판자들은 그가 인간을 전쟁상태에서 파악했음을 비난하고 인간은 신에 의해 도덕적으로 만들어졌다고 주장하였으나 이것은 그들이 구질서와 근대적인 개인 사이의 모순을 간파하지 못했음을 의미한다.

24) <구제도> · <구체제>로 번역되는 1789년 프랑스혁명 이전의 정치 · 사회상태를 가리키는 말이다. 이 용어는 헌법제정국민의회의 법령 등에 나타나며, 이미 1788년 무렵부터 체제비판적인 팜플렛에 사용되고 있었다. 1790년 C. 미라보는 국왕에게 보낸 서신 가운데에서 <모든 사물의 새로운 상태를 앙시앙 레짐과 비교해 보시오>라고 썼으며, 입헌군주파에서 산악파에 이르기까지 구제도는 혁명에 의해서 타도해야 할 정치 · 사회체제였다. 이 발상에는 낡은 것이 일소됨으로써 보다 우수한 새로운 것이 창조된다고 생각하는 진보주의사상이 깃들여 있으며, 이런 구제도관(舊制度觀)은 혁명관 및 혁명행동과 관련해서 이해되어야 하는 것이지, 반드시 구제도라고 일컬어지는 역사적인 실태를 나타내는 것은 아니다. 구제도란 통상적으로는 근대사회 성립 이전의 16~18세

Rousseau, 1712-1778)의 『사회계약론(du contract social)』(1762년)에서 볼 수 있다. 그 외에도 인민주권론과 혁명권론은 디드로(Denis Diderot, 1713-1784)를 비롯한 백과전서파에 의한 절대왕정비판 등이 주장된 기본적 인권개념은 사회계약설적 관점에서, 기존의 국가 법질서를 자연법에 반하는 부정의로서 부정하는 권리로서 뿐만 아니라, 이념에 적합한 국가 법질서를 실현하는 권리로서의 내용도 포함하고 있었다. 아메리카 독립선언(1776년)이나 프랑스 인권선언(1789년)은 이들 자연법사상의 결실이었다. 그러나 현실에 성립한 국민의회에 있어서는 지조(地租)납세자만이 선거권을 인정받았음에도, 그 의결이 국민대표의사로 파악되고, 그것이 일반의지, 즉 국가의지로서 국민 전체에 의회제정법의 준수를 강제하는 정통성근거로 되었다. 이렇게 하여「법의 지배」를 원리로 하는 시민계급의 지배기구인 근대국가의 시민법체계가 완성되기에 이르렀다.[25)]

초기자본주의국가, 즉 시민혁명에서 산업혁명에 의한 근대국가의 성립에 이르기까지 이른바 과도기의 국가가 취했던 경제정책은 시민혁명에 의해서 국가권력을 장악한 소상품생산자의 계급적 입장을 반영하고, 영업의 자유와 국내산업의 보호에 중점을 둔 후기중상주의정책이었다. 이 정책을 실시하기 위해서 국가제정법이 최대한으로 이용되었던 것이다. 그러나 얄궂게도 이 정책입법이 당연히 가져온 격심한 경쟁은 소상품생산자들을 해체하여 빈민화하게 되고, 여기에서 자본가계급과 임노동자계급의 계급분화가 본격화하게 되었던 것이다.

또한 초기자본주의 단계에 있어서 임노동자의 법적 지위는 그야말로 최극빈상태에 있었다. 노동시장과 근대적 고용법이 제대로 확립되어 있지 않고 또 부랑자무리에 대한 강제노동에 의하여 노동수요가 충족되었기 때문에 전근대적 상태가 그대로 있었다. 예컨대 노동자의 단체행동도 혁명 전은 절대왕정기에 있어서 전근대시민법적 사상으로서의「소유와 노동의 자유 부정」에 의한 금지, 즉 단결 그 자체를 치안경찰적인 관점에서 범죄로 평가하는 범죄공모이론(criminal conspiracy theory)과 같은 전근대적 법리에 의한 탄압에서, 시민혁명 후의 과도기에 있어서 시민법적 사상으로서「영업의 자유」에 의한 금지, 즉 일반시민의「결사의 자유」

기에 걸친 사회·경제체제를 가리키기도 한다. 이 3세기 간의 공통된 특징은 사회적으로는, 관습과 전통문화 그리고 상조기능(相助機能)을 통하여 성립되는 농촌공동체나 도시 내의 여러 단체를 생존기반으로 하는 사단적(社團的)인 사회를 형성하고 있었다는 것이다. 또한 이 여러 단체를 성직자와 귀족, 그리고 특권도시의 시민이라는 세 신분이 끌려가고 있었고, 그들에게 협력을 구하는 왕권이 이들 단체와 여러 지방도시들 고유의 관행과 전통문화를 특권으로 보장해 주는 공권력으로 작용하였던 것이 정치적 측면에서의 특징이다. 한편, 사단적인 결합이 느슨해져서 해체가 진행되는 반면 왕권은 여러 단체와 지방 및 신분의 특권을 축소하고, 더욱 공권력을 강화하여 획일적인 지배체제를 지향해가는 시대였다.

25) 앙드레 모로아(신용석 옮김), 『프랑스사』, 기린원 1993, 293-378면 참조.

에 비추어 볼 때, 노동단결 자체는 범죄가 아니지만, 단결목적과 단결수단이 위법하면, 범죄가 성립한다고 하는 이른바 "수정된 범죄공모이론(modified criminal conspiracy theory)"으로 넘어갔던 것이다.

제 3 장 근대의 노동헌법

제 1 절 서 설

근대는 정신적 · 경제적 · 정치적인 면에 있어서 오늘날 우리가 살고 있는 현대와 동질적인 연속선상에 있다는 점에서 중요하다.[26] 이러한 점에서 보면, 근대의 산물인 국가, 법, 경제제도 등에 내재되어 있는 정신적 존재양식의 뿌리는 이를테면 「근대성(近代性, modernity)」이라는 한 단어로 함축할 수 있을 것 같다.

그런데 우리가 근대성이라는 것을 하나의 통일성이 있는 역사적 경험으로서 이해한다고 하면, 그러한 경험은 유럽에서 시작되었던 것이라고 해야 할 것이다. 유럽의 근대성이라는 것도 어느 날 갑자기 나타났던 것은 아니다. 유럽에서 근대가 근대로서 자각되기까지는 상당한 세월이 걸렸다. 보통 유럽역사에서 "근대"라고 명명되고 있는 시대는 대체로 프랑스혁명에서 현재까지의 약 200여 년간의 역사적 경험을 가리킨다. 그러나 이러한 200년에 해당하는 근대를 만들어내기까지는 그 이전에 또 다른 200년 정도의 준비기(準備期)가 있었다. 이 준비기의 전반부에 이른바 르네상스시대가 있었는데, 일반적으로는 그것을 근대의 새벽이라고 말하고 있다. 그러므로 르네상스시대와 그 후의 종교개혁과 반(反)종교개혁의 시대 혹은 종교전쟁의 시대는 봉건시대가 서서히 종언해갔던 시기이다. 그것은 또한 「근대」라는 시대로 들어가기 위해 혼란했던 도약단계였다고 할 수 있다. 그래서 15세기와 16세기는 구(舊)시대의 잔존물과 그 관성력 그리고 새로운 시대의 맹아와 추진력이 공존하였던 혼란기이었다. 이 준비기의 200년 동안에는 신구의 투쟁과 대립이 격렬하게 진행되었다.

---

26) 근대와 현대의 연속성에 대해서는 논란이 있다. 우리가 살고 있는 현재를 포스트모던이라고 하여 근대와 구분하려고 하지만, 현재는 근대후기라는 의미에서 연속선상에 있다고 할 것이다. 하지만 필자는 모두에서 이미 언급했듯이 근대확립기의 일부와 근대후기를 현대라는 시기로 구분하여 노동헌법을 고찰하고자 한다.

서유럽을 중심으로 근대를 구분해서 생각한다면, 15~16세기는 근대의 준비기, 17~18세기는 근대의 구조가 형성되어 가는 근대 초기, 19~20세기는 근대의 확립기, 그리고 21세기부터는 근대후기라고 부를 수 있을 것 같다. 그래서 시간의 폭으로 말한다면, 근대란 약 500년이라는 긴 과정에 해당한다고 하겠다. 유럽인이 현재 우리와 더불어 지구상에 살고 있는 같은 인류이므로, 지역적으로 구분하지 아니하고 인류사적인 맥락에서 유럽인의 경험을 우리의 경험으로 동일시할 수 있을 것 같다. 이렇게 생각한다면, 우리는 이미 상당한 기간 동안 근대라는 시대 속에서 살고 있다고 말할 수도 있다.

중세에서 근대로 전환되었지만, 근대는 근대 나름으로 많은 문제점이 내포되어 있다. 그럼에도 한 번 전환된 역사는 결코 뒤로 되돌아가지 않는다. 근대는 그 나름의 해결을 고안하였지만, 그것은 또한 다른 문제를 낳았던 것이다. 그뿐만 아니라, 혁명이나 전쟁 기타 혼란이 있으면서도, 특히 근대라는 구조는 온존하여 현재에 이르고 있다고 보면, 근대라는 단순한 시대의 이름에 불과하지 않고, 명쾌한 윤곽으로 그려낼 수 있는 구조를 가지며, 독자적인 운동법칙을 가지고 있는 것처럼 보인다. 이것을 현재적인 관점에서, 즉 새로운 시대를 맞이하고 있는 현재의 시점에서, 이러한 근대적 경험을 반성적으로 되풀이하고, 우리가 있는 역사적 위치를 측정하는 것이 중요하다.

역사적인 시대경험으로서의 근대는 그 분위기가 항상 동질적인 것이 아니라고 하더라도, 튼실한 구조물과 같은 이미지로 파악할 수 있다. 역사적 경험은 물건과 같이 손으로 만지거나 부딪쳐 깰 수는 없지만, 역사적 경험을 통해서 본 근대란 눈에 보이지 않는 구성체를 가지고 있어 간단하게 해체할 수 없는 견고한 구조를 갖추고 있는 것 같다. 어떤 시대도 그 나름으로 그러하겠지만, 그 어떤 시대보다도 근대라는 시대는 독자적인 운동법칙을 가지고 있다. 이러한 구조와 그 구조를 조직하고 있는 운동법칙은 근대노동헌법을 구조화하는 사상적 전제 또는 사회적 상황으로서 작용하고 있다고 하겠다.

그래서 근대노동헌법을 논하기에 앞서, 그 정신적·사상적·정치적 전제 또는 상황으로서 근대의 세계상과 근대를 다른 시대와 구별할 수 있도록 특징짓는 기본적 구조를 살펴보고자 한다. 근대의 중심적 구조를 고찰하고자 하는 경우에는, 추상적이긴 하지만, 세 가지의 측면, 즉 인간이 주체로서 자기와의 관계, 타인과의 관계, 자연과의 관계라는 면에서 보면, 근대를 특징짓는 독특한 구조를 찾을 수 있다.[27)]

27) 이 점에 관해서는 전적으로 今村仁司, 『現代の 思想構造』, 人文書院, 1998을 참조하였다.

제 2 절 근대의 구조적 특징

Ⅰ. 대자(對自)적 관계의 특징

정상적인 인간이라면 누구나 자신을 대상화하는 능력을 가지고 있다. 그래서 일상생활에서 인간은 자기 자신과의 일정한 관계 속에서 살고 있다고 할 수 있다. 이러한 자신과의 관계를 철학적 용어로 대자적 관계라고 표기한다.

그렇지만 모든 시대의 인간들이 동일한 양식으로 자기와의 관계를 유지하면서 사는 것은 아니다. 각 시대에 따라 또는 지역에 따라, 자기 자신과의 관계양식은 다르다. 문화적 전통에 따라 그 양식은 다양하고, 또 주어진 전통 속에서 인간은 일정한 양식으로 자기와의 관계를 유지하면서 살아간다. 좀 더 자세히 말한다면, 인간이 취하고 있는 자신과의 관계양식은 고대, 중세, 근대 그리고 현대에 따라 각기 다를 것이다. 유럽의 고대나 중세에 있어서 대자적 관계양식은 아시아의 고대나 중세에 있어서 그것과는 상당히 다를 것이다. 그렇다고 한다면, 근대에는 근대특유의 자기와의 관계방식이 있을 것이다. 어떠한 의미에서는 대자적 관계의 독자적인 성질이 개인의 관점에서 본 근대의 특질이라고 말할 수 있을 것 같다.

근대의 대자관계는, 사상의 활동의 면에서는 근대 자아론 또는 주체의 문제로서 전개되어왔다. 우리는 종종 정신의 활동의 측면에서 근대적 자아를 "근대적 이성"이라고도 한다. 근대적 자아 또는 근대이성이라는 것이 어떠한 특질을 가지고 있는가라는 점에 대해서는 이미 그 연구의 역사는 상당히 길고, 데카르트(Rene Descartes, 1596-1650)에서 현대철학에 이르기까지 다양한 각도에서 탐구되어 왔다. 그래서 이러한 자아연구는 이미 성숙단계에 도달하였다고도 말할 수 있다. 여기에서는 물론 도식적인 설명에 그치지만, 압축해서 말하면, 근대의 자아, 그 작용으로서의 이성은 인식이나 행위의 원점, 원리, 근거로 되어 있다. 사고와 실천 일체가 자아에서 출발하여, 관념적 현상이든 실천적 현상이든 혹은 자연현상이든 그것들은 예외 없이 자아의 이성적 인식에 의해 구성된다. 인간의 행위는 그것이 어떠한 종류의 것이든, 자아의 결단에서 생긴다. 그러므로 사회적 · 정치적 세계도

원칙적으로는 자아의 행위에 의해 구성된다고 보는 것이다. 그렇기 때문에 근대인은 자기 자신에게 관계하면서, 즉 스스로 반성하면서 살고 있다. 예컨대, 어렴풋하다고 하여도, 근대인은 실제에는 자기 자신과의 관계를 가장 중요한 출발점으로 하고 있다. 적어도 그는 그러한 신념 하에서 살고 있다. 이러한 근대인의 특징은 프랑스의 철학자 데카르트가 잘 표현하고 있다. 그는 중세기 스콜라철학의 애매함에 반항하면서 방법적 회의를 통하여 근대철학의 제일원리로서 「나는 생각한다. 고로 나는 존재한다(Cogito ergo Sum)」라는 명제(命題)를 세웠다. 데카르트의 방법론적 명제에 나타나 이렇듯이, 근대인의 자아는 「나는 생각한다」, 「나는 할 수 있다」를 확신하고, 그것을 모든 실천적 및 정신적인 행위의 기준으로 해서 살고 있다. 적어도 그러한 존재방식이 근대인의 이상적 규범으로 되어 있다. 근대의 시민교육도 또한 그러한 근대적 자아이성 즉 이성적으로 사고하고 실천하는 인간을 지향하여, 자식을 교육한다. 요컨대, 근대의 자아와의 관계는 자기의 내면에서 자기와 대면하여 대화하는 것, 즉 반성하는 인간이다. 「반성하는 것」을 특히 강조하면, 그것은 이성, 좀 더 정확히 말하면, 분석적 이성이라고 불린다. 반성은 한편에서는 객체를 분석하는 인식행위로 되고, 다른 한편에서는 도덕적 반성으로도 된다. 이와 같이 자아의 내면성을 극단까지 탐구하는 것이야말로, 근대인의 사명(使命)이며, 이상(理想)이라고 할 수 있다.

Ⅱ. 대타(對他)적 관계의 특징

정상적인 인간이라면 누구나 자기와의 관계에 기초를 두면서, 동시에 타인과도 관계한다. 이러한 타인과의 관계를 총칭하여 사회라고 할 수 있는데, 근대의 경우에는 이것을 「시민사회」라고 불러도 좋을 것 같다. 여기에서 「사회(Gesellschaft)」란 교통(交通) 또는 교제(交際, Kommunikation)라고 생각하면 된다. 근대에서는 개인이 개인적인 이해관계를 중심으로 타인과의 교통과 교제를 하는 것이 「사회」인데, 그 본질은 타인과의 관계이다. 이러한 근대적 사회와 대조적인 타인과의 관계를 이루는 것이 「공동체(Gemeinschaft)」적 교통이다. 역사적으로 존재하였던 공동체는 무수히 있지만, 이들에 공통하는 특징은 개인적 이해관심이 아니라, 집단의 이익이다. 집단 속에서 개인은 말하자면 「매몰되어」 있다. 혹은 개인은 공동체에서 자립해서는 살 수 없고, 공동체 속에 파묻혀서 사는 것이 가치적으로 높다고 인정되어 왔다. 그렇지만 근대인은 이러한 공동체적 인간관계에서 이탈한다. 혹은 그것을 해체하여 별개의 인간관계를 만든다. 역사적으로 존재하였던 여러 종류의 공동체의 붕괴와 재편을 불러왔던 이유는 다양하겠지만, 그 결과만을 지적하면, 그것은 사회적 가치의 기준이 집단에서 개인의 쪽으로 이동한 것이라 하겠다.

근대적 대타관계로서 시민사회는 첫째, 재화교환의 국면에서는 시장경제를 중심으로 하는 경제적 시민사회(물론 후에는 산업자본주의사회로 된다)로 나타나고 둘째, 의사조직의 국면에서는 정치적 시민사회, 즉 구체적으로는 국민국가로 조직화된다. 경제면에서도 정치면에서도, 근대인이 만들어내는 사회관계는 근대 이전의 종교적·신분적 등등 대타관계와는 이질적인 독특한 인간관계를 형성하였다. 그리고 경제적 시민사회나 정치적 시민사회도 서로 깊은 연관을 맺으면서도, 서로 상대적으로 독립된 각각으로 독자적인 영역을 수립하고, 그 폭을 넓혀 간다.[28)]

Ⅲ. 대자연(對自然)적 관계의 특징

어느 시대에서나 인간에 있어서 자연과의 물질적 교류관계는 생산활동으로 나타난다. 인간은 생존을 위해서 자연을 재료로 이용하여 생산을 하지 않고는 살아갈 수 없다. 그렇지만 대자연적 관계로서 생산활동에 대한 태도에서 근대인은 근대 이전의 인간과는 질적으로 달랐다. 근대 이전의 인간은 그들이 자연을 이용했던 생산활동을 근대인과 같이 「노동」이라고 생각하지 않았다. 그들은, 유럽, 아시아 등 어느 지역을 불문하고, 대(對)자연적 행위인 생산활동을 종교적, 도덕적인 활동으로 생각해왔던 것 같다. 그들은 생산을 종교와 도덕의 베일로 덮어서 생산활동이 독자적인 행위로서 돌출되지 않도록 했다. 즉 근대 이전의 인류에 있어서 생산이란 이를테면, 종교적 기도와 같은 행위이었다. 그렇기 때문에 근대 이전에는 인간이 자연을 정복한다고 하는 관념은 기본적으로는 존재하지 않았다. 오히려 자연에 복종하는 것이 인간이 종교적 또는 도덕적으로 마땅히 해야 할 본분이라고 생각했다. 오늘날의 관점에서 말하는 「생산활동」도 그들의 관점에서는 자연의 정복은 전혀 아니고, 반대로 자연에 대한 외포와 감사의 감정을 품고 있는 복

28) 보통 사회과학이 연구하는 대상은 이러한 시민사회의 현상이다. 근대시민사회의 각 현상이 상대적으로 독자성을 가지고 있기 때문에 경제학과 정치학이 독자적인 사회과학으로서 성립할 수 있게 된다. 근대 이전에는 정치와 경제가 서로 섞여 있을 뿐만 아니라 종교나 도덕과 혼연일체로 되어 있었다. 그렇기 때문에, 그것들은 독자적인 연구방법을 필요로 하는 독립적인 학문을 필요로 하지 않았다. 근대 이전의 사회현상은 전통적인 방식으로 행해지는 철학적, 도덕적, 종교적인 고찰의 대상으로 되었던 것이다.

종의 행위이었다. 그렇기 때문에, 근대 이전의 인간들에 있어서 생산은 「경제적」 활동이 아니라, 「비경제적」 활동이었던 것이다.

그렇지만 근대인은, 그리고 근대인만이 생산활동을 「노동」으로 파악하고, 생산적 노동으로써 자연을 정복하고, 그것에 의해 자연의 구속에서 인간을 해방한다고 하는 관념을 가지게 되었다. 인류의 해방이라는 사상은 확실히 근대특유의 관념이지만, 그것이 바로 자연으로부터 인간의 해방이었다. 근대에서 자연에서 해방된 인간은, 한편에서는 전래적인 공동체를 해체하여 그것에서 해방되어 자립적인 개인으로 독립하고, 그러한 개인이 만드는 시민사회를 이성에 의해 관리하는 것을 제2의 해방이라고 생각하였다. 근대 초기에는 자연으로부터의 해방에 그 역점이 있었다고 한다면, 근대가 깊어가면서 사회의 이성적 관리에 역점을 두게 되었다. 이러한 의미에서 그것은 제2근대라고 해야 할 것이다. 이러한 제2근대에 나타났던 사상이 19세기 이후의 이른바 사회주의사상이다. 근대사상 대부분은 인간의 이성적 작위에 그 중점을 두고 있는데, 그 중에서도 특히 사회사상이 「노동」의 사상으로서 전개되었던 것은 바로 여기에 그 연유가 있다고 할 수 있다. 이렇게 하여 인간의 이성적 작위가 생산인데, 모든 생산활동은 노동으로서 평가된다. 그래서 근대에는 생산활동이 독자적인 활동인 노동으로서 돌출한다. 노동의 사회적 경제적 돌출은 바로 근대의 가장 큰 특징이라고 할 수 있다. 그렇지만 인간의 모든 사회적인 활동은 근대의 역사가 진전함에 따라, 노동을 모델로 하여 개조되어 간다. 모든 활동은 그것이 정신적이든 물질적이든, 노동으로 전환되어 간다. 이러한 의미에서 근대는 「노동의 시대」인 것이다. 다른 말로 하면, 근대는 「자연을 정복하는 시대」이고, 원리적으로 자연과의 공생은 성립불가능한 시대가 된 것이다. 자연과의 공생이 가능했던 시대는 낡은 시대이고, 그것은 경제적인 의미에 있어서 보잘 것 없는 인간활동에 있어서만 가능한 것이었다. 자연정복적인 노동, 즉 기술체계 덕분에 실현된 물질적 풍요를 만끽하면서 자연과의 공생이나 생태(Oecology)가 가능하다고 믿는 것은 어쩌면은 아무런 방도도 없는 환상이라고 말해도 좋을 것이다.[29)]

29) 이러한 의미에서 근대는 그 구조 내에 이미 장차 다가올 환경재앙을 잉태하고 있었던 것이다.

제 3 절 근대시민사회의 성립

Ⅰ. 근대로서 서유럽

앞에서도 언급했듯이, 여기에서 말하는 근대사회는 서(西)유럽의 근대사회로서 개시되었다. 서유럽근대는 세계의 근대화를 추진하였다. 그것은 세계시장과 국제교역의 외압으로서 비(非)유럽권에 작용하였다. 이러한 경제적 외압에는 자주 군사력이 수반되었는데, 그러한 군사력도 또한 근대화의 성과였다. 어떻든 서유럽의 근대가 세계사를 영도하고, 세계 전체에 대해 지구상의 거의 모든 민족에 대해, 근대라는 시대에 어울리는 생활양식을 채용하게 하였다. 근대사회에 가는 도정(道程)은 각 민족의 구체적인 상황과 지역의 전통문화의 차이에 따라 다양할 것이지만, 소위 「근대」라고 하는 시대로 들어가는 데에 있어서 어떠한 사회의 경우에도 없어서는 아니 되는 공통적인 전제 내지 궤도는 있는 것 같다.

여기에서 근대로 향해가는 공통적인 전제 내지 궤도와 관련해서 근대를 선두에서서 달렸던 서유럽근대를 예로서 고찰하고자 한다. 왜냐하면 서유럽의 근대는 비(非)유럽지역의 근대의 구조를 제공하였기 때문이다. 서유럽근대를 논하는 것이 서유럽을 모델(model)로 하는 것이지, 그것을 이상적인 모범(模範, ideal type)으로 하는 것은 아니다. 서유럽이 다 그렇다고 하는 것도 아니다. 가끔 서유럽이 세계사의 선두를 달렸던 것에 불과하고, 그것은 어떤 의미에서 필연의 이유이기도 하지만, 기본적으로는 우연한 사건이라고 해도 좋다. 우연히 서유럽에 근대가 탄생하였다고 하여도, 일단 서유럽에 근대가 정착하였다면, 그것 이후는 필연으로서 전(全)세계를 묶는 것으로 된다. 서유럽의 근대에는 어떠한 국민이라도 근대화함에 있어 스스로 익히고 내면화해야 하는 설계도와 같은 것이 포함되어 있다. 이 설계도는 보편적 성질을 가지고 있다고 말할 수 있다. 근대의 설계도를 서유럽은 서유럽의 문화적 전통 속에서 그 전통을 이용하거나 역(逆)이용하여 만들어 냈던 것이다.

여기에서 특별히 서유럽이라는 말을 사용하고 있는 것에 주의할 필요가 있다. 서유럽이란 우리가 사용하고 있는 지구의 서편(西偏, western part), 즉 서양을 말하는 것은 아니다. 왜냐하면 서양이 근대의 선두를 달렸다는 것은 아니다. 서양에서도 지역적으로 아주 국한된 곳, 즉 서유럽의 몇몇 나라, 예컨대 잉글랜드, 프랑스, 도이칠란트, 네덜란드에만 근대의 궤도가 설정되었던 것이다. 여기에는 역사적 우연(偶然)이 작용하고 있다고 할 것이다. 근대의 탄생에 있어서는 이러한 우연적 요소가 중요하다. 우연적 요소는 특수한 것이지 보편적인 것이 아니다. 그러나 특수성 속에 보편성이 성립하였다는 사실, 여기에 서유럽근대가 가지고 있는 역사적 의의가 있다. 우리가 이와 같은 미묘한 교착을 무시하게 되면, 한편에서는 맹목적인 서유럽숭배주의가 생기게 될 것이고, 다른 한편에서는 우리 자신을 방어하기 위한 국수주의적인 반(反)서유럽적 민족주의가 반동적으로 생기게 될 지도 모른다. 이러한 점은 근대노동헌법을 논하는 데에 있어서도 반드시 주의해야 할 사항이다.

Ⅱ. 시민혁명과 봉건질서의 붕괴

근대적 자본주의사회가 성립하게 되었던 전제에는 각 나라마다 정도의 차이는 있을지언정, 항상 전근대적 사회상태로서 이를테면, 봉건사회가 존재하였다고 할 수 있다. 봉건사회가 그 자체로서 빠르게 발전하여 일찍이 근대화를 이룩했던 영국, 프랑스와 같은 유럽국가에서는 봉건사회로부터 자본주의사회의 성립과 발전을 선진적으로 경험하였다고 말할 수 있다.

이들 나라에 있어서 봉건사회에서 자본주의사회로의 이행이라는 커다란 획을 그은 사건이 정치적·사회적 변화로서의 시민혁명이었다. 시민혁명의 조건이 어떻게 준비되고 혁명이 어떻게 수행되었는가는 각 나라에 있어서 자본주의의 형성과 발전의 방식을 결정하는 역사적 요인이었다.

중세 유럽의 봉건사회는 생산력의 발전으로 그 내부에서 상품경제의 전개와 더불어 점차 변천하여 갔다. 그 과정은 단순한 것이 아니기 때문에 여기에서 이에 관하여 자세히 고찰하는 것은 무리겠지만, 이러한 과정을 한 마디로 말한다면, 중세 말기에 봉건사회 내부에 있어서 자본주의적 생산양식이 싹터 나왔는데, 이는 처음에는 서서히 어느 단계에서부터는 급격히 전면적으로 전개되었다. 자본주의적 생산양식은 그것에 선행하는 봉건사회의 기초과정 속에서 발아하여 낡은 생산양식의 압력에 대항하면서 그것을 붕괴하고 성장하여 그리고 소위 부르조아혁명을 획기로 하여 드디어 전구조적 규모에 있어서 지배적으로 되고, 스스로 독자적인 경제적 사회구성을 확립하기에 이른다. 사회과학적 관점에서 보면, 자본주의사회의 성립이 바로 근대사회의 형성이다. 자본주의사회는 세계사적으로 보면, 이와 같은 단계규정을 가진 특수역사적인, 통례의 용법에 의하면, 근대특유의 경제사회구성이다. 따라서 바꿔 말하면, 역사적으로 독자적인 재생산기구이며, 그것은 자본주의적 생산양식의 지배적인 전개의 기초 위에 수립되었다. 자본주의적 생산양식이라고 하는 것은 결국 자본이라는 대상화된 형태로 말할 수 있다. 자본주의사회는 산업자본을 기축으로 하여 구축되는 근대사회의 재생산기구인 것이다. 그런데 자본주의라는 새로운 생산방식 또는 생활양식이 사회 전체를 지배하기 위해서는, 다시 말해서 사회구성체(社會構成體)로서의 자본주의사회 혹은 시민사회가 성립하기 위해서는 ① 봉건제의 각종 경제외적 강제를 폐기하여 사적 소유(私的 所有)와 경영의 자유가 확립되고, ② 봉건제의 기초를 이루는 토지소유양식이 변혁되어서 그것이 자본에 종속되고, ③ 이러한 변혁에 대한 정치적 보증으로서 의회제민주정과 법의 지배가 구축되며, ④ 자본주의적 발전의 외적 테두리인 국민경제와 국민국가의 형성, 지방적 신분제적 특권적 분열할거를 불식시키고, ⑤ 그래서 자본의 본원적 축적을 위한 그리고 그 산물로서 국가권력을 동원할 수 있는 구조의 확립을 과제로 하는 이른바 근대적 사회구조의 변혁을 필요로 한다고 할 것이다. 역사적으로 이러한 사회구조의 변혁이라는 과제를 수행한 사건이 바로 시민혁명이었다. 1642년에서 1688년까지 진행되었던 영국의 혁명과 1789년에서 1799년 사이에 도도히 이루어졌던 프랑스의 혁명이 대표적인 시민혁명에 해당한다고 할 것이다.

봉건사회에 있어서는 봉건적 토지소유가 그 기저를 이루고 있다. 이러한 봉건적 토지소유제도는 봉건사회의 중심적 산업이었던 농업에 대해서만이 아니고, 도시수공업 및 절대왕정하의 전기적 독점에 대해서도 그 기반으로 되었다. 따라서 시민혁명에 있어서 가장 근본적인 과제는 무엇보다 이러한 봉건적 토지소유제도의 폐기이었다고 할 것이다. 이러한 봉건적 토지소유제도의 폐지가 어떻게 자본주의적 시민사회의 성립으로 연결되었는가라는 문제에 초점을 맞추면서, 잉글랜드와 프랑스에서 근대사회를 열었던 시민혁명을 개관해 보기로 하자.

잉글랜드의 경우 15~16세기에 있어서 사실상의 농민해방이 실현되어 봉건적 영주권의 부담으로부터 사실상 해방되었던 자유토지소유농민, 즉 독립자영농민이 성립되었다. 그래서 17세기 잉글랜드 시민혁명에는 토지혁명이 포함되지 않았다고 볼 수 있다. 왜냐하면 17세기 시민혁명의 주체는 그 전에 자립했던 자유토지소유농민과 상공업자들이었기 때문이다. 확실히 잉글랜드 시민혁명에는 프랑스혁명에서와 같은 철저한 농민적 토지혁명(귀족령의 몰수, 농민에게 분배)을 볼 수는 없다. 그러나 잉글랜드혁명에서도 이와 유사한 현상이 있었는데, 절대왕정의 경제규제의 담당자였던 대권재판소, 특히 황실법원(court of Star Chamber)을 폐지하였던 것과 봉건사회의 상부구조를 매개하는 토지보유권이었던 기사보유권(騎士保有權 tenure by knight service)을 폐기하였던 것이 그것이다. 기사보유권이라 함은 군주로부터 토지봉여(土地封與)에 대한 반대급부로서 가신이 일정수의 기사의 제공의무를 부담하는 토지보유의 형태이며, 그 군사적 의의는 이미 13세기경에는 상실되었지만, 그것이 정식으로 폐지된 것은 귀족층의 토지보유권, 즉 영유권을 사적 토지소유권으로 전화시킨다는 의미를 가지고 있었다. 그래서 잉글랜드 혁명에서는 기사보유권을 폐지하였던 것에도 불구하고 장자단독상속제는 폐지되지 않았으며(프랑스혁명이 균분상속제를 실현하였던 것과 대조적이다), 다른 한편에서는 토지소유권이 가산적인 성격을 가지게 했던 잉글랜드특유의 승계적 부동산권설정(strict settlement)의 이용이 확대되고, 귀족의 대토지소유를 유지할 수 있게 만들었다. 이 점에 있어서 프랑스혁명과 비교해 볼 때, 잉글랜드혁명이 시민혁명으로서의 불철저성(不徹底性)을 나타내는 것이라고 생각된다. 잉글랜드 시민혁명이 확실히 그러한 면을 가지고 있다는 것을 부정할 수 없지만, 잉글랜드에서는 이미 16세기 이후 농민층의 근대적 계층분화가 진행되었으며, 차지권(借地權)도 법적으로 강화되고 있었기 때문에 혁명의 과정에서 확립되었던 토지에 대한 울타리치기(이른바 "enclosure운동")와 함께 자본가적 차지농경영에 적합한 대토지소유의 형성이 촉진되게 된 것이었다.

프랑스의 경우, 혁명전야 즉 앙상 레짐(ancien régime)하에서 농민의 토지보유권은 농민적 토지소유라는 상황으로 되고 있었지만, 여전히 영주권(영주의 봉건소유권)이 강고하게 잔존하고 있었다. 따라서 영주권, 즉 상급소유권을 폐기하고, 농민의 보유권 즉 하급소유권을 진정한 자유소유권으로 전환하는 것이 시민혁명의 중심적 과제이었다. 이러한 과제를 실현하는 방법으로서 두 가지의 체계가 대립하였다. 당초 입헌의회에 있어서는 농노신분과 영주재판권, 교회의 10일조(이것은 무상으로 폐기되었다) 및 기타 영주의 권리는 농민에게 매도하는 것, 말하자면, 지주(地主)에 의한 유상폐기라는 방식이 취해졌다. 이에 대하여 입법회의 하에 있어서는 자코뱅당의 독재에 의한 농민혁명이 진행되어 이른바 농민적인 유상폐기의 방식이 무상폐기의 방식으로 변경되고, 봉건적 권리는 무조건적으로 소멸되고 농민의 토지소유는 완전히 자유로운 자주적인 것으로 되었다. 이것과 동시에 프랑스혁명의 과정에서 처음에는 수도원이 보유하였던 토지가, 후에는 망명귀족의 보유지가 국유화되었으며, 이들 토지는 매각을 통해서 농민과 시민에게 재분배되었다.

이렇게 하여 프랑스의 봉건영주제는 완전히 극복되었으며, 그 후 나폴레옹권력의 기반이 되었던 분할지농민이 출현했던 것이다.

위와 같이 잉글랜드와 프랑스에 있어서 시민혁명은 각각의 상황에 따라 다른 과정을 거쳤지만, 어느 나라이든 시민혁명에 의해서 봉건적 토지소유가 전면적으로 폐지되고, 자본주의적 경제가 전개될 수 있는 전제조건인 「영업의 자유」가 확립되었던 것이다. 그리고 시민혁명에 의해서 절대왕정의 권력이 타도되고 민주정체를 취하는 국민국가가 형성되었다. 그 결과, 잉글랜드와 프랑스에서는 경제적인 측면에서든 정치적인 차원에서든 근대법의 체계가 생성되어 발전될 수 있는 길이 열리게 되었다.

이러한 맥락에서 볼 때, 시민혁명은 경제적 발전의 질곡으로 되었던 정치적·사회적 제도를 그 근본에서부터 폭력적으로 전복했던 혁명이라고 말할 수 있다. 시민혁명은 부르조아적 발전에 있어 최대의 질곡이었던 절대주의적 규제를 폐기해서 부르조아적 발전의 대도(大道)를 열었다.[30] 이러한 시민혁명을 거쳐서 자본주의경제의 본격적인 형성의 시기(자본주의 원시적 축적의 본격적 과정)가 도래할 수 있게 된 것이다. 봉건적인 정치적·사회적 관계를 지지하고 있던 봉건법은 토지소유관계에 기초를 둔 신분적 지배를 공동체적 규제의 기둥으로 하였기 때문에, 이들의 봉건적 관계를 전복하는 데에는 신분적 관계를 부정하고, 공동체적 관계를 해체하는 새로운 법원리가 필요했던 것이다. 다시 말하면, 잉글랜드와 프랑스에 있어서 구(舊)사회, 즉 봉건사회의 전복이 폭력적 방법에 의한 것이라 할지라도, 소규모의 자립상공업자와 자립농민들에게는 그것을 정당화하는 법적인 논거가 요청되었던 것이다. 이러한 요청에 즈음하여, 신분적 관계를 부정하고 모든 사람의 「권리에 있어서 평등」을 보장하며, 공동체적 관계를 해체하고 모든 사람의 정신적·신체적·재산적 활동의 자유를 보장하는 것이 선언되었다. 그것이 바로 영국의 권리장전이었으며, 프랑스의 인권선언이었던 것이다. 이러한 시민적 권리

30) 예컨대, 잉글랜드의 경우에 시민혁명이 충분하게 철저히 진행되지 않았기 때문에 기본적으로는 봉건적 토지소유제를 폐기해서 직접 생산자를 절대주의적 규제로부터 해방하여 자유·독립의 상품생산자가 되게 하여 부르조아적 발전을 위한 「필요한 경과점」을 형성하였다. 그러지만 이 시민혁명의 과정을 추진하였던 사회계층 중에서 지도적 역할을 하였던 것은 산업자본이었기 때문에, 혁명에 의해 수립된 정권이 행하는 정책이 예컨대 후의 자유방임(laissez-faire)시대와 같이 개인의 영리활동을 자유로이 방임해두지 않았기 때문에 모든 강력으로 그것을 통제하였다고 하여도 그것은 산업자본의 이익을 옹호하고 그 발전을 촉진하기 위한 것이었다. 그래서 시민혁명이 절대주의적 규제로부터 직접 생산자를 해방하여 그들을 자유 독립의 상품생산자로 만들었던 것은 확실하지만 이와 동시에 시민혁명이 이러한 상품생산자층에서 그 생산수단을 박탈해서 그들을 자본 하에 예속시키기 위한 전제조건을 강력히 만들어내는 국가가 수립되었다고 하는 또 다른 측면을 간과해서는 아니 된다.

선언에 의하여 새로운 사회를 위한 이념적 기초가 마련되었으며, 이에 의해서 시민혁명이 이념적으로 정당화될 수 있었던 것이다. 이러한 이념에 터 잡아서 그것을 구체화하는 입법이 됨으로써 개인적 시민적 자유가 보장되어 자본주의사회가 전개될 수 있는 길이 활짝 열리게 되었다. 드디어 중세 봉건적 토지소유에 터 잡고 있던 봉건법이 그 깃발을 내리고, 새로운 소유관계에 터 잡은 자본주의적 근대법의 무대가 시작된 것이다.

Ⅲ. 근대시민사회란?

「시민사회(civil society)」라는 말은 17세기의 잉글랜드에서 생겨난 것이지만, 이 말이 도대체 어떠한 의미를 가지고 있는 것일까? 시민사회의 「civil」이란 한국어로 「시민(市民)」(잉글리시의 citizen)과는 상당히 다른 의미를 가지고 있다. 아주 대략적으로 말하면, 「civil」이라는 말이 의미하고 있는 것은 첫째, 「자연」 또는 「미개」, 「야만」에 대한 문명을 말하는 것이고, 둘째는 교회나 군대 등의 제복조직에 대한 일반인(또는 민간인)이라는 것이다. 그러므로 「civil」은 「시민」이라는 말에서 연상되는 도시의 주민을 지칭하는 것은 아니다. 따라서 시민사회는 도시의 사회가 아니고, 문명사회인 동시에, 종교적 지배나 군사적 지배에서 벗어난 일반민중의 사회인 것이다. 이러한 두 가지의 의미는 결코 별개가 아니라 서로 일치하고 있는 것이며, 주지하고 있는 바와 같이 중세유럽을 지배했던 것은 정신적으로는 카톨릭 교회, 정치적으로는 영주권력[31]이었기 때문에, 이러한 지배로부터 벗어나는 것은 바꾸어 말해서 문명사회로의 진보를 의미하였다.

이러한 의미에서 시민사회는 현실의 역사적 과정에 있어서는 물론 과거로부터 완전히 단절되어 전혀 새로운 것으로 나타나는 것이 아니다. 그래서 시민사회에도 과거의 낡은 유물들이 많은 부문에 여전히 그대로 남아서 살아 있었다. 그렇지만 적어도 사상적인 측면에서는 그 이전의 사회적인 관계를 일단 일소하고, 과거와 단절하려고 하는 새로운 시도와 노력이 계속적으로 진행된다. 그 대표적인 것이 17세기의 네덜란드와 잉글랜드에서 등장하는 자연법론 내지 자연상태론이라고 말할 수 있겠다. 이러한 자연법론은 아무런 지배가 없는 자연상태(自然狀態, Naturzustand)라는 것을 상정해서 과거의 봉건적 지배상태와 단절하고, 시민적 혁명사상에 기하여 새롭게 정립하고자 하는 정치사회적 관계를 구성하는 것을 가능하게 하였던 것이다.

---

31) 영주권을 보장하고 있었던 구체적인 내용은 '봉건가신단'이라고 하는 군사력이라고 할 수 있다.

이러한 새로운 사회관계를 구성하는 데에 있어서 논리적으로 두 가지의 논점이 제기된다. 그 하나는 자연상태에 있어서 인간, 결국 과거와 모두 절연한 경우에 있어서 인간이란 도대체 어떠한 것인가라는 것이며, 다른 하나는 이러한 자연상태에 있어서 인간을 새로운 사회관계로 결합시키는 끈은 무엇인가라는 것이다. 이러한 두 가지의 문제에 대한 해답 중에 시민사회관이 형성되게 되는 것이다.

17세기에 시민사회는 「국가」(정치공동체, commonwealth)라고 하고, 18세기에는 「상업사회」라고 할 수 있다. 19세기로 되면, 예컨대, 헤겔(Georg Wilhelm Friedrich Hegel, 1770-1831)의 『법철학 강요(Grundlinien der Philosophie des Rechts)』(1820년)에서 볼 수 있듯이, 「국가」와 「시민사회」가 절연히 구분된다. 헤겔의 「국가」는 17세기의 정치공동체이고, 「시민사회」는 18세기의 「상업사회」이다. 헤겔에 따라, 우리는 시민사회를 경제적 사회에 한정하는 경향이 있지만, 근대사회사상사 전체적 차원에서 보면, 시민사회는 헤겔이 말하는 「국가」와 「시민사회」의 양자를 포함하는 것으로 보아야 한다. 따라서 여기에서는 근대적 의사교통관계의 특질을 고찰함에 있어, 시민사회를 가장 넓은 의미에서 사용하고자 한다.

제 4 절 근대사회의 구성원리

앞에서 언급했듯이, 사회적 소통이란 타자와의 관계이다. 그렇지만 소통의 양식은 시대와 지역에 따라 다양할 수 있다. 통상 근대인들의 사회적 소통관계는 시민사회라는 이름하에서 통일적으로 파악된다. 이러한 시민사회는 공동체라는 낡은 소통관계가 붕괴하고 그 자리에 새롭게 성립된 소통관계이다. 종전의 소통관계가 붕괴했다는 것은 종전의 인간이해가 붕괴했다는 것을 말한다. 그렇다면 근대에 있어서 새로운 인간론이 구축되었다는 것이다. 사회적 소통관계의 전제로서 근대적 인간론은 고대나 중세의 그것과는 근본적으로 다르다.

새로운 인간론에 기초한 근대적 대타관계는 고대나 중세와는 판이하게 이루어졌다. 첫째 정치적 측면에서는 「정치공동체」의 구축으로서 대타관계가 성립하였고, 둘째 경제적 측면에서는 「자유경제사회」의 구축으로서 대타관계가 성립하였다. 그러나 근대에 있어서 소통관계는 정치적·경제적 구축에 그치지 않는다. 소통을 하는 주체인 개인의 내부에서도 소통관계가 구축되어야 한다. 개개인의 내부에서의 자기소통관계를 대자(對自)관계라고 말할 수 있는데, 대자적 소통관계는 「인격」의 구축에서 출발한다. 근대시민사회라는 소통관계를 정치적인 것, 경제적인 것 그리고 인격의 3가지의 측면을 살펴보면 그 독자성을 알 수 있을 것이다. 이것은 시민사회의 정치적 · 경제적 · 사회적 구성의 원리로서 구조화된다.

I. 시민사회의 정치적 구상

1. 폭력적 죽음에 대한 공포

유럽의 근대 초기의 정치적 상황과 그러한 상황을 극복하기 위한 정치적 구상을 가장 적실하게 보여주었던 것은 홉스(Thomas Hobbes, 1588-1679)라고 할 수 있다.[32] 홉스가 꿰뚫어 보고 있었던 근대인들의 근저적인 경험은 죽음에 대한 공포라고 할 수 있다. 홉스는 그의 저서 『리바이던(Leviathan, or the Matter, Form, and Power of a Commonwealth, Ecclesiastical and Civil)[33]』(1651년)에서 근대 초기의 인간들이 겪었던 폭력적인 죽음에 대한 공포를 기술하고 있다.

중세적 세계질서의 해체와 더불어 근대시민사회가 흥륭하여가는 과정은 격동의 과정이었다. 신구(新舊) 국가권력 간의 전쟁이나 국내의 내란, 신구(新舊) 종교 간의 유혈투쟁 등등의 속에서, 이 시기의 사람들은 그 이전과 그 이후의 어떠한 사람들도 잘 이해할 수 없을 것 같은 새로운 경험을 하게 된다. 인간적 고독, 물질적 결핍과 빈곤, 그리고 끊이지 않는 전쟁과 내란은 근대 초기의 사람들의 공통적인 체험이었다. 구체적인 개인의 정신에 의거해 말한다면, 공포 특히 폭력적인 죽음에 대한 공포가 이러한 체험의 근본적인 배경이다. 근대인은 공포의 경험에서 탈출할 수 있는 수단을 찾으면서 이를 실천하기 위한 기획으로서 정치적인 구상을 한다.

중세적 공동체의 붕괴 이후에 근대인들이 직면했던 공포는 자연적인 죽음에 대한 공포가 아니었다. 이 당시에 있어서 죽음의 문제는 타인에 의해 살해되는 죽음, 무고한 죽음, 즉 폭력적인 죽음의 문제였다. 각인은 각인에 대해 살인자가 될 수 있다고 하는 상호적인 공포는 근대인이 절실하게 직면하였던 경험이었다. 또 그러했기 때문에, 사람들은 이러한 상호적인 공포에서 도피하려고 하는 강력한

32) 服部文男(편), 『社會思想史入門』(개정판), 青木書店, 1985, 21면 이하 참조.
33) Th. Hobbes(한승조 역), 『리바이던』(삼성판세계사상전집 9권), 삼성출판사, 1982.

정신적 욕구를 가지게 되었다. 홉스는 근대국가의 원천을 이러한 공포로부터의 탈출에서 찾았다. 폭력적인 죽음에 대한 공포에서 비로소 근대인은 새로운 각성을 경험한다. 공포는 인간으로 하여금 냉정함을 찾도록 하고, 그 원인에 대한 이성적 반성으로 이끄는 것이다. 홉스의 경우에도 상호적 공포의 경험이 도덕의 원천으로 된다. 그것은 어떤 의미에서는 이성적 판단의 개시이기도 하다. 홉스는 이러한 공포를 제거할 수 없는 덕이란 아무런 의미도 없다고 생각한다. 아무리 아름다운 덕을 칭찬하였더라도, 인간에게 평화를 가져오지 않는다면, 그것은 한갓 미사여구에 불과하다.

모든 사람은 누구나 상대방에 대해 살인자가 될 수 있다고 하는 공포, 그것이 홉스가 말하는 바로 「만인에 대한 만인의 투쟁(萬人對萬人의 鬪爭, bellum omnium contra omnes)」이라고 할 것이다. 이렇게 생각해보면, 자연상태에 관한 홉스의 전쟁상태론은 단순히 지적으로 구축된 명제가 아니라고 말할 수 있을 것 같다. 그것은 바로 근대 초기에 살았던 사람들이 예외 없이 체험하였던 경험의 핵심이었던 것이다. 오늘날 시각에서 보면, 전쟁 내지 상호적대를 그 내용으로 하는 「자연상태」란 현실에 실재하지 않는 허구(虛構)라고 말할 수 있다. 그러나 홉스가 말하는 「자연상태」는 허구라기보다는 오히려 근대의 현실 그 자체라고 할 것이다. 중세적 공동체가 붕괴하자 공동체적 구속이 사라지면서 인간은 원자적 존재로서 해방된다. 이러한 해방은 자신 이외에 의지하는 것이 없는 상태에 방치되는 것이기도 하다. 이러한 상황에서 근대인은 호불호(好不好)를 불문하고, 근대의 숙명으로서의 자기보존에 직면한다. 자기를 보존하는 힘은 이론적인 허구이기 전에, 그들이 했던 체험이고, 그 체험을 통해 구체적으로 근대인의 본질에서 인간을 직면했던 것이었다. 근대에서는 자기보존의 관념과 자기보존력에 의해 살 수밖에 없는 인간이 자각되었다. 홉스는 「자연」의 그대로에 살 수밖에 없으며, 일체의 보호가 없이 사는 것이 어쩔 수 없게 된 인간의 실태를 냉정히 관찰하였다. 홉스의 정치론은 「자연상태」[34]에 대한 인간의 욕망과 정념에 대한 냉정하고도 정확한 관찰에서 출발하고 있었다. 이러한 인간관찰이 없었다면, 홉스의 사회계약론은 성립할 수 없었을 것이다.

2. 허영심

홉스에 있어서 인간의 자연적 욕망은 「허영심(虛榮心)」이라는 말로 표현된다.

34) 홉스에 있어서 자연상태란 그 당시 만인에 대한 만인의 투쟁이 벌어졌던 전쟁상태, 시민사회를 의미한다고 볼 수 있다.

인간은 타인에 우월하기를 원하고, 자기의 우월성을 타인이 승인하기를 요구한다. 인간이면 누구나 전세계가 자신에게 복종하도록 만들거나 자신이 만인에게 승리하는 것을 자기 삶의 목표로 설정한다. 이것이 바로 홉스가 말하는 인간의 허영심의 핵심이다. 이러한 허영심을 가지고 사는 한, 인간은 자신의 신체적 생명을 보전하는 것이 얼마나 중요한지를 알지도 못한 채, 오로지 자신이 타인보다 우월하다는 것을 타인으로 하여금 인정케 할 수 있을 것이라는 상상속의 환희에 빠져 있다. 허영심에 찬 생활은 현실적인 생활이 아니고, 그것은 상상적인 생활, 말하자면 백일몽(白日夢)같은 생활이다. 여기에서는 이성의 단편도 없다. 허영심으로 사는 인간은 스스로 자신을 평가할 수 없고, 반드시 타인의 평가를 기대해야 한다. 어떤 인간이 타인에게 우월하다고 하는 요구를 타인이 인정하면, 타인이 경멸을 받았다고 느끼고, 그의 요구가 타인에 의해 거부되면, 그의 쪽이 경멸을 받았다고 느낄 것이다. 경멸을 받았다고 느끼는 자는 그 상대방에게 상처를 줄 것이다. 경멸은 복수로 변하고, 복수는 적의 죽음을 원하게 된다. 이리하여 허영심이라는 정념(情念)에서 각인은 서로 자신의 목숨을 걸고 투쟁을 하는 것이다.

그런데 상대방을 복종시켜 자기의 우월성이나 명예를 획득하여 유지하려고 하는 투쟁, 즉 우위와 명예를 타인에게 인정받고자 한다고 하는 의미에서의 「승인을 위한 투쟁」이라고 하더라도, 바로 승인이라는 계기 때문에, 타인으로부터 그의 생명을 박탈해서는 아니 된다. 왜냐하면 만약 타인이 죽으면 승인이 이루어지기 어렵기 때문이다. 죽은 자는 살아 있는 자를 승인하지 않는다. 그래서 승인을 위한 투쟁에 있어서는 자신의 명예와 우월성을 인정해 줄 타자가 존재하는 것이 필수적인 조건이다.

허영심에서 발로한 상상적 생활에는 현실과의 만남이 있을 수 없다. 그것은 반드시 만인의 만인과의 투쟁에 귀착한다. 그것이 허영심의 공포이다. 홉스에 의하면, 자신이 위대하다고 생각하거나, 타인이 반드시 자신을 위대하다고 인정할 수밖에 없다고 생각하는 이중의 사고 내지 상상이 결코 무해한 것이 아니라, 그것은 오히려 상호전쟁을 야기한다. 그런데 전쟁상태를 만든다고 하는 것이 상상적인 생활이라고 한다면, 전쟁상태를 극복하기 위해서 인간은 이러한 상상적 생활에서 벗어나야 한다. 상상의 세계에서, 즉 백일몽에서 나와서 현실을 만난다. 자각이란 현실과 만나는 것, 그것을 직시하는 것이다. 이러한 각성은 인간적 이성을 의미한다.

그러므로 홉스의 정치철학은 인간의 양면적 본성에 그 초석을 두고 있다. 그 하나의 초석이 인간의 허영심에 관한 이론(虛榮心論)이라고 한다면, 또 다른 하나의 초석은 인간의 이성적 의지 내지 반성적 능력, 즉 이성에 관한 이론(理性論)이다. 인간의 반성적 능력에 의해 허영심을 극복하고자 했던 것이 홉스가 시도하였던 근대사회의 정치적 구상이라고 말할 수 있겠다.

3. 이성의 요청

폭력적인 죽음을 궁극적인 악(惡)으로 인식하게 되면, 그러한 인식은 인간의 허영심을 자각케 하여 현실을 돌아볼 수 있게 한다. 현실에서 날마다 생기고 있는 비운의 무고한 죽음에 대한 공포가 인간성을 일깨운다. 이것이 바로 이성의 작용이자 요청이다. 현실에 있어서 이러한 이성의 요청은 평화의 요구로 나타난다. 죽음의 공포에 몰린 인간들은 이성에 기하여 현실생활에 평화를 구축하려고 시도한다. 그러한 시도가 모든 사회구성원이 사회계약을 체결하여 평화를 구축할 수 있다는 생각에 이르게 된다. 사회계약이란 사회질서의 규칙을 정하는 원초계약이다. 어떠한 방식으로든 질서가 있어야 평화가 구축될 수 있다. 질서의 구축에는 막강한 질서주체가 있어야 한다. 그 주체가 바로 국가이다. 사회계약은 바로 국가를 창설하는 시원계약(始原契約: original contract)이다. 이러한 시원계약에는 죽음의 공포가 양심을 형성한다든가, 양심이 죽음의 공포라는 것이 상정되어 있다. 상호적대적인 전쟁에서 근저적인 공포의 경험을 했던 인간은 그것을 통해 허영심 혹은 그것에 기한 상상적 삶을 절단한다. 여기에서 바로 이성과 반성이 탄생하는 것이다.

이러한 관점에서 생각해보면, 홉스가 말하는 「자연상태」는 전쟁상태로서 현실에 있어서 인간의 실태, 즉 허영심과 같은 강한 정념에서 드러나는 인간의 본질을 반영하고 있는 개념이다. 인간은 결코 이성이나 지성에 의해 움직이지 않는다. 인간은 항상 상상과 결의로 살고 있다. 우리가 인간이 상상의 정념 속에 살고 있다고 하는 논리에만 투철하게 되면, 그 결과는 인간의 현실은 「만인의 만인에 대한 전쟁」의 상태로 된다. 이러한 현실의 상태에서 홉스가 그 자신의 정치철학을 출발하였다고 할 수 있다. 홉스가 말하는 「자연상태」에 조응하는 정치형태가 있다면, 그것은 만인(萬人)을 노예화하는 전제(專制)적인 「자연국가」일 것이다. 이러한 의미에서 전제국가란 인간의 허영심 위에 구축된 국가라고 할 수 있다. 그것은 만인이 서로에 대해 공포에 의해 움츠리고 있는 상태이다. 이러한 자연상테를 극복하려면, 반드시 전제적인 자연국가도 극복해야 한다.

그래서 홉스는 시원계약(original contract)인 사회계약에 기하여 자연상태에서 사회상태로의 「이행」을 하여야 한다고 주장한다. 시원계약으로서 사회계약은 사람들이 그 계약 하에서 정의(正義)에 부합되게 행위하는 근본법을 구성하는 원천적인 「결합계약」이다. 이러한 의미에서 사회계약은 자연을 의지적으로 극복하는 결단이다. 여기에서는 근대특유의 자연과 행위의 대립도식이 그 모습을 드러낸다. 인간에 있어서 가장 중요한 특질이 이성, 언어, 사회성이라고 하면, 이것들은 자연에 의해 주어지지 않는다. 인간은 의지적으로 이성이나 언어나 사회성을 구축한다. 인간은 의지적 행위에 의해 「이성」을 구축하고, 그 이성에 의하여 사회관계를 구성하여 「시원계약」을 실행한다.[35] 사회계약이란 죽음의 공포라는 경험을 통해해서 각성된 인간의 분별적인 적용이다.

4. 사회계약론

홉스는 자연상태를 대체할 수 있는 「올바른 국가」를 만들려고 한다. 「올바른 국가」의 공준(公準, postulate)은 인간의 허영심(또는 이기심)과 그 결과인 폭력적 죽음에서 연역적으로 구성해 낼 수 있다. 정치학은 자연상태의 「전제국가」에 대신해서 이성에 기초한 「정의의 국가」를 인위적인 제작물로서 만들어내는 것을 과제로 한다. 계약에 의한 국가(주권)의 구축과 제작, 그것은 근대적 이성의 요청이다. 정치공동체는 중세적 법이나 의무에서가 아니라, 새로이 기초된 「권리」와 「요구」에 기초해야 한다. 그래서 홉스의 정치철학에서는 「자연법」이 아니라 「자연권」이 그 중심으로 된다. 자연의 권리란 폭력적 죽음을 피하고자 하는 인간의 권리요구이다. 생산주의적인 이성에 의해 구성된 「절대주권」은 인간을 죽음의 공포에서 해방하고 생명을 보증할 수 있는 자연권의 보증자이다.[36]

죽음의 공포에서 생명의 안전에 대한 요구가 나온다. 안전의 요구는 자신의 무제한적인 자유를 포기하고, 평화 안에서 한정적인 자유에 만족하는 것을 전제로 한다. 사회계약은 공포와 희망 간의 타협적인 산물이고, 무제한적인 공격성과 살고 싶어 하는 무한적인 기대 간의 타협의 산물이다. 그러므로 사회계약은 통치자와 피통치자 간의 계약이 아니라, 미래의 공민 간의 계약이다. 모든 사람들의 합의 위에 개개인은 한 사람 또는 하나의 집단에게 주권을 위임한다. 계약자의 모

35) 홉스는 국가(common wealth)는 바로 정치권력이고, 정치권력은 인간이 스스로 만든 구조물이라고 생각한다. 그에 의하면, 시민사회는 이러한 정치권력에 의해서 구축된 국가상태다. 국가는 인간의 기술에 의해 「인공적 인간」으로서 구축되어야 한다. 시민사회(국가)는 기계처럼 분해하거나 재구성될 수 있다. Th. Hobbes(한승조 역), 『리바이던』(삼성판세계사상전집 9권), 삼성출판사, 1982, 「서설」 참조.

36) 평화에 대한 의지와 이성에 기초한 계약론은 홉스의 사상에 한정되지 않고, 그 이후의 근대시민사회사상의 본류로 된다.

든 권리를 수임한 주권자는 만인의 의지를 대표한다. 권위는 원초적으로 인간에게서 유래하고, 결국은 개개인의 의지에 근거를 두고 있다.

그러나 홉스는 최고권력의 제한은 시원계약인 사회계약에 반한다고 한다. 계약은 통치자에게 의무를 부과하지만, 개개의 시민이 그것을 부과하는 것은 아니다. 한 번 권력이 만인에 의해 위양(委讓)되면, 어떠한 개인도 이 원초의 위양으로 돌아갈 수 없다. 사람은 오직 한 번만 결정의 자유를 가진다. 따라서 합의가 일단 성립하면, 그 결정을 다시는 변경할 수 없다. 기하학의 약속이 기계의 구축에 불가결하듯이, 시원계약은 모든 기계 중에서 최강의 기계로서 인공적 괴수(怪獸), 즉 리바이던을 만들기 위한 것이고, 이러한 리바이던은 불가결하다. 기하학적 공리에 반하는 것이 수학적 오류이듯이, 원시계약에 반하는 행위는 오류일 뿐만 아니라 반역이기도 하다. 리바이던은 그에 대한 반역을 격파한다. 즉, 리바이던이 시원계약에 기하여 반역을 진압한다.[37]

Ⅱ. 시민사회의 경제적 구성

홉스의 정치철학에는 두 개의 테제가 그것을 지지하는 기둥으로서 자리 잡고 있다. 그 하나는 「인간은 허영심에 의해서 움직인다」라는 테제(These)이고, 다른 하나는 「인간은 죽음의 공포를 체험한 후에는 현실을 반성하고 이성에 의해 각성한다」라는 테제다. 그러나 이들 두 기둥에 해당하는 테제 간에는 항상 긴장이 있다. 그렇지만 홉스는 반성과 이성에 의해 허영심이라는 자연적 정념을 억제할 수 있다고 확신하였다. 이러한 확신 때문에, 그는 이성에 기초한 의지에 이끌려 사회계약에 의한 「시민상태」의 구축을 지향할 수 있었다.

홉스 이후에 유럽사회사상사에는 홉스의 자연상태가설을 부인하면서도, 그의

37) 국가와 시민사회(경제)가 분화되어 있지 않았던 시대에 살았던 사회계약론자는 국가가 사회적 현실의 내부에서 출현해가는 것에 대해서는 아는 것이 없었다. 사회 속에 살고 있는 사람들의 이해는 동질적이지 않고, 서로 순열적으로 대립하고 있다. 국가는 일반의지의 대표자가 아니라, 특수한 집단의 이해가 위장된 일반화라는 것은 17~18세기의 사상가들의 시야에는 있지 않다. 프랑스혁명 후에서야 계급적인 이해의 관점이 본격적으로 등장하지만, 그 전에 이미 사회계약론에 대한 회의가 제기되었다. 사회계약론의 이론적 문제성은 홉스의 정치철학 자체에 이미 내포되어 있다. 홉스의 인간학이 인간의 욕망과 정념을 예리하게 들춰냈을 때, 그의 인간학적 통찰에는 사회계약론 자체를 붕괴시킬 수 있는 가능성이 잉태되어 있다. 홉스의 인간학과 시원계약론은 「자연적 이성의 요청」에 의해 일부 조정되었지만, 이 두 개의 기둥은 반드시 인간의 자연적 욕망과 정념의 탐구가 전진함에 따라, 원시계약이라는 허구는 점점 공허함을 더해 간다. 욕망이라는 현실이 지적 허구를 파서 무너뜨린다.

사회계약적 사회구성론에서 홉스가 지향했던 방향을 계수하였던 사람들이 상당수 나타났다. 이러한 계수는 로크, 루소, 칸트(Immanuel Kant, 1724-1804) 등으로 이어지는 계약론자이다. 다른 한편, 홉스의 정치사상에 내재하고 있는 두 테제 간의 긴장관계를 통찰하고, 일방의 테제로 타방의 테제를 비판하는 시도를 하는 자들도 있었다. 그 대표적인 사람이 흄(David Hume, 1711-1776) 및 그의 사상적 계수자라고 할 수 있는 스미스(Adam Smith, 1723-1790)와 같은 비(非)계약론자들이다.[38)]

근대초기의 이성론은 인간의 자연적 욕망을 제어하는 것을 일종의 사명감으로 생각하고 있었다. 그러나 이성에 의한 시원계약이 인간적 현실에 조응하지 않는 허구라고 하면, 그러한 이성주의는 항상 정념의 현실에 의해 심한 대갚음을 당할 것이다. 정치공동체의 구성을 둘러싼 논쟁에서, 홉스의 사상을 지지하였던 양극의 상반성은 서서히 자각되어 간다. 홉스류의 사회계약론에 대한 비계약론의 비판은 18세기 중반에 개시된다.[39)] 이때에는 이미 국가와 시민사회가 확실히 분리되었기 때문이다. 이러한 새로운 시대적 환경은 현실을 보는 눈을 예리하게 만든다. 그래서 사회계약에 의해서 시민사회의 성립을 설명하려는 사고방식은 모습을 숨긴다. 그것은 시민사회가 일상화되었기 때문이다. 일상생활이 평등한 시민상호의 권리를 보장하고 스스로 사회질서를 만들고 있다고 생각하게 되면, 그 질서의 근본을 설명할 필요가 없을 것이다.

1. 시민사회의 일상화

일상화된 시민사회에서는 인간의 자연적 욕망의 논리가 철저하게 된다. 이때에는 자연상태에 대치되는 국가의 기원에 관한 설명은 더 이상 필요 없게 되고, 어떻게 시민사회를 형성하는 것이 바람직한가라는 문제가 부각된다. 인간의 자연적

38) 흄과 스미스는 잉글랜드에서 중상주의국가가 저물어가는 18세기 중후반에 활동하였데, 이들은 로크의 이중적인 사상을 부분적으로 계승하면서, 흄은 중상주의적 경제정책을 지지하는 주장을 전개하였는데 반해, 아담 스미스는 이를 비판하는 입장을 견지하였다. 이것은 흄과 아담 스미스의 출신배경이 다르기 때문이라고 생각된다. 이에 관해서는 羽島卓也, 『市民革命思想の展開(증보판)』, 御茶の水書房, 1976, 특히 제1장 참조.

39) 홉스 이후의 사회사상사는 「사회의 구축」의 원점에서 보면, 시원계약론자와 비계약론자의 대립의 역사였다고 말할 수 있는데, 비계약론자의 대표자로서 데이비드 흄을 들 수 있겠다. 흄은 정부의 기초가 되는 시원계약은 「세계의 어떠한 시대나 지방에서도」 존재하지 않는다고 한다. 정부(권력)는 폭력에 의해 만들어지기 때문에 국민은 어쩔 수 없이 복종한다. 강제적 정복을 「암묵의 동의」라고 바꿔 말하지만, 그것은 중요하지 않다. 만약 자유의지에 의한 동의가 있다면, 국가를 이탈할 수도 없다고 하지만, 하루하루 겨우 살고 있는 민중에게 그럴 수는 없다. 동의라든가 이탈의 자유는 거의 비현실적이라고 한다. 흄은 홉스의 인간학으로써 홉스의 시원계약을 비판하고 있다.

욕망에 터 잡아 시민사회의 형성을 고찰하고자 하는 자들이 등장하였는데 그 중에서 스미스가 이러한 방향으로 일보 전진했다고 할 수 있다.

스미스는 사람들을 이끌어 시민사회(civil society)에 가담하게 하는 원리에는 두 가지가 있는데, 권위(Authority)의 원리 및 공리(Utility)의 원리가 그것이라고 한다.[40) 정복에 의한 국가의 기원론은 스미스에서는 사라지고, 그 대신에 「나보다 우월한 것에 대한 동감」의 원리가 등장한다. 따라서 스미스에 있어서는 「통치의 본원적 원리」는 국가의 역사적 형성과정이 아니라, 시민사회의 인간관계에서 찾는다. 스미스에게는 국가론과 시민사회론은 별개의 것이 아니다. 국가라는 정치공동체는 시민사회와 동질의 것으로 된다. 즉 국가의 시민사회화가 그것이다. 이리하여 국가는 시민사회의 원리에 의해 그 내부에 포함된다.

스미스는 그의 유고작인 『법학강의(Lectures on Jurisprudence)』(1859년)에서 흄의 의론(議論)을 그대로 차용하면서,[41) 시원계약을 배척한다.[42) 이성은 도덕적 판단의 원천이라고 하지만, 정사(正邪)에 대한 최초의 지각이 이성에서 나온다고 하는 것은 조급한 계산이라고 한다. 덕이 쾌락과 욕구의 대상으로 되고, 악덕이 고통과 혐오의 대상으로 된다고 하면, 이 구별은 이성에 의한 것이 아니라, 감각과 기분에 의한다. 그렇다고 하면, 사람과 사람의 관계를 만들어가는 도덕의 끈은 도덕감정(道德感情, Moral Sentiments)에서 찾아야 한다.[43)

스미스의 이론에도 이론적 허구가 설정되어 있다. 타인의 입장에 몸을 두는 능력으로서의 동감(sympathy)의 원리가 그것이다. 그것은 이미 지적 조작이고, 자타관계를 조정하는 이성의 작용이다. 이 동감의 원리에 의해 자기관계에 기해 사람들이

40) A. Smith, Lectures on Jurisprudence(ed., R. L. Meek, D. S. Raphael and D. G. Stein), Oxford, 1978, p. 401 및 服部文男(편), 『社會思想史入門 』(改正版), 青木書店 , 1985, 33면 이하 참조.

41) 흄(David Hume, 1711-76)은 1739년부터 40년에 걸쳐 그의 주저인 『인간본성론』을 출판하였는데, 불행하게도 당시 세간에 거의 주목되지 않았다. 하지만 그의 사상은 아담 스미스(Adam Smith 1723-90)에게 강한 영향을 주었다. 스미스는 1750년경 데이비드 흄의 사상을 만나서 그의 사상을 비판적으로 흡수하여 스미스 나름의 이론을 구축하였다. 스미스가 1759년에 『도덕감정론(The Theory of Moral Sentiments)』을, 그리고 1776년에 『국부론(An Inquiry into the Nature and Causes of Wealth of Nation)』을 공간하였는데, 여기에는 흄의 사상이 상당부분 그대로 숨쉬고 있다. 흄이 제시하여 스미스가 계수한 기본사상은 한 마디로 말하면, 새로운 인간학의 시도이다. 그것은 사회질서에 대한 또 인간의 다양한 행위의 구조에 대한 새로운 논구이다. 흄은 이러한 기본사상을 「convention」의 개념으로 표시하였다. 이 개념은 인간의 인식행위와 언어, 시회질서를 설명하는 것이다. 그리고 이 개념은 스미스에 의해 계수되어「공정한 관찰자의 합리적 기대(reasonable expectation of an impartial spectator)」의 개념으로서 표시된다. 그러나 국가의 임무와 역할에 있어서 자유무역을 주장하는 아담 스미스는 보호무역을 주장하는 흄과는 다른 생각을 가지고 있다.

42) A. Smith. Lectures on Jurisprudence(ed., R. L. Meek, D. S. Raphael and D. G. Stein), Oxford, 1978, pp.402-403.

43) A. Smith(박세일/민경국 공역), 『도덕감정론』(개역판), 비봉출판사, 2009, 499-504면.

자유로이 돌아다니지 않으면서도 적당한 감각(sense)이 양성되고, 과도한 행동이 시정된다. 스미스의 이론에 있어서 동감의 원리와 적정성(properiety)의 감각(sense)이 기초적인 기둥이다. 스미스에 의하면, 동감과 적정성감각이 사람들이 자기제어(self-command)를 만들어 내도록 한다는 것이다.

적정성의 감각은 무한히 반복되는 사람과 사람의 관계에서 숙지하게 된다. 이 과정에서는 언제나 과도나 불적의성이 있지만 감정의 과도나 중용의 결여가 결정적인 형태로 전쟁상태가 시작되는 것은 아니라고 한다. 스미스에 있어서는 절대권력 또는 국가 등은 사실상 불필요하게 된다. 「국가」(제3장 매개자)는 홉스에 있어서는 사람들의 외부에 있지만, 스미스에 있어서는 그것은 각인의 내부에 있다. 공평한 관찰자 또는 양심은 내면의 「매개자」이다. 각인이 이 「관찰자」로 되어 적의성의 행동을 취한다고 하는 것은 내부의 원칙, 즉 법을 스스로 만들고, 자발적으로 그것에 따른다고 하는 것이다. 사회형성의 원리는 이미 시원계약이라는 외부적 허구를 필요로 하지 않는다. 대신에 내부의 허구가 등장한다. 「우리의 무관심이나 부정의나 우행(愚行)」에 대해 우리를 내면적으로 사면하는」 「흉중의 위대한 동행자」가 있으면 충분하다.

이제 시민적 인간은 내부의 감시인과 상담하면서, 자기관계에 입각해서 행동하고, 살아가면 된다. 개인들이 자기관계 즉 이기심에 의해 자유로이 행동하여도, 사회는 혼란하게 되지 않는다. 무수한 사람들이 자유로이 행동하면 할수록 그만큼 더 사회의 질서는 더 안정되게 된다. 「신의 보이지 않는 손(invisible hand)」이 이미 각인의 마음속에 심어져 있다. 흉중의 동행자는 신의 대리인이다. 그리고 그것이 정의의 관념의 장소이기도 하다. 그래서 스미스에 있어서는 「자연상태」도 「전쟁상태」도 존재할 여지가 없다. 자연에서 사회로의 이행이라는 논의도 없다. 사람들은 자기관심 그대로 사는 것으로 충분하다는 것이다.

2. 욕망체계로서 경제의 구축

시민사회가 일상화되어 정치적 평화가 정상(定常)적인 상태로 되면, 국가상태 즉 시민사회라는 전제가 생긴다. 자연상태에서 국가상태, 즉 시민사회로 넘어가는 초기에 살았던 홉스와 같은 사회계약론자와는 달리, 시민사회가 이미 일상화되어 있는 시기에 태어난 스미스와 같은 비계약론자는 시민사회의 외부 내지 상부에 공동체를 설정하고, 그것에 의해 사회의 평화를 확보하고자 하는 사고의 전통에서 벗어나 사회의 질서를 사회 자체의 내부에서 산출해내는 규칙(rule)을 찾아내려고 한다. 그것이 바로 노동과 교환이다. 비계약론자는 시민사회의 질서가 국가에 의해 창출되는 것이 아니라 노동과 교환을 통해 저절로 생긴다고 본다. 국가는 시민사회의, 말하자면 부록으로 되고, 그러한 질서의 단순한 야경꾼인 「필요악」으로 격하된다. 이렇게 되면, 이제 시원계약이라는 이론적 묘기는 필요 없다. 시민사회는 자립하고, 국가를 사회에 내부화하거나 사회의 태내(胎內)에서 태어난 것으로 된다.

이제 필요한 학문적 연구는 노동생산력의 개선을 위한 방안과 그 생산물이 사회의 다양한 계급이나 사람들 사이에 자연히 배분되는 질서에 관한 것이다. 분업과 교환의 체계는 「자애(self love)」에 기초한 행동으로 설명된다. 공평한 관찰자의 내면에 정착하여 정의의 관념을 사회적으로 확립하는 논리와 마찬가지로, 각인의 자애심, 즉 이기심에 기하여 공정한 가격으로서의 「자연가격」이 형성된다는 것을 밝혀낸다. 이에 의하면, 각인의 내부에 있는 「정의의 이념」과 경제에 있어서 「공정가격」은 대응한다는 것이다. 결국 노동과 자기관심이 시민적 질서의 원점이고, 이들 양자는 욕망에 귀착한다. 여기에서 시민사회의 질서로서는 욕망에 의한 경제체제의 구축을 본다. 홉스의 인간의 기초에 있었던 「허영심」은 스미스에 의해 「자기관심 즉 이기심」으로 개작되어 순화된다. 정의로서의 법의 관념은 과거에는 개인을 초월하는 위치에 있었으나, 이제 개인과 인간관계에 내재화된다.

스미스가 계약의 관념 자체를 부정하는 것은 아니다. 그가 폐기한 것은 국가구성을 위한 「시원계약」이다. 정의가 각인의 내에 내면화하면, 각인이 스스로 자신에게 「규칙」을 정립할 수 있다. 이러한 내면적 자기입법이 있어 시민법적인 계약의 준수도 가능하게 된다. 스미스의 「자기규제」는 칸트가 말하는 「자기입법」과 동일하다. 시민이 자신이 만든 법 즉 규칙에 자발적으로 복종하여 자유와 자립을 획득한다.

Ⅲ. 근대적 노동관의 성립

1. 노동표상의 전환

근대에는 노동이 돌출하였던 시대이다.[44] 인간은 자기를 둘러싸고 있는 환경에

44) 이러한 사실은 18세기 말경 아담 스미스가 그의 주저 『국부론』의 서론 첫머리에서 노동의 중요성을 부각시키면서 아주 상징적으로 잘 표현하고 있다. “모든 국가의 연간 총노동은 원래 그 국

다양한 활동을 한다. 도구를 만들고 생활수단을 손에 넣는 노동은 다양한 활동 중의 하나에 불과하지만, 생산활동인 노동이 다른 활동을 압도하고 돌출하는 사태는 어떠한 의미에 있어서는 이상(異常)한 현상이다.

사실 그 자체로서 노동이 되는 활동은 없다. 오늘날 우리는 노동을 다른 일체의 의미를 제거하고 발가벗은 기술적 생산활동으로만 간주하고 있지만, 이러한 노동관도 노동을 보는 하나의 방식일 뿐이다. 노동은 노동표상과 일체로 되어서, 양자는 분리할 수 없다. 노동이 경제활동으로 순화하였던 것이 근대를 근대답게 하였던 것이다. 그렇지만 근대 이전에는 노동이 경제로 순화된 것은 아니었다. 예컨대, 미개사회에서 노동은 다른 활동과 복잡하게 얽혀 있어 어느 것이 경제활동이고, 무엇이 종교활동인지의 여부는 확실히 구별할 수 없다. 그래서 물건을 만드는 행위와 신에게 기도하는 행위나 질서를 유지하는 정치적 혹은 윤리적 행위란 하나의 같은 행위였다. 미개사회에서 생산활동과 그 성과는 공동체 구성원 전체의 토의의 대상으로 되어 있고, 그러한 의미에서는 생산활동 자체는 공공의 언설(言說)에 의한 교통의 장이기도 하다. 또 생산과정과 그 성과는 미적 비판의 대상으로 되고, 이러한 한에서는 생산적 활동은 예술활동이기도 하였다. 그래서 미개사회에는 근대의 의미에서 노동은 존재하지 않았다. 노동은 다양한 활동 중에 분산되어 있었다. 미개사회에서 뿐만 아니고, 근대 이전의 여러 사회에서는 상황은 다소간 유사하였다. 이와 같은 다양한 노동표상 때문에 재화를 생산하는 노동 자체가 사회전면에 독립적으로 부각되는 것이 방해되고 있었던 것이다.

이렇듯 근대 이전의 노동표상은 전통적 질서를 보존하고 유지하는 역할을 강력히 수행하였다. 노동은 다른 여러 활동에 매몰되어 있어 그것에 각별한 지위가 부여되지 않았다. 이러한 노동표상은 노동에 대한 낮은 평가를 낳았다. 그러나 근대에서 시장경제가 확대되어 감에 따라 노동에 대한 낮은 평가도 제거되기 시작한다. 시장지향적인 생산이 당연하게 되어 감에 따라, 근면한 산업활동(industry)은 사회를 움직이는 중심적 지위를 차지하게 된다. 광의의 노동(생산과 교역)은 근대 시민사회와 근대자본주의의 원리로 된다. 노동은 더 이상 종교적 활동이나 공동체적 행위에 숨어 있는 단순한 작위(作爲)가 아니라 이로부터 완전히 독립된 사회

가의 국민이 연간 소비하는 모든 생활필수품과 편의품을 제공하는 자원이며…(The annual labor of every nation is the fund which originally supplies it …)"(밑줄은 필자가 붙임) Adam Smith, An Inquiry into the Nature and Causes of Wealth of Nation(edited, with an Introduction, Notes, Marginal Summary and an enlarged Index by Edwin Cannan, M.A., LL.D., with an introduction by Max Lerner) Random Hause New York 1965, p. lvii, 『國富論 上』(최호진/정해동 역 : 범우고전선 29), 범우사, 1992, 15면.

적인 가치창조활동이라는 것을 공인받는다. 그래서 「노동만이 가치를 생산한다」라는 사상도 생겨났다. 19세기에 등장하는 고전경제학자는 거의 모두가 「노동가치설」을 주장하였는데, 이것은 노동표상이 변한 결과였다. 노동가치설은 19세기에 노동표상이 완전히 바뀌었다는 것을 나타내는 징표이다. 이것은 어떠한 의미에서는 근대에 있어서 노동표상을 상징적으로 표현하고 있다.

2. 노동의 부상(浮上)

근대에 있어서 노동의 독립은 아주 새로운 사건이다. 미개, 고대, 중세의 노동표상이 존재하는 한, 근대인이 이해하는 노동이라는 것은 성립할 수 없다. 생산활동은 어느 시대에도, 어떠한 지역에도 존재하였다. 현재도 그러하다. 그러나 생산과 노동은 말의 유래에 있어서 다르고, 당연하게도 말이 지시하는 현실도 다르다. 생산은 넓은 의미에서 직인활동이고, 고대그리스에는 테크네라고 불렀던 활동이 그것에 해당한다.[45] 노동은 고대그리스에서 노예의 행위에 해당하고, 서유럽중세에는 농노의 행위에 해당한다. 'labour'의 고형(古形)이 'labeur'인데, 이 'labeur'는 중세의 농업노동을 나타냈다. 직인활동(테크네)는 원래 자립적인 것이고, 결코 노예의 행위(포노스)와 하나로 될 수 없다. 고대그리스의 지식인은 직인활동을 노예적이라고 비판하였다. 그러한 비판은 대체로 타당하다고 하지만, 세부의 카테고리로서는 구별해야 한다. 어떠한 관점에서 보면, 테크네가 포노스적이라고 하는 것은 이미 플라톤이 그러했듯이 상류자유시민의 계급적 견지에서 말하는 것이었다. 플라톤의 견지에서 보면, 테크네는 「노예적」이어도 노예의 활동 그 자체는 아니었다. 테크네 내지 데미우르고스(제작사)와 노동은 이데올로기(표상)의 면에서는 혼동되기도 하고 동일시되기도 한다. 그러나 현실(사회적 신분이나 지위)에서 차이가 있었던 이상, 그것들의 차이를 소거할 수 없었다. 그렇지만 낡은 노동표상이 해체하고, 근대적 표상과 그것에 지지되었던 「노동이라는 것」이 등장하면서 생산과 노동의 구별도 서서히 소거되고, 그리고 다음에는 양자는 합체되어버린다. 우리는 생산과 노동이 일체화해버린 오랜 후의 시대를 살고 있으며 생산도 노동도 말의 차이가 있을 뿐이고, 요컨대 같다고 생각하고 있다. 그러한 시각 자체가 역사의 산물이고, 옛날부터 그러했던 것은 아니다.

노동과 생산의 합일이라는 사태는 중요하다. 그것은 모든 생산활동이 노동으로 환원되는 것을 의미한다. 노동이라는 것은 추상적이다. 현실에 존재하는 것은 구체

45) 포이에시스도 이러한 테크네의 일종이다.

적인 생산적·기술적 행동이고, 정신적 행위를 수반하지 않는다. 지성의 매개도 없는 단순한 신체활동(신체를 움직이는 고로(苦勞))만을 느끼는 행동, 「순수한 생리적·생물적 에너지의 지출」이라고 하였던 것은 추상적인 사상의 구성에서 볼 수 있다. 그러나 그것은 확실히 추상적이어도 현실의 것이고, 실은 이것이야말로 근대의 노동이다. 추상적이자 현실적인 이 노동이라는 것이 다른 일체의 활동을 일으키고, 그것에로 수렴시켜가는 것이다. 즉 노동의 일원화가 생겼다. 이것을 경계로 하여 근대인은 과거와 같이 기술적 생산활동과 노예적 노동행위를 준별하여 생각하는 것은 아니었다. 반대로 사람은 어떠한 활동을 보아도, 그것을 노동으로 간주하려고 하는 습관이 몸에 배어 있다. 행위의 차이가 있다고 하여도, 그것은 「비본질적」인 표면밖에 없다. 모든 표층의 차이를 제외하고 보면, 그 때에 비로소 「본질적·본래적」인 것으로의 유일한 「특성」이 서서히 나타나게 된다. 근대가 깊어져가면서 인간의 모든 활동을 「노동」으로 보려고 하는 경향이 생긴다. 이러한 경향이야말로 변화된 근대적 노동표상의 근본적인 작용이라고 할 것이다.

물론 이러한 견해에 저항하는 사상이나 운동[46]이 있지만, 근대의 노동표상은 그러한 과거지향적인 저항을 극복하면서 전진한다. 이미 근대사회는 더 이상 과거로 회귀할 수 없을 정도로 이른바 「노동사회(勞動社會, Arbeitsgesellschaft)」[47]로 되어버렸던 것이다. 근대사회에서 인간의 모든 활동과 행위가 무차별적으로 노동화(勞動化)되어 버렸다. 이러한 사회적 현실은 노동사회의 가속적인 경향을 지지하였다. 그래서 근대적 노동표상은 점점 강화되었다. 이렇듯 근대사회에서는 인간의 물적 기반으로서 사회적 현실에 있어서도, 그것을 표상하는 관념적인 행위에 있어서도, 노동으로 일원화되어 가는 조류에는 저항하기 어려운 힘이 있었다. 그 힘이 근대사회를 압도하면서 전진하였다고 할 수 있다. 근대사회에서는 사회적 현실이 노동에 의해 구성되고, 정신의 세계도 또한 노동에 의해 구성되게 된다. 사회 어디에서 보아도, 「노동사회」가 도래한 것이 확실했다. 그래서 고대사회나 중세사회에서 최하위(最下位)에 있었던 노동이 근대사회가 진전되어가면서 사회의 전면에 부각되고, 어느 순간에 이른바 「노동의 우위(優位)」가 확립되었다.

46) 우리가 보통 '낭만주의(浪漫主義)'라고 번역하고 있는 18세기 중반의 「로맨티시즘(Romanticism)」이 가장 대표적이다. 법사상에서는 사비니(Friedrich Carl von Savigny, 1776-1861)를 필두로 하는 역사법학이 그것이다.

47) 여기에서 우리는 근대적 노동사회와 현대의 노동사회를 구별해서 이해할 필요가 있다. 근대사회에서 노동 자체가 사회적으로 전면에 부각되어 가치창조행위로서 독립적인 평가를 받게 되었다는 점을 부각하는 의미에서 근대사회를 노동사회라고 부르는 데 반해, 현대사회에서는 노동을 하는 주체 즉 노동자가 사회적 주체세력이 되었다는 점에서 현대사회를 노동사회라고 한다. 이러한 의미에서 근대사회가 「노동」사회이고, 현대사회는 「노동자」사회라고 할 것이다.

이와 같이 근대적 노동표상이 성립되는 데에는 여러 가지의 역사적인 조건들이 관련되어 있다고 할 수 있다. 하지만 여기에서는 표상의 내용 혹은 표상을 지지하면서 그것을 유효하게 하는 정신적 분위기에 대해서만 고찰하고자 한다. 노동사회(Arbeitsgesellschaft)란 근대에 들어와 서유럽 도처에서 성립되기 시작했던 산업사회(industrial society, Industriegesellschaf)를 말한다. 즉 노동사회(Arbeitsgesellschaft)의 성립은 바로 「산업사회」의 도래를 의미한다. 「산업사회」라는 우리말은 도이치어 "Industriegesellschaft"나 잉글리쉬어 "industrial society"의 번역어인데, 여기에서 "Industrie" 또는 "industriel"이라는 말에 근대적 노동표상이 잘 나타나 있다. 「인더스트리(Industrie, industry)」라는 말은 노동사회로서의 근대사회의 정신적 분위기를 함축하고 있다. 「인더스트리게젤샤프트(또는 인더스트리얼 소사이어티)」는 「근면(勤勉)」과 「근로(勤勞)」로서 인더스트리와 「산업」으로서 인더스트리라는 두 가지의 측면을 동시에 실현하는 사회이다. 이것 바로 「노동사회」이다.

그러면 서유럽의 근대사회에서 근면주의(勤勉主義)가 어떻게 해서 탄생하였는가? 사실, 「근면주의(勤勉主義)」라는 말은 바로 「산업주의(産業主義)」를 의미한다. 「근면주의」는 유럽어로, 예컨대 도이치어 "Indurialismus", 잉글리쉬어 "industrialism"인데, 이것이 우리말로 「산업주의」로 번역된다. 그러면 근면(産業)과 산업(産業)은 어떻게 관련하고 있는가? 근면과 산업을 연계하고 있는 정신적 분위기 혹은 정신적 구동력은 무엇이었는가? 이에 관해서 다음으로 항을 바꿔 좀 더 살펴보기로 하자.

3. 근대적 노동윤리의 성립

1) 크리스드교적인 금욕윤리

유럽근대의 노동사회는 크리스트교적 금욕윤리를 배경으로 하고 있다. 금욕(禁慾)은 단순한 고행도 아니고, 비합리적인 행위도 아니다. 금욕은 그 나름의 합리성을 가지고 있다. 이에 관해서 베버(Max Weber, 1864-1920)의 연구[48]에 의거해서 생각해보기로 한다.

크리스트교적 금욕윤리의 합리적 성격에 대해서 베버는 "금욕주의가 수도원의 골방에서 나와 직업생활 영역으로 이행함으로써 세속적 도덕을 지배하기 시작했고 또 공장제·기계제 생산의 기술적·경제적 전제조건과 결부된 저 근대적 경제

48) Max Weber, Die Protestantische Ethik und Der Geist des Kapitalismus, 1905. 김덕영 옮김, 『프로테스탄티즘의 윤리와 자본주의의 정신』 도서출판 길, 2010.

질서의 강력한 우주를 건설하는데 일조했기 때문이다. … 금욕주의가 세계를 변형하고 세계안에서 영향력을 행사하게 되면서, 이 세계의 외적인 재화는 점증하는 힘으로 인간을 지배하게 되었고 그리하여 마침내는 도저히 벗어날 수 없는 힘으로 인간을 지배하게 되었다. 이는 역사에서 결코 그 유례를 찾아볼 수 없는 현상이다"[49)]라고 기술하고 있다.

이러한 금욕윤리는 무엇보다도 수도사가 추구하는 덕행의 목표이고, 세속외적 금욕(世俗外的 禁慾)의 이상적인 존재방식이었다. 모든 종교는 반드시 세속외의 금욕을 행한다. 일상(日常)에서 탈출하여 세간(世間)으로부터 멀리 떨어진 곳에서, 예컨대 도시나 마을에서 떨어져 있는 수도원이나 산속의 수행소(修行所)에 갇혀, 즉 세속적 욕망을 누르고, 심신을 훈련하는 것이야말로 종교인(宗敎人)이 진정한 종교성을 증명할 수 있는 태도이다.

크리스트교에서 하나님에 의한 구원(救援)은 종교인의 금욕적인 실천에서 생긴다. 물론 이러한 사고방식은 크리스트교에만 국한된 것이 아니다. 이것은 세계의 어느 지역의 종교에서나 공통적인 사항이다. 금욕윤리는 인류사에 있어서 아주 긴 역사와 전통을 가지고 있다. 세속외적 금욕(世俗外的 禁慾)이 가지고 있는 합리성은 어쩌면 크리스트교뿐만 아니라, 어느 종교에서도 정도의 차이는 있어도 실재하였다.[50)] 그렇지만 다만 합리성을 잉태한 금욕이었다고 하는 것만으로는 근대와 근대적 합리성에로는 연결되지 않는다. 왜냐하면 세속외적 금욕 그 자체는 단순히 전통에 불과하기 때문이다. 금욕정신의 본질에 그것을 근대로 연결하는 다른 하나의 변화 내지 전환이 있어야 한다. 서유럽의 경우에 있어서 이러한 전환은, 베버에 의하면 프로테스탄티즘(Protestantismus, 新基督敎), 특히 퓨리터니즘(Puritanismus, 淸敎徒主義)에서 생긴다.[51)]

2) 세속적 금욕으로의 전환

퓨리터니즘에서는 크리스트교의 전통적인 세속외적 금욕의 이상(理想)이 그대로 계승되었지만, 거기에서는 금욕윤리의 방향이 전환되었다. 퓨리터니즘은 크리스트교에 전통적으로 내포되어 있었던 합리적 금욕을 세속 밖(外)에서 세속 안에서의 실천으로 옮겨서 모든 사람들로 하여금 일상생활을 마치 수도원에서의 생활과 갈

---

49) 막스 베버(김덕영 옮김), 위 같은 책, 365면.

50) 예컨대, 중국에서 성립되었던 유교(儒敎)에도 「청빈(淸貧)」이라는 금욕정신이 있다. 그렇지만 이것이 중국의 근대로 직접 연결되지 못했다. 이것은 우리나라의 경우도 마찬가지다.

51) 위 같은 책, 332~369면 참조.

이 하도록 만들었다. 이것이 퓨리터니즘의 중요한 역할이다. 이러한 의미에서 퓨리터니즘은 서유럽의 근대를 만들었던 「근면주의」의 정신적인 원동력이라고 할 수 있다.

퓨리터니즘에 있어 세속외적 금욕에서 세속내적 금욕으로의 전환을 촉진하였던 것은 「일체의 피조물은 신으로부터 완전히 끊어지고 무가치하다」라는 「피조물신화」를 거부하는 태도이다. 감각이나 감정은 이 세계의 만물에 대한 애착과 집착을 나타내기 때문에 그것들은 피조물신화와 용이하게 연결될 수 있다. 피조물신화를 거부함으로써 피조물신화에 연결된 모든 욕망은 절대적으로 부정된다. 특히 사치나 방탕은 가장 나쁜 피조물신화의 결과로서 배척된다.

이 세상의 모든 것이 이미 무가치하다면, 이 세상에 살고 있는 인간도 또한 무가치하다. 인간이 신체를 가지는 한, 감각이나 감정 없이 살 수는 없다. 그럼에도 불구하고, 피조물신화를 부정하는 퓨리터니즘의 말씀(Dogma)은 사람들에 대해 마치 신체 없는 존재가 될 것을 요구한다. 일체의 세속적인 욕망이 압살되는 때, 인간은 누구나 황량한 심적 상황을 경험할 수밖에 없다. 그러나 이것은 오히려 인간을 역설적인 결론에 이르게 한다. 이러한 심적 상황을 인내하고 극복하는 길은 철저한 자기규율로써 신에 의해 맡겨진 재산을 관리하는 영리기계(營利機械)로서 투철하게 행위하는 것이다. 신의 구원을 받으려면, 인간은 세속(世俗)에서 피조물신화의 죄를 범하지 않도록 늘 경계해야 한다. 경제생활에서 누구나 신체의 밑바닥에서부터 끌어올라 오는 소비욕망에 지배되어 감각이나 감정과 타협하지 않았는지의 여부를 일상적으로 종교적인 자기규율을 하고, 그러한 일상적인 자기규율에서 합격해야 비로소 신의 구원을 얻을 수 있다.

3) 일상적인 자기규율

퓨리터니즘적 종교적 분위기 속에서 근대유럽인들은 일상생활에서 종교적인 자기검열 · 음미 · 심사를 해가는 과정은 자기규율의 정신을 단련하였다. 그 결과 이러한 자기규율은 하나의 직업윤리로 성장해갔다. 퓨리터니즘적 근대유럽의 금욕주의는 피조물신화를 거부하고 그것에서 도출되는 세속적인 금욕의 규범에 비춰 개인의 생활 전체를 방법적으로 조직해 간다는 점에 가장 큰 특징이 있다. 이렇듯 유럽근대는 일상의 생산활동에서 「방법의 정신」을 낳고, 또 그것을 매체 내지 구동력으로 하여 「생활의 방법화」도 만들었다. 이러한 방법적인 생활이 자신의 생활을 타자와의 관계에서 합리적으로 「경영」하는 정신, 한마디로 말하면, 경제합리성을 산출한다. 베버에 의하면, 세속내적 금욕에 기초한 방법적 합리적 경영의 정신이 근대의 산업자본주의로 지향하는 궤도를 설정하였다고 한다. 세속내적 금욕윤리가 근대적 노동표상의 실질이다. 근대적 노동은 세속내적 금욕의 도덕의식과 불가분으로 연결되어 있는 것이다.

4) 형식으로서의 노동

크리스트교의 금욕윤리는, 그것이 세속의 시민생활에서 실천되어 감에 따라, 서서히 종교성을 상실해가지만, 그와 동시에 그 흔적을 실천과 행위의 형식으로서 침전된다. 종교적 자기규율과 자기심사는 개인의 정신과 행동에 각인되고, 사회에도 제도적으로 각인된다. 그것은 개인은 물론이고 사회전반에 세속화되어 그 흔적으로서 작용한다. 금욕은 생활세계에서 「형식」을 만들어낸다. 세속내적 금욕은 개개인의 정신 내부에는 규율과 심사의 형식을 만들고 사회생활에서 경제합리성의 제도를 마치 계단을 쌓아올리듯이 형성해 가면서, 시대의 전환자로서의 역할을 수행하는 것이다. 근대에 있어서 노동은 이러한 금욕주의에서 생겨난 것이다. 근대적 노동의 특징은 그 「추상성」이 자주 말해지듯이, 「생물적 및 생리적 신체의 에너지지출」일 뿐만 아니라 일정한 형식을 낳고 그 형식에 따르는 노동이다. 그러므로 노동 그 자체는 「형식적 노동」이다. 「형식으로서 노동」이야말로, 근대노동 그 자체이고, 그것이 아니면, 산업혁명이나 기술혁신도 있을 수 없었다. 근면으로서의 인더스트리는 오로지 맹목적으로 일하는 것이 아니다. 「일이 좋다」 등이라는 것은 거짓말이다. 근면이란 형식화된 노동이고, 이러한 노동의 형식을 합리성이라고 한다. 산업사회 혹은 산업자본주의는 형식으로서의 근면한 노동, 즉 형식으로 응고된 금욕윤리를 토양으로 키우면서 발전한다.

근대의 노동사회는 금욕주의윤리의 사회이라고 해도 좋지만, 여기에서 주의해야 하는 것은 「금욕」은 이미 종교적 금욕이 아니고, 그 흔적으로서의 합리적 형식에 구속되어 복종한다고 하는 의미에서의 금욕이라고 하는 점이다. 바로 이 점에서, 특수한 서유럽적인 것에는 보편성이 있다. 크리스트교뿐만 아니라 여타의 모든 종교는 개별적인 문화적 전통의 산물이기 때문에 그 자체에 보편성이 없다. 그렇지만 어떠한 문화적 전통이 매개로 된다고 하더라도 「형식으로서의 노동」이 성립된다면, 근대유럽에서와 같은 근대적 노동사회가 도래할 수 있다. 그러므로 크리스트교 이외의 종교에서도 형식적 노동의 사회를 만들어낼 수 있는 가능성은 있다고 할 것이다. 이러한 점은 일본 및 우리나라를 비롯한 아시아제국의 근대를 고찰하고자 하는 경우에 반드시 고려되어야 할 사항이다.

Ⅳ. 계약과 법의 지배

계약(契約)이라는 관념과 행위는 옛날부터 있었다.[52] 계약관념은 종교에서 신과의 약속이라는 형태로 있었는데, 그것이 특히 상인들 간에 경제적인 거래형태로 발전하였다. 근대 이전에 공동체 내에는 거래(去來, Geschäft)라는 관념은 없었다. 근대 이전에 있어 거래라는 활동은 신(神)이나 이방인 등과 같은 공동체의 외부와의 거래활동뿐이었다. 그러므로 계약에 기한 거래는 외부와의 거래에 한정되었다. 그렇지만 근대사회가 시장사회로 되어 감에 따라 안과 밖의 구분이 해소되어 가고, 일체의 행위가, 말하자면 공동체의 내부활동으로 변한다. 근대 이전의 비(非)계약적인 공동체가 붕괴하고, 시민사회가 유력하게 되면서, 과거의 외부적인 상거래형식으로서의 계약은 시민사회의 기본적인 구조로 된다. 그래서 시민사회에 있어서 모든 행위는 계약의 관점에서 파악되게 된다. 이것은 바로 모든 행위가 상품생산활동의 관점에서 파악되는 것과 대응하고 있다. 근대에서야 비로소 노동사회가 성립하였기 때문에, 근대사회만이 진정한 의미에 있어서 계약사회인 것이다. 이러한 의미에 있어서 형식적인 노동사회와 계약사회는 같은 사회의 두 측면이다. 금욕윤리가 근대사회의 기본적인 윤리로 침전되면서 노동이 합리화되고, 노동생산물의 거래관계로서 계약관계에서 그 계약을 지키는 것으로부터 이른바 근대법이 성립하게 된다.

1. 약속과 믿각

사람이 사람을 믿을 수 없다면, 사회적 생활은 불가능하다. 약속(約束)은 그것을 하는 사람들이 그 상대방을 믿을 때 비로소 성립할 수 있다. 사회가 복잡해지면 질수록 그 복잡성을 감축하기 위해서 믿음이 필요하고, 그러한 믿음에 기초하여 약속을 하여 복잡성을 감축할 수 있다.[53] 언어로 약속을 하고 사는 것이 오늘날의 일상적인 사회생활의 모습이다. 믿음을 전제로 한 약속이 이행되지 않는다면,

52) 이에 관해서 강희원,「계약에 관한 법철학적 고찰」『법철학연구』, 제11권 1호(2008년), 137-164면 참조.

53) 이와 관련해서는 Niklas Luhmann, Vertauen, ein Mechanismus der Reduktion sozialer Komplexität, 2. erweiterte Auflage, 1973 참조.

현대사회는 금방 카오스(chaos)상태에 빠지게 될 것이다.

어떤 사람이 자신이 한 약속을 잘 지킬 때, 우리는 그 사람이 정실한 인간이라고 평가한다. 그러나 약속을 지킨다는 행위가 오늘날처럼 누구에게나 당연히 요청되는 것으로 된 것은 아니다. 약속을 지킨다고 하는 행위가 당연한 요청으로서 가능해지기 위해서는 긴 역사를 필요로 했다. 이와 관련해서 니체(Friedrich Nietzsche, 1844-1900)의 말이 시사하는 바가 크다. 그는 넓은 의미에 있어서 약속의 불이행에 해당하는 「망각」에 관해 『도덕의 계보(Zur Genelogie der Moral)』 중 두 번째의 논문 「죄책, 양심의 가책 및 이와 유사한 것들(Schuld, schlechtes Gewissen und Verwantes)」의 첫머리에 다음과 같이 기술하고 있다.

"약속할 수 있는 동물을 길러낸다는 것, 이것이야말로 자연이 인간에게 대해 부과한 역설적인 과제인 것이 아닌가? 이것이 인간의 전정한 문제가 아닌가? … 이 문제가 대단히 잘 해결되었다고 하는 것은 약속이라는 것에 대항하는 힘, 즉 망각을 완전하게 평가할 줄 아는 사람에게는 그 만큼 훨씬 더 놀랍게 생각된다. 망각(Vergeßlichkeit)은, 피상적인 사람들이 믿고 있듯이, 단순한 타력(惰力, vis inertiae)이 아니다. 오히려 이것은 능동적이며, 가장 적극적인 의미에 있어 저지능력(底止能力, Hemmungsvermögen)인 것이다. 이 능력 덕분에 우리가 체험하고 경험하여 섭취한 것이, 마치 육체적 영양섭취 즉 육체적 동화가 진행되는 여러 가지의 모든 과정과 마찬가지로, 의식면에 나타나지 않게 된다. 이것은 일종의 소화상태(Zustande der Verdauung)이다.[54] 의식의 문을 잠시 닫는 것은, 우리가 가진 의식 이하의 세계의 종속적인 여러 가지 기관이 서로 협력하든가 적대하기 때문에 일어나는 혼란과 싸움으로부터의 피신하는 것, 새로운 것에 대하여 특히 고등기능과 기관에서 있어서 그것에 대한 통제와 예측과 예정(우리의 유기체조직은 과두제적인 것이기 때문에)에 대해 여유를 가지기 위해 약간의 정적과 백지상태를 유지하는 것이다. 이것이야말로, 조금 전에 말한 것처럼, 마음의 질서, 안정 및 예법의 문지기이자 관리자로서의 능동적인 망각이 가지고 있는 효용이다. … 여기에서 알 수 있는 것은 만약 망각이 없다면 행복이란 결코 존재할 수 없고, 명량, 희망이나 긍지도 현재에 있을 수 없다는 사실이다. 망각의 장치가 부서졌거나 멈추어 버린 자는 소화불량증환자에 비교할 수 있다. 혹은 그 이상에도 견줄 수 있다. 이처럼 불가피하게 망각증을 가지고 있는 동물에게 망각이란 힘, 건강을 표시하는 한 형식인 것이지만 이 동물에게 어떤 상황 하에서 이 망각을 저지하는 능력, 즉 기억력을 길렀던 것이다. 여기에서 말하는 어떤 상황이란 약속을 하지 않으면 아니 되는

54) 이를 "정신적인 동화(Einverseelung)"라고도 한다.

경우를 말한다. 그러므로 그것은 한 번 부각된 인상에서 이탈할 수 없다는 수동적인 상태가 아니라, 단순 담보로 맡긴 물건을 다시 찾아갈 수 없다는 소화불량이 아니라 그것을 이탈하지 않으려는 능동적인 의욕이며, 처음에 의욕했던 것을 지키려고 하는 의욕, 즉 본래적인 기억의지(記憶意志, ein eigentliches Gedächtnis des Willens)인 것이다".55)

니체가 말하고 있듯이, 망각이 인간이 가지고 있는 건전하고 정상적인 성질이라면, 그러한 망각에 저항하여 그것을 억압하는 기억은 자연에 반(反)하는 이상적(異常的)인 행위이다. 이것이 바로 인간의 문화다. 그렇다면 문화란 반자연적(反自然的)이다. 반자연적인 문화야야말로 사회적 인간을 폭력적으로 만드는 것이라고 하겠다. 우리가 통상 말하는 인간의 역사란 바로 이러한 문화의 역사이다. 우리는 약속을 하면 그것을 지켜야 한다고 생각한다. 약속을 지키는 것을 책임(責任)이라고 한다. 책임은 바로 인간의 도덕의식이다. 책임이라는 도덕의식은 문화의 산물이다. 그러므로 도덕의식에도 장구한 반자연적인 역사가 있다. 이것이 바로 니체가 『도덕의 계보』라는 저서에서 말하고자 했던 것이 아닌가 생각한다.

그렇다면 약속하였던 것을 지킨다고 하는 도덕적인 책임의식을 가지고 있는 인간이란 어떠한 인간일까? 약속을 기억한다는 것과 기억하고 있는 약속을 실행해야 한다는 것, 이들 양자 사이에 항상 시간의 간격이 있다. 그러므로 미래가 계산되어야 하고, 미래의 시간을 계산하는 것은 의욕이다. 약속을 지키는 인간이란 확정되어 있지 않은 미래를 향해 어떠한 방식으로든 확정된 것과 같은 결의(決意)를 하는 인간이다. 불확정적인 미래에 대한 결의에서 니체는 대체로 상인(商人)의 약속을 염두에 두고 있는 것 같다. 어떻든 니체가 약속에 대해 상당히 근대적인 정의를 내리고 있는 것은 확실하다. 이와 같이 약속의 기억과 그 실행 간에 간격이 있고, 그 중간에 「기억의 긴 연쇄」가 들어 있다.

"그러나 그 모든 것은 무엇인가를 전제로 하고 있다! 인간이 미래를 임의로 처리하기 위해서는 필연적인 사건과 우연한 사건을 구별하고 그것을 인과적으로 사고하며, 미래를 현재처럼 내다보고, 목적과 그것에 맞는 수단을 확실하게 결정하고, 개산(概算)하는 방법을 배워야 했다. 이렇듯이 인간은 자기자신의 관념을 위해 스스로 계산할 수 있으며 규칙적인 필연적 존재가 되어야 했다."56)

이와 같은 계산능력을 양성할 수 있는 방법이 상행위(商行爲)다. 계약, 교환, 및

---

55) Nietzsche Werke in vier Bänden, 4. herausgebend und ei\ngeleitet von Gerhard Stenzel Salzburg 1983, S. 301-302. 위 인용문은 필자가 니체, 『도덕의 계보』 제2논문, (정진웅 역, 니체 전집 2권), 백문당, 1980, 63~64면을 참조해서 도이치어 원문을 재번역한 것이다.
56) 위 같은 책, 302면(정진웅의 번역본, 64면).

거래라는 방식이 기본적인 구조인 상업은 채권자와 채무자의 관계로 이루어있다. 상업에 있어서 인간은 누구나 채권자가 아니면 채무자이다. 채권자와 채무자의 관계가 인간관계의 전부이다. 채무(Schuld)의 도덕적인 개념은 부채행위(Schulden), 즉 약속에 기인한다.[57] 약속과 책임 그리고 책임과 채무의 연관을 통해 계산적 인간이 서서히 형성되어 간다. 이러한 역사는 매우 장구하지만, 그 최후의 단계에는 바로 근대적 인간유형이 있다.[58] 근대인의 전형(典型)은 바로 상인(商人)이다.

2. 형 벌

약속을 지키는 인간을 만들어내는 데에는, 약속의 기억을 몸에 각인하는 것이 가장 중요하다. 형벌은, 약속한 것을 잊지 않도록 각인시키고, 또 상기시킨다. 채권자는 채무를 물(物)로 수취하는 것으로 끝내지 않는다. 부채의 변제를 쾌락이라는 형식으로 지불하는 것도 가능하다. 자주 대개는 채권자는 채무자에게 고통을 주어 쾌락을 맛보게 하는 것으로 만족한다. 형벌은 타인이 고통당하는 것을 보고 즐거운 쾌락을 가져온다는 것에 그 본질이 있다. 따라서 형벌은 잔혹하고, 잔혹함의 쾌락에서 그 만족을 얻는 축제이다. 최초의 국가도 또한 축제적 형벌을 실행한다. 국가는 계약에서는 생기지 않지만, 계약을 지키는 인간을 형벌에 의해 제작한다. 죄, 양심, 의무라는 도덕적 관념의 출처는 채권 - 채무관계에 있다. 이 관계에는 잔혹과 고통이 불가결하다고 하면, 도덕적 세계의 발단은 피로 물들여져 있다.

"도덕의 세계라는 것은 결국 피와 고문의 어떠한 냄새를 완전히 없애지 않았다. 그의 정언 명령에도 그런 냄새가 난다. 그와 아울러 여기에 있어서도 저 죄책과 고통이라는 무섭고도 풀어버릴 수 없는 굳은 관념의 결합이 단단하게 연쇄되어 있었던 것이다. 고통이 어떻게 해서 부채의 보상이 될 수 있겠느냐고 다시 한 번 묻고 싶다. 그것은 고통을 준다는 것이 최고의 쾌락을 준다는 것이며, 피해자인 채무자 역시 자기의 고통으로 상환약속이 무효로 되는 쾌감을 맛보는 것이기 때문이다."[59]

약속을 지키게 하기 위한 잔혹한 형벌은 정치권력의 모태이기도 하다. "지금까

57) 위 같은 책, 306면(정진웅의 번역본, 69면) 참조.

58) 근대인(近代人)은 니체가 정의하고 있는 의미에 있어서의 상인 즉, 이해타산에 민감한 합리적인 인간이다. 물론, 막스 베버의 연구에 의하면, 상인적인 이해타산적 인간이 그대로 연장되어 근대인으로 되었던 것은 아니다. 노동과정에서 준수해야 할 규범과 형식을 스스로 만들어내는 인간에서 근대인의 원형을 찾아야 하는데, 세속내적 금욕(世俗內的 禁慾)이 세속외적 금욕(世俗外的 禁慾)의 규범을 수계하고 있듯이, 근대의 생산인간도 과거의 계산합리성을 이어받고 있다.

59) 니체, 위 같은 책(정 진웅의 번역), 72면.

지 아무런 방해를 받음도 없고 형태를 구성하지 않았던 주민을 어떤 고정된 형틀 속에 틀어박는 작업이 폭력에 의해 시작된 것처럼 또한 똑같이 순전한 폭력에 의해서만 끝맺어졌다는 것처럼, 가장 오래된 국가는 어떤 전율할 만한 폭정으로 무자비하게 분쇄해 버리는 기계장치로서 나타나 형틀 속에 틀어박는 작업을 강행했던 결과로 마침내 민중과 반(半)짐승이라는 이름의 원료는 철저하게 반죽되어 부드럽게 되었고 어떤 형태를 이룰 수 있게 되었던 것이다."[60]

요컨대, 정치권력은 폭력에서 생길 뿐만 아니라, 폭력에 의해 지배의 대상을 구성해야 한다. 니체는 권력이 폭력에서 생긴 후의 폭력행위를 말하고 있다. 벤야민의 용어를 차용해서 말하면,[61] 「법유지적 폭력」이다. 그렇지 않으면 권력과 법을 낳는 폭력도 있다. 그것이 「법제정폭력」이다. 법(권력)제정의 상태에서는 어떠한 의미에서도 정이나 부정을 말할 수 없다. 정과 부정이 이야기되는 것은 법과 권력이 성립한 이후이다. 법제정폭력이 법(정의)을 구축한 때, 정과 부정의 절단선이 그어진다. 따라서 정과 부정을 판단하는 도덕의식도 또한 정과 부정의 피안에 있는 폭력에 뿌리를 두고 있다. 니체의 표현에 따르면, 약속을 지키는 도덕의식은 약속을 지킬 수 있는 계산능력을 몸에 익힌 인간을 형벌이라는 폭력으로 구성하는 것에서 생긴다. 도덕은 어떠한 인간에게 생득적으로 갖추어지는 것은 아니다.

3. 자율과 타율

근대의 인간에 있어서, 타자로서의 형벌자는 소실하고, 개인적 주체가 자기에 있어서 형벌자로 된다. 벌을 주는 것은 자신의 내부에 있는 양심이다. 자기규율이나 자기입법은 양심의 일이다. 니체에 의하면, 양심의 병이 자기규율이나 자기입법을 낳는다고 한다. 이 경위를 니체에 따라 말하면, 근대에는 권력의지로서의 「자신의 본능」은 타인을 향하는 것이 아니라, 자기에게 향하는 것이다.

그래서 근대에는 타율이 아니라, 자율이 중심적 가치로 된다. 자기규율이나 자기입법이 강조되는 까닭이다. 자율이란 스스로 자신을 규율하는 것, 즉 스스로 자신에게 정의를 부과하는 것이다. 그렇지만 이 자율성은 욕망의 역할에서 보면, 새로운 형태의 타율을 낳는 것이 아닌가? 「자신이 스스로에게 무엇인가를 준다」고 하는 측면을 강조하면, 자율로 보이지만, 정해진 이념이나 형식에 의해 자기가 구속된다

60) 위 같은 책, 96면.
61) 벤야민(Walter Benjamin, 1892-1940)의 폭력론에 관해서는 강희원, 「법과 폭력 - 폭력의 존재론적 연구」, 경희법학 제44권 1호, 287면 이하, 특히 308-312면 참조.

고 하는 점에서는 타율이다. 자율에서 타율로 전환을 파악하는 것은 「고통의 자기향수」이다. 법의 형식은 그것을 제작한 것에서 독립해서 비로소 효과를 가지기 시작하지만, 그러한 독립의 법형식(이 경우는 도덕법)이 고통의 제공자로 된다. 형식은 공허하고 또 일반적이면 일반적일수록, 엄격히 법의 집행을 요구한다.

근대의 자기입법에 의한 자율성의 이념에는 서로 요소를 달리하는 두 개의 경향이 내재하고 있다. 자율성의 이념에는 한편으로는 법에 의한 자기구속 즉 스스로 신체의 고통을 감수하는 것이고, 다른 한편에서는 타인에 대해 법에 의해 고통을 가하는 것이 포함되어 있다. 근대세계에는 사디즘(Sadismus, sadism)적 욕망과 마조키즘(Masochismus, masochism)적 욕망이 동시에 공존하기 시작한다는 것은 자기규율과 자기입법의 개념이 성립하기 때문이다. 별개의 이질적인 것을 하나의 장소에 정리하였던 것은 근대적인 법의 형식주의이다. 법, 도덕, 정의, 자율이라는 이념은 그 자체의 근거를 가질 수 없다. 욕망의 작용의 흔적이 정의 법이나 자율의 이념으로 되고, 그것에 응고(물질화)한다.

노동사회의 도래가 가져왔던 영향은 결코 경제에 한하지 않는다. 그것은 정치나 법제도에 대해서도 새로운 방향을 지시하였다. 노동사회에서는 개인의 내면마저 개조하여 종전과는 판이하게 새로운 인간군을 만들어 냈다. 그것은 인류사에 있어서 중대한 전환이다. 그것이 미치고 있는 영향은 바는 지금도 엄청나게 크다. 그것뿐만 아니라, 현대는 제도, 생산기술, 그리고 개인의 모든 장면에, 노동사회는 정치함의 정도를 높이고 있다고 하겠다. 또한 그것이 잉태하고 있는 문제들도 극대화하고 복잡하게 분화하고 있다. 머지않아 근대인은 노동의 결과인 자본의 소유에 따라 지배적 집단으로서 독립노동자계급(또는 유산계급)과 피지배적 집단으로 종속노동자계급(또는 무산계급)으로 분화한다. 이러한 의미에서 근대적 노동사회는 근대적 노동헌법의 구조를 가시화하고 있을 뿐만 아니라 그 속에는 이미 현대적 노동헌법을 잉태하고 있었다.

제 4 절 근대시민법과 노동헌법

I. 근대시민법과 그 경제적 기초

1. 자본주의적 상품교환

우리가 앞에서 이미 살펴보았듯이, 서유럽의 근대에 노동이 사회적 전면에 부각하였다. 그 노동의 주체는 바로 자립적인 시민이었다. 그러므로 서유럽의 근대사회는 바로 시민사회이다. 근대시민사회의 경제적인 기반은 노동의 결과로서의 재화(財貨)를 거래하는 자본주의적 상품교환이다. 시민사회의 기저를 이루고 있는 경제적 구조를 이해하기 위해서 우리는 근대시민사회에 있어서 상품교환의 존재방식을 좀 더 살펴볼 필요가 있다.

현재 우리가 살고 있는 사회는 말할 필요도 없이 자본주의사회이지만, 일상의 경제생활을 돌아보면, 의식주 기타 생활에 필요한 물건 및 용역은 개개인의 자급자족에 의해서 조달되지 않고, 대부분이 다른 사람으로부터 공급받고 있으며, 그것에 대한 대가로서 대금 혹은 요금을 지불하면서, 우리들의 욕구를 충족하고 있다. 즉 우리의 사회생활에 필요한 모든 재화(財貨)는 상품으로서 존재하고 있다. 자본주의경제에서는 상품교환이 사회 전반적 차원에서 전개되고 있으며, 상품교환이 정지한다면 자본주의사회가 성립할 수 없다고 할 것이다.

그러면 상품교환에 있어서 교환당사자로서 인간은 어떠한 성격으로 파악되는가? 상품교환과정에 있어서 교환당사자는 그가 남자인가 여자인가라는 것은 중요한 문제가 아니고, 일방 당사자가 제공하는 재화(物), 즉 상품은 상대방 당사자에게 필요한 물로서 제공되고, 그 일방에 의해서 제공되는 물과 상대방에 의해서 제공되는 재화가 교환되어지는가의 여부만이 문제될 뿐이다. 바꾸어 말하면, 상품교환에서 인간은 그 인간 전체적 차원에서 평가되는 것이 아니라, 교환당사자 상호간에 필요로 하는 상품의 담당자로서 의미를 가지고 있을 뿐이다. 그래서 상품으로서 재화는 모두 개별적으로 인간의 어떠한 욕망을 충족하는 성질(사용가치)을 가지고 있지만, 사용가치가 동일한 상품, 예컨대 설탕과 설탕을 교환하는 것은 아니므로 교환은 사용가치가 다른 상품과의 관계에서 이루어진다. 사용가치가 다른 상품이 등가(等價)로 교환된다면, 교환되는 상품이 각 사용가치가 아닌 다른 측면에서 등가치(等價値)로 된다는 것을 의미한다. 이것은 교환대상인 상품이 각 상품의 사용가치를 창출하는 구체적 노동량과 질의 차이가 사상(捨象)된 추상적인 인간노동의 산물이라는 점에서 등가적(等價的)이라는 것이다. 즉 교환되는 상품에 결정화(結晶化)되어 있는 인간노동의 추상적인 양이 일치할 때, 교환상품은 등가치를 가지는 것으로 평가되어 교환되는 것이다. 이 경우에 노동은 사회의 평균적 생산조건하에서 그 상품이 만들어지기 위해서 사회적으로 필요하게 되는 노동량이다. 이것은 상품에 결정화(結晶化)되어 있는 생산자의 사회적 노동과 사용가치를 구별하여 「가격(價格: price)」라고 말하고 있다.

생활에 필요한 모든 재화는 각각의 사용가치를 가지고 있다. 그러나 가격에 의해 상품교환이 이루어지고 있기 때문에 가격이야말로 재화를 상품이 되게 하는 본체이다. 그래서 노동생산물이라고 할 수 없는 토지 등 여타의 것들조차 상품으로서 매매되고 있다. 그러나 이것은 노동생산물이 그 가치에 따라서 교환된다고 하는 것을 부정하는 것은 아닐 뿐만 아니라 가치에 따라 상품교환의 발전의 결과로서 이루어지는 현상이며, 토지의 매매 자체도 위와 같은 노동생산물의 교환법칙을 기초로 하고 있다.

이와 같은 단순한 상품교환은 인류역사에 있어서 어떠한 시대에도 다소간 이루어져왔던 것은 사실이다. 그러나 근대 이전에 있었던 물물교환은 특히 자본주의의 상품교환과 동일하다는 것을 의미하는 것은 아니다. 인간사회에 있어서 경제적 생산력의 발전은 생활에 필요한 다양한 재화를 분업에 의해서 전문적으로 생산하게 하였지만, 상품교환은 자본주의하에서만이 아니라, 생산에 있어서 사회적 분업과 생산수단 및 노동생산물의 사적 소유가 존재하는 사회에는 항상 이루어진다. 노예사회와 봉건사회에서도 상품교환이 이루어진다는 것은 말할 필요도 없다. 노예사회에 있어서 재화의 생산은 노예소유자의 무제한적인 소유물인 노예에 의해서 노예소유자의 욕망을 충족하기 위하여 이루지는 것이다. 그리고 봉건사회에 있어서 생산은 영주의 불완전한 소유 하에 있는 농노나 동업조합의 구성원인 신분적 지배하에 있는 수공업자(직인, 도제)에 의해서 행하여지고, 이들의 생산물이 사회적으로 분배되는 과정에 있어서만 상품으로서 교환되었던 것이다. 그러나 자본주의사회에서는 그 이전에 노예나 농노가 제공하였던 생산에 불가결한 노동력이 하나의 상품으로서 매매되는 것으로 되고, 생산물의 분배뿐만 아니라 생산 자체가 상품교환에 의해서 매개되는 것으로 되었다. 즉 모든 자본의 원시적 축적에 의해서 봉건사회의 농민, 수공업자 등 다수의 소생산자(小生産者)는 토지 및 기타 생산수단과 생활수단을 박탈당하게 되며, 봉건적인 신분지배로부터 해방된다는 의미에 있어서 「자유롭다」라고 말할 수 있고, 이와 동시에 자기의 노동력을 상품으로 제공해야 한다는 의미에 있어서 「노동력이라는 상품」 소유자가 된다. 다른 한편, 농민으로부터 폭력적인 토지수탈이나 식민지무역, 조세에 의해서 대토지소유자, 상인, 고리대금업자에게 집중된 거대한 화폐재산은 자본주의적 대기업을 만들기 위한 자본이 된다. 특히 거대한 부(富)를 화폐의 형태로 축적한 소수의 자본가는 그것을 어떠한 생산수단으로도 변화시킬 수 있으며, 노동자를 고용하여 자신의 마음대로 생산을 하고, 상품을 만들 수 있는 것처럼 된다. 자본주의경제의 특징은 상품교환이 생산의 발전에 의해서 사회 전반으로 널리 확장될 뿐만 아니라 경제의 기본을 이루는 생산의 부분까지 상품교환이 침투하고 있는 것이다. 이러한 의미에서 자본주의사회를 상품교환사회라고 말하는 것이다.

2. 상품교환법으로서 시민법

근대시민사회는 정치적으로는 독립적인 개인의 자유와 평등을 이념으로 한 시민혁명에 의하여 절대주의국가의 전제적 지배를 전복하고, 경제적으로는 재화의 자유로운 교환체제로서의 자본주의를 기반으로 하여 성립되었다. 근대사회의 성립으로 법질서도 이념이나 구조에 대변화가 생겼다. 이것은 바로 근대시민법의 성립을 의미한다.

근대시민법은 근대적 노동시회의 도래로 성립된 새로운 내용의 법이다. 그것은 법의 주체로서 개인의 자유·평등·독립을 기본적 원리로 한다. 근대시민법은 역사적으로나 논리적으로 자본주의적 경제구조에 의해서 규정되지만, 다른 한편으로 자본주의체제의 원활한 작동에 봉사하고 있다. 그렇지만 근대시민법은 자본주의체제를 유지·보호하여 자본주의의 발전을 촉진하였지만, 그와 동시에 자본주의가 발전되어감에 따라 근대사 전반에 빈부의 대립, 노사의 대립 등 개인들 간의 부자유, 불평등, 지배종속관계를 만들어냈다.

물론 근대시민법이 지향하였던 형식적인 자유·평등·독립의 이념이 역사적인 한계성을 가지고 있었고, 현실에서 부정적인 사회적 결과가 야기되어 그 후 실질적인 수정이 불가피하게 되었지만, 형식적인 자유·평등·독립이라는 근대시민법의 이념은 자본주의사회의 다음과 같은 구조에 의해서 규정되었던 것이라고 말할 수 있다.

자본주의체제에 있어 법의 성립기초로서 경제사회는 상품교환관계의 무한한 연쇄로서 형성되어 있다. 이러한 상품교환에서는 교환되는 재화 즉 상품은 그것이 가진 「가치」의 크기를 척도로 해서 교환되며, 경제외적 강제가 없는 순수한 경제적 가치에 의해서만 교환된다고 하는 법칙(가치법칙)이 관철된다. 그래서 상품교환을 하는 것은 인간이지만, 인간은 상품교환의 장(場), 즉 시장에 있어서는 이러한 가치법칙에 의한 교환을 단순히 승인하는 의사주체, 즉 단순한 상품의 담당자로 된다. 이러한 상품교환은 상품이 순수한 경제적인 가치를 본체로 하는 것이며, 봉건사회와 같은 신분적 차별이나 권력적 지배가 전혀 없는 사회에서는 각자 자유로운 평등한 인격자로서 상품에 대한 배타적인 지배를 교환하는 것을 의미한다. 그러므로 인간은 독립의 사적 소유자로서 승인되지 않으면 아니 된다. 이러한 의미에 있어서 상품소유자로서 인간은 자유·평등·독립의 인격자이며, 이러한 인격자를 「시민」이라고 부른다. 자본주의하에서는 모든 인간이 「시민」으로 되며, 그 사회는 시민에 의해서 형성된 「시민사회」로 나타난다. 이러한 시민사회는 교환객체인 상품의 측면에서 보면, 가치법칙에 의해서 구성되며, 교환주체인 인간의 측면에서 보면, 자유로운 의사행위에 의해서 형성되는 것이다. 그래서 권력적 통제기구로서의 국가와 정치사회는 그 존립의 기초가 없는 것처럼 보이지만, 그 실체는 그렇지 않다. 자본주의 경제구조는 상품교환을 매개로 해서 자본가에 의한 노동자의 착취, 지배종속을 저지하기는커녕 개인의 자유라는 이름하에서 이루어지는 착취와 지배종속에 의해서 성립하는 것이기 때문에 이것에 대한 반항도 또한 당연히 생기기 마련이다. 그러나 자본주의국가는 시민사회의 실체인 상품교환관계를 매개로 해서 성립하는 것이기 때문에 절대주의국가에 있어서와 같이 권력의 자의(恣意)는 허용되지 않고, 사회계약설에서 보는 것처럼, 시민사회의 형성원리인 개인의 자유로부터 근거가 부여되지 않으면 아니 된다. 즉 국가는 시민사회에 적극적으로 관여하는 것이 아니라 시민사회의 질서를 시민사회 외부에서 감시하고 옹호하는 역할을 담당하는 것으로 된다. 그래서 시민사회는 완전히 자유의 원리가 지배하고, 국가와 정치사회로부터 완전히 분리·독립한 사회로서 성립하게 된다. 여기에 고대로마사회 및 중세상품교환사회와는 다른 근대적 특징이 있으며, 특히 「근대」시민사회라고 불리어지는 이유가 있다. 이러한 근대의 자본주의법은 위와 같은 근대시민사회의 구성을 반영하고 있으며, 이러한 경제적 토대에 의해서 규정되고 성립되었던 것이었기 때문에 그것을 「근대시민법」이라고 부른다.

Ⅱ. 근대시민법의 기본적 요소

근대시민법은 위에서 언급한 상품교환사회로서의 근대자본주의사회(시민사회)를 전제로 성립된 법이다. 그 결과 그것은 상품교환관계에 적합한 구조를 가지고 있다. 상품교환관계는 상품소유자가 각자 소유하는 상품을 서로 교환한다고 하는 인간의 의사행위(意思行爲)의 관계이다. 두 사람의 상품소유자가 서로 상대방이 필요로 하는 상품을 소유하고 있고, 이를 서로 교환하는 의사가 있으면, 현실에서 상품교환은 이루어지는 것이므로, 상품교환과정에 있어서 개인의 교환의사가 상품교환관계의 성립을 결정하는 유일한 요소인 것처럼 보인다. 그러나 이러한 상품교환관계를 구체적인 역사적 사회에 있어서 재화(物)의 생산, 생산물의 분배와 소비라는 경제적 관계의 일환으로서 파악해보면, 이러한 상품교환관계는 현실에서 존재하는 것이긴 하지만, 그것이 개인의 단순한 의사에 의해서만 형성되는 것이 아니다. 즉 사회적인 생활에 필요한 물건이 상품으로 되며, 개인이 상품소유자로서 등장하는 것은 분업에 의한 생산과 생산수단 및 노동생산물의 사적 소유가 존재하는 사회에서 비로소 가능한 것이다. 사회적으로 필요로 하는 물이 분업에 의해서 생산되고, 그것이 소비되기 위해서 사회구성원 간에 분배되는 방법이 상품교환이다. 그래서 어떠한 사회에 있어서 생산물의 분배방식은 기본적으로 생산의 방식에 의해서 결정되는 것이며, 자본주의사회에서는 모든 생활필수품이 사회적 분업에 의해서 생산된다는 관계가 보편화되어서 필연적으로 상품교환이 생산물의 분배방식으로서 보편화되는 것이다. 따라서 상품교환관계는 상품소유자(교환당사자)의 의사에 의해서 형성되는 것이 아니며, 당사자의 주관적 의사에 의해서는 기본적으로 좌우되지 않는 객관적 사회관계이다. 그러나 상품은 물(物)이며, 스스로 유통되고 다른 상품과 위치가 교체될 수는 없다. 상품교환관계는 이러한 인간의 의사에 의한 재화와 재화의 교환관계로 나타나게 된다. 상품교환이 재화의 교환으로 나타나는 한, 그것에는 상품교환관계의 배후에서 기본적으로 그것을 규정하고 있는 생산(분업)관계(전체적 사회관계의 물질적 기초인 노동관계)는 재화의 교환관계에서 그대로 반영되지 않는다.[62] 동시에 상품의 교환에서는 상품의 지배자가 되어야할 인간은 객관적으로는 상품교환을 관철하는 가치법칙에 지배되는 것뿐만 아니라 이러한 의미에 있어서 인간은 상품의 담당자에 불과하다.[63] 객관적

62) 이러한 현상을 인간의 물화(物化)라고 한다.

으로는 상품의 담당자에 불과한 인간이 상품의 지배로서 자신의 의사에 기초해서 상품을 교환한다고 할 수 있다. 특히 근대자본주의사회에서는 사회적 분업이 철저하고, 노동력까지도 상품으로서 매매되는 사회이기 때문에 인간은 모두 개인으로서 상품소유자가 되며, 따라서 근대시민사회의 시민으로 된다. 그래서 상품은 재화로서 개인의 완전한 지배에 복종되어 있는 것으로 나타나기 때문에 상품교환은 개인의 의사에 의해서만 이루어지고, 시민사회는 이러한 의사주체로서의 자유·평등·독립의 개인에 의해서 형성된다고 생각되는 것이다.

근대시민법은 시민사회를 규율하는 법이기 때문에 근대시민사회의 구조에 대응하여 다음의 3개의 근본개념(categorial conception)을 그 기본으로 하고 있다. 즉 의사주체로서 개인에 대응하는「法的 人格」, 재화(상품)에 대한 완전한 지배를 내용으로 하는「私的 所有」, 그 사적 소유자를 교환하는 의사행위로서의「契約」이 바로 그것이다. 다음에서 이들 근대시민법의 기본적 카테고리가 근대시민사회의 경제적 토대에 의해서 결정되었다는 것을 세부적으로 살펴보기로 한다.

1. 법적 인격 : 법인격(권리능력)평등의 원칙

자본주의하에서 상품교환이 사회적으로 보편화되었다는 것은 자본주의사회에 특유한 노동력의 상품화를 초래하여, 지금까지 경제외적 방식으로 노동력을 지배해 왔던 전근대적 생산집단을 해체하고, 노동력을 상품교환에 의해서 매개된 자본주의적 생산요소로 만들고, 노동력과 자본이 결합된 기업이라는 새로운 생산단위를 만들었다. 이러한 결과는 모든 개인들로 하여금 현실에서 상품소유자로 되게 하였고, 적어도 모든 개인들이 상품소유자가 될 수 있는 가능성을 이들에게 부여하였다. 그래서 상품교환은 각각의 상품이 가지고 있는 가치를 기준으로 해서만 그 지배가 교환되는 것이기 때문에 그 지배관계로 상품교환을 방해하거나 복잡하게 하는 것 같은, 예컨대 봉건사회에 있어서 토지소유와 같이 재화(物)에 대한 지배가 사람의 사람에 대한 지배를 수반하는 것이 없이, 한 개인의 완전한 단일지배에 복종하는 것이 요구된다. 그래서 상품소유자는 개인으로서 어떤 타인의 인적 지배에도 복종하지 않는 자유, 독립한 인간이 되지 않으면 안 되고, 이러한 의미에서 인간은 모두 평등하지 않으면 아니 된다. 시민법의 기본적 카테고리로서 법적 인격은 상품교환사회에 있어서 현실에 존재하거나 요청되는 상품소유자를 내용으로 하는 규범적 개념이다. 시민법에 있어서 법적 인격을 상품소유자

63) 이러한 현상을 물의 인격화(人格化)라고 한다.

로서 파악하는 것은 역사적으로 성립한 자본주의사회, 즉 근대시민사회에 있어서 인간을 사회관계의 법적 규제에 필요한 내용에 있어서, 또 그 사회의 경제구조로부터 객관적으로 파악할 때 그러하다는 것이며, 개개의 시민이 구체적인 법적 취급에 있어서 또 법적 관계 외의 사회적 관계에 있어서 주관적으로 자신이 상품의 담당자라는 것을 자각하거나 의식하고 있는 것은 아니다. 현실은 오히려 반대의 현상이 나타난다고 할 것이다. 즉 유통하는 상품의 담당자로서의 인간이라는 의식이 없기 때문에, 우리는 인간에게는 진정한 자유가 있고, 이러한 자유를 원리로 해서 근대시민법이 성립하고 있다고 생각한다. 그러나 이러한 절대적 개인의 자유는 객관적으로는 역사적 · 사회적으로 규정된 상품소유자의 자유의 주관적인 확대일 뿐만 아니라, 그것은 상품교환에 있어서 가치법칙이 개인의 자유경쟁을 통해서 관철되고 있는 자본주의경제법칙에 대응하고 있는 것에 불과하다. 특히 법은 인간의 의사관계를 외피(外皮)로서 실현되어온 경제적 관계를 내용으로 하는 것이며, 또 법이 인간의 의사관계에 대한 규제를 통해서 인간의 사회적 관계를 통제하고 있는 것이기 때문에 「법적 인격(法的 人格: Rechtssubjekt, Rechsfähigkeit)의 평등」이라는 시민법의 근본개념(권리능력평등의 원칙)을 그 경제적 내용과 기능에 연관시켜서 파악하지 않으면 아니 된다고 할 것이다.

자본주의사회에 있어서 상품교환이 발전해 나가는 것은 모든 개인만을 당사자로 하는 경향을 가지고 있는 것처럼 보이지만, 법적 인격은 구체적으로 상품을 소유하고, 그것을 교환하는 개인에게만 인정되는 것은 아니다. 개개의 구체적인 상품교환은 개인의 의사에 의한 우연적인 관계이지만, 법은 이러한 상품교환을 그 우연성에 있어서 규율하는 것은 아니고, 우연적 관계를 통해서 나타나는 보편적 법적인 상품교환관계를 내용으로 하는 규범이다. 따라서 법적 인격은 이러한 보편적인 상품교환관계의 주체로서의 개인으로 인정하는 것이므로, 구체적으로는 상품교환의 당사자가 아니더라도 당사자로 되려고 하는 모든 개인에게 하나의 법적 자격으로서 인정되는 것이다. 또 모든 개인에게 상품교환관계의 당사자인 자격이 인정되어야 한다고 하더라도, 예컨대 유아와 같이 충분한 판단능력이 없고, 실제로는 그 자격을 이용할 수 없는 개인도 존재한다. 이러한 개인의 충분하지 않은 판단능력을 타인(대리인)에게 보충하게 해서 그 자격을 실제에 이용할 수 있는 길을 열어서 모든 개인이 상품교환관계의 당사자로서 평등하다고 하는 근대시민사회 및 그것에 대응한 시민법의 요청이 충족되게 된다. 그러나 이러한 사실은 동시에 상품소유자인 자격(권리능력)은 인정되어도 실제에 상품교환의 의사행위를 다른 사람과 독립하여 행하는 자격(행위능력)이 인정될 수 없는 개인도 또한 존재한다는 것을 승인하는 것이라고 볼 수 있고, 모든 개인에게 보편적인 평등으로 인정되는 법적 인격이란 실정법상의 권리능력, 즉 단순히 상품소유권 기타 권리의 귀속점이 되게 하려는 극히 추상적인 내용의 자격을 의미하는 것에 불과하다는 것을 의미하기도 한다. 법적 인격이 권리(의무)의 귀속점이라는 의미를 가지게 되는 이상, 자본주의하에서의 거래의 발전과 함께 인간 개개인만이 아니라 개인의 집합인 단체가 거래관계의 당사자로서 활약하게 되고, 혹은 재산 자체에 권리(의무)의 귀속을 인정할 필요가 생기고, 혹은 소위 법인(法人: Juristische Person, artificial person)이라는 형태로 인간 개인 이외에도 법인격이 인정되게 된다.

근대시민법이 모든 개인에게 법적 인격을 인정하고, 개인을 법적 관계의 주체로 한다는 것은 모든 법적 관계를 지배복종관계로서가 아니라 각 개인의 자유를 서로 승인하고 합치는 권리관계로서 파악한다는 것을 포함하고 있다. 따라서 근대적인 가족관계도, 가장(家長)이나 친권에 의한 지배하에 있는 가족구성원 개인의 법적 인격이 무시되는 집단이 아니라 구성원 상호간의 권리(의무)관계로서 구성되어 있다고 파악하며, 주식회사 및 기타 인적 또는 물적 단체도 법적 인격자의 자유로운 합의에 기초해서만 형성되며, 그 내부의 법적 관계도 개인 대(對) 개인의 권리의무관계로서 파악되게 된다. 그런데 법적 인격 및 권리(의무)관계는 상술한 바와 같이 극히 추상적인 것이기 때문에 이러한 법적 관계의 구성이 현실의 사회적 관계에 어떠한 실질적 기능을 하는가라는 문제는 구체적인 사회적·정치적 사정에 의해서 다르게 된다는 점에 있어서 우리가 실제로 주의하지 않으면 아니 될 현실적으로 심각한 문제라고 할 것이다.[64)]

2. 사적 소유: 소유권절대의 원칙

생산수단 및 노동생산물의 사적 소유는 전술한 바와 같이 상품교환관계가 성립하기 위한 전제조건이다. 그러나 역사상 각 시대에 각각 다른 형태로 나타났던 사적 소유의 일반적 형태와 자본주의사회에 있어서 사적 소유를 동일시할 수는 없을 것이다. 자본주의사회에서는 생산의 방면에까지 상품교환이 침투하여 상품(화폐, 자본)의 소유가 생산의 출발점이 되므로 자본의 증식욕망이 생산의 발전을 자극하게 되며, 상품의 생산이 보편화되고, 모든 재산이 상품으로서의 성질을 띠게 된다. 따라서 자본주의사회의 사적 소유는 상품소유라는 내용의 사적 소유이

64) 예컨대 노사관계에서 볼 수 있듯이, 법적 형식으로는 자유롭고 평등한 관계가 실질적으로 불평등한 지배관계를 만들어 낸다.

다. 상품은 다른 사람의 상품과 교환되는 것을 예정하는 것이기 때문에, 상품소유는 교환에 적합하게 독립적인 개인의 완전한 지배(소유)에 속하는 내용일 것이 요구된다. 또 상품은 그 가치에 따라 교환되어야 하기 때문에 일정량의 가치를 가진 다른 사람 소유의 재화(物)와는 명확하게 구별될 수 있는 개물(個物)이어야 할 것이 요청된다. 근대소유권의 내용은 재화에 대한 배타적·독점적·포괄적인 지배로 되고, 하나의 물에 대해서는 하나의 소유권만이 성립하도록 하는 것[65]도 그것이 교환대상이 되는 상품소유라는 것에서 유래한다고 할 것이다.

근대적 소유권이 상품소유를 내용으로 하는 것이기 때문에, 그 기본적 특질로서 사적 성질(私的 性質), 관념성(觀念性), 절대성(絶對性)이라는 3가지의 성격을 생각할 수 있다. 즉 고대 노예사회에 있어서는 물(物)의 소유가 곧바로 인(人)에 대한 지배를 의미하고, 중세봉건사회에 있어서는 물에 대한 소유는 인(人)에 대한 봉건영주의 지배와 불가분적으로 권력적 지배를 포함하고 있었던 반면에, 규범적 차원에 있어서 근대소유권은 개인에게 완전한 자유와 독립이 인정되는 점에 있어서 물에 대한 개인의 순수한 지배만을 의미한다고 할 것이다. 이러한 의미에서 근대소유는 사적 성질(私的 性質)을 가지고 있다. 그것은 객관적으로는 상품의 담당자인 인간이 의사행위에 의해서 상품교환을 할 때, 서로 그 상품 자체에 대한 지배를 승인하지 않으면 안 된다고 하는 자본주의사회의 보편적인 관계를 규범화한 것이다. 또 상품교환은 당사자의 주관적·개인적 입장에서 하는, 물의 교환에 의한 사용가치의 취득을 의미하지만, 사회적·객관적으로는 상품에 체화된 노동력이 사회적 욕망을 충족하게 되는 과정이며, 그것은 상품이 가지는 가치가 다른 사람의 상품에 의해서 실현되는 과정이다. 따라서 물이 타인의 물에 의해서 표시되는 일정량의 「가치」를 가지고 있다는 것에 의해서 물은 상품으로 되는 것이다. 이러한 의미에서 상품의 본체는 가치라고 말할 수 있으며, 눈에 보이지 않는 관념적인 가치가 소유자에게 귀속하고 있다는 것이 근대소유권의 내용이라고 할 것이다. 이러한 맥락에서 근대소유권은 소유자와의 관계에서 관념적 성질, 즉 관념성(觀念性)을 가지고 있다. 근대소유권은 그 객체에 대한 소유자의 사실상의 지배가 없는 경우에도, 예컨대 소유자가 소유물을 어디에 두었는지 잊고 있는 경우에도 관념적인 권리근거 그 자체로서 보호된다고 말하는 것은 이러한 상품소유권의 내용에 의한 것이라고 말할 수 있다. 또 상품교환은 일정량의 가치를 가지는 개물(個物)이 다른 사람의 개물과 교환되는 것이다. 이것은 교환주체의 측면에서 보면, 개물에 대한 소유자 개인의 단일적이고 완전한 지배가 상대방에게 이전하는

65) 이것이 이른바 일물일권주의(一物一權主義)다.

것이다. 따라서 상품소유는 물에 대한 소유자의 절대적 지배, 즉 만인에게 대항할 수 있는 권리로서 정해지게 된다. 이것이 바로 「소유권절대의 원칙」이다.

자본주의는 모든 사회생활에 필요한 재화를 상품으로 하고, 상품교환관계를 보편적인 사회적 관계로 하는 법칙을 가지고 있다. 근대시민법은 객관적으로는 이러한 법칙에 따라 재화에 대한 지배의 보편적 형태를 규범으로서 정하는 것이다. 따라서 사적 소유라는 시민법의 기본개념은 상품교환의 동적 관계에 기초하고 있다고 생각할 수 있다. 또 그것이 실정법상 소유권개념 혹은 일상적인 소유권관념의 객관적·보편적 내용으로 되었다. 다만, 실정법상의 소유권은 상품소유권이라는 형태로는 정해져 있지 않지만, 일상생활에서는 상품이 아닌 물에 대해서 소유권이 인정되고 있다. 이와 같은 카테고리로서 소유권과 실제 생활에 있어서 소유권개념 혹은 관념의 내용적 차이는 후자가 근대시민사회의 상품교환관계의 객관적 파악 위에서 형성되었던 것이 아니기 때문이다. 그러나 이러한 소유권의 주관적 파악은 반드시 인간의 자의적 파악을 의미하지 않는다. 상품교환관계에서는 그것의 성립에 기초하고 있는 진정한 사회적 관계와 합치하는 것이 아니라 물과 물을 교환하는 개인의 의사행위의 관계로서 파악되며, 소유권도 상품이라고 하기보다는 물 일반에 대한 지배(력)로서 생각하게 된다. 왜냐하면 물에 대한 지배가 사실상의 지배가 없는 규범적 관계라는 것과 그 규범이 진정한 사회관계와의 관련에서 가지고 있는 구조 없이는 생각될 수 없기 때문이다. 따라서 실정법 또는 일상생활에 있어서 소유권관념도 상품교환관계에 객관적 근거를 가진 관념이며, 근본적 개념(카테고리)으로서의 소유권과 전적으로 다른 것으로 파악되는 것은 당연하다. 어떻든 근대적 소유권은 상품(물)에 대한 개인의 독점적 귀속을 의미하는 것이기 때문에 그 물이 어떠한 사용가치를 가지고 어떻게 이용되는가는 문제가 아니라, 가치를 가지는 것이 있다면 노동력도 상품으로 되고, 소유권의 대상으로 되는 극히 추상적인 내용인 것이다.

3. 계약 : 계약자유의 원칙

상품교환은 당사자 쌍방이 상호 각각의 상품에 대하여 배타적인 지배를 승인하고, 그 지배를 교환하는 것이기 때문에 당사자의 합의가 없으면 교환은 존재할 수 없는 것이다. 상품교환에 있어서 상품교환당사자의 합의가 바로 근대시민법상에서는 「계약(契約)」이라는 법적 카테고리이다. 자본주의사회의 상품교환은 가치법칙이라는 보편적인 경제법칙에 의해서 관철되고 있지만, 개개의 교환당사자는 그 가치법칙을 인식하고 그것에 따라 교환하는 것이 아니라, 수요와 공급관계의 변동에 영향을 받으면서 보다 유리한 조건으로 교환하려고 자유경쟁을 한다. 자유경쟁하에서 행하여지는 교환을 통해서 당사자에 있어서는 외적인 필연성인 가치법칙이 관철되고 있는 것이다. 따라서 계약은 자유로운 교섭을 통해서 성립하는 당사자의 합의가 전제되어야 한다. 이와 같이 상품교환과정에서 교환당사자 상호간에 인정되는 합의원칙이 바로 「계약자유의 원칙」인 것이다.

상품교환을 매개하는 계약은 분업사회에 있어서 필연적으로 생기는 상품교환을 개별적·구체적으로 합의하는 것이며, 이러한 합의가 준수되지 않으면 상품교환사회는 존속될 수 없다. 여기에서 법외적 차원에서 도덕적 요청으로 등장하는 것이 바로 「계약은 지켜져야 한다(pacta sunt servanda)」라는 도덕적 원칙이다. 현물교환에서는 합의와 동시에 재화의 현실적 교환이 이루어지기 때문에 합의의 준수라는 것은 문제되지 않는다. 그렇지만 상품교환이 발전하게 되면, 교환당사자기 상품교환에서 장래의 일정한 기대를 할 수 있도록 하기 위해서는, 장래에 현실적으로 행하여질 교환에 관해 사전적인 합의를 한다. 자본주의사회에서는 자본주의적 생산에 중요한 요소인 노동력이 재화로서 매매의 대상이 된다. 노동력의 매매는 고용계약이라는 법적 형식으로 이루어진다. 고용계약은 장래에 제공될 노동과 노동제공 후에 임금지불에 관한 사전적인 합의이다. 고용계약을 분석해보면, 추상적으로 합의 자체를 준수할 의무와 구체적으로 그 의무의 이행으로서 장래에 현실적으로 교환을 할 의무이라는 두 측면이 있다. 그런데 현실적인 상품교환과정에서 비로소 소유권에서 볼 수 있는 재화에 대한 지배력현상, 즉 재화에 대한 독점적 지배를 내용으로 하는 권리(물권)로부터 사람에 대하여 의무의 이행청구를 내용으로 하는 권리(채권)가 분화되어 나오는 것이다. 계약이란 합의이지만, 근대시민법적 범주(category)상의 계약은 사실로서의 합의 그 자체가 아니라, 규범으로 인정받는 합의를 의미한다. 그러나 합의가 규범으로서 인정되는 객관적 메카니즘(mechanism)은 상품교환관계가 진정한 사회관계를 나타내고 있지 않는 시민사회의 구조에서 명확하게 될 수밖에 없다. 그래서 추상적인 가치물(상품)의 교환을 매개로 하는 합의(의사)는 추상적인 것이며, 단지 당사자의 상품에 대한 독점적 지배를 교환하는 것인 한, 무엇보다도 당사자의 진의(眞意)에 기초한 합의일 것이 요청된다. 그 결과, 계약의 법적 구속력은 추상적 합의(의사) 자체에서 나오는 것으로 파악되고 있다. 이 경우에 법적 구속력이 인정되는 특정의 심리현상을 중요시하는 사고방식도 나타나고 있는 것이다.[66]

---

66) 우리 민법 제107조 내지 제110조와 관련하여 법률행위의 구속력을 효과의사에서 찾으려는 입장

4. 근대시민국가의 노동헌법

18세기 후반 경 기계의 발명과 기술의 변혁으로 이른바 산업혁명이 잉글랜드에서 시작되어 서유럽전역으로 확산되었다. 이러한 산업혁명에 의해 공장제수공업(manufacture)적 생산시대가 종언하고, 산업자본주의가 시작되었다. 산업자본주의가 바로 근대시민국가의 물적 기초다. 기계제대공업이 서서히 확립되어 가면서 산업자본주의가 본격적인 궤도에 올라감에 따라 국가법도 산업자본주의에 의해 본격적으로 구조화된다.

산업자본주의단계에는 직접생산자와 생산수단이 사회적으로 완전히 분리된다. 생산에 종사하는 자는 생산수단을 소유하지 못하고 종속노동자로서 무산계급으로 전락한다. 그 결과 노동자계급은 사회적으로 급속히 성숙되어 간다. 그것에 대응하여 산업자본주의 확립기에 있어 국가권력은 중상주의정책을 폐기하고, 레세페르(laissez-faire)인 자유방임주의의 경제정책을 추진한다.[67] 자유주의정책의 가장 단적인 표현은 일방에 있어서는 일체의 경제외적 구속으로부터 해방되어 상품과 노동시장의 자유로 되고, 타방에 있어서는 보다 이상의 자본축적을 위한 집중과 독점을 향한 경쟁의 자유로 된다. 이들 정책을 가능하게 하는 법적 기반으로서 법규범이 보다 고도로 일반화되고 추상화된다. 사적 소유권의 절대와 계약자유 등의 법원리는 추상적으로 자유롭고 평등한 법적 인격개념을 중심으로 더욱더 경제적 현실과 분리된다. 경제관계, 즉 시민사회에 개입하지 않고서 체제유지에만 전념하는 야경국가의 이데올로기가 이 당시 국가의 성격을 잘 보여주고 있다.

이렇듯이 자본주의사회에 있어서 형식적 자유와 평등이 기본적인 법원리로 되었던 것은 자본주의사회가 상품생산 내지 그것을 매개하는 것으로서 상품교환의 보편화를 특징으로 하는 사회였던 것에 기인한다.

이미 보았듯이, 자본제 이전의 사회에 있어서 생산양식은 공동체를 그 기반으로 하고 있었다. 원시공산제사회는 혈연적 공동체이고, 고대노예제사회는 농업공동체였다. 중세봉건사회도 농업경제의 사회이고, 촌락공동체가 점유하는 토지를 기반으로 공동체구성원인 가부장제가장(농노=백성)이 그 토지의 일부를 사적으로 경작·수익하며, 영주는 농노의 노동 자체 내지 그 생산물의 대부분을 세로서 수탈하였다. 이러한 공동체적 생산양식 하에 있어서는 구성원의 생존은 공동체적

을 상기하라.

67) 이러한 사고는 아담 스미스,『국부론』(1766년)에 전제로 되어 있는 전형적인 사고이다.

규제 하에 예속하지만, 노예제나 농노제라는 계급사회에 성립하는 국가 내지 법은 이 공동체규제를 지렛대로 하면서 사회적 분업과 신분적·계층적 편성을 정당화하기 때문에, 이들 법이 직접생산자까지 포함한 만인의 평등한 인격성을 전제하는 것은 있을 수 없다.

그러므로 공동체라는 생산관계가 자기를 재생산해 가는 데에 필요한 일정한 경제외적인 공동체규제 내지 공동체구성원의 비(非)자립성은 전형적으로 다음과 같이 설명할 수 있다. 공동체적 토지소유 하에서 자연발생적인 분업관계로서 수행된 가부장제적 가족의 사적 활동이 필연적으로 공동체 전체의 기본적 원칙과 충돌하게 되는 반면, 개인들이 독립하여 자유로운 사적 생산을 수행하는 데에는 아직 너무나 유치하기 때문에 공동체의 외적인 틀(=공동조직)의 유지가 불가피하게 되고, 그래서 구성원 개인의 사적 활동의 자의성이 공동체 전체에 의해서 제어된다. 이 경우, 공동체의 외적인 틀(=공동조직)이 원시적 성격을 띠고 있는 결과, 공동체적 규제도 비합리적인 전통주의적 성격의 경제외적 강제로서 나타나지 않을 수 없다. 이렇게 일정한 경제외적 공동체규제에 매개되어 비로소 공동체와 넓게는 그 구성원 개개의 존립이 가능하다는 사회적 구조 자체가 이러한 사회구성체에 있어서 계급법의 타당기반을 형성하고 있는 것이다.[68]

그러나 봉건제의 종료와 함께 싹터나고, 머지않아 이것에 대신하는 자본주의적 생산양식 하에 있어서 생산수단소유자와 직접생산자의 법적 관계는 크게 변한다. 즉 직접생산자인 임노동자도 생산수단의 소유자인 자본가도 평등하고 자유로운 법적 인격으로서 취급된다. 자본주의사회는 공동체의 붕괴에 의해 그 규제에서 해방된 개인, 자유롭고 평등한 인격으로서의 개인의 원자적 집합으로서 구성된 시민사회인 것에 기본적 특징이 있다. 봉건사회의 폐쇄적인 자급자족(Autarkie)적 재생산구조, 공동체적 편성원리와는 대조적으로 상품생산이 보편화되고, 상품교환의 망이 사회를 완전히 덮고, 공동체를 대신하는 시장, 즉 시민사회가 기반이 되는 자본주의사회는 봉건제와 같은 경제외적 강제에 의해서 재생산구조가 유지되는 사회가 아니다. 독립한 주체성인 자유롭고 평등한 개인인 시민이 각자 사적 이익을 추구하고 생산과 유통, 분배와 소비활동을 하는 것 그 자체에 내재적인 고유한 경제법칙에 의해 자율적으로 재생산구조가 유지되는 사회이다. 정치권력, 즉 국가와 분리된 존재로서의 근대시민사회이다.

이러한 원자론적 편성원리에 의해 지지되고 있는 시민사회에서 자본주의적 재생산구조의 특징에 조응하면서 운영되는 자본주의법규범의 존재구조적이고 이데

---

68) 大塚久雄,「共同體の基礎理論」, 岩波書店, 1970, 42-3면.

올로기적 성격은, 약간 생경한 표현이기는 하지만, 다음과 같이 요약할 수 있다.

자본주의사회에 있어서 인격은 경제적으로는 상품의 사용가치와 교환가치의 양자투쟁적인 논리구조, 즉 상품생산자(매도인)에 있어서의 상품사용가치는 없고, 소비자(매수인)에 있어서만 사용가치가 존재한다. 또 그러한 사용·교환가치를 실현하기 위해서는 필연적으로 상품이 양도되지 않으면 아니 된다. 이 같은 모순적 구조에 때문에 교환이 진정한 의사에 기해 등가적으로 이루지는 것처럼 보인다. 상품교환이 개인의 진정한 의사에 의해서 실현되는 것처럼 보이지만, 그러한 의사는 상품의 괴뢰(傀儡)에 불과하다(물의 인격화). 그럼에도 불구하고, 법적으로는 상품의 소유권자로서 자유로운 의사를 상품에 내포하는 평등한 계약주체로서 현상한다(인격의 물화). 근대시민법에 있어서 자유롭고 평등한 법인격은 실은 이렇듯이 상품의 본성에 의해서 규정되고, 법적 물신성에 빌붙어, 자기소외에 빠진 인의 법적 현상태이다.

결국, 자급자족이 예외적인 경우일 뿐이고, 자기의 생산물을 타인에게 팔아 이윤을 얻을 목적으로 하는 상품생산이 보편화하는 자본주의사회에 있어서는, 대체로 사람들은 자기가 생산하고 소유하는 상품을 타인이 생산하고 소유하는 상품과 교환해서(화폐를 매개로하는 경우에는 매매), 자기의 욕구를 충족시킬 수 있는 사용가치가 있는 생활자료를 획득하지만, 이 경우에 교환된 상품은 등가이지 않으면 아니 된다. 상품이 같은 가격을 가지는 것은 질과 양 그리고 사용가치가 다른 상품을 각각 생산하는 데에 필요로 되는 인간노동의 양, 환언하면 각 상품에 들어간 인간노동의 투입량이 등치하고 있다는 의미에서의 등가교환이 보장되어야 사람들은 무한히 상품교환을 반복하고 계속해갈 수 있다. 그러나 상품교환이 무한히 반복되어 계속 확대되기 위해서는 경제적 요건으로서 등가교환을 가능하게 하는 규범적 요건이 필요하다. 상품소유자는 서로 모든 차별에서 해방된 평등한 법적 주체로서, 그 상품에 대한 절대적 처분권으로서의 사적 소유권을 가지고, 그 교환=소유권의 이전은 상품교환당사자 간의 자유로운 의사에 의한 합의, 즉 계약에 의해서만 가능하다는 것이 보장되지 않으면 아니 된다는 것이다.

근대시민사회는 상품생산이 보편화된 사회이기 때문에 이러한 상품교환에 불가결한 세 가지의 규범원리가 확립되고, 그것을 관철하는 사회로 되었다. 법적 인격의 평등, 절대적인 사적소유권, 계약자유라는 규범원리는 상품교환사회인 근대시민사회, 즉 상품시장에 살고 있는 사람들에게 각인되어 사회의 기본적 규범 즉 살아 있는 법이다. 그래서 이들 세 가지의 원리가 시민혁명에 의해 성립한 근대자본주의국가의 실정법인 근대시민법으로 편성되어 법질서를 관통하는 기본적인 법원리로 되는 것은 당연하다. 이러한 세 가지의 원리 하에 자본주의적 재생산구조의 모순적 발전을 가능하게 하기 위해서 필요한 기본적 권리들이 자유권 즉 인권으로서 보장된다. 노예적 구속 및 고역으로부터의 자유, 거주이전의 자유, 직업선택의 자유, 결사의 자유, 종교의 자유, 사상 및 양심의 자유, 학문의 자유, 표현의 자유, 국가에 의한 수색·구속·고문·불리한 진술을 강요당하지 않을 자유 등등이 그 예이다.

그러나 이러한 구조를 가진 근대시민법에는 그 성립의 초부터 이데올로기적 성격이 달라붙어 있다. 즉 상품교환에 있어 사람들은 상품을 생산하면서 가지고 있는 등가교환에 대한 충동(상품은 팔기 위해서 생산하는 것이기 때문에 반드시 팔려야 한다)에 속박되어, 말하자면 상품을 위해서 상품만을 교환한다고 생각하고 있지만(물의 인격화), 사람들은 이러한 사태의 진실을 알아채지 못하고, 사태의 현상적인 측면에만 잡혀 상품교환은 자기의 처분권 하에 있는 상품을 자기의 자유로운 의사에 기해서 교환하고 있다고 의식하는 (인격의 물화) 이중의 착각, 이중의 소외에 빠지고 있는 것이다. 이러한 도치된 의식은 근대국가법의 성립에 의해서 점점 심화되고, 실정법상 만인이 자유평등하다고 하는 것에 대해서도, 그것을 절대적 진리라고 여기며, 그 자유평등이 형식적·추상적인 것에 불과하다는 것을 간과한다는 과오를 범하고 있다. 법률이 규정하고 있는 인권보장 등에 대해서도, 그 성립의 역사적 사회적인 배경과 근거에 입각해서 자본주의법에 고유한 가상성과 허위성을 자각하면서 그 규범적 의미를 의식하지는 못하고, 단순히 법률이 상정하기 때문에 권리가 있다고 하는 정도로 국가법을 물신적으로 이해하는 경향이 있다.[69]

이렇게 하여, 자본주의사회에 있어서는 법에 있어 만인의 자유와 평등이라는 역사상 처음의 이념과 원리가 확립되었지만, 그것은 어디까지나 산업혁명을 경과하여 성립하는 산업자본주의단계에 이르러 완성된 근대시민법상의 법사상이고, 자본주의의 발전과 그 모순의 격화 속에서 사람들은 자본주의법의 허위성을 자각하는 것이다.

또한 근대시민법이 임노동자라는 법인격을 어떻게 취급하였는가는 한마디로 말하면 레세 페르(laissez faire 자유방임)의 사상, 즉 자유주의경제정책에 의한 방임 하에 「소유와 노동의 자유」의 이론에 기초하고 있다. 즉 노동력의 매매계약으로서 고용(계약)개념이 확립하고 결사의 자유로서 노동조합을 조직할 단결의 자유, 기타 시민적 자유를 침해하지 않는 한에서 조합활동이 인정된다. 파업은 본래적으로 자본소유권의 이윤추구기능을 저해하는 위력업무방해죄, 즉 범죄이고 계약상의 노무

69) 이것이 바로 법적 물신성이다.

제공의무위반, 즉 채무불이행 내지 불법행위로서 민·형사법적 위법성평가를 면할 수 없는 법적 구조를 포함하고 있고, 참가노동자에게는 불가피하게 징역·벌금·손해배상·즉시해고 등의 법적 제재를 가하게 된다. 다만, 임금인상요구목적의 단순한 파업 즉 경제적 파업에 한정하면서 일반상거래상의 흥정을 유추하고, 개개의 노동자의 퇴직의 자유, 계약체결의 자유의 집단적 행사로 의제하여 용인되는 경향이었다.

5. 시민국가적 노동헌법의 계급적 기능

근대시민법에 관철되고 있는 상품교환, 즉 계약의 일반적인 원칙은 노동력상품의 교환에 관한 실정법적 개념으로서 고용관계(雇傭關係)에도 그대로 적용된다. 이것이야말로 자본주의사회에 있어 근대시민법이 가지고 있는 계급적 본질 및 기능의 핵심이라고 할 것이다.

봉건사회의 태내(胎內)에 초기의 자본주의적 원시축적이 심화되어 가면서, 토지와 영세한 생산수단은 대다수의 농민과 수공업자은 분리되어 자본가에게 집중된다. 그 결과 농민과 수공업자는 임금노동자로 전락한다. 임금노동자는 자신과 가족의 생계를 유지하는데에 필요한 생활재료를 생산하기 위한 생산수단을 가지고 있지 않기 때문에, 우선 노동력교환과정에 있어서 자신이 소유하고 있는 유일한 상품인 노동력을 판매하여 그 대가(임금)로 생활재료를 구입할 수밖에 없다. 임금노동자는 노동력거래과정, 즉 상품생산과정에서 자본가의 지휘·명령 하에 처해 있다. 그 결과 그들은 자본가에 의해 굴종을 강요당할 뿐만 아니라 자기의 노동력에 의해 생산한 잉여가치도 수탈당할 수밖에 없다. 결국 임금노동자와 자본가의 관계는 사회적으로 부자유스럽고 불평등한 관계가 된다.

사회적 현실이 위에서 언급한 바와 같음에도 불구하고, 자본가와 임노동자의 관계는 법적으로는 다른 계약관계와 마찬가지로 완전하게 자유·평등한 관계로서 평가된다. 왜냐하면, 임노동자는 다른 상품소유자와 같이 자기의 소유물인 노동력을 자유로운 의사에 기해서 임금과 교환(계약)하는 것이고, 임노동자는 자본가와 전적으로 마찬가지로 자유 평등한 법인격이기 때문이다. 고용(계약)은 그 상품인 노동력이 노동자의 육체와 분리할 수 없는 인격의 일부라는 특수성 때문에, 노동자는 그것을 시간약속으로 팔지 않으면 아니 된다(그렇지 않으면, 노동자는 노예로 된다)라는 제약 및 노동력의 인도에 있어서 노동자는 필연적으로 채권자인 사용자에 의한 채무의 특정, 즉 노동의 지휘·명령에 복종하는 것을 어쩔 수 없이 하게 된다는 제약을 내포하는 점을 제외하고, 다른 계약과 아무런 차이가 없다.

따라서 노동력매매에서도 매수인(買受人)이 구매한 상품을 약정조건 내에서 어떻게 소비하든 그것은 매수인의 자유라고 하는 상품교환의 일반원칙은 그대로 관철된다. 그래서 노동력의 매수인은 노동력상품을 소비하는 과정으로서 생산에 창출되는 새로운 가치를 자신의 독자적인 사용가치로 획득하는 것이 정당화된다. 그래서 자본가는 구매한 노동력의 소비과정, 즉 신상품의 생산과정에 있어서 잉여가치를 수탈한다고 하는 진실이 은폐된다. 결국, 계약당사자의 일방은 자신의 노동력을 팔고, 타방은 그것을 산다. 전자는 자기의 노동력상품의 가치(임금=노동력의 재생산비)를 받고, 노동력의 사용가치는 시간약속으로 후자에게 양도된다(등가교환). 여기에 후자는 이미 자기가 소유하는 생산수단에 노동력을 결합해서 이들을 새로운 생산물로 전환하며, 노동력의 처분권과 생산물의 소유권은 당연히 매주(買主)인 자본가에게 귀속한다(부등가교환). 자본주의법에 특징적인 법적 물신성(物神性, Fetischismus)은 노동력상품의 본질적 성격의 법적 은폐에 의해서 비로소 그 충분한 의의를 갖게 된다.

자본주의법의 원리가 자유와 평등임에도 불구하고, 현실적으로는 자본주의국가는 계급지배를 위해 역사상 최고도로 정비된 폭력장치로서 존재해왔다. 이와 같이 기능할 수밖에 없었던 것은 형식적인 자유·평등이라는 미명하에서 실질적으로 부자유와 불평등을 강제할 수밖에 없는 필연성에 기인하고 있다. 그 결과 자유와 평등을 원리로 하는 자본주의적 노동관계도 시간이 지나면서 곧바로 그 모순적 본질을 노정하기 시작했던 것이다. 평등한 법형식에도 불구하고, 모순적인 임노동자의 실질적 부자유와 불평등 그리고 그 결과로서의 비참한 빈곤은 그러한 법형식의 결과이다. 게다가 그 원인은 얄궂게도 노동자를 포함해서 만인을 법 앞에 평등하고 자유로운 인격으로 규정한 노동력의 상품화에 있었다.

이미 언급했듯이, 임금노동자는 생산수단을 소유하고 있지 않았으므로 자본가에게 고용되어 임금을 얻는 것 외에 생활의 방법이 없기 때문에, 노동력을 상품으로서 시간으로 매도하는 것이지만, 다른 한편, 자본가가 임노동자의 노동력을 매입하는 것은 자기가 소유하는 생산수단에 타인의 노동력을 결합하여, 노동력이 만들어내는 새로운 가치(잉여가치)를 취득하기 위해서다. 그리고 이렇게 이윤의 원천이 노동력의 사용가치 그 자체에 있는 이상, 격렬한 경쟁 속에서 살아남기 위해서 보다 큰 이윤에 대한 충동에 사로잡힌 자본가는 잉여가치의 증대 즉 노동시간의 외연적·내포적 연장을 꾀하거나 잉여가치 전부를 손에 넣는 것만으로 만족하지 않고, 노동력의 가치(재생산비) 이하로 임금을 인하하려고 한다. 이것에 대해서 통상

실업의 공포를 겁내는 노동자는 뻔히 보면서도 값싼 임금과 장시간노동 기타 열악한 노동조건으로 노동력을 매도하게 되고, 그 결과 필연적으로 가혹한 노동과 노동자 및 그 가족의 빈곤, 취업에의 가족총동원, 영양실조, 질병, 무교양, 도덕적 피폐, 기타 비참한 상태가 일반화된다. 자본주의적 노동관계 즉 노사관계는 자본주의에 선행했던 다양한 형태의 사회구성체에 있었던 노동관계와 비교해 볼 때, 자유로운 합의(계약)를 매개로 해서 성립한다는 점에서 형식적으로는 다른 어떠한 것보다 우월하다고 할 수 있다. 그렇지만 생산수단의 소유자가 타인의 노동력을 사용해서 그 생산물을 착취하는 것에 있어서는 이미 하나의 계급적 관계이라는 점에서는 아무런 차이가 없다.

자본주의적 노사관계는 법적 형식과 사회적 실질이 모순적인 계급적 성격을 가지고 있다. 법형식에 있어서 임금노동자가 자기가 소유하는 노동력을 사용자가 소유하는 임금과 교환하는 것을 약정하는 자유로운 고용(계약)을 통해서 형성된다. 그렇지만 그 실질에 있어서 임금노동자는 필연적으로 노동력교환과정에 있어서 사용자에 대한 교섭력의 절대적인 열약성이 야기하는 저열한 노동조건, 이른바 경제적 종속성 및 노동력인도과정에 있어서 사용자에 대한 명령복종성이 초래하는 비인간적 굴종, 이른바 인적 종속성에 빠지지 않을 수 없다. 이렇게 될 수밖에 없는 원인은 바로 임노동자는 생산수단을 가지지 않고, 그 유일한 상품인 노동력을 파는 것 외에 생존할 수는 방법이 없는 반면에, 사용자는 임노동자의 노동력을 그 자신의 특수한 사용가치에서 생긴 잉여가치의 획득을 위해서 구입한다고 하는 계급적 관계에 있기 때문이다.

노동자들은 자본주의사회에서 임금노동자는 계급적 종속성상태에 있으며, 자유와 평등이라는 법이데올로기에 의해서 현실적인 부자유와 불평등이 은폐되어 있다는 사실을 인식하게 되면서. 노동자의 인간적 생존을 위해서는 궁극적으로는 생산수단의 사유제(私有制)와 노동력의 상품화를 폐지하는 것 외에는 없다고 하는 자각에 이르게 되었다. 이러한 인식과 자각은 마르크스와 같은 비판론자의 체계적인 연구에 힘입어 한편에서는 사회주의운동으로서 자본주의폐지를 위한 정치혁명의 추진력으로, 다른 한편에서는 노동조합운동으로 전개되어 자본주의개선을 위해, 즉 근대시민법의 수정을 위한 적극적인 노동입법투쟁의 원동력으로 되었다.

Ⅲ. 근대시민법과 근대국가의 기능

1. 산업자본주의법으로서 근대시민법

서유럽의 근대라고 하더라도 거기에는 서유럽에는 잉글랜드, 프랑스, 도이칠란트, 이탈리아 등 여러 나라들이 있기 때문에 각국에서 근대시민법이 형성되어 변동해갔던 역사적 과정은 특히 자본주의적 생산방식을 취하고 있었던 이들 나라의 구체적인 역사적 상황에 입각해서 밝혀야 할 것이다. 그렇지만 여기에서 우리는 이러한 고찰을 접어두고, 자본주의의 전개와 발전이라는 일반적인 차원에서만 생각해 보려고 한다.

지금까지 경제사학자들은 자본주의의 발전단계를 원시축적, 산업자본주의, 독점자본주의, 국가자본주의라는 4단계로 나누어서 파악하여 왔다. 그런데 오늘날의 자본주의현상을 살펴보면, 자본주의는 국가자본주의라고 규정했던 발전단계를 넘어서 새로운 단계로 나아가고 있음이 틀림없는 것 같다. 이것은 지금까지의 자본주의적 발전단계에서는 볼 수 없었던 새로운 현상이 세계적 차원에서 나타나고 있다는 것에서 알 수 있다. 따라서 자본주의의 현재적 단계를 새롭게 규정할 필요가 있으며, 우리가 오늘날 살고 있는 자본주의사회의 현상과 특징에 입각해서 자본주의의 현재적 발전단계를 국제자본주의로 규정하고자 한다. 이렇게 한다면, 자본주의의 발전단계는 원시축적, 산업자본주의, 독점자본주의, 국가독점자본주의 그리고 국제독점자본주의라는 5단계로 새롭게 나눌 수도 있겠다.

앞에서 이미 언급했듯이, 근대시민법은 근대적 시민사회가 산업혁명을 통해서 새롭게 전개되고 있었던 산업자본주의시대에 호응하는 법제였다. 자본주의의 성립초기에 자본의 원시축적이 끝나고, 산업자본주의가 본격적·전면적으로 전개되면서 이를 지지하는 법적 기초로서 근대시민법이 확립된다.

법이란 근본적으로 경제에 규정되는 것이지만, 법의 발전은 경제의 발전에 반드시 직접적으로 조응하지 않는다. 법의 발전이 경제의 발전에 뒤처지는 경우도 있고, 반대로 경제의 발전이 법의 전개보다 뒤처지는 경우도 있다. 19세기를 전후해서 유럽의 여러 나라에서 이른바 시민법전이라는 성문법이 제정되었다. 그 구체적인 상황은 개별국가에 따라 달랐다. 예컨대, 자본주의의 전개가 가장 빨랐던 잉글랜드에서는 산업혁명과 시민혁명이 거의 동시에 진행되어 구계급과 신흥시민계급

간의 어느 정도의 타협에 의해 사회나 법의 형식에 전래되어온 과거의 것들이 일거에 제거된 것이 아니었다. 그래서 제정법보다도 판례법을 통해서 서서히 근대시민법이 형성되었던 것이다. 이에 비해 프랑스에서는 산업혁명에 앞서 시민혁명 후에 통일민법전(Code civil)이 1804년에 제정되어 근대시민법의 출발점이 되었다. 다른 한편, 프랑스와 같이 제정법주의를 취하는 도이칠란트에서는 통일민법전은 거의 1세기 가량 뒤처져 오히려 독점자본주의단계에 들어갔던 20세기 초(1900년)에 시행되었다. 도이칠란트의 근대시민법전은 각 지방의 시민법전과 개별적인 단행법, 무엇보다도 고대로마법에 대한 법률학자의 주석에 의해 발전했던 법조법(法曹法)과 법률가법(法律家法, 또는 學說法)에 기반으로 해서 형성되었던 것이다.

2. 근대시민법에 있어서 자유

앞에서 여러 차례 언급했듯이, 근대시민법의 경제적 기초는 산업자본주의였다. 산업자본주의시대는 근대시민사회의 이른바 형식적인 시민적 자유가 풍미했던 시기였다. 그런데 근대시민사회의 자유에는 이중의 의미가 내포되어 있었다. 즉 시민적 자유란 각 시민이 사적 이익을 목적으로 그것을 추구하는 자유를 의미하였으며, 또 다른 한 가지는 자유로운 시장에서의 자유경쟁이라는 수단에 의한 사적 이익을 실현하는 자유도 의미하였다. 전자를 목적으로서의 자유 내지 근원적 자유라고 부른다면, 후자는 수단으로서의 자유라고 부를 수 있다. 이들 두 가지의 의미에 있어서 자유란 본래는 서로 분리될 수 없는 이른바 분리불가분(不離不可分)의 관계에 있는 것이다. 그래서 근대인들은 시장에서 자유경쟁을 통해서만 사적 이익의 실현이 가능하다고 생각했기 때문에 그것의 실현이야말로 개인적 차원에서나 사회적 차원에서 바람직하다고 판단했다. 이러한 가치판단에 입각해서 이른바 "보이지 않는 손(invisible hand)"에 의한 조정을 전제로 개인의 자유에 사회구성을 방임했던 것에 산업자본주의시대의 시민사회의 근본적 특색이 있다.

그러므로 근대시민법은 자유시장적 경쟁을 통해서 사적 이익을 추구하는 시민의 자유와 권리를 보장해서 산업자본주의적 시민사회의 질서를 원리적으로 유지하는 것을 목적으로 하였다. 그런데 자유시장적 경쟁을 근본적으로 지지하는 것은 상품소유자 상호간의 자유로운 상품교환의 법칙, 즉 등가교환의 법칙이다. 따라서 근대시민법이란 자유시장에 있어서 상품소유자의 상품교환의 등가법칙을 반영하고, 또 이것을 보장하기 위한 것이라고 해도 좋을 것이다.

자본주의사회에서는 그리고 자본주의사회에서만, 노동력의 상품화를 규정하는 계기로 하면서 상품교환의 등가법칙은 사회관계 모든 곳에 미치는 법칙으로 되며, 근대시민법은 모든 사회관계를 근본적으로 지지하는 법질서로 된다. 그래서 모든 시민은 상품소유자로서 자유시장에 등장하고, 자유롭게 상품을 교환할 수 있다는 것이 원리적으로 예정된다. 이러한 시민상호의 사회관계를 권리관계의 평면에서 법적으로 구성하게 되면, 권리의 주체로서는 모든 인간에 대한 평등한 법적 주체성(법적 인격)의 승인이 기초로 되며, 권리의 내용은 재산권의 자유 즉 소유권의 자유와 그 연장으로서의 계약자유가 전제로 되는 권리관계에 성립한다. 이렇게 하여 상품교환관계는 법적으로 자유로운 소유권의 주체로서의 법적 인격자가 등가교환의 실현을 위해 상호 체결하는 계약관계로 나타난다. 따라서 근대시민법질서란 이러한 등가교환적 계약관계의 전면적 전개를 보장하는 법질서라고 할 것이다.

근대시민법에 있어서는 시민 개개인의 자유의사가 법관계의 중심에 자리 잡고 있다. 이른바 사적 자치의 원칙이 모든 법률관계에 관철되는 것이다. 이것은 사회와 국가의 구성에 있어서 두 가지를 의미한다. 하나는 정치사회로서의 국가가 개인의 자유의사에 기초해서 만들어진 경제적 시민사회의 질서에 원칙적으로 개입하지 않는다는 것이고, 또 하나는 국가가 개입하는 경우에도 개인의 의사의 존중 내지 그 실현을 위해서 개입한다는 것이다.

3. 근대국가의 기능과 공공성의 환상

근대산업자본주의체제하에 있어서 "목적으로서의 자유"와 "수단으로서의 자유"가 점점 강하게 괴리되어 감에 따라 노동자 등 사회적 약자의 자유는 억압되고, 사회적 강자의 수단의 자유에 예속되어 간다. 그 결과 근대시민사회의 사회적·경제적 모순은 격화되어 간다. 이러한 상황에서 노동자의 자각이 고양되었고, 그것은 노동운동 및 정치운동을 통해 국가권력에 대한 계급적 기능의 수정과 폐지의 요구로 되어 격발하게 된다. 그러나 다른 한편에서는 항상 이들 계급적 자각과 계급의식의 형성을 저해하고, 그들의 문제관심을 벗어나게 하는 이데올로기적 힘이 작동하고 있었다. 그것은 바로 근대국가나 근대시민법 자체의 이데올로기적 성격에 근거한 기능이고, 그 계급적 성역을 은폐하는 「국가 및 근대시민법의 공공성과 중립성의 환상」을 사람들에게 품게 하는 작용이었다.

우선, 자본가계급이 자기의 계급의식을 국가의사로 전환하는 과정과 국가법을 제정하는 과정이 문제이다.

지배계급은 자신의 계급의식을 국가의사로 전환해서 국가(내지 법)의 보편성을 매개로 하여 자신의 지배를 정통화(正統化)한다. 이것은 법의 이름으로 한 계급의 이익이 전체의 이익으로서 다른 계급에도 강제되기 위한 정당화수단이고, 극히 중요한 의미를 가지고 있다.

그런데 국가가 자신의 의사로서 법을 정하는 때, 세 가지의 방법으로 대별해 볼 수 있다. 첫째는, 이미 사회에 법적 행위로서 존재하고 있는 것을 국가가 그대로 인정하는 방법(관습법)이고, 둘째는 구체적 사안에 대해서 법원이 내린 판결을 국가가 법으로서 인정하는 방법(판례법)이며, 셋째는 어떠한 입법기관에 의해 법을 제정하는 방법(제정법)이다. 일반적으로 제3의 입법기관에 의한 법정립은 국가권력이 물질적 하부구조, 이데올로기적 상부구조, 다양한 직접적 존재로서의 의식형태(도덕적, 종교적, 법적 등의 규범의식)에 대해, 조직적이고 극적인 규제를 가하는 것에 적합하다고 말할 수 있다. 신분적 토지소유가 재산적 토지소유로 전환되면서 실질적인 정치권력도 절대군주에서 시민대표기관으로 이행되었다. 그 결과 근대유럽에서는 시민대표로 구성된 의회가 국가의사를 결정하는 것이 보편적 경향으로 되었다. 여기에서는 의회에 의한 법정립과정을 염두에 두면서 논의를 진행하기로 한다.

정치의식(政治意識)은 여러 가지 계급적 의식 중에서 가장 높은 의식의 형태라고 할 수 있다. 정치의식이야 말로 계급투쟁의 중추로서의 정치투쟁, 즉 계급적 지배·종속관계의 요체인 국가권력을 둘러싼 자각적인 투쟁을 위한 기동력(機動力)이다. 그리고 그러한 정치의식은 정치투쟁의 과정에서 투쟁을 통해서 점점 강고하게 되어 간다. 정치의식은 정당 등의 정치적 조직에 의해 담당되지만, 이미 의회에 의해서 그것이 법으로 정립되면, 그것은 최고의 조직적 발현형태로서의 국가권력의 의사, 즉 국가의사로 된다. 국가의사로서의 계급의사는 지배계급 내에서 다양한 집단 간 내지 계급 간의 이해관계에 기초한 다양한 계급의사의 충돌을 조정하는 복잡한 프로세스를 거쳐, 의회에 있어 대표적인 지배계급집단의 계급의사를 핵심으로 정립하게 된다. 이렇게 하여 국가의사는 결국 대표적인 지배계급의 의사, 다시 말하면 정책을 체현(體現)하는 법규범들에 응집하는 것이다.

게다가 자본주의국가 특히 산업자본주의 단계의 국가에 있어서는 다음의 점들이 극히 특징적이다. 즉 법규범은 총체로서는 다양한 정책의 단순한 집합이 아니라, 지배계급과 피지배계급 쌍방에 있어서 물질적 기초인 상품생산관계 내지 매개형태로서의 상품교환관계를 공통의 전제로 하는 것이다. 그러므로 자본주의국가의 법규범은 극히 일반적 추상적 형태를 취하는 동시에, 사적 소유를 기간으로 하는 사적 자치를 기본적 원리로 할 수밖에 없다. 또 자본주의사회에 있어서는 상품생산의 전면적 발전을 위한 조건으로서 사적 소유의 해방이 요청되는 것에서 필연적으로 시민사회의 사적 권력으로부터 해방과 시민사회에 대한 공권력인 국가의 규제가 반드시 필요하다는 것이 인정되면서, 이른바 시민사회와 정치적 국가의 분열이 생긴다.[70)]

이러한 사정으로부터 국가(권력)는 대표기관, 행정(관료)기구, 재판, 행형기구(行刑機構), 경찰, 군사기구, 정보기관 등으로부터 구성된 지배권력의 이익을 대변하는 폭력장치임에도 불구하고, 법형식적으로는 모든 구성원의 이익을 도모하는 공권력으로서 등장한다. 또 공권력인 국가는 공적 사회질서, 즉 자본주의생산관계질서를 유지하기 위해서 순수한 계급지배 이외에도 이것과 병행해서 지배기능을 보완하는 데에 필요한 한에서, 경비(警備), 도로, 수리, 교육, 위생, 통화발행 등의 이른바 공동체적·사회적 기능을 수행한다. 따라서 국가 내지 법의 계급성은 배후에 숨고, 공공적·중립적·공동체적인 이익조정기구 내지 규범으로서의 환상이 보편화하는 것이다.

또 법규범은 공적 권력인 국가(권력)의 의사로서, 공적 강제에 의해 그 실현을 보장받는 점에서 기타의 사회규범과 구별된다. 국가의사인 법규범은 사회구성원의 의사에 대해 작용해서 법규범의 준수로서 법적 권리의 행사 내지 법적 의무의 이행을 압박하고, 사람들의 의식적 행동을 매개로 하여 국가의사에 걸맞는 의사관계, 즉 사회관계를 실현하는 것이다. 이 경우, 사회구성원은 공적 강제력에 의해 뒷받침되고 있는 국가의 법규범에 어쩔 수 없이 따르는 것은 아니고, 그들의 계급의사에 맞는 행위준칙에 따른다고 하는 의식 하에 행동하고, 결과적으로는 적법행위를 하는 것으로 되는 것이 가장 원만한 국가의사의 실현형태라는 것은 말할 필요도 없다. 그러나 현실에서는 국가의사로서의 법규범과 사회구성원, 특히 피지배자계급의 법의식 내지 행위규범 간에는 커다란 괴리가 존재한다. 따라서 국가의사의 실현에는 강력한 강제력의 뒷받침이 불가결한 것이다.

국가가 법의 강제력을 담보하는 방법으로서는 우선 강제의 태양으로서 형벌, 행정처분, 제재 등이 있고, 강제의 방법으로는 경찰, 검찰, 재판, 군대 등의 폭력장치를 중핵으로 하는 다양한 국가장치의 작용이 있다. 행정기구 중에는 법의 강제력을 담보하는 가장 중요한 폭력장치로서 공안경찰이 있고, 이는 정보수집·경비·수색·체포·신문·유치·보호 등의 일상적 활동을 통해서 그 목적을 달성한다. 군대의 경우는 공안출동이라는 특수한 방법을 취하지만, 그것이 적대군대와의 본격적 전투를 예상하여 정비된 최고도의 무장집단이라는 것에서 강제력담보기능

---

70) 자본주의국가에 있어서 사법과 공법의 구분도 이에 대응하고 있다.

은 결정적이다. 이들 행정적 방법에 비해 법원에 의한 강제력의 담보는 사후적이다. 법원은 민사재판, 형사재판, 행정재판 등의 각 절차에 의해 결정 판결을 내리고, 궁극적으로는 강제집행이나 행형 등의 수단에 의해 강제력을 담보한다. 또 다양한 대중매체나 교육제도 등에 의한 이데올로기정책도 보완적이지만, 법의 강제력의 중요한 담보로서 기능한다.

이렇듯 국가는 법을 정립하고, 이것을 적용하는 것이지만, 자본주의국가에 있어서 법은 국가 그 자체를 규제하는 것이다. 환언하면 자본주의국가는 그것 자체가 법적 관계로서 편성되어 있고, 따라서 국가의사로서 국가권력의 발동 즉 국가기관의 행위는 합헌성과 합법성을 구비하는 것이 중요하다. 이렇게 국가권력이 법적 권력으로서의 장치를 다듬는 것도 근대국가 내지 근대시민법에 공공적・중립적 성격을 부여하는 중요한 계기로 되고 있다.

제 4 장 현대의 노동헌법

제 1 절 서 설

I. 독점자본주의의 성립과 근대시민법의 변질

1. 독점자본주의의 성립

근대시민법의 경제적 기반을 이루고 있는 산업자본주의사회는 생산기술의 발달에 의한 자본주의경제의 확대재생산으로 독점자본주의사회로 전개되었다. 시민사회 내부를 지배하고 있었던 자유경제의 법칙은 그 스스로의 발전을 통해서 자유시장을 그 반대물인 독점시장으로 전환시킨다. 즉 시민적 자유는 산업자본주의사회에 있어서 어느 정도 통일되어 있었지만, 자본주의경제의 전개와 발전이 전개됨에 따라 시민적 자유의 두 측면, 즉 근원적 자유와 수단으로서의 자유는 분열하고, 사적 이익의 추구라는 근원적 자유는 자본주의사회인 이상 변하지 않는다고 하여도, 그것을 실현하는 수단으로서 자유시장적인 경쟁에 의존한다고 하는 점에서는 중요한 변화를 받지 않을 수 없게 된다. 사적 이익의 추구의 자유가 자유시장을 통하지 않고, 그 반대물인 독점시장의 형성과 그것을 지지하는 국가권력의 개입을 통해서만 실현되게 되었던 단계에서는 수단으로서 자유의 제한을 통해서 근원적 자유의 관철이 보장된다고 하는 모순적인 관계가 생기고, 자유의 실현과 자유의 제한의 관계가 복잡한 것으로 되어 있다. 위의 두 가지 의미에서의 자유의 통일위에 성립하였던 근대시민법의 체계 및 원리는 이들 두 가지 자유의 분열에 직면하여 변하지 않을 수 없게 된다.

우리가 주지하고 있듯이, 자본주의경제에 있어서 상품교환은 고대적 혹은 사회주의적 상품교환과 달리, 자본의 재생산과정을 매개로 하는 것이다. 따라서 자본주의상품교환의 전개는 당연히 자본주의적 생산관계의 전개 및 그것에 수반하는 자본소유자와 비소유자의 계급적 대항관계의 전개를 논리필연적으로 내포하고 있다. 이것은 상품교환의 순조로운 전개를 보장하기 위한 근대시민법이 그것에 의해서 동시에 자본주의적 생산관계의 순조로운 전개도 보장하는 것이라는 것도 의미한다. 그러나 그럼에도 불구하고, 그것이 직접적으로는 교환 즉 유통과정을 파악하고, 그것에 입각하여 법논리를 구성하는 것인 이상, 시민법에서는 생산과정 그 자체가 법논리적으로 직접 파악되지 않는다. 상품교환이라는 유통과정을 매개로 하지 않고서 자본주의적 생산과정이 성립하지 않을 수 없듯이, 시민법의 계기 없이, 처음부터 자본주의법은 성립할 수 없다. 그럼에도 불구하고, 시민법은 법형식에 있어서는 계급관계로서의 자본주의적 생산관계를 보장한다고 하는 의미에서 자본주의법으로서 그 본질을 논리적으로 조금도 표현하고 있지 않다.[71)]

이리하여 시민법이 자본주의법으로서 가지고 있는 계급적 본질과 그 법적 논리구성에 있어서 가지고 있는 초계급적 내지 비계급적 형태의 모순은 근대시민법의 출발점에 있어서 이미 존재하고 있었던 것이지만, 그것이 구체적으로는 법적 구성의 면에서도 대량으로 나타나게 되는 것은 결국 독점단계 이후의 것이다. 상품교환법으로서 시민법은 그 고유논리에 의해서는 이미 독점자본주의사회를 법적으로 파악할 수 없게 되고, 상품소유자인 시민 일반을 등질로 파악하는 추상적 시민법은 시민이 자본주의적 생산관계의 전개 속에서 구체적인 인간으로서는 다양한 계급과 계층으로 분극화됨에 따라, 생산관계 속에서 이들 계급과 계층의 구체적 이익의 배치를 법적 논리구성 속에 끌어들이는 구체적 특별법을, 그 중에서 석출(析出)해 내지 않을 수 없다. 이리하여 통일적인 시민법의 체계는 여러 계급과 계층마다의 보호와 규제를 목적으로 하는 계급별 내지 계층별 법으로 분화해 간다. 여기에는 법의 담당자 즉 권리주체는 시민이 아니고, 다양한 계급과 계층이고, 따라서 시민 일반의 추상적이고 등질적인 권리가 아니라 각 계급과 계층마다의 구체적이고 이질적인 권리가 서로 대립한다.

2. 근대시민법의 변질

자본주의국가에서는 한쪽 끝에는 자본소유자를 위한 법이, 다른 한쪽 끝에는 자본을 소유하지 못한 자(무산계급)에 대한 법이, 그리고 자본소유자 상호의 관계

71) 이러한 현실과 형식의 괴리를 우리는 시민법의 허위성(虛僞性)이라고 한다.

및 자본소유자와 자본비소유자 간의 관계를 규제하는 법이 전개된다. 이들의 차이에 따라 각각을 규율하는 법의 원리 및 논리도 분열하여 통일적인 시민법원리는 그러한 한에 붕괴한다. 즉 법체계의 분열은 법원리와 법사상의 분열을 배경으로 하고 있다. 시민법이 파악하고 있는 것은 「상품」소유권으로서 재산권이었다. 그러나 현실의 생산과 유통의 경제관계 속에서 각 시민이 가지고 있는 재산권의 내용은 다르다. 시민법이 그 차이를 사상해서, 그것을 등질의 상품소유권으로서 법적으로 구성하는 것에 반해, 현대법은 시민법이 사상하였던 것의 그 차이에 바로 착안하고, 그것을 법적으로 구성한다. 상품소유권은 자본가에 있어서는 자본소유권이며, 노동자에 있어서는 노동력상품소유권이며, 소비자에 있어서는 소비재소유권이다. 동일한 자본소유권이라고 해도, 독점대기업의 그것과 중소기업의 그것은 다르다. 농어민 기타 자영업자의 그것은 또 다르다. 그래서 자본주의경제하에 있어서 계급관계 전체의 구성은 전면적으로 또 직접적으로는 법의 시야에 들어오게 되고, 그것에 입각한 법적 구성을 받아들이지 않으면 아니 된다. 현대법을 근대시민법과 구별할 수 있게 하면서 문자 그대로 현대법답게 하는 근본적 지표는 이 점에 있다. 근대시민법을 산업자본주의단계의 법이라고 하고, 현대법을 독점단계 이후의 법이라고 하는 것도 이러한 의미에서이다.

그렇지만 자본주의적 생산 유통관계가 상품교환에 의해서 매개되고 있다고 하는 기본적 관계가 변하는 것은 아니다. 자본가, 노동자, 농어민 등의 재산권이 상품소유권이라는 것에는 지금도 여전히 변화가 없다. 이러한 의미에서 시민법은 여전히 현대법의 기초를 지지하고 있다. 민법이 모든 재산거래에 있어서 일반법, 기초법이라고 하는 까닭이다. 그러나 민법의 밖에, 여러 계급과 계층의 이익을 보장하는 많은 특별법이 출현함에 따라, 민법의 적용영역이 그 만큼 상대적으로 축소되고, 또 민법이 적용되는 경우에 있어서도 처음부터 그 사회기반이었던 산업자본주의사회가 독점자본주의사회로 구조적으로 변화하고 있는 오늘날, 민법 자체가 내부적으로 변화하지 않을 수 없게 된다.[72)]

산업자본주의단계로 확립된 근대시민법은 그 후 자본주의의 변화 발전에 기초해서 현대법으로 변화하고 발전한다. 여기에 현대법이란 자본주의의 위 3단계 이래, 즉 독점단계라는 자본주의의 특정한 역사적 단계에 조응하고, 따라서 특정한

72) 이와 같은 시민법 내부의 변질은 더 이상 하나의 법이념 하에 포섭될 수 없기 때문에 시민법의 체계는 외부적으로 분화하여 새로운 시민법이 나타난다. 여기에서 전체로서의 현대법은 전개에 있어서 변질을 마친 새로운 시민법을 종래의 근대시민법과 구별하는 의미에서 현대시민법이라고 부르고자 한다. 계약자유를 제한하는 주택임대차법, 무과실책임주의에 기초하고 있는 불법행위법 등을 현대시민법으로 볼 수 있다.

역사적 성격과 역할을 가진 법이라고 할 것이다. 이러한 의미에서 현대법은 근대시민법의 일정한 변화・발전형태라는 점에 있어서는 근대시민법과 동일한 역사적 기초 위에 있기 때문에 그 성격과 역할 또한 근대시민법의 그것과 상당한 부분에서 공통이다. 그렇지만 다른 한편으로는 자본주의법이 자본주의 각각의 단계에 있어서 취하는 역사적 형태의 차이를 무시할 수는 없다. 이러한 측면에서 근대시민법과 현대법의 기능적 차이에 대해서 충분한 주의를 기울이지 않으면 아니 된다.

Ⅱ. 노동법의 탄생

1. 근대시민법의 모순

산업자본주의가 확립되어 가는 단계에서 근대시민법이 가지고 있었던 특징은, 한편에서는 만인의 자유 평등을 이념으로 해서, 경쟁의 자유를 확보하여 불평등한 신분법적 규제에 의한 경쟁자유의 제한을 철폐하였을 뿐만 아니라, 다른 한편에서는 새로운 경쟁자유의 실현 즉 약자에 대한 강자의 지배자유를 보장하였다는 점에 있다. 그 전형은 회사법에 의한 주식회사설립에 대한 방임이다. 주식회사는 산업자본주의의 팽창에 소용되는 막대한 자본의 조달을 가능하게 하는 법기술적(法技術的)인 산물로서 의제된 법주체이다. 근대시민법은 주식회사에 대해서는 준칙주의에 입각하여 자유설립주의를 취하고 있었다. 주식회사에 결집된 자본이 우월적인 경쟁력을 가지고 있다는 것은 말할 필요도 없다.

이렇듯 산업자본주의의 확립기에 있어서 근대시민법은 그것 자체에 독점을 강제하는 명시적인 규정이 포함되어 있지 않았으나 독점에 대해 방임적인 태도를 취함으로써 그것을 촉진하는 효과를 내포하고 있었다. 이러한 근대시민법의 잠재적인 역할을 지렛대로 해서 자본의 독점적인 집중은 급속히 진행되었다. 새로운 이윤획득으로서 독점초과이윤을 수중에 받은 독점이 지금까지의 평균이윤획득에 그치는 자본이나 자기의 규범에 열세한 독점을 구축하고 병탐해가는 과정이다.

그러나 이러한 하부구조에 있어서 독점의 진행이 곧바로 산업자본주의단계의 그것과 판연히 구별될 수 있는 독자적인 법원리를 가진 독점기의 법질서를 만들어냈던 것은 아니다. 거기에는 자유와 평등의 강조는 점점 더 강하게 독점과 자본집중을 초래하였다. 독점과 집중이 산출해내는 현실의 모순은 근대시민법의 자유와 평등원리가 지고 있는 본질적인 허구성과 계급성을 노정시켰다. 근대시민법에 의해 자유와 평등이 강조되면 될수록 법과 그 사회적 현실 간의 괴리는 점점 확대되어 갔다.

2. 노동운동의 전개

이와 같은 사태에 대하여 법적 수정이 불가피하게 된 것은 1870년대 이후부터였다. 그 당시 자본주의의 모순으로 대불황이 야기되자, 이에 국가가 경제에 적극적으로 개입하지 않을 수 없었다. 이를 위해서 국가는 이른바 시민법과는 이질적인 특별법을 임시조치적으로 제정하여 무차별적인 경쟁을 제한하면서 어느 정도의 차원에서 경제적 약자를 보호하는 정책을 실시하였다. 물론 이 당시에 국가가 취했던 조치들은 전적으로 예외적인 것이었기 때문에, 곧바로 이러한 임시조치적인 법률의 존재에 근거하여 질적으로 새로운 단계의 법이 전개되었다고 규정하는 것은 무리다. 그 이유는 1870년대 유럽의 근대국가들이 노동에 대하여 취했던 태도에서 알 수 있다.

당시의 사회적 현실에 대한 노동자들의 자각이 고양되면서 노동자들도 자본시장의 독점을 견제하기 위해 각 직역 차원에서는 직업별노동조합, 각 산업 차원에서는 산업별노동조합, 그렇지 않으면 직종과 산업과 관계없이 일반적으로 일반노동조합을 결성하여 노동시장에 대한 장악을 기도하기 시작하였다. 노동시장에 대한 장악력을 배경하여 노동조합은 보다 유리한 노동조건의 기준을 설정하는 노동협약(단체협약)을 체결하기 위해 사용자와 단체교섭을 하고, 단체교섭이 결렬되는 경우에는 이들이 장악하고 있는 노동력의 인도를 거절하는 파업을 단행하는 등 쟁의행위로써 사용자에 대하여 노동자들이 요구를 수락할 것을 강요하거나 정부에 대해 노동조건의 최저기준을 정하는 입법이나 단결권의 합법화를 요구하는 노동운동을 전개하였다. 노동운동은 자본주의사회의 불가피적 산물로서 생성·발전한 것인데, 이것은 노동자 개인과 사용자 개인 간의 개별적 계약관계 외에 별도로 노동조합과 사용자 간의 집단적 노동관계를 법적으로 공인받으려는 것이 목적이다. 당시 단결에 의한 노동시장에 대한 노동조합의 장악을 정당화하는 논리는 자본시장에 있어서 자본가의의 자본독점을 정당화하는 논리와 동일하다고 할 수 있다. 그러나 자본주의국가권력의 담당자인 자본가계급은 당초 이러한 노동운동에 철저한 강압정책으로써 임하였다.

19세기 말에 이르러서야 비로소 대부분의 선진자본주의국가는 경직적인 탄압정책이 노동운동을 절멸할 수 있는 것이 아니라, 오히려 사회불안을 격발하고 자본주의체제의 기초를 위태롭게 하는 것을 자각하게 된다. 그래서 개별적 노동관계를 대상으로 하여 그 근로조건을 일정한 수준 이하로 내려가지 않도록 하는, 예컨대 노동시간제한법 등의 이른바 노동자보호법을 제정하는 방향으로 나아가기 시작한다. 이것은 시민법에 있어서 형식적으로만 자유와 평등의 추상적인 법인격이 반성되고 구체적인 법인격개념으로서의 노동자가 자각되고, 그 실질적인 자유와 평등을 실현하기 위해서 소유권절대와 계약자유의 원칙에 대한 중대한 수정이 입법적으로 이루지게 되었다는 것을 의미한다.

한편으로, 이들 국가는 노동자가 노동조합을 통해 단결하고 단체행동하는 집단적 노동관계의 영역에 대해서는 의연하게 전통적인 개인주의적 법리로써 임하고, 조합단결행동에 대하여 협박 업무방해 등을 이유로 해서 형사책임을 묻고, 채무불이행 또는 불법행위를 이유로 민사책임을 추구한다고 하는 가혹한 정책을 유지하였다. 이것은 근대시민법원리가 기본적으로 강고하게 유지되고 있다는 것을 의미한다.

그렇지만 이 시대에 독점금지법 등과 더불어 노동시간제한법, 여성노동자에 대한 유해노동금지법 등 개별적 노동관계에 있어서 사용자의 계약자유를 제한하는 노동자보호법이 제정되었다는 것은 이미 시민법원리의 중대한 제한이고, 노동자에 의한 국가권력투쟁의 커다란 성과였다. 즉 노동자보호법의 성립은 지금까지 사용자가 일방적으로 전결하였던 경영 내의 사항(특히 노동조건사항)에 국가권력이 개입할 수밖에 없고, 이미 노동자가 그 단결을 통해서 이들 사항의 결정에 개입하고, 참가하여 공동결정을 해가는 이른바 단체자치를 획득하는 길을 개척해가기 위한 강력한 실마리를 제공하였던 것이다.

그러나 더 나아가 사적 소유권절대 및 계약자유의 원칙이 노사관계에 있어서 전면적으로 수정 내지 제한되는 것은 대개 20세기에 들어가 자본주의체제의 위기가 본격화되고, 자본 측에 의해 이상의 계급적 양보가 어쩔 수 없게 된 제1차 세계대전 이후의 것이다. 이들 법제의 출현을 계기로서 현대적인 법체계가 형성되기 시작한다.

3. 국가독점자본주의의 성립

국가독점자본주의단계의 국가법은 독점단계의 그것과는 이질적이다. 20세기에 들어와, 선진자본주의국가의 과잉생산이 야기하는 새로운 상품시장 원료공급지획득의 요청에서 제국주의적 식민지분할투쟁이 격화함과 더불어 국내적으로는 지배체제의 강화가 꾀해지지만, 그 결과 격발하는 문제에 대응하기 위해 취해진 종래의 방식, 즉 시민법을 근간으로 하면서 임시조치법으로 개별적으로 대응해 가는 방식은 방기되고, 임시조치법의 본격적 체계화에 수반하는 법체계의 전면적 재편이 이루어지는 것이다.

이러한 경향은 제국주의국가의 내적 모순에서 폭발된 제1차 세계대전과 그것에 이어 러시아혁명 및 그 결과로서 자본주의체제의 심각한 동요를 계기로 하여 급속히 진행되었다. 자본주의체제의 위기에 직면한 자본은 새로운 이윤획득방식으로서 은행자본과 산업자본의 유착에 의한 금융자본을 형성하고, 이 거대한 금융자본이 다수의 자본을 통합하고, 또 국가권력을 통어하고 자본의 재생산과정에 직접 개입해서, 독점초과이윤을 획득하는 체제 이른바 국가독점자본주의가 형성되었던 것이다. 그 결과, 국가법은 국가권력의 경제과정에 대한 전면적인 개입의 수단으로 되고, 근대시민법에 특징적인 법의 효력근거로서 의사관계 즉 상품교환관계는 상실되는 경향이 생기게 되었다.

이러한 경향은 국가가 화폐가치와 발권을 분리해서 통화량을 조정하는 관리통화제도를 취하고, 팽대한 화폐발행에 의한 유효수요의 조출(造出), 금융기관에 대한 통화공급의 조정에 의한 인플레이션정책, 직접적 재정지출을 통한 독점을 위한 자본보급과 막대한 공공투자의 방식을 취하는 독점원조와 국영기업의 경영 등에 의해 경기조정이나 독점이윤보장 혹은 새로운 수탈정책을 일반화하게 됨에 따라 점점 깊어진다.

물론 국가독점자본주의에 있어서도 자본주의적 사적 소유의 법칙이 관철하고 있는 이상 그 법체제로부터 상품교환관계 즉 의사관계의 계기가 완전히 소실하는 것이 아니라 이른바 법적 물신성의 법칙도 의연하게 관철되고 있는 것은 말할 필요도 없다. 하지만 상품교환원리, 즉 등가교환원칙이 정책이라는 이름으로 공연히 파괴되는 것이 일반화하는 이 단계에 있어서는 국가법은 산업자본주의단계에 있어서 시민법과 같이, 국가권력이 정책하는 경제정책이 현실의 경제관계의 당사자가 기대하고 있는 의사관계의 일반적 추상적인 표현이라는 성질의 것이 아니고, 벌써 국가법은 경제관계, 즉 상품교환당사자의 의사관계와는 아무런 관계도 없는 독점이 완전히 수의적으로 창출한 정책의 체계로서의 성격이 지배적인 것으로 된다.

그렇지만 이러한 독점자본의 의사가 국가법으로서 나타나듯이, 현실에는 국가가 독점자본에 종속하고 있음에도 불구하고, 반대로 국가의 의사에 의해서 독점자본이 규제되고 있는 그 이데올로기적 전환이 생긴다. 산업자본주의단계에 있어서 시민사회와 국가의 분리에 의해 생긴 국가법의 공공성·중립성 환상의 모순은 국가독점자본주의단계에 있어서 사회에 대한 국가의 개입, 즉 사회와 국가의 유착관계 하에서 더욱더 심화되는 것이다.

4. 노동운동의 법인(法認)과 현대법의 전개

이 시기에 있어서 법의 또 하나의 현저한 경향으로서, 국가의사의 형성과정에 있어서 피지배계급의 계급의사가 대폭 반영되는 것을 들 수 있다. 수탈의 전면화와 철저화 그리고 만성적인 물가상승 등은 노동자계급의 궁핍화를 심각하게 초래하게 되자, 국가권력은 치안대책, 노동력재생산대책, 구매력조장대책 등 여러 가지 각도에서 노동자의 요구에 대응하기 위해 일정한 정도에서 양보를 어쩔 수 없이 할 수밖에 없게 되었던 것이다.

이러한 경향은 국가독점자본주의법체계 내부에 시민법에 대한 반성개념으로서 사회법개념을 낳았다. 이 개념은 오늘날에는 일반적으로 국가가 자유와 평등의 법이념에 안주하는 시민법의 허위성을 자각하고, 법과 현실의 괴리를 메워야 할 실질적 자유와 평등의 실현을 이념으로 하여 제정된 노동법과 사회보장법 등의 법영역을 가리키는 것으로 이해되고 있지만, 이 법영역에 대해서도 의사관계실종이라는 경향이 보인다는 것은 말할 필요도 없다. 이러한 현상을 우리는 "계약자유에서 계약규제로의 전환"이라고 부르고 있다.

게다가 국가독점자본주의에 특징적인 현상으로서 전술한 바와 같이 국가권력이 공적 권력으로서 나타나고, 복지국가개념, 국가의 공동체적 환상이 일반화하는 것에 대응하여, 국가법을 관통하는 새로운 법원리로서 공공복리의 이데올로기가 결정적 중요성을 띠고 등장한다. 이러한 국가독점자본주의의 시대에 이르러 비로소 독점초과이윤보장정책의 일환으로 공공복리이념에 기초해서 노동력상품의 특수성의 법적 자각 하에 노동자에게 단결 및 단체행동의 권리를 보장하게 된다. 이러한 권리가 헌법적 차원까지 승화되었던 것은 1919년 도이칠란트의 바이마르헌법 제159조가 그 전형이다. 바이마르체제는 노동자단결보장법의 성립과 병행해서 노동자경영참가보장법을 제정하였던 점에서 아주 선진적이었다고 할 수 있다.

앞에서 기술한 바와 같이, 임노동자는 그 노동력과 임금의 교환과정 즉 노동계약의 체결과정에 있어서 필연적으로 사용자에 대한 교섭력의 절대적 취약성이 가져온 저열한 노동조건, 즉 경제적 종속성에 빠진다. 또 노동력의 인도과정 즉 노동계약의 이행과정에 있어서 사용자의 지휘명령에 대한 복종의무가 야기한 비인간적 굴종 즉 이른바 인적 종속성에 빠지게 된다. 이러한 인적 종속성은 주식회사의 보급과 함께 다수의 노동자가 위계적으로 편성된 병영(兵營)적 질서 하에서 기계의 일부에 불과한 존재로서 몰개성, 비인간적으로 지휘되고 관리되는 것에 의해 노동자에 있어서 점차 참기 어려운 조직적 종속성으로 되어 나타난다. 게다가 이러한 조직적 종속성은 노동과정이 기계화되어서 더욱이 새로운 기계적 종속성이라고 하는 형태로 나타나는 것이다. 20세기 초두 자동차 및 가전제품생산 등 단일품종대량생산을 위해 개발된 테일러[73] 시스템(Tayler system)과 포드[74] 시스템(Ford System)[75]과 같은 과학적 노동관리방법[76]에 의한 콘베어벨트시스템(conveyer

---

73) Fredeick Winslow Taylor(1856-1915)는 아메리카 합중국 필라델피아 출생의 유대인으로서 능률기사(能率技師)로서 성공했다. 그는 처음에는 법률가를 지망하였으나 안질 때문에 단념하고 기계공장의 도제(徒弟)를 거쳐 미드베일제강소 기사장(技師長), 베들레헴제강소 기사를 지냈다. 공장근무시절 노동자의 태업을 목격하고 과학을 기초로 한 작업관리의 필요성을 깨닫고 테일러시스템(과학적 관리법)이라 하는 새로운 관리법을 개발, 공장개혁과 경영합리화에 이바지하였다. 저서로 《과학적 관리법의 원리(1911)》 등이 있다.

74) Henry Ford(1863-1947)는 아메리카합중국 미시간주 출생의 기술자이자 대실업가이다. 그는 농부의 아들로 태어나 농업노동의 합리화를 위한 운반의 개선을 위해 기계기사를 지망하여 디트로이트의 작은 기계공장에 직공으로 들어가 기술을 배웠다. 5년 뒤 고향에 돌아가 농사를 돌보면서 공작실을 만들어 연구를 계속하였고, 1890년 에디슨전기회사 기사로 초청되어 근무하던 중 내연기관을 완성하여 1902년 최초로 내연기관자동차를 만들었다. 1903년 소액주주들과 함께 포드자동차회사를 창립하고, 1908년 세계 최초의 대량생산 대중차 T형포드의 제작을 시작하였다. 그는 특히 경영지도원리로서 ① 미래에 대한 공포와 과거에 대한 존경을 버릴 것 ② 경쟁을 위주로 일하지 말 것 ③ 봉사가 이윤에 선행할 것 ④ 값싸게 제조하여 값싸게 팔 것 등 4개의 봉사원칙을 내세웠는데 이를 포디즘(Fordism)이라 한다. 한편 포드는 공장의 경영합리화를 위해 ① 제품의 표준화 ② 부분품의 단순화 ③ 작업의 전문화라는 3S운동을 전개하면서 이 원칙을 달성하기 위하여 누드젠콘이 창안한 컨베이어 시스템을 받아들여 흐름작업조직으로 노동생산성을 높이는데 이바지하였다. 이것을 <포드시스템>이라 하는데 특별히 경영을 봉사 기관으로 보는 포드의 사상은 오늘날 드러커[Peter Ferdinand Drucker, 1909-2005]의 경영이론에 계승되고 있다. 저서로는 《오늘과 내일(1926)》, 《나의 산업철학(1929)》 등이 있다

75) 포드시스템은 각 작업이 동시에 시작되고 동시에 완료되고 동시에 운반되도록 하는 작업방법이다. H. 포드에 의해 실시된 유동작업관리로서 컨베이어시스템(conveyor system)이 전형적인 예라고 할 것이다. 동시관리는 작업조직의 혁신적 합리화로 복잡한 관리사무를 고도로 기계화함으로써 작업의 전체 진행을 동시적으로 하게하고 생산관리의 자동기계적이고 종합적인 전개를 실현한다. 포드는 동시관리의 한 방법으로서 다음 3가지 조립작업의 원칙을 지적하였다. 첫째는 유동작업을 가능하게 하는 작업공정을 순서대로 배열하는 것으로서 이렇게 하면 각 작업에 대한 작업시간이 균등하게 분할됨으로써 각 작업자 간의 작업 간격이 결정된다. 둘째는 운반설비 기계화로 생산품의 중간저장을 배제하는 것이며, 셋째는 이동조립식, 즉 컨베이어의 규칙적·강제적 진행에 의해 작업하는 것이다. 동시관리는 과업관리(課業管理)가 지향하는 바를 자동기계적 방법에 의해 더 능률적으로 실현하는 것이므로 과학적 관리나 과업관리를 한층 고도화한 것이라고 할 수 있다.

76) 과학적 생산관리방식이란 근로자의 능률을 향상시키기 위하여 작업의 성질 · 순서 등을 연구하여 과학적으로 관리하는 것을 말한다. 산업경영 및 관리의 합리화를 위한 지식 · 기술의 체계, 즉 과학과 과학적 방법의 활용을 통한 관리법을 말한다. 19세기 말엽에서 20세기 초에 미국에서 산업자본주의가 전개됨에 따라 일어난 일련의 공장 생산과정과 기업경영의 과학화 내지 기술화 운동이라 할 수 있다. 19세기 말에 대공황으로 기업이 침체되고 사회적 혼란이 일자 이 사태에 대한 해결책으로 임금률의 인하 없이 생산 단위당 임금지출을 최소화하려는 데 목적을 둔 경영합리화

belt system)방식과 어셈블리시스템(assembly system)하의 노동은 극도로 소외된 기계적 · 비인간적인 종속성을 상징하고 있다.

그렇지만 이러한 20세기적인 노동종속성의 완화와 불식이라는 과제에 대응하여 노동조합운동 및 노동입법은 무대책이었다고 해도 과언이 아니다. 20세기를 통해서 노동조합과 정부가 취했던 정책방침은 노동조합이 단체협약에 있어서 보다 좋은 노동조건기준을 설정하고 근로계약내용의 대등결정 및 계약내용의 충실을 실현하는데에 집중되어 있었다. 노동조합은 노동력의 등가교환을 실현하는 한편, 사용자에 의한 일방적인 업무명령, 즉 노동이행의무의 일방적 지시와 특정을 간접적으로 억제하는 데에만 주력하였다(사적 자치에서 단체자치로의 전환). 그래서 노동조합과 국가는 주로 임금, 노동시간 등 고용조건의 향상에 관심을 집중하였을 뿐 노동과정에 있어서 구체적인 노동조건을 결정하는 직장조직, 직무편성 · 지휘관리시스템 등에 대해서는 거의 무관심이었다. 요컨대, 생산과 수요의 균형을 유지하기 위해 임금을 일정수준으로 인상하고 대중구매력을 확보하는 케인즈적 정책은 다른 한편에서 생산성향상을 방해하는 반합리화투쟁(反合理化鬪爭)을 회피하기 위해서 필요로 했던 것이며, 이것에 체제내적 노동조합세력도 영합하였던 것이었다.

그런데 바이마르헌법하의 도이칠란트의 경우에서는 사업장종업원대표위원회법(Betriebsratsgesetz)를 제정하고, 기업 내 각 사업장에 있어서 종업원대표가 위원회를 형성하고, 사용자와 사업장의 관리 운영에 관한 법정사항에 대해 협의결정 내지

운동이 전개되었다. 이러한 과학적 관리법의 실질적인 전개가 F.W. 테일러에 의하여 이루어졌으므로 과학적 관리법을 테일러시스템(Taylor System)이라고도 한다. 1895년에 발표한 그의 과학적 관리법은 공장의 합리화운동에 목적을 두고 최소의 노동과 비용으로 최대의 생산 효과를 올리는 최선의 방법과 용구를 발견하기 위하여 생산공정을 최소단위로 분해하여 이를 능률적 · 계획적으로 배치하고, 과학적 방법과 실험에 의하여 최선의 또는 표준적 방법 · 도구 · 원료를 결정해서 계속 유지될 수 있는 표준적 조건을 설정하여 광범하면서도 집약적이고 신축성 있는 통제를 할 수 있도록 하였다. 이와 같이 과학적 방법을 활용하여, ① 작업의 기본요소를 발견하고 ② 근로자들에게 작업방법의 선택을 맡기는 대신에 기획이라는 관리기능을 통하여 확인 · 결정하고 ③ 근로자 개인적인 노력보다는 협동적인 노력을 발전시키고 ④ 업무구분을 명확히 하여 능률성을 제고시킨다는 4가지의 기본원리로 과학적 관리운동을 전개시켰다. 테일러의 과학적 관리법은 F.B. 길브레스, H. 에머슨, H.S. 퍼슨, L.C. 마셜 등에 의하여 학문적 체계가 확립되고, 이후에 정치와 행정의 2분법의 적용에 공헌하였다. 그러나 테일러식 과학적 관리법은 보다 많은 능률을 조장하는 시간 및 동작연구와 관리면에서의 효율적인 정책을 추구하는 것이라 해도, 오히려 지나치게 강조된 나머지 그 외 효율적인 실제 적용에는 많은 한계와 제약점이 있다. 첫째로 테일러는 기계 문제와 노동 문제(인간 문제) 간의 구별을 인정하지 못하였고, 둘째로 조직화된 노동은(이미 그것은 사회조직의 성격을 띠는 것이기 때문에) 인간의 측면을 배제한 기계적 측면만으로는 조작이 불가능하고, 셋째로 업무의 표준화·규격화, 절차의 합리화 등에 의한 능률향상을 추구한 나머지 조직 내의 비공식집단이나 인간관계를 소홀히 취급하였으며, 넷째로 상품생산보다 오히려 이윤획득에 기초를 둔 생산수단이 존재하는 한, 과학적 관리법의 사회적 적용은 충분히 실현될 수 없다는 단점을 갖고 있다.

공동결정하는 시스템이 확립되었다. 제1차 세계대전에 패배한 도이칠란트에서는 전후에 참전군인을 중심으로 사회적으로 부상하고 있었던 프롤레타리아혁명세력을 경제민주주의라는 사회민주주의적인 타협정책으로 회유할 필요가 있었다. 그 결과 당시 도이칠란트노동조합은 기업외의 조직으로서 오로지 협약교섭만 담당하는 것으로 되고, 개별 사업장은 일종의 진공지대로 전통적으로 종업원대표제에 의한 경영협의회제도가 시도되었다고 할 수 있다.

그러나 사정이 어떠하든, 이러한 시스템은 직장에 있어서 사용자권력의 행사를 노동자대표가 직접 견제하고, 직장조직의 기본적 구성 운영 관리를 특정사항에 대해서는 공동결정까지 한다고 하는 바로 관리의 사회화의 커다란 진전으로서 의의를 가진다고 할 것이다.

제 2 절 독점자본주의와 국가

Ⅰ. 자본주의의 조절자로서 국가

1. 경제사회에 대한 국가의 개입

산업자본주의를 경제적 기반으로 했던 근대시민사회의 질서가 변모해가는 과정을 살펴보면, 그것은 단순히 자유시장이 거대자본에 의해서 독점되어 독점시장으로 전환되어 가는 과정뿐만 아니라, 자유시장을 중심으로 하는 경제적 사회에 대한 국가적 개입이 점차 확대되어가는 과정이도 하다. 이러한 국가적 개입과정을 통해서 산업자본주의는 그 성격이 확연히 변하게 된다. 국가의 개입정도가 어느 단계에서 적극적이고 전면적인 수준에 이르게 되면서 자본주의사회에서 시장의 자기조절적 기능은 축소되고, 그 대신 국가가 경제사회의 관리자로서 그 중심이 된다. 이로써 이른바 국가독점자본주의가 탄생하는 것이다.

노동헌법을 논의함에 있어 국가독점자본주의의 경제과정 자체의 내부에까지 깊이 들어가 그 메카니즘을 자세히 언급할 필요가 없을 뿐만 아니라, 필자에게는 그렇게 할 수 있는 안목과 능력이 없다. 그렇지만 이러한 현상에 대해서 한 마디만 한다면, 독점자본주의체제에 있어서 경제사회에 대한 국가적 개입은 기본적으로는 공황대책으로서 전개되어 간다는 것이다. 독점자본주의는 그 자체 내부적 모순으로 경제적인 공황이 발생할 수밖에 없는데, 이러한 공황 때문에 국가적 개입이 증대될 수밖에 없다.

우선, 국가적 개입의 내용을 보면, 독점단계의 초기에는 국가가 경제의 자유시장내부에는 직접적으로 손을 대지 않고 자유경제의 법칙에 맡겨둔 채, 시장실패의 부문(Sector)을 사후적으로 보완하는 역할을 맡았다. 그러나 자본독점이 심화되어, 시장실패의 부문에 대한 사후적인 보완만으로 자본주의체제를 유지하는 것이 불가능하게 되는 상황에서 시장에 대한 국가의 사전적인 개입이 불가피하게 되는 국가독점자본주의라고 하는 단계[77]에 이르면, 국가는 단순히 뒤처리의 역할뿐만 아니라 오히려 앞서서 공황이 생기지 않도록 혹은 예컨대 공황이 생기더라도 폐해를 가능한 한 감축하기 위해 시장의 전영역에 걸쳐 그것을 규제하기에 이른다. 국가는 경제적 논리가 아니라 정치적 권력에 기해 시장의 기능을 사전 및 사후적으로 규제하거나 새로운 유효수요와 공급을 창출하여 새로운 시장을 만드는 등 자본주의경제의 모순이 야기하는 폐해를 미연에 방지하기 위한 사전적인 적극적 개입을 하는 것이다.

정치체계(Politisches System)로서 국가는 초기산업자본주의 시대에는 경제시민사회를 전체로서 그 외부에서 단순히 지지하는 역할을 하였던 것에 반해, 독점자본주의 단계에서 특히 국가독점자본주의 단계에 이르게 되면서 경제시민사회의 내부에 불식간에 깊이 들어가서, 말하자면 국가가 경제의 기획자로서 사회, 경제의 모든 부문을 내부에서 계획하며 관리한다. 국가는 경제의 최후의 지지자이자 최종적인 판단자가 된다. 국가독점자본주의는 국가와 경제의 융합적인 체제이다. 이를 달리 말하면, 국가독점자본주의 단계에는 국가자신이 경제적 시민사회의 불가결한 구성요소로 되고, 이러한 국가활동 없이는 경제적 시민사회가 근저로부터 붕괴하기에 이르게 된다. 이러한 경우, 국가활동은 주로 행정활동로서 나타난다. 행정국가는 국가독점자본주의단계의 전형적인 모습이다. 그 결과 국가의 행정적 활동을 지지하는 입법이 대량으로 이루어지게 되어 행정법이 중요한 의미를 가지게 된다. 산업자본주의의 단계에는 재산질서는 사법을 중심으로 이루어졌지만, 국가독점자본주의에서는 행정규제적 성격을 가진 특별법률을 제외하고서 재산질서를 이해할 수 없다. 국가적 법률을 체계적으로 해석하여 통일적으로 운영하고자

---

77) 그렇지만 그 내용에 대해서는 경제학자 중에서도 의견이 다르다. 여기에는 그 중에서도 어떠한 이론에 의거한다는 것이 아니라, 거기에 맞는 현상에 입각해서 생각해 가기로 한다.

하는 학문으로서의 법학에는 지형변화가 생긴다. 법학사(法學史)를 통해서 주지하고 있듯이, 초기산업자본주의 시대에는 주로 사법학(私法學)이 법학의 제왕으로서 칭송되었지만, 독점자본주의가 확립되어 가면서 그 산물인 특별법들을 체계적으로 해석·적용하기 위한 이른바 '제3섹터의 법학'이 새로운 법학으로서 독립한다.

경제사회에 대한 국가의 개입은 대별해서 4가지로 나누어 볼 수 있다. 첫째, 조세, 재정 투·융자, 금융정책 등을 통해서 경제적 시민사회의 시장에 통화의 측면에서 개입하는 것이다. 둘째, 국가(내지 지방자치단체)는 스스로 사업주가 되어, 우편, 전신, 통신, 수도 등 생활수단을 공급하고, 주택, 병원, 학교 등을 경영하고, 토지개발, 도로, 항만과 공황의 정비 등의 사업을 한다. 다만, 국가가 하는 사업의 범위는 나라에 따라 현저히 다르다. 또 국가나 지방자치단체와 별도로 공단, 공사 등의 공공적 성격을 가진 기업이 수행하는 사업도 격증한다. 셋째, 국가는 사회보험의 급부, 생활보호의 급부, 각종후생복지시설의 수용 등 이른바 사회복지관련사업을 수행한다. 넷째, 국가는 경제·시민사회 내부에 대립하는 사적이익을 조정하기 위해서 다양한 형태로 적극적으로 개입하여, 일방에서는 사적 이익을 보호하면서, 다른 한편에서는 이것을 규제한다. 산업자본주의시대에는 사적 이익의 대립과 갈등에 대한 해결은 사적 자치라는 미명하에 개인들 간의 자유경쟁에 방임되어 있었지만, 국가독점자본주의시대에는 계급과 계층들의 대립 예컨대, 자본과 노동자, 독점자본과 중소기업 내지 농어민, 독점자본과 소비자, 독점자본 상호간의 대립 등이 격화되어 국가가 고권적 지위에서 이들 간의 이익조정에 개입하지 않을 수 없다. 그래서 사적 자치의 원칙을 대전제로 하고 있는 시민법은 크게 변질하고 각 계층마다의 보호와 규제를 주축으로 하는 다양한 특별법이 제정된다.

2. 국가적 개입의 형식 : 사법적 개입과 행정적 개입

경제사회에 대한 국가행정권에 의한 개입이 결정적으로 되고, 이것을 규제하는 행정법이 점점 증대하여, 사법중심의 근대시민법체계는 동요하고 또 변질되었다. 여기에서 사법과 공법과의 관계를 어떻게 이해하는가가 중요한 문제로 된다. 사법과 공법의 본질적 차이는 사법이 재판규범이고, 당사자의 행위를 직접적으로는 구속하지 아니하는 것에 대해서, 공법은 행정주체와 국민과의 행위를 양면에서 직접적으로 구속하는 행위규범이라는 점에 있다. 사법에 있어서는 예컨대 강행규범이어도 시민이 법에 반하는 행위를 하여도 당사자가 문제를 재판으로 가져오지 않으면 어떠한 국가권력의 제재도 받지 않는다. 소를 제기하는가 여부는 당사자의 의사에 맡겨져 있기 때문에, 결국 국가는 시민의 의사에 기초하지 않고서 권력을 발동할 수 없는 것이다. 국가는 당사자의 의사를 매개로 해서만이 간접적으로 경제사회에 관계를 가지는 것에 불과하다. 이러한 경우에 국가의 개입은 사법적 개입이고 은 항상 사후적이며, 국가는 사법기관(司法機關)으로서 법률관계와 무관한 제3자로서 나타나는 것이다. 이것이 통상적인 의미에 있어서 재판(裁判)의 기능이다.

이에 반해서 국가가 행정활동에 의해 경제사회에 개입하는 때는 국가자신이 법률관계의 일방당사자로서의 지위를 가진다. 국가는 시민의 의사에 기초하지 않고, 혹은 그것과 무관하게 경제사회에 들어와서 일방적으로 국가 측에서 시민과의 사이에 법률관계를 형성해 간다. 이 경우의 기준이 되는 행정법은 일차적으로 행정주체와 국민과의 관계를 규제하는 행위규범이며, 이차적으로는 소(訴)의 제기가 있는 경우에 재판규범으로서의 의미도 가진다. 따라서 국가는 제1차적으로는 법률관계당사자인 행정주체로서 나타나고, 제2차적으로 법률관계와 무관한 제3자인 사법권(司法權)의 주체로 나타난다. 이리하여 국가가 경제사회를 외측에서 지지하는가, 내측에서 지지하는가의 차이는 이것을 법학적 각도에서 보면, 경제사회에 대한 국가권력의 개입이 사법(私法)에 의한 개입인가, 공법(公法)에 의한 개입인가의 차이이다. 바꾸어 말하면, 이것은 국가가 시민의 의사를 매개로 하여 간접적으로 경제사회에 관여하는가, 그렇지 않으면 시민의 의사를 매개로 하지 않고 직접적으로 경제사회에 개입하는가의 차이이다.

법적 개입이 사후적 구제이지만, 공법적 개입은 사전적 구제라는 의미는 어떠한 결과가 생기지 않도록 그것을 예방하기 위해 사전적으로 국가가 개입한다는 점에 있다. 그 기본이 공황예방책이라는 것은 전술한 바와 같다. 그것뿐만 아니라 예방일반이 국가의 임무로 된다. 독점단계에 있어서 자본주의경제의 모순이나 폐해는 과거에 비교할 수 없을 만큼 크고, 그 모순이나 폐해가 일어나면 이미 손을 쓸 수 없을 정도로 늦어져서 이것을 해소할 수 없는 상황으로 되기 때문이다. 따라서 예방이 중심적 과제가 된다. 예컨대, 농민이나 중소기업을 보호하는 법률을 만드는 것도 방치할 경우에는 몰락하게 될 수도 있는 이들 계층을 몰락하지 않도록 예방하기 위해서다.

예방을 필요로 하지 않는 상황이나 분야에 있어서는 종래와 같이 문제의 해결은 사법적 수단에 맡기고, 이에 반하여 예방을 필요로 하는 상황이나 분야에 있어서는 공법적 수단에 의한 해결을 확대한다. 예컨대, 생활방해에 있어서 그 폐해가 아직 개인 간의 작은 문제인 경우에는 사법적 구제에 의한 손해배상이 주된 것이며, 사전적 개입이라고 해도 기껏해야 법원에 의한 유지명령(injunction)을 할 수 있는지의 여부의 문제를 벗어나지 않는다. 그러나 기업 특히 대기업이 야기하는 생활방해가 이른바 공해로서 광범한 주민에게 커다란 영향을 미치는 경우에는 그 공해를 미연에 예방하기 위한 행정적 입이 필요로 하게 된다. 국가는 법률이나 조례를 만들어 기업에 공해방지의 시설을 설치하는 것을 명하고, 위반자에게 행정처분이나 행정제재를 가한다. 사업장에 산업재해(産業災害)가 생기지 않도록 사전에 일정한 보안시설을 설치하게 하고, 이것의 실시를 감독한다든가, 재해의 손해를 미연에 방지하기 위하여 주택건축을 사전에 규제하는 등 이러한 모든 것들이 동일한 것이다.

예컨대, 상품매매에 있어서 매수인이 그 상품을 본래의 용도에 따라 사용하였지만, 그 용도에 부적합하게 기능상 또는 성질상 하자(瑕疵)가 있어 손해를 입은 경우에는 민법상 손해배상의 청구를 할 수 있다.[78] 그런데 대기업이 대량의 상품을 생산하고, 다수의 소비자에게 판매하는 경우, 그 하자가 사회공중에 주는 영향은 이루 말할 수 없다. 그 중에 손해가 이미 발생한 후에는 이미 손쓸 수 없게 되는 경우, 예컨대 유독한 식품이나 유해한 약품으로 다수인이 심각한 신체 및 생명의 위험에 처하게 될 수 있는 경우, 이러한 사태는 미연에 방지되어야 한다. 이를 위해 예방조치로서 유해상품이 시장에 출시되기 전에 국가가 이것을 검사하고 통제하는 등의 행정적 개입 즉 사전적 개입을 하는 것이다. 마찬가지로 상품의 일정한 표시를 신용한 자를 보호한다는 원칙은 이미 사법(私法)의 분야에 이론적으로 확립되어 있다고 하지만, 현대에는 사법적 해결에 의한 사후구제만으로는 불충분하다. 국가는 소비자를 보호하고 분쟁을 미연에 방지하고자 하는 관점에서 행정적인 규제를 한다. 예컨대, 쇠고기(牛肉)라고 하면서 말고기(馬肉)를 판매하는 같은 부당한 표시 혹은 「무슨 병이든 고칠 수 있다는 만병통치약이다」라는 것과 같은 과대광고 등의 경우가 이에 해당한다.

이렇게 하여 종래 사법의 규율에 그쳤던 영역에 사전예방이라는 관점에서 국가의 행정활동이 개입하는 경우는 극히 많고, 이 양자의 상호관계를 분석하는 것도 현대법의 중요한 과제이다. 어떻든 이러한 개입이 사적 소유나 영업의 자유 등의 시민법원칙에 대한 중대한 제한이라는 것은 말할 필요도 없다.

78) 제조물책임법에 의하면, 제조자와 판매자가 분리되어 있는 오늘날에 제조물에 포함된 하자는 제조자의 책임으로 해야 한다는 사고가 일반화되어 있다.

Ⅱ. 현대노동법의 성립

1. 노동과정의 격변

제1차 세계대전 이후의 위기적 상황에도 불구하고, 국가독점자본주의가 오늘날까지 연명하면서 그 생산력을 점점 높여갈 수 있었던 것은 자본주의적 생산양식에 지배적인 협업형태인 기계제대공업을 과학기술적 진보, 합리적이고 합목적인 노동관리 및 작업조직의 편성에 의해서 발전시키고, 그 거대한 생산력이 초래했던 과잉생산공황의 위기에 처해서는 팽대한 잉여생산력을 군수생산과 전쟁에 의한 무기의 낭비 등에 의해 흡수하거나 혹은 케인즈(John Maynard Keynes, 1883-1946)의 경제학 이론에 기초한 국가의 공공투자에 의한 유효수요창출정책 등에 의해 어떻게든 타개할 수 있었다.

자본주의 초기에 있어서 노동과정은 규모의 점을 제외하고, 길드적인 그것과 거의 다르지 않았다. 결국 노동과정은 다수의 노동자의 의식적이고 계획적인 협동노동과정으로 되어 있지만, 다만 그 노동과정의 특수한 부분으로 분할, 즉 분업이 이루지지 않는 단순한 협업(einfache Kooperation) 혹은 노동과정을 약간의 다른 전문적인 분야로 나누지만, 이 분업에 기초한 협업이 종래의 개인적 노동수단인 도구를 사용하는 수공업적 노동의 조직화에 그친 공장제수공업(Manufaktur)에 불과했다.

산업혁명과 더불어 노동과정의 분업은, 수공업적 숙련이 본질적 중요성을 가진 공장제수공업의 경우와 같이, 노동자 개개인의 기질이나 숙련이라는 개별적 노동의 주관적 특수성에 대한 고려로부터 해방되었으며, 객관적으로 역학이나 과학 등의 기술적 응용이 사회적 요청에 따라 이용가능하게 되면서 기계제 대공업이 발전하였다. 그렇지만 19세기 중엽의 공장은 숙련공에 의한 업무의 지배가 아직 일반적이었으며, 과학 기술 기계가 생산력의 기반이 되어 숙련이 박탈된 노동자가 사용자의 관리 하에 완전히 지배되어지게 되는 것은 20세기 초에 등장했던 테일러 시스템(Taylor System)에 의한 이른바 과학적인 생산관리시스템이 개발·보급되면서부터라고 할 것이다.

테일러시스템은 대규모의 노동자를 대상으로 한 동작연구와 시간연구에 의해서 작성된 표준작업과 작업방법에 기초해서, 극단적으로까지 단순화된 노동을 노동자에게 부과하는 것으로, 관리자에 의한 현장노동자의 철저한 관리를 실현하는 노무관리시스템(과학적 관리)이며, 포드 시스템(Ford System)은 이러한 관리시스템을 전제로 해서, 전용공작기에 의해 생산된 완전호환성을 가진 부품을 컨베이어에 의해 자동 운송된 대상에 매달려 조립작업에 의한 단일품종대량생산(T형포드)를 하는 생산시스템이다. 이러한 철저한 생산합리화에 의해, 대폭적인 생산단가의 절하와 비교적 높은 임금을 지불하게 하는 것으로 노동자의 중산계급화와 대규모적인 구매력증대를 가져왔다. 하지만 다른 한편으로는 노동자에게 반복되는 무료한 단순노동을 강요하게 되었고, 오늘날의 노동의 인간화운동을 야기하는 원인으로 되었다.

이른바 포디즘(Fordism)은 협의로는, 이러한 기계제대량공업 하에서 극도로 발전된 단일품종대량생산의 협업형태이다. 광의로는 그것은 화석연료를 주된 에너지원으로 하면서 철강을 기본물자로 해서, 자동차, 약전기품 등 내구소재의 컨베이어벨트시스템에 의한 대량생산을 주요골자로 한다. 그러므로 포디즘은 대중사회에 의한 대량소비에 의해 유지되는 제2차 산업을 중심으로 하는 산업구조 하에서 개별기업의 이윤획득양식으로서 노동시간의 내포적 연장(노동강화), 생산성향상과 규모의 이익에 의한 독점초과이윤을 기업과 이윤획득양식으로서 금융자본과 국가권력의 유착에 의한 독점초과이윤을 추구하는 시스템이라고 할 수 있다.

이러한 시스템에는 일반적으로 (특히 아메리카합중국과 일본) 노동조합은 생산현장의 생산계획, 노동조직, 관리조직 등의 관리운영사항에 대해서는 자본에게 그 전권을 위임하여, 생산성향상을 저해하는 사항은 회피하고, 오로지 임금인상의 단체교섭에 에너지를 주력하게 된다. 때문에, 노동자는 일상적 노동의 방식, 합리화에 수반하는 해고 등의 문제에 대해서 거의 무권리의 상태에 놓이게 되는 경향을 보인다.

앞에서 이미 언급하였듯이, 주식회사의 발전은, 기업이 고용하는 노동자수를 증대시키고, 자본의 관리기능을 대행하는 관리노동자층을 낳았다. 이 관리의 사회화는 노동자경영참가의 기본적 동기인 동시에, 직접생산자인 현장노동자를 점점 관리적 업무에서 떼어내고, 그 노동을 극단으로까지 단순화하고, 단조화할 가능성을 내포하고 있다는 의미에서 포드시스템이 성립할 수 있는 전제조건이 되었다. 이것은 노동종속성론에서 말하면, 평등한 인간이라는 노동자가 노동계약의 이행과정이라는 노동력인도과정, 다시 말하면 노동과정에서 사용자의 지휘명령에 복종할 수밖에 없는 인적 종속성이, 주식회사제도의 발전에 의해 피라미드형의 위계적 관리시스템 하에 교체가능한 부품으로 구성되었던 노동자의 비인간적 지위를 의미하는 조직적 종속성으로 발전하였다. 그리고 포드시스템의 성립에 의해 노동자의 종속은 그 성격이 변했다. 즉 사용자에 의한 인적 관리 없이 자동반송기계의 작용에 의해 제어되고 단순 반복되고 노동을 강요당하는 노동자의 기계적 종속으로 발전한다고 할 수 있다. 그럼에도 불구하고, 포드시스템 하에의 노동조합이 일상의 노동에 관심이 있었던 것은 조합원대중으로서 엄한 조합비판 내지 조합격리에 몰리어 오늘날 노동조합의 쇠퇴를 초래하게 된다.

국가독점자본주의에 특징적인 복지국가는 바로 이러한 시스템 위에 서 있는 것이고, 독점초과이윤획득을 보장하고, 항상적 체제모순과 순환적 경기변동에서 체제를 보호하는 것을 사명으로, 자유에서 평등으로 그리고 공공복리를 슬로건으로 해서, 노동자(조합), 자본(단체), 정당을 조합적(corporative)으로 통합하면서 다양한 정책을 행하는 관료제국가라고 할 것이다.

그러나 이제 이러한 국가독점자본주의체제도 산업기술의 첨단화와 자본주의의 과도한 발전으로 새로운 위기에 직면하고 있다.

도(度)를 넘는 대량생산과 대량소비는 환경오염, 자원고갈을 초래하고, 인류의 생존을 위해서도 지구환경을 보전할 필요에서, 이 시스템은 기본적으로 막다른 골목에 봉착하였다. 이를테면 1970년대에 있었던 오일쇼크(oil shock)는 그 때까지 타국의 석유자원에 의존하고 있었던 선진자본주의국가들에게, 그 존립기반의 취약성을 통감하게 하였다. 원료자원의 제공국으로서 계속 수탈되어온 발전도상국 내지 저개발국은 경제파탄과 사회불안, 빈곤과 기아에 헐떡거리고 있으며, 이러한 상태를 벗어나기 위한 궁여지책으로서 농지개발을 할 수밖에 없는데, 이러한 농지개별에 의해 그나마 남아 있던 삼림자원마저도 계속적으로 파괴되고 있다. 그래서 이들 문제를 해결할 능력은 국가독점자본주의체제에게는 바랄 수 없기 때문에 국가독점자본주의에 대한 비판론자들은 포스트 포디즘(post-fordism)에 관해서 언급했던 것이다.

2. 현대노동헌법의 내용

국가독점자본주의의 노동헌법은, 오늘날 우리가 통상 말하고 있는 대부분 자본주의국가가 도입하고 있는 노동법의 기본구조와 일치한다. 현대노동법은 독점자본주의의 관리방식으로서 국가가 만들어낸 결과물이다. 국가독점자본주의에서는 경제사회의 관리자로서 국가는 노동력의 재생산을 위하여 노동자계급을 자본주의체제내로 안착시키려고 노력한다. 이러한 노력은 한편에서는 노동3권을 인정하여 노동을 통해서 자본을 통제하면서 다른 한편에서는 노동보호법을 강화한다. 그리고 국가는 사회보험을 실시하여 거대한 공적 자본(公的 資本)의 주체로서 등장한다.

1) 노동보호입법

국가독점자본주의에서 체제유지에 필요한 노동계급 및 노동력의 재생산을 위해서 일정한 수준에서 착취를 제한하고자 하는 입법이 요청된다. 이것이 이른바 노동보호입법이다. 이러한 노동보호입법에 의해서 성립한 것이 근로자보호법이다. 근로자보호법은 지금까지의 자유근로계약에 인간법적 관념을 흡입시켜서 사용자의 자의를 방지하기 위한 체계적인 법기술(法技術)이다. 근로자보호법이 인간법적 관념을 근로관계에 실현하기 위해서 사용하는 수단은 바로 공법적 사고(公法的 思考)이다. 이러한 법사고는 종전에 근로관계가 용역임차(Dienstmiete)로서 가지고 있던 순수한 사법적 성격(私法的 性格)을 벗겨내고 새로운 공법적 영역을 만들어냈다.

노동공법(勞動公法)은 국가가 지금까지 사적자치의 깃발 아래 일방적으로 강자에게 방임되어 있던 근로관계를 강행법적으로 통제하게 한다. 국가는 이른바 "사회적 국가(Der soziale Staat)"로서 근로관계의 성립, 내용 및 종료에 간섭한다. 사회적 국가에서는 근로계약이 체결될 수 있는 최저근로조건이 실정법으로 제시된다. 사회적 국가는 노동재해에 대하여 근로자를 사전 및 사후적으로 보호하고, 근로자의 해고를 엄격하게 제한하여 일자리에 대한 사용자의 자유로운 처분을 통제한다. 그뿐만 아니라 근로관계에 있어서 인간법적 생각은 산업사회의 성숙과 더불어 더욱더 확대된다. 근로계약의 급부의 내용과 범위가 법적으로 규율된다. 근로시간의 제한과 일정한 수준의 임금을 보장하려는 실정법규범이 대표적인 본보기이다.

2) 노동단체권의 보장

국가독점자본주의하에서 노동운동 자체에 대한 평가도 변한다. 노동운동이 제도적으로 정착되어서 드디어 노동운동의 주체가 법인(法認)되게 되었다.[79] 이러한 법인에 기여하였던 것이 바로 집단법적 사상이고, 그 결과가 바로 단결권이었다. 단결권은 노동자의 기본권으로서 승인되었고, 이는 역사상 최초로 도이치 바이마르제국의 헌법 제159조에서 명시적으로 규정되어 근로자의 기본적 권리로서 선언되었던 것이다.

---

79) 노동운동이 법적으로 제도화되면서 노동운동의 역동력이 미약해지고, 노동운동이 법의 기능적 측면에서 파악된다.

개인은 자기 자신에게만 의존하고 자신의 일은 자기스스로 결정하고, 그러한 결정에 구속되어야 한다는 이른바 자기결정의 허구(虛構)가 근로관계에 있어서 사용자에 의한 임금 및 근로조건의 명령을 초래하였다. 그러나 집단적 법사상은 근로자의 개인적 자기결정의 허구를 내몰고 자기결정의 현실적 조건을 마련하였다. 그 결과 임금과 근로조건에 관하여 사용자의 명령 대신에 노사 간의 실질적 협상이 대신할 수 있게 되었다. 집단적 법사상의 지배하에 있어서 임금과 근로조건의 결정문제는, 어떻게 하면 노동자계급 전체를 위한 최소한의 불가침적 노동조건이 유지될 수 있는가라는 것이 가장 중요한 문제이기 때문에, 근로자 개인의 차원에서가 아니라 단결체의 차원에서 출발한다.

구성원의 이익을 주장할 수 있는 단결체의 권리는 근로자의 편에서 오직 단결체에 의해서만 체결될 수 있는 단체협약의 체결을 통해서 현실적으로 그 위력을 발휘한다. 단결권의 목적에 비추어 볼 때, 특별한 사정이 없는 한, 노동법에서는 단결체의 의사가 개인의 의사보다 우선한다고 할 것이다. 개체로서의 근로자의 무력성(無力性)은 단결체의 집단력에 의하여 완화되며, 이러한 노동헌법의 이념은 근로계약의 원칙과 동등하게 법기본적 법원리로서 정립된다. 이로써 개인법적 관념을 위해서 온갖 수단으로 단결을 금지하고 근로계약을 단체협약보다 우월하게 하면서 집단법적 사고를 억압하려고 하였던 과거의 법상태는 종말을 고(告)하게 된다. 그 결과 새로운 사회실체가 노동법의 주체로서 들어오고, 이것은 사회의 작용이 개인의 작용이 아니라 조직의 작용이라는 것을 우리들에게 보여준다. 물론 집단적 법사상은 항상 다시금 그것의 현존을 위해서 개인법적 법사상과 대결하면서 실현될 것이다.

3) 사회보장입법 : 사회보장권

국가는 자본주의가 만들어내는 빈곤·생활불안 등의 문제에 대하여 국민생활을 보증하는 일을 통해 국내·국외의 사회주의에 대항하면서 자본주의체제를 유지하고 안정을 도모함을 목적으로 하는 정책을 구사한다. 이것이 바로 사회보장정책이고, 이러한 정책에 의해서 구축되는 제도가 사회보장제도인 것이다. 국민의 생활은 실업·노동재해·상병(傷病)·노령 등 생활상의 사고로 소득이 중단 또는 영구히 상실되기도 하고 지출이 증대되기도 함으로써 위협받거나 파괴된다. 자녀의 출생과 양육관계로 지출이 늘기도 하며, 너무 어리거나 너무 늙었기 때문에, 또는 심신장애가 있어서 가정생활을 홀로 또는 가족의 힘만으로는 유지할 수 없는 경우도 있다. 이때 국가에 의한 개인 또는 세대단위로의 국민생활보증책의 총칭을 사회보장이라 한다. 이러한 사회보장은 먼저 건강을 지키기 위해 의료행위를 해주고, 이어서 경제생활을 위해 소득을, 신변을 돌보아주기 위해 가사(집안일)를 보증한다. 의료의 보증은 ① 중핵이 되는 의료보험 ② 최종적 수단인 공적 부조에 의한 의료부조 ③ 업무상 상병에 대한 산업재해보상보험에 의해 실행된다. 소득보장에도 3가지가 있다. ① 고용보증: 실업보험에 의한 직업소개로 해결된다. ② 소득 그 자체의 직접보증: 소득보증의 핵심으로, 실업보험, 의료보험의 상병수당, 연금보험 같은 사회보험, 가족수당, 공적 부조에 따른 생활부조 등이 있다. 이들 중의 주축은 연금보험이고, 최종적 수단이 생활부조이다. ③ 소득보상: 상실된 노동능력에 대한 손실보상인데, 산업재해보상보험으로 실행한다. 가사의 보증은 사회복지와 일부를 공적 부조로 실행한다. 이처럼 사회보장은 ① 실업보험 · 산업재해보상보험 · 의료보험 · 연금보험 등의 사회보험 ② 가족수당 ③ 공적부조 ④ 사회복지의 4가지 형태로 구성되어 있다.

이러한 사회보장제도의 구축을 통해서 국가는 엄청난 자본주체로 편성된다. 이른바 공적 자금은 바로 이러한 사회보장기금에 의해서 형성된 것이다. 사회보장제도에 의해서 한편에서는 산업자본주의는 명실상부하게 국가독점자본주의로 변신할 수 있게 되고, 다른 한편에서 국가는 경제적으로 자본주의체제를 장악할 수 있게 되는 것이다. 국가독점자본주의시대에는 개인과 사회는 국가에 의해서 재편성되고, 국가에 완전히 종속된다.

제 3 절 독점자본주의의 변모 : 국제독점자본주의로의 전환

I . 새로운 변화 – 자본주의의 세계화

1. 브레튼우즈체제의 붕괴

20세기 초중반에 성립되었던 국가독점자본주의는 20세기 후반기로 접어들면서 변하였다. 제2차 세계대전 후에 동서 냉전을 거치면서 세계자본주의체제의 기반이었던 팍스 아메리카나(Pax Americana)의 사회적 · 경제적 시스템도 서서히 흔들리기 시작했다.

20세기 초반에 자본주의진영의 중심축이 되었던 아메리카합중국은 제2차 세계대전으로 황폐화된 유럽과 일본을 마셜 플랜(Marshall Plan)[80]으로 구제하면서 이른바 "세계의 공장"이라고 할 정도로 크게 번영하였다. 이러한 상황은 제2차 세계대전 후에 브레튼우즈체제(Bretton Woods system)[81]의 달러(dollar)금본위제에 의해 더욱더 공공하게 되었다. 그러나 베트남전쟁 등으로 인한 아메리카합중국의 국제수지에 적자가 발생하고, 전비조달을 위한 통화량 증발에 의한 인플레이션으로 인해 달러 가치가 급락하자, 일부 회원국가들이 금태환을 요구하자 결국 아메리카합중국은 1971년 달러 금태환의 정지를 선언하게 되었고, 이른바 브레튼우즈체제가 붕괴하자 세계자본주의체제는 대혼란에 빠지게 되었다. 이를 해결하기 위해 1971년 브레튼 우즈 체제의 붕괴로 인하여 세계 각국의 대표들이 워싱턴의 스미소니언 박물관에 모여 브레튼우즈체제의 지속을 위한 협정을 체결하였으나, 아메리카합중국의 경상수지 적자가 계속하여 누적되면서 달러화의 가치가 다시 하락하면서 스미소니언체제마저 붕괴하였다. 이 스미소니안협정(Smithsonian agreements (1971년12월))에 의한 환율의 고정상장제도 실패하고, 그 후 환율제도는 변동상장제로 이행(1973년2-3월)하였으며 각국 정부의 금융, 재정, 무역의 정책은 제어불능에 빠졌던 것이다. 아메리카합중국이 유럽공동체(european community: EC)의 발족을 내다보면서, 유럽에 자본수출을 한 것을 계기로 격증한 다국적기업의 존재도 이것을 조장하고 있다. 거대한 무역적자와 재정적자나 인종문제에 고민하는 아메리카합중국은 경제적으로도, 정치적으로도 옛날의 주도력을 잃어 가고 있으며, 새로운 국제적 제휴시대가 이야기되고 있다.

2. 첨단기술의 발달과 산업구조의 변화

또 신기술 특히 전자공학기술(micro-electronics)이 1970년대부터 가속도적으로 발전·보급한 것도, 포스트 포디즘과 새로운 제휴시대의 진행을 가속하고 있다. 이

80) 마셜 플랜(Marshall Plan)은 그 정식 명칭이 유럽부흥계획(European Recovery Program, ERP)으로서 제2차 세계대전이 끝난 뒤, 미국이 서유럽 16개국에 행한 대외원조계획이다. 당시 아메리카합중국의 국무장관이었던 조지 마셜(George Catlett Marshall, 1880-1959)이 처음으로 공식 제안하였기에 그의 이름을 따서 '마셜 플랜'이라고 한다.

81) 이것은 1944년 7월 아메리카합중국 뉴햄프셔주의 브레튼우즈에서 자본주의진영 44개국이 참여하여 제2차 세계대전 후의 국제통화질서에 관하여 체결했던 협정이다. 그 협정의 핵심은 아메리카합중국의 화폐인 달러(dollar)를 기축으로 하여 조정이 가능한 고정환율제도를 도입하여 제2차 세계대전 후 자본주의진영의 통화를 규정하는 것에 있다. 이 협정에 의해서 아메리카합중국의 달러가 국제통화의 표준으로 되어서 오늘날에 이르고 있다.

러한 농업혁명, 산업혁명에 이은 제3의 파도도, 제2의 산업혁명이라고 하는 기술혁명은 이제 제2차 산업분야뿐만 아니라 제1차산업 제3차 산업분야에도 파급되어, FA(Factory Automation 공장자동화) OA(Office Automation 사무자동화) SA(Store Automation 점포자동화)는 직장환경에 격변을 가져오고 있다. 또 그것은 모두 주로 라디오, 티비(TV), 위성방송 등의 통신기술을 매개로 하여 가정 내의 일상생활에까지 침투해가고 있으며, 전지구상에 커뮤니케이션네트워크(Communication network)가 연결되어 국내적으로는 물론이고 국제적으로도 산업, 경제, 무역, 정치, 행정, 사회, 문화 등의 구조와 기능을 근저에서부터 변화시키고 있다. 오늘날 첨단기술 발전이 미치는 영향범위는 무한이라고 해도 과언이 아니다.

이러한 격변 속에서 사람들의 의식도 크게 변하고 있다. 특히 선진자본주의국가의 경우, 20세기 후반에 태어난 젊은 세대들이 본격적으로 사회에 진출하면서 이들의 사고와 생활양식은 산업분야에도 커다란 영향을 주기 시작하였다. 위계적 관리시스템 하에서 굴종적인 노동을 강요당하는 것은 그들 세대에 있어서 참기 어려운 일이다. 또 전자기술의 발전에 의한 노동내용의 고도화, 노동자의 교육수준의 향상은 노동자의식을 변화시킨다. 과거에는 노동자라고 하면, 그것은 당연히 블루칼라노동자를 의미하였지만, 오늘날의 노동자라는 화이트칼라노동자를 의미한다. 그런데 과거의 블루칼라노동자의 의식과 오늘날 화이트칼라노동자의 의식은 판이하게 다른 것이다.

정보시스템의 발달로 원격지에도 최신정보가 전달될 수 있는 것에서 생활 문화의 평준화현상이 보이지만, 반면에 각 개인의 개성화와 차별화의 흐름이 결정적으로 나타났다. 따라서 그들의 소비행동도 분명히 지금까지의 대중에서 볼 수 있는 내구소비재 등이 소품종대량소비와는 다른 개성적 문화적 소량소비로의 경향을 보이고 있다. 요컨대, 포디즘을 지지했던 대중사회에 어떠한 변화의 경향이 생긴 것이다. 필연적으로 지금까지의 생산자중심적인 경제시스템은 소비자중심적 경제시스템으로 이행한다.

산업발전에 끼치는 컴퓨터관련기술의 중요성에 대해서는 우리나라 경제가 1980년대 후반 이래 타국의 추월을 불허할 정도의 발전을 이룩하였고, 또 컴퓨터의 제조기술과 그 응용기술이 이제 거의 세계최고수준에 있다는 것을 볼 때 그것을 분명히 알 수 있다. 그러나 오늘날 특히 컴퓨터기술에 기대되고 있는 것은 대량생산과 대량소비가 포디즘의 막다른 골목을 돌파하고, 환경보호 소비동향변화 등에 유연하게 대응해 가기 위하여 다품종소량생산을 넘는 변종변량생산의 실현을 향한 신축적인 생산방식의 개발이다. 현재 대기업은 물론이고 중소기업에 이르기까지 컴퓨터제어의 다기능자동공작기 혹은 인공지능을 활용한 자동기기를 도입하고, 네트워크을 통해 소비자수요에 즉응한 변종변량생산체제를 거의 정비하였다고 할 수 있다.

전자기술적인 혁명이 가지고 있는 노동에 관한 의의는 무엇보다 지금까지 기계가 인간근골을 이용한 노동을 대체하는 성격을 가졌다는 것에 비해, 컴퓨터가 인간의 두뇌를 이용한 노동을 대체한다는 점에 있다. 물론 현 단계에는 인간의 정신적 활동 전부를 대체하는 것은 불가능하지만, 프로그램을 개발한다면, 2진법으로 환원하여 계산가능한 사항은 모두 조치할 수 있기 때문에, 머지않아 인간노동이 단순반복노동, 위험노동, 중근노동 등에서 해방되고, 진실로 인간적·지적·창조적 노동에만 집중될 가능성이 생기는 것이다. 그렇지만 다른 한편에서 생각해보면, 더욱더 염려가 되는 부분이 있다. 이윤추구를 기본적인 동기로 하는 자본주의사회에서 전자기술적 혁명이 가져온 새로운 가능성이 긍정적으로 활동될 것이라고 기대하는 것은 너무나 순진하다고 할 것이다. 오히려 현 상황에서는 지적노동과 비지적인 노동으로 극단적으로 이분화하고 비지적인 노동을 컴퓨터에 의해 기계적으로 관리할 수 있는 가능성이 있기 때문에 노동의 극단적인 비인간화가 초래될 수 있음은 물론이다.

이러한 기술적 변화는 당연한 것이면서, 노동조직과 관리조직에도 기본적 변화를 가져오고, 지금까지의 피라미드형의 톱-바텀(top-bottom)방식의 조직은 매트릭스(matrix)형 프로젝트방식의 조직(예컨대 팀제)으로 대체되어가고 있다. 또 기업의 노동자구성도, 약간의 관리직과 전문직을 제외하고, 다수는 임시직으로 조달되는 유연한 구성으로 구조변경되어가고 있으며, 우리나라에서도 지금까지의 종신고용제와 연공서열제는 폐지되어가는 경향이 있다

컴퓨터기술의 활용에 의해서 제2차 산업부문의 생산력이 비약적으로 상승함에도 불구하고, 취업인구에서 차지하는 비율에 있어서 격감하고, 아메리카합중국의 경우(산업공동화의 영향도 있지만) 이미 제1차 산업부문의 5퍼센트 이하에 이어, 10퍼센트까지 떨어지고 있으며, 이것은 블루칼라노동자를 중심으로 하는 산업별 노동조합의 조직율의 격감을 야기하고 있다. 그리하여 3차 산업이 최대의 산업부문으로 되지만, 이것은 서비스산업근로자의 조직곤란성이라고 하는 문제와 앞에서 기술한 기업 내 노동자구성의 변동과 함께 특히 우리나라기업별노조의 쇠퇴를 일단으로 촉진하고 있는 요인으로 된다. 물론 처음부터 합리화를 지향하지 않는다고 하는 3차 산업부문에 있어서도, 전문직적인 업무가 중시되고, 다른 한편에서 증대하는 단순업무종사자와의 격차가 확대하는 경향이 있는 것에서부터 노동조합

적인 뒷받침의 필요는 존재하지만, 문제는 그 조직형태이다. 전문직적 업무에 있어서는 동일직조합 내지 직능조합적 조직이 생각될 수 있지만, 단순업무종사자에 대해서는 합동조합적 조직밖에 없다고 생각된다. 또 근시에 이러한 기업별노동조합쇠퇴의 공백을 메우는 것으로서 사업장종업원대표제 입법이 관심을 집중시키고 있다. 국가독점자본주의체제에 대항하는 주류세력이었던 노동자조직의 분야에도 대변동이 생기고 있는 것이다.

어떻든, 20세기 말부터 현재까지 전개되고 있는 사회변동의 결과 출현하게 될 가까운 미래의 사회는 화석연료에너지, 원자력에너지에 대신한 태양에너지(보완적으로 원자력에너지)와 철을 대신하는 신소재라고 하는 기본적 물질을 기반으로 성립한다고 생각되고, 그 중에서 중핵적인 산업으로 되는 것은 취업인구는 소수이지만, 인간의 물질적 생존조건을 생산한다고 하는 의미에서 그 중요성에 있어서 기간적인 로봇산업이기도 한 산업부문에서 컴퓨터기술에 의해 지지되고, 무기 및 유기적 생산물을 소비자사이트 주도의 네트워크방식에 의해 유연하게 변종·변량 생산하는 것으로 될 것이다. 이러한 생산업종의 기업은 필연적으로 매트릭스적인 분권구조의 직장조직에 의하면서, 기업의 이윤획득양식으로서는 노동의 지능화에 의한 생산성향상, 즉 과학기술적 우위와 지적 창조적 노동의 개발에 의한 특별이윤을 목적으로 하게 된다. 새로운 격렬한 경쟁의 시작이다.

그렇지만 이러한 경쟁은 오늘날에는 국내시장뿐만 아니라, 국제시장을 주무대로 전개되고 있다. 과학기술의 발전이 가져온 생산력의 격증, 이윤축적의 일부선진국으로의 편재나 국내 국제간의 독점경쟁격화의 모순은 지금까지의 독점형태하에서 상품시장확대책만으로는 대처할 수 없고, 자본수출을 위한 다국적기업을 낳고, 국경을 넘는 국제독점자본 간의 생존을 건 경쟁을 필연화한다. 또 이러한 동향은 당연히 복수국가군을 포함하는 블럭형성을 촉진하고, 실제로 자본주의세계는 유럽연합(european union: EU)[82]권과 북아메리카자유무역(north american free trade agreements: NAFTA)권, 동아시아(일본, 한국, 중국, 대만, 싱가폴 등)권의 세 개의 블록(block)으로 재편되고 있는 것을 볼 수 있다. 국제독점자본과 지역블럭영 내 국가권력공동체의 유착에 의한 새로운 독점초과이윤의 추구이라고 할 것이다. 현대국가독점자본주의는 다국적기업을 중핵으로 하는 국제독점자본주의로 이행하고 있으며, 그 진전과 함께, 국가의 국경은 융해하여 국가는 하나의 국가연합의 일원에 지나지 않게 된다고 생각할 수 있다.

82) EC는 EU의 전신(前身)이고, EU는 1992년 마스트리히조약에 기초해서 1994년 성립했다.

Ⅱ. 국제독점자본주의의 예 : EU노동헌법

1. EU의 성립

국제독점자본주의단계에 있어서 대표적인 현상으로 꼽을 수 있는 것이 특정지역을 중심으로 자본들이 경제적으로 연합 또는 결합하는 현상이다. 그 대표적인 것이 EC 그리고 EU이라고 할 수 있다. 물론 최근에는 북아메리카 및 남아메리카에도 이른바 지역경제공동체와 자유무역협정들이 생기고 있다. 우리나라도 이미 칠레와는 자유무역상태에 있고 또 머지않은 장래에 아시아지역의 국가들과 자유무역협정을 체결하려고 하고 있다.83) 여기에서 우리는 주로 유럽공동체(EC: European Community: 유럽공동체) 및 유럽연합(EU: European Union)을 예로서 살펴보기로 하자.

제1차 세계대전 후 아메리카합중국은 마샬플랜에 의해서 패망한 유럽과 일본경제부흥을 원조해서, 포디즘의 이식을 하고, 아메리카 사기업도 기술이전과 자본수출이라는 형태로 이루어졌다. 이윽고 유럽과 일본 경제의 회복과 포디즘의 정착에 아메리카자본은 국내뿐만 아니라 유럽과 일본과의 사이에도 격렬한 경쟁에 노정되고 이윤율의 저하현상에 직면하게 된다.

다른 한편, 경제부흥이 궤도에 올랐던 유럽의 자본주의국가들은 아메리카합중국과의 경쟁에 대처하고, 자신의 손으로 영내분업을 진행하고, 대기업을 육성하여, 효율화 근대화를 추진하는 한편, 아메리카합중국과 소비에트연방의 양 초강대국에 길항하는 경제력을 형성하기 위해서, 로마조약(1957년)에 의해 유럽경제공동체(EEC: European Economic Community)를 창설한다. 유럽경제공동체가 성립하게 된 배경을 생산력과 생산관계를 중심으로 해서 분석해본다면, 우리가 앞에서 언급했던 포디즘에 의해 초래될 수밖에 없는 광역경제질서의 형성에 의한 것이다.

이것을 계기로 하여 아메리카합중국 대독점자본이 직접투자를 통해서 유럽으로 진출하기 시작하여 이른바 다국적 기업이 탄생하게 된다. 다국적기업이란 일반적으로 그 본거지는 한 나라에 두면서, 동시에 다른 나라의 법률과 관습 하에서도 조업하고, 활동하고 있는 기업을 지칭하는 것이다. 이와 같이 아메리카합중국의 다

83) 한국의 자유무역협정은 칠레와의 것은 2004년 4월에, 싱가포르와의 것은 2006년 11월에, 유럽연합과의 것은 2011년 7월에 이미 각각 발효되었다. 아메리카합중국과의 협정은 2006년 전반기에 체결되어 의회의 비준을 기다리고 있으며, 한중일 삼국 간의 동북아시아공동체 논의도 진행되고 있다.

국적기업이 유럽에 진출하여 유럽시장을 장악해 가자, 유럽의 자본들은 그것에 대한 대항조치로서 유럽경제공동체의 결속정책을 채택한다. 즉 브리셀조약(1965년)에 의해 유럽경제공동체와 유럽석탄과철공동체(ECSC: European Coal and Steel Community: 1951년 성립) 및 유럽원자력공동체(EAEC: European Atomic Energy Community: 1958년 성립)의 각 기관(위원회, 관료이사회, 재판소)을 병합하여 하나의 공동체로 통합하는 움직임이 전개되고, 그 결과로서 유럽공동체가 형성되었던 것이다.

그 후에 아메리카합중국의 국가독점자본과 서유럽의 독점자본과의 경쟁에 일본의 국가독점자본도 가세하게 된다. 그래서 국익을 앞세운 이들 국가독점자본주의 체제 간에 무역경쟁은 더욱더 치열하게 되었다. 이러한 무역경쟁은 EC로 하여금 EC통일체정책에 관한 「영내시장완성에 관한 백서」(1985년)와 이들에 기초하여 1987년에는 유럽경제공동체의 각 부문(section)마다 이루어져왔던 종전의 공동시장방식은 물건, 사람, 서비스, 자본의 자유이동이 보장되어 있는 무경계적인 영내시장(internal market)으로 이행할 것을 내용으로 하는 단일유럽의정서(The Single european Act)가 채택되어 1992년 12월 31일 시행되었다.

이러한 유럽공동체(EC)의 발족은 독점자본주의의 경쟁방식에서 볼 때, 유럽에 있어서 영내산업의 경쟁력강화를 위한 국경을 초월한 산업정책강화의 필요성, 즉 서부유럽의 국가들이 아메리카 합중국이나 일본에 비하여 상대적으로 뒤처져 있었던 첨단기술의 수준을 극복하고, 특히 유교적 국가독점자본주의에 입각해서 생산성이 상대적으로 높은 일본에 대항하기 위한 포디즘형 생산력구조강화의 필요성을 강조한 것이라고 할 것이다. 그리고 사회적·정치적·문화적 맥락에서 파악해 보면, 유럽공동체는 전통적인 정치적·사회적 영역을 넘는 시장형성, 전통적인 영역을 초월한 상호의존관계를 체결하는 광역산업사회형성의 불가결성을 강조한 것을 의미한다고 할 것이다. 그렇지만 유럽공동체의 경우에는 아직 그 전제로 하는 생산력의 기본바탕은 어디까지나 종래의 포디즘적 대량생산방식이라고 할 수 있다.

그러나 1980년대로 들어오면서 상황은 달라진다. 1970년대 중반의 오일쇼크 등의 에너지 위기를 겪으면서 이제 자본주의경제는 지역경제를 넘어서 그야말로 세계경제로 발전되어 간다. 이른바 경제의 글로벌화(globalization)가 전개되기 시작한 것이다. 우리가 이미 언급했듯이 단일품종 대량생산에 기초하면서 일국 또는 특정지역을 중심으로 하는 포디즘은 막다른 골목에 도달하게 된다. 그 결과, 포디즘적 생산방식에서 새로운 시스템으로의 이행이 모색되기 시작하였다. 여기에서 등장하는 것이 바로 포스트포디즘(post-fordism)이다.

포스트포디즘에 기초하여 독점자본은 자본의 해외수출 및 거래의 다변화를 지향하게 되고 이에 의하여 생산력구조가 새롭게 향상되고, 그것에 따라 창출한 사회적 상호의존관계는 전통적인 산업사회의 규모를 넘어 세계적 차원으로 지향된다. 이러한 상황에서 아메리카합중국과 일본의 독점이 세계경제를 주도하게 되자, 유럽공동체로서도 이것에 대항하여 새롭게 된 광역산업사회의 통합강화로 전진할 필요성을 강요받게 된다. 경제의 세계화는 일본에 비해 기술력에 있어서 상대적으로 열세에 있는 유럽을 더욱더 블럭화하도록 강요했다. 이러한 요청에 응했던 것이 단일유럽의정서에서 약 5년 후의 마스트리트조약체결(1992년)에 의한 단일통화발행과 공동외교정책을 포함하는 정치동맹으로의 전진이었다. 현재 진행 중의 가맹국가에 의한 조약비준절차가 완료되면, 유럽공동체는 경제적으로 1993년 초두에서 이미 실시완료의, 무역을 통한 국제적 분업에 기초를 둔 공동시장시스템에서 보다 차원이 높은 통합형태인 단일시장시스템으로 이행되고, 정치적·외교적 차원에 있어서도 보다 광범하고 높은 국가주권양도를 받은 초국가적 통합으로서 이른바 유럽연합(European Union)으로 더 크게 일보 진행하고 있는 것이다.

2. 유럽경제공동체 노동법의 발전과정

유럽공동체 노동법의 발전과정에 관해서 언급하기 전에, 먼저 단일유럽의정서와 사회헌장의 성립경과와 그 아래에 있어서 유럽공동체법의 기구와 기능을 개관해 보기로 한다.

유럽공동체 노동법은 주로 유럽경제공동체 기본조약에 기초해서 발전하여왔지만, 1957년부터 1974년에 이르기까지의 시기에 있어서 유럽경제공동체의 정책은 경제정책에 치우쳐 있고, 노동관계에는 가시적인 성과가 거의 없었다고 할 수 있다.

그러나 유럽경제공동체의 창설에 근거가 되었던 로마조약은 그 제2조에서 생활수준의 향상을 공동체의 사명으로 하고, 제3조에는 사람의 자유이동에 대한 장해제거 고용기회창출과 생활수준향상을 위한 유럽기금(European Fund)의 창설을 규정하고 있다.

1972년의 파리 정상(Paris Summit)회담이 금융 및 경제의 동맹을 이룩하였고, 나아가 사회분야에 있어서 적극적인 행동이 중요하다는 것을 확인함으로써 EC의 노동입법정책은 새로운 단계를 맞이하게 되었다. 1974년에 유럽공동체 각료이사회(EC의 입법기관)에 의해 채택된 사회이행계획(The Social Action Programme)은 유럽공동체에 있어서 고용확대 및 완전고용의 달성, 생활 및 노동조건의 개선, 공동체에 있어서 경제적 사회적 결정으로의 노사의 참가촉진 등의 사항에 우선적 지위를 부여하였다. 그러나 실제에는 1976년을 기한으로 하는 계획실시는 거의 성과를 올리지 못했다.

1974년부터 1980년까지의 시기는 유럽공동체 노동법의 황금시대라고 할 수 있다. 다양한 노동입법지침들(구성국에 대한 명령)이 각료이사회에서 채택되었는데,

* 1975년 평균임금지불과 집단해고에 관한 지침
* 1976년 노동조건에 있어서 남녀평등대우에 관한 지침
* 1977년 기업양도와 노동자보호에 관한 지침
* 1978년 사회보장에 있어서 남녀평등대우에 관한 지침
* 1980년 사용자의 해결능력에 관한 지침

등이 그것이다. 물론 이 보다 훨씬 이전인 1970년에는 안전위생에 관한 일련의 지침이 채택된 바 있었다.

1980년부터 1990년에 이르기까지 10년은 세계경제가 불황에 빠져 유럽 전체가 경제적·사회적 위기에 직면하자 지금까지의 사회정책적인 풍향은 변하기 시작하고, 사회적·경제적 영역에서는 탈규제(deregulation)와 개별적인 유연성(flexibility)이 강조되었다. 따라서 이 지침은 당시 유나이티드 킹덤(영국)의 수상이었던 대처(Margaret Thatcher)와 사용자 측의 강경한 반대에 부딪쳐, 유럽공동체위원회(EC의 집행기관)에 의한 다수의 제안은 각료이사회의 승인을 얻지 못하고 사장되었다. 프레디링 안(案)으로 알려진 콘비나트(kombinat)기업(기업결합)에 있어서 노동자의 정보와 협의에 관한 제안, 파트타임노동자와 임시직노동자 등에 관한 제안, 유한책임회사와 노동자경영참가에 관한 제안, 이른바 사회법 제5차 지침안 등이 그것이다.

이러한 상황 하에 있어서 1984년의 사회이행계획은 아주 소극적인 것으로 되었다. 그것은 실업, 특히 청년, 신기술의 도입, 산업안전, 사회보장비용과 그 기업의 경쟁력 및 노동자의 생활수준에 주는 영향, 유럽 차원에 있어서 노사대표간의 대화의 촉진을 거론하는 것에 불과했다. 여전히 이 시기에도 노사의 안전에 관심이 집중되었고, 이와 관련된 다수의 관련지침들이 채택되었다.

그렇지만 앞에서 기술한 바 있는 「1986년의 단일유럽의정서」의 성립이라는 커다란 성과가 있었다. 이 의정서는 유럽경제공동 조약의 초기의 내용을 대폭적으로 개정한 것이었다. 의정서는 그 모두에서 고용노동자의 권리와 이익에 관한 구회원국의 주권을 확인하였다. 유럽공동위원회의 결정에 있어서는 회원국의 전원일치의 찬성이 필요하고, 환언하면 회원국은 위원회 하에서는 경제·금융정책과 별도로 사회정책을 유지하는 것은 곤란하였다. 그러나 의정서 제118조A는 노동자

의 안전, 위생에 관한 환경개선을 규정하는 동시에, 유럽의회(European Council)와의 협력절차에 기초해서 각료이사회가 그 최저기준에 관한 의결을 특정다수결로 할 수 있다는 것으로 사정은 크게 변했다. 이 조항에 기하여 1989년의 기본지침(framework directive)이 만들어졌는데, 여기에는 산업위기, 취업훈령, 정보, 협의, 노동자의 경영참가에 관한 다수의 최저조건과 일반원칙을 포함하고 있다.

이러한 발전의 총결산이라고 할 수 있는 것으로서 1989년 유럽공동체 위원회의 의장의 주도하에, 200년 전에 프랑스인권선언이 있었던 스트라스부르크(Strasbrug)에서 「노동자의 기본적 사회권에 관한 공동체 헌장(Community Charter of Basic Social Rights for Workers)」이 구성국의 국가원수 및 수상의 압도적 다수의 찬성으로 성립하였다.

노동자의 기본적 사회권은 생활수준과 사회적 합의(Consensus)의 촉진이 불가결하다는 확신에 기초를 두고 있다. 헌장은 구성국이 노동자의 생활과 노동조건향상의 필요와 그것이 유지되는 사이에 있어서 가능한 한, 상호협조에 대해서 동의한 유럽경제공동체 조약 제27조에 의거하고 있다. 즉 헌장전문은 영내시장의 달성에 있어서 고용의 발전과 창출이 우선될 수 있다는 것, 사회적 합의는 기업의 경쟁력과 경제 전체에 그리고 고용창조의 강화에 공헌하는 것이고, 따라서 경제의 지속적 발전을 확보하기 위한 본질적인 조건이라고 하는 것이다.

헌장은 국제노동기구(ILO)협정과 유럽이사회의 유럽사회헌장을 기조로 해서 기초되고, 특히 다음의 사항을 보장하고 있다.

* 이동의 자유
* 고용과 임금
* 생활 · 노동조건의 개선
* 사회적 보호에 관한 권리
* 단결의 자유와 단체교섭에 관한 권리
* 직업훈련에 관한 권리
* 남녀평등취급의 권리
* 정보 협의 참가에 관한 노동자의 권리
* 직장에 있어서 안전 위생에 관한 권리
* 아동과 청소년의 보호
* 고령자의 보호
* 장애자의 보호

그러나 헌장의 법적 효력에 대해서는 회의적인 면이 있었다. 헌장이 발효되기 위해서 구성국 전원의 찬성이라는 조건을 충족해야 할 뿐만 아니라, 단순한 정치적 선언에 불과한 것도 있었기 때문이다. 그래서 이는 법적 구속력이 없다는 의문이 제기되는 것이다. 이것에 대해서는 유럽공동체 재판소에서는 헌장을 유럽공동체법의 일반적인 원칙규정으로 인정하고 하지만, 법적 구속력을 완전히 부정하는 견해도 있다. 그 뿐만 아니라 잉글랜드의 기권에 의해서 만장일치는 이루어지기 어렵게 되었고, 공동체이사회가 아니라 유럽공동체이사회의 결의에 의하도록 되어 있지만, 헌장이 가진 국제공동체에 있어서 노동자권리옹호의 원칙을 상징하는 것으로서의 의의는 조금도 약해지는 것은 아니라는 것이 대체적인 견해이다.

유럽공동체 위원회는 1989년에 노동자의 기본적 사회권에 관한 공동체헌장의 이행에 관한 이행계획을 발표하였다. 헌장의 실시의무는 제1차적으로는 회원국이 부담하고(보충성의 원칙 the principle of subsidarity이라고 한다) 국내입법 혹은 노동협약에 의해서 이것을 실현할 의무가 있지만(제27조 참조). 이 이행상황을 감시하고, 헌장실시를 위한 조치를 취할 의무를 부담하는 것은 유럽공동체 위원회이고(제28조 참조). 위원회는 헌장의 실시상황에 대해 정기적으로 유럽경제공동체 기관에 보고서를 제출할 의무를 부담하고 있다(제29조 참조). 이에 기하여 유럽공동체 헌장의 이행계획이 발전하였는데, 그 중점적 입법화목표는 다음의 점에 있었다.

* 고용 및 급여
* 생활 · 노동조건의 개선
* 이동의 자유
* 정보 · 협의 · 참가
* 직업훈련
* 직장에 있어서 안전 위생에 관한 권리
* 아동 · 청소년의 보호
* 장애자의 보호

이러한 행동계획에 기하여 유럽공동체 위원회는 다양한 지침들을 제출하였다.

3. 유럽공동체 노동법의 기본구조

이상과 같이 유럽공동체 노동법의 괄목할만한 발전은 반드시 실질적 효과를 수반하는 것은 아니었다. 이미 분명하게 언급한 바와 같이 개별적 노동관계의 영역, 특히 집단적 노동관계의 영역에 있어서의 입법은 이것을 각 사항마다 부정하는 유나이티드 킹덤(영국)의 강경한 태도에 부딪혀 전혀 빛을 볼 수 없었던 상황이었다. 이와 같은 기저에는 노동문제에 관한 유럽공동체의 입법권한이 극히 박약하고, 한정다수결에 의해 유나이티드 킹덤 이외의 11개국의 찬성으로 처리될 수 있는 일부의 사항을 제외하고, 거의 모든 사항에 대하여 회원국의 전원일치가 필요로 하는 것으로서 그 실행 자체가 어려웠을 뿐만 아니라 한정다수결의사항의 범위에 대해서도 다양한 해석론적 대립이 있을 수밖에 없는 입법적 불비가 잠재하고 있었다. 또 유럽공동체 위원회의 지침이 각료이사회에서 의결되어도, 구성국에 의한 실시가 지체되어지는 경향이 있다. 그래서 이러한 사정에서 유럽공동체 노동법이 나아갈 길이 밝지 못했던 것은 당연하다고 할 것이다.

Ⅲ. 노동법의 새로운 모색

앞에서 우리는 국가독점자본주의체제의 막다른 골목과 새롭게 전개되고 있는 생산관계 및 그것에 수반하는 사회과정의 변동의 양상을 아주 요약적으로 살펴보았다.

오늘날 법과 국가를 둘러싼 상황은 아직 혼돈의 시기로서, 가까운 미래에 한정한다고 하더라도, 그 형태를 정확하게 예측하기란 정말 곤란하다고 할 것이다. 이러한 상황에서 어떤 사회정책학자는 장래의 포스트 포드주의적 사회국가(Sozialstaat)의 변모형태는 아직 완전하게 현재화되기까지에 이르고 있지 않다. 머지않아 확립되어야 할 다음의 단계에 있어서 자본축적과정과 대중통합기구란 국민국가나 정당의 특징, 사회정책적인 유산의 여하에 따라 나라나 사회에 상이하게 되어 다른 형태를 취할 것이지만, 거기에 도달된 국가나 사회는 현대사회국가의 연장선상에 있는 발전형태적인가, 또는 반개량주의적 좌파가 말하듯이, 위기에 선 현대사회국가는 그 한계를 극복할 수 없고, 별개의 체제로 변질해가지 않을 수밖에 없는가, 현재는 아직 오리무중이다. 만약, 사회국가가 그 현대적 위기를 극복할 수 있는 견해를 예측할 수 없다고 한다면, 사회국가 내지 복지국가의 산물로서 형성되어 온 종합적인 사회정책론[84]도 또 이미 스스로의 존립기반으로 되었던 자본의 재생산유지와 대중통합의 가능성을 상실하는 것으로 될 것이[85]라고 말하고 있다. 이

---

84) 이것은 비약적인 경제성장기를 배경으로 하여, 사회정책은 경제정책 기타의 경제사회질서형성과 일체로 보이고, 구체적으로는 사회정책은 사회보장, 보험사업, 직업교육, 주택정책 등 확실히 광위범한 정책영역을 포함하는 것에 이른다고 하는 도이치 보수파의 사상이다.

85) 大陽寺順, 「社會政策論の 廣義化と その 背景・西ドイツ社會國家を 手がかりとして」 『變貌する産業社會と 社會政策學』, 啓文社, 1987, 22면.

러한 발언은 소비에트, 동유럽사회주의체제의 붕괴, 마스트리히트조약(maastricht treaty)성립 이전인 1980년대 중반의 것이지만, 현재의 문제상황에 그대로 적용될 수 있다고 할 것이다.

이렇듯이 국제적 넓이를 가지고, 또 세계적인 차원에서 전망하기란 그렇게 쉽지 않다. 하지만 아래에서 우리는 현대국가 및 그 국내법에 한정해서 논의를 진전하고자 한다. 그 문제의 초점은 전자과학혁명이 가져온 사회의 대변동을 새로운 탈공업화사회 내지 정보화사회의 도래로 본다면, 지금까지의 사회분석방법 내지 노동가치관은 무력화되었다고 할 수 있는지가 문제이다. 만약 그렇다고 한다면, 앞으로 도래할 사회의 주도원리 또는 법과 국가의 이념과 원리도 지금까지의 국가독점자본주의단계에 있어서 그것과는 이질적인 것으로 된다고 할 것이다.

이 점에 대해서는 다니엘 벨(Daniel Bell, 1919-2011)의 탈산업사회론을 비판한 구스타프슨(P. B. Gustavson)의 저서 『탈산업사회(Post-industrial Society)』(1979년)에서 전개되고 있는 그의 주장이 참고로 될 것 같다.

다니엘 벨은 탈공업화사회의 특징을 ① 경제부문, 즉 재화생산경제에서 서비스경제로의 전환 ② 직업분류=전문 기술계층의 돌출 ③ 기축원리=사회에 있어서 기술혁신과 정책형성의 원천으로서 이론지식의 중추성 ④ 장래의 방침, 즉 기술관리와 기술평가 ⑤ 의사결정, 즉 신「지식기술」의 창조로 하였지만, 보 구스타프슨은 이것에 대하여, 사회의 새로운 발전단계를 어떠한 기반 위에서 논하는가, 즉 그것을 위해서는 탈산업사회(post-industrial society), 후기자본주의(Spätkapitalismus), 국가독점자본주의(state monopoly capitalism) 등 대체로 어떤 개념이 유효한가, 벨과 같이 외관상의 무관계한 조짐의 집합에 의해서 기술하고 분석하는 것에 의해서인가라고 의문을 제기하고 다음과 같이 기술하였다.

첫째, 우리는 선택된 경험상의 징후를 어떠한 통일적 또는 설명적인 개념, 소여의 이들 징후를 어떠한 기저에 존재하기보다 일반적이고 필연적인 시스템의 관계에 비추어 해명하는 데 도움이 되는 이론 하에 포섭해야 한다.

둘째, 나타난 변화는 다수의 경우는 그것 자체로서는 질적으로 새로운 것은 아니기 때문에, (기술혁신, 서비스산업의 성장, 공공부분의 확대 등은 과거에 있어서도 존재하였다) 논자는 이들의 경향이 어느 특수한 점에서 (또는 양자택일적으로 표현하면) 시스템의 질적 변화를 가져올 정도의 성질을 가지고 있는가, 그리고 혹은 그 정도의 비율에 달하고 있는가, 그렇지 않으면 하나 내지는 보다 중요한 서브시스템인가를 보여주어야 한다.

이러한 관점에서 구스타프슨은 다음과 같이 비판한다.

벨은 탈공업화사회의 개념에 있어서 신기술, 경제성장, 사회의 계층화 등이 그 주변에 조직된 추축으로서의 이론적 지식이 추요성(樞要性)을 차지한다고 강조한다. 이렇게 벨은 탈공업화사회가 그것에 비추어 의미부여된 지도적 설명원리를 제출하고 있는 것처럼 보인다. 그러나 벨은 왜 기술적 지식이 신기술, 경제성장 그리고 사회의 계층화를 조직하는 추축으로서의 지위를 부여받아야 하는가를 보여주지 않는다. 벨은 다분히 사회는 조직체이라고는 생각하지 않고, 또는 단일의 시스템으로서 분석가능한 것으로 전체적으로 통합된다고는 믿고 있지 않다. 이 점에서, 벨은 막스 베버와 마찬가지로 불가지론적이고, 탈공업화사회의 이데아는 공업사회, 자본주의사회 그것과 같이 단순한 개념적 구조로서의 의미를 가지는 것에 불과하다.

구스타프슨은 아래의 세 가지 점을 강조한다.

첫째, 탈공업화사회의 개념은 일정한 기본적인 기술적, 직업적 특징을 보여주는 것에 불과하고, 사회구성체 전체를 포괄할 수 있는 것은 아니다. 분석은 출발점으로서 생산에 있어서 인간 간의 특수한 관계(소유관계와 생산물영유의 유형)을 들고, 나아가 확대하여 전체 상부구조(정치시스템과 이데올로기)의 분석에 이르러야 한다. 상부구조는 기술적 경제적 결정의 형태에 있어서 특히 중요하고, 또 한정적이라고 하여도 – 독립한 결정적 레벨을 구성한다. 예컨대, 같은 과학기술을 나찌스도이칠란트와 스웨덴은 전혀 다른 목적으로 사용하였다.

둘째, 탈산업회의 분석에는 포괄적 일반사회이론이 필요하다. 일반사회이론의 주요한 임무는 왜 사회그룹(계급, 계층)이 상호작용 속에서 경제적 · 정치적 이데올로기의 규정성(規定性)에서 그렇게 행동하는가를 해명하는 데에 있다. 오늘날 우리가 충분히 유효한 일반사회를 결하고 있으며, 사회구성체의 구조와 동태를 해명하는 것이 곤란하다는 것은 주지하는 바이다. 따라서 머지않아 이러한 이론구성의 가능성은 추구되어야 한다.

셋째, 탈산업사회는 특유한 사회구성체로서가 아니라, 현대사회구성체의 발전단계로서 파악되어야 한다. 벨은 이것을 새로운 사회구성체라고 하였다. 자본주의사회에 있어서는 주축적인 제도는 사적 소유권이었지만, 탈산업사회에 있어서는 이론적 지식(theoretical knowledge)이 추요라고 하지만, 이것은 전혀 잘못된 해석이다. 사적 소유권, 즉 생산수단은 자본주의적 탈산업사회에 있어서 자원이용, 배분의 관리와 영도를 위하여 점점 중요하게 되고 있다.

탈산업사회가 사회구성체의 발전의 한 단계이라는 것은 분석방법에 있어서 중요한 시사를 하고 있다. 그것은 새로운 단계에 있어서 행동의 해석과 설명이 전체로서의 사회구성체의 이론과 기본적 범주에 의존해야 하는 것을 의미한다. 그러나 이 범주는 탈산업사회의 새로운 하부구조(substruktur)에 비추어 확대 수정되어야 한다. 자본주의적 생산양식(자본주의적 사회구성체의 경제적 기초이다) 발전의 원동력이 잉여가치(이윤)의 생산이라고 한다면, 이 기본법칙이 탈산업사회에 있어서 수정되는 것은 자명하다. 첫째로, 기본법칙은 자유경쟁하의 평균이윤이 독점자본체제하의 독점초과이윤으로써 대신하는 것으로, 둘째로 공공부문과 임금생활자 계층의 확대와 이들의 세력이 다양한 방법에 의해 이윤원칙을 침탈하는 것으로 수정되는 것이다.

이와 같이, 벨의 지식가치설에 대해, 구스타프슨은 노동가치설을 견지하지만, 그 대상으로 하는 국가독점자본주의개념은 제1차 세계대전 이후 오늘날에 이르는 기간 전반을 가르치는 것이고, 이러한 독자의 이윤획득양식도 그때까지의 평균이윤에 대하여 독점초과이윤과 일괄하고 있는 듯하다. 그러나 벨이 제시하는 탈공업화사회의 특징은 제2차 대전 후의 자본주의, 특히 고도성장이후에 아주 현저하게 되었다. 바로 포스트 포디즘현상을 대상으로 하는 것이기 때문에 구스타프슨이 노동가치설을 취하는 것이 타당하다고 하더라도, - 인간노동은 항상 두뇌의 지적 활동을 전제로 한 근골적 육체적 활동으로서 성립하고, 그 노동의 지적 활동부분이 대대적으로 고도하거나 창조적인 때, 초과이윤이 증대할 수 있지만, 가치의 원천이 지식에만 있다고 하는 지식가치설은 근거가 없다. 문제는 이 단계에 고유한 독점초과이윤획득양식의 내용이다. 이 점에서 필자로서는 전술하였던 바에서도 분명하듯이, 독점자본이 금융자본 국가권력에 의한 지원 하에, 그 거대한 자본력을 구사하여 지적 창조적 생산성의 우위성확보에 의한 독점초과이윤과 특별이윤의 획득이라고 생각하고 있다

결국 독점자본주의국가는 제2차 세계대전을 경계로 크게 변모하고, 독점의 이윤획득방식도 크게 변화하였지만, 그 자본주의적 생산양식이라는 생산관계의 기본구조에 있어서 제2차 세계대전 전과 후에는 차이가 없다. 따라서 자본주의적 사회구성체를 분석하는 방법=잉여가치법칙의 관점에 변경을 생기게 할 여지도 없다. 그러나 독점초과이윤획득양식의 변화는 당연히 하부구조에 있어서 생산관계뿐만 아니라, 상부구조에 있어서 법과 국가 등의 사회적 관계의 변화와 상관관계에 있다. 생산기술내용, 직장노동조직, 생산관리방법, 상품시장형태 등의 변동과 함께, 독점규제의 형태에 있어서 변동은 필연적이다. 따라서 고도성장기 전 국가독점자본주의에 있어서 법과 국가를 영도하였던 이념과 원칙은 고도성장기 후의 국가독점자본주의를 영도하는 이념과 원칙과 다르다.

이 점에 있어서 우리 헌법 제33조가 보장하고 있는 노동기본권의 법적 구조는 제1차 세계대전 후에 성립한 도이치 노동법 등에 있어서 노동기본권의 그것과는 기본적으로 다르다고 할 것이다. 우리 헌법 제33조가 제2차 세계대전 직후에 제정되었다고 하여도, 오늘날의 국제독점자본주의하에 있어서 법과 국가의 특질에 선취적으로 근거한 내용을 가지고 있다는 의미에서 바로 현대 노동기본권에 어울리는 구조를 갖추고 있다는 것이다.

제1차 세계대전부터 1930년대까지 걸쳐 성립한 단결보장법은 당시 노동자가 개별적 노동력매매에 있어서 노동자의 열악한 지위(교섭력)를 보충하는 수단으로서의 노동단결이 자주적으로 그 실력에 의해서 사용자와의 단체교섭에 의해 노동협약을 쟁취하여 사용자에 대한 노동자의 인적인 노동종속성 불식의 가장 중요한 수단으로서 전개되었다. 그러므로 단결보장법은 단결을 통해서 근로조건의 기준을 사용자에게 준수시킨다고 하는 방식이므로 시민법에 있어서 사적 자치가 발전된 형태라고 평가할 수 있다. 사용자와 노동조합 간의 단체협약의 자주적 관행은 사적 자치의 변형인 단체자치의 원리로서 법인(法認)되었다. 그래서 노동기본권의 이념은 노동단결보장법에 의해 사용자의 사권을 제한하는 정당근거로 되었던 것은 아주 자연스런 결과이었다. 따라서 이 시대에 있어서는 노동단결보장법도 단체교섭권(노동협약협상권) 중심으로 되는 경향이 강화되었다. 또, 이를 지배하는 법이념도 노동조합과 사용자에 의한 자주규범에 기초한 단체자치를 통한 노동력교환과정, 넓게는 노동력인도과정에 있어서 노동종속성의 수정과 완화일 수밖에 없었다. 그리고 무엇보다도 중요한 것은 국가독점자본주의의 초기에 해당했던 그 단계에는 실제 노동운동에 의해서 노동교환과정의 단체자치에 의한 규제로 노동종속성이 어느 정도 완화가 가능하였던 것이고, 그것은 그 단계에서는 아직 국가에 의한 노동력재생산과정에 대한 전면적 개입은 실현되지 않았다고 하는 것이다.

그러나 이러한 노동기본권법리는 제2차 세계대전을 경계로 결정적으로 변모하였다고 해도 좋을 정도의 발전을 이룩한 현대의 국가독점자본주의단계에 있어서는 그대로 통용할 수도 없다. 벌써 노동조합에 의한 국가, 지방공공단체, 대독점 등에 대한 참가 교섭요구, 개별기업 내에 있어서 경영관리, 노동과정에 대한 직접적 규제를 위한 참가요구는 세계적 과제이고, 노동기본권을 협약규범설정을 중심으로 하는 전통적인 단체자치의 원리로 처리하는 것은 불가능하게 되었던 것이다. 현대국가독점자본주의단계에 있어서 노동법은 기본적으로 노동력교환과정에 있어서 노동력의 등가교환실현, 노동력인도과정에 있어서 인간적 노동의 실현을 목적으로 해서는 충족될 수 없다. 노동력재생산과정 전반에 걸친 국가독점자본의 개입에 대항하기 위해서 노동단결도 이들 전영역에 개입하는 것을 인용하는 것으로 되어야 한다. 아울러 노동자의 노동력보전, 인간적 생존을 확보해야 하는 것으로서 노동기본권의 보장대상을 보다 광위범한 노동단결의 활동영역 전체에까지 확대하는 것이 아니면 아니 된다. 이러한 의미에서 현대노동법에 있어서 「생존권은 노동력의 상품성을 관철하는 방향에서 규정성을 거듭해서 비로소 노동법의 법리로 된다」는 것이 아니다. 덧붙여서 본래적으로 생존권의 원리는 노동력상품교환관계의 영역을 넘어서 노동자의 인간적 생존을 위한 노동단결활동 일반을 지지하는 원리로서 조정(措定)되어야 하는 구조를 가지는 것이다.

그러면 노동력보전을 위해서 노동력재생산과정 전반(노동력의 생산, 소비, 재생산의 싸이클 전반)에 걸친 사항에 대해, 사용자 이외의 것까지 상대방으로 삼아 행사되는 노동기본권을 지지하는 원리 내지 이념이란 도대체 무엇인가? 예컨대, 노동자는 임금인상을 쟁취하여도, 세금이 인상되었던 것은 결국 인간적 생활이 불가능하다. 그래서 사용자 상대의 임금투쟁 이외에 정부상대의 감세투쟁이 필요하게 된다. 그러나 만약 단체교섭권을 생각하는 경우, 사용자를 상대로 하는 임금교섭은 개별노동자의 계약교섭력열악성, 즉 경제적 노동종속성의 극복, 노사대등교섭, 노동력등가교환실현 등으로 충분하다. 하지만 정부상대의 감세교섭은 그것으로는 설명되지 않는다. 아마 이 경우는 인간의 존엄의 실현, 정책결정참가, 공동결정, 인간다운 생활실현이라는 이념 내지 원리를 확대 심화해서 비로소 설명이 되는 것이 아닌가? 이렇게 이해해서, 노동자가 품고 있는 규범의식, 권리의식에 가장 가까운 방법으로 권리구성이 행하여 질 수 있다. 그리고 사실 노동3권은 선진자본주의국가의 노동자들이 피나는 투쟁의 덕분에 얻어진 결과로서 이룩된 것이다. 우리 헌법 제33조는 헌법 제10조의 인간의 존엄이념과 제34조의 생존권보장에 기초해서 노동자의 단결권, 단체교섭권, 기타의 단체행동권을 보장하는 것이고, 본래 제2차 세계대전 이전의 서유럽 및 아메리카합중국의 노동법에 일반적이었던 시민법적 사적 자치원리의 비유인 단체자치의 원리(노사의 단체교섭, 노동협약체결을 통한 수정된 사적 자치의 존중에 의한 노동종속성의 극복원리)의 주술에서 해방되고, 진정한 의미에서의 생존권의 이념(노동력재생산과정에 영향을 미치는 모든 문제의 처리에 대한 노동단결의 참가, 즉 공동결정의 원리를 통한 노동자의 인간소외 일반에서부터 해방)에 입각하고 있다. 노동기본권에 있어서도, 이것을 노동자의 계급적 규범의식에 극히 가까운 구조로, 전면적 통일적으로 인식하고 규범화한다고 하는 선진성을 가지고 있다.

이러한 의미에서, 우리나라 헌법 제33조는 노동단결이 실력투쟁을 통해서 사용자, 제3자, 국가 등으로부터 쟁취한 다양한 단결활동에 대한 사실상의 수용, 승인에 기초하여 국가가 이들 단결활동에 대한 지금까지의 시민적 위법평가를 포기하고, 노동단결의 존재를 전제로 하는 그 전체 활동을 대상으로 한다. 즉 포괄적으로 단결권 및 그 부속물로서 단체행동권을 보장하였다고 파악해야 한다. 또한 단체행동권은 나아가서 단체교섭권, 단체행동권 기타 일상적인 조합활동 등을 비롯하는 여러 가지의 단체행동을 하는 권리(협의의 단체행동권)를 포함하는 것으로 이해해야 한다. 따라서 헌법 제33조 하에 있어서 단체행동권을 구성하는 단체교섭권, 쟁의권, 협의의 단체행동권 상호간의 관련구조도 단체교섭권을 중심으로 이해하는 것도 물론, 단체행동권의 우월로 이해해야 하는 것은 아니다.

자본에 대한 노동자의 종속을 극복하기 위한 종속노동이라는 개념(노동력교환 넓게는 노동인도를 둘러싼 노동소외부정의 법개념화)은 제2차 세계대전 전에 있어서 노동력교환 이론형노동법의 기초개념이고, 그 단계에 있어서 노동단결보장법 내지 노동기본권을 지지하는 단체자치의 법리에 조응하는 이념이었던 것에 대해, 인간의 존엄실현이라는 개념(노동력재생산=노동자생활전반에 있어서 인간소외부정의 법개념화)은 제2차 세계대전 후에 있어서 노동력재생산이론형노동법의 기초개념이고, 이 단계에 있어서 노동단결보장법 내지 노동기본권을 지지하는 새로운 형태의 단체자치의 원리로서의 공동결정의 원리에 조응하는 이념이다. 그것은 헌법학에서 이른바 생존권이념이라고 불리어지는 것의 구체적 내용을 형성하고, 임금노동자를 노동력교환과정, 인도과정에 있어서만 소외된 주체로 인식하여 구성된 종래의 종속성개념을 대신하고, 임노동자를 노동력의 생산과 소비 및 재생산이 그 전과정에 있어서 저해된 주체로서 고쳐 인식하여, 이것을 전인격적으로 또 보다 높은 내면적 차원에서 재편성하는 기본개념과 이념이라고 할 수 있다.

또한 일반적으로 인간의 존엄개념에 있어서 「인간」은 임금노동자 이외의 모든 국민도 포함하지만, 생존권이 전국민의 권리이라고 하여도, 특별히 임노동자에 있어서 의의를 가지는 역사적 · 논리적 구조를 가지는 것과 마찬가지로, 인간의 존엄개념은 임노동자에 있어서 그 본래의 의의를 발현하는 것이다.

이렇듯이 현대법의 이념을 인간의 존엄의 실현에서 구하는 것은 전술한 법의 국제화와 평준화 현상이나 정책화 · 구체화 현상에도 잘 대응한다고 생각된다. 그러나 이 인간의 존엄개념 내지 이론은 동시에 법이념 혹은 정책적 목적으로서 노동의 종속성 극복개념에 대해서 보다 고도화되고 또 심화되었던 것임과 동시에 그것을 표방하고 전제하는 국가와 국가법의 허위적 성격을 보다 심화하는 기능도 수행하는 것이 중요하다.

전술과 같이 노동의 종속성개념은 노동자의 계급적 종속성을 본질로 하는 것이다. 법이데올로기적 필터를 통한 법적 개념으로서 그것은 노동자의 유일한 상품인 노동력의 시간결정성과 타인결정성이라는 특성을 가지고 있다는 노동자의 사회적 독자적인 입장을 전제로 한 개념이다. 그러나 인간의 존엄성이론은 전술과 같이, 단순히 임노동자에게만 고유한 개념이 아니라, 인간 일반에까지 확장될 수 있다. 그래서 인간존엄성이론은 노동자계급은 물론이고, 사회적 약자 일반, 자본가에게 성과급임금제적 내지 도급제적 입장에서 종속되어 있는 독립적인 영세생산자, 소상인을 그 대상으로서 포함하지 못한 계급론적 정확성이 결여된 개념 내지 이론이라고 비판할 수 있다. 이러한 비판은 인간의 존엄개념의 비계급적 개념성의 문제, 본질적으로 이데올로기적인 허위성의 문제에 대한 것이지만, 그것은 국가독점자본주의국가(법)가 이제 그 임노동자에 대한 수탈방식을 임노동자와 인접해 있는 계급 및 계층에까지 확대하고자 하는 데에 있다는 점에서 그 의의를 찾을 수도 있겠다.

제 4 절 현대노동헌법의 과제

I. 자본주의적 세계화

포디즘에 기초하고 있던 국가독점자본주의는 2차세계대전후 특히 1980년 이후에 첨단기술의 발달에 의한 생산력의 향상 그리고 생산력관계 및 그것에 수반하는 사회과정의 현격한 변동 속에서 계속적으로 자기변모를 해오다가, 21세기 맞이하여 이제 새로운 단계, 즉 국제독점자본주의체제로 접어 들어가고 있다. 이러한 국제독점자본주의의 행태는 이른바 "자본의 세계화(Glabalisation)"라는 현상으로 집약될 수 있겠다.

자본의 세계화는 범세계적 차원에서 정치적 · 사회적 · 문화적 흐름으로서 거부할 수 없는 현실적 생활상황으로 덮쳐져서, 오늘날 그것은 "세계화"는 보편적인 정치적 사회적 문화적 현상으로 되어가고 있다. 이러한 흐름을 타고 새롭게 부상했던 이데올로기석 기소가 이른바 "신자유주의(neoliberalism)"라고 할 것이다. 노동의 측면에서 보면, 신자유주의적 발호는 자본주의적 발전에 대응해서 자본 측 전체로서의 총(總)자본에 대한 노동 측의 피나는 투쟁을 통해서 그나마 확보되어 있다고 생각되었던 사회적 기반들을 서서히 허물어뜨리고 있다. 자본 측은 신자유주의라는 이데올로기적 무장을 하고서, 100여 년 전부터 노동 측에 빼앗겼던 영토를 회복하기 위해서 총공세에 나서고 있다. 이제 노동측의 이른바 "사회적 영광(das soziale Gloria)"은 아름다운 과거의 추억으로 수장되어 가고 있다. 오늘날 자본이 세계도처에서 올리고 있는 전과(戰果)는 노동의 유연화, 구조조정, 비정규노동자, 파견근로자, 대량실업이라는 사회적 현상으로서 증명되고 있다.

이러한 상황에서 노동 측의 주장과 논리를 선봉에서 옹호해왔던 사회이론가들도 이른바 "제3의 길"이라는 옹색한 수정주의적인 노선을 표방하고 그 대안적 모색에 들어갔다. 제3의 길이라는 슬로건이 휘날리고 있는 현상황에서 적어도 노동법학자라면 누구라도 어느 한 위치에서 서서, 노동법의 혁신과 개선 또는 폐지라는 고민에 빠지지 않을 수 없게 되었다. 과연 대안은 있는 것인가? 있다면 그것은 무엇인가? 다시 지금까지의 노동법이론적 패러다임(paradigm)을 유지하면서 그러한 대안을 마련할 수 있는 것일까? 이것은 노동법학자에게 제기되는 근본적 문제이다. 노동법학자에게 주어진 과제는 오늘날 진행되고 있는 하부구조의 변동과 그것에 조응하는 국가와 사회의 변모 속에서 법 내지 국가를 영도하는 이념과 원리 등의 차원에서 그것을 재파악하면서 당면문제를 해결할 수 있는 노동법적 방안을 강구해야 한다는 것일 것이다. 그러나 그것은 구체적으로 무엇일까? 그것이 가장 큰 난제이자 고민인 것이다.

Ⅱ. 새로운 노동헌법의 구상을 위해

1. 개인주의적 구상

경제발전에 따라 사람들의 가치관이 개인주의로 수렴한다고 하는 주장은 근거박약이고, 개인의 가치관이 뿔뿔이 산일하고 있다고 해야 할 것이다. 또 개인주의적 인간이 개성적이고, 창조적이고, 주체적이라고는 반드시 말할 수 없다. 개인주의를 표방하는 인물이 자기중심적, 이기적이고, 그 때문에 타자추수적이고, 폐쇄적이라는 것은 그 예는 매거할 필요도 없다. 반대로, 집단주의적 인간이 무개성적이고 인습적 비주체적이라고도 말할 수 없다. 확립된 자각 하에 나아가서 동료를 위해서 일신을 던지고, 창의를 모아서 문제해결에 당면하는 조직이라는 것도 그 예를 들 필요가 없을 것이다.

그럼에도 불구하고, 신자유주의가 일정한 세력을 가지고, 노동조합이 쇠진한다는 것은 무엇 때문인가? 이것은 바로 이데올로기는 그 자체 독자적으로 성립 발전하는 것인가, 그렇지 않으면 상부구조의 일환으로서 일정한 자율성은 가지고 있어서도 기본적으로 하부구조에 규정된 존재인가? 라는 기본적 문제이다. 이하 이데올로기적 상부구조론의 입장에서 개인주의적 이데올로기 내지 의식의 성립근거에 대해서 약간 생각해보자.

근대국가는 자본의 이윤획득양식에 따른 자본조달과 시장확보의 필요에서 산업자본주의단계에 있어서는 자유주의경제정책을 취해서, 평균이윤을 실현하고, 계속해서 독점자본주의단계에 있어서는 독점금지법, 노동자보호법 등의 제정으로 일부 수정을 시행하면서도, 기본적으로는 자유주의경제정책을 견지해서, 대독점의 독점초과이윤을 실현하고, 나아가 국가독점자본의단계에 있어서는 식민지획득, 공공복지정책을 취해서, 금융자본의 특별초과이윤획득을 실현하였다. 그리고 오늘날, 제2차 세계대전 이후 고도성장기 이래, 국제독점자본주의로의 이행을 맞아서, 현대국가 및 국제기구는 다국적 기업에 의한 독점초과이윤과 특별이윤획득실현을 위해서, 국경을 넘는 자유로운 자본이동 시장해방을 지향하고, 글로벌경제화, 서비스경제화를 이루어 가고 있다. 오늘날 현대국가가 봉착하고 있는 문제는 요컨대 국제독점자본의로의 이행기에 특유하고도 불가피한 문제로서 자리매김할 수 있다.

웨더번 등의 논의에서도 분명하게 되었듯이, 대처 그리고 그녀에 뒤이어서 제3길을 추구하고 있다는 블레어의 집권 하에 있는 유나이티드 킹덤(또는 레이건 및 부시 등 네오콘 집권 하에 있는 현재의 아메리카합중국)에 있어서 극단적 반노동조합주의, 개인주의적 이데올로기 내지 규범의식의 성립은 국가권력에 의해(그것도 전통적으로 개인주의적 색채가 강한 커먼로의 법제도를 도구로) 정책적 권력적으로 추진되고, 앵글로색슨계 저널리즘에 의해 증폭 만연하게 된 것이기 때문에, 그 하부구조 성립근거는 서서히 발전하고 있는 영국(세계의 지도자로서의 지위를 잃고 있는 영국)의 국제독점자본주의적 생산양식을 지향하는 경제체제이고, 유나이티드 킹덤(및 아메리카합중국)의 집단주의적 법리에 대한 극단적인 개인주의적 법리의 추상은 뒤처진 것을 회복하고, 국제경쟁에 있어서 대등한 지보를 확보하려는 이들 국가의 지배계급의 초조함이 야기했던 것이라고 생각된다.

물론 여타의 선진자본주의국가에 있어서도, 시장자유의 논리를 기반으로 하는 개인주의적 색채가 농후한 법이론은 존재한다(반동화 이전의 잉글랜드 노동법리도 그러했다). 온건과 극단 어느 쪽이든 개인주의적 이데올로기 내지 법리가 국제독점 자본주의 일반(지배계급)에 있어서 필요불가결이었다는 것이 중요하다. 즉 세계시장의 확립과 다국적기업의 자유로운 이윤추구를 가능하게 하는 정치적 경제적 기반의 구축에 있어서 전세계적 무역의 자유=상품교환원칙의 철저 보급 내지(환경보전, 인간적 존엄존중 등의 공공성원칙에 제약되어는 있지만, 자유법주체 사적소유권 계약자유의 시민법원리를 중핵으로 한다) 현대적 상품교환법=세계시민법의 확립은 불가결의 요청이고, 다른 한편, 동시에 지역적 불균형발전을 전제로 자본의 자유로운 이동에 의한 자유로운 이윤추구가 가능하기 위해서는 노동관계의 전세계적인 해방상태가 필요하고, 최소한 최저노동조건규제 등은 어떻든 집단적 노동관계에 있어서 강력한 노동단결보호의 장려는 독점초과이윤과 특별이윤획득의 중대한 저해요인인 것이다.

이러한 자본의 본성(하부구조의 변동)에서 생긴 필연적 요청의 발생은 당연히 이것에 조응하는 상부구조의 변동을 야기한다. 게다가 그것은 우선 인간의식의 변화, 새로운 이데올로기의 형성이 시작한다. 즉 지금까지의 경제시스템 하에서는 이미 초과이윤획득이 곤란하게 되었던 독점이 살아남기 위한 돌파구로서 경제의 글로벌화를 지향하기 시작하면, 그것은 동시에 자본에 의해서 살아 있는 사람들로 하여금 무역자유확립, 시장원리관철, 규제제거=현대적 상품교환법, 세계시민법원리로서의 자유와 평등을 피하기 어려운 필연으로서 의식케 하고, 그것이 보편적인 정의의 규범으로서 지배계급에게 공통적인 가치개념으로서 유통 타당하고, 머지않아 견고한 이론형식, 이데올로기로 승화하는 것이다. 따라서 현대문명사회에 있어서 노동단결의 전면부정은 불가능하고, 시장자유의 저해요인인 노동단결도 어느 정도 승인하지 않으면 아니 된다고 하여도, 그 법적 구조를 개인주의적 법리에 있어서 게다가 이른바 산업행위=노동쟁의를 극력 제약하는 이론구조에 있어서 파악하는 것이 불가피한 요청으로 된다. 반동적 이데올로기의 출현이다. 선진자본주의국의 보수적 노동법이론이나 ILO조약 등이 최저노동조건의 보호와 나란히 결사의 자유의 보장을 제창하는 것, 이러한 존재구조를 가진 계급의식의 이념적 표명 이외 아무것도 아니다.

그러나 동시에 도과해서 아니 되는 것은 네오코포라티즘(neo-corporatism)에 편입되고 체제내화한 산업별 조합을 기간으로 하는 노동조합지도부의 유사 자본적 의식구조이다. 노동조합조직율의 저하는 산업의 제3차 산업화나 조합원의 개인주의화보다도, 오히려 노동조합이 노동자의 요구에 응하지 못하는 것에 대한 실망감이 근본원인이고, 개인주의화도 그 결과 결국 조합에 대한 일시적 정내미 떨어짐과 분리(정당이탈을 보라)의 결과로서 분산주의이다. 그 증거에 제3차산업에서도 기존의 제2차 산업에서도 자주적으로 새로운 조합형성 혹은 직장집단의 조직화가 모색되고, 일정한 성과를 올리고 있으며, 구조조정으로 직장에서 추방된 중고령의 관리직은 관리직조합에 쇄도하고 있다. 일반노동자는 이상과 같은 자본적 유사자본적 (규범)의식구조를 가질 필연성이 없고, 따라서 보수적 노동법이론에도 기본적으로 동조하지 않는다. 그렇기 때문에 오늘날에 있어서 여전히 집단주의적 노동법이론의 존재이유가 있는 것이다.

이와 같이 보게 되면, 한국노동운동 및 노동법이론이 잘못한 집단주의를 바르게 잡기 위해서는 노동자 개인의 주체성의 확립이 필수이라고 하면서 근로자의 자기결정을 너무 강조하는 것은 그 주장자의 의도가 어떠하든, 논리필연적으로 주체성론=다원적 산업관계론=볼룬타리즘=노동조합에 가입하지 않을 자유로 되고, 헌법에 의한 단결권보장의 기초를 붕괴시키는 역할을 하는 것으로 된다.

우리는 지금 20세기적 근대를 넘어 더 나아가서 21세기의 모습을 모색하고 있는 것이지만, 집단주의적 노동법이론을 단결우위의 이론=개인노동자의 주체성경시의 이론이라고, 거기에 전근대적 촌락공동체적 비주체적 노동자의식 내지 이론의 존재를 전제로 하고, 그 배제를 강조하는 이론은 근대화와 초근대화를 동시적으로 달성하려고 하는 이론과 실천론이고, 현실을 가질 수 없다. 사견에 의하면, 종래의 집단주의적 노동법이론이 현실적 타당성을 사실하고 있다고 하면, 그것은 일방에 있어서는 독점자본, 국가권력에 의한 강인한 반조합주의가 초래한 운동의 반동화, 파쇼화에 의한 20세기적 노동법이론부터 괴리가 원인이며, 다른 한편에서는 20세기적 노사관계가 21세기적인 그것으로 이행하고 있기 때문에 생긴 이데올로기로서의 20세기적 노동법이론의 역사적 사회적 한계이다. 따라서 노동법이론의 관제도 오로지 그 근대화가 아니라, 포스트공업시대화하지 않으면 아니 된다. 개개의 구성원이 주체성을 보유하면서도, 단결 안에서 동료와 함께 사는 것 외에, 스스로의 인간적 생존을 실현할 수없는 종속적 노동자들의 투쟁공동체가 노동조합이었다. 그 투쟁단결이 투쟁력을 유지 · 강화하기 위한 단결강제가 노동자의 주체성을 유린하는 것이면, 국민에게 준수를 강요하는 법률은 모두 국민의 주체성을 박탈할 것이다. 사람은 그가 살고 있는 사회의 정통성 있는 규범에 따르는 것으로 스스로를 살게 할 수 있다. 노동자는 노동자사회의 자주적 규범에 따르는 것으로 인간이 될 수 있다. 규범에 이의가 있으면, 민주적 절차에 의해 그 시정을 요구하면 된다. 사람에게 항상 선택의 자유를 주는 것 외에 개인의 주체성이 보장될 수 없다고 하면, 그것은 19세기적 자유방임주의조차 아닌 계몽주의자연법사상이 말하는 원시상태는 아닌가?

또 개인주의인가 집단주의인가의 문제는 단순히 노사관계상의 문제에 그치지 않고, 현대사회의 근본문제이기도 하다. 오늘날 국제독점자본주의단계로의 이행에 봉착한 우리나라에 있어서 일방에 있어서 세계경제의 중추에까지 성장한 다국적기업이 이제 그 최대한이윤획득의 질곡으로 화한 국가(국경)의 틀을 타파하고, 세계단일 경제를 실현하려고 하는 국내(경단련) 국외(아메리카, EC)로부터의 압력을 급속히 증대시키고 있고, 다른 한편에 있어서는 공공의 복지, 씨빌미니멈(civil minium)을 포방하면서 다국적기업과 이해를 달리하는 국내특정집단(농민, 어민, 소매업자 과보호정책에 의해 국제경쟁력을 갖지 못한 금융, 건설, 상업, 정보 등의 산업부분 등)의 기득권익구조를 사수하는 보수적 정·관·재계의 세력대변자들이 이것에 집요하게 저항하고, 국가권력(중앙행정권력, 관료기구)와 종래의 경제구조의 확보 내지 확대강화를 모색하고 있으며, 목하 양 세력은 길항상태에 있다. 게다가 이 다국적기업과 기득권이익산업의 이해대립은 정보 교육의 발전에 의해서 자각한 일반시민(기득권이익을 가지지 못한 대도회시민, 셀러리맨)에 의한 자유, 민주주의, 생활내용향상에 대한 요구가 다국적기업의 시장해방정책의 요구와 공명하는 가운데, 새로운 정치적·행정적·경제적 구조를 둘러싸고 전개된 지배권력과 개혁지향세력과의 권력투쟁이 국가권력쟁탈투쟁과 중앙행정권력(국내기득권보호세력의 대표)대 지역행정권력(주민의 생활향상요구의 대변자)의 권력쟁탈투쟁이라는 두 가지가 정면에서 전개된다. 이렇게 오늘날 우리나라가 봉착하고 있는 문제는 요컨대 국제독점자본주의로의 이행기에 특유하고 불가피한 문제로서 자리매김할 수 있다. 현재 우리나라에서 중요한 경제문제로 되고 있는 금융위기, 환율상승, 산업공동화, 리엔지니어링, 구조조정(restructuring), 한국적 고용관행의 수정이나 국제적·국내적 정치과제로 되어 있는 정치개혁, 규제완화, 조세개혁, 선거제도개혁, 지방자치제도개혁 등은 어느 것도 이러한 상황의 진전과정에서 불가피적으로 파생한 것으로 이해할 수 있다.

세계시장형성의 동향이 내포하는 시대성에서 보아, 보수와 개혁지향형의 승패는 스스로 명확하지만, 우리는 어떠한 선택을 해야 하는가를 당면의 규제완화문제에 연결해서 답하면, 개인주의적 입장에서는 규제완화, 해방경제에 의한 물가의 인하일 것이고, 공동체(사회)적 (집단주의적) 입장에서 보면, 어느 정도의 규제온존, 전원에게 고통을 나눌 수 있는 약자보호에 의한 사회적 평등 안정의 보일 것이다.

관료의 권한확대를 위해서만 존재하는 규제는 전폐, 유통 간소화를 방해하여 유통비용을 높이는 기생적 문간방 등을 보호하는 규제는 전폐, 대기업의 공정경쟁을 저해하는 독선적 관행 등은 전폐 내지 위법화 등 결국 종합해서, 강자의 특권에 연계된 규제는 전폐하고, 약자보호적 규제는 안이하게 철폐 완화해서는 아니 된다. 요컨대, 극히 일부의 예외를 제외하고, 거의 밸런스가 취해져 있다고 하는 도이치식의 규제에 그쳐야 한다고 하는 것이다. 규제완화인가 규제존속인가라는 일도양단적 양자택일 판단은 무의미하고 유해하다. 치밀하고 공정한 이익의 비교형량이 중요한 것이다.

2. 집단주의적인 구상

그런데 노동조합 내지 그 활동의 법적 구조이지만, 이 점에 있어 위에서 소개된 논문 필자들의 주장은 심히 부족하다.

예컨대, 웨더번은 개인적 집단적인 개념에 대해서 쟁의권의 법적 책임론을 거론해서, 국제적으로 합의된 이론은 없다고 하는 것에 그친다. 물론, 개개의 노동자는 강요되지 않을 만큼 집단적 방어를 필요로 하고, 유연한 고용계약을 경제적 종속성에서 해방하는 방향으로의 전망을 발견하기 위해서는 진쯔하이머가 논하였듯이, 단결(connection)이 결정적이고, 단체교섭과 자주적 노동조합은 국내노동법의 심장부에 위치하고, 또 사업장종업원대표위원회는 노동조합기능을 침해하지 않는다고 시사하지만, 그 이상은 나가지 않고 있다.

루드는 집단주의의 개념은 개인주의에 의해서 기본을 잃고, 노동자는 집단적 이익의 촉진을 포기한다고 하는 커다란 과오를 무릅쓰고 있지만, 반성해서 그 이익을 집단적으로 추구하는 방법의 발견을 시도해야 하고, 이 새로운 집단성은 현존의 조합과는 별개의 사업장종업원대표위원회에 찾아야 한다고 하고, 노동조합의 재생을 체념하고 있는 듯하다.

리온 케인은 집단적 행동의 죽음을 인정하지 않는다. 그러나 서비스경제로 공업이 휴한 중이기 때문이라고 해서, 개인주의에 복귀한다고 말하는 것은 잘못이고, 직업적 이익을 방위하는 수단으로서의 노동의 집단적 정지는 부적당하고 효과가 없이 시대에 뒤쳐진다고 생각되지만, 노동자는 이미 사업장종업원대표위원회를 발견하고 있다고, 보이콧, 블랙리스트 소비자와 연대한 경제적 행동 등도 재발견될 것이라고 하여 종래부터 집단적 노동법이론의 새로운 탄생을 시사할 뿐이다.

도이블러는 도이치에 있어서는 단체교섭과 스트라이크의 틀은 변하지 않고, 헌법은 제2차 세계대전 이후 노동관계에 있어서 그 원리를 보다 철저하게 관철하고, 연방노동재판소는 도이치기본법에 의한 조합결성의 자유의 보장규정에서 도출된 자유로운 단체교섭에 대한 참가권이나 스트라이크권의 승인 직장폐쇄의 금지, 사용자와 피용자의 사적 자치의 원칙에서 도출된 자기결정권의 승인을 이론

구성하고 있고, 도이치에서는 노동조합의 투쟁정신에 간접적으로 의존하고 있는 사업장종업원대표위원회를 근거로 하고 있으며(더블채널 시스템), 비조합원노동자의 증대는 노동자의 교섭적 지위를 어느 정도 약화시키지만, 게임룰을 변경하는 것은 아니라고 한다.

헤이딘은 집단적 권리로부터의 이반이 일반화하고 있고, 집단적 노동법의 정통성에 긴장을 일으키고 있지만, 그러나 비판은 노동법의 원리보다 그 방법에 지향하고 있으며, 개인주의화, 해방, 유연성의 주장, 그리고 노동자의 다른 개인적 욕구의 보편화를 생각할 때, 사업장종업원대표위원회제도의 중요성이 보다 강조되어야 한다고 하고, 집단주의적 해결이 가져야 할 방법은 앞으로의 과제라고 한다.

결국, 종래부터 집단주의적 노동법이론의 타당성을 주장하는 자도, 그 21세기적 법적 구조에 대해서는 구체적으로 논하는 것을 피하고, 종래부터의 집단주의적 노동법에 비관적인 자도 포함해서 새로운 수법으로서 사업장종업원위원회제도에 기대를 거는 경향이 있다는 것이다.

그러나 EC가 본격적으로 기능하기 시작한 오늘날에는 이미 유럽적 규모의 21세기적 통일적 집단적 노동법이론의 구축이 당면부가피한 요청일 것이다. 문제는 종래부터의 단체법론 내지 노동기본권의 법구조론으로 좋을까라는 것이지만, 사견으로는 예컨대, 포스트공업사회가 성숙해가는 21세기에 있어서도, 우리나라 헌법규정이 변하지 않는 한, 그리고 또 자주적 노동조합의 구조에 변화가 없는 한, 그들의 법적 구조에 기본적 변화는 없다고 생각된다. 지금까지의 학설이 보다 치밀한 이론구축에 노력해야 할 것이다. 그런데 헌법개정은 우선 생각되지 않지만, 노동조합 내지 노동단체가 새로운 형태 구조를 취할 가능성은 크고(예컨대, 직능별 조직의 노동조합) 그것에 입각한 새로운 단체법론도 전개되어야 한다.

3. 노동입법정책적 구상

노동법부문에 있어서는 자치적 노동단결의 자주적 투쟁만으로는 종속노동자의 구체에 불충분하고, 노동입법에 의한 지지가 불가결하다는 것, 그러나 노동자의 의식변화를 고려해서, 법적 개입은 최소한에 그치고, 국가법은 기본적 대강을 정하고, 구체적 규제는 노사의 자치적 규범에 의해야 한다는 등이 공통적이다. 또 국가법의 규제부문은 첫째, 개별적 노동법영역에 있어서 최저노동기준의 설정이고, 둘째, 집단적 노동법영역에 있어서 단결권(단체교섭권, 쟁의권을 포함)보장이지만, 노동조합쇠퇴의 현상에 비추어 사업장종업원대표위원회제도의 입법화에 커다란 기대가 되고 있다는 것, 그래서는 실업의 증대가 불가피하고, 노동시장규제법이 중요하다는 것 등의 지적이 눈에 띈다.

어떻든, 여기에서 공동결정의 법적 존재구조에 대해서 약간 더 언급하고자 한다. 단체교섭권은 자주적 단결로서의 노동조합을 권리의 제1차적 주체로 하는 단결권의 콜로라이이다. 이것에 대해 사업장종업대표제에 있어서 공동결정권은 법정선거의 단위인 사업장의 종업원집단에 소속하는 종업원개개인이 법에 의해서 부여된 선거권을 행사하여 종업원대표위원회가 법에 의해서 부여된 권리이다. 그러나 이 법에 의해 부여된 권리라고 해도, 전적으로 종업원의 규범의식적 기반을 결해서는 아니 된다. 즉 종업원집단의 단체적 성격의 본질은 공동의 작업과제의 달성을 목적으로 하는 협동조직이고, 이 종업원의 구성은 우선 무엇보다도, 협업수행의 효율성이 요구되고, 종업원단체의 조직구조는 조직구성원의 작업목적에 지향된 상호협조와 그 자발적 노동의욕확보를 위한 기술학적 사회학적 심리학적으로 합목적적으로 편성된 조직구조로 된다. 그 조직구조의 구체적인 형태는 조직구성원의 인간적 자각 종속성불식요구의 강도라는 사회적 요인과 작업조직재편성을 가능하게 하는 물적 기반인 기술혁신의 진전이라는 기술적 요인에 의해서 결정되지만, 정보화의 진전에 따른 자본이 매트릭스적 네트워크적 작업조직을 편성하는 환경 하에서는 사용자로부터 위양된 관리사항에 조응하는 한에 있어서 종업원단체의 자주결정 내지 사용자와의 공동결정이 가능하게 된다. 오히려 컴퓨터화에 의한 생산성향상을 위해서 노동의 자주적 수행이 바람직하고도 말할 수 있다. 그러므로 이러한 상황에서 공동결정권을 법인(法認)하는 것은 자본 측의 존립근거이다. 그러나 이러한 자주결정 공동결정으로 이행의 근저에는 노동자의 경영민주화에 대한 본원적인 지향, 규범의식이 존재한다고 하는 공동결정권 법인도 노동 측에게도 중요하다. 이러한 공동결정권을 지지하는 노동자규범의식은 노동의 사회화과정에 수분하는 관리의 사회화과정의 한 양태로서 자본주의적 노동과정에 있어서 종업원집단이 본질적으로 자본기능인 곳의 관리에 적대하면서도, 이것을 기본적으로 총체로서의 노동과정에 불가결한 요소로서 당면 부정할 수 없는 상황 하에 있어서 관리의 집단적 규제를 통한 경영민주화 즉 인간의 존엄에 값하는 노동환경과 노동내용의 실현을 요구할 필요에 있다는 점에 성립근거를 가지고 있는 것이다.

제 3 편

한국노동헌법

제 1 장 총 설

우리나라의 노동헌법은 현재 어떻게 구조화되어 있는가? 이 물음에 대해서는 물론 사실적인 차원에서 대답하는가, 그렇지 않으면, 규범적 차원에서 대답하는가에 따라 다르게 될 수 있다. 전자의 경우에는 세계자본주의의 발전 속에서 한국자본주의의 특수한 구조에서 실증적으로 파악해야 제대로 대답할 수 있을 것이다. 그렇지만 후자의 경우에는 무엇보다 대한민국의 기본적 조직규범인 현행 헌법에서 찾아야 할 것이다.

제3편에서는 후자의 문제에 집중하고자 한다. 그러면 우리 헌법은 규범적으로 노동헌법을 어떻게 프로그램화하고 있는가?

근본적으로 "노동헌법"은 세 가지 방향에서 파악되어야 할 것이다. 첫째, 기본권적 차원(노동의 기본권의 보장), 둘째, 국가권능의 차원(국가의 사회적 공공복지과제로서 노동에 대한 책임), 셋째, 사회계약으로서 헌법을 문화학적으로 재(再)파악하는 수준(헌법적 합의기초와 헌법국가적인 보장의무로서 자유, 소유권 및 노동)이 그것이다. 이러한 세 가지 차원은 결국 종합되어야 한다. 노동의 기본권은 재구성된 계약모델의 인간학적 전제이고, 자유, 소유권 및 노동이라는 3요소는 노동의 기본권과 이것을 국가권능 및 사회의 영역에서 다채롭게 구체화하는 것에서 실현된다. 사회계약 및 헌법계약에 의해서 규정된 자유와 소유권의 규정에 관한 고전적 구성모델에 노동을 접수하는 것은, 한편에서 자유와 재산과 노동의 상관관계 및 헌법국가의 보호목적을 입체적으로 만들고, 다른 한편 "노동"이라는 주체의 철학과 사회과학과 같이 문화적 지평에서 근본적으로 생각하는 다른 영역과의 연결다리를 건설하는 대화의 수준을 창설할 수 있다. 노동이라는 것과 노동하는 인간에 대한 학제 간의 연구는 실천정치를 위한 원조자로서 기여할 수 있을 것이다.

강자가 약자를 지배하기 위한 무자비한 폭력단체에 불과했던 국가를 기본권이라는 이름하에 강자와 약자가 공존할 수 있는 법적 공간을 건설하기 위한 선량한 도구로 승화시킨 것은 근대 서구인들의 위대한 착상이었다. 기본권은 지금까지 인간이 자기 자신을 위해서 고안해 낸 최고의 가치개념이다. 기본권을 통해서 인간에 대한 자기이해와 공동체를 위한 배려가 법적으로 승화된다. 기본권은 국가의 폭력을 사용하는 계획안이며, 국가적 폭력의 구조를 결정하는 핵심이다. 기본권은 국가의 기본적 질서를 향도하는 등불이며, 국가권력을 정당화하는 원천이다. 그러므로 기본권을 보장하는 것은 현대국가의 법질서에 있어서 그 출발점이자 종착점이며 또 기본권을 확인하고 이를 모든 사람들에게 각인시키며 공고히 하는 것은 법학과 법학도가 추구해야 할 숭고한 과제이다. 법학은 새로운 사회적·경제적·환경적 상황에서 새로운 기본권을 발굴하고 이를 확보할 수 있는 방법을 고안해야 한다. 법학은 현실에서 기왕의 기본권과 새롭게 생겨난 기본권이 모순없이 작동할 수 있는 이론을 개발해야 한다.

하지만 현실에서 기본권이 무엇이며, 어떠한 것이 기본권의 목록에 들어가야 하고, 또 이들 목록에 들어 있는 기본권들이 어떠한 관계에 있으며, 무엇보다도 이들 개별 기본권들이 서로 상충할 때 어느 것이 우선하며 어떠한 기본권이 다른 어떠한 기본권의 실현을 위해서 양보되어야 하는가는 다원적인 현대사회에 있어서 대단히 어려운 문제이다. 이러한 문제를 해결하는 기준과 방법은 그 나라와 사회가 처한 시대적 상황과 역사적 배경, 문화 및 인간적 성숙도에 따라 다양할 수 있다. 그러나 기준과 방법이 고정되어 있는 것이 아니기 때문에 "갈등 속에서 조화" 그리고 "조화 속에서 갈등"을 통해서 순간순간의 가치적 합(價値的 合)을 도출해내는 것이 무엇보다 중요하다. 기본권의 보장과 실현에 있어서 우리는 항상 "도중(途中)에" 있다. "도중에 있다"는 것은 우리가 끊임없이 노력해야 된다는 것을 의미한다. 우리가 무엇을 우리의 기본권으로 이해하고 또 어떻게 발전시킬 것인가는 항상 우리에게 새로운 모습으로 나타난다. 현 상황에서 무엇이 기본권이며 이것을 어떻게 실현할 것인가는 우리 스스로에게 자문해 보아야 할 과제이기도 하다.

기본적 인권이란 무엇인가, 그것을 어떻게 파악하는가라는 것에 대해서는 우리의 연구가 보여주고 있듯이 우리의 사회적 및 국가적 상황과 관련해서 항상 새로운 차원에서 새로운 문제로서 반복해서 문제로 부각되고 있다. 그러나 기본적 인권이라는 말을 어떠한 의미에서 사용하는가는 용어의 문제이다. 기본적 인권이란 무엇인가를 추상적으로 논하여도 의미는 없다.

기본적 인권이란 무엇인가라는 문제는 결국, 우리가 「기본적 인권의 연구」라는 것에서 어떠한 문제를 추구하는가라는 우리의 문제의식 속에 해답을 찾는 것 외에 없을 것이다. 문제의 설정의 방식은 다양할 것이지만, 어떻게 문제를 설정하는가에 의해, 무엇을 어떻게 분석하는가는 다르게 된다. 법말씀론에서는 통상 헌법에 규정되어 있는 기본적인 인권규정을 어떻게 해석해야 하는가(어떻게 해석하는 것이 옳은가라는 문제)를 출발점으로 하고, 그것에 해답을 주기위해서 기본적 인권의 의미를 규범적으로 정의하고, 설명하고 있다.

아주 일반적 추상적 (따라서 초역사적)으로 말한다면, 어떠한 역사적인 사회라고 할지라도 인간이라면 누구나 인간으로서 살아가기 위해 다양한 요구들을 가지고 있을 것이다. 물론 구분하는 기준에 따라 다르겠지만, 그러한 요구들 중에는 기본적인 것(기본적 요구)과 그렇지 않는 것(파생적 요구)이 있을 것이다. 그러나 보다 구체적으로 생각하면, 인간은 항상 일정한 역사적 사회에 의해 규정된 구체적인 존재이다. 그러므로 역사적으로 규정된 인간의 요구의 내용은 각각의 역사적 사회에 있어서 구체적으로 다를 것이고, 또 그 요구가 나타나는 방식과 그것의 처리방식도 또한 각각 역사적 사회에 따라 다르다. 법사회학에 있어서의 문제는 각각의 역사적 사회에 있어서 인간(보다 구체적으로는 노동인민)이 살아가는 데에 어떠한 기본적 요구를 가지고 있는가, 그 요구의 실현은 어떠한 형태에서 처리되어야 할 것으로서 체제상 자리매김 되어 있는가, 이들 인민의 요구와 체제내부에 있어서 그들의 위치와는 어떠한 관계에 있는가, 거기에는 어떠한 모순 내지 한계가 존재하고 있는가 등을 확정하는 것이다.

특히 중점적으로 검토되어야 할 사항은 국가와 개인 간의 사회관계의 일정한 존재방식이다. 이러한 존재방식의 역사적 구조가 개인의 측에서 말한다면, 기본적 요구의 존재방식을 결정하고, 국가의 측면에서 말한다면, 그 요구를 체제내부에 편입할 수 있기 위한 형태 절차를 규정하는 것으로 된다. 「기본적 인권」의 연구는 그러한 의미에서 항상 일정한 국가지배체제를 전제로 하면서, 그 체제의 테두리 내에서 인민의 요구가 어떠한 구조에서 실현되는가 혹은 실현되지 않는가라는 과제를 근저에서 두지 않으면 아니 될 것이다.

그러면 고유한 의미에 있어서 「기본적 인권」이라는 법사상 및 법개념은 자본주의사회(그리고 기초로서의 보편적인 상품교환사회)라는 특정의 역사적인 사회에 규정된 인간의 기본적 요구의 존재방식 및 그 체제내부에 있어서 특수법적 처리의 양식을 표현하는 것이다. 즉 이러한 역사적 사회에 있어서 인간이 살아가는 데에 불가결한 기본적 요구는 기본적 「인권」이라는 형태로써 나타나고, 또 이러한 것으로서 처리(만족)되는 것을 법적으로 요청되고 있다. 그 근거는 자본주의사회에 있어서 국가와 개인의 일정한 역사적 관계 속에서 찾아야 할 것이다.

노동헌법의 규범적 구조를 결정하는 것은 기본권이라고 할 수 있다. 노동의 주체가 노동과정에서 어떠한 권리를 행사할 수 있는가, 즉 근로자에게 어떠한 권리가 기본적 권리로서 확보되어 있는가 보장되어 있는가가 노동헌법의 근간이다.

기본권이란 헌법국가에 있어서 그 향유주체의 지위를 규정하는 기준이다. 여기에서 문제로 되는 것은 그러한 지위를 누구에 대해서 주장할 수 있고, 그것을 누가 확보해 주는가라는 것이다. 특히 근로자의 기본권이 구체적인 노무제공과정에서 사용자에게 어디까지 주장할 수 있고 또 관철되는가? 이러한 문제는 결국 한국자본주의의 법적 구조와 실질적으로 면밀하게 연계되어 있다.

지금까지 기본권은 주로 대(對)국가적 차원에서만 논의 되어 왔기 때문에, 기본권이 구체적인 노동과정에서 얼마나 확보될 수 있는가, 즉 노동제공과정에 얼마나 보장되는가라는 문제는 직접적으로 논의되지 않았다. 다만 헌법학에서 기본권이 구체적인 근로관계에서 사용자에 대해서 주장할 수 있는가 라는 문제는 이른바 기본권의 제3자적 효력 내지 기본권의 대사인(對私人)적 효력의 문제로서 다루어지고 있다. 종래에는 기본권은 사법관계인 근로관계에 적용되지 않는다는 설이 있었다. 이 설에 의하면, 기본권이 국가 또는 공공단체와 개인과의 관계를 규율하는 것이라는 것을 전제로 해서 기본적 인권의 관념이 성립하여 발전해온 역사적 연혁에 비추고 또 헌법에 있어서 기본권규정의 형식과 내용에 비추어보아도 명백하다고 한다. 또 이 설은 사인 간의 관계에 있어서는 각인이 가지는 자유와 평등의 권리 자체가 구체적 경우에 상호 모순 대립할 가능성이 있으며, 이러한 경우에 대립의 조정은 근대자유사회에 있어서는 원칙적으로 사적 자치에 맡겨져 있다고 한다. 이 설을 지지하는 사람들은 일방의 타방에 대한 침해의 양태, 정도가 사회적으로 허용될 수 있는 일정한 한도를 넘는 경우에만 법이 이것에 개입하고, 그들 간에 조정을 기도할 수 있는 법적인 명분이 있다는 입장을 취하면서 국가 또는 공공단체와 개인과의 관계는 다른 관점에서의 고려를 필요로 하기 때문에 헌법상의 기본권보장규정을 사인 상호관계에 직접적용 내지 유추적용을 하는 것 자체는 합당하지 않다고 주장하고 있다.

그러나 이러한 견해는 18,19세기의 근대라는 시점(時點)에 그대로 멈추고 있다고 말하지 않을 수 없다. 이들 견해가 주장하듯이 기본적 인권이라는 관념이 성립할 초기에는 확실히 그러하였다고 하여도, 그 발전의 역사적 연혁에 비추어 보면, 기본권규정의 적용 내지 유추적용을 전면적으로 부정하는 것은 문제가 아닐 수 없다. 이것은 현대헌법 자체가 이미 이러한 견해를 극복하고 있다. 예컨대, 모든 국민의 노동권을 보장하고 있는 우리 헌법 제32조가 그러하다. 「근로조건에 관한 기준은 인간의 존엄성을 보장하도록 법률로 정한다」라고 헌법이 규정하는 것(제32조 3항)은 근로자와 사용자의 관계가 원칙적으로 사적 자치에 맡겨야 한다고 하는 사인 상호간의 관계와는 다른 차원에 있다. 이러한 헌법규정은 그 자체로 다른 관점에서 고려할 필요가 있다. 근대사회에서와 같이 국가 또는 공공단체에 의한 침해로부터 보장이 있으면, 원칙적으로 실질적인 자유와 평등이 확보된다고 하는 전제는 현대사회에서는 법적으로도 이미 붕괴되어 있다.

근로권과 단결권을 포함해서 헌법이 보장하고 있는 기본권규정은 국가 또는 공공단체의 통치행위에 대해서 개인의 기본적인 자유와 평등을 보장한다는 것을 제1의 목적으로 하고 있다는 것은 오늘날에서도 당연하다고 생각한다. 그러나 기본권이 이러한 일차적인 목적에만 그쳐야 한다고 보는 입장은 현대사회의 역사적인 발전 자체를 부정하려고 하는 것이라는 비난을 면하기 어려울 것이다. 근대시민계급의 특권(特權)이었던 정치권력으로부터의 자유라는 근대시민적 자유권만을 본래적인 인권으로 파악하면서 현대시민의 노동권과 단결권과 같은 현대적 기본권을 차별화하려는 것은 이미 그 전제가 붕괴되어 있는 역사상의 일정시기에 생긴 관념, 즉 노동자의 특수한 지위가 법적으로도 인정되기 이전의 단계로 후퇴시키려고 하는 시도에 불과하다고 할 것이다.

제 2 장 예비적 고찰

제 1 절 자유권과 사회권의 구분과 그 문제

Ⅰ. 서 설

우리의 주위를 돌아보면, 사회적 현실이 저만큼 변화해가고 있는데도 그것을 바라보는 논의는 여전히 과거에 머물고 있는 것이 상당히 많은 것 같다. 기본권에 대한 우리의 논의도 과거에 머물고 있는 것들 중의 하나가 아닌가를 의심해본다. 우리나라 헌법학은 여전히 국가에 의한 구체적인 기본권실현문제를 취급함에 있어서 우선 기본권을 그 법적 성질에 따라 자유권적 기본권과 사회권적 기본권으로 분류하고, 양자의 대척적인 성질론에 기하여 사회적 세력들 간의 실질적인 이익이나 주장의 대립을 은폐하면서 기득권위주로 현실유지를 고수하는 헌법말씀론을 구축하고 있는 듯하다. 그렇지만 최근에는 현실적인 사회상황이 자유권과 사회권이라는 이분법적인 기본권성질론만으로 재단하기 어렵게 진개되고 있으며, 기본적 요구의 규범적 결정체로서 기본권 자체에 있어서 자유권과 사회권의 중첩이 문제로 되고, 자유권과 사회권의 개념으로 포괄할 수 없는 「새로운 인권」이 논해지고 있다.

아래에서는 이러한 문제의식을 전제로 해서 우선, 자유권과 사회권의 개념과 이들의 상호관계 그리고 인권과 개인과의 관계에 대해서 검토하고, 특히, 현대노동헌법의 구조와 밀접한 연관이 있는 사회권의 문제를 일반론적 차원에서 좀 더 자세히 파악해보고자 한다.

Ⅱ. 자유권

1. 서

자유권으로 분류되고 있는 기본적인 권리들은 17,18세기 유럽의 근대시민혁명기의 권리장전이나 근대국가에서 근대시민의 권리로서 보장되었던 권리와 이에 파생해서 20세기 이후 현대국가에서 보장되었던 국민의 자유에 관한 권리를 말한다. 이들 권리들은 정신적 자유권(사상, 양심의 자유, 종교의 자유, 학문의 자유, 표현의 자유, 결사의 자유, 통신의 비밀 등) 인신의 자유(노예적 구속이나 고역으로부터의 자유, 거주 및 이전의 자유, 외국이주 및 국적이탈의 자유, 법정절차의 보장, 주거의 불가침, 피의자의 권리 등), 경제적 자유권(직업선택의 자유, 재산권의 보장, 국가배상청구권 등)의 3군으로 분류할 수 있다. 이들 실체적인 자유권에 덧붙여서 재판에 관한 기본권(재판을 받을 권리, 형사피고인의 권리 등)과 참정권(선거권, 청원권)의 두 개가 자유권 그 자체는 아니지만 그것과 밀접히 관련하여 발달한 권리로서 존재한다(참정권은 민주주의적 권리이다).

근대시민혁명기의 권리장전은 이들 권리를 본래적으로 개인에게 귀속된 자유권으로 자리매김하고, 그것을 받아서 근대법은 이들을 불가침의 기본적 인권으로서 보장해서 개인을 국가권력의 억압으로부터 지키려고 한다.

2. 자유권의 구분

자유권은 그 내용이 다양한데, 근세자연법사상을 전제로 하여 그것을 생각해보면 기본적으로 다음과 같이 구분할 수 있다.

1) 개인존재 자체의 확보를 위한 자유권

자유권은 인간 한 사람 한사람이 존중되어야 할 독립한 자유로운 개인이라는 것(개인의 존엄과, 존중, 자립)을 전제로 한다. 그 때, 인간의 맨 아래바닥을 이루는 것은 행복을 추구하는 존재이라는 것이고, 이를 위하여 없어서는 아니 되는 조건의 하나는 자기의 의사에 의해서 행동하고 사회관계를 형성해가는 것이다. 인신의 자유는 이러한 개인일 수 있기 위해서 최저한 필요한 조건으로서의 각인의 존재 그 자체의 보장이다.

다음에 각인은 내면적으로 자립하고 있는 존재이라는 것이 존중되지 않으면 아니 된다. 그러한 내면적 자립성[1)]을 확보하기 위해서는 정신적 자유권 특히 사상과 양심의 자유나 종교의 자유가 없어서는 아니 된다.

2) 개인과 그 외부자연과 관계에 관한 자유권

내면적으로 자립한 개인의 자기실현의 하나로서 그리고 또 개인의 자립을 물질적으로 지지하기 위해서 재산권이나 직업선택의 자유가 요구된다.

3) 개인들의 상호관계에 관한 자유권

정신적으로 자유롭고 독립적인 인간이 상호 관계해서 사회를 만들어 갈 때, 표현의 자유나 통신의 비밀, 결사의 자유가 필요하다. 이들은 자신을 다른 사람에게 전달하고 싶어 하며, 다른 사람과 함께 살고자 하는 인간의 본원적 요구에 대응하는 것임과 동시에 커뮤니케이션을 통해서 사회관계와 정치관계를 형성해가는 민주주의적 요구에도 대응하고 있다.

이러한 맥락에서 보면 참정권이란 이러한 개인이 정치사회에 주체적으로 살아가는 (자기실현=행복추구를 해 가는)것을 보장하고, 또 그의 자유권을 침해하지 않는 국가를 만드는 수단이라고 할 수 있다. 이를 위해서는 각인이 정치에 참가하는 것이 자유권의 확보에 있어서 효과적이다.

그리고 평등권이란 인간은 예외 없이 전원이 이들의 자유를 향유할 수 있는 존재로서 평등하다는 것이다. 즉 자유에 있어서 평등권이 보장된다는 것이다.

3. 자유권의 논리구조

근대사회의 관계는 기본적으로 모든 상품의 매매관계의 형태를 사용하여 전개된다. 그것을 규제하고 있는 것이 근대민법이다. 따라서 근대민법은 기본에 있어서 거래(상품교환)의 법이라고 말할 수 있다. 그리고 이 상품교환의 근저에 있는 논리가 근대민법의 세요소의 상호논리를 규정하고 있다.

---

1) 그 원형의 중요한 하나는(로크의 『관용에 관한 서간』에 있듯이) <절대적인 신과 직접 서로 지향하는 개인>이라는 종교개혁의 이념이었다.

통상적인 상품교환에 있어서 상품 A의 소유자와 상품 B의 소유자가 상품A와 상품 B를 서로 교환함에 있어서 동기로 하는 것은 상대방의 상품의 사용가치, 즉 사용목적에 있어서 얼마나 기여하는가라는 것이다. 그러나 A, B가 어느 정도의 양으로 서로 교환되는가는 A, B상품에 내재하고 있는 가치, 즉 주로 그것을 만드는데 소요된 원료, 도구의 가치와 노동력의 가치에 의해서 측정되는 가치는 무시된다. 그리고 같은 가치분(價値分)만큼 서로 교환된다. 이것을 등가교환이라고 한다.

이러한 등가교환에 있어서는 상대가 같은 가치분을 제공해오면 교환이 이루어지는 것이고, 관심은 오로지 교환의 상대방이 그러한 가치에 대해서 완전한 처분능력을 가지고 있는가에 있다.[2] 상대방에게 완전한 처분권능만 있으면 족하다는 것은 상대방의 사회적 신분은 문제로 되지 않는다는 것이기도 하다. 일반적으로 매매는 상대가 누구라고 하여도 대금을 지불하고 좋은 상품을 넘겨주기만 하면 족하다는 것이다. 이러한 점에서 등가교환에 있어서는 인간은 추상적 인격(추상적 가치의 담당자인 한에서 추상적 존재)로서 나타난다. 그는 자유와 독립성을 가진 평등한 인간(자유로운 인격)으로 된다.

소유권은 그 대상인 재화의 현실적인 사용뿐만이 아니라, 가치라는 추상적 본질의 귀속을 확보하는 것을 목적으로 한다. 후자의 경우에 소유의 대상으로서 재화는 소유자의 인적인 한계를 넘어서 자산으로서 사회적 의미를 가진다. 재화의 소유가 자산으로 되는 경우에는 현실적으로 재화에 대한 지배라는 소유 본래적인 의미는 후퇴하기 때문에 실제로 재화를 사용하고 실질적으로 처분하는 상태, 즉 재화의 현실적인 보유가 없어도 재화의 소유가 인정된다. 그래서 어떠한 재화이든 소유의 대상으로 되며, 재화에 대한 지배로서 소유는 관념화된다.[3]

그래서 예컨대 상품A와 상품B의 등가교환은 각 소유자가 상품 A와 상품B에 대해 지배하고 있는 추상적 가치의 등가교환이다. 상품의 사용가치에 관계없이 추상적인 등가를 교환하는 것이기 때문에, 양 당사자는 의사의 합치를 얻기 쉽다. 같지 않은 것을 「교환」할 때에는 – 일방이 손해를 보고, 타방이 득을 본다는 것이 사전에 명백하기 때문에 득을 보는 쪽이 손해를 보는 쪽에게 무리하게 나아가게 하면 아니 된다. 이때에 행사되는 강제를 「외적 강제」 내지 「경제외적 강제」라고 하고, 내용적으로는 위하나 권위, 최종적으로는 실력 특히 국가권력의 발동에 의한다. 이들이 등가교환의 경우에는 필요 없다는 것이다. 자유로운 합의가 가능하고 그것이 결정적이다(계약의 자유). 따라서 등가교환이 원칙으로 되어 있는 사회

---

2) 이러한 완전한 처분권능을 이른바 소유권의 절대성이라고 한다.
3) 이것을 이른바 소유의 관념성이라고 한다.

에서는 국가가 교환의 장인 사회에 개입하는 것이 본래적으로 요청되는 것이 아니다. 오히려 국가의 개입은 등가교환을 교란하는 것으로서 경원시된다. 이상과 같이 상품교환의 논리는 근대민법의 논리에 조응하고 있다.[4)]

역사적으로 보면, 재화의 교환은 인류역사만큼 오래된 것이지만, 상품교환의 논리가 널리 인간관계의 형성원리로서 근대사회 전체에 적용되게 되는 계기는 다음과 같은 두 가지의 요인에서 찾을 수 있다.

첫째, 정치적인 요인이다. 근대에 들어오면서부터 국가권력에 의해 각 지역사회가 통일되어 전국적인 차원에서 이른바 국민시장이 성립되었다. 이것은 상품의 생산과 소비가 사회에 확대되었다는 것을 의미한다. 근대 이전의 유럽중세사회는 자급자족적인 지역적 공동체였다. 중세적인 지역적 사회는 기본적으로는 「가(家)」를 단위로 한 자급자족의 농업생활을 기본으로 하고, 생활물자의 교환은 기껏해야 영주가 지배하는 소지역단위의 시장에서 이루어졌다. 이러한 소지역을 넘어 이동하는 물품에는 영주에 의해서 관세가 부과되었다. 이것에 대해서 근세의 절대주의는 넓은 영역을 통합하여 국가적 규모로 거래가 이루어는 「국민시장」을 육성하였다. 그 넓은 시장권 내에서는 활동은 자유롭게 되었다. 또 근세의 절대주의는 사람들을 국가적 규모로 정치적으로 통합하고 「신민(臣民)」으로서 동일하게 군주에게 복종하는 관계에 놓이게 되어 국민상호의 평등의 의식을 높였던 것이다. 군주는 또 국가를 부유하게 하기 위해서 산업을 육성하고 대외무역을 권장하였다.

둘째, 경제적인 요인이다. 산업혁명 후에 발전한 산업자본주의사회의 성립이 있다. 이것은 상품교환의 관계가 사회의 가장 기저적인 생산에 관련된 인간관계에까지 침투하였던 것을 의미한다. 즉 노동력을 팔아서 노동하는 노동자와 (임금을 지불하고) 노동력을 구입하여 노동하게 하는 자본가의 계약관계(자본주의적 임노동관계)가 성립하였다. 이러한 관계가 획기적이라는 것은 근대 이전의 노예제나 농노제와 대비해보면 명백하게 된다. 비로소 노동하는 자와 타인을 노동하게 하는 자의 관계는 대등한 계약당사자의 관계로서 일반화되었다. 이러한 노동관계는 가족관계, 문화와 정치활동에 참가하는 주체 간의 관계 등과 병해해서 자본주의사회에 있어서 경제적 관계로서 지배와 피지배의 관계의 기저를 이루고 있다.

계몽기절대주의의 법전편찬에서 시작한 근대민법의 형성은 이들 내에서 위 첫 번째를 배경으로 하여 진행되고, 위 두 번째로의 사회의 이동을 촉진하고 이윽고 이러한 두 번째가 개화한 19세기 중엽의 근대사회에서 진전한다. 또 근대자유권은 민법과 밀접하게 연관하면서 다른 정치적 · 종교적 · 학문적 · 예술적 필요도 반

4) 근대시민법의 사적 자치는 소극적 국가론, 즉 자유방임주의를 전제로 한다.

영하면서 마찬가지로 19세기에서 보편적인 인권으로서 확립되었던 것이다.

Ⅲ. 사회권

1. 사회권의 개념

지금까지 공법학에서는 사회권의 개념을 옐리네크(Georg Jellinek, 1851-1911)의 공권분류론[5]을 매개로 하여 파악하고 있듯 하다. 옐리네크는 공권을 소극적 권리(국가의 부작위를 청구하는 권리), 적극적 권리(국가의 어떠한 작위를 요구하는 권리) 및 능동적 권리(국정에 참가하는 권리)의 세 가지로 나누었는데, 이 이론이 일본을 통해서 우리나라에 수입되어 우리나라의 헌법학에도 큰 영향을 미친 것 같다.[6] 그래서 우리나라 학설은 이러한 옐리네크이론에 입각해서, 현대적 권리인 사회권을 전통적 협의의 수익권(국가배상청구권 등)과 더불어, 적극적 권리(내지 광의의 수익권)의 하위개념으로 자리매김하거나 그것을 위 세 가지의 권리와 병행하는 제4의 권리로서 설명하는 경우에도, 적극적 권리의 일종으로 파악하고 있는 듯하다.[7]

우리나라 헌법학에서는 노동권, 노동기본권(단결권, 단체교섭권, 단체행동권), 건강하고 문화적인 최저한도의 생활을 영위할 권리(생존권), 교육을 받을 권리(교육의 기회균등) 등을 포괄하여 사회권이라고 부르고 있다. 역사적으로 이들 권리는 1919년 도이치 바이마르공화국헌법의 보장을 출발점으로 하여, 제2차 세계대전 후에 각국에서 널리 보장되었던 것이다. 그러므로 이것은 모두 20세기의 산물이

---

5) Gerog Jellinek, System der subjektiven öffentlichen Rechte, 2. durchgesehene und vermehrte Auflage, Tübingen, 1905, 1 anadtatischer Nachdruck, 1919, 2. unveränderter Nachdruck, Darmstadt, 1963, S. 81ff., insbes,, S. 86ff. 참조.

6) 일본의 명치시대에는 옐리네크의 공권이론에 기하여 헌법상의 신민의 권리의무를 분류하고 체계적으로 설명하였다. 옐리네크의 공권이론은 그의 저서 『공권의 체계』(초판 1892년)로 공간되었다. 명치헌법의 해석론에 동원되었던 옐리네크의 이론은 일본이 제2차 세계대전에서 져서 새롭게 성립되었던 1949년의 일본국헌법의 해석론에서도 거의 그대로 계승되었다.

7) 옐리네크는 개개인의 「공권」뿐만 아니라, 국가, 국가기관, 자치체 등의 「공권」에 대해서도 논하고 있다. 우리 헌법에서 기본적 인권의 분류 및 체계를 생각하는 때, 기본으로 하고 있는 것이 국민이 국가에 대한 관계에 있어서 어떠한 「지위」(status)에 있는가라는 관점에서 하는 네 가지의 지위의 분류이다. 그런데 옐리네크의 「지위」체계 중, 수동적 지위(passiver Status)인 복종의 상태(status subjectionis)에 대해서 두 번째로 등장하는 소극적 지위(negativer status)인 「자유의 상태」(status libertatis)는 그의 「공권」체계에서는 그 모두에 위치하고 있지만, 이 지위는 국가권력에서 자유로운 사실상의 상태이지, 법적으로는 이것을 요구할 수 있는 권리(Recht)가 아니며, 개개의 자유권이 여기에서 나오지는 않다는 것에 주의해야 한다.

라고 할 수 있다. 사회권은 보는 관점과 이념에 따라 사회적 기본권, 생존권적 기본권 등으로 부르기도 한다.

그런데 사회권에 속하는 권리들을 보면, 그 개념이 일치하지 않는 것 같다. 이들 권리들을 분석해보면, 크게 세 가지의 종류의 권리가 사회권이라는 개념에 포섭되고 있는 것 같다. 그 첫 번째의 종류가 국가에 대해 복지적인 급부를 요구하는 개인의 권리이다. 여기에 속하는 개별적 사회권으로는 헌법 제26조의 교육을 받을 권리 및 제32조 제1항 소정의 근로권(혹은 이들의 중요한 측면) 제34조의 생존권을 들 수 있다. 이것은 국가에 대한 급부청구형의 사회권이라고 할 수 있겠다. 여기에서 말하는 급부에 대해서는 구체적인 금전 물품이나 서비스의 제공(예컨대, 사회보장급부, 직업소개서비스)을 가리키고, 입법적인 급부(생활보호법의 제정 등)는 여기에 포함되는 것은 아니라고 하겠다.

두 번째의 부류가 근로자의 집단적 자유와 권리가 그것이다. 헌법 제33조 1항 소정의 노동기본권이 여기에 해당한다. 이것은 노동단체적인 사회권이다. 첫 번째의 부류와 같이 국가에 대한 구체적인 급부청구권을 사회권으로 파악하는 경우에는, 두 번째의 부류는 이와는 호환될 수 없다고 하겠다.

세 번째의 부류로서, 적정한 근로조건을 요구하는 권리 내지 노동보호청구권이 등이 그것이다. 여기에는 이를테면, 인간다운 근로조건의 청구권, 아동노동의 원칙적인 금지 등이 있다.

그러나 사회권으로 분류되고 있는 노동3권이 협의의 수익권과 같은 의미로 국가의 작위를 권리라고 할 수 있는가라는 의문이 생긴다. 이 점에 대해, 전통적 학설의 입장에서는 노동기본권은 「단결권, 단체교섭, 단체행동권의 행사를 확보하기 위해 필요하고 또 적당한 입법 기타의 조치를 취하는 것을 국가에 요구하는 권리」라고 설명해서, 「사회권은 작위청구권이다」이라는 도식과의 정합성을 유지하고 있듯 하다. 그러나 노동3권 그 자체가 작위청구권으로서 파악될 수 있는 것은 아니다. 어쨌든, 사회권=작위청구권이라는 도식에서 해방될 필요가 있을 것이다. 그러므로 사회권에 대해서는 재검토가 필요하다고 하겠다.

2. 사회권의 역사

제1차 세계대전은 지구상에 그 이전까지 볼 수 없었던 새로운 현실정치체로서 소비에트연방공화국이라는 사회주의국가를 탄생시켰다. 사회주의국가의 탄생은 당시 제국주의가 지배하고 있던 세계정치체제에 혁명적인 변화를 가져왔을 뿐만 아니라 자본주의국가의 존재방식에도 큰 변화를 미쳤다. 소비에트공화국은 자본주의국가의 경쟁체제로서 등장한 것이다. 그것은 바이마르헌법을 비롯하여 새로운 내용의 기본권을 명문으로 선언하고 있는 헌법을 가진 새로운 자본주의국가의 탄생을 자극하였다.

보는 관점에 따라 이론(異論)이 있을 수도 있지만, 헌법의 역사에 있어서 사회적 권리(사회적 기본권)라고 하는 기본권이 명문으로서 규정되었던 것은 바이마르헌법(도이치 국가헌법 1919.8.11)이 최초이다. 역사적으로 보면, 사회적 기본권이라는 말은 그 형용사인 사회적이라는 표현이 나타내고 있듯이 사회의 실체를 인정하면서 개인에 대해 사회를 상위적인 개념으로 놓으려고 하는 시도에서 비롯된 것이라고 할 수 있다. 그것은 종래의 개인적 기본권보다 우월적인 규범적 효력을 부여하여 기존의 사회질서를 수정 또는 변화시키고자 하는 데에 그 역사적 의의가 있다. 이러한 의미에서 사회적 기본권은 기존의 기본권관념에서 훨씬 진보한 것이라고 할 수 있지만, 여전히 자본주의적 기본권으로서 아직 사회주의적 기본권에는 이르지 못한 것으로 파악한다면, 사회적 기본의 기원이 바이마르헌법에 있다고 하는 바이마르헌법기원설은 전적으로 옳다고 할 것이다.[8)]

도이치바이마르헌법은 제1차 대전에서 파괴되고, 혁명적 정세가 아주 고양되었던 전후도이치에서 혁명적 정세 중심지인 베를린을 일부러 피하여 비정치적인 도시인 바이마르에서 제국주의적 국가의 감시 하에서 제정된 헌법이다. 당시 국내 국제 정세가 바이마르헌법의 사회적 권리에는 미묘하게 반영되었다.

바이마르헌법 제2편(도이치인민의 기본권 및 기본의무) 제5장(경제생활)에는 다음과

---

8) 여기에서 지적해두고 싶은 것은 바이마르헌법상 사회적 권리의 성립에 1918년의 레닌헌법이 커다란 영향을 직간접으로 미쳤다는 것이다. 바이마르헌법에 있어서 사회적 권리를 위와 같이 파악하는 참고자료로서는 칼 슈미트가 그 주저 『헌법학(Verfassungslehre)』(초판 1928년)에서 바이마르헌법의 성립사정에 입각해서 일부러 인용하고 있는 나우만(Friedrich Nauman)의 말을 들 수 있다. 나우만은 바이마르에서의 헌법제정회의에서 19세기적 기본권과 비교해서 새로운 국가윤리를 세울 필요를 통감하여 다음과 같이 말하였다.「현대의 최신 헌법인 볼세비키 러시아의 1918년 7월 5일 헌법은 우리가 목하 제정하려고 하는 헌법의 말하자면 직접적인 경쟁상대방이다.」(전후판 1954년 162면) 나우만은 사회적 권리에 대해서는 1918년의 레닌헌법(러시아 사회주의연방 소비에트 공화국헌법)의 모두 제1부 제4장을 차지한「근로착취인민의 권리의 선언」(동년 1월 레닌 집필) 및 제2부 근로자의 인권규정의 부분을 생각했던 것이다. 물론 그가 생각한 사회적 국가(개인주의적이 아니라, 사회주의적도 아니다) 의 이상은 헌법제정회의의 전체를 지배하지는 않았지만(총의석 421 중 사회민주당원은 163명이고, 과반수를 차지 못했다), 바이마르헌법의 사회적 권리는 몇 가지의 원리의 혼합적 타협적인 헌법 속에서 규정되었다. 그렇지만 바이마르헌법기원설을 취하면서 사회적 권리를 막연히 20세기적 사회경제적 기본권으로 생각하는 학자가 대부분인 것은 정말 기묘한 현상이라고 해야 할 것이다. 사회적 권리를 이렇게 파악한다면,「최신의 현대헌법」인 레닌헌법이 바이마르 헌법보다도 1년 일찍이 19세기에는 전혀 볼 수 없었던 형태의 기본권을 처음으로 규정하였던 것이 우선 지적되어야 할 것이다.

같은 규정들이 있었다.

「각인에 대해 인간다운 생활을 보장할 목적」을 진 경제생활의 질서를 유지하는 것(제151조), 「모든 도이치인에게 건강한 주거를 제공하고, 모든 도이치인의 가족 특히 다자녀가정에게 그 수요에 따른 주거 및 가정을 꾸려가기에 족한 가산을 가지도록 노력해야 한다」(제155조), 노동력을 특별히 보호할 것(제157조), 정신적 노자, 저작자, 발명자 및 미술가의 권리의 보호(제158조), 노자관계에 있어서 노동자의 제권리(제159조, 160조, 165조)를 국내에 있어서 인정할 뿐만 아니라, 「세계의 전 노동자계급을 위해 최소한도의 사회적 권리를 널리 확보하기 위해 국제법규에 의해 노동자의 법류관계를 정하는 것」(제162조), 포괄적 보험제도를 설정하는 것(제161조), 도이치인에게 노동의 기회를 제공하는 것(제163조), 그리고 중소 상·공·농업을 보호하는 것(제164조)에 이르기까지 모든 것이 국가의 책무로 되어 있다.

바이마르헌법의 그 후 운명을 보면 알 수 있듯이, 이들 국가의 책무는 너무 광범위에 걸쳐 있다고 할 정도로 명목은 훌륭하지만, 제1차 세계대전 후의 도이칠란트의 현실에 있어서는 실현불가능한 것이 많았다. 그것은 장래의 국가정책의 아주 막연한 기준으로 될 수 있을지는 몰라도, 그 당시의 국가를 적극적으로는 물론, 소극적(자유권과 같이)으로도 구속하는 것은 아니었다. 그 좋은 증거에는 제48조 2항에서 「공공의 안녕질서에 중대한 장해를 낳거나 장해를 낳을 위험성이 있을 때」 대통령이 질서회복에 필요한 처리를 할 수 있는 것을 정하고 있는데, 그 목적을 위해 대통령이 일시적으로 전부 또는 일부를 정지할 수 있는 기본권으로서 들고 있는 것은 개인의 자유(제114조), 거주의 불가침(제115조), 통신의 비밀(제117조), 표현의 자유(제118조), 집회의 자유(제123조), 결사의 자유(제124조), 소유권의 보장(제153조) 등 이른바 자유권적 기본권뿐이었다. 이것은 사회적 권리를 존중하고, 그것에는 언급하지 않았다고 하기보다도, 그것이 권리로서의 실체를 갖추지 않고, 따라서 남용의 우려도 없다는 것을 가리키는 것이라고 표현하는 것이 타당하다. 나치정권의 확립 원년인 1933년의 수권법의 제정에 앞서 같은 해 2월 28일에 인권정지의 긴급명령이 내려졌을 때, 동령 제1조는 제48조 2항을 거의 그대로 반복하였다. 사회적 권리에 대해서는 일방에서는 나치에게 사정이 나쁜 것은 제한되고, 타방에서는 이것을 이용한다고 하는 태도가 파악되었다. 사회적 권리에는 나치에게 악용될 수 있는 애매함이 확실히 있었다.

제1차 세계대전은 지구상에서 처음으로 사회주의국가를 탄생시켰고, 그 결과로 바이마르헌법을 비롯하여 새로운 내용의 기본권을 명문으로 선언하고 있는 헌법을 가진 새로운 자본주의국가를 낳았다. 사회주의국가의 탄생은 그 자체로서 제국주의가 지배하는 세계의 정치체제에 혁명적인 변화를 가져오는 동시에, 자본주의국가의 존재방식에도 커다란 영향을 미쳤다. 제1차 대전에서 제2차 대전에 걸친 자본주의국가은 위기에 직면한 자본주의를 재건하기 위해 두 가지의 길의 어느 하나를 선택해야 했다. 아메리카의 뉴딜정책, 잉글랜드노동당의 사회정책과 같이, 농담의 차이는 있지만, 사회민주주의적인 길을 걷든가, 나치도이칠란트, 파시즘이탈리아와 같이 파시즘의 길을 걷는 두 가지의 길이다. 그래서 파시즘과 사회주의를 포함하는 그 외의 국가와의 사이에 제2차 대전이 야기되었고, 그것은 파시즘국가의 결정적인 패배로 끝났다. 이와 같은 제2차 대전은 제1차 대전이 세계에 가져왔던 변화를 더 확대한 형태로 나타났다.

소비에트동맹은 제2차 대전 중에 사회주의국가의 위력을 남김없이 발휘했다. 파시즘에 지배되어 고통을 받았던 동유럽국가들은 전후에 새로운 형태의 사회주의, 인민민주주의국가로서 재생하였다. 이 당시에 중앙 및 동남아시아의 사회주의국가에 중화인민공화국 및 조선인민공화국까지 포함하면, 지구의 3분의 1은 사회주의국가이었다. 그리고 이들 국가들은 새로운 사회주의헌법을 가지기에 이르렀다. 물론 거기에는 새로운 인권규정이 포함되어 있었다. 이 인권규정의 모범으로 되었던 것은 1936년의 스탈린헌법이다. 자본주의국가가 반복해서 입게 된 공황의 파도에 전율하고, 사회민주주의가 파시즘의 길을 걸어가고 있었을 때, 소비에트동맹은 신경제정책(네프), 농업의 집단화를 성공리에 끝내고, 국내의 착취계급을 절멸하고, 사회주의의 완전한 승리하에, 레닌헌법의 때에는 권리로서 규정되지 않았던 사회경제적 내용의 인권을 대폭적으로 게다가 인권규정의 모두에 두게 되었다. 스탈린헌법에는 자본주의헌법의 인권규정과는 완전히 반대로, 사회적 권리, 평등권, 자유권의 순서로 규정이 되어있는 것이 주목된다.

(구)소비에트동맹 시민의 「노동의 권리, 즉 노동의 양과 질에 의한 지불을 보장하고, 일을 수취할 권리」(제118조), 노동일, 노동시간을 헌법에 규정해서 보장하는 휴식의 권리(제119조), 사회보장을 받을 권리(제120조), 교육을 받을 권리(제121조)가 사회경제적 인권의 주된 것이다. 그것은 바이마르헌법과 달리, 현저하게 구체적이고, 이미 실현되고 있는 것을 명문화하였다.

인민민주주의국가는 각국의 상황에 따라 상당히 헌법의 규정의 방식에 차이가 있지만, 최초의 인민민주주의헌법인 유고슬라비아연방 인민공화국헌법(1946.1.31.)은 제1부 기본적 원칙 제5장 국민의 권리와 의무에 앞선 제4장 사회적=경제적 기구하에서 생산수단의 사회주의화의 원칙인 노동자(제20조), 농민(제19조)의 국가적 보호를 규정하였다. 그것을 다시 보장하기 위해, 제5장은 제35조 내지 제38조의 사회경제적 규정을 설정하고 있다. 불가리아인민공화국헌법(1947.12.4.)의 경우도 그러하지만, 인민민주주의의 제1단계의 헌법에 있어서는 인권규정 속에 사회경제적 권리가 차지하는 지위는 아직 스탈린헌법과 같이 압도적이지는 않다. 유고슬라비아를 따라, 동유럽인민민주주의국헌법의 인권규정이 현저하게 스탈린헌법에 접근하는 것은 이른바 2단계에 들어가 헌법의 전면적 개정을 시행했기 때문이다.

레닌헌법이 바이마르헌법에 강한 영향을 미쳤듯이, 스탈린헌법 및 인민민주주의국가의 헌법이 제2차 세계대전 후의 자본주의국가의 신헌법에 미친 영향은 간접적인 것이 많다고 하여도 이것을 무시할 수 없을 것이다. 제2차 대전 직후에 제정되었던 프랑스 제4공화국헌법(1946.10.27), 이태리공화국헌법(1947.12.27) 등을 보면, 특히 인권규정을 보면, 위에서 기술한 국제적 조건과 그것에 덧붙여, 국내의 민주적 통일전선의 힘이 느껴진다. 프랑스에서는 주지하듯이, 사회당과 공산당의 연립(社共聯立)을 축으로 하는 인민전선이 파시즘의 출현을 저지하였고, 도이치 점령 하에서는 사회당과 공산당의 연렵은 물론 카톨릭까지도 포함하는 반파쇼통일전선이 레지스탕스를 수행하고, 해방 후는 이들 세력이 내각을 조직하고, 헌법을 만들었다. 파시즘 붕괴 후의 이태리에서도 유사한 상황이었다. 여기에는 반공을 분명히 하였던 사회민주주의와는 다른 새로운 민주주의적 요구가 있고, 이것이 사회적 권리의 보장을 점점 강화하고 있었다.

프랑스 제4공화국 헌법은 전문에서, 1789년의 인권선언을 재확인한 후에, 「우리의 시대에 특히 필요한 것」으로서 그리고 정치적 · 경제적 · 사회적 원칙을 선언하고 있다. 근로의 권리는 「고용을 받을 권리」로 명시적으로 규정되고, 근로자의 노동조합활동, 파업, 대표자에 의한 기업에 대한 참가의 권리가 명시되고 또 광범한 사회보장을 받을 생존권, 교육을 받을 권리가 열거되어 있다. 도이치 바이마르헌법에 비해 규정 중에 대폭적인 비약이 있는 것이 아니지만, 사회적 권리를 보장하는 국가의 성격에는 당시의 도이치와 이 시대의 프랑스에는 현저한 간격이 있고, 이것이 프랑스의 인권규정을 보다 많이 실현가능한 것으로 하였다.

이태리헌법의 인권규정은 보다 상세하게 제1부 시민의 권리와 의무 중에, 제1장이 개인적 권리인 것에 대해, 제2장은 윤리적 사회적 관계로서 사회보장과 교육관계의 규정이, 제3장 경제관계에는 노동자의 권리가, 바이마르헌법이나 프랑스헌법보다 확실히 자세히 규정되어 있다. 이태리헌법에는 사회적 권리는 인권규정의 태반을 차지할 정도의 중요성을 가지고 있다.

그 후 성립된 헌법을 모두 거론한다면 그 수는 상당히 많다. 1950년경 피이즈리(Amos J. Peaslee)[9]가 편찬한 『각국의 헌법』 제3권의 부표 제4절(556면 이하)에 의하면, 아프가니스탄에서 유고슬라비아까지 83개국의 헌법에, 노동에 대한 어떠한 규정이 있는 것이 60개국, 사회보장은 58개국, 모자 보건관계는 52개국, 교육에 대해서는 77개국으로 되어 있다. 피즈리의 책은 분류의 방법에 문제가 있는 것이 확실하지만, 그 부표제4에서 사회적 권리가 현대의 인권규정으로서 어느 정도 일반화하고 있는가는 대개의 상상이 될 것이다.

이 항의 목적으로 하였던, 역간의 역사적 비교적 고찰을 매듭짓기 위해 마지막으로 세계인권선언에 대해 일언할 필요가 있을 것이다.[10] 그 중에서 사회적 권리라 어떻게 취급되고 있는가를 일별해 두고자 한다.

『세계인권선언』(1948.12.10 채택)[11]은 제1조부터 제21조까지 개인의 자유와 평등을 기술한 다음, 제22조에 「모든 사람은 국가적 노력 또는 국제적 협력에 의해 각국의조직과 자원에 다라 자기의 존엄과 인격의 자유로운 발전에 불가결한 경제적 사회적 및 문화적 권리의 충족을 얻을 권리를 가진다」라고 하여 우선 사회보장을 받을 일반적 권리를, 제23조에는 근로조건, 실업에 대한 보호 및 노동조합을 조직하고 가입할 권리를, 제24조에는 휴식권을, 제25조에는 일정한 생활수준의 유지 생활빈곤자의 보장, 모자의 특별한 보호를, 제26조에는 교육에 대해 제27조에는 문화문제를 규정하고 있다. 20세기 후반이 시작함에 있어 사회적 권리에 대한 자본주의국가의 사고의 최대공약수가 여기에 있다고 보아도 좋을 것이다.

Ⅳ. 자유권과 사회권의 관계

1. 자유권에서 사회권으로

사회권과 자유권의 원리적 관계는 다음과 같은 것이다. 상술하였듯이, 자유권, 근대민법이 전제하고 있는 것은 첫째로 모든 인간은 인격으로서 독립, 자유, 평등이다. 현실에는 재산능력이나 사회적 지위, 성 등에 의한 능력과 영향력의 차이가 있음에도 불구하고, 근대민법은 이들을 감히 사상하고 인간을 추상적 인격으로서 계속 파악한다. 둘째로, 소유도 또한 추상적이다. 소유의 규모(소유규모가 거대자본이든, 소자본이든)나 소유대상(소유대상이 공장 등의 생산수단이든 자신의 노동력뿐이든)

9) 피이즈리는 1953년에서 1956년까지 주(駐)오스트랄리아 아메리카합중국 대사를 역임한 바 있다.
10) 그 상세한 것에 대해는 유네스코편, 『인간의 권리』(1951년 역) 참조.
11) 이 선언의 작성에는 (구)소비에트동맹을 비롯한 (구)동유럽인민민주주의국가는 협력하였지만, 국제연합총회에서의 채택에 있어서는 그 내용을 아직 불충분하다고 하여 기권하였다.

을 불문한다. 셋째로 계약도 또한 기본적으로는 그것을 하는 당사자의 사정이나 동기를 불문하고, 대등한 당사자가 자유로운 의사로 체결하는 것으로서 문언에 충실히 취급된다.

근대민법은 이와 같은 추상적인 법이므로 지역이나 국가를 초월해서 타당한 보편적인 규범이 되고, 개인적인 자의나 차별을 배제하고, 결과의 예측을 어느 정도는 가능하게 하는 행위규범, 재판규범으로 되며, 또 자유로운 경쟁을 가능하게 함과 동시에 경쟁의 결과에 대한 자기책임을 인수하는 주체를 형성할 수도 있다.

그런데 20세기에 들어와 자본주의가 고도화한 결과, 그 모순의 현재화로서 사회문제가 발생하고, 다음의 점에서 추상적인 근대민법원리로만 하는 것은 문제가 있다는 것이 명확하게 되고, 보다 구체적으로 인간을 파악하는 사회법이 발달하였다.

노동자와 자본가는 사법적으로는 평등하더라도, 실제에는 대등할 수 없을 정도 경제적 실력에 차이가 있고, 평등을 실질적인 것으로 하기 위해서는 노동자를 법적으로 즉 노동기본권에 의해서 원조하지 않으면 아니 되었다. 개개인으로는 약한 근로자에게 단결하고, 교섭하고, 단체행동의 압력으로 요구를 인정하게 하는 것이 그 하나의 방법이다. 실제에서도 19세기 후반 이래, 근로조건의 개선을 요구하여 노동조합을 결성하고 투쟁으로 나섰던 노동자의 힘에 의해서 그때까지 자본가의 입장에 서서 노동운동을 탄압했던 국가도 이윽고 위와 같은 권리를 보장하는 별도의 법(노동법)으로서 인정하지 않을 수 없게 되었다.

인간은 모두 자유로운 경쟁주체이라고 하여도, 빈부의 차나 장해에 의해 교육을 받지 못하고, 따라서 사회에 있어서 경쟁의 출발점에서 핸디캡을 지고 있는 사람들이 있다. 교육의 기회균등(「널리 교육을 받을 권리」)은 이러한 사람들을 지워하고 경쟁의 출발점을 평등한 것으로 하기 위한 권리이다(교육은 물론 인간을 훌륭한 경쟁주체로 하기 위해서 뿐만 아니다. 교육의 기회균등은 인간이 같은 인간으로서 성장하기 위한 것이기도 하다).

자유로운 경쟁의 결과에는 자기책임을 지는 것이 원칙이라고 하여도, 경쟁에 져 빈곤이나 질병의 상태에 빠진 사람들이 많아지게 되었던 것을 무시할 수 없고, 계급사회가 궁핍상태의 고정화와 확대를 야기하였던 것을 직시하게 되면, 사회적 상승을 저해하고 빈궁을 계속하는 것을 개인의 책임으로 방치할 수도 없다. 빈곤이나 질병의 상태에 빠져 있는 것이 그 본인의 책임이 아니라, 우연(천재지변이나 극적인 사회변동)의 소산인 것도 많다. 지금은 문제에 직면하고 있지 않는 사람이라도 일단 유사시를 생각해서 안전망을 필요로 한다.

남녀 어느 쪽으로 태어나는 것은 우연이지만, 여성으로 태어나서 여러 가지의 불이익을 당하는 것은 옳지 않다는 관념이 높아져 갔다. 이러한 관념에서 근대법에 내재하는 차별적 취급의 시정, 즉 남녀동권을 넘어서, 근대법의 추상적인 원칙이 낳은 실제적인 차별에 대처하기 위한 시정조치가 사용되게 되었다(실제적으로 대등하지 않은 관계는 그 외에도 지주, 가주와 임차인의 관계, 대기업과 일반소비자, 대기업과 소기업의 관계 등이 있고, 이들에 있어서도 사회법적 조정이 문제로 된다).

이들에 있어서 사회적 강자의 자유를 제한하고, 사회적 약자의 지원을 하는 것은 국가이지만, 이 국가는 그 외에도 부국강병을 목적으로 하여 사회자본이나 공공물을 완비하기 위해서도 소유권의 제한을 필요로 한다(19세기 후반에는 이러한 공용수용 공출을 위한 「사회적 소유권」관념이 성립하였다).

이상과 같이 사회권은 인간을 계급적·집단적 내지 사회생활상의 그 구체적인 생활태양에 착안해서 파악하고, 장애를 가진 사람들에게 법적인 지원을 베풀어 생활을 지지하고 활동상의 실질적인 평등을 실현하려고 한다. 근대민법이 자유경쟁과 그 결과에 대한 자기책임을 원칙으로 하고 있는 것에 대해서 사회권은 자유경쟁의 제한, 진정한 자유경쟁을 위한 기반을 만들고, 또 자유경쟁의 결과에 대해서 사회적 연대의 입장에서 사전에 마련한다. 그러한 방법을 시행하는 주체는 국가나 지방공공단체이기 때문에 사회권에 있어서 적극적 국가역할이 전제로 되고 있다.

2. 사회권과 자유권의 연관성

이상과 같이 사회권은 자유권과 질이 다르지만, 이것은 양자가 양립불가능하다는 것을 의미하지 않는다. 위에서 언급하였듯이, 사회권은 자유권의 향수를 실제로 가능하게 하기 위해서 자유권을 행사하기가 곤란한 사람들을 원조한다. 사회권은 자유권을 지지한다.

헌법학에서 통상 사회권으로 파악하는 기본권 중에는 자유권을 포함하고 있는 것도 있고, 오늘날과 같은 상황에서는 오히려 자유권으로 파악하는 것이 타당한 것도 있다. 예컨대 (i) 교육권은 교육의 기회균등의 점에 있어서는 사회권이면서, 아이들이 자유롭고 독립한 인격으로서 성장하는 데에 적합한 「교육을 받는 권리」, 즉 아이들의 건전한 성장을 방해하는 권력개입을 인정되지 않는 자유권을 내재하고 있다. (ii) 노동3권이라 하여도, 각인이 가진 「휴업할 자유」의 연장선상에 있는 「스트라이크의 자유나 결사의 자유 나아가서는 가혹한 노동이나 단시부임, 출장명령의 거부를 포함해서 직장에 있어서 자유 등 자유권을 집단에 있어서 행사하고 또 집단의 힘으로 방위하는 것도 있다. 그리고 그것은 또한 노동조합 속에서 시민적 자유를 전제로 하고 있다. 또 「단결」이라는 명목에서 개인의 존엄을 침해서는 아니 된다는 점에서 자유권을 전제로 하고 있기도 하다. (iii) 생존권도 자유로운 인간이 되기 위하여 필요한 최저조건을 보장하는 점에서 자유권에 관련되어 있고, 또 「건강하고 문화적인」생활을 국민이 스스로 만들어낼 수 있다는 것을 국가는 부당한 과세나 공해를 초래하는 정책 등에 의해서 방해해서는 아니 된다는 점에서 자유권을 내포하고 있다.

이상과 같이 해서 사회권은 자유권의 수정이고, 자유권을 제약하지만, 동시에 자유권에 의해서 제약되고 있으며, 또 자유권의 지원자이고, 자유권을 내재시키고 있다. 요컨대, 사회권은 「개인의 존엄」을 지향해서 기본적 인권이 발전해가고 있는 하나의 형태이다.

그런데 우리가 사회권과 관련해서 주목해야 할 것은 위에서 언급했던 세계인권선언의 선언작성의 자료 「국제인권선언의 기초」라는 문헌(전게서 부록제2)[12)]이다.

여기에는 「시민적 · 정치적 권리」와 「경제적 · 사회적 권리」의 역사적 및 현대적 의의를 간결하게, 게다가 강력하게 기술한 후, 「새로운 권리는 권리의 목록에 부가될 뿐만 아니라, 또 과거의 권리의 완전한 의의를 분명하게 하고 또 그것들을 보편적으로 실시가능한 것으로 하였다」고 하는 관점에서 지금까지의 자본주의헌법의 인권규정에는 전혀 볼 수 없던 사회적 권리를 기술하고 있다. 즉 종래 사회적 권리는 자유권적 기본권을 우선 인정한 다음에, 그것으로 해결할 수 없는 사회문제를 처리하기 위한 수정수단으로서 인정하여왔다. 그리고 그래서 인간다운 생활을 보장한다고 하는 일반적인 사회보장과 근로자의 권리들이 무질서하게 나열되었던 것이 보통이었다. 잘 생각해보면, 인간 일반의 생존권은 시민적 자유보다 앞서, 가장 기본적인 것으로서 놓아야 하고, 근로자의 권리는 시민적 자유의 수정으로서, 논리적으로는 그 후에 와야 하는 성질의 것이었다. 실은 계급사회의 모순의 격화의 산물로서의 빈곤자를, 인간 일반의 생존권으로서 규정하는 것에서 무리가 있었다는 것이지만. 그런데 이 문헌에는 스탈린헌법과 같이 사회적 권리가 「오래된 권리의 완전한 의의를 분명하게 하고, 또 그것들을 보편적으로 실시

---

12) 「인권의 이론적 기초에 관한 유네스코 위원회」(위원장 E. H. Carr)가 1947년 7월 파리에서 작성하였다. 여기에는 사회주의국가와 자본주의국가의 대표 사이에 다투었던 토론 내용도 포함되어 있다. 위원장 카와 보고자 라스키(Harold J. Laski, 1893-1950)의 이름에서도 알 수 있듯이, 이 문헌은 깊은 사상사적 소양에 뒷받침되어 있는 전문의 부분과 15개조에 정리된 인권의 항목으로 구성되어 있다.

가능하게 하는」 현재 가장 중요하고 근본적인 인권으로서 모두에 내걸고 있다. 1. 생존권 2. 건강보전의 권리 3. 노동의 권리 4. 생활보장을 받을 권리 5에 재산권이 등장하는데, 그것은 「개인적 사용과 그 가족의 사용에 필요한 한」의 사유재산권이고, 기타 재산은 그대로는 기본권으로는 되지 않는다고 한다. 6. 교육을 받을 권리, 그리고 7부터 13까지에 종래의 개인적 권리가 기술되고, 14. 반란 또는 혁명의 권리, 15. 진보에 공헌할 권리로 마무리 짓고 있다. 이와 같은 사고방식, 즉 시민적 권리보다도 사회적 권리가 근본적이라고 하는 인권사상이 자본주의국가가 헤게모니를 가고 있는 유네스코위원회에서 문서화되었다고 하는 것은 주목해야 할 사건이다. 자본주의국의 헌법에는 아직 이러한 사상이 분명하게 되어 있는 것이 없지만, 이 인권사상도 가까운 장래의 인권규정의 변화의 일반적 경향을 시사하고 있다. 그러나 근로자의 구체적 권리를 추상적인 인간 일반의 권리로 물타기 해버릴 위험성이 없는 것은 아니다.

Ⅴ. 자유권과 사회권의 이분법론에 대한 반성

1. 문제의 소재

헌법상의 기본권규정에 대한 지금까지의 논의를 보면, 헌법이 보장하고 있는 기본권을 자유권적 기본권과 사회권적(또는 생존권적) 기본권으로 형식적으로 분류하고, 양자의 차이점에만 주목한 결과, 자유권적 기본권이라고 불리어지는 여러 기본권과 사회권적 기본권이라 불리어지는 여러 기본권의 내부에 있는 차이점들이 무시되어 버리는 경우가 아주 많다.

역사적인 맥락에서 기본권을 자유권적 기본권과 사회권적 기본권으로 양분하는 것에는 구체적인 역사적 현실이 무시되어 있다. 지금까지 역사적으로 승인된 기본적인 인권을 자유권적 기본권과 사회권적 기본권이라는 두 가지의 유형으로 구분하고, 양자를 서로 이분법적인 대립개념으로 고정하고 그 내용과 효력을 과도하게 도식화하는 기존의 기본권이론에는 다음과 같은 문제점이 있다.

첫째, 기존의 기본권론의 경향을 보면, 자유권적 기본권과 사회적 기본권을 대립적인 구조에서 파악하고 있다. 자유권이 성립되었던 근대 초기에 있어서 자유권의 역할이나 기능을 강조하면서 의식적으로 사회적 기본권과 대립시키고 있다. 이러한 대립적인 시각은 자본주의국가의 기본권을 구성하고 있는 총체적 구조를 파악하는 것을 방해하고 있다. 오늘날 자본주의국가에 있어서 자유권적 기본권은 사회적 기본권과 대립하는 것이 아니라 상호 보완 또는 보충적인 관계에 있다. 오늘날과 자본주의사회에서 '자유가 없는 생존'이나 '생존이 없는 자유'가 법적으로 무의미하여 모든 기본권이 자유권이자 그와 동시에 사회권으로서 기능해야 함에도 자유권적 기본권에 대해 그것이 발생하였던 단계에 있어서 특색을 지나치게 고정화하기 때문에, 일부러 사회적 권리와 대립적으로 보이도록 하여 기본권실천에 있어서 이분법적 구도를 고착시키고 있다.

둘째, 시민적 권리로서 자유권은 국가로부터 자유방임에 그 본질이 있고, 사회적 권리로서 사회권은 국가의 적극적 관여 보장에 그 본질이 있다는 것을 지나치게 강조하면서 전자는 개인주의적이고, 후자는 사회주의적이라 한다. 18세기의 사상계를 풍미하였던 로크(J. Locke)류의 자연법사상을 배경으로 한 시민적 권리가 그러한 것이었다는 것은 역사적 사실이지만, 현대의 헌법에 있어서도 여전히 그러한지 여부는 상당히 의심스럽다. 시민적 권리가 국가로부터의 자유이고, 전혀 국가를 예상하고 있지 않은 듯한 형태로 개인의 자유로서 상정되어 있다고 하여도, 현실에서는 항상 어떠한 국가로부터의 자유이고, 그 자유는 어떠한 형태로 국가에 의해 보장되고 있듯이, 그 내용이 정해져 있다. 자본주의적 헌법과 인권규정을 가지고 있더라도, 군주주권이면 시민의 자유는 생득의 권리가 아니고 군주주권의 자제의 결과(corollary)에 불과하다. 자유가 권리라고 생각되는 국민주권의 국가와 달리 거기에서는 자유는 상태에 불과하다고 할 수 있다. 혹은 국민주권의 국가이라도, 헌법상 시민의 자유를 권리로서 규정하였던 만큼 헌법재판소나 법원의 위헌심사권도 없을 뿐만 아니라, 시민의 자유를 보장하는 입법적 조치도 없으면, 이러한 자유는 어떠한 소극적인 의미에서도 권리라고는 할 수 없다. 국가가 헌법과 법률상 어떠한 정책을 취하는가에 따라 여러 가지 색채를 달리하는 권리로도 될 수 있다.

위에서 기술한 것은 시민적 권리라고 하여도, 국가로부터 초연한 것은 있을 수 없다는 것을 보여고 있다. 이것을, 예컨대 다이시(Albert Venn Diecy, 1835-1922)는 그 저서 『헌법연구입문(Introduction to the study of the law of the constitution)』에서 프랑스의 언론의 자유의 역사에 대해서 잉글랜드와 대비하면서 논하고 있는데, 여기에서 그는 이러한 점을 확실하게 부각하고 있다. 그것은 실은 프랑스에 그치지지 않는 사실이었다. 그렇다면, 「야경국가」를 이상으로 하였던 시대부터 「복지국가」를 이상으로 하기에 이른 현대, 다른 말로 하면, 자본주의상승기의 국가에서 일반적 위기가 점점 심화되어 가는 시대의 국가로 변화함에 따라, 규정상은 같은 시민적 권리의 내용에 변화가 있다는 것은 당연하다. 이 변화는 재산권과 영업의 자유와 같은 가장 자본주의적인 것에 대해서는 이것을 제한하는 형식으로 국가의 관여가 나타났다. 이 제한을 당연하다고 하는 사고방식을 다른 자유에 적용하면, 「공공복리」를 위해서 그것을 제한한다고 할뿐만 아니라, 시민다수(노동자)를 위해 국가는 적극적으로 자유를 보호하는 시책을 취하는 것도 당연하고 생각해야 할 것이다. 그러나 이 점이 실현하는 것은 사회주의국가에 있어서다. 이러한 점을 고려한다면, 오늘날에는 단순히 시민의 자유는 국가로부터 자유라고 말할 수 없는 실정이다.

셋째, 사회권적 기본권은 국가의 적극적 관여를 특질로 하는 권리라고 하지만, 이것을 지나치게 고식적으로 도식화하면 위에서 기술한 바와 같은 모순이 생길 뿐만 아니라 이로 인하여 야기되는 모순적인 문제는 사회주의적 기본권의 존재를 무시하고, 자본주의국가의 사회적 권리 자체가 가지고 있는 한계를 은폐하게 된다. 여기에서 사회적 권리라고 기술하고 있는 것을 사회주의적 권리로서 분류하였던 칼 슈미트(Carl Schmitt, 1888-1985)의 『헌법학(Verfassungslehre)』 등은 그 전형이라고 하겠다.

사회권적 기본권은 국가의 적극적 관여를 특색으로 한다고 하여도, 자본주의헌법의 경우에서는 그 권리를 실현하기 위해서는 국가의 적극적 시책이 필요하다고 하는 뿐이고, 필요한 구체적인 시책이 헌법상 규정되고, 그 실현이 헌법상 국가의 의무로서 명령되어 있는 것은 아니다. 그것은 국가의 장래 정책의 기준, 척도이고, 그 자체로서는 윤리적 의미밖에 없다고 하는 경우가 많다. 노동자계급의 압력에 의해 구체적 권리로서 인정될 수밖에 없게 된 노동자의 단결과 단체행동권의 경우라도, 국가는 될 수 있는 한 그것을 장래의 입법의 기준으로 해석하려고 노력하든가 입법으로 제한하려고 하는 것이 일반이다. 이러한 점과 비교하면, 국가가 물질적 보장까지 하고 있는 사회주의적 인권과는 현저히 성질이 다른 것을 알 수 있다. 게다가 사회적 권리의 내용을 보면, 자본주의제도를 취하는 한 실현해서는 아니 되는 것이 많다(권리가 강령적으로 되는 것은 기본적으로는 그 때문이다). 따라서 규정은 같더라도, 사회주의국가에서는 그 내용이 본질적으로 되는 것도 주의해야 한다.

이상에서 개관하였듯이, 「시민적 권리와 사회적 권리」라는 테마하에 파악되는 자본주의국가의 기본적 인권은 내측에서도, 외측에서도 반성해야 할 다수의 문제점을 가지고 있다. 따라서 사회적 권리의 파악방법에서도 여러 가지로 불충분한 점이 있다.

2. 평등권과의 관계

근대사회에서 자유권은 하나의 특권으로서 탄생했다. 자유권은 사회적 분할을 전제로 하며 그것을 내포하고 있다. 어떤 사람이 자유롭기 위해서는 그 자신이 피하고자 갈망하는 종속의 형태가 존재해야 한다. 지배하는 자만이 자유롭고 지배받는 자는 자유롭지 못하다. 자유권은 그 관계의 다른 한 끝이 타율인 어떤 관계이다. 그래서 자유권은 특권이자 권력인 것이다.

종래의 예에는 자유권적 기본권이라는 이름으로, 평등권도 자유권과 연관하여 자유권에 의해 규정되었다. 평등을 자유에 있어서의 평등으로 일괄적으로 취급할 수 있는 시대는 지금까지 부르조아혁명의 전후에 일정의 시기 존재하였을 뿐이고, 특히 다양한 성질의 권리가 대두되고 있는 현대사회에 있어서는 양자를 일관하여 논의하는 것은 무리다. 18세기 말의 부르조아혁명시대에는 시민의 기본적 자유는 봉건적 국가, 특권으로부터의 자유를 의미하였고, 이러한 봉건적 특권에서 해방되었을 때에, 시민은 비로소 법적으로 평등하게 되었다. 따라서 자유도 평등도 같은 헌법적 의미를 가졌었다. 그렇지만 18세기에서 19세기를 지나 산업혁명을 향해 자본주의가 전진해감에 따라 헌법상의 자유와 평등은 서서히 다른 정치적 의미와 전망을 가지게 되었다. 즉 자본가와 프롤레타리아로의 계급분열이 확실히 부의 양극분해가 서서히 극단적으로 되었기 때문에, 자유는 시민 모두의 자유가 아니라, 자본가가 무한히 부를 축적하고, 프롤레타리아는 점점 빈곤화하여 일체의 것에서 「자유」로 된다고 하는 것 자유로 변질하였다. 그러나 자본주의국가에 있어서는 이러한 자유야말로 그것이 경제적으로 어떠한 폐해를 야기하게 되면, 법률제도의 배경을 이루는 것이다. 따라서 평등의 쪽은 자유와 같이, 이것을 방치해 두는 것은 자본주의국가에 있어서는 심히 위험이었다. 따라서 평등은 법 앞의 평등이라는 형식으로, 실질을 수반하지 않은 형식적이고 권리상의 평등으로서 출발하였던 그대로, 그것 이상으로 일보도 나가지 않고 잡혀 19세기를 마쳤다. 자본주의국가의 인권규정을 보면, 예외 없이 우선 자유권이 상세히 열거되고, 평등에 관한 규정은 최소한도에 그치고 있다. 그러므로 헌법상 국가제도의 기본원리로서 인정되지 않았던 시민의 실질적 평등은 사회주의사상으로서 프롤레타리아 중에서 주장되지 않을 리는 없었다. 그 목소리가 강하게 되면 될수록 헌법상의 자유와 평등은 서로 억압하려는 기능을 수행하게 된다. 그리고 자본주의국가가 지금까지 고수했던 헌법상의 평등의 형식적 성질에서 나오는 한계 때문에, 오히려 헌법상 사회적 권리를 인정할 수밖에 없다. 이와 같이 사회적 권리의 발생을 생각하는 경우, 사회적 권리와 대립시켜 자유와 평등을 일관하여 취급하는 이상, 양자의 차이를 확실하게 할 필요가 있다. 그 점이 지금까지 무시되었기 때문에 사회적 권리가 자유권에 대해 가지고 있는 이중의 수정적인 의미가 정확히 파악되지 않았다.

사회적 기본권 자체에 대해서도 동일하게 말할 수 있다. 사회적 기본권은 종속을 의미한다. 시민적 권리에 대해서는 자유와 평등이 일괄되어서는 아니된다. 그런데 자유권 안에서도 재산의 자유도 언론의 자유도 법적으로는 모든 같은 비중을 가지는 것으로 취급되는 것이 보통이다. 그럼에도 불구하고, 사회의 실태는 재산의 자유야말로 시민적 권리의 중추를 이루는 것으로 나타났다. 이것과 같이, 통상 사회적 권리의 중추를 이루는 것은 노동자의 단결권이나 단체행동권이라는 것은 부정할 수 없다. 자유권의 경우에서는 다양한 자유권을 동일시하는 것은 자본주의국가에 있어서 재산권의 지배를 숨기는 의미를 가지고 있다. 반대로 사회적 권리에 있어서 여러 가지의 사회권을 동일시하는 것은 노동자의 단결과 단체행동권의 중요성과 구체성을 무시하고, 이것을 추상적인 노동권이나 프로그램적인 생존권, 사회보장을 받을 권리와 같은 것으로서 인하시키는 역할을 수행한다. 사회적 권리를 생존권적 인권이라고 부른다거나, 사회경제적 권리라는 것에 그치지 않고 문화적 권리로 부르는 것은 부지중 중심적인 사회권의 평등화라는 중요성을 인하시킨다.

3. 이분법의 극복

기본권의 법적 성격을 국가의 법질서 내에서의 자유로 파악하던 법실증주의적 견해(Kelsen, Jellinek)를 극복하려는 논의의 출발은 이른바 자연법사상에 입각하여 기본권의 개념을 자유권 중심으로 파악하는 견해(Schmitt)에서 비롯되었다고 한다. 위 견해는 “자유는 제도가 아니다”라는 명제를 바탕으로 하여, 기본권의 천부인권적 성격을 강조함으로써 천부적이고 선국가적(先國家的)인 것만이 기본권의 개념에 포섭되고 이에 해당하지 않는 것은 제도적 보장에 해당한다고 하였다.

그러나 위 견해는 그 후, 기본권은 헌법상의 다른 제도와 마찬가지로 사회공동체의 Konsens가 형성된 가치질서가 발현된 것이라는 점에서 동일하므로 기본권과 제도보장을 구별할 이유가 없다고 하면서, 기본권의 주관적 권리의 성격보다는 제도적인 의미에서의 객관적 질서의 성격을 중시하거나(Smend), 기본권이 주관적 권리의 성격 및 객관적 질서의 성격을 공유한다고 보는 견해(Haberle) 등에 의하여 상당 부분 극복되었다.

이러한 견해에 의하면 기본권을 전통적 분류방식인 자유권이나 그 밖의 기본권으로 구분하는 것도 거의 의미가 없다 할 것이고, 따라서 오늘날에는 헌법상 보장된 기본권은 그 어느 것이나 국가에 대한 주관적 권리로서의 성격 및 객관적 가치질서로서의 성격을 함께 갖고 있다고 하여 기본권의 양면적·이중적 성격을 인정하는 것이 일반적이다.

따라서 이러한 헌법학의 일반적인 견해를 전제로 한다면, 노동기본권의 경우에도 그 기본권의 법적 성격을 자유권이냐, 생존권이냐, 아니면 위 두 가지 성격이 혼합된 것이냐 하는 논의는 전통적인 Schmitt의 견해에 집착한 분류방식으로서 큰 의미를 갖지 아니할 것으로 생각한다. 즉, 국가라는 사회공동체의 Konsens로서 근로자의 경제적·사회적 지위의 향상을 위하여 근로자가 사용자에 대항하여 단결하고 단체교섭하며 단체행동할 수 있도록 보장하는 것이 가치질서로서 역사적으로 확인되고 있고, 헌법이 이를 보장하기 위하여 노동기본권을 규정하고 있는 것이라면, 노동기본권이 기본권의 본래적 의미에서 국가에 대한 주관적 공권으로서의 성격과 객관적 가치질서로서의 의미를 갖는다는 점은 당연히 도출될 것이기 때문이다.

실제로 노동기본권의 성격을 자유권으로 보느냐, 생존권 내지 사회권으로 보느냐, 자유권 및 생존권의 성격을 함께 갖고 있는 것으로 보느냐에 따라 헌법상 노동기본권 규정의 효력 및 적용 문제로서 집단적 근로관계를 규율하는 법규범에 대한 해석기준 및 통제기준을 설정함에 있어서 어떠한 뚜렷한 차이를 발견하기도 어렵다 할 것이다. 즉, 노동기본권의 자유권적 성격을 강조하더라도 그 본질적 내용을 침해하지 않는 한 일반적 법률유보 및 개별적 법률유보에 의한 제한이 가능하고, 그 생존권 내지 사회권적 성격을 앞세워 근로자가 노동기본권의 보장을 위한 급부를 요청할 수 있고 국가에게 그에 상응하는 헌법상 의무가 인정되어 그 구체적인 내용이 법률에 의하여 형성된다고 하더라도 그 본질적 내용을 보장하지 않는 입법까지 입법자의 형성의 자유로서 허용되지는 않을 것이므로, 노동기본권이 현실적으로 보장되는 범위는 그것을 '제한'하는 형식의 것이냐 아니면 그것을 '형성'하는 형식의 것이냐에 차이가 있을 뿐 결과적으로는 법률의 규정 내용에 의하여 정해지고, 어느 경우에나 그러한 법률을 헌법상 노동기본권의 규정에 의하여 해석하거나 통제하는 기준은 주관적 공권 및 객관적 가치질서로서의 노동기본권을 보장하고 있는 헌법적 의미에 의하여 정하여질 것이기 때문이다.

구체적인 법률문제를 추상적인 법적 성질에 관한 논의를 통해서 해결하려는 사고방식은 독일의 관념주의적인 연역적 법학방법론의 전통에서 유래된 것이라고 말할 수 있을 것 같다.13) 이러한 연역적 법학방법론은 추상적인 일반적 원칙에 구체적인 개별적 효과를 추론하려고 한다. 그렇지만 연역적인 추론이 가능하기 위해서는 그 이전에 구체적인 현상을 추상적인 개념으로 포섭하는 전제적 작업이 필요하다. 이러한 개념적 포섭작업이 정당화되면, 문제는 기존의 해결방식을 확대 또는 유추해서 해결된다. 이러한 법학방법론은, 새로운 사회문제가 야기되어서 그 문제를 법적으로 해결할 필요가 있을 때, 기존의 문제해결방식을 확대 내지 유추적용하기 위해서 그 문제의 성질 또는 성격을 규정하고, 그러한 성격규정에 따라 그 문제가 어떠한 기존의 어떠한 개념적 범주(category)에 포함되는가를 살펴보는 것에서 문제해결의 실마리를 찾으려고 시도한다. 부지중 독일식 법학방법에 익숙해져 있는 우리나라 법학자들 대부분은 새로운 규범현상이 나타나면, 그 규범문제의 법적 성질을 추상적으로 규정하고 그러한 추상적 성질에서 구체적인 사안에 대입해서 구체적 규범현상을 재단하려는 것이 일반적인 경향인 것 같다.

역사적 또는 연혁적인 차원(沿革的 次元)에서 자본주의사회의 유기적 구성을 위한 기본권을 이념형적으로 자유권 또는 생존권(사회권)으로 분류하는 것에는 그 의의가 있을지는 모르지만, 단순히 국가의 작용에 의하여 기본권을 평면적인 차원에서 자유권 또는 사회권으로 유형화하고, 이것을 곧바로 정치적 선택을 위한 규범적 도구로 이론화하는 것은 문제가 아닐 수 없다. 이러한 맥락에서 보면, 기본권의 법적 성질에 관한 학설의 대립은 다른 기본권과의 관계 속에서 실천적 의미에 있어서 무의미할 뿐 아니라 오히려 현실을 은폐하는 이데올로기적 위험성을 가지고 있다고 말할 수도 있다. 왜냐하면 이러한 분류 자체가 국가에 의한 개입을 방지하거나 또는 강화하는 이론적 또는 논리적 근거는 될 수 없다고 할 것이기 때문이다. 또한 헌법에 있어서 모든 기본권은 이미 그 보장자로서 국가를 전제로 하고 있으며, 우리 헌법 제10조는 "국가는 개인이 가지는 불가침의 기본적 인권을 확인하고 이를 보장할 의무를 진다"라고 규정하여 헌법에 인간의 존엄과 가치를 실현하기 위하여 규정된 기본권을 보장하고 실현하도록 국가에게 명령하고 있기 때문이다. 그러므로 국가는 그 연혁적인 의의가 자유권이든 사회권이든 그것에 관계없이 적극적으로 보장해야 할 의무가 있을 뿐이다. 개인들 간에 있어서 기본권이 충돌하여 쌍방을 제한하거나 어느 한쪽을 선택할 수밖에 없는 경우

13) 독일적 법사유의 성격에 관해서는 강희원, 「독일적 법사유와 한국법학의 반성」, 경희법학 제35권 제1호(2000), 15-33면 참조.

그러한 선택은 공동체의 유기적 구성을 위한 정치적 선택일 뿐이지 그 기본권의 연혁적인 의의가 자유권이기 때문에 더 보장되고 사회권이기 때문에 덜 보장되는 것은 아니라고 할 것이다.[14)]

논리적인 차원에서 기본권을 자유권과 생존권으로 성격을 규정하는 것이 가능한가라는 문제도 제기된다. 왜냐하면 "자유"와 "생존(또는 사회)"이 대립개념이 아니기 때문이다. 생존이 없는 자유란 불가능하고, 자유가 없는 생존이란 무의미하다고 할 것이다. 재산권을 정점으로 하는 시민적 기본권이 봉건국가의 정치적 세력에 대한 근대부르조아(시민)의 생존 및 자유의 확보에 그 실질이 있었다고 한다면, 노동3권을 정점으로 하는 노동기본권은 근대국가의 정치적 세력에 대한 근로자의 생존 및 자유의 확보에 그 본질이 있었다고 파악해야 할 것이다. 그러므로 모든 기본권은 본질적으로 생존과 자유 양자의 확보가 그 실질이라고 할 것이다.

기본권의 실현에 있어서 기본권의 본질을 자유권과 생존(또는 사회)권으로 구분하고 이에 기하여 차별할 필요가 없을 뿐만 아니라 또 그렇게 해서도 아니 된다.[15)] 다양한 기본권은 그 주체의 공존과 조화라는 차원에서 조정되어야지 특정주체의 이익이 자유권의 내용이기 때문에 그 본질을 침해해서는 아니 된다거나 사회권의 내용이기 때문에 그 내용을 국가, 즉 권력에 의해 자의적으로 형성될 수 있다고 해서는 아니 된다.

---

14) 헌법학에서 특정 기본권을 자유권적 기본권 또는 사회권적 기본권으로 분류하고 있는데 이러한 시도에는 당해 기본권의 실현에 대한 국가의 개입 또는 작용을 정당화하려는 의도가 있다. 즉 자유권적 기본권으로 파악하는 경우에는 국가의 자제 또는 개입금지가 정당화되고, 사회권적 기본권으로 파악하는 경우에는 국가의 적극적 형성 또는 개입이 정당화된다.

15) 기본권을 자유권적 기본권과 사회적(또는 생존권적) 기본권으로 구분하는 것은 근대자유방주의적 사유의 법학적 아류라고 할 것이다. 이러한 자유방임주의적 법학사고에 의하면, 근대시민국가에서 유산시민(부르조아)세력이 이른바 "천부적 권리(天賦的 權利)"로 주장했던 자신들의 권리들을 자유권으로 규정되고, 산업자본주의의 성립과 더불어 새롭게 등장했던 무산시민(프롤레타리아)세력이 유산시민세력에 대하여 주장했던 요구들이 법적으로 관철된 것을 사회권(생존권)으로 규정된다. 그러나 역사적으로 볼 때, 유산시민의 자유권이든 무산시민의 사회권이든 그 주체세력이 처해 있었던 사회적 상황이 달랐기 때문에 이들의 요구가 기성의 법질서에 다르게 나타났을 뿐이지 그러한 권리를 통한 요구의 본질은 생존에 기초한 자유의 확보에 있었다는 점은 동일하다고 말할 수 있다. 여기에서 자유권과 사회권(생존권)이 피상적으로 다른 문제로 되는 것은 어느 편을 주(主)로 보고 어느 편을 종(從)으로 보는가 라는 인식의 차이에서 기인한다고 할 것이다. 즉 유산시민세력을 국가주체로 보면서 이들의 양보에 의해서 무산시민세력의 생존이 보장되었다고 볼 것인가 아니면 유산시민세력과 무산시민세력을 동등한 국가주체로 인정하면서 양자의 사회적 역할의 차이에 의하여 사회적 유기적 구성방법이 다르게 되었을 뿐이라고 볼 것인가에 따라 자유권과 사회권은 다르게 인식된다고 할 것이다. 그러므로 규범적 차원에서 기본권의 성질에 따라 자유권과 사회권으로 구분하고 그 실질에 차이를 두려고 시도하는 방법론적 태도는 인간의 실질적 존엄성을 최고의 가치로 추구하면서 모든 개인과 사회적 계층의 유기적 구성을 지향하는 현대헌법국가에 있어서 지양되어야 할 것이다.

제 2 절 기본권의 입체적 파악

Ⅰ. 다양한 관점

우리가 이미 주지하고 있듯이, 기본권에 관한 우리의 이론과 견해는 우리 자신의 전통과 역사에 기초하고 있는 것이 아니라 서구유럽의 사회적 경제적 정치적 전통에 그 뿌리를 두고 있다. 어쩌면 우리가 개념이 우리의 전통적 국가개념을 타파하고 서구적 국가건설을 추구하고 있기 때문에 이러한 현실은 필연적인 것일지도 모른다. 우리에게 전제된 국가라는 개념이 서구유럽의 근대적 개념에 터를 잡고 있으므로 이러한 국가를 전제로 하고 있는 우리의 기본권개념도 결국 유럽식 개념적 맥락에서 파악될 수밖에 없을 것이다.

유럽식 기본권개념은 근본적으로 개인주의적·자유방임주의적인 전통을 기초해서 이것을 수정하고 보완하는 측면에서 기능적으로 발전해왔다. 그래서 통상 기본권에 있어서 그 역사적 측면을 강조하려고 하는 때에는 「18세기적(혹은 19세기적) 기본권과 20세기적 기본권」로 나누고, 사상사적인 측면을 착안하는 때에는 「자유주의적 기본권과 사회주의적 기본권」이라고 부르고, 그 권리내용을 중시하는 것은 「자유권적 인권과 사회경제적(문화적) 인권」이라고 부른다. 어떻든 20세기적, 사회주의적, 사회경제적 혹은 생존권적 기본권 등은 18세의 시민적·자유주의적·개인주의적·자유권적 기본권과 대치하여 논해지는 것이 보통이다.

이것은 현재에 기본권적 인권의 분류방식으로서 거의 모든 학자들이 답습하고 있는 것 같다. 하지만 이들 두 가지의 인권개념으로 단순화하고 고정화하는 방법에는 지금까지 거의 지적되지 아니한 중대한 결함이라는 것이 무시되어 왔다. 그래서 이러한 결함을 부각시키면서 이분법적 기본권말씀론을 완화하거나 보완하기 위해서 지금까지와는 다른 시각에서 기본권의 기능을 분석하고 그것을 재구성하고자 하는 다양한 시도가 이루어지고 있다.

첫째, 위험에 대한 개인의 대항력의 차원에서 살펴보면, 정치권력의 위험에 대한 개인의 방어권으로서 「자유적 기본권」, 사회적 강자의 위험에 대한 사회적 약자의 방어권으로서 「사회적 기본권」, 산업적 위험에 대한 개인의 보호권으로서 「환경적 기본권」으로 분류할 수 있고, 둘째 국가의 작용적 차원에서 살펴보면, 소극적 보장의 기본권, 인용적 참여의 기본권 및 적극적 보호요청의 기본권을 분류할 수도 있으며, 셋째 기본권 상호간의 관계적 차원에서 살펴보면, 본원적 기본권과 제한적 기본권으로 분류할 수도 있다. 또 실정법과 자연법의 구별에 대응해서 「권리」도 실정법적 권리(통상의 권리)와 자연법적 권리(자연권)로 나누고도 있다.[16]

또 기본권을 자본주의의 발전단계와 관련시켜서 분류하는 견해도 볼 수 있다.[17] 통상 우리는 근대자본주의(산업자본주의)에 대응하는 자본주의법을 근대법이라고 규정하고, 현대자본주의(국가독점자본주의)에 대응하는 자본주의를 현대자본주의라고 규정하고 있다. 자본주의사회에 있어서 국가와 개인의 역사적 관계의 존재방식은 자본주의인 한, 근대자본주의의 경우도, 현대자본주의의 경우도 동일한 구조의 것이지만, 다른 한편, 그 자본주의체제의 테두리에는 양자 간에 상당히 커다란 차이가 있다. 그러한 의미에서 또 그러한 한에서, 우리는 자본주의사회에 있어서 기본적 인권 일반이 아니라, 근대자본주의에 대응하는 근대적 기본적 인권과 현대자본주의에 대응하는 현대적 기본적 인권을 구별할 수 있고, 구별해야 할 것이다. 그렇기 때문에, 현대법이란 막연히 현대의 법을 지칭하는 것이 아니라, 근대자본주의법과 구별되는 의미에서의 현대자본주의법의 것을 가리키고 있다. 현대에 있어서 기본적 인권의 문제를 다루는 시각도 마찬가지 일 수 있다. 따라서 근대자본주의에 대응하는 근대법의 일부로서 근대적 기본권과 현대자본주의에 대응한 현대법의 일부로서의 현대적 기본인권으로 나누어 볼 수도 있을 것이다.

Ⅱ. 자본주의의 전개와 기본권

1. 근대적 기본권

자본주의사회에 있어 인간이 인간으로서 살아가기 위한 기본적 요구가 기본적

16) 그러나 이 중에서 「실정법적 권리」가 구체적으로 무엇을 가리키는지는 실제에는 파악하기 어렵다. 「실정법적 권리란 명문화되어 있는가, 판결로 인정되고 있는가라는 것」을 기준으로 정의하면, 조망권이나 인격권, 알 권리도 법원에서 인정되기 전에는 실정법적 권리는 아니었다. 그리고 저항권도 우리 법원에서는 인정하고 있지 않기 때문에 실정법적 권리는 아니다.

17) 이러한 시각은 일본의 법사회학자인 渡邊洋三의 견해이다. 渡邊洋三, 「現代資本主義と基本的人權」, 東京大學社會科學硏究所(편), 『基本的 人權 1 總論』, 東京大學出版會, 1968, 207- 217면 참조. 여기에서 이에 관한 기술은 전적으로 渡邊洋三삼의 위 글에 의존하고 있다.

「인권」으로서 나타나는데, 그 기초는 보편적인 상품교환사회의 성립에 있다. 인권사상의 사상적 계보는 이전부터 있다고 하더라도, 그 사상이 보편적인 사회사상으로서 받아들여지기 위해서는 사회적 기반이 필요하다.

인권관념은 자연권사상에 연원을 두고 있다. 자연권사상에 의하면, 인간은 인간으로서 자연적 권리를 가지고 있는데, 그러한 자연적 권리가 인권이라는 것이다. 자연권사상에는 다음의 세 가지의 내용이 포함된다. 첫째, 인간의 자연적 권리라는 경우에는 개인인 인간을 전제로 하고 있다. 따라서 인간이 개인으로서 존중된다고 하는 원칙이 기본에 관통하고 있다. 둘째, 인간의 자연적 권리라는 이상, 그것은 모든 인간이 인간인 한 태어나면서 가지는 권리이지 않으면 아니 되기 때문에, 신분, 계급, 재산 등의 차이에 관계없이, 모든 인간이 평등하다는 원칙을 도출할 수 있다. 셋째, 인간의 자연적 권리라는 사상은 그 권리가 국가에 의해 주어지는 것이 아니라, 국가 이전에 태어나면서 가지고 있는 것이기 때문에, 또 어떠한 국가의 권력에 의해서도 박탈할 수 없는 불가침의, 그리고 불가양도의 권리라는 원칙을 도출하게 한다.

이와 같은 자연권사상 및 그것에 기초한 규범적 원칙들이 사회의 단순히 일부의 사람들의 뇌리에서 생긴 사상이 아니라, 사회를 구성하는 모든 사람의 사상으로서 널리 승인되기 위해서는 단순히 인간의 관념 속에서가 아니라, 현실의 역사적 사회에 있어 실제로 모든 인간이 개인으로서 나타나고, 개인으로서 존중되고 서로 자유·평등한 인간으로서 승인한다는 원칙이 규범으로서 확립되어야 한다. 그리고 그러한 규범의 존재는 보편적인 상품교환사회의 성립에 의해, 처음으로 역사적으로 가능하게 되는 것임은 다언을 요하지 않는다. 그러한 의미에서 보편적인 상품교환사회의 성립의 기원으로 되는 근대시민사회혁명은 그것 이전에 부분적으로 등장하였던 기본적 인권사상의 성과를 집약적으로 나타내는 동시에, 그 이후에 전개된 인권사상의 전사회적 보편적 규모로의 출발점으로 되는 것이었다.

이리하여 근대시민혁명을 출발점으로 하는 근대적 인권사상은 그 담당자가 시민이고, 그 내용이 자유권이라는 것을 특색으로 하고 있다. 이러한 의미에서 근대적 인권을 「시민적 인권」이라고 부르거나 혹은 자유권적 인권이라고 불러도 좋을 것이다. 여기에서 말하는 시민적 인권의 경우에 그 주체로서의 시민은 자유시장에서 자유경쟁을 통해 사적 이익을 추구할 수 있는 자로서 관념적으로 조정된 자유, 독립, 평등의 근대적 시민, 즉 상품소유자일 것이다.

이 경우에 있어 인권은 자유권이고, 그것은 국가로부터의 자유를 의미한다. 이것은 인간생활의 기본적 요구가 실질적으로는 경제적 시민사회내부에 있어서 충족된다고 하는 것을 전제로 하고, 시민이 경제사회내부에서 그 요구를 실질적으로 충족하기 위한 인간활동을 자유로이 하는 것에 대해 국가가 간섭·침해해서는 아니 된다는 것을 의미한다. 따라서 자유권은 국가에 대한 경제적 시민사회의 자율성을 전제로 하고, 또 이것을 법적으로 표현하는 것이다. 즉 인간으로서의 생활상의 요구는 경제사회내부에 있어서 자유로운 경제법칙을 통해 기본적으로는 실현되어야 하고, 따라서 요구의 구체적 내용 자체는 경제문제이고, 권리 즉 법의 문제로 되지 않는다고 하는 기본적 전제가 여기에 있다. 따라서 국가가 개인 간섭만 하지 않으면, 시민의 기본적 요구는 경제적 시민사회내부에서 충족될 수 있고, 국가로부터의 자유라는 점만이 특히 권리=법적인 문제로서 정면에 나오는 게 된다. 이것이 근대적 인권이 자유권으로 구성되는 까닭이다.

자유권적 기본권은, 앞에서 이미 살펴보았듯이, 세 개의 카테고리로 분류할 수 있다. 즉 재산권의 자유(소유권의 자유, 그 부속으로서 계약의 자유, 직업선택의 자유 등), 정신적 자유(종교, 양심, 학문, 표현의 자유 등), 인신의 자유다. 이러한 세 가지의 자유는 불가분적 일체이고, 이 중의 어느 하나를 결하여도, 시민의 자유는 그 근본에 있어서 위협된다고 하는 내적 연관성을 가지고 있다. 즉 재산권의 자유는 상품소유자인 시민의 생존의 기초인 경제적 활동을 지지하고, 정신적 자유는 그 경제적 활동 속에서 성립하는 정신적 활동을 지지하고, 인신의 자유는 그 양자를 포함하는 인간활동의 근저를 지지하고 있다. 그 어느 하나를 결하여도, 물질적·정신적 존재로서 인간생활의 자유로운 영위를 가능케 하는 권리는 부인된다. 따라서 이와 같은 삼위일체의 자유는 바로 시민이 살기 위해 필요불가결한 자유이고, 이것을 포괄하는 것이 시민적 기본권이다.

2. 현대적 기본권

근대시민적 자유권으로서의 근대적 인권과 대비하는 의미에서 현대에 있어서 기본적 인권(현대적 기본권이라 한다)의 현상형태를 문제로 생각해보면, 그것은 첫째, 근대적 인권 그 자체가 일정한 수정·변화를 받는다는 것을 의미하는 동시에, 둘째, 근대적 인권에서는 볼 수 없었던 새로운 유형의 기본적 인권이 등장한다는 것을 의미한다. 그리고 이 양자의 문제는 동일한 기반 위에서 나오는 문제이고, 상호 불가분으로 연관되어 있다.

첫 번째의 문제에 대해서는 자유권의 변화 속에, 특히 재산권의 변화가 중심적 문제이다. 그리고 재산권의 변화에 수반해서 다른 자유권에도 다소 변동이 생긴다. 어떻든 전술한 자유권의 삼위일체성의 구조는 다소 일그러지지 않을 수 없다. 두 번째 문제는 노동기본권을 중심으로 하는 현대적 기본권의 등장이다. 근대적 기본권의 담당자가 상품소유자인 추상적 시민인 것에 대해, 현대적 기본권의 담당자는 노동자, 실업자, 빈곤자 등 보다 구체적 규정성을 띤 인간이고, 기본적 인권이 가진 의미는 제계급, 제계층에 의해 다르게 된다. 그리고 이것은 제1의 문제, 즉 자유권적 기본권의 구조에도 반영되고, 재산권의 자유, 정신적 자유, 인신의 자유 등의 고전적 자유권이 제계급, 제계층에 대해서 가진 의미도 또한 다르게 된다. 고전적 자유권의 변모와 현대적 기본권의 등장과의 상호의 매개, 규정관계의 구조 및 그 전개의 과정을 각각 사회의 경제구조와의 관계에서 역사적 실증적으로 분석하는 것은 현대적 기본권의 사회과학적 분석의 중심과제이다.

근대적 기본권에서 현대적 기본권으로 변화발전을 재촉하는 것은 자본주의의 발전이 가져오는, 시민사회의 변모 및 그것에 규정된 국가와 경제적 시민사회와의 관계(따라서 또 그 법적 표현으로서 국가와 시민과의 법관계)의 변화이다. 특히 현대자본주의에 있어서 경제적 시민사회의 자율성이 붕괴하고, 국가의 이것에 대한 개입이 전면적 결정적으로 되는 것으로 수반되고, 이 변화도 또한 결정적으로 되기에 이른다. 즉 경제적 시민사회의 자율성의 상실은 그 자율성의 법적 표현인 국가로부터의 자유라는 의미에서의 자유권이 고전적인 형태에서 존립할 수 있는 객관적 기반의 변화를 의미한다. 물론, 현대자본주의에 있어서 국가의 개입의 증대나 적극화는 사회주의에 있어서 이 경우와 다르고, 경제적 시민사회내부의 경제법칙 즉 사적 상품교환의 운동법칙을 근본에 있어서 부정하는 것이 아니라, 오히려 이 법칙에 의해서 생기는 것이고, 경제적 시민사회의 자율성의 상실이라는 현상도, 경제적 시민사회가 소멸하여 국가가 이것에 대신한다고 하는 의미의 전면적 붕괴를 의미하는 것은 아니고, 오히려 경제적 시민사회의 전면적 붕괴를 방지하기 위해 경제적 시민사회에 있어서 자본의 운동이 그 자율성의 일부를 스스로 포기하고, 국가활동에 의해 대위·보충해 주어서 자기를 유지하기 위한 것에 불과하다. 그러한 의미에서 사적 자본의 운동에 의해 규정된 경제적 시민사회의 자율성은 그 부분적 상실에도 불구하고, 혹은 그 부분적 상실을 통해 여전히 근본적으로 유지되고 있다. 자본주의경제가 아무리 국가의 개입을 받는다고 하여도, 그것이 역시 근본적으로는 사적 상품교환관계 위에 성립하는 경제인 것을 중단하지 않는 한, 상품교환관계라는 기본적 관계에 변화는 없다.

그렇다고 하면다면, 경제적 시민사회의 자율성의 법적 표현으로서 자유권이 현대자본주의에 있어서도, 또 기본적 의의를 가지고 있으며, 현대적 기본인권의 기저를 지지하고 있는 것도 당연하다. 즉 우리는 자본주의사회에 있어서 기본적 인권을 말하는 경우, 사회권의 경우와는 달리, 오늘날에도 자유권을 기초 또는 기점으로서 하지 않으면 아니 된다. 재산의 자유, 정신적 자유, 신체의 자유 등이 현대국가의 헌법에 있어서도 역시 기본적 인권의 핵심으로서 규정되어 있는 이유이다. 그것은 또한 자본주의사회의 인간이 현대자본주의사회에 있어서도 기본적으로는 사적 상품소유자인 시민의 입장을 유지하고 있으며, 그러한 의미에서 시민적 기본권의 담당자로서 존재하고 있다는 것은 당연한 귀결이다.

다른 한편, 경제적 시민사회가 국가의 개입을 필요로 하는 정도가 깊고 넓어지게 되고, 국가로부터의 자유라는 원칙은 그러한 한에서 어쩔 수 없이 다양한 수정과 변모를 할 수밖에 없다. 국가를 필요악으로 하고, 그 불개입을 전제로 하고, 경제적 시민사회내부의 자율적 운동을 통해, 인간의 인간으로서의 기본적 요구의 충족을 꾀하는 것을 지상명제로 하였던 자유주의경제의 시대와 달리, 국가의 개입을 불가결한 것으로 하고, 적극적인 국가활동에 의존해서만 경제적 시민사회가 스스로를 유지할 수 있는 현대에 있어서는 인간생활의 기본적 요구도, 국가와 분리된 의미에서의 경제적 시민사회 내부에 있어서 시민 상호간의 관계로서 자주적으로 처리할 수 있는 것은 불가능하게 된다. 즉 경제적 시민사회가 인간생활의 기본적 요구를 충족하게 하는데 족한 자기완결적인 사회가 아니라는 것이 분명하게 된 이상, 그러한 요구를 충족시키기 위해 시민사회(자본주의경제) 그 자체를 폐기하는 혁명의 길을 취하는 경우는 별도로 하고, 사적 상품교환사회로서의 시민사회를 전제로 하면서, 또 인간생활의 기본적 요구의 충족을 국가의 개입을 통해 실현한다고 하는 길을 취하지 않을 수 없다.

이리하여 근대에 있어서는 자유권의 체계가 기본적 인권이 체게인에 틀림없지만, 현대에 있어서는 고전적 자유권의 체계만으로는 기본적 인권의 체계를 구성할 수 없고, 일방에 있어서는 고전적 자유권 그 자체가 국가의 개입에 의해서 일정한 변화수정을 받는 동시에, 타방에 있어서는 자유권과 별개의 국가의 개입에 의해서만 비로소 의의를 가지는 새로운 기본권이 등장하기에 이르고, 현대적 기본권의 체계는 상호 다른 그리고 자주 상호 대립하기조차 하는 각종의 인권으로 구성된다고 하는 복잡한 구조를 띠게 된다. 현대적 기본인권의 카탈로그를 어떠한 각도에서 인식하고, 어떠한 것으로서 구성하는가에 대해 다양한 견해의 대립이 생기는 이유다.

Ⅲ. 위험과 기본권

1. 서

개인적 삶에 있어서 사회적 위험은 산업시대 이전에는 객관적인 위해(Gefahr)로서 주로 자연 및 다른 종족과의 충돌에서 발생하였다. 산업시대로 이행된 이후에는 이러한 자연적 위해는 부분적으로 줄어들었지만, 오히려 인간 스스로가 만든 위험은 엄청나게 증가하고 있다.

사회체계의 기능적 분화에 의하여 현대사회에서는 공유할 수 있는 문화가 사라지고, 현재가 불확실한 미래로 개방되고 있다는 사실은 사회 내에서 엄청난 결정압력과 고도의 사회적 우연성을 야기한다. 즉 기능적 분화가 가속화되면서 결정을 위한 가능성이 엄청나게 커져서, 사회적 대체재는 다양하게 증가한다. 그래서 모든 결정은 위험으로서 존재하고 있다. 이것이 바로 새로운 위험사회의 모습이다. 그러나 결정자에게는 불확실한 미래의 극복은 어떻게든 계산되어야 한다는 위험으로 변하고, 피결정자가 결정에 영향을 미칠 수 없는 한 결정은 그에게는 항상 위해(危害)로서 있다. 이러한 위해가 사회적 차원에서 뚜렷하게 나타난다. 여기서 위험문제는 폭발적인 사회적 힘을 가지게 된다.[18)]

사회과학영역에 있어서 위험에 대한 논의로 얻어진 사회적 형성가능성에 관한 관심은 강력한 사회형성수단으로서 법에 관한 관심으로서 법학영역에서 나타난다.[19)] 그렇지만 위험논의에서 의견일치를 보지 못하였던 다양한 입장들은 위험조종수단과 방법에 있어서도 법의 기여가능성 및 법적 수단에 대한 평가에서도 상이한 입장을 보인다. 여기서 우리는 뚜렷이 분과학으로서 법학과 사회학 간의 특유한 강조의 차이를 관찰할 수 있다. 법학적 측면에 있어서 위험에 관한 논의는 "위험사회에 있어서 법의 골동품성"[20)]을 뚜렷하게 부각시킨데 반해서, 사회과학적 측면에서의 위험과 법의 관계에 관한 논의는 위험에 관련된 행위에 대한 법적 규제의 활용가능성에 대한 희망을 보였다. 그러나 이러한 엇갈리는 태도는 문제

---

18) Bechmann, Risiko als Schlüsselkategorie der gesellschaftstheorie, in: Kritische Vierteljahresschrift für Gesetzgebung und Rechtswissenschaft 74(1991), S. 236.

19) R. Damm, Neue Risiken und neue Rechte. Subjektiverungstendenzen im Recht der Risikogesellscahft, ARSP 79(1993), S. 159.

20) R. Wolf, Zur Antiquiertheit des Rechts in der Risikogesellschaft, Leviathan 1987, S. 357-397.

에 대한 미결성의 지표이기도 하지만, 다른 한편 양 영역들의 전문가들에 있어서 시급한 학제적인 논의의 필요성을 나타내는 지표이다.

2. 위험에 대한 법의 대응양식

1) 위험의 법화(法化)로서 권리

법이 사회적 문제를 해결하는 기본적 방식은 문제를 규율의 대상으로 만들어서 법체계내로 끌어들이는 것이다: 이러한 법의 대처방식은 위험에 대해서 그대로 적용되고 있다고 말할 수 있다. 이것이 바로 위험의 법화(Verrechtlichung)현상[21]이다. 이러한 현상은 사회공공영역에 있어서 위험행위를 일반적으로 금지하거나 특정인에게 적극적인 위험방지의무를 부과하면서, 개인적 영역에 있어서 법주체 개인에게 위험에 대한 방어수단을 법적으로 보장하는 것으로 나타난다. 전자와 관련하여 우리는 국가에 의한 적극적 사회형성의 과제로서 사회공동체의 관리자인 국가 그 자체의 위험관리문제를 논의하고, 후자의 경우에 우리는 위험행위에 대한 이해관계자의 이익주장가능성으로서 권리의 보장문제를 생각하게 된다.

이렇게 볼 때, 법과 법학이 최근 위험사회학에서 논의되고 있는 바와 같은 위험개념은 가지고 있지 않았지만, 위험문제가 국가의 과제와 권리보장의 형태로 법학적 담론에서 이미 심도 있게 논의되고 있다는 것을 감지할 수 있다. 특히, 개인주의사상이 법사고를 지배하면서 개인에 대한 권리보장문제, 즉 인권(人權)보장의 문제가 법과 법학의 중심적 주제로 된 이후부터 법이 정치적·경제적·사회적 위험에 대한 대항수단으로서 법주체의 권리를 강화시켜 왔으므로 사회과학이 논의하는 기술과학적-생태학적 위험도 법학의 영역에서 「새로운 위험에 대한 새로운 권리」라는 주제 하에서 이미 만남이 예정되어 있었다.[22]

우리는 새로운 위험이 어떻게 법화(法化, Verrechtlichung)되고 있는가라는 문제를 "위험에 대한 권리"[23]라는 주제 하에서 파악해 보기로 한다. 이를 위해서 위험과

---

21) 법화의 현상에 관해서는 R. Voigt(편저), Verrechtlichung. Analysen zu Funktion und Wirkung von Parlamentarisierung, Bürokratisierung und Justizialisierung sozialer, politischer und ökonomischer Prozesse, Königstein 1980; F. Kübler(편저), Verrechtlichung von Wirtschaft, Arbeit und sozialer Solidarität. Vergleichende Analyden, Frankfurt, 1985; J. Habermas, Theorie des kommunikativen Handelns, Bd. 2: Zur Kritik der funktionalistischen Vernunft, 4. Aufl., Frankfurt S. 522-547; 졸고, Gesetzesflut und rechtsfreier Raum, Freiburg Diss., 1990, S. 9-10 참조.

22) Damm, 앞의 논문, 159-187면.

23) Schroeder, Rights against Risk, Columbia Law Review 86(1986), pp. 495.

권리의 상관관계, 즉 특정한 질(質)의 위험에 있어서 권리가 어떠한 기능을 수행하였는가를 이해해야 한다. 즉, 법사(法史) 속에서 법적 규칙과 제도의 형성이 직면하였던 위험의 질을 역사적으로 분석한 다음, 권리와 권리주체의 지위(권리주체성)의 법이론적인 위치와 법정책적인 기능을 파악할 필요가 있다. 왜냐하면 어떠한 위험에 대하여 어떠한 권리가 어떻게 권리주체의 지위를 규범적으로 안정시켰는가는 권리와 권리주체의 지위에 대한 근본적 고찰 없이는 불가능하기 때문이다.

2) 권리와 법주체의 지위(권리주체성)의 기능

권리의 개념과 법주체의 지위에 대한 확정은 법말씀론(Rechtsdogmatik)[24]의 출발점이다. 때문에 권리와 권리주체의 지위(권리주체성)는 법철학과 법이론의 고전적 주제로서 복잡하고 때로는 서로 대립되기도 하는 개념이며, 지금까지 끊임없이 새로운 차원에서 논의되고 연구되는 대상이다.[25] 권리와 권리주체성에 대한 생각을 어떻게 평가해야 되는가라는 문제에 대하여 통일적으로 대답하는 것은 대단히 어렵다. 하지만 우리는 권리가 상이한 역사적 형성배경에서 권리주체성(권리주체의 지위)의 가치가 어떻게 다르게 반영되는지를 생각해보면, 그 회답을 찾을 수 있다.[26]

17,18세기의 시민법에 있어서 봉건적 전통을 제거하기 위한 자유방임주의운동은 자기결정, 시민주권 및 사회에 대한 국가적 개입배제를 권리와 권리주체의 지위라는 형식으로 제도화하였으며, 20세기에는 이른바 사회적 법영역에 있어서 자유방임적 전통에 대한 대항운동이 복지국가적 개입과 조합주의적 조성의 형태로서 권리와 권리주체의 지위에 주조되었다.[27] 어떻든 시민의 자기결정과 주권 및 국가적 개입배제에 기초한 시민법적 구성은 봉건적 신분질서를 자본주의시장적 거래질서로 대체하기 위한 가치조작이며, 시민법에 의한 법률관계에 대한 규율은 시장에서 이루어진 거래관계를 정당화하기 위한 자유방임주의적 시도였다면, 자유방임적 전통에 대한 반동작용 즉 국가에 대한 열망과 조합주의에 기초한 사회법적 구성은 시민법적 규율이라는 허구의 붕괴에 대한 보충적 시도로서 나온 것임이 역사적으로 자명하다.[28]

---

24) 강희원, 『법의 녹색화와 녹색법학 - 인간중심적 법이론의 반성과 환경법철학의 기초정립을 위하여』, 법 및 사회철학 한국학회(편), 「법철학과 사회철학」 제4집(1994) 93-163면, 각주 61번 참조.

25) 권리주체의 자격, 즉 권리능력의 역사적 변천과 그 정치적·경제적·사회적 기능에 대해서는 졸고, 위 같은 곳,

26) 위 같은 곳.

27) S. Simitis, Stolpersteine der privatrechtsgeschichte, Rechtshistorisches Jouranl 8(1989), S. 3ff.

28) 강희원, 『노동쟁의와 사법질서 - 사적 노동법인가 형식적 합리성의 파탄인가?』, 경희법학연구소 「경희법학」 제28권 제1호(1993년), 134면 이하 참조.

자유방임주의적 전통, 복지국가적 개입, 조합주의적 조성을 권리와 권리주체의 지위와 관련해서 자세히 생각해보면, 결국 그것은 그 당시 사회에 있어서 지배적 위험에 대한 개인의 지위확보, 권리화를 위한 시도로서 정리할 수 있다. 이렇게 볼 때, 권리와 권리주체의 지위의 변화는 사회변동의 단면이며, 권리화는 사회적 차원에 있어서 위험에 대한 권리주체의 대응수단의 강구이자, 그것에 관한 부분적 정당화를 의미한다. 이러한 대응수단으로서 권리화가 공격적 성격을 가지는지 또는 방어적 성격을 가지는가는 위험의 성격에 따라 상이하다. 또 이러한 권리화 과정은 사회적 발전 또는 변화에 따라 상이한 형태로 진행되었다. 짧게나마 비교해보면, 권리화단계는 법화(法化: Verrechtlichung)의 역사적 단계[29]의 테두리에서 특징적으로 나타난다. 그러므로 권리화의 현상은 법치국가적 권리화, 사회국가적 권리화, 새로운 권리화로 구분할 수 있다. 그러나 이러한 역사적 전개형태는 그것의 동시성과 상호개입성을 배제하는 것은 아니다. 아래에서는 각 권리화단계의 특성만을 비교하는 관점에서만 보기로 한다.

3. 사회적 발전단계에 있어서 법화의 대상으로서 위험의 유형

법화과정에서 위험의 내용과 특성을 자세히 특정하는 것은 매우 어려운 문제이다. 그렇지만, 위험원(源)과 위험부담자를 분석해보면 그 특성을 어느 정도 유형화할 수 있을 것이다. 그러나 위험의 질은 어느 위험이 법적으로 보호된 또는 보호할 만한 이익을 어떻게 위협하는가라는 문제와 관련되어 있기 때문에, 보호법익의 측면을 일정한 관점에서 고찰하면 그것을 유형화할 수 있다. 위험과 그것에 대한 보호법익의 관계를 역사적으로 분석해보면, 위험의 역사적 단계가 정치적, 사회적 및 기술과학적-생태학적 위험관계로 중첩적으로 전개되어 왔다고 말할 수 있다.[30] 근대자본주의 초기단계에서 시민계급은 정치권력을 필요악으로 생각하면서, 개인의 영역에 대한 정치권력의 개입을 최소화하려고 시도하였다. 정치적 위험은 근대사회에 있어서 국가와 사회의 관계형태로 부각된다. 정치적 위험은 개인에 대한 정치권력을 이용하여 개인적 자유가 박탈되는 것을 의미한다. 그 다음의 단계가 사회적 위험인데, 이는 시장영역에서 개인의 자유가 과도하게 실현되는 과정에서 야기되는 사회적 갈등에 의한 위험이다. 마지막으로, 현대사회의 과학과 기술이

29) 이에 관해서는 J. Habermas, Theorie des kommunikativen Handelns, Bd. 2, Frankfurt, 1981, S 522ff. 및 졸고, Gesetzesflut und rechtsfreier Raum, Freiburg Diss., 1990, S. 32ff. 참조.

30) Damm, 위 같은 논문, 163면과 비교.

발전하는 과정에서 생기는 위해잠재력에 대한 반응양식으로서 문제되는 것이 기술과학적-생태학적 위험이다.

각 위험에 대한 반응형태로서 권리화의 내용을 살펴보면, 정치적 위험에 대해서는 개인의 자유권보장이라는 형식으로 권리화가 진행되는데, 그 핵심은 시장자본주의사회에 있어서 자유의 실질과 내용을 구성하는 사유재산에 관한 권리의 절대적 보장이다. 사회적 위험에 대한 방어에 있어서 사회적 강자에 대한 사회적 약자의 위험이 관심의 대상이 되며, 그것은 복지국가적 사회보장으로서 주로 재산권행사의 자유에 대하여 사회적 약자들의 경제적 생존을 보장하는 것을 목적으로 한다. 그런데 기술과학적-생태학적 위험에 있어서는, 종래의 정치적 위험과 사회적 위험에서와는 달리, 주체의 대립적 관계와 보호이익을 일의적으로 결정할 수 없게 된다. 이러한 의미에서, 뒤에서 살펴보는 바와 같이, 기술과학적-생태학적 위험은 정치적 위험 및 사회적 위험과는 다른 차원의 새로운 위험이라고 말할 수 있겠다

위험의 내용과 법화의 전개과정을 연결시켜서 권리화의 단계를 이념형적으로 구분해본다면, 우리는 법치국가적 권리화를 『정치적 위험의 법화』로, 사회국가적 권리화를 『사회적 위험의 법화』로, 새로운 권리화를 『기술과학적-생태학적 위험의 법화』로 이해할 수 있다.

4. 권리화의 역사적 전개

1) 법치국가적 권리화 : 정치적 위험의 법화

권리화의 첫 단계는 법치국가의 성립과 더불어 시작한다. 그러므로 권리화의 특질은 법치국가적 법화(法化: Verrechtlichung)와 밀접하게 연관되어 있다. 법치국가의 원리는 국가권력은 국민의 대표가 규정해 놓은 법에 의하여 행사되어야 한다는 근대부르조아계급의 정치적 결단으로서 권력에 대한 회의에서 출발하고 있다. 법치국가적 법화는 근대부르조아계급의 자유를 극대화하기 위한 정치권력에 대하여 법적 올가미를 씌우는 과정이라고 말할 수 있다. 이러한 법치국가적 법화는 시민 개인의 차원에서 보면 법치국가적 권리화로 나타난다. 그러므로 법치국가적 권리화는 이른바 「개인의 사회」라는 자유방임주의 정치적 이상을 법제도적으로 확보하기 위한 적극적인 처방이라고 말할 수 있다.[31] 법치국가적 권리화는 사회

---

31) 자유주의의 이념에 관해서는 J.H. Hallowell(한기식 역), 자유주의이념의 몰락, 위성문고 15, 법문

의 영역에 시장의 논리를 극대화하는 하는 한편, 국가의 영역에서 정치의 논리를 극소화하는 것에 그 목적이 있다. 체계이론적 시각을 빌어서 말한다면, 법치국가적 권리화는 개인의 권리보장을 통하여 경제체계에 대한 정치체계의 간섭 내지 개입을 억제하려는 것을 의미한다. 그러므로 법치국가적 권리화의 기본이념은 개인에 대한 권리주체성의 인정, 국가적 후견에 대한 개인의 자기결정의 우월 및 이를 보장하기 위한 법의 경계설정적 기능을 명확히 하는 것이다. 이것은 권리의 개념사(史)[32]에 그대로 나타나 있다.

우리가 이미 근대사를 통해서 잘 알고 있듯이, 권리(Subjektives Recht)는 고전적 시민법의 형성과 발전의 핵심적 요소이다. 시민법의 권리개념은 칸트철학에서부터 17,18세기의 자연법론 또는 이성법론을, 그리고 19세기의 후기칸트철학, 역사학파, 주석학파 및 이익법학파를 거쳐서 정치하게 발전해오다가, 20세기에 들어와서 개인적 자율과 사회적 구속의 긴장관계 속에서 그의 일부 또는 전부가 변경된다.[33] "일방의 자의가 자유의 일반원칙에 따라 타방의 자의와 일치할 수 있는 조건의 총개념으로서"[34] 법이라는 칸트(Immanuel Kant, 1724-1804)의 유명한 법개념과 개인에게 부여된 "개인의 의사가 지배하고 우리의 합의에 의하여 지배하는 영역"으로서 권리와 "개인이 타인의 의사와 독립해서 지배하여야 하고 개인의 의사에게 주어져 있는 개인과 개인의 관계로서 법률관계"[35]라는 사비니(Friedrich Carl von Savigny, 1779-1861)의 유명한 개념공식이 확립된 이래, 개인적 자율에 관한 자유윤리가 권리와 의사지배 및 자유의 기반으로서 정초되었다. 이러한 관념들은 오늘날에도 여전히 권리의 개념요소와 이른바 "의사이론"에 그대로 반영되어 있다. 이러한 관념을 프흐타(Georg Friedrich Puchta, 1798-1846)[36] 및 빈트사이트(Bernhard Windscheid, 1817-1892)[37]에 의하여 더욱더 발전되어서 권리개념은

사, 1960 참조.

32) 권리의 개념사에 관해서는 H. Coing, Zur Geschichte des Begriffs "subjektives Recht", in: ders., Gesammelte Aufsätze zu Rechtsgeschichte, Rechtsphilosophi und Zivilrecht 1947-1975, Bd. I, Frankfurt, 1982, S. 241-262 참조.

33) K.-H. Fezer, Teihlhabe und Verantwortung. Die personale Funktionsweise des subsubjektiven Privatrecht, München, 1986, 173ff; U. K. Preuß, Die Internalisierung des Subjekts, Zur Kritik der Funktionenweise des subjektiven Rechts, Frankfurt, 1979 S. 15; F. Kasper, Das Subjektive Recht - Begriffsbildung und Bedetungsmehrheit, Karlsruhe, 1967, S. 49ff; Habermas, Faktität und Geltung, Frankfurt, 1992, S. 109ff. 참조.

34) E. Kant, Die Metaphysik der Sitten, Werkausgabe VIII hrsg. v. W. Weisschedel (suhrkamp taschenbuch 190), Frankfurt 1979, S. 337.

35) Savigny, System des heutigen Römischen Rechts, Bd.1, 1840, §4, 53.

36) Cursus der Institutuinen, Bd. I, 1841, §§ 6,23,29,30.

37) Pandektenrecht, 1.Band, 1862, § 37.

사법체계의 중심적 위치를 차지하게 되었으며, 그와 동시에 권리개념은 철학적 기반에서 벗어나서 독자적인 법말씀론적 개념(Rechtsdogmatischer Begriff)으로 탈바꿈하게 되었다.[38] 그 후 예링(Rudolf von Jhering, 1818-1892)에 의하여 권리는 '법적으로 보호된 이익'으로서 새로이 개념규정된다.[39] 예링의 이러한 시도는 지금까지 윤리적 차원에서 정의 내렸던 권리의 개념을 경험적 · 실천적 · 공리주의적 또는 사회학적 시각에서 수정하는 것을 의미한다.[40]

자본주의경제체제에 있어서 권리개념의 경제적 함의는 토대로서 사유재산(권)의 보장과 시장에 있어서 권리의 형식으로서 사유재산에 대한 지배의 이전(移轉)이다.[41] 사실 고전적 권리는 재산에 관한 권리 및 재산을 위한 권리이며, 권리개념은 재산권과 재산권의 주체와의 상호관계에서 발전하였다. 무엇보다도 물(物)에 관한 권리가 가장 완전한 권리의 형태이다. 권리는 재산관계 뿐만 아니라 시장관계 및 재화영역에 대한 광범한 동원과 처분의 수단으로서 기능한다. 시장관계와 재화관계가 바로 권리의 개념을 부각시켜주고 있다.[42]

법치국가적 권리화의 핵심은 형식적으로는 개인의 자기결정에 있는 듯하지만, 실질적으로는 소유권의 절대적 보장과 시장에 있어서 소유권의 자유로운 행사에 있다. 사소유권(私所有權)을 토대로 하는 법치국가적 권리화는 시장영역에 있어서 권리의 공격적 행사를 가능하도록 하므로 머지않아 야기될 새로운 위험을 이미 잉태하고 있었던 것이다. 개인에 대한 권리주체성 인정, 국가적 후견에 대한 개인의 자기결정의 우월 및 이를 보장하기 위한 법의 경계설정적 기능규정이라는 기본이념에 철저한 법치국가적 권리화는 권리를 기초하여 개방적 사회로 나아가는 필요조건은 성취하였으나, 충분조건은 이룩하지 못하였다고 평가할 수 있다.

2) 사회국가적 권리화 : 사회적 위험의 법화

법치국가적 권리화가, 한편으로는 자본주의의 가속적인 발전을 가져왔지만, 다

---

38) F. Wieacker, Privatrechtsgeschichte der Neuzeit, 2. Aufl., 1967, S.399ff.; F. Kasper, Das Subjektive Recht - Begriffsbildung und Bedetungsmehrheit, Karlsruhe, 1967, S. 49ff; Habermas, Faktität und Geltung, Frankfurt, 1992, S. 69ff.

39) R. v. Jhering, Geist der römischen Rechts auf den verschieden Stufen einer Entwicklung, 5.Aufl., 1906, S.399.

40) Habermas, Faktität und Geltung, Frankfurt, 1992, S. 113.

41) P. Hofmann, Subjektives Recht und Wirtschaftsordnug, Stuttgart, 1968, S. 39-41.

42) 권리의 사회적 기능에 관해서는 Luhmann, Zur Funktion der Subjektiven Rechte, in: Jahrbuch für Rechtssoziologie und Rechtstheorie Bd. 1, 1970, S. 321ff, 특히 388ff.; J. Schmidt, Zur Funktion der subjektiven Rechte, ARSP 1971, S. 384-397 참조.

른 한편에서는 시장영역에서 권리의 공격적 행사로 말미암아 부(富)의 집중과 빈부의 격차를 법적으로 정당화하는 결과를 가져와서, 사회 전체적 차원에서 볼 때 사회적 위험을 극도로 증대시켰다. 그래서 소유개인주의적인 이념에 기초하고 있는 고전적 시민법은 정당성의 위기를 맞이하였다. 이러한 정당화위기는 자유방임주의의 병참기지의 역할을 담당하고 있던 종래의 법형식과 권리개념을 그대로 놓아두지 않았다. 특히 권리는 소유권중심적 주체관계 때문에 종래의 집단주의적 사유전통과 이에 기초하고 있는 정치사상의 공격을 받았다. 이러한 공격적 논의는 권리에 대한 반대운동, 수정, 상대화, 그리고 권리의 부정과 해체를 확실한 요건으로 반영하고 있다. 민족사회주의 및 국가사회주의의 정치적 체계와 나란히 켈젠(Hans Kelsen)의 순수법학의 법실증주의, 사회학적 실증주의, 스칸디나비아의 법현실주의 및 체계기능주의와 같은 법이론적 사고노선이 그러하다.[43]

예컨대, 도이치 사법사(私法史)를 살펴보면, 20세기 후반기에 들어오면서 권리의 내용에 사회윤리적 요소가 점점 강화되어가는 경향을 뚜렷하게 알 수 있다.[44] 이들 경향의 차이와 불명료성에 불구하고, 이들은 개인주의적 자유윤리, 방임적 경제윤리 및 추상적 형식적 법구조를 비판하고 또 법의 실질화과정에 있어서 권리를 내적으로 새로 구조화하고 외적으로 보완하는 것이 공통적인 경향이라고 말할 수 있다. 이러한 귀결은 의무와 책임의 상대화, 사회보호, 연대 및 권리의 제도연관성의 요청으로 요약될 수 있다.[45] 그러나 "권리의 사회적 의무성"을 널리 강조하는 것은 법적으로 보호된 개인의 지위를 무차별적으로 반대하지는 아니한다. 하지만 사회적 의무성의 강조는 특별히 주관적 자의의 법으로서 시민법의 고전적 권리개념을 겨냥하고 있으며, 그래서 특히 "'재산권'의 모델기능"이 해체되는 결과를 가져왔다.[46]

사회 전체적 차원에서 보면, 19세기 후반부터 사회적 위험에 대한 사회경제적 약자의 보호가 절실하게 요청되었다.[47] 이러한 요청은 국가에 의한 사회에의 개

---

43) Fezer, Teihlhabe und Verantwortung. Die personale Funktionsweise des subsubjektiven Privatrecht, München, 1986, S. 270ff; Preuß, Die Internalisierung des Subjekts, Zur Kritik der Funktionenweise des subjektiven Rechts, Frankfurt, 1979 S. 24ff.; Kasper, Das Subjektive Recht - Begriffsbildung und Bedetungsmehrheit, Karlsruhe, 1967, S. 104ff; D. Grimm, Solidarität als Rechtsprinzip, 1973 참조.

44) Preuß, Die Internalisierung des Subjekts, Zur Kritik der Funktionenweise des subjektiven Rechts, Frankfurt, 1979, S. 29.

45) 이와 관련하여 L. Raiser, Der Stand der Lehre vom subjektiven Recht im Deutschen Zivilrecht, JZ 1961, S. 465; Wieacker, Das Modell der klassischen Privatsrehtsgesetzesbücher und die Entwicklung der modernen Gesellschaft, 1953 참조.

46) Luhmann, Subjektive Recht, Zum Umbau des Rechtsbewußtseins fur die moderne Gesellschaft, in: der., Gesellschaftsstruktur und Semantik Bd.2, 1981, S. 89면.

47) 이러한 사회적 요청에 부응하여 19세기 후반기부터 현대적 사회보장제도가 성립한다. 이에 관해

입으로 나타나고, 이것이 "법의 사회화"[48]라는 형식으로 표현되었다. 이것은 고전적 권리의 "해체" 뿐만 아니라 새로운, 즉 독특한 사회국가적 권리화를 광범하게 촉진시켰다.[49] 즉 사회국가는 수많은 새로운 권리에 관한 기획의 실현을 의미한다. 권리가 사회국가와 연관되면서 청구기초인 권리의 역량은 고전적 법치국가에서는 예상하지 못한 방향으로 발전해 나간다. 사회국가의 특수한 현상, 이른바 사회국가적 개인화 또는 주관화가 표면화된다.[50] 즉 사회국가적 보장은 개인의 법적 청구권으로서 형성되고, 청구권은 계획적으로 행위하는, 사적 이익을 추구하는 법주체에 귀속되는 상황이 현실화된다.[51]

그러므로 사회국가적 권리화의 특질은 사회국가적 법화의 성질과 관련되어 있다. 법치국가적 권리화가 정치체계에 대한 억제에 그 초점이 겨냥되어 있다고 말할 수 있는 데 반해, 사회국가적 권리화는 경제체계에 대한 억제를 목적으로 하고 있다고 말할 수 있다. 사회국가적 권리화는 사회국가의 보호규범이 광범하게 개인을 위한 보호권의 형태로 제도화되는 것을 의미할 뿐만 아니라, 이러한 보호권은 두 의무주체를 전제로 하고 있다. 즉 사회적 권리는 한편으로 국가에 대한 권리로서, 다른 한편으로는 시장력을 가진 사인에 대한 권리로서 기능한다. 사회국가적 실체법관계는 국가의 복지담당관료와 권리주체의 사회법적 관계에서 뿐만 아니라 사회국가적으로 순화된 사적 법률관계(私的 法律關係)에서도 청구권의 구조로서 표현된다. 그러나 이러한 청구권은 재산소유 그 자체에 그 핵심이 있는 것이 아니라, 생존보장의 견지에서 사회적 세력강화에 그 중심이 있다.[52]

알다시피 최근에 들어와서 서구에서는 사회국가적 기획의 계속적인 발전 보다는 사회국가이론의 위기 및 사회국가 자체의 위기라는 문제로서 사회국가적 발전의 부정적 측면이 논의되고 있다.[53] 이러한 논의에서는 복지국가의 재정적 위기 또는 국고위기, 조절위기와 사회구조적 위기가 위기적 국면으로서 다루어지고 있다. 사회국가의 위기론은 주체에 대한 통제와 감시라는 위해를 조절이론적 사회

서 G. v. Rimlinger(한국사회복지학연구회 역), 사회복지의 사상과 역사, 한울, 1991 참조.

48) 법의 사회화에 관해서는 Henke, Die Sozialisierung des Rechts, JZ 1980, 369ff. 및 졸고, 『노동쟁의와 사법질서』, 경희법학연구소, 「경희법학, 제28권 제1호(1993), 135면 이하 참조.

49) Luhmann, Subjektive Recht, Zum Umbau des Rechtsbewußtseins für die moderne Gesellschaft, in: der., Gesellschaftsstruktur und Semantik Bd.2, 1981, S.89.

50) Damm, 위 같은 논문, 176면.

51) Luhmann, Subjektive Recht, Zum Umbau des Rechtsbewußtseins für die moderne Gesellschaft, in: der, Gesellschaftsstruktur und Semantik Bd.2, 1981, S. 87,88.

52) Damm, Neue Risiken und Neue Rechte. Subjektivierungstendenzen im Recht der Risikogesellschaft, ARSP 1993, S. 177과 비교.

53) Habermas, Die neue Unünersichtlichkeit, Frankfurt,00 1985; Luhmann, Politische Theorie im Wohlfahrtstaat, Opladen, 1981; 졸고, Gesetzesflut und rechtsfreier Raum, Freiburg Diss. 1990.

문화적 위기라는 측면에서 복지국가적 규제가 사회적 이음새에 끼어들어온 결과로서 강조한다. 여기서 사회과학적 관심의 대상인 "생활권의 식민화"[54]라는 테마와 이를 법학적으로 수용한 법화(法化)에 관한 논쟁은 공동의 대화광장에서 만난다.[55] 이것은 사회국가적 권리화가 보호메카니즘의 양면성, 즉 피보호자의 생활조건의 개선과 "그의 생활권의 점령"[56]을 가지고 있다는 것을 의미한다.[57]

5. 기술과학적-생태학적 권리화: 기술과학적-생태학적 위험의 법화

1) 새로운 권리

기술과학적-생태학적 위험에 대한 법적 형성가능성, 즉 위험사회의 법적 모델화를 둘러싼 논쟁이 다양한 차원에서 시작되고 있다. 이러한 논의는 대부분 위험수반적 결정을 위한 절차와 조직을 만드는 것에 귀착되는데,[58] 여기서 기술과학적-생태학적 위험에 대한 개인의 법적 지위(권리주체성)에 관한 문제는 법적 형성가능성에 관한 논쟁의 가장 중요한 단면이다. 개인의 보호적 지위의 보장이 논의의 가장 중요한 핵심이다. 법주체의 측면에서 볼 때 기술과학적-생태학적 위험의 법화는 새로운 권리를 만드는 것이다.[59]

그런데 새로운 권리와 관련하여 상당한 문제들이 야기되고 있다. 개인의 보호적 지위의 법정책적 의미, 법말씀론적 구조 및 이에 관한 이론이 아직 공고하게 확정되어 있지 않고, 또 상호대립적인 권리들은 단순히 열거할 수 없을 정도로 매우

54) Habermas, Theorie des kommunikativen Handelns, Bd.2, 4.Aufl., Frankfurt, 1987, S. 482.

55) R. Voigt(편저), Verrechtlichung. Analysen zu Funktionen und Wirkung von Parlamentarisierung, Bürokratisierung und Justizisierung sozialer, politischer und ökonomischer Prozesses, Königstein, 1980; F. Kübler(편저), Verrechtlichung von Wirtschaft, Arbeit und sozialer Solidaritat, Frankfurt, 1985 등 참조.

56) Simitis, Zur Verrechtlichung der Arbeitsbeziehung, in: Kübler(편저), Verrechtlichung von Wirtschaft, Arbeit und sozialer Solidaritat, Frankfurt, 1985, S.121; 법화의 양면성에 대해서는 Habermas, Theorie des kommunikativen Handelns, Bd.2, 4.Aufl., Frankfurt, 1987, S.531.

57) 이러한 진단에 대한 동조와 반박은 지금까지 매우 대립적인 방향에서 논의되었지만, 여기에서는 이에 관한 자세한 언급은 생략하기로 한다. 다만 한 마디만 덧붙인다면, 이러한 진단에 나타나 있는 기본적 시각이 생활권의 식민화와 법률관계의 "탈개인화"의 상호관계를 부각시키고 있다는 것이다. 식민화의 대안이 법률관계의 재개인화(再個人化)의 형태로서 시사되고 있다는 것은 또 하나의 아이러니라고 할 수 있지만, 이것은 매우 흥미로운 일이다. 이러한 시각은 개인의 생활권에 관한 처분권과 자기결정권을 보장하는 것에 겨냥되어 있다고 할 것이다.

58) 이것이 바로 기술과학적-생태학적 위험과의 대화를 위한 사회과학적 모색을 법제도로 정착시키려는 시도인데, 이러한 시도는 앞에서 살펴본 바(III, 4)와 같이 이론적으로 뿐만 아니라 현실적으로도 많은 문제점을 안고 있다.

59) Damm, 위 같은 논문, 168면.

다지하고 또 그 내용을 그 자체만으로는 정할 수 없다. 이러한 현상은 생태학적 또는 기술적 갈등을 둘러싸고, 상호대립적인 새로운 권리를 신설하거나 기존의 권리에 새로운 내용을 첨가하여 권리의 목록을 다양하게 구분하기 때문이다.

하지만, 오늘날 우리는 기술과학적-생태학적 결정행위와 연관된 위험영역에서 실무적으로 승인된 권리의 새로운 목록을 볼 수 있다. 이들 중 가장 뚜렷한 영역이 핵기술, 정보기술, 유전공학기술의 영역이다.[60] 이들 각 영역에 있어서 권리화에는 상당한 독자적인 독립변수가 있는 것처럼 보인다.[61] 물론 일정한 권리를 특정기술영역에만 배타적으로 관련시키는 것은 문제이다. 그렇지만 한 영역을 대표하는 권리화의 핵심을 제시할 수 있다. 예컨대, 독일의 경우를 살펴보면, 핵기술에 대한 집중적인 논쟁과정에서 핵에 관련된 기본권(이른바 "핵기본권"),[62] 환경보호에 관한 기본권,[63] 안전에 관한 기본권,[64] 차세대기본권,[65] 공포로부터의 자유[66] 등이 제기되었다.[67] 뿐만 아니라, 핵에너지에 관한 논쟁은 헌법상 국가의 보호의무라는 개념을 발전시키는 데에 중추적 역할을 하였다.[68] 국가의 보호의무는 기본권의 법적 기능과 주관적 보호청구권과의 관계에서 도출된다고 한다. 정보기술의 영역에서는 기술과학적 권리화의 변수로서 정보의 자기결정에 관한 기본적 권리[69]가 법적 논의의 중심이었다.

결국, 새로운 권리화현상을 체계이론적 시각[70]에서 파악해 본다면, 새로운 권리화는 탈현대사회의 중심적 체계로서 기능하고 있는 기술과학적 체계에 대한 법화(法化: Verrechtlichung)와 연관되어 있음을 알 수 있다. 새로운 권리화는 권리주체로서 개인에게 한편으로는 기술과학의 이익을 향수하는 권리를, 다른 한편으로는

---

60) 위 같은 곳.
61) 위 같은 곳.
62) A. Roßnagel, Grundrechte und Kernkraftwerke, 1979; H. Hoffmann, Rechtsfragen der atomarem Entsorgung, 1981.
63) M. Kloepfer, Zum Grundrecht auf Umweltschutz, 1978. 우리헌법은 환경권을 명문으로 규정하고 있다.
64) Robbers, Sicherheit als Menschenrecht, 1987; Isensee, Das Grundrecht auf Sicherheit, 1983.
65) P. Saladin/Ch. A. Zenger, Rechte künftiger Generation, 1988, 우리나라에서는 이장희, 『제3세대 인권의 개념』, 배제식박사화갑기념논문집, 「인권과 국제법」, 박영사 1989, 207-223면 참조.
66) Roßnagel, Grundrechte und Kernkraftwerke, 1979, S. 42.
67) 최근래에 들어와서 자연 그 자체의 권리 또는 권리주체성를 인정하자는 주장도 대두하고 있다. 우리나라에서는 필자가 처음으로 자연의 권리주체성에 관한 이론적 가능성과 현실적 필요성을 주장한 바 있다. 졸고, 『법의 녹색화와 녹색법학』, 법 및 사회철학 한국학회, 법철학과 사회철학 제4집 교육과학사 1994, 93-163면.
68) D. Murswiek, Die staatliche Verantwortung für die Risiken der Technik, 1985, S.216ff.
69) BVerfGE 65, 1; S. Simitis, Die informationelle Selbstbestimmung - Grundbedingen einer verfassungskonformen Informationsordnung, NJW 1984, S. 394-405; ders./R. Wellbrock, Zur Übermittlung von Daten des Verfassungsschutzes, NJW 1984, S. 1591-1595 참조.
70) 강희원, 『법에 대한 체계이론적 파악』, 경희법학 제29권 제2호(1995), 11-30면 참조.

이들 위험에 대한 방어하는 권리를 인정하는 것이다.

2) 기술과학적-생태학적 권리화의 갈등적 구조

여기에서 우리는 기술적-생태학적 위험의 모든 특성이 아니라, 기술과학의 영역에 있어서 기술적-생태학적 위험에 대한 반응형태와 법형식으로서 권리화의 시각에서만 관심을 가지려고 한다. 그러므로 우리는 기술적-생태학적 위험의 개인화와 기술적-생태학적 위험에 대한 방어수단으로 권리와 법적 지위를 취급한다. 그렇지만 과학기술은 그것의 이용이라는 적극적 측면도 있기 때문에 개인적 차원에서 과학기술에 대한 태도는 서로 모순되거나 갈등을 야기할 수 있다.[71]

우리는 현재의 사회적 상황과 기술과학적 위험에 관한 논의를 권리주체(개인)에 한정시켜서, 새로운 권리화의 갈등적 구조를 몇 가지 문제와 관련하여 논의해 볼 수 있다. 즉 첫째, 위험에 관련된 보호권과 선택권 사이에 경합과 충돌에 관한 구조적 문제, 둘째 이러한 구조적 문제는 사람(人)에 관련된 법적 지위와 물(物)에 관련된 법적 지위 간의 법적인 상이(相異)가 근대 및 최근의 법사에 있어서 권리화의 패러다임(기본틀)로서 그것에 어떻게 반영되어 있는가라는 문제, 셋째 실질적인 사회적 발전에 있어서 권리화에 관한 법학적 논의와 사회적인 개인화에 관한 사회과학적 논구 간의 상호관계에 관한 문제 등이 그것이다.[72]

(1) 위험에 대한 보호권과 이익의 선택권의 대립

사회적 위험과 기술적 위험 및 이들 위험에 대한 법적 규율을 둘러싼 현재의 논의에 있어서 두 가지의 대립된 상이한 범주의 권리가 있음을 알 수 있다.[73] 한편에서는 위험을 발생시키는 것에 대한 보호적 지위로서 법적 지위가 문제로 되고, 다른 한편 위험한 기술의 이익에 대한 향수를 청구하는 법형식으로서 선택권이 주장될 수 있다. 기술적 발전의 "위험과 이득"에 관한 정치타협적인 형량체계가 이것을 조절하는 권리의 형태로서 반영된다.[74]

새로운 권리에 해당하는 것으로서 일방에서는 보호권을, 타방에서는 선택권을 주장할 수 있는 구체적 실례를 유전공학의 영역에서 찾아보자. 독일의 경우, 유전

---

71) Damm, 위 같은 논문, 178면.
72) 위 같은 곳.
73) 사회적 위험을 방어하기 위한 사회적 기본권이 성질 작용 및 구현과정에서 자유권과 늘 상충하고 있는 것을 생각해 보라
74) Damm, Neue Risiken und Neue Rechte. Subjektivierungstendenzen im Recht der Risikogesellschaft, ARSP 1993, S. 178.

공학적 기술의 시술과 시술자를 선택할 수 있는 권리나 생체기술적 발명을 상업적으로 전환할 때 이로 인한 혜택을 향수할 수 있는 권리를 환자권(患者權)으로 이해하는 데에 현재 거의 다툼이 없다고 한다.[75] 진료 및 치료과정에서 유전공학의 이러한 사용에 관한 환자의 권리는 선택권에 속한다. 물론 이러한 권리에서는 위험에 대한 대응 그 자체가 권리내용이 아니라 이미 발전된 기술적 테두리 내에서 특정기술의 적용이 문제이므로 이들 기술에 대한 정보제공의 요구라는 맥락에서 환자의 권리를 파악할 수 있다. 그러나 유기체에 대하여 위해를 야기하는 유해한 유전공학적 작업을 실시하는 자에 대한 일반인의 예방청구권이나 손해배상청구권은 위험에 대한 보호권이라고 생각할 수 있다. 개인의 자신에 대한 유전적 정보고권(情報高權)과 자율적 생명기획을 침해하는 유전공학적 개입에 대하여 근로자와 피보험자를 보호하는 문제가 최근에 노동법과 보험법의 영역에서 다양하게 논의되고 있는데,[76] 근로자와 피보험자의 보호적 지위는 보호권에 해당한다고 할 것이다.

이러한 경우 얼마나 많은 이익을 새로운 권리로 인정할 수 있는가라는 권리의 양적 차원만이 문제가 되는 것이 아니라는 것이 분명하다. 문제는 기술특유의 규율구조와 관련된 상이한 권리화 범주와 권리의 질이다. 또 문제는 경합하는 법적 지위가 갈등관계에 있을 뿐만 아니라 개인의 법적 지위와 객관적 규범구조도 갈등관계에 있기 때문에 더욱더 복잡해진다. 환언하면 양자, 즉 권리보호와 제도보호가 동시에 문제되기 때문에 더욱더 복잡해진다. 기술선택을 위한 충돌은 법적 지위를 위한 투쟁의 형태로 변한다는 것이 분명하게 된다. 그러므로 지금까지 우리는 서로 상충하는 이익과 권리를 정치적·법적으로 교량하는 절차에 관하여 충분하게 생각하지 못하고 있었지만, 이러한 교량절차가 절실하게 요청되고 있다. 또 이들 절차를 위한 결정기준과 우위규칙을 정할 필요성이 있다. 이러한 결정기준과 순위원칙이 없다면, 기술적 관계의 활동은 기술적 조작성과 경제적 생산이익에 지배되게 된다.

(2) 위험의 법화에 있어서 패러다임으로서 재산과 인격의 갈등

우리는 기술특유의 규율구조와 이와 연관된 상이한 권리화 범주와 권리의 질에 관한 문제의 해답을 권리의 성립사에 대한 고찰을 통해서 얻을 수 있다. 법화의

75) 위 같은 곳 참조.
76) 근로자의 정보보호권에 대해서는 W. Däubler, Gläserne belegeschaften? Datenschutz für Arbeiter, Angestellte und Beamte, 3. Aufl., Köln, 1993 참조.

역사적 과정은 한편에서 사람과 관련하여, 다른 한편에서 재산과 관련하여 진행되었는데, 효력과 작용에 있어서 양자의 법화에는 상당한 간극이 있다는 것을 알 수 있다. 이들 차이에 관한 연구는 기술에 관련된 보호권과 선택권의 자리매김에도 그대로 주효하다.[77)]

법적 지위에 관한 법이론적 및 입법정책적 논의를 역사적 맥락에서 살펴보면, 우리는 이러한 논의에서 그 관심대상이 재산권(또는 재산법)에서부터 인격권(또는 인격법)으로 이동해 온 사실을 발견할 수 있다.[78)] 이러한 사실은 법규범의 구조를 사회적 현실과 연관시켜서 생각해 볼 때, 논의대상의 전환은 인격권에 의한 재산권의 해체로 파악되어서는 안 될 것이고, 오히려 이러한 현상은 인법적 사고(또는 인격권적 사고)는 재산법적 사고(물법적 사고)를 보충하는 과정이라고 이해해야 할 것이다. 인법적 사고가 물법적 사고를 보충하는 역사적 과정은 재산권의 내재적 한계로서 사회적 구속성이 인정되면서 절대적 권리로 인정되어 왔던 재산권이 상대화되고, 재산권 이외의 다른 대체적 권리가 형성되는 것으로 진행되었다. 이러한 역사적 과정을 권리화라는 관점에서 보면, 근대사회의 권리화는 초기의 재산중심적 권리화에서 후기의 인격중심적 권리화로 진행되었다고 말할 수 있겠다. “재산에서 사람으로”[79)]라는 공식은 바로 근대적 권리화양식의 이론적 중심과 정책적 관심사의 변동을 단적으로 표현하는 말이다. 또 이러한 관점에서 볼 때 우리는 재산권을 근대 초기의 권리화의 패러다임으로서, 인격권을 근대 후기의 패러다임으로서 파악해도 무방할 것 같다.

그렇다면 패러다임으로서 재산과 인격이 근대사회의 권리화과정에 어떻게 작용하였는가? 경제적 측면에서 근대사회는 그것이 개인주의적 시장경제에 기초하고 있다는 의미에서 「소유시장사회」이며, 법적 측면에서 근대사회는 사소유권에 기초하고 있는 「사법사회(私法社會: 私法이 법의 중심인 사회)」이다.[80)] 그러므로 소유시장사회인 사법사회에서 소유를 위한 권리만이 “자기소유”의 동기에 의해서 잘 구현될 수 있고, 그렇지 않은 권리는 제대로 구현될 수 없었다. 이것은 “권리의 경제화”일 뿐만 아니라 “인법의 위축”을 가져왔다. 19세기 근대사법의 생성단계에 있어서 인격의 개념은 법이론적으로 추상적인 권리주체로 축소되어서, 사법영역에서 인격법적 요소가 배제되는 현상과 그 맥락을 같이한다. 프랑스 민법, 도이칠

77) Damm, 위 같은 논문, 179면과 비교.
78) 위 같은 곳.
79) 위 같은 곳.
80) 이와 관련하여 C.B. Macperson(이유동 역), 소유적 개인주의의 정치이론, 인간사랑 1991, 특히 353면 이하 참조.

란트 민법 등 근대사법을 지배하고 있던 사권(私權)의 관념은, 특히 일반적 인격권의 시각에서 일찍부터 비판이 되었다. 이를 가장 뚜렷하게 비판했던 법학자가 바로 기이르케(Otto von Gierke, 1841-1921)이다. 그는 "인격의 일반법" 및 권리로서 인격권의 특성을 중요시하고 이를 통해서 광범한 인격법을 재건하려고 노력하였다.[81] 도이치 민법은 그 결론에서 이것을 완전히 무시하였고 도이치 제국법원도 이러한 결론을 그대로 존중하였다.[82] 이러한 입장은 제2차 세계대전 후에 성립된 도이치 기본법 하에서 새로운 헌법적 상황을 명시적으로 받아들인 도이치 연방법원에 의하여 수정되었는데, 그것은 "도이칠란트 민법의 정신과 문언"에 반하여 그 실질적 내용을 바꾼 것이었다.[83] 그사이에 일반인격권이 사법의 최고헌법원칙으로서 주제화되었다.[84]

이러한 전개과정을 앞에서 언급한 "새로운 권리"의 성립과 비교해 보는 것은 정말 흥미롭다. 인격법적 규범형성은 본질적으로 다른 두 가지 측면을 가지고 있다. 즉 한편으로 위험 및 기술과 인격권의 관계에서, 다른 한편으로 그 작용방향과 보호내용에 있어서 인격권은 본질적으로 다르게 나타난다.[85]

첫 번째 문제에서는 기술진보와 인격권의 발전의 상관관계가 그 핵심이다. 인격권을 법적으로 승인하고 그것을 확장하기 위한 법사고의 전환은 기술과학의 발전과 밀접하게 연관되어 있다.[86] 그러므로 이것은 과학기술의 발전을 전제로 하지 않고서는 설명할 수 없다. 새로운 기술 영역에 있어서 "새로운 종류의 침해"를 보면 곧바로 일반인격권의 의미의 확장이 강조될 수밖에 없다.

두 번째 문제는 그것의 작용방식과 확장적 보호라는 의미에서 인격권의 양식과 연관된다. 이와 관련해서 인격권을 "후기자유방임주의적 일반조항"[87]으로서 특정하는 것은 불명확하지만, 경향적 규정으로서 성격규정하는 것은 시사하는 바가 크다. 이렇게 성격규정함으로써 재산권에서 인격권으로의 교체라는 의미에서 상황적 변동이 강조된다. 재산권과 인격권을 법적 성격의 측면에서 간단하게 이분

---

81) O.v. Gierke, Deutsches Privatrechtm Bd.I, 1895, S.702f.

82) RGZ 69, 401.

83) 우리 민법은 일본을 통해서 계수한 도이칠란트 민법의 정신과 문언을 그대로 유지하고 있으며, 수차례에 거친 헌법개정과 제정을 통하여 사회국가적 사고가 헌법내용으로 깊이 들어 왔음에도 불구하고, 우리 대법원과 헌법재판소는 이러한 태도를 그대로 지키고 있다.

84) BGHZ 13, 334.

85) Damm, Neue Risiken und Neue Rechte. Subjektivierungstendenzen im Recht der Risikogesellschaft, ARSP 1993, S. 181과 비교.

86) D. Klippel, Neuere Entwicklung des Persöndlichkeitschutzes im deutschen Zivilrecht, in: Weick(편저), Entwicklung des Deliktsrecht in rechtsvergleichender Sicht, 1987, 12ff.

87) Solyom, Die Persönlichkeitsrecht, 1984, S. 168.

법적으로 대비한다면, 재산권은 배타적으로 지배하는 권리로서 작용하지만, 인격권은 불가침적으로 보호받는 권리로서 작용한다. 재산권은 시장에 있어서의 처분성과 이동성(移動性)을 보장하는 것이 목적인 데 반하여 인격권은 불가분적인 생활재화에 대한 청구로서 불처분성과 통합성을 보장받는 것을 목적으로 한다.[88]

재산권과 인격권에 있어서 그 대조적인 성격과 작용양식은 기술과학적-생태학적 위험과 관련된 선택권과 보호권의 관계에서도 볼 수 있다. 선택권의 성격과 작용양식은 재산권적 모델과 유사하고, 보호권은 인격권적 모델과 유사하다.[89] 선택권은 자연과 환경에 대한 강력한 지배라는 의미에서 공격적 권리이자 기술과학에 의한 광범한 자연지배로 얻은 결과의 향수를 요구하는 권리이다. 이에 반해서 보호권은 현대기술과학의 위해(危害)로부터 안전을 보호받고 기술과학의 부정적 결과를 방어하는 권리이다. 그러므로 근대사회에 있어서 「재산권 대(對) 인격권」의 구조는 현대사회에 있어서 기술과학적-생태학적 위험에 대한 「선택권 대(對) 보호권」의 구조와 동일하다. 선택권과 보호권의 차이는 개별권리의 구체적인 법말씀론적 구조에 있어서 뿐만 아니라 법정책적 기능에서 그대로 나타난다.

외부효과를 가진 재산법상의 지위의 확장적 구조와 내적 효과에 지향된 인격권의 통합적인 방어구조를 대비해보면 기술과학적-생태학적 위험에 있어서 선택권과 보호권의 갈등이 확연하게 된다. 이러한 갈등문제는 새로운 정치적 집단화와 갈등영역에 있어서 사회과학이 기술과학적-생태학적 위험과의 대화를 위하여 대화공동체형성적으로 구축해보려고 하는 방어적 방식에도 그대로 존재하고 있다. 그런데 권리화에 의하여 기술과학적-생태학적 위험을 통제하는 것이 기술과학적-생태학적 위험에 대한 "주체의 내화"인지 "주체의 외화"인지 불분명하다.[90] 왜냐하면 기술과학적-생태학적 위험에 대한 권리화는 한편으로는 기술과학적-생태학적 행위의 결과책임을 권리 안으로 끼워 넣는다는 것을 의미하고, 다른 한편으로는 개인의 불가침과 자율을 위협하는 국가관료의 외부적 통제를 결국 허용한다는 것을 의미하기 때문이다. 기술과학적-생태학적 위험에 대한 권리화는 기술과학적-생태학적 위해를 외화(外化)시키는 것인데, 이러한 외화는 그 이전에 기술과학적-생태학적 위험이 "주체의 내화"로서 존재한다는 것을 의미하고, 다른 한편 권리화한다는 것이 결국 개인의 불가침성과 자율을 최종적으로는 국가의 기술관료조직에 의한 통제에 맡긴다는 것인데, 이것은 이미 기술과학적-생태학적 위해가 "주

88) Damm, Neue Risiken und Neue Rechte. Subjektivierungstendenzen im Recht der Risikogesellschaft, ARSP 1993, S. 182과 비교.

89) 위 같은 곳.

90) Damm, 위 같은 논문, 182면.

체의 외화"로서 나타나 있다는 것을 의미한다. 재산권과 인격권의 성질차이는 권리화의 모든 단계를 설명하는 데 그대로 타당하다. 그렇지만 중점적으로 차별해야 하는 것은 주체를 개별화하고 구체화하는 것이다.

기술과학 특유의 보호권 및 선택권을 생각해 볼 때, 법적 지위가 경합하여 충돌하는 경우에 그 우선순위를 결정하는 규칙이 요청되고 있는데, 재산권적 지위에서 인격권적 지위로 전개되어온 권리화의 역사적 단계와 이들 두 가지 법적 지위의 기능적 차이를 감안해 보면, 선택권과 보호권의 갈등에서는 보호권에게 우위를 인정하지 않을 수 없다. 그렇지만 보호권우선의 원칙이 초보적으로 다루어지고 있긴 하지만, 기술과학적-생태학적인 위험과 관련된 특수한 맥락에서는 거의 논의되지 않고 있다. 앞으로 이를테면, 기술윤리, 기술정책과 이와 관련한 실정법에서 이러한 논의가 되어야 할 것이다.[91)]

(3) 사회의 개체화와 법적 주관화의 문제

사회의 해체과정 속에서 권리화의 현상을 살펴보면, 권리화는 사회적 개체화와 병행하여왔다는 것을 알 수 있다. 그래서 법에 있어서 권리화의 중심적 국면과 사회과학에서 집중적으로 논의되는 사회적 개체화 과정의 상관관계를 언급할 필요성이 있다.

사회과학에서는 개체화과정의 이중성이 논의되고 있다.[92)] 이러한 사회과학적 논의는 권리화과정의 새로운 국면을 이해하는 데에 도움이 된다. 이에 의하면, 사회적 개체화라는 개념이 분명함에도 불구하고, 개체화과정에는 이중적 가치관념이 지배하고 있다고 한다. 가족, 여가 및 노동의 영역에 있어서 개체화는 전통적인 공동체로부터 개인의 자유로운 해방을 의미한다. 이러한 해방의 결과에 관한 사회학적 논의는 그것의 상실적인 부(負)의 측면을 대상으로 하면서, 이것을 개체화의 이득과 대비하곤 한다. 즉 한편에서 자율과 규범부재(Anomie), 선택자유의 증대와 안정성의 상실, 자동화와 해방, 다른 한편에서 개체화와 심리적 아노미현상 그래서 구성적 및 해체적 요소가 동시에 개체화의 결과라고 한다. 그리고 이러한

91) 최근에 주장되고 있는 생태학적 윤리학의 논의를 법학적으로 수용한다면, 우리는 기술에 대한 선택권 보다 기술에 대한 보호권에 대하여 보다 우위를 인정하게 된다. 결국 우리가 개인의 자율요청과 경제적 자율요청을 다르게 평가하여 재산권적 지위에 대한 인격권적 지위의 우위를 원칙적으로 인정할 때, 비로소 상이한 실정법규범에 기초하고 있는 권리들의 지위를 서열화하는 단초를 마련할 수 있다.

92) A. Evers, Risiko und Individualisierung, in: Kommune 1989, S. 47; Ch. Lau, Gesellschaftliche Individualisierung und Wertwandel, in: Luthe/Meulemann(편저), Wertwandel – Faktum oder Fiktion 1988, S. 217ff. 참조.

결과에 대한 사회적·정치적 반응은 한편에서는 개인에 대한 완전한 "능력부여"를 요청하고, 다른 한편에서는 개인의 보호필요성을 강조하는 것으로서 나타난다. 이를 규범적으로 실현하는 법은 "보호"와 "능력"의 균형을 목적으로 한다.93)

개체화과정의 이중성은 개인이 권리주체로 되어가는 과정, 즉 권리화에도 그대로 타당하다. 개체화과정의 이중성에 관한 논의는 권리화과정을 이해하는 데에 새로운 시각을 제공해주고, 특히 위험사회에 있어서 새로운 권리를 이해하는 데에 중요하다. 이러한 시각은 개체화와 법주체화의 원칙적인 상호유관성뿐만 아니라 상이한 권리범주의 위치에 대해서도 타당하다. 권리범주의 위치에 이러한 시각을 적용해본다면, 새로운 권리화가 당사자의 보호와 권리능력 부여를 동시에 겨냥하고 있다는 점에서 위험에 대한 권리들의 관계를 새롭게 규정해야 한다. 그러므로 "위험에 관한 권리", "안전에 관한 권리", "선택권과 보호권" 및 "개별성과 다양성에 관한 권리"는 새로운 차원에서 이해되고 강조되어야 할 뿐만 아니라 상호 관련된 개인 및 사회계약성을 고려하여 새로이 분석되어야 할 것이다. 여기서 규정하는 새로운 주체화의 시각에서 위험에 대한 개인적 관할권과 집단적 관할권을 새롭게 비교하려는 시도는 특히 중요하다. 이러한 시도는 사회국가적 권리화를 포함한 사회국가적 규율에 친숙한 관념을 수정하려는 것을 내용으로 한다. 이것은 미분화된 탈규제화계획으로 추락하지 않으면서 사회적 안전이라는 문제에 있어서 분할되지 아니한 국가적 책임의 개념에 반대한다. 이러한 논의는 사회국가의 감축이 아니라 개조, 다만 부분적으로 다르게 정의된 국가과제를 대상으로 하고, 국가적 책임의 감축이 아니라 강화와 재건 그리고 개인과 연대공동체의 책임의 국가책임과의 관계를 새롭게 정의하려고 한다.

집단이 구성원 개인과의 상관관계에 있어서 사회적 행위와 보호의 기능을 상실하고 있는 한, 구성원 개인의 행위와 보호수단이 필요하다. 새로운 위험에 있어서 위험의 개인화에 기초한 권리화는 근본적으로 한계가 있다. 그러므로 사회적 연대를 법적으로 재강구할 수 있는 방법을 연구해야 한다. 개체화과정과 "새로운 위험"과의 상관관계를 보면, 사회적 차원과 기술적 생태학적 차원에서 새로운 사회적 연대의 필요성이 분명해진다. 생태학적-기술과학적인 위험과 관련하여 우리는 그러한 위해가 생활 속에 편재해 있으며, 일상생활에 보편화되어 있다는 것을 항상 강조하고 있음에도 불구하고, 이로 인하여 야기되는 사회적 갈등들이 종전처럼 개체화된 이익대표의 형식으로는 해결될 수 있는 문제조차도 해결할 수 없

93) Damm, Neue Risiken und Neue Rechte. Subjektivierungstendenzen im Recht der Risikogesellschaft, ARSP 1993, S. 185.

다는 것을 깨닫지 못하고 있다.

Ⅵ. 새로운 인권

우리나라에서 「새로운 인권」이라고 칭할 수 있는 것은 일조권, 조망권, 프라이버시의 권리, 알 권리, 평화적 생존권, 혐연권 등이 있다. 이들은 헌법을 비롯한 법률에 의해서는 아직 명시적으로 보장되지 않았지만, 인간으로서 당연히 가지는 것이고, 헌법질서에 내재하는 것으로서 제창되고 있는 권리이다. 그 중에서는 이미 판례에 의해서 승인되고 있는 것과 아직 그렇지 않고 가일층의 이론적 정치화가 요구되는 것이 있다. 이들 권리의 다수는 1990년대에 들어와 주목을 받았다. 도이치에서도 환경권이나 프라이버시의 권리가 같은 시기에 문제로 되었다. 같은 현상은 아메리카에 있어서도 1970년대 이래 존엄사나 인공임신중절, 동성애 등이 실체적 적법절차(Due Process of law)의 확장해석을 통해서 프라이버시의 권리로서 구체화되고 있는 경향 등에 나타나고 있다.

이것은 1990년대부터 각종의 공해나 개발에 의한 환경파괴, 첨단의료의 발달, 정보사회의 진전, 핵전쟁의 위기 등 현대사회에 있어서 인간의 생존상의 문제가 심각화되기 때문이다. 일본에서는 이러한 현대적 문제에 대한 취급방법으로서 행정이나 의회가 국민의 기본적 권리의 옹호에 적극적이지 않은 보수파에 지배되어 인권옹호가 충분하게 전개될 수 없었기 때문에, 변호사나 법학자가 이 문제를 재판을 통해서 제기함으로써 이에 의해 「새로운 인권」이 전개되었던 배경이 있다. 「새로운 인권」의 탄생은 국제기관에 의해서 인권을 세계적 차원에서 옹호하려고 하는 「인권의 국제화」의 경향과 더불어 현대적인 인권을 둘러싼 2대 특징의 하나라고 말할 수 있다. 전통적 맥락에 있어서의 자유권과 사회권에 대비하는 경우, 새로운 인권의 특징은 다음과 같다.

자유권과 달리, 국가나 지방공공단체의 적극적인 배려, 관여(예컨대, 정보의 공개, 환경보전, 소비자보호를 위한 정책이나 행정지도 등)를 요구하는 경우가 있다(이 점에서는 사회권에 유사하다).

자유권과 같이, 개인의 세계를 존중하는 입장에서 그것에 대한 부당한 간섭이나 침해, 위험을 배제하는 효과를 가진 경우 예컨대, 환경권에 기한 생활, 건강침해의 배제, 프라이버시의 보호, 전쟁의 위협의 배제, 담배의 연해의 배제, 교과서의 검열 등 국가간섭을 학습권에 기해서 배제하는 것 등이 있다.

자유권의 담당자인 인간(「국민」이라고 한다)을 추상적으로 파악하였던 주체인데 반해, 사회권에 관련된 인간이 (「근로자」로 전형적이듯이) 그 현실의 생활태양에 있어서 파악된 구체적인 인간이다. 때문에 노동조합이라는 단체활동과 불가분적으로 파악되었던 것에 대해서도, 새로운 인권의 주체로서 인간은 노동조합과 같은 집단에 귀속해서 법적 주체로 되는 것이 아니라, 개개인으로서 직접적으로 권리주체로 된다(그런데, 사회권에서도 「실업자」, 「장애인」 등은 특히 집단활동에 있어서는 파악될 수 없다). 그런데 사회권에 있어와 같이, 이들 인간은 현실적인 생활의 태양에 있어서 파악되고, 그 인간의 세세한 차이를 수반한 다양한 정신적 · 육체적 고통이나 위험(일조침해, 담배연기, 소음, 진동, 조망방해, 약해, 식품오염 등)이 문제로 된다.

프라이버시의 권리 중 자기결정권을 둘러싸고는 「인공임신중절이나 부부별성의 자유, 다양한 성적 자유를 주장하기도 하고, 학교에 있어서 관료교육이나 직장에 있어서 통제에 대한 학생이나 근로자의 라이프스타일의 자유를 주장하기도 하고, 또는 죽을 권리(존엄사, 안락사) 등을 주장하는 법리로서 내용적으로는 자유권을 보다 철저하게 하는 방향에서 논의되고 있다.

제 3 절 기본권과 공공복리

I. 문제의 소재

헌법 제37조 2항은 「국민의 모든 자유와 권리는 국가안전보장 · 질서유지 또는 공공복리를 위하여 필요한 경우에 한하여 법률로써 제한할 수 있으며, 제한하는 경우에도 자유와 권리의 본질적인 내용을 침해할 수 없다」라고 규정하고 있어, 주지하고 있듯이, 이 조항을 국민의 기본권 제한에 관한 일반적 법률유보조항이라고 평가하고 있다. 그러므로 국민의 모든 기본권은 「국가안전보장 · 질서유지」 또는 「공공복리」의 실현을 위해 필요한 경우에는 법률에 의해서 제한될 수 있다. 그런데 헌법 제37조 2항이 규정하고 있는 일반유보의 취지를 반대로 해석하면, 동조는 우리 헌법에 규정된 기본권이 국가내재적 및 공동체내재적인 제한을 받는 권리라는 것을 분명히 하고 있다.[94)]

그러므로 헌법이 보장하고 있는 근로자의 기본권으로서 노동단체권도 헌법 제37조 2항에 기한 제한을 받을 수 있다는 것은 당연하다. 즉 입법자는 국가안전보장과 질서유지 또는 공공복리를 위하여 필요한 경우에 노동단체권을 제한하는 법률을 제정할 수 있다. 노동단체권을 제한하는 법률들을 제정한 경우에 그 법률의 성격은 헌법상의 일반적 법률유보사유별로 이를테면, 국가보안법이나 징병법 등과 같은 국가안보관련법률, 경찰관직무집행법, 경범죄처벌법 등과 같은 경찰적 질서유지법률 및 공익관련법률으로 대별할 수 있을 것이다. 그런데 여기에서 제기되는 문제가 노조법이 어떠한 법률인가라는 것이다. 노조법의 목적을 규정하고 있는 제1조는 「이 법은 헌법에 의한 근로자의 단결권, 단체교섭 및 단체행동권을 보장하여 근로조건의 유지·개선과 근로자의 경제적·사회적 지위의 향상을 도모하고, 노동관계를 공정하게 조정하여 노동쟁의를 예방·해결함으로써 산업평화의 유지와 국민경제의 발전에 이바지함을 목적으로 한다」라고 규정하여, 노조법이 사용자에 대해 근로자의 노동단체권을 보장하기 위해서 제정된 것처럼 규정하고 있지만, 그 이하의 개별조항의 내용은 그렇지 않다. 그 실질은 근로자의 노동단체권을 자유롭게 행사하는 것을 규제하는 데에 초점이 맞춰져 있을 뿐이고, 노동단체권의 실질적 상대방인 사용자의 재산권행사, 사용자단체의 조직형태와 운용에

94) 여기에서 우리는 헌법 제37조 2항의 전문(前文)의 언어적 표현형식에 대해 면밀히 살펴볼 필요가 있다. 다시 말하면, "…국가안전보장 「·」질서유지 「또는」 공공복리…"이라고 표현하는 문구를 어떻게 이해해야 하는가라는 것이다. 헌법 제37조 2항 전문의 문장구조상 기본권제한의 일반적인 유보사유로서 「국가안전보장·질서유지」와 「공공복리」는 대등한 관계에 있고, 선택적이다. 「국가안전보장·질서유지」와 「공공복리」는 서로 연관이 없다. 즉 「국가안전보장·질서유지」이라는 사유는 「공공복리」와 관계없이 독자적으로 기본권제한의 일반적인 유보사유이다. 이것은 「공공복리」라는 사유의 경우에도 마찬가지이다. 즉 우리 헌법 제37조 2항의 규정을 보면, 입법자는 공공복리를 위해서 필요한 경우에는 국가안전보장과 질서유지와는 관계없이 그것만을 이유만으로 법률이라는 형식에 의해 국민의 기본권을 제한할 수 있다. 그 다음에 제기되는 흥미로운 문제는 국가안전보장과 질서유지가 어떠한 관계가 있는가라는 것이다. 「국가안전보장·질서유지」에 있어서 「·」이라는 부호의 의미를 어떻게 파악할 것인가라는 것이다. 즉 국가안전보장과 질서유지 사이에 있는 「·」이 「국가안전보장」 ∩ 「질서유지」를 의미하는가, 「국가안전보장」 ∪ 「질서유지」를 의미하는가라는 것이다. 전자의 경우로 파악하는 경우에는 「국가안전보장을 위해서 필요한 경우」만으로 부족하고, 그것이 반드시 「질서유지를 위해서 필요한 경우」와 관련이 있을 때에만 법률에 의해서 기본권을 제한할 수 있는 것으로 해석할 것이고, 후자의 경우로 파악하는 경우에는 「국가안전보장을 위해서 필요한 경우」만은 물론이고, 「질서유지를 위해서 필요한 경우」에도 기본권을 법률로써 제한할 수 있다. 어느 것이 옳을까? 우리 헌법학자들 대부분은 후자로 해석하고 있는 듯한데, 과연 그렇게 해석해도 되는지 의문이다. 또 다른 의문은 질서유지를 위해서 기본권을 제한할 수 있다고 하는 경우에 질서유지에 있어서 그 유지하고자 하는 질서가 어떠한 질서인가? 그것이 도덕질서인가? 신분질서인가? 사회질서인가? 노동력거래질서인가? 기업질서인가? 시장질서인가? 자본주의질서인가? 등등의 의문이 제기되기도 한다. 헌법은 입법자에게 거의 무제한의 입법재량을 부여하고 있다. 결국 국가는 국가안전보장 질서유지 또는 공공복리의 실현이라는 미명하에 자의적으로 개인의 기본권을 제한할 우려가 있다. 이것은 우리의 현대사(現代史)가 이미 증명해주고 있는 사실이기도 하다.

대해서는 아무런 규제를 하고 있지 않다. 그래서 노조법은 사회적 자치조직법으로서 제대로 기능할 수 없는 상황에 있다. 그래서 이미 언급했듯이, 우리는 노조법이 공동체적 차원에서 즉 노동관계당사자 이외의 다른 사회적 구성원의 권리와의 관계에 있어서 헌법 제33조 제1항에 근거하고 있는 근로자의 노동단체권과 헌법 제23조에 기초하고 있는 사용자의 재산권과의 조화를 구체적으로 구현하기 위하여 노동단체권을 제한하는 법률로 이해할 수밖에 없다. 이렇게 본다면, 헌법 제37조 2항 소정의 기본권제한사유에 관련하여 노조법의 법적 성격을 규정하는 경우에, 그것이 국가안보관련법률인가, 경찰적 질서유지법률인가, 공익관련법률인가? 그렇지 않으면 이들 세 가지의 복합적인 법률인가? 노조법이 산업평화의 유지와 국민경제의 발전에 이바지함을 목적으로 하는 데에 그 궁극적인 목적이 있으므로 국가안보관련법률 또는, 경찰적 질서유지법률이라고 보기보다는 공공복리관련법률이라고 보아야 할 것이다.[95] 결국 노조법에 의한 노동단체권의 규제이념은 산업평화의 유지와 국민경제의 발전이라는 "공공복리"라고 하겠다.

우리가 주지하고 있듯이, 근대시민법질서에는 공공복리가 약자보호 등 기본권의 구현원리로서 등장하였지만, 우리 헌법에서는 공공복리가 기본권 제한의 원리로서 도입되어 있다. 이것은 대한민국의 경제체제가 국가독점자본주의라는 것을 명시하고 있다고 해도 과언이 아니다. 여기에서 근본적으로 제기되는 문제가 현대국가, 즉 국가독점자본주의에 있어서 법원리로서 공공복리이다. 그래서 법이데올로기로서 공공복리론, 현대법과 공공복리와의 관계, 노동단체권의 행사와 공공복리, 현행 노조법과 공공복리 등을 차례로 간략히 살펴보기로 한다.

Ⅱ. 공공복리의 이데올로기성

앞에서 우리 헌법 제37조 2항과 관련해서 이미 언급했듯이, 공공복리는 오늘날 기본적 인권을 제한하기 위한 극도로 포괄적인 추상적 법개념이자 법이데올로기[96]라고 말할 수 있다. 사전을 찾아보면, 공공복리는 공공복지(公共福祉)라고도 하는데, "사회일반인의 복지 또는 이익"이라고 정의되어 있다.[97] 사회일반인이란

95) 물론 노조법상의 모든 조항이 공공복리에 직접적으로 기여한다고는 말할 수 없다. 경우에 따라서 자본주의거래질서의 유지를 위한 조항도 있다고 할 것이다.

96) 이데올로기의 개념과 기능 등 그 기본적인 사항에 관해서는 M. 크랜스톤 외(이재석 옮김), 『이데올로기의 이해』, 민족문화사 1985, 특히 로베르 드라테, 「이데올로기라는 말과 그 개념」(11~28면); 레제코 콜라코브스키, 「이데올로기는 왜 항상 정당한가」(165~176면) 참조.

누구를 의미하고, 사회일반인의 복지 또는 이익은 무엇을 의미하는가? 그야말로 추상적인 개념 또는 이데올로기에 불과하다. 추상적 법개념과 법이데올기는 그 자체로는 아무런 내용을 규정지울 수 없기 때문에 그 자체로 전혀 공허한 무(無)인 것이나 마찬가지이다. 그래서 누구나 그 자체 전혀 공허한 무(無)내용의 법적 언어 속에 각자의 가치판단에 기하여 어떠한 내용도 넣을 수 있다. 그래서 현실적으로는 "어떤 자"가 그것을 정의하고 구체화하는 권력 또는 권위를 가지는가라는 문제가 제기되는 것이다. 설령 권력 또는 권위와 무관하게 내용을 확정한다고 하더라도, 공공복리에 관해 말하는 논자는 각자가 생각하고 있는 공공복리의 이미지를 그 전제로서 논의를 전개하기 때문에, 또 천차만별의 결과를 거기에서 끌어낼 수 있고 또 거의 무한하게 의미의 폭을 확대할 수도 있다. 그래서 공공복리에 대한 평가는 사람 또는 집단에 따라 이데올로기적인 차이가 있기 때문에 그것만큼 분열될 수밖에 없다.

예컨대, 우익진영에서 보면, 국가안보나 국가경제발전 등이 가장 큰 공공복리일 것이다. 그래서 이러한 목적을 위해 개인의 기본권을 제한하고, 의무를 강조하는 이유로서 부국강병론을 중심으로 하는 공공복리론을 가지고 나올 것이다. 여기에서 공공복리는 국민의 사회적 책임, 공공적 의무, 연대성, 협동성을 강조하기 위한 도구로서 사용되고 있다. 그리고 여기에 생각되고 있는 공공복지의 내용은 「공공의 질서, 안전의 유지 또는 증진, 긴급한 위난의 방지, 공공의 도덕·위생 혹은 헌법질서의 옹호」 등이다. 이것만 보아도, 그들의 공공복리의 이미지가 기존질서의 유지나 고착 특히 치안유지적 관점에서 만들어져 있는 것이 명백하다. 그리고 이들 사고방식의 근저에는 공공복리에 의해 개인의 기본적 인권이 제한될 수 있는 것은 당연하다고 하는 사고가 뿌리깊이 관통하고 있는 것은 말할 필요도 없다. 이와 같은 주장은 공공복리론이 과거의 파시즘(fascism) 또는 오늘날의 네오파시즘(neofascism)의 법이데올로기가 될 위험을 내포하고 있다는 점을 전형적으로 나타내고 있다. 이러한 입장에 서면, 헌법 제37조 2항이 기본권제한의 사유로 들고 있는 국가안전보장, 질서유지, 공공복리에서는 「국가안전보장=질서유지=공공복리」라는 등식이 성립하게 된다.

이와 같이 우익으로 치우치면 파시즘 또는 네오파시즘의 법이데올로기일 수 있지만, 이와 반대로 좌익으로 치우치게 되면 공공복리론은 급진적인 혁명론의 법이데올로기로도 될 수 있다. 공공복리론이 혁명론으로 직결되는 경우에, 공공복리론은 노동자, 소상인, 소농 등 기타 근로대중의 이익보호를 위해 자본가 특히 독

97) 신법률학사전 편집위원회(편), 『신법률학사전』, 국민서관 1973, 262.

점자본의 재산권의 자유와 권리를 제한하는 것에 본래적 의의가 있다고 할 것이다. 따라서 이러한 관점을 끝까지 밀고 나가면, 공공복리론은 근로대중의 이익을 위해 현행 사유재산제도의 폐해를 제거할 수 있는 법이론적 또는 법이데올로기적 근거로 될 수 있다. 그래서 이러한 견해를 취하는 사람은 현행 우리 헌법에서도 사회주의적 변혁은 가능하다고 하는 주장할 것이다. 이러한 의미에서 공공복리론은 현행 헌법이념의 완전한 구현과 사회주의적 변혁을 직접으로 연결하는 개량주의적 구조개혁론 또는 급격한 인민민주주의혁명론을 위한 유력한 법이데올로기로도 될 수 있다. 이러한 입장을 철저하게 견지하면, 헌법 제37조 2항이 기본권제한의 사유로 들고 있는 국가안전보장, 질서유지, 공공복리에 있어서 공공복리는 국가안전보장과 질서유지와는 대립적인 관계에 있다고 말할 수 있다.

이렇듯이 공공복리론은 기묘한 것이다. 어떻든 공공복리는 우익의 파시스트에서, 좌익의 혁명론자에 이르기까지 그들에게 유리하게 연결되어 이념적 자양분을 제공해 줄 수 있는 이데올로기로서 기능할 수 있다. 여기에 공공복리론의 가장 본질적인 문제가 있는 것이다. 공공복리란 무내용적인 허구 또는 속임말에 불과하다고 하는 것이다.[98] 법의 언어가 추상적이고 무내용적이면 그만큼 논자에 의해 어떠한 이데올로기도 거기에 집어넣을 수 있다고 하는 일반상식이 공공복리론에 의해 실증되고 있는 것이다.

단순한 법이데올로기론으로서가 아니라, 법해석론으로서 보는 경우에서도 그 사정은 마찬가지이다. 공공복리론은 헌법분야에서도, 그것이 기본적 인권에 부지중 관련되는 만큼 헌법해석학에 있어서 중심적 주제의 하나로서 학자들에 의해 거론되어왔다. 헌법학자는 역시 각자의 공공복리의 이미지를 머리에 두고, 해석론을 전개하고 있다. 그 이미지의 내용이나 정도의 차이에 따라 해석론도 또 다양하게 다르다. 그러나 그것들은 필경 논자의 주장의 표명에 그칠 뿐이고, 대립하는 해석론의 어느 것에도 결정적인 방법은 존재하지 않는다. 헌법해석서나 학자가 쓴 글을 읽을 때마다, 도대체 이러한 해석론이 과연 현실에 얼마만큼의 의미를 가지고 있는가라는 것에 나는 항상 근본적 의문을 가지고 있다.

물론 내가 헌법해석학에 있어서 헌법학자들이 품고 있는 실천적 의도를 이해하지 못하는 바는 아니다. 해석론(또는 해석학)이라는 것은 항상 권력의 행사가 자의

98) 헌법재판소는 2009년 7월에 있었던 언론관계법의 날치기통과사건과 2010년 12월에 있었던 2011년 예산안 날치기통과사건과 관련하여 야당국회의원들이 제기한 권한쟁의사건에서 민주적 절차를 위배한 위법은 있지만, 그러한 절차위반으로 만들어진 법률 자체를 무효로 하는 것은 공공복리에 반하기 때문에 무효로 해서는 아니 된다는 취지의 결정을 하고 있다. 헌재2009.10.29선고 2009헌라8· 9·10(병합) 결정 및 동 2010.12.28.선고 2008헌라7 결정 참조.

를 정당화하는 도구에 이르러서는 아니 되듯이, 그 권력의 행사에 있어서 객관적 한계를 획정하기 위해 해석에 의해 법률의 내용을 구체화하여 권력행사의 기준을 구체적으로 확정해 둔다고 하는 점에 바로 그 의의가 있다고 할 것이다. 이러한 역할을 하는 데에 도움이 되지 않는 해석학은 존재이유가 없다. 시민적 혁명의 실패 그리고 시민사회의 미발달로 인하여 시민의식이 박약하고 게다가 오랫동안 겪었던 가난과 배고픔으로 인한 조속한 경제발전을 도모하는 효율적인 독재에 대한 열망이 강한 현실에서 중앙집중적인 권력에 기한 경제적 발전을 진작하면서도, 학문여론적인 계몽을 통해 권력을 어느 정도 제한할 수 있는 헌법해석론을 전개하고자 하는 우리나라 다수 헌법학자들의 심정을 잘 알고 있다. 이들이 개인의 기본권보장과 사회공동체의 발전을 동시에 달성하기 위해 공공복리의 어정쩡한 해석론을 전개하고 있다는 것을 알고 있다. 그렇지만 소수의 진보적인 헌법학자들이 공공복리는 특히 권력에 의한 남용의 우려가 크기 때문에 그 만큼 신경질적으로 권력남용을 방지하기 위한 기준이 필요하다고 생각하고, 고뇌하여 해석론을 세우고자 한다는 것도 나는 충분히 요해하고 있다.

그럼에도 불구하고, 나에게는 이들의 노력이 헌법해석학의 한계를 노정하고 있는 것으로 생각된다. 헌법해석학은 권력의 행사를 구속하기 위한 구체적 기준을 세우는 것에 성공하고 있는가라고 반문해본다면, 그것은 그렇게 성공하고 있지 못하다고 평가하지 않을 수 없다. 아마 일반적으로 공공복리에 의해 기본적 인권을 제한할 수 있는지의 여부라는 부류의, 사항의 내용에 있어서 실질적으로 아무것도 보여주지 않는 관념론적 해석논의[99]는 물론, 그것으로 구체적 기준에 돌아오려고 하는 다양한 시도, 즉 권리의 종류나 성질에 따라, 인권의 태양을 특히 생각하려고 하는 해석론적 시도도 성공하지 못하고 있다고 할 것이다.

예컨대, 기본적 인권의 제약을, 내재적 제약과 정책적 고려로부터의 제약으로 나누어보아도 혹은 전(前)국가적 권리와 후(後)국가적 권리로 나누어보아도, 혹은 자유국가적 공공복리와 사회국가적 공공복리로 나누어보아도, 그러한 분류방법에 기초한 해석적 결론은 어느 것도 논자의 주관적 원망의 표명에 불과할 뿐이다. 공공복리의 추상성이 가진 위험한 점을 지적하고, 경계하는 논자에 있어서조차,

99) 헌법학에서는 일반적으로 공공복리에 의해 기본권을 얼마나 제한할 수 있는지에 대해 해석론상 다툼이 있다. 그러나 이 문제에 대해 관념적으로 이와 같이 열심히 의론하는 것이 구체적 문제에 대한 헌법판단에 있어서 어떠한 의미가 있는가를 도대체 정확하게 알 수 없다. 헌법 제23조 2항과 동 제37조 2항 이외의 기본권에 대해서도 공공복리에 기한 규제가 가능한가라는 문제에 대한 해석론은 이와 다른 실익이 있다. 헌법학자들이 인정하고 있듯이, 이 관념적 차이도 현실문제의 구체적 판단에는 이만큼 차이를 생기게 하지 않는다.

한편에서는 공공복리를 들고 나오는 것에 반대하고 구체적인 인권문제로의 환원을 강조하면서도, 다른 한편에서는 공공복리에 의연하게 기대기도 하고, 또 이것을 평가하려고 한다. 혹은 공공복리의 구체적 내용을 문제로 하려고 하는 논자도, 대립하는 인권의 충돌을 조정하는 내재적 제약 혹은 대립하는 권익의 비교형량에 의해 설명하는 데에 그치기 때문에 이것도 또한 결국은 아무런 구체적 기준을 보여주지 못한다.

아무리 탁월한 헌법학자라고 하더라도, 공공복리 자체가 가지고 있는 이데올로기성 때문에 공공복리에 관한 구체적인 기준이나 객관적인 근거를 제시할 수 없다고 하는 것을 인정할 수밖에 없을 것이다. 다수의 헌법학자의 비판이나 충고나 경계에도 불구하고, 또 헌법학자의 주관적 전망에 관계없이, 현실에 있어서 권력의 발동을 보면, 입법, 행정, 사법의 어느 권력을 가리지 않고, 학자들의 공공복리론과는 전혀 무관하게 인권억압체계로서의 공공복리론을 현출시키고 있다.[100] 이 현실하에서는 헌법학자의 다양한 해석론적 주장은 어느 것도 공중에 떠 있는 관념론으로 되지 않을 수 없는 것으로, 나에게는 생각된다. 사회과학으로서의 법률학은 주관적 원망에서 출발하는 것이 아니라, 현실의 사실의 인식에서 출발해야 할 것이다. 여기에서는 공공복리를 어떻게 해석하는가가 문제가 아니고, 공공복리는 현실에서, 어떠한 것으로서 사용되고 있는가라는 역할수행의 측면이 바로 문제인 것이다.

결론부터 먼저 말하면, 공공복리는 오늘날 인권억압을 위한 가장 강력하고 가장 반동적인 법이데올로기로서 기능할 수 있다. 그리고 그것에는 그 나름의 필연적 이유도 있다. 따라서 법실천적으로는 인권을 지키기 위해서는 공공복리론을 근저에서 비판하고, 가능하다면, 공공복리라는 말 혹은 개념 그 자체를 완전히 해체하는 방향에서 해석론을 생각해가야 할 것이다. 물론 여기에서는 공공복리의 구체적인 해석론을 전개하고자 하는 것은 아니다. 이것은 헌법학에 맡겨야 할 것이다. 공공복리에 대한 독자적인 해석론을 전개하기 보다는 오히려 그 전제로서 공공복리를 어떻게 인식하는가에 대해 근본적으로 생각해보기로 한다.

100) 예컨대, 2008년 5월경에 있었던 미제쇠고기 수입결정에 있어서 권력이 주상하는 공공복리론을 보라. 미국쇠고기수입결정은 사회일반인에게 값싼 양질의 쇠고기를 제공하기 때문에 공공복리에 기여한다고 권력자는 강변하지 않았는가?

Ⅲ. 현대법과 공공복리

여기에서 우리가 인식할 필요가 있는 점은 공공복리가 오늘날 문제로 되는 의미는 그것이 현대법[101]의 구조에 있어 필연적인 것으로 나온다고 하는 점이다. 따라서 현대적 의미에서의 공공복리의 성격과 역할을 인식하기 위해서는 그 문제를 공공복리에 한정하는 것이 아니라, 그것이 나올 수밖에 없는 현대법의 구조에까지 거슬러 올라가서 이해해야 한다. 그리고 법이념 또는 법원리로서 공공복리가 현대

101) 「현대」라고 하는 말은 통상 「근대」와 대치되고, 근대에 연결된 새로운 시대라는 의미에서 이해되고 있다. 「현대법」이라고 하는 경우도 「근대법」의 존재를 전제로 하고, 동시에 자본주의사회의 법이라도 그것과는 단계를 달리하는 새로운 사회의 법현상을 가리키는 것 일반으로 이해되고 있다. 그래서 「현대법」의 특징을 알기 위해서는 그 역사적 전제로서 「근대법」과 비교하는 것이 불가결하다고 생각한다. 이 경우 「근대법」이 무엇을 가리키는 것인가, 과거의 어떤 단계의 법이 「현대법」과 비교되어야 할 「근대법」이라는 문제일 것이다. 이 점에 대해서는 실은 다양한 사고방식이 있기 때문에 우리들이 현대법의 역사적 자리매김(단계규정)을 하기 위해서는 미리 어느 정도의 정리를 해두고자 한다. 우선, 크게 구분해보면, 두 가지의 「근대법」관이 존재한다고 말할 수 있다. 첫째는, 자본주의사회에 어울리는 논리적 구조를 가진 법규범의 총체로서 근대법이라고 생각하는 경우이다. 예컨대, 근대의 자연법사상을 배경으로 해서 개인주의적 철학사상이나 세계관에서 논리적으로 도출된 법규범의 총체를 「근대법」으로 보는 사고방식이 있다. 또 자본주의경제의 구조(자본제적 재생산구조)에 가장 적합하고, 경제법칙에 완전히 합치하는 법규범을 재구성해서 그것을 「근대법」으로 보는 사고방식도 있다. 이들의 사고방식은 자본주의법의 일반적 성격이나 내용을 명확하게 하는 것에는 기여하지만, 단지 그것만으로는 자본주의발전에 입각해서 법의 변용을 역사적으로 파악한다고 하는 관점에서 「근대법」을 보았던 것이라고는 할 수 없다. 「현대법」과 비교될 근대법은 현대법이 그러한 것처럼 그것 자체 역사적으로 한정된 자본주의의 일정한 발전단계의 법이기 때문이다. 둘째는 과거의 일정한 시기의 법현상의 총체를 「근대법」이라고 부르는 경우이다. 예컨대, 시민혁명에 의해서 근대사회가 성립하였기 때문에, 시민혁명에 의해서 만들어진 법이 「근대법」이라고 하는 사고방식이 있다. 이것에 대해서 산업혁명을 통해서 자본주의경제가 확립되었기 때문에 산업혁명후의 자유주의(또는 산업자본주의)단계의 법이 근대법이라는 사고방식도 있다. 이들 사고방식은 어느 것이나 과거의 일정한 단계의 현실의 법현상을 총체로서 근대법으로 보고 있기 때문에, 그 의미에 있어서 근대법과 현대법의 법현상을 비교하는 것이 가능하고 유의미하다(문제는 오히려 일정한 시기를 선택하기 위한 이유가 충분한가이다) 또 그 이유는 시민혁명의 법=근대법이라고 생각하는 입장에서는 자유주의단계의 법을, 자유주의단계의 법=근대법이라고 생각하는 입장에서는 시민혁명기의 법을 각각 어떻게 역사적으로 자리매김하는가를 확실하게 하지 않으면 아니 된다. 현대법의 역사적 자리매김에 있어서 필요한 것은 자본주의의 각 발전단계에 있어서 법의 구체적 변용의 전체과정을 분명하게 하는 것이다. 간단히 현대법에 앞선 역사적 전례로서 근대법 일반을 상정하여 그것과 비교하는 것은 아니다. 또 근대법을 과거의 특징단계의 법에 한정해서 그것만을 현대법과 비교하는 것도 아니다. 오히려 현대법의 특징을 간명하게 직접적으로 설시하기 위한 기술방법으로서 「근대법」 대 「현대법」이라는 대비를 시도하는 것은 의미가 있는 것이다. 그러나 이러한 대비를 절대시해버리면, 자본주의에는 근대법과 현대법이라는 두 단계가 존재하는 것으로 도식화하려는 잘못된 사고방식에 빠질 염려가 있다는 것에 유의를 요한다. 이하에서는 현대법이란 현대자본주의법을 지칭하고자 한다. 즉 국가독점자본주의시대 이후의 그것을 특징짓는 법을 총칭하는 것으로 생각하면 된다.

국가 및 현대법의 작용을 어떻게 정당화하고 또 어떻게 은폐하고 있는가에 주안점을 두고 파악하는 이데올로기로서 공공복리론[102]에서 출발할 필요가 있다.

모든 법제도의 기본적 출발점은, 두 말을 할 필요도 없이, 인간의 물질대사(物質代謝)를 기초를 정당화하는 소유제도라고 하겠다. 따라서 근대(시민)법에서 현대법으로의 변화는 소유제도의 변화에 따라 근본적으로 규정되고 있다. 좀 막말로 표현한다면, 그것은 소유권의 자유를 강조하는 것에서 그 자유를 제한하는 것으로의 변화로서 설명될 수 있다. 여기에 재산권의 자유를 어디까지 제한할 수 있는가라는 양적 문제 내지 상대적 문제가 법률문제의 하나의 중심을 차지하게 된다.

예컨대, 노사관계에 있어서 사용자의 재산권의 자유는 어느 정도 제한되고, 어느 정도로 보장되는가? 그것은 노동자의 권리와의 관계에 있어서 상대적으로 결정될 수밖에 없을 것이다.[103] 마찬가지로, 주택임대차관계에 있어서 가주(家主)인 임대인의 주택소유권은 무주택자의 기본적인 주거권을 어느 정도 확보해주기 위해 임차인의 권리와의 관계에서 상대적으로 결정되고 있다. 이러한 경우에 사용자나 가주의 권리는 정확하게 저기에서부터 여기까지라는 형태로 절대적이고 고정적인 또는 불변적인 것으로서 존재하는 것이 아니라, 노동자나 주택임차인의 권리와의 상대적 관계에 있어서 유동하고 또 상황에 따라 변할 수 있는 것으로서 파악된다.[104] 권리의 절대성과 고정성이라는 관념은 붕괴하고, 권리의 상대성이라는 관념이 생기고, 그것이 다시 일반론에도 반영되어, 권리라는 것은 당초 상대적인 것이라고 하는 인식이 나오게 된다. 물권과 채권의 상대화, 공법과 사법의 상대화 등이 그것이다. 그리고 이들 현상은 법현상을 상대적인 것, 양적인 것으로 환원시켜가는 법사회학적 방법론의 등장과도 연결되어 있다.

이와 같이 권리의 파악방법이 변해갔다고 하는 것은 또 권리관계로서 나타나는 사회적 분쟁의 형태가 변했다는 것을 의미한다. 빌린 돈을 반환하라든가, 매매대

102) 따라서 「공공의 복리」 일반이 아니고, 역사적으로 규정된 「공공복리」가 문제로 된다. 현대적 「공공」개념은 절대주의적 「공공」개념이나 시민적 「공공」개념과는 다른 것이다. 다수의 헌법학자도 오늘날의 공공복리가 새로운 것이라는 것을 인식하고 있다. 그러나 그 내용의 분석은 거의 하지 않고 있다.

103) 물론 상대적이라고 말할 수 있겠지만, 자본주의법에 고유한 틀이 있다. 그러나 그 틀 속에서 사용자의 권리와 노동자의 권리는 일방의 권리가 넓어지면 타방의 권리가 그만큼 축소된다고 하는 관계에 놓여 있다. 예컨대, 사용자의 재산권의 자유의 하나인 해고의 자유는 어느 한도로 인정되는가, 그것은 노동자의 권리보장과의 관계에서 상대적으로 정해져 간다. 민법에서는 해약의 자유가 관철된다(민법 제660조). 그리니 노동법이 노동자의 권리를 보장하는 상황에 따라 해고의 자유는 축소되어 간다(예컨대, 근로기준법 제23조, 제24조 등). 그리고 이와 같은 입법조치뿐만 아니라, 해석에 의한 해고자유의 제한(예컨대, 권리남용, 정당사유론, 선량한풍속론 등)도 인정되어 간다.

104) 사용자의 권리, 노동자의 권리가 어디까지 인정되는가는 사회정치상황과 세력관계의 변화에 대응하고 입법 내지 해석의 변화에 의해 끊임없이 변화해 간다. 어제까지는 사용자의 권리이었던 것이 오늘은 그렇지 않다고 할 수도 있다.

금을 지불하라는 형태의 분쟁과 노사분쟁이나 가주차가인의 분쟁에서는 분쟁의 형태가 전혀 다른 것은 말할 것도 없다. 전자의 경우에 있어서, 문제는 예컨대, 50만원의 채권을 객관적으로 확정하는지 여부의 문제이고, 따라서 권리는 있는지 여부, 전부인가 또는 전무인가의 여부이지, 정도나 양을 문제로 논의할 여지는 없다. 새로운 타입의 분쟁의 등장은 새로운 권리개념의 등장을 요구한다. 마찬가지로 각종의 법개념, 예컨대, 책임이란 무엇인가, 위법성이란 무엇인가 등에 대한 사고방식도 달라진다.

현대법에서는 권리의 상대성개념이 등장하고 법의 임무 내지 기능이 변하게 된다. 게다가 법의 주된 임무는 종래의 객관적인 이익범위를 확정하는 것에서, 대립하는 주체의 이익들을 서로 원만하게 조정하는 것으로 변해 간다. 물론, 고전시민법에 있어서도 이익의 조정이 법의 임무가 아니었던 것은 아니다. 어떠한 의미에서는 일반론으로서 법은 항상 이익조정을 겨냥하고 있다고도 말할 수 있다. 그러나 근대(시민)법에 있어서, 조정의 기준은 권리 그 자체에 내재하고 있었다. 그렇지만 이제 그 정도를 문제로 하는 현대법에 있어서, 조정의 기준은 그것을 권리 자체에서 찾을 수 없게 되었다. 예컨대, 어느 정도로 사용자의 계약자유나 재산권을 제한해야 하는가는 사용자가 향유하고 있는 권리 자체에서 비롯하는 내재적 제한은 아니다. 이러한 제한은 당해 권리에 있어서 외부적인 사정에 의해 결정된다.[105)]

이리하여 근대(시민)법에서는 법외적인 문제로 되어가는 사회실질적인 계기가 현대법에서는 바로 법체계 내로 들어올 수밖에 없게 되었다. 이것이 현대사회의 문제에 있어서 사회실질적인 계기를 시야에 넣는 법적 판단이 문제로 되는 이유이다. 그것은 결국 일정한 정책판단 즉 공익판단을 기초로 할 수밖에 없다. 예컨대, 가주(家主)의 재산권을 어느 정도 제한해야하는가는 어떠한 주택정책을 전개해야 하는가라는 정책판단에 의해 규정될 것이다. 이와 같은 문제에 대해 입법론이든 해석론이든, 정책판단 내지 공익판단을 빼놓고는 법률론이 성립할 수 없게 된다.

105) 이 점에 관련하여, 공공복리에 관해 일언을 언급해 두면, 헌법학자나 판례의 의론 속에, 권리내재적 제한과 권리외재적 제한을 혼동하여 함께 취급하였던 것이 적지 않다. 예컨대, 아마 어떠한 권리라고 하지만 절대무제한의 자유는 존재하지 않고, 일정한 제한을 받는 것은 당연하다고 하는 의론이 있지만, 이것은 고전시민법 하에서도 통용된 의론이고, 특수현대법적 현상으로서 오늘날 문제로 되고 있는 공공복리의 설명에는 전혀 부합되지 아니한다. 마찬가지로 공공복리를 단순히 인권 간의 조정(調整)원리로 파악하는 사고방식도 또한 그것만으로는 고전시민법에서의 권리조정과의 구별을 설명하였던 것으로 되지 않는다. 권리 내지 이익조정 일반은 시민사회존립의, 따라서 또 자본주의법 일반의 기초적 조건이고, 무엇보다도 공공복리를 꺼낼 필요가 없는 문제이다. 고전시민법하에서의 조정과 현대법하에서 조정이라는 말의 역사적 의미내용이 변하였다고 하는 점에서 바로 공공복리론이 등장하였던 것이다. 내가 앞에서 현대법에 있어서 공공복리를 강조하였던 이유이다.

무엇보다 20세기 초기부터 산업자본주의의 병폐가 노골화되자 그것에 대한 처방으로 국가의 기능이 확대되어 독점자본주의체제가 성립되면서 공공복리와 같은 다양한 정책개념 내지 이데올로기적 용어를 포함한 일반조항과 추상조항이 현대법에 범람하게 되었던 것이 이러한 관계를 훨씬 명확하게 노정한다.[106] 본래, 시민법상의 재산권의 자유라고 하여도, 초역사적 내용을 가지는 것이 아니고, 자본주의적 등가교환의 경제질서를 담보하기 위한 자유에 불과했던 것이기 때문에, 그것에 내재하는 자유의 제한은 역사적 성격으로서 당초부터 그 내부에 가지고 있었다. 그 일반원칙을 보여주는 것이 시민법 하에 있어서 일반조항이었다. 즉 이들 일반조항의 기준은 등가교환질서의 보장이라는 객관적 기준 위에 있었다. 무엇이 선량한 풍속이나 신의칙에 반하는 거래인가는 등가교환질서의 보장이라는 객관적 경제법칙에 의해 근본적으로 규정되었다. 입법자의 임무도 법관의 임무도 거기에서는 경제사회의 객관적 법칙에 의해 규정된 법적 가치를 발견하고, 그것을 입법하고, 또 재판에 적용하는 것으로 되었다.[107]

그렇지만 오늘날 문제로 되어있는 일반조항, 즉 공공복리를 필두로 하는 일반조항은 바로 객관적 경제법칙으로서의 등가교환질서가 붕괴하였던 곳에 발생하였던 것이다. 거기에 시민법적 일반조항과의 근본적인 차이가 있다. 근대사회의 초기에는 시장경제에 있어서 등가교환원칙이 객관적인 기준에 의해 상당한 수준에서 유지되고 있었기 때문에 시민법의 일반조항 또는 추상개념은 그러한 기준에 의해 어느 정도 확정될 수 있었다. 그러나 독점자본주의체제에서는 그러한 기준 자체가 없다. 그래서 국가가 시장에 개입할 수 없게 되어 결국 국가독점자본주의가 성립하게 된다. 이렇듯 국가독점자본주의의 가장 큰 특징은 국가권력이 교환적 성격을 가지지 않기 때문에, 교환과정에 개입하여 그것에 의해 자본제경제의 순환과정을 내부에 지지한다고 하는 점에 있다. 앵글로아메리카식의 복지국가(福

106) 도이칠란트에서는 바이마르시대에 이미 공공복리, 신의성실 등과 같은 추상개념 및 일반조항의 위험성과 문제점에 관한 논의가 본격적으로 시작된다. J. W. Hedemann, Die Flucht in die Generalklauseln. Eine Gefahr für Recht und Staat, 1933. 이와 관련하여 바이마르시대의 일반조항의 정치학에 관해서 廣渡清五, 『法律からの自由と 逃避. ヴァイマル共和制下の 私法學』, 日本評論社 1986, 특히 345면 이하 참조. 그 외에 강희원, 「이른바 일반조항에 관한 기초법학적 이해」, 『고황법학』, 제1권(창간호) 209-265면 참조.

107) 시민법적 권리는 이 의미에서 항상 그것에 내재하는 제한을 가지고 있고, 그것에 반대하는 권리행사는 허용되지 않는다. 입법자는 그것을 법에 반영시킬 의무를 가지고 있다. 예컨대 민법의 규정은 이러한 의미에서 시민적 권리의 자유의 범위를 한정하고 있다(사기는 인정되지 않는다든가, 유질은 인정되지 않는다든가, 물건에 하자 있으면, 매주는 책임을 부담한다든가 등). 공서양속과 같은 일반조항이라도, 등가교환의 담보라는 객관적 기준이 있다. 그래서 그 내용은 등가교환질서를 충족하는 전기적(봉건적) 폭력적 고리대적 거래의 금지(예컨대, 인신매매, 고리대의 금지)라고 하는 의미를 가지고 있었다. 조리나 신의칙도 그러하다.

祉國家) 또는 도이치식의 사회국가(社會國家)란 결국 국가가 권력을 화폐형태로 행사해서 상품과 화폐의 순환과정에 참여하는 구조라고 할 수 있다. 경제에 대한 국가권력의 개입이 적극적으로 되면 될수록 등가교환(等價交換)의 원리 및 그것에 의해 지지되고 있는 시민법질서가 붕괴하게 되고, 비(非)등가교환관계가 확대해 간다. 따라서 이 경우에 있어서의 일반조항은 시민법하에 있어서 일반조항과 같은 객관적 기준을 가질 수 없다. 그렇다고 하기보다, 객관적 기준을 가질 수 없게 되었기 때문에, 일반조항에 의존하고, 점점 추상적인 말로 구성될 수밖에 없게 되는 것이다.

여기에서 다시 한 번 더 강조해두지만, 우리가 법의 추상성이라고 말하는 경우에, 시민법의 추상성과 현대법의 추상성을 반드시 구별해서 생각해야 할 것이다. 양자는 그 성질도 기능도 전혀 다르다. 시민법적 추상성은 예측가능성을 담보하기 위한 추상성이다. 즉 시민법이 등가교환의 법이라고 하는 때 이미 사회생활상의 구체적 계기는 그 시야에서 벗어나 있는 것이고, 그것은 특히 구체성을 추상해서 계산 가능한 논리적 체계로서 구성되는 것이 가능하게 되었다. 이러한 의미에서 시민법적 추상성은 상품교환의 추상성의 법적 반영에 불과하다.[108]

이것에 반해서, 현대법에 있어서 일반조항의 추상성은 역으로 어떠한 가치판단도 거기에 끌어넣는 것으로서 추상성이다. 따라서 예측가능성을 붕괴시키기 위한 추상성이다. 시민법적 추상성이 사회생활상의 가치판단을 법의 밖에 밀어냈던 것에서 생기는 추상성이었던 것에 대해, 현대법적 추상성은 사회생활상의 가치판단을 법속에 끌어넣어서 생기는 추상성이다. 즉 일반조항을 매개로 하여 법속에 모든 사회생활상의 가치판단을 생생한 형태로 끌어넣고, 가치판단의 다툼이 직접적으로 법적 판단의 다툼으로서 나타나는 것으로 되었다. 근대시민법에 존재하고 있었던 일반조항이나 추상적인 법개념은 현대법의 경우에는 그 성질과 기능이 변하게 되지 않을 수 없다.[109][110]

---

108) 새삼 말할 필요도 없이, 시민법은 인간이 가지고 있는 구체적 속성을 추상하여, 인간을 상품소유자로서, 소유권을 상품사유권으로 파악하는 위에 성립하고 있다. 시민법의 적용의 결과가 구체적 타당성을 결하고 있다고 하여도, 그 불합리는 사회과정 속에 있어서 문제이지, 법의 문제는 아니다. 그러므로 구체적 타당성을 법 내지 재판에 의해서 확보하는 것이 당초 좋지 않은 것이었다.

109) 예컨대, 신의칙도, 그것이 도이치민법의 규정과 같이 계약의 해석이나 채무이행에 관한 것인 때, 등가교환질서의 보장이라는 역할을 가지고 있었다. 그러나 국가독점자본주의의 단계에 들어가면, 인플레이션 하에서 등가교환의 기초가 파괴되어 감에 따라, 그 재평가판결이래, 그 기능을 변질시켜 간다. 그리고 신의칙은 등가교환의 기초 위에 또 채권관계의 보장의 테두리를 넘어, 물권관계로 진출하고(특히 상린관계Immission), 그리고 법의 일반원칙까지 넓혀지고, 그것을 매개로 하여 행정법의 영역에까지 확대되어 간다(Verwirkung). 그래서 당초는 시민법에 내재하는 자유의 제한원리이었던 것이 현대법적 성격의 것으로 변화해 간다. 권리남용에 대해서도 마찬가지다.

110) 이를테면, 우리 민법은 1961년에 제정・발효하였다. 그런데 그 당시에는 한국경제의 수준이 낮았

공공복리는 이와 같은 현대법적 추상조항의 가장 전형적인 것이다. 자본주의경제가 국가권력의 개입 없이 유지될 수 없다고 하는 단계에서 그 개입의 논리로서 공공복리는 등장하였다. 게다가 이 경우, 개입의 기본적 특징은 사법적 개입이 아니라 행정적 개입이고, 특히 비등가교환적인 개입이다. 권력=법에 의한 이익조정은 일방의 사적 이익에 플러스이고, 타방의 사적 이익에 마이너스로 작용하는 비등가교환적 조정이다. 등가교환은 경제사회 그 자체의 법칙에 의해 이유 있게 된다. 그러나 비등가교환은 경제적이 아니라, 정치적으로밖에 이유 있게 된다. 그것을 이유 있게 하는 포괄적 개념으로서 공공복리가 등장한다.

따라서 공공복리는 본래 특히 정치적인 것, 즉 자본주의경제체제의 유지라는 정치적 목적에 봉사하기 위한 것이다. 현대법에 있어서 공공복리는 노동자의 이익보호를 위하여 등장한 것이 아니다. 자본임노동관계에 대한 국가권력의 개입과 상품과 화폐의 순환과정에 대한 국가권력의 개입 없이는 자본주의가 유지될 수 없기 때문에, 이것들을 유지할 목적으로 공공복리가 등장한 것이다. 노동자보호라는 목적도 자본주의체제유지라는 정치적 목적에 필요한 한도에서 그 테두리 내에서만 관심의 대상으로 되는 것이다. 그렇기 때문에 체제유지라는 정치적 목적에 필요한 경우에는 공공복리는 노동자보호를 위한 적극적인 법원리 또는 법이데올로기로 되지만, 그렇지 않는 경우에는 역으로 그것은 노동자의 권리를 억압하는 무기로 갑자기 변하게 되는 것은 당연하다. 그러므로 공공복리는 노동자를 위(爲)한 것인 동시에 노동자에 대(對)한 것일 수도 있다. 이러한 공공복리의 이중성에는 아무런 불가사의한 것이 없다. 이러한 의미에서 공공복리란 근본적으로는 항상 자본주의국가의 복리임에 틀림없다. 그리고 그 추상적 성격은 자본주의국가이데올로기(그것은 권력의 정책으로서 구체화된다)를 활기 넘치는 정치적 이데올로기로서가 아니라, 바로 법적 명제로서 규범화하는 것을 가능하게 하고 있다.

Ⅳ. 공공복리에 의한 기본권의 제한

이상 기술한 바와 같이 공공복리는 그것이 등장하였던 역사적 기반에서 보아 객관적 기준을 가지고 있지 않은, 즉 그 내용의 한계를 당초 객관적으로 확정할

고 그 규모가 정말 작았기 때문에, 근대법으로서 민법 제2조 신의성실이나 권리남용은 그 당시의 생활수준에 맞게 적절히 해석 보충되었다. 그러나 한국식 독점자본주의가 상당한 수준에 도달하고 있는 현재에 있어서 현대법으로서 우리 민법 제2조의 내용은 현저하게 다르게 될 수밖에 없을 것이다.

수 없는 것이다. 다시 이와 같은 추상개념을 인정하면, 법해석학적인 조작에 의해서도 그 한계를 확정하는 것은 불가능하다.

공복복리는 상호 대립하는 이익을 공공이라는 차원에서 조정하는 경우에 문제로 되는데, 이 경우에는 권리 제한의 정도가 문제로 되고, 그것은 상대적인 양적 문제로 환언된다. 이것은 공공복리론이 헌법해석론으로서는 거의 전혀 무의미한 것일 수밖에 없다는 것을 이야기하는 것이다. 헌법해석론은 말할 것도 없고, 합헌이나 위헌에 대해서한 기준[111]을 표시해야 한다. 그렇지만 정도가 문제로 되는 경우에는 그 기준의 설정이 없을 것이다. 예컨대, 영업의 자유나 노동자의 단체행동권을 공공복리에 의해 제한하려고 한다고 하는 경우, 어느 정도까지의 제한이 합헌이고, 어느 정도 이상의 제한이 위헌인가에 대해 판단이 되지 않는다. 합헌인가 위헌인가의 판단은 말할 것도 없이, 질적인 판단이고, 그 전제에는 질적 구별이 되어야 한다. 그러나 어느 정도 제한해야 하는가라는 것의 판단의 다툼은 권리를 예컨대, 80%를 인정하는가, 또는 50%를 인정하는가의 다툼이지, 질적 구별을 전제로 하는 것은 아니다.

그리고 우리 헌법 제37조 2항은 공공복리라는 추상적인 개념을 사용하여 기본권제한의 정도를 사전적으로는 거의 제한하지 않은 채 방기하여 이미 헌법론의 차원에서 거의 논의의 건덕지를 남겨 두지도 않고[112] 이것을 법률, 즉 입법정책론에 일임하고 있다.[113] 공공복리는 단지 기본권을 제한하기 위한 포괄적인 이유를 부여한 것에 그치고 있으며, 그 제한의 정도나 내용을 표시하고 있는 것은 아니다. 즉 공공복리는 기본권의 제한의 필요가 있는 경우에 그 제한의 이유로서 사용되고, 그 합헌성을 담보하는 것에 바로 그 헌법론적 의미가 있는 것이며, 공공복리의 알맹이나 그 내용은 처음부터 헌법론의 저편에 있다고 할 것이다.[114]

111) 이것도 법관에 있어서의 기준이다.

112) 물론 자유와 권리의 본질적인 내용을 침해할 수 없다고 하여 사후적으로 통제할 수 있는 근거는 남기고 있다. 그리고 기본권을 제한하는 경우에는 자유와 권리의 본질적인 부분은 침해해서는 아니 되기 때문에 그 한계가 있다는 반론이 나올 수도 있겠지만, '본질적 내용'이라는 용어 자체가 이미 추상적이기 때문에 공허한 것이다. 설령 그렇지 않다고 하더라도, 누가 본질적인 내용을 결정하는가? 그것 또한 국가권력이 결정한다. 국민 개개인의 자각에 기하여 현실적으로 사회적 세력 또는 반대당에 의해 국가권력자를 견제하지 않는 한, 기본권 제한의 한계란 설정될 수 없다.

113) 이와 관련하여 헌법재판소는 "기본권을 제한하는 입법을 함에 있어서 입법목적의 정당성과 그 목적달성을 위한 방법의 적정성, 피해의 최소성 그리고 그 입법에 의해 보호하려는 공공의 필요와 침해되는 기본권 사이의 균형성을 모두 갖추어야 하며 이를 준수하지 않은 법률 내지 법률조항은 기본권제한의 입법적 한계를 벗어난 것으로서 헌법에 위반된다"고 하여 기본권제한입법의 기본원칙을 추상적으로 언급하고 있다. 헌재1991.1.28, 97헌마253.270(병합) 참조, 그러나 이러한 입법의 기본원칙도 정책적인 것에 불과하다.

114) 물론 그렇지 않은 경우가 절대적으로 없다고 하는 것은 아니다. 그러나 정책론이나 또 입법론의 다툼에 대해서도 특히 또 그것을 둘러싸고 단순한 이데올로기론의 다툼에 대해서라면 특히 헌법

그렇기 때문에 공공복리의 알맹이를 문제로 하여 그 내용을 해석론적으로 한정하려고 하는 노력을 하여도, 거기에서 구체적 문제에 대해 합헌, 위헌을 구별하는 객관적 기준이 나오는 것은 아니다. 이와 같은 해석론적 시도는 전술과 같이 실패로 끝날 수밖에 없다.[115]

공공복리의 알맹이를 문제로 하는 발상은 권력의 자의를 억제한다고 하는 해석론 본래의 과제를 유효하게 할 수 없을 뿐만 아니라, 역으로 그 의도에 반하여 결과적으로는 그 자의를 용인하는 것으로도 된다. 공공복리의 알맹이는 특히 이데올로기적인 것으로 될 수밖에 없기 때문에, 예컨대, 권력에 반대하는 입장에서 공공복리의 알맹이를 한정하는 것이 허용된다고 하면, 그와 같은 필법(筆法)으로 권력의 입장에서도, 그 알맹이를 한정하는 것이 허용되는 것으로 되고, 결국은 권력에 편리하게 공공복리의 내용이 결정되어 질 우려가 있기 때문이다. 법을 집행하는 것은 권력이고, 권력의 가치판단이 최후에는, 공공복리의 내용을 결정한다는 것을 잊어서는 아니 된다.[116]

또 이것은 권력내부에 있어서 사법권의 지위를 상대적으로 아래서부터 단속하는 것으로 될 것이다. 왜냐하면 공공복리의 알맹이를 문제로 하는 한, 정책론에 설 수밖에 없고, 그것은 첫째에는 입법부 내지 행정부의 판단에 맡겨 놓고 있기 때문에, 사법부의 판단은 소극적으로 될 수밖에 없다. 예컨대, 농지법에 있어서 농지통제가 합헌인가 여부, 석유사업법에 있어서 주유소 간의 거리 규제가 합헌인가 여부, 의료법에 있어서 양・한의 이중자격자의 동시개업의 금지가 합헌인가 여부[117] 등 문제가 나오는 경우, 그들 규제의 한도가 농림행정, 위생행정, 교통행정 등의 공공복리의 필요에서 어쩔 수 없는 한도를 넘는 것인가 여부의 인정을 법관에게 찾아도 무리일 것이다.[118] 이러한 한 형태로 문제가 나오게 되면, 법원

해석론의 차원에 있어서 공공복리의 알맹이로 다툰다고 하는 것은 우선 곤란한 경우가 대부분이 아닌가?

115) 공공복리론에 있어서는 헌법해석학이 성립하는 객관적 기반은 이미 붕괴하고 있다고 나는 생각한다. 다수의 헌법학자들은 기본권제한의 한계가 있는 것처럼 기술하고 있지만, 객관적으로는 그러한 한계는 이미 붕괴하였다고 하는 것이 옳을 것이다. 이미 붕괴되어 버린 것을 붕괴하지 않는 것처럼 생각하는 것에 오히려 문제가 있다.

116) 공공복리가 문제로 되는 경우, 다툼이 있는 사항의 실질은 물론 사회적 이익의 대립이다. 그러나 문제는 그 대립 자체 속에 있는 것이 아니라, 그 대립에 관한 국가권력의 참여 내지 개입이라고 하는 점에 바로 있다. 공공복리란 결국, 국가권력의 개입을 이유 있게 하기 위한 도구개념이기 때문에, 권력의 측에서, 그 내용을 정할 수밖에 없다. 그것이 결과적으로 노동자나 일반대중에게 유리한 경우도 불리한 경우도 공히 포함되어, 그 내용의 결정은 권력의 가치판단에 관계되어 있다. 사람들은 자주 이 근본적인 점을 망각하는 경향이 있다. 그 핵심만을 - 게다가 부분적으로 취해서 - 문제로 하는 경향이 있다. 그러나 그렇지 않고, 누가 그 핵심을 결정하는 결정권을 가지고 있는가가 본질적으로 중요한 점이다. 그러므로 국가권력의 문제를 빼놓고 공공복리를 논할 수 없다.

117) 예컨대, 헌재2007.12.27, 2004헌마1021 결정.

은 현실로 자주 그렇게 하듯이 법률의 조문이나 입법이유를 그대로 증거로 하여 합헌이라고 판단하게 된다. 공공복리의 관점에서 기본권을 제한한 법률을, 위헌이라고 하는 한 판례는 존재하지 않는 것 같다. 이것에는 법원이 사법심사로서의 기능을 전혀 수행하고 있지 않다고 해도 과언이 아니다.

그리고 입법부나 행정부라도, 이것을 예측하여 법률의 조문 속에 공공복리 기타 이것에 유사한 추상적 단어를 두면, 법원에서 위헌으로 될 우려는 없다고 생각해서 입법한다고 하는 경향조차 볼 수 있다. 그래서 제정법 속에서, 공공복리 기타 추상적 문구에 의해, 기본권을 제한하고, 그 문구를 그대로 법원이 추인(追認)한다고 하는 형태로, 기본적 인권의 보장은 껍데기뿐으로 되어 간다. 불행하게, 우리헌법이 공공복리라는 단어를 삽입한 한에서는 기본권보장에 있어서 그 보장의 알맹이가 빠진 것으로 되었다는 것은 현재 우리가 보고 있는 바일 것이다. 입법, 행정, 사법의 3권에 걸쳐, 공공복리라는 이름에 의해 법창조작용이 되고 그것은 오늘날, 「법의 지배」의 이데올로기와 함께, 기본적 인권을 억압하는 가장 주요한 지주로 되었다.

이렇게 보면, 공공복리라는 추상조항을 긍정하는 것은 어떠한 의미에서도, 기본적 인권의 보장에 있어서 좋은 것은 아니라는 것은 분명할 것이다. 그것은 어떤 경우에도, 다만 권력의 정책을 정당화하기 위한 도구로서 행사되는 것에 불과하다. 그런데 일반시민은 물론이고 법률학자 중에서도, 이 용어에 끌리어 공공복리를 높이 평가하는 견해가 결코 적지 않다. 특히 재산권의 자유에 대한 제한은 헌법 제23조에 명기하고 있는 관계도 있고, 자본소유권의 폐해를 제거하고, 국민의 이익을 지키기 위해 필요하다[119]고 하는 견해가 있다. 그러나 이 점도, 기본적으로는 자본소유권과 노동자의 권리 내지 소비자의 권리와의 대립 그리고 후자의 권리를 위한 전자의 권리의 제한이라는 문제로 환원되는 것이고, 공공복리라고 해서는 아니 되기 때문에 정당한 논거라고 할 수 없다.[120] 그뿐만 아니라, 공공의

118) 예컨대, 농지법에서 농지의 임대차계약해제를 제한하고, 이것을 도지사의 허가와 관련시키는 것은 공공복리의 관점에서 필요불가결한 어쩔 수 없는 합헌의 제한인가의 여부 혹은 (구)의료법에 있어서 동서(의학)결합병원 개설 제한이 합헌인지 여부는 그 내용의 실질적 판단은 법원의 판단의 테두리를 넘는다.

119) 이 견해는 전술과 같이 이데올로기적으로는 개량적인 주조개혁론까지 들어가지만, 그렇지 않아도 법률학자가 공공복리를 적으로 평가하는 경우에 통상 채용하고 있는 견해이다. 헌법학자 뿐만 아니라 행정법학자가 복지국가행정법론을 전개하는 때, 혹은 민법학자가 제2조의 규정을 평가하는 때에도 이 견해에 기하고 있는 것이며, 따라서 법률학의 전분야에 걸쳐 나올 수 있는 것이다. 그러나 나는 복지국가행정법에서도, 민법 제2조의 해석론에도 비판적이다.

120) 자본소유권의 제한은 그것과 대립하는 권리의 보호라는 의미에서 그 권리보호라는 관점에서 파악해가야 할 문제이다. 그렇다면, 여기에서도 권리의 제한이 아니라, 권리의 보호가 중심으로 되고, 자본소유권의 제한은 오히려 노동자권이나 소비자의 권리보호의 반사로서 파악되고 있다. 현

복지에 의한 재산권의 자유의 제한이라는 것으로 오늘날 가장 고전적인 토지수용법 등은 오히려 자본소유권을 위해 일반시민이나 농민대중의 토지를 빼앗기 위한 결정적 무기로 될 수 있다.[121)]

또 공공복리에 기하여 실질적인 인권의 실현의 보장을 겨냥하는 것으로 파악하는 입장도 있지만, 현실에서는 공공복리는 실질적인 인권의 실현을 겨냥하는 노동운동이나 대중운동을 억압하기 위한 것으로 되었다는 것도 주지하는 바이다. 「실질적 공평의 원리」라는 것에서, 노동자는 그 쟁의권을 보장받고 비로소 사용자와 평등의 입장에 서기 때문에, 노동운동이나 대중운동의 자유를 최대한 보장하는 것이 강조되어야 하기 때문에, 현실에는 그것을 제한하는 최대의 무기로 되었던 공공복리를 「실질적 공평의 원리」로 설명하는 것은 사실에 반한다.

그리고 현대적 기본권(또는 인권)과 관련해서 우리가 가장 중심적으로 생각해야 할 것은 대중이 자신의 의사를 직접적으로 표현하는 대중행동의 권리이다.[122)] 공공복리는 이러한 대중행동의 권리를 보장하는 것을 정당화하는 논거가 될 수도 있지만, 대부분의 경우에는 그 반대의 경우에 해당한다. 이러한 권리를 보장하기는커녕 그것을 적대시하는 공공복리론은 민주주의의 적대물이다.[123)] 그런데 노동자 등 사회적 약자의 권리를 도외시하면서 공공복리를 거론하는 것은 당초에 성립할 수 없을 것이다. 물론 공공복리론을 전개하면서 노동자, 여성, 소상인 등 사회적 약자계층을 도외시해서 아니 된다는 논자도 있을 수 있지만, 실제로는 노동자의 이익을 도외시하지 않는 공공복리 등은 있을 수 없고, 노동자의 이익을 생각한다면, 공공복리라는 말 등은 전혀 부합되지 않는다. 노동자의 권리를 최대한으로 보장하면 그것으로 족할 것이다.

실에 있는 것은 권리대권리의 대항관계이다. 그렇지만 「공공복리」는 이 대항관계를 애매하게 하는 개념이다. 오히려 여기에서는 공공의 복리는 「공익」으로서 안이하게 파악되고, 대항관계를 수반하지 않는 사회주체의 이익, 국민일반이라는 형으로 살짝 바뀌진다.

121) 헌법 제37조 2항에 현재 아주 문제로 되고 있는 것의 하나는 토지수용법 기타 토지규제법이지만, 여기에서는 최근의 일련의 입법개혁은 농민 시민의 재산권에 대한 권력적 규제를 갑자기 강화하고 있다. 「공공복리」의 기만성은 노동자권의 경우와 마찬가지로 이 점에서도 명백히 나타나고 있다. 여기에서 시민의 권리와 대항관계에 놓여 있는 것은 독점기업의 권리이고, 토지수용권의 강화는 자본소유권의 보호에 불과하다. 예컨대, 올림픽 등 국제적인 체육행사를 위해서 또는 일반인의 체력단련이라는 미명하에 골프장건설을 위해 특정지역의 농민의 토지를 강제 수용하는 경우를 생각해보라.

122) 2008년 4월 초순부터 전개되있던 촛불시위를 상기해보라! 미제쇠고기에 대한 민중의 의사는 거리에 있어서 시위행위나 인터넷에 있어서 전자적 시위행위라고 할 수 있다. 이러한 집단적 시위행위에 대한 권리가 기본권으로 보장되지 않는 한, 현대국가에 있어서 민주주의란 허구에 불과하다.

123) 공공복리에 의한 기본권의 제한은 언어적 조작만으로 실질적인 아무런 근거도 보여주지 않고 이루어지는 것에서 훨씬 문제가 있다.

공공복리를 비교형량이라는 관점에서 파악하여, 인권을 제한해서 얻을 수 있는 이익과 그것을 제한하지 않는 경우의 이익을 비교하고, 전자의 가치가 높은 경우에 공공복리에 의한 인권의 제한이 인정될 수 있다고 하는 사고방식[124]도 공공복리의 내용을 실질화해서, 결국은 권력의 가치판단에 봉사하는 것으로 될 것이다. 되풀이해서 말하듯이, 이와 같은 비교형량을 하는 경우의 객관적 기준은 등가교환 법칙이 붕괴된 현대국가에서는 존재하지 않는다. 그러면, 누가 어떠한 기준으로 비교를 하는가? 그것은 결국에 있어, 권력이 그 계급적 기준에 기초한 공익판단에 의해 하는 이외에 있을 수 없다. 계급적 대립이 가장 예리한 노동관계나 치안관계 등에는 특히 그러하다. 예컨대, 노동자의 파업(strike)이나 시위(demonstration)를 문제로 하는 때, 당초 어떤 이익과 어떤 이익을 비교한다고 하는가?[125] 그 내용은 일정한 계급관계 속에 있어서 논자의 계급적 판단에 따라 결정될 수밖에 없다.[126]

그래서 어떠한 설명의 방식을 하려면, 공공복리가 인권억압을 위한 빈말이고, 민주주의와 자유의 대립물이라는 사실을 변경시킬 수 없다. 헌법학은 이 사실에서 출발해야 하지 않을까?

우리 헌법이 공공복리규정을 가지고 있는 것은 국가독점자본주의단계에 있어서

124) 이러한 사고방식이 헌법학자 사이에는 비교적 지배적인 사고방식인 것 같다.

125) 예컨대, 노동자의 쟁의권의 제한이라는 경우, 무엇과 무엇의 이익을, 어떠한 기준에 의해 비교한다고 하는가? 지하철노동자의 파업에 있어, 지하철노동자의 요구와 발을 묶인 승객의 이익과, 그 성질이 전혀 다른 이익을 비교한다고 할 것인가? 질적으로 다른, 그래서 비교로 될 수 없는 것을 비교해도 무의미하다. 실제에서는 그러한 비교가 된 다음에, 쟁의권이 제한되고 있는 것은 아니다. 그렇지 않고, 우선 쟁의권에 대한 평가가 내려지고, 쟁의의 제한 내지 금지라는 권력의 가치판단이 되고, 다음에 그것을 이유 있게 하기 위해서 쟁의는 타인에게 폐를 준다고 하는 식의 이유가 되는 것이다. 비교형량은 실은 자유제한의 내용을 결정하는 것이 아니라, 제유제한의 내용이 된 경우, 그것에 설득력을 부여하기 위한 이유로 사용되는 것에 불과하다. 여기에서도 「처음에 결론내리기」이다. 그 결론=내용은 일정한 계급관계 속에서 논자의 가치판단에 따라 결정되는 것이다. 예컨대, 교직원의 단체행동권을 인정하지 않는 것을 교직원의 단체행동권과 교육을 받을 권리를 비교하여 교직원의 쟁의행위가 국민의 교육을 받을 권리를 침해하기 때문에 허용되지 않는다고 하고 있다. 이것은 실은 아무것도 비교한 것으로 되지 않는다. 예컨대 3개월이나 반년의 쟁의라면 별개로 하고, 거의 반일이나 하루 파업을 하는 것과 같은 것은 「아동의 교육에 중대한 지장을 가져 온다」 「주민 전체에 다대한 불이익을 주게 된다」는 등과 같은 결과를 야기하지 않는다는 것은 분명하다. 실제에 이익을 비교형량한 다음에, 결론을 끌어내는 것이 아니라, 재판관의 가치판단에 의해 쟁의의 제한을 합헌으로 하는 결론을 낸 다음에, 다만 그 결론을 정당화하기 위한 설득의 수단, 설명의 방식으로서 마치 쟁의권과 교육권의 양자를 비교형량한 다음에 결론이 나왔던 것과 같은 모습을 취하고 있는 것에 불과하다. 그렇기 때문에, 쟁의권의 제한을 그럴싸하게 보이게 하기 위해, 「중대한 지장」 「다중의 불이익」(현실에서는 조금도 중대하지 않고, 다대하지도 않다)이라는 지나친 말을 붙이는 것이다. 비교형량이란 바로 그러한 것이다.

126) 헌법학자가 공공복리의 의미를 새로이 제기하기 때문에, 계급적 내용에 주목하지 않는 것은 약간 불가사의하다. 구체적 의미를 문제로 하면, 계급적 이익을 문제로 하지 않을 수 없다. 그것을 피해 통과하는 곳에는 어떠한 의론으로서도 추상적 기준의 설정밖에 없다는 약점이 포함되어 있는 것이 아닐까?

헌법으로서의 반동적 일면을 가지고 있다는 것을 보여주는 것이다. 그것은 현대 헌법의 진보성을 보여주는 것이기는 커녕, 반대로 그 반동성을 보여주는 것이다. 이와 같은 인식은 법률학계의 상식에 반하는 것일까? 아마 반할 것이다. 그러나 사실에는 반하지 않는다고 나는 생각한다. 오히려 헌법학자가 이 근저의 인식을 의식적·무의식으로 피하고 있다는 것이 문제이라고 생각된다. 「진보적」 바이마르헌법이 왜 붕괴하여 파시즘으로 전락하였다라는 것을 오늘날 우리 법학자는 새삼 돌아보아야 할 것이다. 오늘날 우리의 「진보적」 헌법도 해마다 붕괴하고 있다. 그 붕괴의 내부적 요인의 집중점으로서 공공복리가 있는 것이다. 그렇기 때문에 일부러 헌법을 개정하지 않고도, 공공복리가 있으면, 내부에서 헌법을 봉괴시킬 수 있다고 생각하고, 그러한 의미에서 개헌론에 반대하는 견해가 나타날 수 있다. 고유의견서는 바로 현실의 사실 속에 서 있다. 바로 사실을 반영하고 있다. 우리 헌법은 조문을 개정하지 않고도, 공공복리의 운용에 의해 내부적으로 붕괴할 운명에 노출되어 있다고 해야 할 것이다.

V. 결 어

공공복리라는 관념 또는 이데올로기가 가지고 있는 의의나 성격을 고찰함에 있어 우리는 이 관념이 역사적으로 어떻게 전개되었으며, 그것이 수행하고 있는 역할 또는 기능이 어떻게 변해왔는지에 대해 주목할 필요가 있다. 공공복리라는 이데올로기는 경찰국가에 있어서 공공의 안전을 위해 기존질서 또는 기득질서를 유지하는 것을 정당화하는 근거로 생겨났는데, 이에 기하여 국민 각자의 생활에 대한 경찰국가=권력의 광범한 개입과 규제의 근거로 사용되어 왔다. 그러나 인간의 존엄을 최고의 가치로 하면서 개인의 기본권보장을 국가의 존재의의로 하고 있는 현대적 헌법에 있어서 국민의 기본권의 보장은 「사회의 다른 성원에게 동종의 권리의 향유를 확보하는 것 이외에 한계를 가지 않는다」(예컨대, 세계인권선언 제4조)고 하는 이른바 자연권의 보장이므로 기본권보장에 우선하는 경찰국가적인 공공복리의 관념은 부정되기에 이른다. 사회의 다른 모든 성원에게도 자신과 같은 동종의 자연권이 인정된다는 것에서 기본권 상호간의 조화적 제약은 그 기본권 자체에서 내재적으로 요청되는 당연한 것이므로 기본권의 제한을 위해서 굳이 공공복리라는 용어를 사용할 필요도 없다.

다른 한편, 개인의 자연권 내지 자유권적 기본권이 보장되는 질서 하에서 자본소유권에 의한 노동자의 생활의 파괴나 불안, 기타 무산근로계층의 생활문제가 커다란 사회문제로 되자, 이러한 사회문제에 대처하기 위해, 자본소유권의 자유의 제한을 중심으로 하는 시민적 자유의 제한은 자본주의법에서 중요한 과제로 부각되었다. 그 때에 생산시설에 대한 사유재산권을 제한하기 위한 근거로서 사용되었던 것이 공공복리이다. 환언하면, 공공복리는 자본소유권의 자유를 제한하고, 그 제약 위에 노동기본권이라는 새로운 기본권을 자본주의법상 돌출하여 이것을 근거지우는 데에 사용되었던 관념이라고 할 수 있다. 그러므로 이러한 경우에 있어서 공공복리는 노동기본권을 제한하는 논리와는 전혀 부합하지 않는다. 그러므로 노동기본권 기타 생존권적 기본권의 보장과 그 실현이야 말로 이러한 의미에 있어서 공공복리 그 자체의 핵심을 이루고 있다고 할 것이다. 이렇듯 18, 9세기의 공공복리의 경찰국가적 관념과 20세기헌법에 있어서 공공복리의 관념은 그 역사적 생성과정에 있어서 경계면을 이루고 있다고 말할 수 있다.

그래서 우리나라 헌법에 있어서 공공복리를 위와 같은 이 관념의 역사적인 생성과정에 충실히 파악한다고 하면, 공공복리는 전체주의적 공공복리나 공산주의적 공공복리로 확대해석하는 것을 경계하면서 이른바 「사회국가적 공공복리[127]」로만 파악하는 것이 타당하다는 견해가 있다.[128] 이에 의하면, 사회국가에 있어서 이른바 사회권(생존권적 기본권)보장을 보장하기 위해 자유권적 기본권을 제한하는 때에만, 그 근거로서 공공복리라는 말을 사용해야 하는데, 노동기본권 기타의 사회권의 제한의 근거로는 공공복리라는 용어를 사용해서는 아니 된다는 것이다. 그렇지만 우리 헌법에는 공공복리는 표현이 헌법 제23조 제2항과 제37조 제2항 두 곳에 등장하고 있는데, 위에서 말하고 있는 「사회국가적 공공복리」라는 의미내용만으로 우리 헌법 전체를 논리적으로 모순 없이 해석할 수 있는지가 의문이다. 그런데 이러한 관점에서도 제23조 제2항의 공공복리라는 말은 「사회국가적 공공복리」에 한정하는 것이 타당한 것처럼 보인다. 그러나 헌법 제37조 제2항의 공공복리의 경우에는 사회국가적 공공복리라고 한정할 수 있을까? 헌법 제37조 제2항은 기본권제한의 일반적 법률유보사유로서 "국가안전보장 · 질서유지 [또는] 공공복리"라고 명시적으로 규정하고 있어 여기에서의 공공복리를 사회국가적 공공복리로 한정하더라도 별로 무리는 없을 듯하다. 이렇게 해석하면 공공복리는 기본권의 제한의 사유가 아니라 기본권의 보장근거로 된다. 헌법 제10조의 인간의 존엄과 가치를 훼손할 정도로 제한하는 것은 오히려 공공복리에 위배된다. 왜냐

127) 宮澤俊義, 『憲法 II』(法律學全集 4), 有斐閣, 1976, 230-1면.
128) 신일령, 『노동기본권연구』, 미래사 1985, 151면.

하면 헌법 제10조가 「인간으로서 존엄」을 최고의 가치로서 선언하고 개인의 「행복추구에 대한 권리」를 절대적 가치로 규정하는 18, 9세기적인 헌법적 표현을 사용하고 있기 때문이다. 그러나 사회국가적 공공복리가 아닌 공공복리에 의해서 재산권 이외의 자유권적 기본권을 제한하는 것도 필요한 경우가 있지 않을까 한다. 만약 그렇게 할 필요가 있다고 하면, 그 경우 그 성질을 전혀 같이 하지 않은 제한을 공공복리에 의한 제한으로 어떻게 설명할 수 있을까?

우리 헌법 중 「공공복리」의 해석에 있어 결정적으로 중요한 것은 법의 해석에 있어서 다른 경우와 같이, 결국은 공공복리에 모든 기본권에 대한 제한원리로서의 성격과 기능을 인정하는 것이 실질적으로 타당한 결과를 도출할 수 있는지 여부에 따라 결정된다. 그것은 공공복리에 어떠한 내용과 성질을 부여하는가에 의존한다. 따라서 공공복리를 사회국가적 공공복리로 해석하는 것에 무리가 있다고 하면, 이것에 어떠한 내용과 성격을 부여해야 하는가라는 문제로 된다. 이 점에서 주의해야 하는 것은 공공복리를 각종의 「인권의 실질적으로 공평한 보장」을 목적으로 한 「인권상호간의 모순과 충돌을 조정하는 원리」로서 「인권보장 그 자체의 본질에서 논리필연적으로 파생하는 원리」이다. 「헌법의 명문에 그 근거를 가지는 것은 아니다」라는 공공복리를 근거로 하는 제한을 인정하지 않는 설도, 노동기본권과 여타 기본권과의 조정, 양자의 조정이라는 견지에서의 제약이 있다는 것을 승인한다. 다른 한편, 공공복리의 내용으로서 노동기본권의 제약이라고 명명하는가의 여부에만 차이가 있을 뿐이다. 기본권 상호간의 조정이 「인권의 보장 그 자체의 본질에서 논리적으로 파악하는 원리」, 즉 각종의 기본권의 보장에 내재적인 제약이라고 하면, 이것을 특히 공공복리라고 불러야 할 필요는 없다. 다른 한편, 공공복리라는 것이 가지고 있는 위와 같은 성격을 충분히 파악한 다음에, 이 용어가 그 실질에 부합하는 한에서만 아주 제한적으로 사용되어야 하며, 공공복리를 이유로 하는 법률에 의한 기본권 제한이 문제로 되는 것같이, 당해의 경우에 공공복리의 관점에서 고려해야 할 사항은 무엇인가 구체적으로 음미되어 진다면, 그러한 한에서는 예외적으로 수긍될 수 있을 것이다. 그러나 「공공복리」이라는 말이 사용되는 경우에는 그렇다면, 이 용어의 주문적 메아리에 의해 이러한 음미 검토가 되지 않을 우려가 있다. 현재, 공공복리라는 용어의 입법, 판례에 있어서 안이한 용법의 범람이 지적되는 것에서 보면, 이러한 우려는 이미 현실화되고 있다고 할 것이다. 그러한 의미에서는 공공복리에 대해 기본권적 제약의 기능을 부정하는 입장도 충분한 이유가 있고, 이 기능을 긍정하는 입장에 대한 경우에는 위와 같은 공공복리의 남용에 대해서 철저한 비판을 가할 필요가 있다.

기본권 상호간의 모순, 충돌의 조정은 공공복리라고 불러서 아니 된다고 하든, 각종의 기본권보장에 내재적인 제약이라고 하지만, 각개의 기본권과의 모순, 충돌의 조정뿐만 아니라, 기본권으로서 헌법에 명기되어 있지 않는 법익과의 모순, 충돌의 조정도 고려해야 한다. 이 경우, 제한의 양태도 함께 고려되어야 한다. 예컨대, 공익사업에 있어서 쟁의행위의 예고제라는 제한은 공익사업을 이용하는 광범한 일반의 이익을 위하여 하는 제한이지만, 이 이익은 과연 기본권으로 인정되는가 또는 그렇지 않는가, 적어도 헌법 속에 명기된 기본권은 아니다. 그러나 이러한 제한은 제한의 태양이 예고의무를 과하는 쟁의권제한입법으로서의 합헌성을 인정받는 것이라고 해석할 수 있다.

기본권 상호간 혹은 기본권과 다른 법익과의 조정은 「각각 권리[및 법익]가 가진 사회적 성질에 따라, 다종다양하다」는 것은 말할 필요도 없다. 학설에서는 자유권적 기본권에 대해서는 특히 그러한 취지의 규정이 없으면, 공공의 복리에 의한 제약을 받지 않고, 생존권적 기본권에 대해선 명문의 규정이 없어도 공공복지에 의한 제약이 있다고 하는 자가 있지만,[129] 위와 같은 조정은 자유권적 기본권에 대해서도 생존권적 기본권에 대해도 같이 문제로 되는 것이고, 이 점에서 양자를 구별해야 할 이유는 없다. 그렇지만, 자유권적 기본권과 생존권적 기본권에는 기본권으로서의 성격, 내용에 따라 위와 같은 조정의 태양이 다를 수밖에 없다고 할 뿐이다.

제 4 절 이른바 「노동기본권」이라는 용어문제

I. 문제의 소재

현재 우리나라에서 대부분의 노동법학자들은 「노동기본권」이란 말을 사용하고 있다.[130]. 이 용어가 사용되고 있는 문맥에서 보면, 우리 헌법 제32조가 보장하고 있는 근로권(노동권)」과 헌법 제33조에 보장된 이른바 노동3권을 「노동기본권」으

129) 法學協會(편), 『註解日本國憲法 上』, 有斐閣, 1953, 293면.

130) 신일령, 『노동기본권연구』, 미래사, 1985, 1면 이하; 이영희, 『노동기본권의 이론과 실제』, 까치, 1990, 13면 이하.

로서 거론하고 있는 것 같다. 그렇지만 이 용어의 사용은 노동법학자들의 그 나름의 필요에 의한 것이라고 생각되지만, 그것이 어떠한 의도하에 무엇을 위해서 사용되고 있는지가 불분명하고, 또 그것이 정확한 개념정의하에 사용되고 있는지조차 의문이다.[131] 물론 기본권향유주체를 중심으로 한 단순한 분류적인 의미만을 가지는 것이 아닌 것 같기도 하다.

우리나라 헌법 제33조 1항은 단결권, 단체교섭권 및 단체행동권 등의 노동3권이 명시적으로 「근로자」의 권리로서 규정하고 있는 데 반해, 헌법 제32조 1항은 근로권을 「모든 국민」의 권리로서 규정하고 있다. 그래서 만약 「노동기본권」을 「노동자」 내지 「근로자」의 기본권으로 이해해야 한다면, 근로권은 어떠한 의미에서 「노동기본권」 속에 포함될 수 있게 되는가라는 문제가 생긴다. 동시에 다른 한편에서 「노동기본권」을 「국민」의 「근로」 내지 「노동」에 관한 기본권으로 이해한다면 이른바 「노동3권」에 있어서 「근로자」 내지 「노동자」의 어의를 어떻게 파악해야 하는가라는 문제에 직면한다. 후자는 「노예적 구속」 내지 「의사에 반하는 고역」으로부터의 자유를 정하고 있는 헌법 제12조의 규정에 대응하는 것이라고 이해해야 할 것이다. 그러므로 이것은 「노동기본권」 조항에 포함되지 않는가라는 문제도 생기게 될 것이다.

아래에서는 「노동기본권」이라는 용어를 어떻게 파악해야 하는지, 그리고 노동기본권이라는 용어를 단순히 상징적 또는 분류적인 차원을 넘어서 특별한 규범적 맥락에서 특히 헌법해석론적 차원에서 노동기본권의 특별한 이론으로서 발전시킬 필요가 있는지를 고민해 보고자 한다.

노동자의 경제적 생존 그 자체가 중요시되었던 산업자본주의 내지 독점자본주의 단계에서는 노동기본권이라는 용어가 특별한 기능을 했다고 말할 수 있다. 그러나 오늘날과 같이 노동자의 물질적 생존뿐만 아니라 정신적 자유와 정치적 자유, 문화적 자유가 중시되어 가는 상황에서 노동기본권이라는 용어는 그 의미에 한계가 있지 않는가 한다.

그래서 근로자에게는 물질적 생존은 물론이고 근로관계라는 특별한 상황에서 쉽게 억압되어버리는 정치적 자유, 정신적 자유, 문화적 자유 등 여타 측면의 기본권을 재음미할 수 있는 새로운 용어가 필요하다고 할 것이다.

---

131) 노동기본권의 정확한 개념규정을 규정한 문헌은 없는 듯하다. 신일령, 위 같은 곳은 헌법 제33조에 보장된 노동3권, 즉 노동단체권을 노동기본권으로 보고 있고, 이영희, 위 같은 곳은 헌법 제32조에 보장된 노동권까지 포함해서 노동기본권으로 보고 있다.

Ⅱ. 노동기본권의 범위문제 - 노동에 관한 기본권?

노동기본권이 「국민」의 「노동」에 관한 기본권으로 이해되고 있지는 않다. 만약 노동기본권을 국민의 노동 일반, 즉 자영업자로서의 독립노동과 타인에 고용된 종속노동 양자를 포함하는 「노동」에 관한 기본권으로 해석하면, 헌법 제14조 거주이전 및 동 제15조 직업선택의 자유도 「노동기본권」의 범주에 포함될 수 있을 것이다. 왜냐하면 거주이전 및 직업선택의 자유의 보장은 봉건시대에 있어서 농민의 토지에 대한 긴박(緊縛)이라는 체제를 부정하고, 근대적인 만인의 「영업의 자유」 내지 그 한 측면으로서 「노동의 자유」, 즉 사용자를 누구로 선택하여 어떠한 조건으로 일하는가는 각자의 자유라고 선언하였던 점에서 커다란 역사적 사회적 의의를 가지는 것이기 때문이다. 그러나 거주이전자유와 직업선택자유에는 시민적 「노동의 자유」가 포함되어 있는데, 이러한 노동의 자유는 이미 19세기 헌법에 출현하고 있다. 그러나 오늘날 우리 노동법학자들이 사용하고 있는 노동기본권은 20세기가 되어서야 비로소 국가의 기본법인 헌법에 등장하였으며, 20세기의 헌법의 특징적인 「노동기본권」 속에 포함시킬 수 없다. 「노동기본권」의 관념은 이러한 근대적 시민적인 「노동의 자유」라는 자본주의적 체제하에서 불가피적으로 생긴 노동문제의 진전을 배경으로 하여 이러한 체제 자체를 폐기하는 것은 아니지만 그것을 어떠한 면에서는 어느 정도 제한 내지 수정하여 「노동자의 생존권」의 보장이라는 이념을 내걸고서 등장한 것이다. 그러한 한에서 생존보장적인 노동기본권은 물론 자본주의국가의 헌법상의 권리라는 차원에서는 그 공통적인 기반을 가지고 있긴 하지만, 역사적으로 그 이념적 기초와 성격을 「노동의 자유」라는 시민적 자유권과는 성격을 달리하는 것이라고 이해해야 한다고 주장한다. 19세기 헌법에 있어서 기본권의 보장이 시민적 자유의 이념 하에 자유권을 중심으로 하는 일련의 기본권 이른바 자유권적 기본권의 보장에 관련된 것인 데 반해, 20세기 헌법은 이러한 자유권적 기본권과 나란히, 생존권이라는 이념에 입각하는 이른바 생존권적 기본권의 보장도 내세우기에 이르렀다고 하는 것은 이미 의심이 없는 사실로서 다수의 사람들에 승인되었다는 것이 그 근거이다. 그것뿐만 아니라, 이러한 생존권적 기본권을 20세기 자본주의헌법이 내세울 수밖에 없었다고 하는 필연성의 인식도 적어도 학계에는 이미 널리 퍼져 있다고 한다. 이러한 일반적 정황에서 「자유권적 기본권」과 「생존권적 기본권」, 「시민적 자유」의 이념과

「생존권」의 이념을 대치시키면서, 그러한 구도에서 노동법학자는 「노동기본권」은 「생존권적 기본권」의 중핵을 이루는 것으로 사용하고자 하는 것 같다.

「노예적 구속」 및 「의사에 반하는 강제노역」으로부터 자유도 자유권의 일종이다. 그러므로 이것은 「생존권적 기본권」에 속하는 「노동기본권」에는 포함될 수 없다는 것이다. 이러한 자유도 자유권인 이상 직접으로는 무엇보다 국가와 국민 각자 간에 있어서 권리를 의미하는 것이지만, 근로기준법 제7조는 노동자와 사용자라는 사인 간에 있어서 일정한 행위(강제노역)의 금지를 규정하는 것이다. 그러나 근기법 제7조는 강제노동의 금지라는 규제의 내용 그 자체에 관하는 한, 실질적 의의의 「노동법」에 속한다고 말할 수 없다. 왜냐하면, 강제노동의 위법은 시민적 자유의 질서하에서 이미 명확하게 승인되었던 것이기 때문이다(이른바 경제외적 강제의 위법). 동조의 「노동법」적 성격은 이러한 규제의 내용 그 자체는 없이 규제방식의 특색, 즉 시민적 자유의 질서하에서의 강제노동의 금지는 다른 태양의 경제외적 강제와 마찬가지로 일반적인 경찰상의 통제와 시민형법에 의한 처벌이라는 방법에 의하고 있는 것에 대해, 근로기준법은 이것을 근로감독관이라는 특별한 제도에 의해 하는 점에서 찾을 수 있다.

Ⅲ. 노동기본권과 노동자의 기본권

노동법학들이 사용하고 있듯이, 노동기본권을 위와 같은 의미에서 「노동자」라는 주체개념과 관련된 기본권으로서 파악하면, 헌법 제33조 1항과의 관계에 있어서는 문제는 없다. 왜냐하면, 동조는 이른바 노동3권의 주체를 명확히게 「근로자」=「노동자」로 정의되기 때문이다. 그렇지만, 헌법 제32조 1항과의 관계에서는 동조가 노동권(근로권)을 「모든 국민」의 기본권으로 정의하고 있는 것에서 이 점을 어떻게 이해해야 하는가라는 문제가 생기게 된다.

노동권의 내용에 관해서는 뒤에서 자세히 살피기로 하고,[132] 여기에는 노동기본권의 개념규정과의 관련해서 노동권의 주체의 문제를 생각해보기로 한다.

헌법학자와 노동법학자들은 헌법 제32조 제1항이 근대사회성립기에 커다란 역사적 의의를 가졌던 「노동의 자유」에 관한 규정이 아니라, 자본주의체제하의 실업자문제를 염두에 두고 있으며, 「노동권(Recht auf Arbeit)의 사상」에 대한 국가의 기본적 태도를 표명하였던 것이라고 이해하고 있다. 물론 그 기본적 태도의 내용

132) 본편 제3장 제6절(340면 이하) 참조.

을 어떻게 이해하는가에 대해 다툼이 있긴 하지만, 「노동권의 사상」에는 몇 가지의 조류가 있다. 그 중에서 자본제사회에 특유한 주기적 공황과 그 것에 수반하는 실업에 대하여, 이것을 체제적으로 구축(驅逐)하였던 사회주의체제하에서의 노동권을 주장하는 입장은 노동권은 제1차 대전 후의 소련에 있어서 사회주의국가의 출현 후에, 인류에 있어서 단순한 당위의 주장에 그치지 않고 처음으로 현실로 되었다고 하는데, 이러한 입장에서 보면 노동의무(「노동하지 않는 자는 먹지 말라」)와 불가분적 관계에서 노동권(노동의 기회의 보장)이 「모든 국민」에 인정되는 것으로 된다. 사회주의체제하에는 노동은 이미 자본제종속노동으로서는 존재의 여지가 없고, 노동은 바로 「모든 국민」의 신정한 의무인 동시에, 체제적으로 보장된 구체적인 권리로 된다. 그래서 생산수단의 사유제에 기초한 노자의 대립, 이것을 기초로 하는 「사용자」와 「노동자」라는 두개의 기본계급으로의 「국민」의 분열은 역시 존재하지 않는다. 그러나 우리나라 헌법은 사회주의를 채용하는 것이 아니다. 따라서 위와 같은 의미에서의 「모든 국민」의 「노동권」은 인정되지 않는다고 할 것이다.

이러한 사회주의체제하에서의 노동권에 대해, 자본주의법에 「접합될 수 있는 권리」로서 법조사회주의자 안톤 멩거(Anton Menger, 1841-1906)[133]가 제창하였던 유명한 「노동권」의 개념이든, 같은 자본주의법질서를 전제로 하면서 자연법적 입장에서 제창된 「노동권」의 관념이든 자본주의체제하에 있어서 「노동권」은 이 체제에 특유한 노자(및 노사)의 필연적인 대립이라는 기반의 제약을 피할 수 없다. 무엇보다 이러한 대립이 구체적으로 어느 정도의 격함으로 나타나는가는 각 자본주의국가의 발전단계나 그때그때의 정황에 따라 다르다. 그러므로 자본주의체제하에서, 이 대립의 격화의 억제나 예방에 기여하는 여러 가지의 "철학"이 등장한다. 그 주된 것이 각종의 "협동체이론"이다. 우리나라 헌법상의 노동권의 해석에 대해서도, 20세기 헌법에 있어서 협동체이념을 창도하여 헌법 제32조 제2항 소정의 근로의무에 있어 그 의무성을 강조하고, 노동권은 이러한 노동의무와의 불가분의 결합에 있어서만 인정하려고 하는 설도 발견할 수 있다. 그러나 이러한 협동체이념의 강조는 학설로서는 전적인 예외일 뿐만 아니라, 과연 이 설이 협동체이념의 기본, 자본주의하의 노자(노사)의 대립을 전혀 부정하는 입장에서 「모든 국민」의 협동체구성원으로서 노동의무와 노동권을 구성한다는 철저한 협동체이론인가 여부도 분명하지 않다.

어떻든 사회주의체제하의 노동권의 규정은 공황과 함께 20세기 자본주의의 사

133) Anton Menger, Das Recht auf den vollen Arbeitsertrag in geschichtlicher Darstellung, 1886.

활문제가 되는 노동자의 이른바 구조적 실업이라는 현상이 사회주의하에서는 체제적으로 배제되고 노자의 대립이 이미 존재하지 않고, 국가구성원이 모두 근로자(노동자 농민)이라는 등질적 존재로 구성되기 이른 상태 하에서 근로의 의사와 능력이 있는 「모든 국민=근로자」에 대해 근로의 의무와 더불어 근로의 기회 그 자체가 보장된 체제를 수립했던 획기적인 선언이라는 것에 대해, 20세기 자본주의헌법에 있어서 노동권의 규정은 과연 구체적인 권리로서 인정될 수 있는지 여부는 차지하고, 권리주체에 있어서 위와 같은 등질적인 국민구성을 현실적 전제로 할 수 없었던 것이다.

따라서 여기에서의 노동권은 「모든 국민」의 권리로서 내걸어서[134] 규정의 문언에서만 보면, 마치 현실로 「모든 국민」에게 널리 의의가 있는 권리인 것 같은 환상을 생기게 하더라도, 실은 그것은 국민 가운데서 「노동자」라는 지위에 있는 자에게만 현실적 의의를 가지는 권리로 될 수밖에 없다. 물론 이미 기술했듯이, 「노동자」는 현실에 어딘가에 고용되어 있는 자만을 가리키는 것은 아니라, 노동권에 대해서는 오히려 실업상태에 있거나 미취업자인 「노동자」가 중요하다고 한다. 이것은 노동권사상의 조류가 어떠하든, 자본주의사회에 있어서 실업문제의 격화에 수반하여 생성·전개되어 간다고 하는 노동권개념의 역사에서도 조응한다. 자본의 담당자인 사용자도 "근로[하는]자 내지 노동[하는]자"로서 "노동권" 내지 "근로권"을 인정받아야 한다는 주장은 임금노동자를 항상 염두에 두고 구성되어 왔던 권리이고, 또 이러한 것으로서 존재이유를 가질 수 있는 노동권이라는 개념(사회주의사회에서 현실화한 노동권도, 당초 이러한 것으로서 생겼다)과는 무관한 단순한 말의 유희에 불과하다는 것이다.

그런데 노동권이 일견 노동자와 사용자의 구별에 관계없는 것처럼 보이는 경우가 있다. 예컨대, 헌법 제32조의 노동권이 구체화된 직업안정법상의 무료직업소개사업이라는 국가적 서비스는 현재 고용주도 아니고 피용자가 아니며 또 종래 고용주로서의 경력밖에 가지고 않고, 게다가 무위도식할 만큼 재산을 가진 자도, 원하면 그것을 받을 수 있기 때문이다. 그러나 이것은 실정법상의 「노동자」가 과거의 경험의 여부나 소유재산의 다소에 관계없는 것, 현재 고용주도 피용자도 아닌 자에 대하여 이루어지는 위의 국가적 서비스도 경력이나 소유재산의 여하에 관계없이 문제로 되고 있는 시점에서 피용자로 되려고 할 의사를 가지고 있다고 인정되는 자를 「노동자」로 보아 수급자격을 용인하게 된다. 따라서 이 경우도 헌법 제

---

134) 우리 헌법뿐만 아니라, 바이마르헌법(163조), 프랑스 제4공화국헌법전문, 이탈리아헌법 제4조 등도 이와 같은 형식을 취하고 있다.

32조의 노동권을 「노동자」라는 주체개념에 결부시켜 파악하는 것을 방해하지 않는다. 이것과 자본주의헌법상의 노동자가 「모든 국민」의 권리라는 규정형식에 관계없이, 국민의 노자(노사) 두 계급으로 기본적인 분열이라는 경제적 사회적 기초 위에 국민 중의 「노동자」에 있어서만 현실로 의의를 가지고 있다고 하는 인식이 자본주의체제하의 노동권의 역사적·사회적인 피제약성을 붙이는 것으로서 중요하다는 것을 함께 생각한다면, 오히려 적극적으로 「노동자」라는 주체개념에 결부시켜 파악해야 한다고 생각한다.

Ⅳ. 노동기본권과 「국민」의 개념 : 국민의 노동기본권인가?

노동기본권은 모두 「노동자」라는 주체개념에 결부해서 파악해야 할 기본권이지만, 그러나 「국민」이라는 주체개념과 전혀 무관계하다고 할 수 없다. 이것은 「근로자」=「노동자」를 권리주체로서 명시하고 있는 헌법 제33조의 이른바 「노동3권」에 대해서도 말할 수 있다. 노동3권도, 국민 중에서 노동자라는 경제적·사회적 지위에 처해 있는 자에 대해, 이 경제적·사회적 지위에 기초한 사회생활관계의 범위 내에서 특별한 기본권을 승인하는 것이고, 이러한 사회생활관계의 범위를 넘어서 노동자이면 그와 결부하는 모든 사회생활관계에 대해 노동3권의 효과를 주장할 수 있는 것은 아니다. 이 점에서 특히 문제로 되는 것이 쟁의권이다. 고의로 타인의 영업을 해하는 행위로서 시민법상 위법시 되는 쟁의행위도 쟁의권의 정당한 행사로 인정되는 한, 쟁의행위에 해당하는 노동자의 모든 행위가 쟁의권의 행사로서 민사면책을 인정받는다고 하는 것은 아니다. 이른바 정치파업이 정당한 쟁의행위로서 민사책임을 인정받을 수 있는지 여부는 이 점에 관련해서 다툴 수 있는 문제이다. 즉 정치활동에 대해서까지 그것이 노동자의 파업으로서 행해지면, 항상 당연히 헌법상 보장된 쟁의권의 행사로 인정되고, 그래서 일반시민에게는 인정되지 않는 특별한 이른바 면책이 노동자에게 인정된다고 하는 것은 아니다 라고 하는 한계가 쟁의권보장하에서도 한편에서 존재하는 것을 전제로 하여, 다만 쟁의권의 역사적 생성과 확립의 과정에 비춰 국민 일반의 생활이익에 관계되지 않고, 노동자로서의 말하자면 특수생활이익에 관계되는 한 정치파업에 대해서도 위의 면책을 인정할 여지가 있는 것이 아닌가라는 것이, 정치파업을 둘러싼 문제의 핵심을 이루는 것이다. 노동기본권의 보장하에서도, 노동자라는 경제적 사회적 지위에 유래하는 생활이익이나 생활관계에서 완전히 분리된 곳에서는 노동자는 사용자와 마찬가지로 국민 일반의 입장에 있어서 기본권을 인정받는 것에 불과하다. 이러한 관점에서 「경제적 기본권」이라는 표현에 특별한 의의를 인정한다고 하더라도 부당하지는 않을 것이다.

Ⅴ. 노동자만의 기본권으로 노동기본권?

노동기본권은 「국민」 중 「노동자」라는 경제적·사회적 지위에 놓인 자에 대해 인정되는 기본권을 의미하는 것으로 해석해야 한다. 위에서 말하는 「노동자」는 헌법 제33조에서 말하는 「근로자」와 같은 의미의 말이다. 그렇지만, 「근로자」라고 하면, 자영업자로서 이른바 독립노동에 종사하는 자까지도 포함되는 듯한 어감을 가고 있기 때문에 「노동자」라는 말을 하는 쪽이 보다 적절할 것이다. 「노동자」는 고용주가 국가, 지방공공단체인 경우, 즉 공무원도 포함되고, 타인(자연인이든, 법인이든)에 고용되어 종속노동을 급부하여 그 대가를 생활의 자료로 하지 않으면 안 되는 경제적·사회적 지위에 처해 있는 자를 말하고, 현재 어디에 고용되어 있는가 여부를 불문한다. 이렇게 본다면, 헌법 제33조 소정의 근로자는 현행 노동조합 및 노동관계조정법 제2조가 규정하고 있는 「근로자」개념과 일치하게 된다. 그러나 각 실정법상의 「근로자」개념은 위의 의미에 있어서 「근로자」가 맺은 사회생활관계 중 어떤 부분에 어떠한 노동법적 규제를 추가하는가에 따라 다를 수 있다.[135] 또 「종속노동」의 외연을 따라서 「근로자」의 범위를 구체적으로 어디까지 하는가도, 그때그때의 실정법에 따라 결정된다.[136] 그러므로 「노동자」 개념은 개별 노동입법에 특수하고 고유한 주체개념에 대한 상세한 비교에 맡겨져 있다고 할 것이다.

노동기본권은 위에서 기술한 의미에의 「노동자」라는 지위에 있는 자에게 인정되는 기본권의 전부를 의미하는 것이 아니다. 「노동자」에게도 국민 일반 내지 시민 일반의 지위, 자격에 있어서 여러 가지의 기본권이 처음부터 인정되는데(예컨대, 신교의 자유나 사상 양심의 자유 등), 이와 같은 기본권은 자유권적 기본권으로서 노동기본권에는 속하지 않는다. 또 생존권적 기본권 내지 사회권의 모두가 노동기

135) 노동기본권의 이념 내지 노동법의 이념에 입각한 노동법적 규제를 어디까지 인정할 것인가가 문제이다. 그래서 예컨대 근로기준법상의 「근로자」개념과 노동조합및노동관계조정법상의 근로자개념에는 차이가 있다.

136) 예컨대, 형식적으로는 자영업자에 속하는 이른바 가내노동자를 구체적으로는 어떤 범주까지 정하고 이것에 어떠한 노동법적 규제를 가하는가의 문제 등을 생각할 수 있다.

본권에 속하는 것도 아니다. 예컨대, 헌법 제26조의 「교육을 받을 권리」가 실제에는 무산의 노동자에게 의미를 가지는 기본권이라고 하여도, 노동기본권에 포함되지 않는다는 것에는 이론이 없다. 그러한 의미에서 노동기본권을 「노동자의 기본권」이라고 정의하는 것은 부정확하다. 적어도 적당하지는 않다. 노동기본권은 「노동자」라는 지위에 있는 국민에게 인정되는 기본권 전부를 포함하는 것이 아니라, 「노동자」라는 지위에 있는 국민에 대해 바로 이 지위와의 불가분의 결합관계에 있어서 인정된 기본권이다. 그것은 「노동자」라는 지위에 있는 개인이 현실과 맺고 있는 사회생활관계의 전체에 관계된 기본권은 아니고, 그가 「노동자」이기 때문에, 「노동자」로서 주장하고 행동할 수밖에 없는 사항에 결부되어 있는 기본권이다.

이렇게 보면, 노동법학자들이 노동기본권이라는 용어를 사용하는 것은 특히 노동법의 헌법적 근거를 구축하여 노동법과 노동법학의 독자성을 부각시키기 위한 것이 아닌가 추측해본다. 노동기본권이라는 용어를 특별히 선호하는 배경에는 노동자의 생존보장이라는 것을 전제로 하여 이를 다른 기본권과 다르게 특화하여 강조하려는 데에 그 기본적 의도가 있다고 할 수 있다. 이렇게 할 필요성은 자유권과 사회권 또는 자유권과 생존권으로 일도양단으로 성격을 규정하는 기존의 기본권말씀론의 경직성에서 기인하고 있다. 우리 헌법상의 근로자개념은 계급개념이 아니라 역할개념이고 헌법말씀론적 측면에서 노동기본권이라는 용어를 별도 사용할 실익은 없다고 할 것이다.

제5절 한국노동헌법의 기본적 문제의식

Ⅰ. 제헌헌법의 이념과 현재

규범적 의미에 있어서 노동헌법은 노동자의 권리와 자유를 요구하는 사람들과 그것에 대항하는 권력 등 사회적 세력들의 정치적 균형을 통해 구조화되고, 또 그 현실적 존재방식이나 적용은 법으로서의 독자적인 작용을 포함하고, 그 후의 다양한 조건들의 변화를 반영하였던 것으로 된다.

한국의 노동헌법이 처음으로 형성되었던 것은 해방 직후인 1948년이었다. 조선은 그 지배계급의 실패로 1905년 국권을 일제(日帝)에 빼앗겼다가 40여 년 만에 제2차 대전에서 일본제국의 패망으로 수동적으로 적어도 형식적인 의미에서 새로운 국가를 건립할 수 있는 기회를 가지게 되었다. 일제식민통치하에서 조선의 지배계급은 몰락하였고, 그 자리를 일본인들과 친일파들이 장악하였다. 1945년 해방이 되자 일본인들과 그 핵심부역자들이 물러난 뒤에 새로운 지배계급이 아직 형성되지 못한 권력적 공백이 생긴 시점에, 해외에서 독립운동을 하였던 식자층들이 모여들어 각기 주도권을 장악하기 위해 각축을 벌이던 중, 아메리카합중국의 세력에 편승했던 이승만을 중심으로 하는 세력이 지배계급으로 부상하기 시작했다.

이들 세력은 새로운 국가를 건립함에 있어서 국가설계의 규범적 기본계획안이었던 제헌헌법의 전문은 「… 모든 사회적 폐습을 타파하고, 민주주의 제(諸)제도를 수립하여 정치·경제·사회·문화의 모든 영역에 있어서 각인의 기회를 균등히 하고, 능력을 최고도로 발휘케 하며, … 안으로는 국민생활의 균등한 향상을 기하고 밖으로는 항구적인 국제평화의 유지에 노력하여 우리들과 우리들의 자손의 안정과 자유와 행복을 영원히 확보」하고, 제8조에는 평등권을, 제9조에는 신체의 자유, 제10조에는 거주이전의 자유, 제11조에는 통신의 비밀보장, 제12조에는 신앙과 양심의 자유, 제13조에는 언론 집회의 자유, 제14조에는 학문과 예술의 자유, 제15조에는 재산의 보장, 제16조에는 교육권 그리고 제17조에는 근로권, 제18조에는 단결의 자유를 보장하고, 제19조에는 생존권을 각각 확인 보장하였던 것이다. 이렇듯 대한민국은 봉건적인 잔재를 불식하면서 그 동안 나라를 잃고 경험했던 역사적 체험을 반영하고 유엔 세계인권선언 등 세계적인 조류에 따라 자유와 평등 그리고 생존과 같은 기본적 인권의 보장, 평화 등의 이념을 지향하고, 정치경제적 체제는 자본주의도, 그렇다고 공산주의도 아닌, 제3의 길을 지향하고 있었다.

그러므로 1948년에 제정된 제헌헌법은 지금까지 군주제였던 국가를 공화제국가로 변경하면서 봉건적 체제를 불식하고 개인의 자유와 권리를 최고의 가치로 실현하는 서구적인 현대민주주의국가를 건설하고자 했다는 점에서 국가의 지배계급이나 식민지본국의 최대이익을 추구하는 것을 근본적인 목적으로 하는 왕조국가나, 일제식민지배의 정책과 같은 봉건주의 또는 전제주의와는 단절을 의미하는 근본적인 전환이었다. 즉 대한민국에 있어서 국가 그 자체는 더 이상 목적이 아니라 수단이 되었다.

Ⅱ. 제헌노동헌법과 현행노동헌법

그렇지만, 그 후에 수차례에 걸친 헌법개정으로 제헌헌법은 적어도 노동기본권을 비롯한 정치경제적 체제에서 상당한 변화가 있었다고 말할 수 있다. 특히 제헌노동헌법과 현행노동헌법 사이에는 근본적인 변경이 있는가라는 것이다. 제헌헌법 제18조 1항은 “근로자의 단결, 단체교섭과 단체행동의 자유는 법률의 범위 내에서 보장된다. 2항 영리를 목적으로 하는 사기업에 있어서는 근로자는 법률의 정하는 바에 의하여 이익의 분배에 균점할 권리가 있다.”라고 선언하였는데, 현행헌법 제33조 제1항은 “근로자는 근로조건의 향상을 위하여 자주적인 단결권, 단체교섭권 및 단체행동권을 가진다”고 규정하며, 제2항은“ 공무원인 근로자는 법률이 정하는 자에 한하여 단결권 단체교섭권 및 단체행동권을 가진다”고 규정하고, 제3항에서는 “법률이 정하는 주요방위산업체에 종사하는 근로자의 단체행동권은 법률이 정하는 바에 의하여 이를 제한하거나 인정하지 아니할 수 있다”라고 규정하고 있다. 문언상으로 보면, 현행노동헌법은 제헌헌법상의 노동헌법과는 사뭇 다르다.

현행헌법도 물론 노동기본권을 규정하고 있지만, 노동기본권은 헌법 자체에 상당한 제한적 규정을 두었고, 그래서 우리나라 노동법은 제헌헌법의 이념 그대로 전개되지 아니하였다고 하겠다. 오히려 노동법은 그 형성과 해체가 동시 진행되기 시작하였다고 하는 상황이었다. 그것에는 노동기본권을 「보장」해야 할 국가가 남북한 대치상황이라는 것을 내걸고 제헌헌법의 가치체계를 변형했다. 그리고 또 경제개발을 내세워 노동운동을 통제하였다. 그렇지만, 더 기본적으로는 노동자 특유의 기본권은 오히려 노자의 대립을 전제로 하였던 것이고, 헌법에 그것이 규정되었다고 하는 것은 그러한 조건하에서 새로이 전개되는 대항관계, 투쟁이나 타협의 출발점을 의미하는 것이다. 그 대항관계는 법적 측면에서는 헌법의 해석 내지 개헌론, 법률의 제정이나 그 해석 · 운용이라는 형태로 나타난다.

헌법 제33조 1항에서는 「근로자는 근로조건의 향상을 위하여 자주적인 단결권, 단체교섭권 및 단체행동권을 가진다」라는 규정을 할 뿐, 그 권리의 핵심에 대한 구체적 명시는 없다. 특히 제33조 1항이 보장하는 권리의 성격을 사회적 기본권이라고 해석함으로써 하위법률에 의해서 그 내용을 마음대로 변경할 수 있도록 하고 있는 것이 아닌가?

제 3 장 한국노동헌법의 규범적 내용

제 1 절 우리 헌법과 노동

Ⅰ. 제헌헌법과 노동

1948. 7. 17. 발효해서 대한민국의 법적 초석이 되었던 제헌헌법은 제17조와 제18조는 노동과 직접적으로 관련된 획기적인 내용을 담고 있다. 제17조는 1항에서 "모든 국민은 근로의 권리와 의무를 가진다", 제2항에서 "근로조건의 기준은 법률로써 정한다", 제3항에서 "여자와 소년의 근로는 특별한 보호를 받는다"라고 규정하고, 제18조은 제1항에서 "근로자의 단결, 단체교섭과 단체행동의 자유는 법률의 범위 내에서 보장된다", 제2항에서 "영리를 목적으로 하는 사기업에 있어서는 근로자는 법률의 정하는 바에 의하여 이익의 분배를 균점할 권리가 있다"라고 규정하고 있다.

이러한 제헌헌법상의 노동관련규정은 한국노동계급의 역사와는 어쩌면 무관한 것이라고 해도 과언이 아닐 것이다. 왜냐하면 그러한 헌법상의 규정이 한국자본계가에 대한 노동계급의 투쟁결과로 얻어진 것이 아니었기 때문이다. 이들 획기적인 규정은 당시 대한민국의 선량들이 선진외국의 헌법을 공부하면서 관념적으로 머릿속에 가지고 있었던 것을 표현한 것으로서 그들이 장차 건설하려고 했던 대한민국의 미래지향적인 청사진 내지 당찬 계획표라고 해야 할 것이다. 그들이 그 당시 노동관련규정에서 그리고 있었던 대한민국의 미래모습은 현재의 대한민국의 실상과 거의 일치하지는 아니할 것이다.

어떻든 수차례의 헌법 개정과정에서 제헌헌법 제17조와 제18조 1항은 약간의 수정이 있었지만, 현재까지 거의 그대로 남아 있으나, 제헌헌법 제18조 2항은 그 뜻을 한 번도 실현하지 못하고 있다가, 1961년 박정희 군사쿠데다 이후에 국가주도적인 경제발전에 걸림돌이 될 수도 있었기 때문에 폐기처분되었다. 제헌헌법 제17조와 제18조 1항의 경우에도 그것을 지키려는 사회적 주체세력이 없었음에도 그 명목만이라도 살아남았던 것은 그나마 다행한 일이라고 해야 할 것이다.

Ⅱ. 현행 헌법상의 기본권과 노동

1. 우리 헌법상 기본권의 체계적 구조

우리 모두가 이미 잘 알고 있듯이, 우리 헌법은 우리나라 법질서에 있어서 최고법이다. 우리 헌법은 국민 개개인이 국가의 주인이라는 국민주권주의를 선언하고 있다. 그렇지만, 국가는 홉스가 이미 말하고 있듯이 리바이던이다. 처음부터 국가권력은 남용될 우려가 있다. 그래서 헌법은 국민 개개인의 기본적 인권을 선언하면서 국가권력으로부터 보호하기 위해서 다양한 정치적 원칙과 절차를 정하고 있다. 국가는 그 주인인 국민 개인의 인권을 보장하기 위한 수단이지 목적이 아니다. 우리 헌법 어디에도 국가를 목적으로 하는 규정은 없다. 이렇듯 우리 헌법에 의하면, 국가는 어디까지나 개인의 행복추구의 수단이다.

오늘날에는 국가의 공동성이란 이러한 개인이 모여서 행동하는 가운데에서 현출하는 단체성을 법인으로서 구성하였던 것으로 나아가는 기술적인 것에 불과하다. 그러므로 헌법의 목적은 개인이다. 이러한 맥락에서 국가가 보장하고 실현해야 할 목적으로서 개인의 가치, 즉 인간의 가치라는 관점에서 헌법상의 기본적 인권을 파악하는 것이 중요하다.

우리 헌법에는 다양한 종류의 기본권이 규정되어 있다. 그러면 이들 기본권이 구체적인 경우에 어떠한 관계에 있으며 어떠한 서열 속에서 상호작용을 하고 있는가? 그러나 모든 개별적 기본권은 인간의 존엄과 가치의 보장이라는 헌법상의 정점(頂點)으로 모인다. 인간의 존엄과 가치는 목적가치로서 기본권의 이념적 기초이다. 개별 기본권은 인간의 존엄과 가치를 구체화하고 실현하기 위한 수단적 가치로서 기여하고 있다.

그러나 우리는 인간의 존엄과 가치가 구체적으로 무엇을 의미하는지를 그 자체만으로는 확정적으로 결정할 수 없다. 왜냐하면 그것은 구체적인 정치적 · 경제적 사회적 · 문화적 상황에서 비로소 그 내용이 직관적으로 결정될 수 있기 때문이다. 하지만 인간의 존엄과 가치는 정치적 · 경제적 · 사회적· 문화적 영역에 있어서 국가의 활동뿐만 아니라 개인의 행위를 판단하는 기본적 척도이다.

2. 기본권의 구체화로서 노동법

기본권이라는 맥락에서 볼 때, 노동법은 근로자와 사용자의 이익이 첨예하게 대립하고 있는 노동영역에서 특히 근로자의 기본권을 구체화하고 실현하는 법이다. 특히 노동영역에 있어서 근로자의 특수한 상황 때문에 야기되는 문제를 극복하기 위해서 헌법은 근로자만이 향수할 수 있는 기본권을 설정하고 있다.

기본권을 보장하는 것은 국가적 법질서의 출발점이자 종착점이며 또 기본권을 확인하고 이를 모든 사람들에게 각인시키면서 공고히 하는 것은 법학과 법학도가 추구해야 할 숭고한 과제이다. 법학은 새로운 사회적 · 경제적 · 환경적 상황에서 새로운 기본권을 발굴하고 이를 확보할 수 있는 방법을 고안해야 할 것이다. 하지만 현실에서 기본권이 무엇이며, 어떠한 것이 기본권의 목록에 들어가야 하고 또 이들 목록에 들어 있는 기본권들이 어떠한 관계에 있으며, 무엇보다도 이들 개별 기본권들이 서로 상충할 때 어느 것이 우선하며 어떠한 기본권이 다른 어떠한 기본권의 실현을 위해서 양보되어야 하는가는 다원적인 현대사회에서 대단히 어려운 문제이다. 이러한 문제를 해결하는 기준과 방법은 그 나라와 사회가 처한 시대적 상황과 역사적 배경, 문화 및 인간적 성숙도에 따라 다양할 수 있다. 그러나 기준과 방법이 고정되어 있는 것이 아니기 때문에 "갈등 속에서 조화" 그리고 "조화 속에서 갈등"을 통해서 순간순간의 가치적 합을 도출해내는 것이 무엇보다 중요하다. 기본권의 보장과 실현에 있어서 우리는 항상 "도중(途中)에" 있다. "도중에 있다"는 것은 끊임없이 노력해야 된다는 것이다. 우리가 무엇을 우리의 기본권으로 이해하고 또 어떻게 발전시킬 것인가는 항상 우리에게 새로운 모습으로 나타난다. 현재의 상황에서 무엇이 기본권이며, 이것을 어떻게 실현할 것인가는 우리 스스로에게 자문해 보아야 할 과제이기도 하다.

이윤추구를 목적으로 하는 기업에서 자유계약에 기초하고 있는 근로관계라는 특수한 상황은 근로자의 기본권을 침해할 가능성을 내포하고 있다. 첨단기술의 발전으로 사실상 막강한 권력이 형성되어 있는 노동영역에 있어서 사용자의 권력에 대한 대(對)권력으로 기본권은 절실히 요청되고 있다.[137] 이러한 차원에서 볼

137) 이와 관련해서 우리나라 헌법학은 "기본권의 제3자적 효"라는 차원에서 논의하고 있다. 그러나 우리 헌법학의 논의는 그야말로 구태의연하다. 왜냐하면 우리 헌법학자는 아직도 기본권을 "국가에 대한" 또는 "국가를 향한 권리"로 이해하고 기본권보장과 관련하여 개인을 "제3자"로 파악하면서 개인들 간에 있어서 기본권보장 또는 실현의 의무를 극히 예외적인 경우에만 문제로 삼

때, 노동법은 근로자와 사용자의 이익이 첨예하게 대립하고 있는 노동영역에서 특히 근로자의 기본권을 구체화하고 그것을 실현하는 법이라고 할 것이다. 기본권은 노동법의 모든 영역에서 그것이 나아가야 할 방향을 제시하는 가이드의 역할을 하고 있다. 기본권과 그 이념이 노동입법, 노동사법, 노동행정 등 모든 국가적 영역뿐만 구체적인 근로관계에 있어서 노사 간의 이익대립을 조정하는 척도로서 기능할 수 있도록 새로운 차원에서 동원할 필요가 있다.

제 2 절 이념적 기초로서 인간의 존엄과 가치

Ⅰ. 서

우리 헌법 제10조는 "모든 국민은 인간으로서 존엄과 가치를 가지며, 행복을 추구할 권리를 가진다"라고 규정하고 있다. 헌법학에서 "인간의 존엄과 가치" 및 "행복추구권"의 구체적 내용이 무엇인가에 관하여 거의 논의되지 않고 있다.

역사적으로 보면, 인간존엄성의 요청은 유럽인들이 두 차례에 걸친 세계적 규모의 전쟁을 체험하면서 정치권력의 무자비한 행사로부터 개인을 보호하기 위하여 주장되었다. 인간의 존엄이란 인간이 자신에게 부여할 수 있는 최고의 가치가 아니었던가? 존엄성이란 모든 사람들이 스스로 인정하면서 행동을 자제할 때 비로소 지켜지는 것이다. 하지만 우리들 중 일부라도 이에 동조하지 않는다면, 그것은 이미 우리를 규율하는 규범으로서의 의미를 상실한다. 이러한 의미에서 우리는 우리의 존엄성에 대한 도전을 받고 있다. 이것은 존엄성에 대한 우리의 태도가 변했기 때문일 것이다. 우리들 중 누가 누구에게 어떠한 존엄을 강요할 수 있겠는가? 이러한 최고의 가치는 그 배경의 변화로 빛을 잃어가고 있다. 오늘날 우리가, 가치다원주의 팽배로 도덕, 윤리 및 종교의 장에서 희미해져 가는 인간존엄성의 빛을 법적 포장을 통해서 다시 살려낼 수 있을지가 문제이다. 인간존엄이

고 그래서 가능한 한 기본권의 의미를 제한하려고 하는 이른바 "제3자적 효"의 문제로 이해하고 있기 때문이다. 그러나 오늘날 기본권의 이념은 국가나 단체, 개인 등 모든 법주체가 준수하고 실현해야 할 법공동체의 기본적 가치이다. 이러한 맥락에서 우리 헌법학계의 논의는 이제 발상의 전환을 할 때가 되지 않았는가 싶다.

법적 차원에서 개인의 기본적인 권리의 범위로 이해될 수 있도록 그 개념규정의 변환을 시도할 필요가 절실하다.

Ⅱ. 인간존엄의 개념

1. 존엄의 사전적인 의미

국어사전에는 「존엄(尊嚴)」을 "인품이나 지위가 높고 엄숙함" 또는 "인품이나 지위가 높아서 범할 수 없음"이라고 정의하고 있다.[138] 「존엄」은 영어로 dignity 독일어는 Würde로 표현된다.[139] 영어의 dignity와 독일어의 Würde는 라틴어 dignatio에서 연유한 것이다.[140] 서구에서도 인간존엄성에 대한 정확한 정의는 여러 번 시도되었으나 허사였다. 왜냐하면 인간존엄성이란 문제가 결국 현실적 필요성에서부터 형이상학으로 넘어가는 문지방에 위치하고 있기 때문이다. 그래서 인간존엄이라는 개념을 둘러싸고 논쟁하면서 우리가 아무리 열정을 기울여 씨름하더라도 그 개념 자체에 대하여 실질적으로 얻을 수 있는 것은 별로 없다는 것이다. 이러한 어려움은 본질적으로 인간존엄이라는 개념이 가지고 있는 포괄성, 직관성 그리고 다변성 때문일 것이다. 인간존엄이란 인간이 높고 엄숙하며 또한 인간은 높기 때문에 범할 수 없다는 것을 의미한다. 도대체 이것이 무엇을 의미하는가?

본래 「존엄」이라는 개념은 특별한 사회적 지위를 나타내는 것이라고 말할 수 있다. 이러한 의미에서 존엄이란 말은 일부 사람들 사이에서 오늘날에도 여전히 사용되고 있다. 위계적인 신분질서가 확립되어 있는 인간집단에 있어서는 각인에 대하여 사회적 기능의 서열에 따라 지위가 부여되고, 위계질서의 최고상층부에 있는 특정인 또는 특정신분에 대하여 명예로운 지위가 부여된다.[141] 이 경우에

138) 신기철/신용철 편저, 『우리말 큰사전』, 6차 수정증보판(하), 삼성출판사, 1985, 3024면.

139) 「존엄」이라는 말은 도이치어 Würde에 대응하는 말이지만, Würde는 Wert(가치)와 같은 어원의 말이나 비유적인 용도도 있지만, 「인간의 존엄」으로서 사용되는 경우에는 인간특유의, 인간에게만 있는 가치로 이해된다. 즉 모든 사물에 일정한 「가치」가 있다고 하여도 인간의 인간(인격)으로서 가치는 「존엄」이라고 한다(예컨대, 「동물 또는 식물의 존엄」이라는 어법은 한국에서도 비유로서 사용되지 않는다).

140) 라틴어 "dignatio"는 독일어 Würde, Rang, Stellung로, "dignitas"는 Würdigkeit, Tüchtigkeit, Verdienst, würdevolles Aussehen, Wesen로 번역되기도 하고, 그 외에 Würde, Ehre, Ehrenhaftigkeit, 또는 Achtung, Ansehrn, Stellung, Rang, Amt, Ehrenstelle로 번역되고 있다. 그리고 "cum dignitate"는 독일어 weihevoll로 번역되고 있다.

일반사람들이 특정인의 사회적 권위를 범할 수 없다는 것을 나타내기 위하여 존엄이란 말이 사용된다. 그 뿐만 아니라 이러한 지위에 있는 사람에 대한 극단적인 존경을 표시하고 그의 권위의 불가침성을 존엄성으로 나타내기 위하여 그를 「지존(至尊)」, 「존귀(尊貴)」, 「지고(至高)」로 부르는 경우도 있다. 이러한 맥락에 있어서 존엄은 본래 선택된 귀족적 성질을 가지고 있다고 말할 수 있다. 그러므로 존엄은 모든 사람에게 주어지는 것이 아니다. 존엄이란 말은 위계적 구조를 가진 사회에 있어서 최고지도자에게 특별한 카리스마적 권위를 부여하고, 다른 사람의 비판이나 도전을 방지하고, 인간의 과오에 대한 책임을 면제하는 기능을 준다. 이 때의 존엄은 터부(taboo)와 유사하다고 할 것이다.

존엄개념에는 때때로 「신성한 것」이라는 의미가 포함되는 경우가 있다. 특히 종교적 위계에 있어서 높은 자리의 담당자, 즉 신 또는 절대자를 지칭하는 의미로 사용될 때 그러하다. 이 경우에 존엄개념은 신성한 성격을 띠게 된다. 즉 <존엄한>은 <신성한>으로 되고, 존엄은 신으로부터 부여받은 특권을 의미한다. 이러한 특권화경향은 존엄의 기독교적 개념에서 분명하게 나타난다. 기독교에 있어서 존엄화(尊嚴化)는 그 주체의 무오류성(無誤謬性)을 나타내고, 신성화를 의미한다. 신성화로서의 존엄성은 명시되지 않은 절대적 특권화를 의미한다. 물론 이런 식으로 사용된 존엄개념은 은폐이데올로기 또는 정당화이데올로기의 성격도 가지고 있다. 이를테면, 교회 내에 있어서 구체적인 성직자가 자신이 존엄의 주체라는 것을 강조할 때, 존엄은 자신의 과오를 은폐하거나 교회구성원으로부터 비난을 면제받기 위한 정당화이데올로기로서 기능할 것이다.

그런데 특히 인간존엄의 개념은 특히 서구의 기독교적 전통에서 세속화하여, 현대사회에 있어서 모든 인간에게 예외 없이 해당하는 일반적 개념으로 귀화하였다고 말할 수 있다. 이러한 시각에서 보면, 인간은 태어나면서 존엄을 획득한다고 할 것이다. 그러나 존엄개념의 세속화로 인하여 인간의 존엄성이 무엇을 의미하는지를 정의하는 것은 더욱더 어렵게 되었다고 말할 수 있다. 이러한 존엄은 경험적으로 확인할 수 있는 것이 아니라 그 자신의 현실적 공적과 사회적 지위와 관계없이 인간 그 자체에 주어지는, 모든 피조물 중에서 인간을 특정하는 최고의 가치를 의미한다고 할 것이다. 그러나 특히 신 또는 절대자의 존엄성이 아니라 피조물 즉 인간의 존엄성이 언급되면서부터, 이러한 정의(定義)가 문제로 되었다. 그렇지만, 이 개념이 특별한 존엄 즉 인간존엄으로 된 이후, 우주에 있어서 인간

---

141) 이를테면 종교영역 또는 신비적인 비밀결사에서 "지존(至尊)"이라는 말이 사용되고 있다. 지존은 바로 존엄의 주체 또는 대상을 나타내는 말이다.

의 지위를 불가침의 특별가치로서 나타나는 표현으로 되었다. 이로써 존엄은 인간 스스로가 처분할 수 없는 가치로서 선언되는 것이다. 크리스트교 신학자가 인간존엄성의 근거를 성경에 의해서 요청된, 신을 닮은 인간의 모습에서 찾으려고 하고 있지만, 가치다원적인 상대주의가 팽배해져 가면서 신 또는 절대자의 위기라고 말할 수 있는 오늘날의 종교적 상황에서, 이러한 논증은 인간존엄성에 대한 최후의 근거로서 거의 설득력이 없다고 할 것이다.

2. 인간존엄사상의 연원

오늘날 우리가 논의하는 인간존엄성의 내용은 근본적으로 유럽적인 사고에 그 터를 잡고 있다.[142] 서구에 있어서 인간존엄성사상은 한편에서는 기독교적 자연법사상과 다른 한편에서는 근대계몽철학에 그 뿌리를 두고 있다. 그러나 이들 두 개의 뿌리는 결코 동일한 것은 아니다.[143] 19세기까지 기독교가 인권을 중심에 두고 있는 계몽철학과 대립하였다는 것이 이러한 사실을 증명해주고 있다. 인간존엄과 인권에 관한 계몽사상은 고대의 도덕철학에서 비롯된다. 고대에서 공동체 내에서의 사회적 지위의 특성으로서 비인간적 존재에 대한 모든 인간존재의 우월성의 징표로서 인간의 존엄성이 논의되었고, 헬레니즘시대의 스토아철학에서는 이성에 대한 인간의 참여로서 인간의 존엄성이 설명되었다.[144] 어떻든, 서구에 있어서조차 인간존엄보장에 관한 이념사적 배경은 결코 동질적인 것이 아니다. 그런데 문제는 우리 사회에서 인간존엄성의 내용을 어떻게 구성할 것인가라는 점이다. 서구적 전통을 그대로 수용할 것인가? 아니면 우리 문화의 재해석을 통해서 인간존엄성의 내용을 독자적으로 형성할 것인가? 이것이 우리에게 주어진 과제라고 할 것이다.

142) 인간존엄의 연혁에 관해서는 Alfred Verdross, "Die Würde des Menschen in der abendländischen Rechtsphilosophie" in: Naturordnung in Gesellschaft, Staat, Wirtschaft hrsg. von H. Höffner/A. Verdross/F. Vito, Innsbruck 1962 S. 345-362; Ernst Bloch, 「Naturrecht und menschliche Würde」, Frankfurt a.M. 1972(Suhrkamp Taschenbuch 49); Johannes Messner Was ist Menschenwürde in: Internationale katholische Zeitschrift 6. Jhg. 3/1977, S. 233-240를 참조로 하였다.

143) Eric Hilgendorf(김영환/홍승희 역), 「남용된 인간의 존엄 - 생명윤리논의의 예시에서 본 인간의 존엄이라는 논증적의 문제점」 『법철학연구』 3권 2호(2000), 261면.

144) P. Häberle, Die Menschenwürde als Grundlage der staatlichen Gesellschaft, in : Isense/Kirchhof (Hrsg.), Handbuch des Staatrechts Bd. I, S. 818f. 참조.

1) 기독교적 전통

기독교적 전통에 의하면, 인간은 신의 형상대로 창조된 신의 닮은꼴(Gottesbild)이므로 다른 모든 피조물보다 우월한 고유가치로서의 존엄성을 가지며, 인간이 신의 닮은꼴일 수 있는 것은 인간이 이성과 자유의지를 부여받은 정신적 영혼의 존재이기 때문이다.[145] 그러므로 기독교신학은 피조물로서의 인간에 관한 특별한 것, 즉 특별하게 숭고한 것, 인간의 불대체적인 정체성의 증거로서 피조물인 인간의 존엄성을 이해한다고 할 것이다. 개개의 인간은 신의 피조물이라는 것 그리고 인간이 정신(Geist), 영혼 그 자체는 아니라고 하더라도 최소한 정신적 능력을 가지고 있다는 것에 인간의 특별한 본성이 있다. 이렇게 본다면, 기독교에 있어서 인간의 존엄성은 결국 신 또는 창조주로부터 자유의 영혼을 부여받은 존재라는 것에 의해서 근거된다.

2) 근대자연법적인 연원

근대자연법사상은 프랑스혁명에서 그 극점에 달한다. 프랑스 인권선언은 자유, 평등, 동포애(또는 형제애 또는 자매애)를 인간의 천부적인 자연권으로 선언하였다. 근대자연법사상에 의하면, 자연권은 인간을 나타내는 정신적 존재라는 특수성에 의해서 담지되고, 인간에게 부여된 본능결정적이 아닌 정신지도적인 태도의 가능성으로서 인간존엄개념을 구성한다는 것이다.[146] 인간은 정신적 자유를 전제로 한다. 동물의 행동은 본능에 의해서 강제되지만, 인간에 있어서는 외부적 행위는 정신의 자유로운 결정에 위임되어 있다. 그러므로 동물과 구별되는 인간의 존엄성은 인간에게 부여된 또는 위임된 자유에 의해서 근거된다. 자유는 인간을 자기책임적인 존재로 만든다. 인간존엄은 예외 없이 모든 인간에게 해당된다. 인간의 존엄성은 어느 누구에게서도 빼앗을 수 없다. 또 자유는 존엄의 구성요소이고, 인간존엄성의 인정은 인간에게 자유가 있어야 한다는 것을 의미한다. 존엄성은 자유존재로서 모든 인간에게 보편적으로 승인되고, 모든 인간은 평등하다는 보편적인 인간평등의 원칙은 바로 존엄성에서 비롯된다. 자유와 평등은 인간 간의 연대(連帶)로 나아간다. 물론 짐승들 간에도 종적 연대성이 있는 것은 분명하다. 그러

---

145) Arnold Künzli, Menschenmarkt. Die Humangenetik zwischen Utopie, Kormmerz und Wischenschaft, Hamburg 2001, S. 70 참조.

146) 위 같은 책, 71면 참조.

나 짐승들 간의 종적 연대는 그 본능에 기초하고 있다. 그렇지만 인간의 연대성은 본질적으로 감정적으로 구속되어 있지만 자유로운 결정을 필요로 한다.

이렇듯 인간존엄성의 구성요소로서 자유, 평등, 연대라는 기본적 가치는 인권의 기본적 가치와 짝을 이루고 있다.[147] 이러한 맥락에서 인간존엄성을 가장 설득력 있게 해명한 사람은 아마 블로흐(Ernst Bloch, 1885-1977)[148]가 대표적일 것이다. 이러한 사실은 그의 저서 제목 『자연법과 인간존엄(Naturrecht und menschliche Würde)』[149]에 그대로 나타나 있다. 마르크스주의적 시각에 입각해서 블로흐는 "경제적인 해방이 없는 인간의 존엄도, 물건이 없는 인권도 불가능하다. 양자는 상호적으로 서로 의존관계에 있다"[150]고 주장한다. 마르크스주의적 요람에는 "고난한 자와 힘겨운 자를 위한 경제적 당파성뿐만 아니라 굴욕을 받는 자와 모욕을 당한 자를 위한 자연적 권리도 인간의 존엄을 위한 투쟁, 즉 고전적 자연법에서 나온 그러한 헌장적 유산을 이해할 수 있는 당파성으로서 존재하고 있다. 사회적 유토피아는 주로 행복을 지향하고, 자연법이론은 인간의 자존심의 범주로서 주로 존엄, 인권, 인간의 안정 또는 자유의 법적 보장에 가깝다."[151] 그래서 블로흐는 "궁핍이 끝나지 않고는 인간존엄이란 없다"고 한다.[152] 그는 인간존엄을 공동체로 들어가는 올바른 통로의 이정표(Eunomie)로 정의하고 있다.[153] 블로흐는 이러한 올바른 통로의 이정표적 실례로서 토마지우스(Christian Thomasius, 1655～1728)를 들면서 고문을 반대하는 용기 있는 투사로서 토마지우스가 인간행복을 인간의 존엄과 결합하였다고 한다. 또 이것은 칸트(Imanuel Kant)[154]도 시도했던 합테제(Synthese)이었다고 한다.[155]

---

147) 위 같은 곳.

148) 도이치 철학자, 마르크스주의의 실재관의 일부라고 생각한 것을 완성하기 위하여 '희망의 철학'(Philosophie der Hoffnung)을 전개했다. 1918년 라이프치히대학교에서 활동하기 시작했으며 1933년 나치정권을 피해 스위스로 갔고, 다시 미국으로 건너가 그곳에서 자신의 주요저술 <희망의 원리 Das Prinzip Hoffnung>(3권, 1954~59) 중 2권을 썼다. 1948년 라이프치히대학교로 돌아가 1955년 동도이칠란트로부터 국민훈장을 받았다. 그 후 그는 마르크스주의 사상의 발달에 대해 비판적인 견해를 가지게 되면서 동도이치의 공산정권으로부터 탄압을 받게 된다. 그가 1953년부터 편집해온 <도이체 차이트슈리프트 퓌어 필로조피 Deutsche Zeitschrift für Philosophie>가 탄압을 받고 발행금지를 당했으며, 동도이칠란트에서는 수정주의자로 낙인이 찍히고 그의 저서는 경멸의 대상이 되었다. 1961년 서도이칠란트로 도피해서 튀빙겐대학교의 초빙교수가 되어 활동하였다.

149) 본서는 1961년 출간되었다. 여기서는 Ernst Bloch, 「Naturrecht und menschliche Würde」, Frankfurt a.M. 1972(Suhrkamp Taschenbuch 49)를 참조했다.

150) 위 같은 책, 13면.

151) 위 같은 책, 234면.

152) 위 같은 책, 237면.

153) 위 같은 책, 314면.

154) 칸트에 의하면, 인간은 이성적 능력을 부여받은 인격의 소유자이며, 인격의 소유자로서 인간은 스스로 자기를 실현하고 자기의 행위를 자율적으로 입법하는 윤리적 자율성을 가진 존재이다. 인간은 하나의 수단적 존재가 아니라 목적 그 자체로서 존재하는 목적적 존재이기 때문에 너는

3) 인간존엄성과 인간상

사상사적인 관점에서 보면, 인간존엄에 관한 의식은 인격의 의식보다도 오랜 역사를 가지고 있다고 할 수 있다. 그러한 의식이 처음으로 발휘된 것이 유대교인데, 유대교적인 전통에 의하면 인간의 특수한 가치는 신이 자신에 따라 형상해서 인간을 창조하였다(신=인간의 類似姿)고 하는 가르침에 포함되어 있다. 그리고 신약성서에 인간은 크리스트의 사망에 의해 구원되고, 인간의 가치라고 하는 것은 크리스트의 피와 동일한 가치를 가지고 있다는 것이다. 13세기가 되면서 유럽에서는 「존엄(dignitas)」사상은 근대적이라고 할 수 있는 성질을 띠면서 등장하였다. 토마스 아퀴나스(Thomas von Aquin)에 의하면, "인격은 존엄을 포함하고 있다", "인격은 존엄의 명칭이라고 생각된다".[156] 토마스는 "인간의 존엄, 즉 인간이 자발적으로 자유로운 존재이며, 자기를 위해서 존재하는 것으로서"라고 기술하면서, "존엄(dignitas)이란 존재하는 그 자체의 스스로를 위한 것으로서 가치(bonitas) 또는 이익(utilitas)과는 다른 목적을 위한 가치를 의미한다"라고 단적으로 설명하고 있다.[157] 이러한 토마스의 견해는 인격존엄에 관한 칸트의 이해와 그 맥을 같이하고 있다고 할 수 있다. 칸트에 의하면, 목적의 나라에는 모든 것이 가치(Wert, preis) 또는 존엄(Würde)을 가진다. 가치를 가지는 물건의 경우에는 그것 대신에 어떠한 다른 물건을 등가물로서 대체할 수 있다. 이에 반해 모든 가치를 넘어서, 즉 등가물의 존재를 허용하지 않는 것은 존엄을 가진다. 어떠한 것을 목적 자체가 되도록 하는 유일한 조건을 이루는 것은 단순히 상대적 가치 즉 가격을 가지는 것이 아니라, 내적인 절대적 가치 즉 존엄을 가진다는 것이다. 이렇듯 토마스와 칸트의 사상은 다른 역사적인 배경과 세계관을 전제로 하고 있음에도 불구하고, 서양의 문화 속에서 고도의 통일성을 가진 「인격존엄」의 개념을 발견할 수 있는 것이 아

너의 인격뿐만 아니라 모든 타인의 인격에도 내재하는 인간성을 결코 수단으로서가 아니라 언제나 동시에 목적으로 사용하도록 그렇게 행동하라 라는 정언적 명령을 내린다고 한다(Handle so, daß du die Menschheit swohl in deiner Person, als in der Person eines jeden andern jederzeit zugleich als Zweck, niemals bloß als Mittel brauchst)" 그러므로 칸트에 있어서 인간존엄성은 인격의 목적성이며, 이러한 목적성의 훼손은 인간존엄성의 침해라는 것이다. I. Kant, Grudlagen zur Metaphysik der Sitten, Akademieausgabe Ⅳ, S. 429. 참조.

155) Bloch, 위 같은 책, 338면.

156) "Persona dignitatem importat"(Summa Theol. II, II, qu. 32, art.5). "Persona videtur esse nomen dignitatis"(De Potentia, 8, 4). 토마스 아퀴나스의 인격존엄에 대해 Joseph Lenz, "Die Personw ürde des Menschen bei Thomas von Aquin" in: Philosophisches Jahrbuch der Görres- Gesellschaft, 49. Bd. Fulda 1936, S. 138-166을 참고로 하였다.

157) Summa Theol. II. II, qu. 64. art. 2.

닌가 한다.

이렇듯 「인간의 존엄」은 서양정신사에 자리 잡고 있는 근저적인 가치의 문제이다. 만약 철학적으로 이른바 가치상대주의라는 입장을 취하면, 당연히 그 가치관의 정당성을 문제로 할 수 있지만, 일반적으로 올바른 가치관으로서 승인되었고, 그 근거는 인간의 본성, 즉 인격성에 있다고 설명할 수 있다. 그러므로 도이치 기본법 등 서양헌법에 있어서 인간존엄의 내용은 결국 그 헌법 이전의 그 자체의 과정으로 거슬러 올라갈 수밖에 없다.

어떻든 인간존엄이라는 말은 인간본질의 인식에 관한 총체적인 표현이기 때문에, 그것에 관한 보다 자세한 해명은 반대로 인간의 본질에 대한 인식, 즉 인간상 및 인간관에서만 얻을 수 있을 것이다. 그래서 일정한 인간상이 설정되어야 비로소 인간존엄의 개념을 밝힐 수 있는 것이다. 결국 서양에 있어서 인간존엄성의 내용은 서양정신사의 맥락에 뿌리내리고 있는 인간상 또는 인간관에서 그 정당성을 얻는다. 그러나 우리의 경우는 어떠한가? 우리도 서양적인 인간관과 인간상을 그대로 수용할 수 있는가? 그렇지 않다면 존엄개념을 우리의 인간상과 인간관에서 재구성해야 하는가? 후자의 경우라고 한다면, 그것이 과연 가능한지? 과연 한 민족정신사에서 어떠한 인간상 및 인간관과 어떻게 연계해서 인간존엄의 개념을 새롭게 자리매김할 수 있는지는 우리에게 주어진 과제라고 하겠다.

3. 근로조건과 인간존엄

오늘날 많은 국가의 헌법들에는 인간의 존엄성이 명시적으로 언급되어 있다.[158] 우리 헌법 제10조 1항은 "모든 국민은 인간으로서 존엄과 가치를 가지며 …"라고 규정하고 있다. 그런데 "인간의 존엄과 가치"가 무엇을 의미하고, 그 규범적 내용이 어떠한 것인지에 관해서는 본격적인 독자적 논의가 진행되고 있지 않은 듯하다.[159] 윤리학적인 전통에서 볼 때, 존엄이라는 표현은 절대주의적인 전통에서 비롯된 것인데 반해, 가치라는 표현은 상대주의적인 전통에 그 연원을 두고 있다고 할 수 있다. 그런데 우리 헌법에는 어떠한 연유에서 존엄과 가치가 동

158) 예컨대 "인간의 존엄성은 불가침이다. 이를 존중하고 보호하는 것은 모든 국가권력의 의무이다"라고 규정하고 있는 도이치 기본법 제1조 1항; "인간의 존엄성은 정치질서 및 사회평화의 기초이다"라고 규정하고 있는 스페인헌법 제10조 1항 등.

159) 헌법상 인간의 존엄에 관한 논문으로, 예컨대 이재명, 「인간존엄의 헌법적 접근」(중앙대학교 박사학위논문), 1992; 한병호, 「인간의 존엄성에 관한 소고」『해사법하회 법학연구』4호, 123~156면; 홍성방, 「인간으로서의 존엄과 가치: 인간의 존엄에 대한 헌법적 고찰」『가톨릭사회과학연구』제11권(1999) 등이 있다.

일한 맥락에서 규정되었는지 알 수 없다.

비교법적으로 볼 때, 우리 헌법 제10조 제1항의 인간의 존엄이라는 표현은 도이치 기본법 제1조 1항에서 그 연원을 찾아 볼 수 있다. 도이치 기본법에는 물론 「인격」과 「인간의 존엄」이 정의되어 있지 않지만, 이들 개념의 법적인 의미와 위치는 아주 명확하다고 할 수 있다. 기본법 제1조 1항에는 「인간의 존엄은 불가침이다」라고 선언되어 있는데, 이 구절이 명령적인 의미(「침해해서는 아니 된다」)인가, 단순히 선언적인 의미(「불가침이다」)로 파악되어야 하는가는 조문상으로 확실하지 않지만, 그것에 이어서 「이것(인간의 존엄)을 존중하고(=침해해서는 아니 된다) 또 (적극적으로) 보호하는 것은 모든 국가권력의 의무이다」라고 규정되어 있으므로 인간이 국가를 위해서가 아니라, 국가는 인간을 위해서 존재한다고 하는 가치관으로써도 인간의 존엄을 존중하고 보장하는 것은 국가의 의무라는 점은 확실하다고 하겠다. 또 기본법 제2조 제1항에서 「각인은 타인의 권리를 침해하지 않는 한 또 헌법적 질서 또는 도덕률에 반하지 않는 한, 그 인격성(Persönlichkeit)의 자유로운 발전을 목적으로 하는 권리를 가지고 있다」고 규정하고, 「인격」의 중요성도 명확히 하고 있다.

도이치 헌법학에서 도이치 기본법 제1조의 인간존엄(Menschenwürde)에 대하여 그 개념규정, 내용 및 법적 성격 등에 관해서 상당히 많은 논의들이 있다.160) 여기에서 이들 내용을 소개할 수는 없지만, 도이치 헌법질서에 있어서 인간존엄성과 관련해서 해석의 문제로서 다음의 네 가지의 명제에 대해서는 이론이 없는 것 같다. ⓐ 인간의 존엄은 자유민주제와 도이치기본법의 최고가치(der oberste Wert)이다. ⓑ 인간은 인격으로서 (인격이 있기 때문에) 존엄을 가진다. ⓒ 모든 인권(자유권, 법 앞의 평등 등)은 인간이 인격으로서 가지고 있는 존엄에 기초한다. ⓓ 본기본법 제1조와 제2조는 인간의 인격성(Persönlichkeit)을 보호하고, 제3조가 각인의 인격의 자유로운 발전을 보장하는 것에 대해 제1조는 개인보다 인격성에 관련하고 있다.

이런 식으로 도이치 기본법 제1조 1항을 이해한다면, 인간의 존엄은 인간의 인격으로서의 존엄이라고 이해되기 때문에, 인간의 존엄을 정의하는 것은 동시에 인격을 정의하는 것이 된다. 이를테면, 인간의 존엄이란 인간은 태어나면서 정신적 윤리적 존재로서 자기의식과 자유에 있어서 자기를 결정하고, 자기를 형성하

160) 인간존엄에 관한 최근 독일의 논의에 대해서는 N. Hoerster, Zur Bedeutung des Prinzip der Menschenwürde, in : JuS 1983, S. 93~96; H. Hoffmann, Zur Herkunft der Menschenrechtserklärungen, in : JuS 1988, S. 841~848; W. Höfling, Die Unantasbarkeit der Mesnchenwürde, in : JUS 1995 S. 857~862; C. Enders : Die Menschenwürde in der Verfassungsordnung. Zur Dogmatik des Art. 1 GG, Tübingen 1997; F. J. Wetz, Die Würde des Menschen ist antastbar. Eine Provokatin. Stuttgart 1998 등 참조.

고 주위의 세계(Umwelt)에 있어서 자기를 발휘하는 소질을 가지고 있는 것에 있다고 할 수 있겠다.

필자가 보기에, 우리 헌법학은 우리의 현실적인 여건과 관계없이 도이치 논의를 거의 그대로 수용하고 있는 듯하다. 어떻든 우리 헌법 제10조 1항이 선언하고 있는 인간의 존엄과 가치는 국가가 개인이 가지고 있는 고유한 가치를 침해해서는 아니 되고, 존엄성의 구체적인 내용인 개인의 기본적 인권을 보장할 의무를 부담한다는 것을 확인하고 있다는 점에 대해서는 이의가 없을 것 같다.

그런데 헌법 제32조 제3항은 「근로조건의 기준은 인간의 존엄성을 보장하도록 법률로 정한다」라고 규정하여 근로자의 인간으로서의 존엄성을 보장할 수 있는 수준으로 근로조건을 법정화 하도록 하고 있다. 여기에서 인간으로서 존엄성을 보장하는 수준이 구체적으로 어떠한 수준인지는 절대적으로 확정할 수는 없지만, 적어도, 근로자 본인과 가족의 생계를 유지할 수 있는 수준 이상의 임금, 근로시간의 일정 이하로의 단축, 일정 이상의 휴식시간의 보장, 노동재해에 대한 보장 등이 포함되어야 할 것이다. 이를 보다 구체화하기 위해서 제정된 법률이 최저노동기준을 입법화하고 있는 근로기준법, 산업안전보건법 등과 같은 노동보호법제이다. 그러나 현행 근로기준법이 보장하고 있는 최저근로기준이 과연 근로자의 인간으로서의 존엄성을 확보하는 것인지는 확언할 수 없을 것이다. 그러나 현행 노동보호법률들에 의해서 보장되고 있는 최저기준이라는 것이 과연 노동자의 인간으로서의 존엄성을 확보하고 있는지는 의문이다.[161)]

그 외 노동헌법의 이념적 기초로서 인간의 존엄과 관련하여 근로관계에서 특별

161) 예컨대 근로기준법 제11조는 "상시 5인 이상의 근로자를 사용하는 모든 사업 또는 사업장에 적용된다. 다만 동거하는 친족만을 사용하는 사업 또는 사업장과 가사사용인에 대하여는 적용하지 아니 한다."(제1항) "상시 4인 이하의 근로자를 사용하는 사업 또는 사업장에 대하여는 대통령령이 정하는 바에 따라 이 법률의 일부규정을 적용할 수 있다." 라고 규정하여 상시사용 근로자의 수에 따라 또는 근로자가 사용자와 동거친족관계에 있는 경우 및 가사사용 근로자 경우에는 근로기준법의 적용을 배제하고 있다. 이러한 근로기준법 제11조는 「모든 국민은 법 앞에 평등하다」라고 선언하고 있는 헌법 제11조 제1항과 「근로조건의 기준은 인간의 존엄성을 보장하도록 법률로 정한다」라고 규정하고 있는 헌법 제32조 제3항에 정면으로 배치된다고 할 것이다. 특히 헌법 제32조 제3항이 규정하는 "인간의 존엄"의 취지를 생각해보면, 근로기준법의 적용이 배제된 상시사용 근로자 4인 이하의 사업장이나 동거친족이 운영하는 사업장의 근로자와 가사사용인 근로자는 인간의 존엄성조차 동등하게 보장받지 못할 상황에 처해있다. 좀 거칠게 말한다면, 이들 근로자는 우리 헌법이 상정하는 "인간"이 아닌 이를테면 열외인간이다. 이러한 점에서 근로기준법 제11조는 위헌이라고 할 것이다. 그러나 헌법재판소는 상시사용 근로자 5명이라는 기준에 따라 근로기준법의 전면적용 여부를 달리하는 것에 합리적인 이유가 있다고 한다. 헌재1999.9.16.선고 98헌마380결정 참조. 하지만 인간의 존엄성에 관한 최하한기준의 차별에 어떠한 합리적인 이유가 있을 수 있는지? 헌법재판소의 결정은 어떻게 합리적일 수 있는지를 도저히 이해할 수 없는 결론이라고 할 것이다.

히 문제되는 것으로 근로자의 인격권, 자기결정권 및 프라이버시권에 관해 이하에서 항을 바꾸어서 언급하고자 한다.

제 3 절 근로자의 인격권

I. 근로자의 인격권의 의의

오늘날 우리 사회에서는 글로벌화, 개인주의화 등과 같은 경향으로 인하여 개인의 주체성이 뚜렷해져 그에 따라 개성의 존중이나 보호가 중요한 문제로 점점 부각되어 가고 있다. 이러한 사회적 상황은 근로관계에도 그대로 반영되고 있다. 근로관계에 있어서도 특히 근로자의 개성보호가 점차 중요한 이슈로 되어 가고 있다. 이러한 현실적인 필요에 의해 노동법분야에서도 법이론적 차원에서 새로운 관념이 도입되고 있다. 이러한 새로운 관념들 중에 대표적인 하나가 근로자의 인격적 이익이라는 관념이다. 근로관계에 있어서 근로자의 인격적 이익의 보호를 위해 노동법에서도 「근로자의 인격권」이라는 권리구성이 요청되고 있다.[162] 근로자의 인격적 이익은 근로관계에 있어서도 근로자가 그의 인격적 가치를 무시당해서는 아니 되는 것은 당연한 요청이라고 할 것이고, 더욱이 근로자이기 때문에 특히 근로관계에 있어 존중되어야 할 인격적 이익이 있을 수 있다는 것도 분명히

162) 지금까지 인격권의 개념은 민법 특히 불법행위법의 영역에서 주로 주장되어왔다. 불법행위법에 있어서 보호법익으로서 인격권의 문제에 관해서 박철우, 「인격권의 침해」, 박준서(편집대표), 『주석 민법 : [채권각칙(7)]』(3판), 한국사법행정학회 2000, 33-92면 참조, 그 외에 일본문헌으로는 五十嵐清, 『人格權』, 一粒社, 1989; 堀部政男, 『Privacyと 高度情報社會』, 岩波書店, 1988; -, 『情報公開・Privacyの 比較法』, 日本評論社 1996; 竹田稔, 『Privacy侵害と 民事責任』, 判例情報社, 1998; 藤岡康宏, 「人格權」, 『新・現代損害賠償法 講座 2』, 日本評論社 1996, 21-40頁 참조. 노동법영역에 있어서 인격권의 문제는 道幸哲也, 『職場における 自立と Privacy』, 日本評論社 1995 및 角田邦重, 「勞使關係における勤勞者の 人格的 利益の 保障」, 季刊勞働法 143호(1987년) 20頁; -, 「勞使關係における精神的 人格價値の 法的 保護について」, 勞働旬報 1279, 1289號(1992년) 47頁; -, 「職場における勤勞者の 人格の 保護」, 勞働判例 688號(1996년) 6頁; -, 「企業社會における勤勞者人格の 展開」, 日本勞働法學會誌 78號(1991년) 5頁; 山田省三, 「職場における 勤勞者の privacy 保護」, 日本勞働法學會誌 78號(1991년) 33頁; 渡寬基, 「企業社會における 人格權侵害の 法的 救濟」, 日本勞働法學會誌 78號(1991년) 61頁; 竹地潔, 「Netswork時代における 勤勞者の 個人情報保護」, 季刊勞働法 187號(1998년) 34頁; 砂押以久子, 「勤勞者のPrivacy權の 保護について (1)ー(3)」, 季刊勞働法 184號(1997) 133頁, 185號 165頁, 186號(1998) 195頁 등 참조.

예상할 수 있을 것이다. 이러한 차원에서 근로자의 인격권은 노동법분야에서 새로운 보호가치로서 부각되고 있다.

우선, 근로자는 자신의 정신적·육체적인 활동을 통해서 그의 인격을 신장할 수 있다. 이러한 측면에서 보면, 근로관계에서 근로자가 노무를 제공하는 자체가 바로 근로자의 인격적 실현의 한 측면이라고 말할 수 있다. 그러므로 근로자가 사용자에게 노무를 제공한다고 하는 것 자체가 근로자의 인격과 밀접불가분적인 이익이라고 할 수 있다. 구체적으로는 근로자에 있어서, 노무급부라는 행위가 그 대가로서의 보수를 얻는 수단에 그치지 않고, 그것 자체가 목적이라는 측면에 관련하는 인격적 이익이다. 즉 근로자가 일상의 노동에서 유지되고, 발전시켜야 할 직업능력은 근로자의 인격 자체라고 말할 수 있다.

그리고 근로관계에 있어서 근로자의 신체적 자유와 정신적 자유도 보호되어 야 한다. 신체적 접촉을 수반하는 성적 학대(sexual harrastment)는 근로자의 신체적 자유라는 의미에 있어서 절대적 가치를 가지는 인격적 이익을 침해하는 것이라고 말할 수 있겠다. 인격적 이익의 정신적 측면에서도, 사상 및 신조에 관련된 문제나 「숨기고 싶은 사적 영역에 부당하게 관여되지 않을 이익」으로서 프라이버시(privacy)는 그러하다고 말할 수 있다. 이들 인격적 이익은 근로자가 근로관계에 있어서도 인간으로서 당연히 보장되어야 할 것이다. 또 이것들은 보호되어야 할 내용의 확정도 충분히 가능하고, 인격권으로서의 권리구성에 친숙하다고 할 것이다.

아래에서는 오늘날 기업에서 첨단기술과 장비를 이용해서 실시되고 있는 노동관찰과 감시 및 근로자의 프라이버시침해문제를 근로자의 인격권과 관련하여 언급하고자 한다.

Ⅱ. 노동관찰 및 감시와 근로자의 인격권

1. 문제의 상황

감청기, 컴퓨터, 비디오카메라, 인터넷, 네트워크시스템, CCTV, 바코드, 전자신분카드, 무선랜, 옴니스카이(Omnisky)와 리코첸(Ricochet)과 같은 이동통신망, 그리고 위성서비스 등등의 이름으로 등장하고 있는 첨단정보시스템기술은 지금까지 우리가 경험하지 못했던 새로운 가능성을 활짝 열고 있다. 이를테면, GPS(Global Positioning System) 수신기 및 여타 전파탐지기 장치로부터 정밀한 위치정보를 잡아내는 위치

인식기술에 바코드 인식기나 기타 형태의 컴퓨터인식용 표식을 탐지할 수 있는 장치들과 결합되면, 그 정보접근가능성은 더욱더 확대된다. 이러한 기술의 발달속도는 점점 더 빨라지고 있으며, 정보시스템이 보다 강력한 성능과 미세한 화면장치 그리고 민감한 입력장치를 갖추는 한편, 그 크기와 부피는 빠르게 소형화되고 또 그 가격은 점점 저렴하게 되고 있다. 이러한 첨단시스템은 이미 사무실, 공장, 판매장 등과 같은 많은 사업장에서 채택되어 본격적으로 사용되고 있다. 그 결과 기업은 근로자들의 업무능률을 재고할 뿐만 아니라 고객들에게 무료 또는 유료로 엄청난 편의를 제공하고 있다.

그러나 연결통신망, 휴대용 컴퓨터, 표식인식기 등의 첨단정보기술과 장비들이 결합되어 사용되면, 지금까지 장소적 제한 때문에 불가능했던 사회적 행위는 그 본질이 변하게 되고 특히 첨단정보기술을 사용할 수 있는 사람들은 새로운 형태의 사회적 권력, 즉 자신들의 상호 작용과 교환을 즉석에서 조정하고 조직하는 수단을 얻게 된다. 그 뿐만 아니라 첨단정보시스템기술은 그 활용방식의 많은 부분이 유용하고 설득력 있는 것이지만, 그 사용 중에 방대한 양의 상세한 정보가 부산물로 집적된다. 이렇게 집적된 정보는 미셸 푸코의 『감시와 처벌』[163]이라는 책에서 잘 묘사되고 있듯이, 엄청난 지배권력을 만든다. 그리고 이미 권력을 가지고 있는 자는 첨단정보시스템기술을 이용해서 사회적 세계의 모든 구석까지 침투할 수 있고 타인에 대하여 가공할 정도의 범감시적(凡監視的: panoptic) 권력을 행사할 수 있다. 이렇듯 첨단정보시스템기술은 특정인으로 하여금 다른 사람에 대한 무수한 사적 정보를 취합할 수 있도록 하고, 이를 통해서 그 사람에 대한 완전한 지배와 통제를 할 수 있도록 만든다. 게다가 최근에 급속하게 발달하고 있는 컴퓨터에 기반하고 있는 정보시스템은 푸코가 권력/지식이라고 부르는 감시를 자동화시키고 그 범위와 탄력성을 급격하게 확장시키고 있다. 이러한 정보시스템기술은 작고 미세한 부분까지 접근할 수 있어서 이전에는 불가능했던 방식으로 사회생활에 대한 정보를 축적하고 범주화하는 일종의 은밀한 권력을 만들어 내고 있다. 컴퓨터 성능의 지속적인 개량과 첨단정보기술의 상호연결은 사회 전체를 그야말로 새로운 형태의 원형감옥(圓形監獄: panopticon)[164]으로 변화시키고 있다.

---

163) 푸코의 『감시와 처벌』은 세계지성사에서 커다란 새로운 변화를 보여준 중요한 책이다. 이 책의 원제목은 "Surveiller et punir"이며, "감옥의 역사"라는 부제가 붙어 있다. 1975년 불어로 출판되었지만, 우리나라에서는 1994년 처음으로 번역되었다. 오생근 역, 『감시와 처벌』, 나남출판사, 1994.

164) "panopticon"은 사방에서 죄수를 감시·감독할 수 있는 감옥시설을 말하는데, 서구에서는 J. Bentham이 처음으로 panopticon의 설계도를 완성했다. M. Foucalt(오생근 역), 위 같은 책, 289면 이하, 특히 296면의 <그림 13> 참조. 오생근 교수는 panopticon를 "일망감시시설(一望監視施設)"이라고 번역하고 있다.

오늘날 첨단정보시스템이 점점 일상생활 속으로 침투해 들어옴에 따라 각인의 습관, 위치, 능력에 관한 정보를 알려주는 사이버공간의 파장이 만들어지는 것은 피하기 어려워지고 있다. 그런데 현대적 감시는 시간과 공간을 초월한 비가시성을 통해서 행사된다. 그렇지만 비가시적 감시시스템은 동시에 현실의 생활 속에서 권력자가 제시하는 가시성의 원칙을 따르도록 사람들에게 강요한다. 부지중에 우리 모두는 감시의 세계에서 관찰되어야 하는 대상으로 전락하여 항상 피지배자들로서 존재하고 있다.

컴퓨터에 기반을 둔 첨단정보시스템에서는 감시자가 그 대상을 직접적으로 관찰해야 하는 성가심도 없고 또 전반적 현상에 대한 측정, 집단에 대한 기술, 집합적 사실에 대한 특성화, 개인들 간의 격차의 계산, 주어진 집단 간의 격차분포도를 만들어 낼 수 있기 때문에 감시능력은 엄청나게 확장된다. 비가시적 감시사회에서는 지금까지 공동체 내에서 각 개인을 연결하고 집단의 형성을 촉진하는 의사소통의 연결망에 관한 사회적 이미지가 각인을 뒤덮고 있는 감시망에 대한 이미지로 대체된다. 그런데 이러한 기술이 산업현장에 도입되면, 자본은 근로자에 대한 광범위한 사례와 기록정보를 전자적으로 작성해둠으로써 그 근로자의 정체성을 들여다보면서 마음대로 조작할 수 있게 된다.

대규모의 노동력을 필요로 하는 기업에서 사용자가 항상 부딪히는 전형적인 생산과정의 문제는 대규모적 집단에 내재해 있는 잠재적인 저항력이다. 이러한 잠재적 저항력을 사전에 통제하고 제압하는 것은 기업경영자의 가장 중요한 과제일 것이다. 그래서 사용자는 집단적 노동력을 효율적으로 서로 연계하면서 합리적으로 통제하여 노동생산성을 높이는 한편, 집단의 적극적 효용을 감소시키지 않으면서 저항력을 감소시키기 위하여 집단구성원을 원자화할 필요가 있다. 여기에서 동원되는 것이 바로 노동관찰과 감시이었다. 현대적 첨단정보기술은 바로 이러한 기업경영자의 과제를 해결하는 데에 엄청난 도움을 제공할 수 있다. 첨단정보시스템기술은 사용자에게 공간적 거리와 관계없이 근로자의 작업을 통제하고 감독할 수 있는 능력을 부여하고 사업장 전체를 거대한 망조직으로 연결할 수 있도록 해준다. 이러한 기술은 감시와 기록보존을 통해 각 구성원을 고립화시킨다. 첨단정보시스템기술은 사용자가 근로자들을 적절한 공간과 시간대에 비치(備置)할 수 있도록 하고, 근로자 개개인의 일거수일투족에 행위규칙을 적용하며 지속적인 감시를 통해서 사용자의 명령이 각 근로사에게 흐를 수 있도록 보상하는 한편, 이것이 각 근로자에게 체질화되어서 자기규제를 촉진하도록 한다.

그 뿐만 아니라 현대직 과학기술의 빌진은 산입영역에 있어서 사용자가 근로자에 관한 지금까지 보다 훨씬 상세한 개인정보, 예컨대 직장에 있어서 근로자 개인의 일거수일투족에 관한 정보에서 시작해서 근로자의 정서적 내면상태를 알 수 있는 정신적 정보는 물론이고 근로자 자신도 알 수 없는 신체적 또는 정신적 가능성을 규정하는 유전자정보까지도 수집하는 것을 가능하게 해주고 있다. 게다가 첨단정보시스템기술의 발전으로 사업장에 있어서 노동과정 전반에 대한 새로운 관찰방법과 근로자에 대한 총체적인 감시가 무제한적으로 가능해졌기 때문에 이러한 기술을 이용한 사용자의 노동관찰 및 감시는 오늘날 새로운 사회적 그리고 법적 문제로 등장하고 있는 것이다.165)

기업이 인사노무관리를 위하여, 근로자로부터 다양한 개인정보를 수집할 필요가 있지만, 그래도 그러한 권리를 가지고 있다고는 말할 수 없다. 그러나 이들의 새로운 과학기술을 이용한 개인정보의 수집이 진행되면, 근로자는 「기업 앞에서 유리인간화 한다」고 말할 수 있는 사태가 생길 지도 모르고, 근로자의 인격의 자유 및 프라이버시는 부단한 위협에 직면하게 된다.

2. 노동관찰 및 감시의 형태

작업장에 있어서 근로자에 대한 사용자의 노동관찰과 감시에 관한 문제는 어제 오늘의 문제가 아니다. 그런데 더욱더 심각한 문제는 최근에 첨단정보기술의 발전과 첨단장비의 사용으로 근로자에 대한 감독과 감시의 방법이 과거보다 훨씬 정교화 되고, 또 그 범위가 확대될 수 있다는 데에 있다. 여기에서 현대적 기업에 있어서 노동관찰 및 감시를 둘러싼 노사 간의 분쟁을 법적으로 해결하기 위해서 우리는 우선, 노동영역에서 과거에 문제되었던 노동관찰과 감시의 유형을 살펴본 다음에, 오늘날 문제로서 부각되고 있는 전자적 감시 및 감독의 다양한 유형을 생각해 보기로 한다.

1) 종래의 형태

(1) 소지품검사 및 신체수색

노동관찰 및 감시라고 할 때, 우리는 출퇴근 시에 사용자가 종업원에 대하여

165) 정보기술과 노동관찰 및 감시의 문제는 정보화 사회에 있어서 산업사회학의 중요한 연구주제라고 할 것이다. 산업화의 역사가 일천하기 때문이겠지만, 외국의 산업사회학이론을 소개하고 있는 서적들은 있지만, 우리 사회의 문제를 직접 그 연구대상으로 다루고 있는 산업사회학적 연구결과물은 거의 없는 듯하다. 첨단정보기술에 의한 노동관찰 및 감시에 관한 법적 해결은 이 문제에 관한 경험적인 사회과학적 연구결과를 전제로 할 때, 비로소 올바른 방향으로 나아갈 수 있는 것이다. 그러나 우리의 현실은 그러하지 못하다.

실시하였던 소지품검사 및 몸수색을 떠올릴 수 있다. 소지품검사 및 몸수색은 오래 전부터 근로자에 대한 감시 및 조사방법으로서 문제시 되어 왔다. 우리나라 기업에서도 금전의 부정한 영득(領得), 회사제품의 불법반출 내지 위험물의 반입을 방지하고 또 기업질서나 직장규율을 유지하기 위하여 소지품검사가 행하여지는 경우가 있었다. 그러나 그 방법 또는 정도가 과도하면, 근로자의 명예나 프라이버시 등의 인격적 이익을 침해할 우려가 있기 때문에 소지품검사의 적법성 내지 적법하게 되는 요건이 문제로 된다.

근로관계에 있어서 근로자는 주된 의무인 근로제공의무와 관련하여 사용자가 행하는 조사에 협력할 의무가 있다. 이러한 부수적 의무로서 조사응락의무, 즉 근로자는 사용자의 기업경영에 필요하고 근로자의 이익이나 자유가 부당하게 침해되지 않는 범위에서 사용자가 행하는 조사에 응해야 한다. 조사응락의무에는 사용자의 소지품검사명령과 사용자 지정의 의료기관에 신체검사를 받으라는 명령 또는 동료근로자에 관한 정보를 제공하라는 명령 등이 있다.

소지품검사와 관련하여 특히 문제되는 것은 귀금속이나 화폐를 제조하는 사업장의 경우 퇴근 시에 근로자의 신체를 엑스레이(X-ray)투시검사기를 통과하는 경우이다. 소지품검사는 신체적 침해를 수반하고 개인적 비밀을 알리게 하는 것이므로 적어도 진정한 의미에 있어서 본인의 동의 없이 강제되어서는 안 된다고 할 것이다.[166)]

건강진단은 근로자의 신체에 대한 구체적인 침해를 초래한다는 점에서 특별하다. 이 경우에 근로자가 특별한 의료기관에 의한 조사를 응락할 의무가 있다고 하기 위해서는 근로자의 동의를 포함한 특별한 이유가 있어야 한다. 건강을 해칠 우려가 있는 위험한 업무를 취급하는 근로자의 경우, 정기적인 건강진단요구는 근로자의 권리라고 말할 수 있다.

사용자가 사업장에 있어서 근로제공과 관련된 업무상의 정보를 근로자에게 요구하는 경우 근로자는 이를 조사하여 제공할 의무가 있다. 그러나 근로제공과 관련성이 희박한 사항에 관한 정보수집에 대하여 사용자에게 협력할 의무는 없다고

---

166) 근로자에 대한 사용자의 소지품검사는 그 성질상 근로자의 기본적 인권을 침해할 우려가 있다. 몸수색 및 소지품검사와 직접적으로 관련된 우리나라의 판례는 없는 듯하다. 이 문제를 정면으로 취급하였던 일본판례로서는 西日本鐵道事件(最2小判 昭43.8.2 民集22卷 8號 1603頁)이 있다. 일본판례에서는 소지품검사의 거부를 이유로 한 징계처분의 효력이 문제로 되었다. 일본 최고재판소는 소지품검사에 수반되는 인격권침해의 우려를 고려하고, 그 적법요건으로서 ① 소지품검사를 필요로 하는 합리적인 이유의 존재 ② 검사방법과 정도의 타당성 ③ 제도로서의 획일적인 실시 ④ 취업규칙 등 명시적인 근거를 들고 있다. 그러나 이러한 판례의 태도는 소지품검사의 적법요건을 너무나 느슨하게 규정하고 있기 때문에 근로자의 인격권을 침해할 소지가 있어서 문제라고 할 것이다.

할 것이다.

(2) 근로자의 노조활동 및 정치활동에 대한 감시와 조사

역사적으로 볼 때, 근로자에 대한 사용자의 노동관찰 및 감시의 문제로서 가장 심각하였던 것이 대(對)사용자적인 노동조합을 조직하거나 그러한 노동조합의 활동에 대한 관찰이나 감시일 것이다. 그러나 현재에는 단결권이 근로자의 기본권으로 보장되어 있기 때문에 사용자가 노동조합의 조직이나 활동을 감시·감독하는 것은 그 자체로서 위법이라고 할 것이다. 그리고 근로자의 정치활동에 대한 감시와 조사도 노동관찰 및 감시의 문제로서 자주 문제되었다. 우리나라의 기업에서는 채용시에 정당소속이나 정치활동에 대한 관심사항을 포함해서 근로자의 정치적 성향, 종교 및 신조에 관한 사항의 신고를 요구한다든가 신원조회라는 미명하에 그것을 조사하는 경우가 적지 않다는 것에 비해[167] 고용 후에 일상적인 인사노무관리의 일환으로서 근로자의 정치활동을 조사하거나 신고하도록 하는 것은 드문 것 같다. 그러나 기업질서유지라는 이름으로 집요하게 근로자의 사상, 신조에 관련된 사항을 조사하든지, 이들의 정치활동을 감시한다고 말하는 것도 일부의 기업에서는 제기될 수도 있다.[168]

---

167) 이와 관련하여 취업 시에 근로능력이나 업무능력과 전혀 관련이 없는 근로자의 경력까지도 신고하도록 하는 우리 기업의 고용관행은 문제가 아닐 수 없다. 그 뿐만 아니라 이러한 고용관행에 대하여 우리 판례는 근로자의 인격권 및 프라이버시의 침해여부를 전혀 고려하지 않고 있다. 즉 근로자가 취업 시 제출하는 이력서나 면접에서 학력이나 경력을 은폐하는 경우 이를 정당한 해고사유로 보면서 예외적으로, 입사한 후에 상당한 시간이 경과한 경우에는 그러하지 않다는 식으로 판시하고 있는 것이 우리 판례의 기본적 태도이다. 예컨대, 대졸자가 고등학교졸업자로 학력을 사칭한 경우에 관한 대판1993.10.26. 93다21484(한국아프라이드매그네틱스사건); 이력서에 학력 및 경력을 누락한 경우에 관한 대판1994.8.12. 93누21521(명신산업사건); 이력서 및 경력소개서에서 형집행유예기간에 관한 사항을 누락한 경우에 관한 중노위1995.7.11.95부해155(엘지건설주식회사사건) 등이 그러하다. 그리고 대판1993.10.8. 93다30921(롯데호텔사건)은 "근로자가 입사당시 과거(입사기준 6년 전)에 형사처벌을 받고 파면되었던 사실을 은폐하였더라도 입사 후 13년간 성실히 근무한 경우 회사가 입사당시 이력서상 처벌 및 파면사실을 은폐하였다는 이유만으로 그 범죄사실의 구체적인 내용이나 죄질 또는 정황이 고용관계를 존속시킬 수 없는 정도인지를 확인하지 않고 징계의 종류 중 가장 중한 면직처분을 한 것은 가혹하다"고 판시하고 있다.

168) 정치적 신조를 노동관찰 및 감시의 문제로서 취급하고 있는 우리 판례는 아직까지 없는 듯하다. 여기서 언급할 수 있는 것은 남·북의 분단이라는 특수한 상황은 근로관계에 있어서까지 영향을 미쳤다는 것이다. 반공법위반이나 국가보안법위반으로 문제되었던 사람들은 사기업에조차 취업하지 못했던 것이 얼마 전까지 우리의 현실이었다. 일본에서는 정당소속 및 정치적 활동과 관련된 문제가 노동문제로 된 경우가 있다. 정당기관지에 실린 기업비밀의 누설에 관한 조사의 일환으로서 영업소장이 여성직원에 대하여 공산당인가 여부를 묻고, 당원이 아니라면 그 취지를 서면으로 제출하라고 요구하는 행위가 불법행위에 해당하는가 여부가 다투어진 사건이 東京電力鹽山營業事件(最2小判 昭63.2.5. 勞判512號 12頁; 東京高判 昭50.1.20. 勞判424號 14頁; 甲府地判 昭56.7.13. 勞判 367號 25頁)이다. 이에 대하여 일본 최고재판소는「기업 내에 있어서도 근로자의

(3) 도청 및 무단녹음

외국에서는 근로자의 대화의 도청이나 무단녹음이라는 형태의 관찰과 감시도 자주 문제가 되었다.[169] 이러한 사적 대화의 도청과는 달리, 직무수행 자체에 관련되어 있다고 하더라도 근로자의 동의를 얻지 않고 녹음이 된 경우도 문제가 될 것이다.[170]

2) 새로운 형태

첨단정보시스템기술의 발전으로 사업장에 있어서 노동관찰 및 감시는 상상할 수 없을 정도로 다양화되고 있다. 전자적 감시 감독의 방법에는 근로자에 관한 정보를 얻기 위하여 컴퓨터, 비디오카메라, 기타 영상·음향기술 및 장비 그리고 바코드와 전자신분증 및 전자발신장치의 부착 등에 의한 위치인식기술, 근로자의 신체를 이용하는 생체인식 및 유전자인식기술을 이용하는 것이 포함될 수 있다. 최근에 주로 문제로 대두고 있는 것을 유형화해본다면 아래와 같다.

사상, 신조 등의 정신적 자유는 충분히 존중되어야 한다」고 인정한 다음에 기업비밀을 누설하였다고 의심이 가는 근로자로부터 그 사정을 청취할 필요성이 있다면, 조사방법으로서 상당성이 부족한 면이 있다고 하면서 그 필요성, 합리성을 인정할 수 있다는 것과 반대의 답을 강요하든가 불이익 또는 이익의 공여를 시사한 것이 없었다는 등을 이유로 본건 조사는「사회적으로 허용될 수 있는 한계를 초과하여 상고인의 정신적 자유를 침해한 위법행위」에 해당하지 않는다고 하였다. 본 판결은 근로자의 사상에 관한 조사의 적법성의 판단기준으로서 조사의 필요성, 조사방법의 상당성과 합리성 및 양자의 상대성을 중시하고 있다. 그리고 기업방위의 관점에서 공산당원 내지 그 동조자인 종업원을 고립화하고, 이들에 대한 감시·미행을 하여 사적으로 수장의 사진촬영을 하는 등 사용자의 행위가 불법행위에 해당하는가 여부가 다투어졌던 關西電力事件(最3小判 平7.9.5 勞判 680號 28頁)에서 일본최고재판소는 사용자에 의한 일련의 행위가「직장에 있어서 자유로운 인간관계를 형성하는 자유를 부당하게 침해하는 것과 동시에 명예나 프라이버시 등의 인격적 이익의 침해에 해당한다고 판시하였다.

169) 우리나라에서도 노동조합의 활동에 대한 감시와 통제가 자주 문제되었으나(대표적인 예로서 1994년 H타이어회사 노조활동에 대하여 이른바 몰래카메라, 감시조직 및 DAS를 동원한 감시와 통제를 들 수 있다) 이를 둘러싼 노사 간의 분쟁이 노동법의 문제로 되어서 판례가 형성되지는 아니하였다. 일본의 판례는 노조활동의 정보수집을 위하여 종업원휴게실에 도청기를 설치하였던 岡山電氣軌道事件(岡山地判 平3.12.17 勞判606號 50頁)에서 직장 내의 사적 영역이라고 할 수 있는 장소에서 이루어지는 종업원의 대화를 비밀히 엿듣는 것은 프라이버시침해로서의 불법행위에 해당한다고 판시하고 있다.

170) 근로자의 대화에 대한 무단녹음이 문제로 된 우리 판례는 없지만, 일본의 경우 법원은 예컨대 학교장이 4개월간에 걸쳐서 고등학교의 종교론수업 전체를 무단으로 녹음하였던 경우에 관한 目黑高校事件(東京地判 昭47.3.31. 勞民集 23卷 2號 155頁) 및 운전지도원의 교육훈련을 위하여 교습차에 녹음기를 설치하여 운전지도원과 교습생 간의 대화를 녹취했던 경우에 대한 光澤自動車學校事件(德島地決 昭61.11.17 勞判488號 46頁)에서 사용자의 녹취행위가 직무와 관련된 경우라 하더라도 당해 근로자의 동의 없이 녹음한 경우에는 위법이라고 판시하고 있다.

(1) 전화·전자메일(e-mail)의 모니터링

전화 및 전자메일의 모니터링은 사용자가 근로자의 전화대화나 전자메일의 내용을 듣거나 보고 기록하는 것이다. 서비스의 품질관리, 재산보전 및 근로자의 비행방지 등과 같은 목적하에서 근로자의 전화통화에 대한 모니터링이 이루어지고 있다. 특히 근로자가 고객에게 제공하는 서비스를 관찰하기 위한 모니터링을 서비스관찰(Service observation)이라고도 한다.

최근에, 기업의 정보화의 진전에 따라 네트워크의 부정사용이나 기업비밀의 누설을 방지하기 위하여 전자메일의 모니터링도 행하여지고 있다. 이러한 모니터링에 사용되는 첨단기술과 장비는 거의 완벽하게 작동되기 때문에 비밀스럽게 이루어지고 근로자의 작업을 방해하지도 않는다고 한다.

(2) 폐쇄회로티브이(CCTV: closed-circuit television)에 의한 모니터링

비디오카메라에 의한 모니터링은 소매점이나 은행 등의 점포에서 방범을 잘 이용되고 있는 한편, 제조업의 생산현장에서도 제품의 품질관리나 안전위생관리 등을 위해서 행하여지고 있다. 그러나 이들의 목적에 부합한다고 말하기보다도, 주로 근로자의 언동을 감시하기 위해서 이용될 수도 있다.

(3) 컴퓨터 네트워크(computer networks)에 의한 모니터링

컴퓨터네트워크에 기초한 모니터링은 실제로 가공할만하다. 컴퓨터 네트워크상에서 관리자는 근로자가 장소적으로 격리된 곳에서 작업하더라도 모든 사항들을 다 엿볼 수 있다. 네트워크관리자는 개별 근로자들이 네트워크를 이용하는 시간, 활동을 파악할 수 있고, 자료파일과 전자우편의 내용을 마음대로 볼 수 있으며, 마음만 먹으면 개인 비밀번호를 변경할 수도 있다. 그래서 컴퓨터네트워크에 기한 모니터링이 새로운 노동관찰 및 감시의 문제로 부각되고 있다. 직장의 전산화(micro-electronics: ME) 및 사무자동화(office automation: OA)가 진행되고 있는 아메리카합중국에서는 이러한 모니터링은 모든 분야에 이용되고 있으며, 그러한 모니터링을 받고 있는 근로자의 추정인수는 해마다 증가하는 추세에 있다고 한다.

(4) 생체공학적 정보를 이용한 감시·감독

생명공학 및 유전공학이 보다 더 발전하면, 이러한 기술을 이용한 새로운 감시 · 감독방법이 동원될 수도 있을 것이다. 현재에는 손이나 눈과 같이 개인이 가지고 있는 신체적 특성을 이용한 초보적인 감시 · 감독방법이 사용되고 있다.

3. 근로자의 인격적 이익의 보호

오늘날과 같이 첨단정보시스템에 의하여 노동과정이 감시 · 감독되고 있는 상황에서 근로자의 정신적 인격가치를 보호하기 위해서 무엇보다 헌법상의 최고이념인 인간의 존엄과 가치 특히 근로자의 인격권을 강조할 필요가 있다. 자주 언급되듯이, 노무제공이 근로자 자신의 인격과 분리할 수 없는 행위라고 것은 「노동은 상품이 아니다」이라는 유명한 구절[171]을 들 필요도 없이 법의 영역에서도 오래 전부터 인식되어왔던 사실이라고 할 것이다. 근대시민법을 수정하는 노동법학이 탄생한 것은 이러한 사실을 직시하였기 때문일 것이다. 결국 노무급부가 근로자의 인격과 분리할 수 없고, 노무제공의 조건을 정하는 계약내용의 결정에 있어서 사용자가 우위에 있기 때문에, 근로계약에 기초한 근로관계에는 사용자가 근로자의 인격적 이익을 침해할 가능성이 항상 내포되어 있다고 할 것이다.

그런데 우리가 근로관계에 있어서 근로자의 인격적 이익에 관한 문제를 논의할 때, 항상 두 가지의 측면을 생각해야 한다. 우선, 근로계약의 체결주체로서의 근로자의 인격적 이익이라는 측면과 근로계약에 기초해서 노무를 제공하는 주체로서의 근로자의 인격적 이익이라는 측면이 그것이다. 물론 노동법영역에 인격권개념을 도입하여 근로자의 인격적 이익을 보호하기 위해서 근로자의 인격권이라는 권리에 대한 법적 구성이 필요하다는 현실적 배경과 법적 요청을 분명하게 할 필요가 있다. 그러나 지금까지 사용자의 노동관할 및 감시를 둘러싼 노사 간의 분쟁에 있어서 그것을 해결하기 위하여 판례와 노동법학은 일방적으로 사용자의 경영상 또는 경제상의 이익만을 강조하면서 근로자의 인격적 이익을 헌법상 기본권으로 보장된 인격권이라는 개념으로 구성하는 것에 주저해온 것 같다.

그렇지만 첨단정보시스템기술의 발달로 인하여 근로계약에 기초하고 있는 노사간의 권력적 균형이 현격히 붕괴될 위험이 증가하고 있는 오늘날과 같은 상황에서 우리 헌법이 보장하고 있는 인간의 존엄과 가치의 구체화로서 근로자의 인격권이라는 개념을 노동법의 영역으로 도입하는 것에는 적어도 두 가지의 의미가 있다고 할 것이다.

첫째, 노동문제에 인격권개념을 도입하는 것에는 근로자의 인격적 이익의 옹호

171) 1919년 베르사이유 평화조약 제13편 제1관 및 1944년 ILO 필라델피아 선언 참조.

가 노동법학의 과제라는 것을 가시화시키는 문제제기적인 기능이라고 할 것이다. 기업에 있어서 근로자의 인격적 이익에 대한 침해는 우연적 예외적 현상이 아니고, 근로자가 근로계약에 기초한 노무를 제공하는 행위가 근로자의 인격을 불가분적으로 하는 구조로부터 필연적으로 제기되는 현상이라고 생각한다면, 문제로 되는 근로자의 인격적 이익을 정형적으로 유형화하는 작업은 인격권개념의 구성에 결부시킬 것인가의 여부는 어찌되든 필요불가결한 과제일 것이다. 그것이 가능할 수 있기 위해서는 노동법학에서도 근로자의 인격권이 본격적으로 논의되어야 할 것이다.

둘째, 근로자의 인격권이라는 개념이 당장에는 추상적이지만 그것을 구체적인 노동문제와 연관해서 논의한다면, 구체적인 상황에 있어서 유형적 분석을 통해서 근로자의 인격권의 내용을 유형화할 수 있을 것이다. 이러한 논의과정에서 기업이 근로자는 인격을 침해해서는 아니 된다고 하는 소극적인 측면의 이익과 근로자가 특별히 기업에 있어서 존중되어야 할 인격적 이익을 가지고 있다는 적극적 측면의 이익이 분명하게 될 것이다. 전자의 경우에 해당하는 근로자의 인격권의 전형적인 내용으로서 신체적 이익일 것이다. 근로자의 신체는 절대적 가치를 가지고 있는 인격적 이익이라고 할 수 있다. 신체적 접촉을 동반하는 예컨대 성적 괴롭힘(sexual harassment)같은 행위가 이러한 의미에 있어서 근로자의 인격적 이익을 침해하는 위법행위라고 말할 수 있겠다. 인격적 이익의 정신적 측면에 있어서도 근로자 개인의 사상이나 신조와 관련된 사항 그리고 근로자가 타인에 대하여 감추고 싶은 사적 영역을 부당하게 개입 또는 침해를 받지 않을 이익도 인격적 이익의 소극적 측면에 해당한다. 이 경우 이러한 소극적 측면은 이른바 프라이버시와 동일하다고 할 것이다. 이러한 인격적 이익은 기업에 있어서도 인간으로서 근로자에게 당연히 보장되어야 할 것이다. 이에 대하여 후자는 근로자에 특수한 인격적 이익이다. 그것은 근로자가 기업에 있어서 노무를 제공한다는 사실과 밀접불가분적인 이익이다. 구체적으로는 근로자로서의 노무제공이라는 행위가 그 대가로서 임금을 얻는 수단에 그치지 않고, 그것 자체가 목적이라는 측면에서 가지고 있는 인격적 이익이다. 근로자는 하루하루의 근로제공을 통해서 자기 자신을 실현하고 또 그의 정체성을 유지하며, 또 그 부수적 결과로서 향상된 직업능력을 가지게 된다. 이러한 것들 그 자체가 바로 근로자의 인격이라고 말할 수 있겠다. 이러한 의미에서 근로자의 인격적 이익으로서 인격은 근로관계에 있어서 보호되어야 할 가치가 있는 것이라고 할 것이다.

4. 입법적 보완의 필요

근로관계에 있어서 근로자의 인간으로서 존엄과 가치를 실현하는 데에는 헌법상의 추상적인 규정만으로는 불충분하다. 이러한 이념을 실제 현실의 상황에서 구체화하기 위해서는 당연히 보다 구체적인 입법적 조치가 필요하다.

입법론적으로는 근로기준법에 근로자의 사생활 및 인격권의 보호를 위하여 인권보장적 규정을 명시적으로 두고, 이를 위반한 사용자를 처벌하는 규정을 신설할 필요가 있다. 또 근로자의 인격권을 침해할 가능성이 있는 작업방식이나 관찰 및 감시장비의 도입과 관련된 사항을 취업규칙에 명시하도록 하고, 이를 단체협약을 통해서 통제할 수 있도록 제도할 필요도 있다. 가령 합리적인 필요성이 인정되는 경우에도 사용자가 관찰 및 감시기술의 도입과 변경 시에 근로자 개인의 동의뿐만 아니라 집단적 동의를 받을 의무를 명문화할 필요가 있다. 이와 관련하여 근로자의 경영참가가 제대로 이루어지고 있는 구미제국에서는 새로운 과학기술을 이용한 관찰, 감시의 도입 시에 근로자대표에 의한 정보제공 및 협의가 필요한 것으로 하고, 집단적인 규제에 의한 근로자의 프라이버시 내지 인격권의 보호가 도모되고 있다는 것은 주목할 만하다.[172]

Ⅲ. 근로자의 자기결정권

1. 서

우리 헌법은 "인간의 존엄과 가치" 및 "행복추구권"을 개인의 기본적 권리로서 보장하고 있다. 무엇보다 인간의 존엄과 가치 그리고 행복이 보장될 수 있으려면, 누구나 그 자신이 스스로 자신의 의사와 자신과 관련된 사항을 스스로 결정할 수 있어야 할 것이다. 이것은 인간존엄과 행복추구의 출발점이라고 할 것이다.[173] 이

172) 예컨대, 독일의 Betriebsverfassungsgesetz 87 (1) Nr. 6 참조. 이 조항은 기계적 장비에 의한 노동관찰에 대하여 근로자의 공동결정을 명문화하고 있는데, 이 규정의 근본적 취지는 근로자의 인격보호(Persönlichkeitschutz)에 있다. Heinrich Kaiser/Friedrich Heither/Gerd Engels/Ingrid Schmidt, Betriebsverfassungsgesetz(Handkommentar begründct v. Karl Fitting), München 2000, S. 1167 이하 참조.

173) 헌법 제10조에 기한 자기결정권은 근로조건의 결정과 관련하여 "근로조건은 근로자와 사용자가 동등한 지위에서 자유의사에 의해 결정되어야 한다"라는 형식으로 근로기준법 제4조에 구체화되

러한 의미에서 인간존엄과 가치 및 행복추구권의 가장 핵심적인 내용이 인간의 자기결정과 이에 관한 권리라고 하겠다. 여기서 "자기결정"이란 개인적 사항에 관하여 공권력의 간섭을 받지 않고 스스로 결정하는 것을 의미하고, 자기결정권은 자기결정을 할 수 있는 권리를 말한다.

근로관계에 있어서도 당연히 인간으로서 근로자의 존엄과 가치가 보장되어야 하고, 행복추구권이 보장되어야 한다. 이것은 근로관계의 가장 기저적인 조건이라고 할 것이다. 이러한 의미에서 근로자의 자기결정은 중요하다. 특히 근로자의 자기결정은 다음과 같은 상황 때문에 더욱더 그 의미를 더해가고 있다.

첫째, 과거와 달리 오늘날 근로자가 다양화되어 가고 있다. 6.25민족내전으로 잿더미가 되었던 상황에서 군사쿠데타로 집권했던 박정희 정권이 국가주도적인 경제개발을 시작했던 1960년대 후반에서 1980년대 중반까지와 같이, 근로자가 기근으로부터 해방되는 것이 노동운동이나 노동법의 주요과제이었던 시기에는 넓은 범위에서 근로자 간에 서로 이해가 일치했고 통일적 근로조건규정이야말로 시대의 요청에 맞았다. 오늘날 한국경제는 1988올림픽개최를 넘어 고도로 성장하여 현재에 세계 10위권에 진입할 정도로까지 발전하였다. 이러한 경제적 고도성장은 근로자의 경제적 생활상태의 개선뿐만 아니라, 근로자의 이해 및 요구의 다양화를 야기했다. 남자와 여자, 청년층과 장년층, 전문적 근로자와 단순근로자, 정사원과 불안정고용근로자 간의 이해관계의 차이는 상당히 커가고 있다. 이것뿐만 아니라 각 계층 내부에서도 개인적 생활조건이나 가치관이 다양화하고, 그것에 따라 요구도 다양하게 되고 있다. 예컨대, 주휴2일제를 도입하는 대상으로서 1일의 노동시간을 연장한다고 하는 안이 제시된 경우, 그것에 대한 반응은 분명히 근로자에 따라 다를 것이다. 이러한 사정하에서는 단체협약이나 취업규칙 그 자체가 종래와 같이 획일적인 근로조건결정만을 중시하는 것이 아니라, 근로자의 다양성을 고려한 것으로 변해야 하지만, 단체협약이나 취업규칙이 개개의 근로자의 요구에 대응하는 데에는 한계가 있다는 것도 부정할 수 없다. 개별적인 사례에 있어서 적절한 결과를 얻기 위해 무엇이 타당한가의 판단을 근로자 자신에게 맡겨야 하는 경우도 많고, 필연적으로 근로자의 자기결정(근로계약 및 개별적 동의)이 중요성을 높이고 있다.

어 있다. 근로기준법 제4조가 근로자의 자유로운 자기결정권을 근로기준법의 기본원리로 선언하고 있다고 이해해야 한다. 형식적으로 보면 근로기준법 제4조가 사용자의 자기결정까지도 규정하고 있는 듯하지만, 사용자의 자기결정권은 근로기준법 제4조 규정 이전에 이미 전제되어 있다고 할 것이다. 그러므로 근로기준법 제4조는 근로조건의 결정에 있어서 실질적으로 근로자의 자기결정권을 규정하고 있다고 할 것이다.

그 뿐만 아니라 경제적 생활이 상대적으로 안정되어가면서 상당수의 근로자들은 물질적인 최저생활의 보장보다는, 보다 충실한 생활의 실현과 정신적 만족에 보다 높은 가치를 두려고 하는 경향이 점점 강해져 가고 있다. 이러한 경우에 근로자의 정신적 만족을 실현하는 데에 있어서 그 불가결한 전제가 자기에 관련된 것에 대해서는 스스로 결정할 수 있는 것, 즉 자기결정권을 보장하는 것이다. 이와 같은 시대적 상황과 근로자의 정신적 요구조건을 감안해 볼 때, 우리 노동법과 노동법이론 및 이를 취급하는 학자나 실무가는 이러한 시대적 요청에 부응하기 위해서는 자기결정의 객관적 필요성과 근로자의 요구를 바로 시야에 넣지 않을 수 없을 것이다.

둘째로, 지금까지 우리사회는 빈곤상태에서 벗어나기 위해 경제성장 내지 생산제일주의에 중독되었기 때문에 기업과 근로관계에 있어서 근로자의 의사가 너무나도 경시되어왔다. 이러한 과거 상황은 경제적 풍요가 이룩된 현 단계에서는 오히려 근로자의 자기결정의 중요성에 대한 인식을 제고하도록 하는 계기가 되고 있다. 한국경제발전의 원동력의 하나는 변화하는 경제적 상황하에서 사용자가 주도면밀하게 기업의 여건을 변경하여 기업을 새로운 경제적 상황에 탄력적으로 대응할 수 있도록 했던 것에 있다고 생각되지만, 이것이 가능하게 되었던 것은 사용자가 국가법에서도 근로자의 집단적 및 개별적 의사에도 구애되지 않고, 자유로이 경영정책을 결정할 수 있는 제도가 형성되었기 때문이다. 그러나 다른 한편에서 보면, 이것은 근로자의 의사가 극단으로 무시었다고 하는 것이기도 하다. 근로자는 자기의 의사에 반해, 원격지에 배치전환되기도 하고, 경우에 따라서는 다른 사업장이나 기업에서 취로해야 하는 것이었다. 그 뿐만 아니라 근로자는 갑자기 명령된 잔시간의 작업도 거부할 수 없었다. 게다가 유교적 전통에 기인하는 기업의 가족적(家族的) 공동체의식 때문에 근로자의 사적 사항도 기업주의 관리하에 두는 것까지 허용했던 것이 사실이다. 그래서 근로자는 직장에 있어서 복장, 머리스타일, 휴게시간의 이용 등에 대해서도 규제받고, 휴일의 사용방법까지도 기업주의 관리 하에 두었던 상황에 이르렀다. 이러한 상황은 현재 상당히 개선되었지만, 아직도 상당히 많은 중소기업에는 그 잔재가 남아 있다. 이것은 시급히 시정되어야 한다.

셋째, 지금까지 노동조합의 운영 면에서도 집단적인 요소가 너무나 강조된 나머지, 근로자의 개인적인 의사가 무시되었다. 특히 기업별조직인 노동조합에 있어서 특히 그 가입이나 운영에서 근로자의 자기결정은 사실상 강하게 제한되어 왔고 또 이것을 법적으로 용인해고 조장해왔던 것이 사실이다.[174] 우리나라의 노동조합의 상당수는 사용자와 유니온숍협정을 체결하여, 근로자의 조합가입이 강제되고, 노동조합은 그 내용운영에 있어서도 근로자개인의 의사를 존중하기보다도, 위로부터의 통제를 중시하는 발상을 짙게 남기고 있다.

이렇듯, 우리나라에서는 근로자의 자기결정이 사용자 및 노동조합에 의해 극도로 제한되는 사태 그 자체가 오늘날에 있어서 역으로 자기결정이념의 중요성을 부각시키고 있다고 말할 수 있다.

다른 한편, 노동행정이나 노동입법의 차원에서 자기결정권은 국가의 개입에 대한 비판의식이 약한 우리나라에 특히 강조될 필요가 있다. 특히 중재자로서 국가의 중립적 입장이 요구되는 노동법의 영역에서 자기결정권에 관한 인식은 대단히 중요하다고 할 것이다. 노동은 근로자의 생활을 위한 단순한 수단이 아니라 자기실현을 위한 목적적 활동이다. 그러므로 노동과정에서 인간의 존엄과 가치가 보장되어야 하는 것은 당연하다. 노동에 있어서 인간의 존엄과 가치는 노동에 대한 자기결정이며, 타인과의 관계에 있어서는 주체적인 공동결정을 통해서 실현될 수 있다.

2. 근로자의 자기결정의 의의

1) 자기결정권의 개념

노동법에서 근로자가 그 사적 영역에 속하는 사항에 관해서 사용자의 간섭을 배제하고 스스로 자유롭게 결정하는 자기결정권은 우선 국가로부터 자유를 의미하나 무엇보다도 사용자로부터 자유를 의미한다.

자기결정의 이념은 근대 이후 다양한 영역에서 강조되어왔다. 지금까지 그것은 노동법의 분야와는 무관하기는커녕 오히려 적대적인 것처럼 생각되어 왔다. 왜냐하면, 근로자가 사용자에 대해 강한 종속상태에 처해있는 노동관계에 있어서는 진정한 의미에서 자기결정을 할 수 있는 것은 사용자에 한하고, 노동법의 임무는 바로 강행법규나 집단적 협정을 통해 사용자의 자기결정을 제한하는 것에 있기 때문이다. 다수의 노동법학자들은 근로계약이나 개별적 동의에 표현된 근로자의 자기결정은 사용자의 일방적 지배를 은폐하는 공허한 형식에 불과하고, 노동관계의 문제의 법적 해결에 있어서 그 형식을 기준으로 하는 것은 노동자보호의 이념에 반하는 결과를 가져온다고 믿어왔다. 「노동법은 인간의 생존에 있어 기본적인

---

174) 현행 노동조합및노동관계조정법 제81조 2호 단서 참조.

일정한 법률효과의 발생을, 근로자의 의사에서가 아니라, 그 상태와 결합되어 있는 것이다」라고 하는 진쯔하이머의 테제[175]가 일본을 통해 우리나라에도 그대로 수용되었다. 그래서 일본과 마찬가지로 우리나라에는 노동의 가장 중요한 이념은 자유나 자기결정이 아니라, 근로자의 생존권에서 찾았던 것이다.

노동법에 있어서 생존권이념이 부정되어서는 아니 되지만, 자기결정이념도 그것에 못지않은 중요성을 가지는 것이다. 근로자의 자유, 자기결정을 경시하는 전통적인 발상은 대폭적으로 수정되어야 한다고 생각한다. 최근에 우리나라에서도, 확실히 일부에서는 자기 자신의 높은 기능을 무기로 하여, 사용자와 대등에 가까운 입장에서 교섭할 수 있는 근로자가 등장하고 있다. 그러나 그것은 여전히 예외적 존재에 불과하다. 뿐만 아니라, 종속성은 물론 노동법의 존재근거이고, 현저한 실태이긴 하지만, 우리나라에서는 노동조합의 노동자보호기능이 낮고, 법적인 근로자보호도 완비되어 있지 않기 때문에, 평균적 노동자의 종속성의 정도는 특히 강하다고 할 것이다.

일반적으로 자기결정의 이념은 헌법 제10조가 선언하는 개인의 존엄(인간존엄)의 불가결한 구성요소로 볼 수 있지만, 그것은 근로자에 있어서도 당연히 인정되어야 할 것이다. 인간의 존엄의 이념은 헌법 제32조 및 제34조에 있어서 구체화된 생존권의 이념을 포괄하는 것이지만, 근로자에 있어서는 자기결정의 이념이 생존권이념에 우선한다고 하여도 적지 않은 중요성을 가진다고 하겠다.

그렇지만, 아무리 자기결정의 이념이 중요하다고 하여도 노사 간의 세력균형이 엄격히 존재하는 이상, 근로자에 있어서 표면상의 자기결정이 실은, 사용자의 유형 및 무형의 압력하에 이루어진 것이어서, 실제에는 근로자의 진정한 자유로운 의사에 기초를 둔 것은 아니라고 하는 경우가 생길 수 있다는 것은 물론이다. 근로자는 연소자, 노인, 장애인 등과는 달리 일응 자기의 계산에 기하여 결정을 할 수 있다고 생각해도 좋지만, 사용자에 대한 종속적 관계 때문에, 스스로의 자기결정을 관철할 수 없는 상황에 놓여있다고 하겠다. 즉 근로자의 본래의 의사(일차적 자기결정)와 그것의 표현(이차적 자기결정)이 괴리하는 경우가 많은 것, 게다가 그 괴리가 근로자의 종속성이라는 사회적 · 경제적 실태에 기초한 구조적 성격을 가지고 있다는 점에서, 근로자에 있어서 자기결정의 특징이 있다고 할 수 있다. 이러한 상황하에서, 노동관계상의 문제의 처리를 근로자 및 사용자의 자기결정에 맡겨버린다고 하는 것이 근로자에게 극히 가혹한 결과를 가져오게 된다는 것은 자명하다.

175) Sinzheimer, Das Problem des Menschen im Recht, in: dersselbe. Arbeitsrecht und Rechtssoziologie, Bd. 2 1976, S. 60.

이와 같이 당사자에게 충분한 자기결정능력이 결여되어 있다고 볼 수 있는 경우, 법질서가 취해야 할 태도는 두 가지일 것이다. 하나는 자기결정이 충분히 기능할 수 없는 것을 이유로 개별적인 자기결정에 가치를 인정하지 않고, 강행법, 단체협약 등에 의한 결정으로 대치하든가, 신의칙 등의 객관적 기준에 따른 계약해석에 의해 사건을 결정하려고 하는 태도이고, 다른 하나는 자기결정의 위험성을 자각하면서, 또한 가능한 한 자기결정을 살게 하기 위해 자기결정의 기반형성의 임무도 법률이나 협약에 부여하려고 하는 태도이다. 나는 전기의 이유보다는 후자의 입장을 기본으로 하여 노동법의 해석, 입법을 고찰하는 것이 좋다고 생각한다.

그러나 이러한 입장에 입각하는 경우에는 근로자의 자기결정존중의 요청과 사회적 타당성의 양립이라는 곤란한 과제에 직면하게 된다. 예컨대, 노동자보호법은 어떠한 경우에 근로자의 의사를 부정하고, 어떠한 경우에 근로자의 자기결정을 존중해야 하는가? 또 법관은 근로계약의 취급에 있어 어느 정도 내용적 통제를 가해야 하는가? 나아가서 집단적인 자기결정이라고 자리매김할 수 있는 단체협약은 강행규범이나 개별자기결정과의 관계에 어떠한 제약에 복종한다고 이해해야 하는가? 등등이 그것이다.

2) 근로자의 자기결정권과 그 현실 : 중층적 종속성

우리나라 근로관계의 현실에서 근로자의 의사는 거의 무시되는 경향이 있다. 특히 근로조건의 결정과정에 있어서 근로자는 주체적인 관여를 할 수 없는 상황에 있다. 사용자의 자기결정권은 최대한으로 보장되어 있는 데 반하여 근로자의 자기결정이나 관여는 극단적으로 배제되어 있다. 근로자의 자기결정권의 행사를 저해하는 요소는 중층적이다. 즉 근로자의 자기결정권의 실현은 대(對)사용자적 관계에 뿐만 아니라 대(對)노동조합적 관계에서도 상당히 어려운 상황에 처해 있다.

먼저, 채용단계에 있어서 근로자의 자기결정의 실태를 보면, 채용시 근로자가 협상을 통해서 근로조건을 결정할 수 없고, 근로조건은 이미 정형화되어 있는 취업규칙 또는 단체협약에 의하여 결정된다. 게다가 대부분의 근로자는 명문으로 근로계약을 체결하지도 못한다. 또 채용내정단계에서 근로조건에 대한 상세한 설명도 듣지 못하고 취업규칙이나 단체협약을 제시받는 경우도 거의 없다.

둘째, 근로제공단계에 있어서 근로자의 자기결정의 상황을 보면, 근로자에게 지극히 중요한 의미를 가지는 직무의 내용이나 근무장소에 관해서 사용자가 일방적으로 결정하고 직무의 내용이나 근무장소도 사용자의 사정에 따라 사용자가 일방적으로 변경한다. 또 근로자는 언제라도 시간외근무를 명령받을 수 있고 이것을 거부할 수 있는 자유나 권리를 사실상 가질 수 없다. 그 뿐만 아니라 사용자는 근로자의 사적 영역에 속하는 문제에도 관여하여 근로자는 사생활에 있어서도 자기결정권이 배제된 종과 같이 생활하고 있다.

셋째, 노동조합의 설립 및 활동과 관련하여 근로자의 자기결정의 상황은 사업장 차원에서 복수노조의 설립이 2011.7.1.부터 허용되었지만, 현행노조법에 의하면 당해사업장에 종사하는 근로자의 3분의 2 이상이 가입하고 있는 노동조합이 사용자와 유니온숍(union shop)협정을 체결하는 경우에 근로자는 그 노동조합의 가입이 강제된다. 이러한 맥락에서 노동조합에 관한 근로자의 자기결정권도 제한되어 있다.[176] 그 뿐만 아니라 노동조합 자체는 그 기능이 저하되어 있어서 근로조건의 결정에 실질적으로 근로자가 개별적으로 간여할 수 있는 기회가 갖추어져 있지 않아서 근로자는 집단적 차원에서조차 근로조건의 결정과정으로부터 배제되어 있다.

3. 노동보호법과 근로자의 자기결정

형식적으로만 생각한다면, 노동보호법이 국가에 의한 개입을 의미하기 때문에 근로자의 자기결정을 제한하고 있다고 말할 수 있다. 그래서 노동보호법과 근로자의 자기결정을 어떻게 파악할 것인가가 문제이다. 근로자보호법(광의)에 있어서 자기결정의 자리매김이라는 문제에 한하여 자기결정과 사회적 타당성과의 관계에 대해 생각해보기로 한다. 여기에서는 우선 협의의 노동보호법과 근로계약법의 관계에 대해 살펴보고, 광의의 근로자보호법과 자기결정의 관계에 대해 세 개의 차원, 즉 근로자보호법에 의한 자기결정의 부정, 근로자보호법에 대한 자기결정의 편입, 근로자보호법에 의한 자기결정의 보호에 입각해서 검토하고자 한다.

1) 노동보호법과 근로계약법의 구별

노동보호법은 통상 개별적 근로관계법이라고 하는데, 이는 최저근로조건의 설정에 의한 근로자의 보호를 기본적인 목적으로 하고 있는 법률을 총칭한다.[177]

---

176) 이와 관련하여 유니온숍협정의 헌법적 문제에 관해서는 강희원, 「유니온샵협정제도의 헌법적 정합성에 관한 일고찰」 경희법학 제45권 제3호(2010), 9-66면 참조.

177) 근로기준법이 대표적인 노동보호법이다. 우리나라의 경우에 근로계약법이라는 독립적인 법률이 없기 때문에 협의의 노동보호법과 근로계약을 구분할 필요가 없지만, 협의의 노동보호법과 근로계약법과의 결정적인 차이는 공법적인 강제, 제재수단이 부가되어 있는지 여부에 있다. 도이칠란

노동보호법은 일정한 근로조건을 행정적 감독과 형법에 의해 사용자에게 강제하는 것을 제1의 과제로 하는 점에서 특징을 가진다. 이러한 노동보호법과 근로계약법의 차이는 근로자의 자기결정과의 관계에서 중요하다. 확실히 어느 것도 법률이 설정한 최저기준의 현실적인 실현을 목적으로 하고, 그것에 반하는 당사자의 자기결정을 부정하지만, 노동보호법에 있어서 정해진 최저기준은 적어도 이론상은 근로자의 의사에 관계없이 공법적 수단에 의해 관철되고 있다. 근로자는 근로감독관에 대한 신고[178]라는 형태로 최저기준의 실행에 관여할 가능성을 가지지만, 당초 신고가 감독의 불가결한 조건으로 되는 것은 아니다. 이것에 대해, 근로계약법은 근로자의 소송제기에 의해, 즉 문제를 소송을 통해 해결하려고 하는 근로자 자신의 자기결정에 의해 비로소 실현될 수 있다(「원고 없으면 재판관도 없다」). 환언하면, 근로계약이 정하는 최저기준은 과거의 자기결정(계약체결)을 스스로 부정하려고 하는 근로자의 현재의 자기결정이 없으면 실현되지 않는다.

법은 왜 이러한 구별을 설정할까? 예컨대, 「경험이 가르쳐주는 바에 의하면, 근로자는 그 침해가 자기에게 직접적으로 관계하는 권리(임금체불, 해고) 이외에 행사하지 않고, 보호규범의 침해에서 생기는 우려가 있는 단순한 위험은 무시하는 경향이 있다」고 하는 설명[179]은 적어도 우리나라에서는 타당하지 않다. 왜냐하면, 우리나라에서는 위험보호보다는 확실히 넓은 범위에 있어서 협의의 노동보호규정이 설정되어 있기 때문이다. 따라서 「입법자는 근로자에 있어 특히, 큰 위험 때문에, 그 실행을 근로자의 임의에 맡길 수 없는 규정도 인정하고 있다」라는 설명[180]이 적확하다. 즉 우리나라에 있어서는 근로자를 보호대상으로 이해하고, 근로자 자신이 자신의 권리의 실현을 위해 행동하는 것을 기대하는 것은 곤란하다

트에서는 광의의 근로자보호법은, 법률로 규정된 최저기준 등의 요청을 주로 공법적 수단에 의해 실현하려고 하는 협의의 노동보호법(Arbeitsschutzrect)과 오로지 사법적인 강행성으로써 그것을 실현하려고 하는 근로계약법(Arbeitsvertragsrecht)로 구분된다. 우리나라에는 학계에서조차 이러한 구분은 거의 의식되고 있지 않다. 그 하나의 이유가 우리나라에서는 협의의 노동보호법의 성격을 가진 근로기준법이 근로자보호법의 중심으로 되어 있고, 게다가 이 법률이 포괄적인 근로조건에 대해 최저기준을 설정하였던 것에 있다. 예컨대, 도이칠란트에서는 근로계약법에 속한다고 하는 연차유급휴가나 임금의 지급의무의 문제에 대해, 우리나라에는 근기법에서 최저기준이 정해지고, 그것이 형벌에 의해 사용자에게 강제되고 있다. 우리나라에는 신앙 등에 의한 차별이나 여자의 임금차별(근기법 제5조)마저, 협의의 노동보호법의 범위에서 들어와 있고, 형벌의 제재가 예정되어 있다. 우리나라에서도 그 후, 근기법이외에 근로자보호법을 목적으로 하는 다양한 법률이 제정되고, 게다가 그 속에는 사법적 강행밖에 없는 법률도 포함되어 있다(예컨대, 남녀고용평등과 일·가정 양립지원에 관한 법률). 이 근로기준법 중심의 전통적인 사고가 여전히 강한 영향을 가지고 있다고 하겠다.

178) 근로기준법 제104조 참조.

179) Zöllner-Loritz, Arbeitsrecht, 4. Aufl. 1992, S. 306.

180) Söllner, Grundriß des Arbeitsrecht, 10. Aufl. 1990, S. 213.

고 하는 견해가 강하였던 것이 협의의 노동보호법인 근로기준법에 있어서 포괄적인 근로조건기준을 설정한 가장 중요한 원인이 아닌가 생각한다.

우리나라에서는 근로자가 법정의 최저기준을 재판을 통해 실현하는 데에는 극히 긴 시간을 요구하는 등 많은 문제가 있기 때문에, 광범한 문제를 노동보호법의 대상으로 하고, 최저기준의 실현을 공법적으로 담보하려고 하고 있다. 그러나 감독체제가 제대로 작동하지 않고 있기 때문에 협의의 노동보호도 근로자의 쟁송제기를 통해서 밖에 실현할 수 없는 경우가 적지 않다. 게다가 벌칙에 의한 최저기준의 실현을 담보하는 방법은 죄형법정주의(특히, 유추의 금지)에 의한 제약을 불가피적으로 수반하기 때문에 근로관계의 실정에 입각한 규정으로 되기 어려운 경우가 있다. 이러한 사정하에서는 현재 근로기준법 등에 규정되어 있는 모든 문제가 공법적 규정에 친한지 여부가 재검토될 여지가 있다. 근로자의 생명, 건강이나 최저생활에 직접적으로 영향을 미치는 사항(근로시간, 안전위생, 최저임금 등)에 대해서는 당연히 공법적 규정이 불가결하다고 생각되지만, 그 이외의 사항에 대해서는 사법적 강행성을 통한 보호의 실현에 중점을 두는 것이 좋지 않을까 생각한다. 그것을 위해 물론 현행 재판제도의 개선이나 재판을 보완하는 조정기관 등의 제도적 정비가 불가결하다고 생각한다.[181)]

2) 노동보호법에 있어서 자기결정

(1) 노동보호법에 의한 자기결정의 부정

노동보호법 및 근로계약법의 성격을 가진 현행 근로기준법과 같은 법률은 어느 것이든 근로계약에 대해 강행적으로 작용해서 계약당사자가 법정기준 이하의 근로조건에 대해 합의한 경우에, 그 합치된 의사를, 따라서 사용자의 의사뿐만 아니라 근로자의 의사도 부정한다. 근로자가 단순한 보호의 객체로서 파악되고, 따라서 근로자의 의사가 중시되지 않았던 시대에는, 이러한 국가법에 의한 사적 자치의 제약은 자명한 사항이라고 생각되어 왔다. 그러나 근로자의 자기결정의 주체로서도 파악하려고 하고, 근로계약의 체결을 기본권의 행사로서 이해하려고 하는 입장에 서는 경우, 노동보호법에 의한 노동자의 의사의 부정은 결코 자명한 것은 아니다.

여기에서 제기되는 문제가 노동보호법 및 근로계약법의 제규정에 의한 자기결정의 제약을 어떻게 정당화할 수 있는가라는 것이다. 이러한 자기결정을 제약하는 원리로서, 도이칠란트에서는 일반적으로 복지국가원리(Sozialstaatsprinzip)[182)]가,

181) 현행 노동위원회에 의한 구제는 그 전문성의 부족으로 문제가 있다.

우리나라에서는 생존권이념이 거론되고 있는 것 같다. 그것 자체는 물론 적절하지만, 이러한 일반이념을 자기결정이념에 대치하는 정도로 문제가 해명될 수 없는 것도 사실이다. 이들 이념이 구체적으로 어떠한 의미에 있어서 근로자의 자기결정의 제약을 정당할 수 있는가 다시 문의해야 한다.

강행법규에 의한 계약자치의 제한은 노사의 세력관계의 차이 때문에 근로계약의 내용이 근로자의 진의에 기초하지 않은 것이 많다고 하는 인식에서 출발하고 있다. 즉 양당사자가 충분한 교섭을 통해 납득에 기해 체결된 것이 아닌 계약에서는 근로자의 의사가 충분히 반영되어 있을 리가 없고, 따라서 적정성의 보장이 결여되어 있다. 요컨대 당사자의 대등성이 존재하지 않는 곳에는 계약내용의 적정성을 보장하기 위한 국가개입이 요구된다는 것이다.[183)]

이와 같이 계약자치의 제한은 우선 근로자의 자기결정의 불충분성에 의해 정당화되고 있다. 이것은 노동조합 기타 근로자단체가 사용자에 대항하여 근로자의 이익을 옹호하는 역할을 충분히 수행할 수 없고, 또 근로자의 권리의식이 약하기 때문에, 근로자가 용이하게 사용자의 제안에 동의해버리기 쉬운 한국에 있어 특히 강조될 필요가 있다.

그러나 예외적이긴 하지만, 근로자가 특별한 기능 등으로 사용자와 대등한 입장에 서서 교섭할 수 있는 경우에도 존재한다. 이와 같은 경우, 법원에 의한 계약내용의 통제가 필요 없다고 하여도, 법률상의 강행규정은 원칙으로서 이러한 근로자가 사용자와의 간에 합의한 근로계약의 내용에 대해서도 개입하는 것을 예정하고 있다. 또는 근로자가, 예컨대 초과근로에 대한 수당을 기대하여, 혹은 근로 그 자체에 대한 기쁨을 찾아 자기의 진의에 기초해서 1일 8시간을 넘는 근로에 대해 동의하는 것도 생각할 수 있다. 그러나 우리 근로기준법의 적용에 의해 이러한 약정은 부정된다. 이 경우에 제기되는 문제가 근로기준법이 근로자의 진의에 기한 계약의 효력도 부정하는 것은 도대체 어떻게 정당화될 수 있는가라는 것이다.

첫째, 경우에 따라서는 근로자를 자기 자신의 경솔한 판단으로부터 보호할 필요가 있기 때문이다. 법은 근로자가 경솔한 자기결정을 통해 중대한 곤란에 직면하

---

182) Papier, Der verfassungsrechtliche Rahmen für Privatautonomie im Arbeitsrecht, RdA 1989, S. 139.

183) 예컨대, 만프레드 볼프는 「경제적 · 사회적 · 지적 불평등의 결과, 계약대등성이 저해되어 우월적인 계약당사자가 자기이익을 일방적으로 관철할 수 있는 상황에서는 계약자유는 기능하지 않는다고 하는 계약법상 일반적으로 승인된 원칙에 대해 말하고 있다. Manfred Wolff, Inhaltskontrolle von Arbeitsverträgen, RdA 1988, S. 40ff. 또 도이치연방헌법재판소도 여자현업근로자의 심야근로금지를 차별금지의 관점에서 위헌으로 판단하면서, 남녀에 공통하는 보호규정을 제정하는 것을 입법자에게 의무화하고 있지만, 그 이유의 하나로서 「계약법의 기초에 있는 사적 자치는 자유로운 자기결정의 조건이 존재하는 경우에만 충분한 보호를 줄 수 있다」는 것을 지적하고 있다. BVerfG vom 29.1.1992, BVerGE 85, 191(213).

는 때에, 단순히 그것이 근로자 자신의 자기결정에 기한 결과라는 이유로 좌시하는 것은 허용되지 않을 것이다. 이것은 바로 온정주의적 발상이라고 하지만, 성숙한 인간의 완전에 숙려된 결정만을 전제로 할 수 없는 이상, 자기결정은 일반적으로 이러한 한계를 면할 수 없다. 이러한 관점에서의 보호는 특히 근로시간규제나 위험노동규제 등 근로자의 생명·건강에 관계되는 영역에 있어서 필요로 된다.

둘째, 가령 당해근로자 자신에 대해서는 보호의 필요성이 결하고 있다고 하여도, 그것이 근로자 간의 경쟁을 격화시키고, 그만큼 교섭상의 지위가 낮아지고, 그만큼 체력적으로 감당되지도 않은 통상의 근로자의 근로조건에 악영향을 미친다는 것을 생각할 수 있다. 또 효과적인 근로기준감독은 사업소 단위로 통일적 획일적으로 될 수밖에 없다고 하는 기술적 필요도 무시할 수 없다. 요컨대, 강행규정은 평균적 근로자, 혹은 평균적인 근로자보다는 다소 체력적으로 열악한 근로자를 염두에 두고, 그러한 근로자의 인간다운 근로조건의 확보를 위해 통일적 규정을 취급하는 것을 중심적 과제로 하고 있으며, 그 때문에 평균적 근로자상에서 벗어난 예외적인 근로자의 자기결정을 무시하는 것도 일정한 경우에는 어쩔 수 없다고 생각된다.

우리나라에서도, 사용자와 어느 정도 대등의 입장에서 교섭할 수 있는 근로자들이 증가하고 있다고 하는 이유를 들어 노동보호법의 수정을 주장하는 논자도 나올 수 있을 것이다.[184] 이러한 근로자의 수가 어느 정도에 미치는가가 문제이고, 그러한 근로자에 대해서조차, 보호가 불요한지 여부가 신중히 검토할 필요가 있다. 그러나 가령 이러한 근로자에 대해 규제를 완화하는 것이 타당하다고 하여도, 근로자 전체를 시야에 넣은 근로자보호법의 양식을 생각하는 경우에서는 사용자와 대등의 입장에 설 수 있는 일부 근로자에 관한 규제의 완화가 평균적 근로자 혹은 그보다 불리한 지위에 있는 근로자에게 악영향을 미칠 가능성이 있는 것을 고려 밖에 두어서는 아니 된다.

(2) 근로자보호법에 대한 자기결정의 편입

A. 현행 근로기준법에 있어서 자기결정

물론 강행법규에 의해 근로자의 의사를 부정하는 것이 모든 경우에 정당화되는 것은 아니다. 노동보호법이 최저기준의 설정에 한정하고, 그것보다도 유리한 합의

184) 1990년대에 들어와 우리나라에도 신자유주의적 흐름 속에서 근로관계의 유연성을 높여야 한다고 하는 주장이 제기되고 있는데, 이러한 주장은 이것과 일맥상통하고 있다.

를 허용해서, 경직성이 일정한 정도에서 완화될 수 있지만, 그러한 최저기준의 설정조차, 모두 정당화된다고 할 수는 없다. 문제는 근로자 의사의 여하를 탐구하고, 근로자의 진정한 자기결정에 대해 국가법이 후퇴하는 것이 적절한 법정책적으로 평가되는 경우가 있을 수 있다고 할 것이다. 왜냐하면, 그 경우에 비로소, 국가법은 근로자의 다양한 요구에 탄력적으로 대응할 수 있기 때문이다. 그러나 그것이 근로자를 국가법의 조력 없이 강력한 사용자의 앞에 방출할 위험을 내포하고 있다고 하는 것을 말할 필요도 없다. 그래서 어떠한 경우에 어떠한 조건하에, 문제의 결정을 근로자와 사용자의 사적 자치에 맡기고, 국가법이 후퇴하는 것이 허용되는가 혹은 후퇴해야 하는가가 문제로 된다.

현행 근로기준법을 보면, 근로자의 자기결정이 세 가지의 방법으로 법체계 속에 도입되어 있다. 첫째로, 근기법은 근로자의 일정한 권리에 대해 근로자의 발의=자기결정을 권리발생의 요건으로 하고 있다. 예컨대, 산전휴업은 임부의 발의에 의해 보장되는 것으로 하고 있으며, 사용자는 임신 중인 여성근로자가 휴업을 청구하였음에도 불구하고, 이를 거부하고 당해근로자를 취로하게 한 경우에 비로소 근기법위반으로 평가된다(근로기준법 제74조 1항, 제110조 2호 참조). 임신 중의 여성근로자의 경이작업으로 전환(근로기준법 제74조 제4항 제110조 제1호 참조) 등도, 근로자의 발의에 기하여 하는 것으로 되어 있다. 생리휴가도, 같은 구조로 되어 있다(근로기준법 제73조, 제114조 제1항 참조). 이들은 다소 의미를 달리하지만, 연차유급휴가의 권리에 대해서도, 결국은 근로자의 발의가 필요로 된다. 확실히, 근로자가 연간에 취득할 수 있는 최저휴가일수는 법률로 확정되어 있지만, 그 시기에 대해서는 근로자가 개별적으로 지정하는 것으로 되어 있다. 사용자는 근로자가 지정하는 시기에 연휴를 부여하는 것이 사용의 정상적인 운영을 저해할 수 있는 경우에 시기변경권을 행사할 수 있다고 하는 소극적인 형태로 관여하는 것에 불과하고, 통설에 의하면, 근로자가 시기지정을 게을리 하는 경우에 사용자가 적극적으로 연휴소화를 위한 행동을 취할 의무는 없다고 하고 있다.

둘째로, 사용자에 대해 원칙으로서 금지되어 있는 것이 근로자의 발의 혹은 동의에 의해 해제되는 것이 있을 수 있다. 예컨대, 사용자는 원칙적으로 여성을 오후 10시부터 오전 6시까지 야간근로를 하게 해서는 아니 되지만, 그 여성이 동의한 경우에는 무방하다고 규정하고 있다(근로기준법 제70조 1항 참조).

셋째로, 특히 근로시간법의 분야에 있어, 근로시간규제의 원칙에 대한 예외로서 일정한 범위에서 근로시간의 연장(근로기준법 제53조 참조), 근로자에 의한 시업과 종업시각의 자기결정을 전제로 한 제도(근로기준법 제53조 참조)가 도입되어 있다.

B. 현행법의 평가

이와 같은 법정책은 어떻게 평가해야 하는가? 그 평가에 있어는 근로자보호법이 원칙으로 법정기준을 하회하는 합의를 부정한 이유를 상기해야 한다. 그것은 우선 노사의 합의가 근로자의 진의에 기하지 아니한 경우가 많다는 경험적 사실에 기초를 두고 있으며, 또 근로자를 자신의 경솔한 판단으로부터 보호할 필요가 있다는 것 및 다른 근로자에 대한 악영향의 방지나 근로조건의 통일적 규정의 필요가 있다는 것이 그 근거였다. 근로자의 자기결정을 노동보호법체계 속에 넣는 경우에도, 이러한 원칙적인 인식 및 요청이 망각되어서는 아니 된다. 그래서 법정의 원칙적 최저기준을 내려가는 개별 근로자의 자기결정을 유효하게 인정하는 것이 법정책적으로 적절하다고 하기 위해서는 적어도 이하의 세 가지의 요건이 충족될 필요가 있다.

첫째로, 노동보호법의 원칙적 최저기준에서 일탈하는 근로자의 의사가 그 진의에 기한 것이라는 것이 불가결한 전제이다. 이 경우 「진의」라는 것은 단순히 민법상의 착오, 사기, 강박이 존재하지 않는다고 하는 것에 그치지 않고, 근로자의 자기결정이 그것에 못 미치는 압력에 의해서도 왜곡되어 있지 않을 것, 즉 문자 그대로 근로자의 「본심」에 의한 것이라는 것을 의미한다. 근로기준감독관은 감독에 있어 특히 그 점에 유의해야 할 것이다. 감독관은 또한 선택적 근로시간제와 같은 근로자의 자기결정을 전제로 한 제도가 본래의 취지에 입각해서 운영되고 있는지 여부, 그것이 사실상 사용자가 그 때 시업·종업시각을 지정하는 최악의 근로시간제도로 타락하고 있는지 않는가에 대해서도 엄격히 감독해야 할 것이다.

또 재량근로시간제의 타당성에 대해서는 이러한 관점에서 재검토해야 할 것이다. 선택적 근로시간제에 있어서는 일정기간의 총근로시간이 상정되어 있기 때문에, 하루의 시업·종업시간에 관한 근로자의 자기결정이 보장되는 한, 과중근로의 우려는 없다고 일응 생각해도 좋지만, 재량근로제에 있어서는 그러한 규제는 되지 않고, 총근로시간까지 근로자의 결정에 맡겨져 있는 것이 통례이다. 그렇지만 일정기간에 되어야 할 근로량에 대해 근로자가 자기결정권을 가지지 않고, 기준의 형태로 지시된 경우, 1일 일주의 근로시간에 관한 자기결정은 사실상 근로자의 진의에서 괴리될 위험이 높다고 할 것이다. 그렇게 되면, 근로자가 말하자면 「강제된 자기결정」에 의해 장시간근로에 종사하면서, 그것에 대응하는 시간외수당을 지급받지 못한다고 하는 사태가 생기게 된다. 그러한 의미에서, 적어도 이 제도가 아주 한정된 특수한 직종을 넘어 확대해가는 것에 대해서는 근로시간규제를 공동화시키는 것으로서 반대할 수밖에 없다.

그리고 근로자는 그 종속성 때문에 자기에게 불이익한 동의를 강제 받는 것이 많다고 하는 경험칙에서 볼 때, 자기결정의 유효성을 둘러싼 민사소송에 있어서는 근로자가 진의에 기해 동의하였던 것에 대해 원칙적으로 사용자에게 입증책임을 부담시켜야 할 것이다.[185)]

둘째로, 근로자를 근로자 자신의 경솔한 판단에서 보호할 필요가 있다는 것을 생각하면, 법정책적으로는 근로자생활에 중대한 영향을 미칠 우려가 없는 근로조건에 대해, 혹은 그 범위에 한정해서, 원칙에서 일탈하는 근로자의 자기결정을 용인해야 할 것이다. 이 관점에서 보아, 예컨대, 근로시간에 대해서는 아무리 8시간을 넘어 근로하고 싶다고 희망하는 근로자가 있다고 하여도, 적어도 현행법상의 예외를 넘어 그것을 허용해서는 아니 된다. 오히려 노사협정을 전제로 하는 시간외근로의 경우에 있어서도, 그 한도시간을 법정해야 할 것이다. 또 예컨대, 변형제, 시간 외의 휴일근로, 심야업의 금지를 임부 자신의 발의에 의하게 하고 있는 점은 재검토의 여지가 있다. 이들 근무는 모성기능에 악영향을 미치는 것이 통상이라고 보아야 할 것인데, 그렇다고 한다면, 이들의 경우에는 오히려 시간외, 휴일근로 등의 금지를 원칙으로 한 다음에, 여자의 적극적인 희망이 있었던 경우에 이들 근로를 허용한다고 하는 방법이 보다 적절할 것이다.

그리고 경솔한 판단에서 근로자 자신을 지키기 위해, 원칙적 금지에 대한 예외를 허용하는 요건으로서의 근로자의 동의에 대해서는 그것을 언제라도 철회할 자유를 인정해야 할 것이다. 환언하면, 근로자의 동의는 원칙적 금지에 반하는 근무를 개시할 요건일 뿐만 아니라 그것을 계속할 요건이라고도 해석해야 한다. 예컨대 심야수당을 위해 심야업을 희망하였던 여성 택시 운전사가 실제 근무하여보니 도저히 그러한 근무를 계속할 수 없다는 결론에 도달한 경우, 동의의 철회를 인정하지 않으면 원칙적 금지의 취지를 몰각하게 될 것이다.

셋째로, 자기결정에 의한 예외의 허용이 근로자 간의 경쟁을 사실상 격화시키고, 근기법의 원칙적 기준을 낮추는 조건으로 근로하는 것이 곤란한 근로자에게 악영향을 미치는 것이 없도록 배려가 필요하다. 근로시간제의 원칙을 일탈한 근로의 허용은 이러한 관점에서도 문제로 된다. 또 예컨대, 여자의 동의에 의한 심야업이 과연 경쟁을 격화시켜 본래 심야업을 희망하지 않는 근로자까지 사실상 심야업으로 몰아갈 염려가 없는지 검토해야 한다.

---

185) 만프레드 볼프는 법관에 의한 계약내용의 통제에 관해서이지만, 이것을 지적하고 있다. Manfred Wolf, Inhaltskontrolle von Arbeitsverträgen, RdA 1988, S. 273.

그러나 역으로 말하면, 근로자의 다양성에 입각한 규정이 필요로 되는 경우에, 이상의 세 가지의 요건이 모두 충족되는 한은 법률이나 판례법이 근로자보호를 위한 원칙을 정함에 있어, 근로자의 이니셔티브를 요건으로 하든가, 근로자의 동의가 있으면, 통일적으로 규정을 해제하는 것을 인정해도 좋다고 생각한다. 근로자보호법은 경직적인 원칙에 구애되지 않고, 실정에 입각한 유연성을 안에 포함하는 경우에 오히려 실효성을 발휘할 수 있다고 하는 것도 또한 망각해서는 아니 되기 때문이다. 그러나 그 판단은 이상의 세 가지의 기준에 입각해서 신중하게 되어야 한다. 예컨대, 근로기준법상의 모성보호 이외의 보호, 특히 여자의 시간외, 심야근로의 규제에 대해 각 여성근로자의 동의에 의한 금지의 해제(contract-out)를 일반적으로 인정해야 한다는 제안이 있지만 사견에 의하면, 그러한 제안은 이상 어떠한 관점에서 보아도 중대한 문제를 포함하고 있다고 할 것이다. 먼저 여성근로자의 진의를 실현하는 보장이 없고, 여성을 자기의 경솔한 판단으로부터 보호할 필요도 없다고는 할 수 없고, 그리고 개개의 여성의 동의가 그 직장에 있어 다른 여성에 악영향을 미칠 위험성도, 우리 기업현실에 있어서는 상당히 높다고 보기 때문이다. 현재, 현행근기법에 있어서 근로자의 다양성을 존중하기 위해서 요구되는 탄력적인 규정이고, 게다가 위의 세 가지의 조건을 충족한다고 하는 규정은 없는 것 같다.

또한 개인의 동의에 기해 원칙적 금지를 해제하는 규정과 임의규정과는 명확히 구별해야 한다. 첫째로, 임의규정의 경우에는, 해당근로가 원칙적으로 금지되어 허용되는 것이 예외에 그치는 것이 아니기 때문에, 법정기준에서 괴리하는 근로조건이 무제한으로 인정된다. 둘째로, 임의규정의 경우, 단체협약, 취업규칙 등의 집단적 규정에 의해 그것에서 일탈하는 것도 가능하게 되지만, 그것은 개별근로자의 의사를 매개로 하지 않기 때문에, 기준을 하회하는 근로조건을 실현시키는 것으로 되고, 근로자의 생존권과 자기결정권 어느 관점에서 보아도 문제를 포함하기 때문이다.

3) 노동보호법에 의한 자기결정의 보장

이상에 있어서는 노동보호법과 자기결정의 대립을 전제로 하여, 그 양자의 적절한 소정방식에 대해 논하였지만, 실은 근로자보호에 의한 계약자유의 제한은 오로지 자기결정이념과 대항관계에 있는 것으로만 이해해서는 아니 된다. 노동보호법은 근로자의 자기결정을 보장하고 촉진하는 것에도 기여해야 한다. 일반적으로 강행법규는 사적 자치가 전개하기 위한 불가결한 기반이고, 사적 자치의 이념과 결코 저촉하는 것이 아니라고 할 것인데, 그것은 노동보호법에도 해당한다. 근로자는 근로조건의 최저기준이 법률적으로 확실히 규정되어 있는 경우에만, 우월적 지위에 있는 사용자와 안정되게 교섭하고 협정을 체결할 수 있다. 가령, 근로자보호법이 존재하지 않았다고 하면, 법관은 사회적으로 공정한 결과를 얻기 위해 근로계약내용 전부에 걸쳐 심사해야 할 것이다. 그러나 그것은 근로자와 사용자의 자기결정을 부정하는 것과 같다. 국가법이 근로자보호의 관점에서 근로계약 당사자의 자기결정에 일정한 틀을 기도하는 것이 바로 그 범위에 있어 근로조건 결정을 자기결정에 맡기는 것이 가능하게 된다. 국가법에 의한 일반적인 근로조건규정의 망이 정비되면 되는 만큼 법관에 의한 그 한도의 계약내용심사의 필요성은 저하하고, 그 만큼 자기결정이 보다 잘 보장되는 것이다.

이것은 일반적인 근로조건의 최저기준설정에 대해 말하는 것이지만, 나아가 노동보호법은 근로자의 자기결정의 보장에 직접 도움이 되는 규정을 포함하는 것이 있을 것이다. 이 점에 특히 중요한 것이 해고제한이다. 해고제한은 도이칠란트에서는 법률의 형식을 취하고, 우리나라에서는 주로 권리남용금지라는 판례법의 형태를 취하지만, 어느 것으로 하여도, 그 제1차적인 목적이 근로자의 직장의 보호에 있다는 것은 말할 필요도 없다. 그러나 그것은 근로계약의 실행에 대해서도 중요한 역할을 하고 있다. 즉 근로자는 사용자에 의한 자의적 해고에서 충분히 보호되고 있는 경우에 비로소 자기결정에 기한 자기의 권리를 주장하고, 근로계약상의 의무의 범위를 넘는 사용자의 명령을 거부할 수 있고, 또 사용자에 의한 근로조건 인하의 제안을 거부할 수 있다. 어떻든 우리나라에 있어서 해고제한법은, 근로자에게 현실적인 자기결정의 가능성을 부여해주기 위해서도 대폭적으로 개선되어야 한다.

노동관계에 있어서 근로자의 자기결정을 보장하기 위해 특히 우리나라에 있어 필요하다고 생각되는 것은 주요한 근로조건의 변경에 있어 근로자의 개별적 동의가 필요하다는 취지를 법률에 명기하는 것이다. 예컨대, 배치전환이나 출향은 다수의 경우 근로조건에 중요한 변경을 가져옴에도 불구하고, 취업규칙이나 단체협약의 일반적 의무조항에 기해 사용자가 사실상 근로자에게 명령할 수 있다고 하는 해석이 판례법을 지배하고 있다. 그러나 이것은 근로자는 채용 시에 장래의 배치전환이나 출향에 포괄적으로 동의하였다고 하는 픽션에 기하여, 장기간에 걸쳐 사용자의 일방적 명령 아래에 근로자를 종속시키는 의미를 가지고 있으며, 자기결정의 이념에 현저하게 배치한다. 근로조건의 중대한 변경을 결과하는 배치전환이나 출향 특히 주거의 이전을 야기하는 원격지로의 이동에 대해서는 근로자의 개별적인 동의가 필요하다는 것을 법률에 명기해야 할 것이다.

이와 같이 사용자와의 관계에서 종속적 지위에 있는 근로자에 대해 그 자기결정을 현실에서 보장하기 위해는 국가법의 효과적인 조력이 필요하다.

4) 총 괄

근로자의 생존권보장이념에 기해, 사용자의 의사뿐만 아니라 근로자의 의사에 반해서도 근로조건의 최저기준을 실현하려고 하는 노동보호법은 노동법의 어느 영역보다도 자기결정이념과 가장 멀리 떨어진 영역인 것처럼 보인다. 사실, 노동법에 있어서 자기결정이념의 중요성을 강조하는 논자는 일반적으로 노동자보호법과 자기결정의 대립면에 초점을 맞춰, 자기결정에 보다 넓은 여지를 주기 위한 규제의 완화나 탄력화를 주장하는 경향에 있다.[186] 그러나 자기결정이념을 중시하는 것이 필연적으로 규제완화의 요구와 연결되는 것이 아니라는 것은 이상의 검토에서 분명해졌다고 생각하다.

확실히, 근로자보호법의 각 조항을 자기결정이념과 관계에서 새로 고쳐서 보는 작업은 중요하다. 그러나 그것은 근로자보호법에 의한 자기결정의 과도한 제한을 체크하기 위해서만 되는 것이 아니다. 그러한 작업은 현행근로자보호법에 의한 규제의 의의를 명확화하고, 그것에 대하여 한층 더 강고한 기초를 주는 것으로 된다. 자기결정이념과 근로자보호이념이라는 두 가지의 대항축을 염두에 두고, 현행 제규정을 어떻게 평가하는가는 추상적으로 결정되는 것이 아니라, 바로 현실의 노사관계하에서 당해규정의 기능을 신중히 검토하면서 해야 할 것이다. 오히려 우리니라의 경우에는 자기결정을 위한 규제완화보다도, 부분적으로는 자기결정의 일정한 후퇴하에서의 규제의 강화가 중요하다.

그리고 근로자의 자기결정을 현실에 보장하기 위해서도, 해고제한의 강화, 개별적 동의 없는 배치전환, 출향, 시간외근로의 금지, 권리행사를 이유로 하는 불이익취급의 금지 등의 규제가 필요하다. 가령 노동법상의 문제를 국가와 개개인(근로계약당사자)의 이원적 관계에서 파악한다고 하면, 자기결정을 위한 국가적 규제란 배리이외의 아무것도 아닐 것이지만, 현대사회의 구조는「국가 - 우월적 지위에 선 사용자(일종의 사회적 권력) - 개인」이라는 삼원적인 구조에서 파악해야 하고,

---

186) Zöllner, Flexibilisierung des Arbeitsrechts, ZfA 1988, S. 267ff.; Deregulierungskommision, Marktöffnung und Wettbewerb, 1991, S. 133ff. 도이칠란트에 있어서 노동법의 탄력화론의 의의에 대해서는 西谷敏,「ドイツ勞動法の 彈力化論(一)(二)(三)」, 法學雜誌 39권 2호(1993년), 42권 4호(1995년), 43권 1호(1996년) 참조.

그것이야말로 한국적인 현실에 적합하다고 말할 수 있다. 이와 같은 이해를 전제로 하면, (근로자의) 자기결정을 위한 (사용자의) 자기결정의 제한은 결코 배리 등은 아니라, 오히려 인간의 존엄이념의 실현에 있어서 불가결한 요청이라고 해야 할 것이다. 근로자의 자기결정을 위해 사용자의 자기결정을 제한하는 기관으로서 노동조합이 현저히 취약한 우리나라에 있어서는 국가법이야말로 그러한 역할을 담당하지 않을 수 없기 때문이다.

4. 자기결정권을 확보하기 위한 방안 : 근로자의 공동결정권보장

1) 자기결정을 위한 환경정비

노사합의의 영역에서 근로자의 자기결정의 존중은 근로자의 종속성으로 인한 계약대등성의 결여 때문에 노사의 합의는 사용자의 지배를 은폐하는 수단의 외피가 된다. 그래서 국가는 사전적으로 자기결정의 환경을 정비하고 사후적으로 근로계약의 해석에 의하여 진정한 가기결정의 실현에 조력한다. 법률에 의한 근로조건이나 노동질서의 정립이 자기결정의 환경정비라고 할 것이다.

2) 근로조건에 관한 공동결정권

근로조건의 결정에 있어서 근로자의 자기결정은 기업에 있어서 경제적 공동결정의 형식으로 구현될 수 있다. 공동결정권은 근로조건의 결정과정에 대한 관여의 권리이다. 이러한 공동결정권은 경영차원에 있어서는 근로자의 경영참가의 형태로 구현될 수도 있다.

3) 근로자의 자기결정과 노동단체권

근로자의 종속성으로 인하여 개인적 차원에서 필연적으로 형해화(形骸化)될 수 밖에 없는 자기결정=계약자유를 집단적 차원에서 회복하고자 하는 것이 노동단체권이다. 노동단체권은 생존보장의 수단이 아니라 근로자의 자주적 활동 그 자체를 보장하는 권리이다. 즉 노동단체권은 집단적 자기결정권 및 근로조건의 결정과정에 대한 관여의 권리이다.

5. 기타 문제

1) 근로자의 자기결정과 취업규칙

근로조건을 통일적 획일적으로 결정하는 취업규칙은 그 정도에 따라 근로자 개개인의 구체적인 자기결정권을 배제할 수 있어서 문제다. 그러므로 근로자의 자기결정권과 관련하여 취업규칙에 대한 통제문제를 재음미해보아야 한다. 취업규칙에 대하여 무조건적으로 노동법의 법원성을 인정하는 것은 이러한 측면에서 검토될 필요성이 있다.

2) 근로자의 자기결정과 단체협약

보통 우리는 단체협약이 근로계약에 우선하는 규범으로 이해하면서 단체협약에 의하여 개별 근로자에 관련된 사항에 대해서까지 획일적으로 결정할 수 있다고 생각하는데 이것 또한 근로자의 자기결정권과 관련하여 재검토되어야 할 것이다.

Ⅳ. 근로자의 프라이버시 보장

1. 서 설

1) 프라이버시권의 성격

현재의 정보화사회는 컴퓨터 및 기술공학의 발전에 의해 자신이 모르는 사이에 개인정보가 수집되고, 또 그것이 사회 전체에 유통하는 과정에서 변조되는 경우도 있다. 그 정보가 개인의 사회적 지위를 결정하고, 개개인의 사회생활에 다지한 영향을 미치는 사회이다. 이러한 시대에 있어서 사생활을 공개하지 않는다는 Privacy의 권리의 보호는 중대한 것이지만, 컴퓨터의 불가시성에 의하면 프라이버시의 권리를 개인정보통제권으로서 구성하는 것도 가능할 것이다. 또한 프리이버시권은 사적인 것에 대해서 스스로 결정한다는 자기결정권으로서 이해되고 있다. 이와 같이 프라이버시는 첫째, 사적 정보의 은익이라는 권리 내지 이익, 둘째 자기결정권, 셋째 개인적 지배권으로서 이해할 수 있다.

근로관계에 있어서 근로자의 프라이버시문제는 모집시 및 채용시에 이미 중요한 문제로 된지 오래되었고, 최근에 기업간에 있어서 근로자의 이동이 빈번해지면서 특히 근로자의 건강정보, 사생활정보의 보호는 전직, 파견 및 직업소개 등과 관련하여 점점 더 중요한 이슈로 부각되고 있다.

2) 고용관계에 있어서 프라이버시

우리나라 노동법은 특히 1953년에 제정된 근로기준법은 노동헌장으로서 근로자의 권리를 규정하고 있지만, 제정당시의 사회적 여건에 규정되어 그것에는 당시의 봉건적 고용관습의 시정에 중심이 있었고, 근로자의 인격권의 확보나 여기서 취급하고 있는 Privacy의 보호라는 관점을 결하고 있다. 노동법상의 Privacy에 관한 규정으로서 사용자는 사업의 부속기숙사에 기숙하는 근로자의 사생활의 자유를 침해하지 않도록 하는 근로기준법 제9조 1항을 들 수 있지만, 그것도 어디까지나 사택, 기숙사라는 장소에 한정된 것이다. 그 외 건강진단의 실시의 사무에 종사하는 자가 그 실시에 관해서 알게 된 근로자의 심신의 결함 기타 비밀을 누설해서는 아니 된다고 규정하는 산업안전보건법 제63조가 있을 뿐이다.

그런데 우리나라 기업에 있어서 Privacy가 문제로 되지 않는 요인으로서 ① 개개인의 자립의식의 저조, 횡렬의식의 강조에서 생긴 회사본위주의 ② 화합의 강조에서 생기 프라이버시의식의 희박이라는 한국적 요소 ③ 전인격적 평가, 사생활에 대한 간섭의 당연시라는 한국적 노무관리의 구조가 지적되고 있고 이러한 의식이 우리나라에 있어서 근로자의 프라이버시에 관한 무관심을 배양해온 배경이다.

프라이버시란 타인에게 알려지고 싶지 않은 사적 사항에 대해 함부로 공표당하지 않는다고 하는 이익이고, 노동자의 성명권도 프라이버시의 하나로서 법적 보호가 부여되어야 하지만, 다만 노동자의 직무수행상 필요한 제한에 복종하는 것이 있다고 이해해야 할 것이다.

이를테면 기업질서침해의 염려가 없는데도 불구하고, 회사의 방침으로서 직제를 통해서 근로자가 특정정당의 당원 혹은 그 동조자인 것을 이유로 하여 직장내외에서 감시당하고, 이들과 접촉 교제하지 못하도록 다른 종업원에게 부추기고 무단히 사물함을 열어서 사물에 대하여 사진촬영을 하는 것이 근로자의 명예, Privacy 혹은 인격적 이익을 침해하기 때문에 불법행위를 구성한다고 할 것이다.

3) 근로자 개인정보와 프라이버시의 확보

근로자 개인정보는「개인에 관한 모든 정보이고, 또 그 개인이 특정의 누구인가가 직접 또는 간접으로 식별가능한 정보」라고 정의되어 있고, 구체적으로는 다음과 같은 정보가 포함된다.

① 기본사항(주소, 전화번호, 연령, 성별, 출신지, 인종, 국적 등)
② 임금관계정보(연간급여액, 월간급여액, 상여, 임금형태, 제수당 등)
③ 자산 채무정보(가계, 채권, 채무, 부동평가가액, 임금외 수입 등)
④ 가족 친족정보(가족구성, 동거 별거, 부양관계, 가족의 직업 학력, 가족의 수입, 가족의 건강상태, 결혼의 유무, 가족의 상황 등)
⑤ 사상, 신조정보(지지정당, 정치적 견해, 종교, 각종이데올로기, 사상적 경향 등)
⑥ 신체 건강 정보(건강상태, 병력, 심신의 장애, 운동능력, 신체측정기록, 의료기록, 정신건강 등)
⑦ 인사정보(인사고과, 학력, 자격 면허, 처분력 등)
⑧ 사생활정보(취미, 기호 특기, 교제 교우관계, 취업외의 활동, 주택정보 등)
⑨ 노동조합관계정보(소속노동조합, 노동조합활동경력 등)

고용관계에 있어서 프라이버시는 기업외의 제3자에 대한 경우와 사용자에 대한 경우로 나누어 논할 필요가 있다. 전자에 대해서는 노동자라는 특성에 유의하면서도, 기본적으로는 시민적 프라이버시보호가 배려되면 족하다는 것에 대해, 후자에 대해서는 노동(고용)계약관계에 있어서 특수성이 고려되어야 할 것이다. 즉 기업은 모집·채용을 위한 사료로서 응모자의 다양한 정보를 수집하는 것이 필요하고, 노무제공과정에 있어서도, 임금이나 근로시간 기타 근로조건을 결정하기 위한 자료를 수집할 필요가 있고, 혹은 법령상 혹은 노동계약상의 다양한 배려의무를 이행하기 위해 근로자의 개인정보를 수집할 필요가 있다. 이와 같이, 고용관계에 있어 프라이버시를 고찰함에 있어 노동자의 개인정보가 비익(裨益)되면 족한 문제가 아니라, 법령 혹은 노동계약의 취지에 입각해 합리적인 제한을 받는 것으로 된다. 그 때문에, 고용의 장에 있어 프라이버시를 고려하는 때에는 사용자의 업무상의 필요성, 노동자가 비익하는 정보의 내용, 비익하는 이유 및 사용자에 의한 모집방법 등을 종합적으로 감안하여 그 합리성을 판단할 필요가 있다.

2. 모집·채용단계에 있어서 프라이버시

채용과정에 있어서도, 응모자의 프라이버시가 확보되어야 하는 것은 당연하지만, 채용시험에 있어서 질문의 내용 및 모집·채용단계에 있어서 제출서류 등의 관리가 문제로 된다.

1) 채용시험에 있어서 질문사항

먼저, 채용단계에 있어 사용자는 응모자에 어떠한 질문을 하는 것이 허용되는가가 문제로 된다. 입사시험에 있어 사용자가 근로자의 사상, 신조를 조사하고, 응모자로부터 이에 관한 사항에 대해 신고를 요구하는 것은 응모자의 프라이버시를 침해하는 것이라고 할 것이다.

그런데 우리나라 채용관행에 있어서는 채용시의 능력을 거의 문제로 하지 않고, 협동성이나 잠재적 능력을 중시하는 것(단시간의 면접시간에 있어 이것들의 판단이 가능할까는 다른 문제이지만)인 이상, 노동능력과 무관계한 사항을 질문하는 것이 모두 위법이라고 평가할 수 없을 것이다. 이러한 의미에 있어 사용자는 채용단계에 있어 질문의 자유를 보장받고 있지만, 응모자의 인격권이나 프라이버시를 침해하는 것은 허용되지 않고, 또 질문내용에 따라는 채용차별을 낳을지도 모르는 점에 비춰보면, 어떠한 질문도 허용되는 것은 아니다.

응모자는 직무와의 관련성을 가지지 않고, 또 차별을 낳기 쉬운 질문이나, 프라이버시 침해에 해당하는 질문을 받지 않을 법적 이익이 긍정되어야 할 것이다. 그리고 이들 이익이 침해된 응모자는 불법행위에 의한 손해배상을 청구할 수 있을 것이다. 그리고 채용단계에 있어, 응모자가 회답을 거부하는 것이 실질적으로 불가능한 이상(응모자는 회답을 거부할 자유가 있지만, 그것은 채용되지 않을 자유에 불과하다), 이와 같은 질문에 부정확한 회답을 하였던 것이 후에 경력사칭으로 취급되는 것은 허용되지 않을 것이다. 고용계약의 취지에 비춰 신의칙상 필요하고 합리적이라고 인정되는 범위를 넘어서까지 노동자에게 그 경력의 고지를 구하는 것은 노동자의 개인적 영역에 대한 침해로서 허용되지 않는다고 할 것이다. 여기에는 합리적 이유가 있으면, 사용자는 노동자의 경력의 고지를 구할 수 있는 반면에 노동자의 개인적 영역, 즉 프라이버시에 대한 침해에 해당하는 질문은 허용되지 않는다고 할 것이다.

2) 응모정보의 수집과 관리

모집응모단계에 있어 응모자의 프라이버시가 문제로 되는 것으로서, 이력서나 자기소개서를 비롯한 응모자의 중요한 개인정보의 관리가 있다. 이들 정보는 노동자의 선발에 있어서 불가결한 이상, 그것을 수집하는 것은 합리적이라고 하여도, 그것이 무제한으로 허용되는 것도 아니다. 현재의 기업에는 응모자의 개인정보의 보호라는 의식이 있는지가 의문이지만, 불채용으로 되었던 응모자의 개인정보가 명부업자 등의 제3자에게 유포될 위험성이 없다고는 말할 수 없을 것이다. 불채용으로 된 응모자의 정보는 기업에서 반환 혹은 폐기하지 않고 있는 것은 문제라고 할 것이다.

어떻든, 근로계약체결 이후는, 사용자는 근로계약상의 배려의무의 하나로서 근로자의 프라이버시를 부당하게 침해하지 않을 의무를 부담한다고 할 것이지만, 앞으로는 근로계약의 체결과정에 있어 채용자의 프라이버시보호의무의 문제가 의론될 필요가 있다.

3. 근로자의 의료정보프라이버시

1) 문제의 소재

건강진단의 수진의무와 근로자의 의료정보프라이버시의 확보가 중요한 문제로 되고 있다.

이 문제를 검토하는 것에 있어서는 사용자 이외의 제3자에 대한 정보의 비익의 문제와 사용자에 대한 정보의 비익의 문제로 나누어 논할 필요가 있다. 전자의 경우에는 어디까지나 노동자의 의료정보가 타인에게 누설되어서 아니 된다고 하는 관점에서 논해지면 되는 것에 대해, 후자의 경우에는 안전배려의무의 이행을 위해서 사용자는 노동자의 의료정보를 아는 것이 불가결하고, 노동자가 이것을 숨겨서는 안전배려의무를 제대로 이행할 수 없기 때문이다. 또 사용자는 노동계약의 부수의무로서, 노무수행과정에 있어 노동자의 생명, 신체의 안전을 배려할 안전배려의무를 부담하고 있고, 이를 위해 사용자는 건강진단에 의해 노동자의 질환을 알았던 경우, 그것을 노동자에게 고지해야 하고, 이것을 태만히 했기 때문에, 노동자가 병상이 악화되었던 때에는 사용자에게 안전배려의무위반으로서 손해배상책임이 생기게 된다.

이 때문에 사용자는 이상의 배려의무를 이행하기 위해서는 노동자의 건강상태를 알 필요가 있고, 이러한 한도에서, 노동자의 의료정보프라이버시는 제한되게 된다. 요컨대, 양자를 어떻게 조화하는가가 문제로 되게 된다.

2) 사용자 이외의 제3자와 근로자의 의료정보

근로자의 의료정보를 기록한 카드는 바로 중요한 프라이버시의 하나이지만, 정보화의 진전은 새로운 문제를 제시하고 있다. 의료기관에 있어서 의료기록은 종래, 모두 수기로 되었지만, 컴퓨터에 의한 입력이 가능하게 되어, 이것이 복사되어 외부에 유출되고, 그것이 신흥종교단체, 장의업자 혹은 약품제조업자 등에 유포되어, 불측의 손해가 생길 위험성을 부정할 수 없다. 물론, 의사에게는 의료법상의 비밀유지의무가 있지만(의료법 제19조 및 제23조 제3항 참조), 의료정보를 아는 입장에 있는 사무직원을 포함하는 의료담당자에게는 이와 같은 의무가 부과되어 있지 않다는 것이 문제가 있다. 노동자의 의료정보프라이버시를 확보하기 위해서는 일정한 법적 조치가 요구되고 있다고 하겠다. 또 에이즈 바이러스(human immunodeficiency virus: HIV)검사에 대해서는 전국의 보건소가 익명검사를 원칙으로 무료로 받고 있는 체제가 취해지고 있지만, 일본의 경우, 후생성은 HIV검사를 하는 의료기관에 대해서 ① 원칙적으로, 환자본인의 동의를 얻을 것 ② 검사 전후의 보건지도를 할 것 ③ 카운셀링을 할 것 ④ 프라이버시를 지킬 것 ⑤ 양성자에 대해 적절한 의료가 제공되는 것 이외, ⑥ 입학 시 혹은 취업 시에 HIV검사를 하지 않을 것을 통지하고 있다. 후천성면역결핍증(acuired immune deficiency syndrome: AIDS) 뿐만 아니라 사회적 편견이 강한 질병에 대해서는 이와 같은 강한 배려가 요구된다고 하겠다.[187]

3) 근로자의 의료정보의 관리

일반론으로서는 사용자가 근로자의 의료정보를 보지, 이용하는 것은 허용된다고 하여도, 노동자의 의료정보가 아주 고도의 비밀성이 요구되는 개인의 기본정보이라는 점에서 보면, 어디까지나 근로자의 건강배려라는 본래의 목적에 한정되

187) 후천성면역결핍증예방법(2010.1.18. 개정 법률 제9932호)은 사용자는 근로자가 감염인이라는 이유로 근로관계에 있어서 법률로 정한 것 외의 불이익을 주거나 차별대우를 하여서는 아니 되고(동법제3조 제5항) 사업주는 근로자에게 후천성면역결핍증에 관한 검진결과서를 제출하도록 요구할 수 없도록(동법 제8조의2 제3항)하고 있는데, 이러한 취지는 사회적 편견이 심한 다른 질병의 경우에도 확대·적용되어야 할 것이다.

어야 할 것이다. 근로자의 의료정보가 노동자의 승진이나 인사배치 혹은 작금의 구조조정대상자의 선별기준으로서, 이용되는 것도 부정할 수 없다. 이 때문에, 사용자가 의료정보를 수집하는 때에는 근로자 개인의 동의를 얻을 것, 또 그 유지에 대해서는 어떠한 의료정보를 보유하고 있는가를 노동자에게 개시하는 것이 필요할 것이다.

안전배려의무의 일환으로서의 건강유지의무에서 건강진단 등에 의해 얻은 병상을 노동자에게 고지할 의무가 있는 것은 당연하다. 그러나 사용자가 노동자의 병상 등을 통지하는 수단 방법에 대해서도 노동자의 의료정보프라이버시의 관점에서의 제약을 받게 된다.

4) 근로자의 수진의무와 프라이버시

근로자에게 수진의무가 긍정되기 위해서는, 일반적 추상적인 합리성과 상당성이 있는 것만으로 족하지 않고, 사전에 당해검진의 목적, 신체침습의 정도 및 구속기간 등을 포함하는 구체적 방법, 실시를 담당하는 병원, 그리고는 검진결과에 대한 프라이버시확보의 방법 등을 대상자에게 구체적으로 명시해야 한다.[188] 전술과 같이, 의사 등의 진찰을 의무화하는 것은 일종의 신체침습에 해당하고, 신체에 관한 자기결정권이라는 프라이버시의 제2의 측면의 보장이 미치는 영역인 점에 비춰보면, 직무상 불가결한 경우나 다른 종업원이나 제3자에 대한 감염의 위험성이 있는 경우를 제외하고, 근로자가 수진의무를 부담한다고 해서는 아니 될 것이다.

4. 사생활의 정보

1) 근로계약과 근로자의 프라이버시

노동자는 근로계약에 기하여 취업시간 중에 노무제공의무를 부담하지만, 근로시간외의 사생활에 있어서는 사용자의 간섭을 받지 않고, 자유로이 이용할 수 있다. 이 점에서, 노동자의 사생활에 대해서는 노동자의 프라이버시가 가장 허용되는 영역일 것이다.

물론, 노동자의 자유의 영역이라고 하여도, 노동자가 취업시간 외에 아르바이트

---

188) 島田良一,「勞働者の私的領域確保の 法理」, 法時66권9호(1994년) 52면.

를 하고 있으며, 그것이 경업피지의무에 위반한 것일 수 있고, 수면부족 때문에 지각이나 잘못을 하는 등, 업무에 영향을 미치는 경우에는 사용자는 그 사실을 조사하는 것이나 노동자에게 신고를 구할 수 있겠다. 그러나 사용자가 노동자의 사생활의 정보를 수집할 수 있는 것은 어디까지 업무와의 관련성을 가지는 것에 한정된다고 할 것이다. 그러므로 노동자의 지지정당, 종교활동, 교우관계 등에 대해서는 그 신고를 구하는 것은 노동자의 프라이버시침해라고 평가된다.

2) 사용자의 배려의무와 사생활정보

사용자가 경영상 필요에 의해 노동자에게 전보·전근·전직·배치전환 등 인사이동을 명하는 경우, 업무상의 필요성 외에 노동자 개인의 생활상의 불이익이 고려될 필요가 있는 것은 당연하다.

5. 전직 후의 고용정보 및 파견근로자의 프라이버시

1) 전직 후의 개인정보

노동자의 프라이버시는 고용되어 있는 기간뿐만 아니라, 노동이동의 과정에 있어서도 보장되어야 하는 것은 당연하다. 근로기준법 제39조는 퇴직 후의 증명서에 근로자가 요구하지 않은 사항을 기재해서는 아니 되는 것(동조 2항) 「누구든지 근로자의 취업을 방해할 목적으로서 비밀기호 또는 명부를 작성·사용하거나 통신을 하여서는 아니 된다」(제40조)는 것을 규정하고 있는데, 이들 규정은 간접적으로나마 노동자의 퇴직 시에 있어서 프라이버시를 보호하기 위한 것이라고 하겠다.

2) 파견·직업소개에 있어서 근로자의 프라이버시

근로자파견에 관해서는, 노동력의 공급업자과 사용업자 쌍방의 필요를 충족하기 위해, 노동자의 대량의 개인정보가 처리되게 되지만, 노동자의 개인정보가 정확히 처리되지 않거나, 그 악용·변경·누설이 되지 않을 보장은 없고, 파견노동자의 프라이버시에서 회복이 되지 않는 사태가 생길 가능성이 적지 않다.

파견근로자를 사용하는 경우, 사용사업주에 의한 서류접수는 사전면접과 마찬가지로, 사용사업주가 특정 파견근로자를 지명하는 일종의 채용행위로 평가해야 할 것이며, 또 근로자파견계약에 관련하지 않는 개인정보를 전달하는 것도 파견

근로자의 프라이버시를 침해하는 것이다.

6. 앞으로의 과제

이상, 고용관계에 있어서 근로자의 프라이버시의 법리를 검토하였지만, 이것 외에도, 부당노동행위나 임금차별 사건 등에 있어서도, 비교대상자의 임금정보 등을 단체교섭이나 법원 등에 제출하라는 것이, 이들 노동자의 프라이버시침해로 평가되는가가 문제로 된다. 사용자는 노동자의 프라이버시를 근로로 하여, 임금대장 등의 제출을 거부하는 것이 많고, 이를 위해 부당노동행위나 임금차별의 입증이 아주 곤란하게 되고 있다.

앞으로 근로자의 프라이버시의 제3측면인 고용관계에 있어서 노동자의 자기개인정보통제권의 요건과 효과가 재검토될 필요가 있다. 고용의 시장에 있어서 프라이버시의 법리를 고찰하는 데에 있어서는 사회보험이나 노동재해보험 등의 사회보장에 있어서 프라이버시의 연구도 불가결하다.

어떻든 직장에 있어서 프라이버시권의 형성은 종래의 종속노동론이나 생존권과는 다른 지평에 있어서 노동법의 법리를 생성시키는 것이고, 앞으로의 논의를 심화시킬 필요가 있다고 지적해둔다.

제 4 절 근로관계와 평등권

Ⅰ. 평등권보장의 의의

우리 헌법은 제11조 제1항에서 “모든 국민은 법 앞에 평등하다. 누구든지 성별, 종교 또는 사회적 신분에 의하여 정치적 · 경제적 · 사회적 · 문화적 생활의 모든 영역에 있어서 차별을 받지 않는다”라고 규정하고 있고, 동조 제2항에서 “사회적 특수계급의 제도는 인정되지 아니하며 어떠한 형태로도 이를 창설할 수 없다”라고 규정하여 평등권을 보장하고 있다. 그러므로 인종에 의한 차별의 금지, 종교에 의한 차별의 금지, 양성의 평등, 교육정도에 기한 차별의 금지, 재산에 의한 불평등취급의 금지, 정치적 평등, 경제적 평등 등이 헌법 제11조가 보장하고 있는 「법 앞의 평등」보장의 구체적인 내용이라고 할 것이다. 그리고 평등권의 주체는 국민이나, 국제인권조약에 의하여 외국인도 평등권의 주체로 당연히 포함된다.

Ⅱ. 평등권과 근로관계

평등권은 근로관계에서 대단히 중요한 의미를 가지고 있다. 왜냐하면 사용자가 근로관계의 영역에서 사실 국가와 유사한 기능을 하고 있기 때문이다. 그래서 근로기준법 제6조는 "사용자는 근로자에 대하여 남녀의 성을 이유로 차별적 대우를 하지 못하며, 국적 · 신앙 또는 사회적 신분을 이유로 근로조건에 대하여 차별적 처우를 하지 못한다"라고 규정하여 근로자에 대한 사용자의 균등처우의 의무를 선언하고 있다. 특히 남녀고용평등법은 근로자의 모집 채용 근무에 있어서 남녀의 평등한 기회 및 대우를 보장하여 남녀고용의 평등을 실현하고 있다.

헌법 제11조와 근로기준법 및 남녀고용평등과 일 가정 양립지원에 관한 법률의 관계를 보면, 평등권의 대사인(對私人)적 효력에 관한 학설을 논할 필요가 없을 정도로 근로기준법 제6조와 남녀고용평등법은 근로관계에 있어서 평등권의 보장을 포괄적으로 규정하고 있다.

Ⅲ. 단결평등과 교섭창구단일화제도

우리 헌법 제33조는 단결권, 단체교섭 및 단체행동권을 근로자 개인의 기본적 인권으로 보장하고 있다. 단결권, 단체교섭권 및 단체행동권은 노동조합이 결성되어 있는 경우에는 그 노동조합의 권리도 보장하고 있을 뿐만 아니라, 노동조합에 조직되어 있느냐 여부에 관계없이 근로자 자신의 개인적 인권으로서 자리매김되어야 한다. 근로자의 기본적 인권으로서 단결권, 단체교섭권 및 단체행동권의 보장에 있어서 특히 노동조합이 조직되어 있는 경우에, 노동조합의 조직형태나 조합원의 수에 따라 노동조합의 권리를 차별하거나 조합원인 근로자를 차별적으로 취급하는 것은 조합원의 차별하는 것은 헌법 제11조에 의해 금지된다고 할 것이다.

이와 관점에서 볼 때, 근로자의 단결권, 단체교섭권 및 단체행동권을 과도하게 제한하고 있는 현행 노동조합 및 노동관계조정법의 상당한 부분은 적어도 헌법 제

11조에 위배되어 위헌(違憲)일 가능성이 높다. 특히 2011.7.1.부터 사업 또는 사업장 차원에서 복수노조를 법적 허용하면서[189] 사업 또는 사업장 단위에서 생길 수 있는 복수노조의 병존상태에서 2010.1.1. 법률 제9930호로 개정 · 도입되어 2011.7.1. 발효한 노동조합 및 노동관계조정법 제29조의2 이하의 이른바 교섭창구단일화제도의 위헌여부가 헌법 제11조가 보장하고 있는 평등권보장과 관련하여 문제로 제기된다. 우리 헌법 제33조 1항이 규정하고 있는 단체교섭권은 노동조합의 권리이기 이전에 「근로자」 개인의 기본적 인권임에도 불구하고, 현행 사업장단위에 있어서 복수노조병존시의 교섭창구단일제도는 근로자의 단체교섭권에 대한 의무자인 사용자의 편의를 위한 제도로서 근로자의 기본권인 단체교섭권을 과도하게 제한하고 있으며, 게다가 사업장단위에 있어 복수노조의 병존여부라는 우연한 상황에 의해서 근로자의 기본적인 인권인 단체교섭권의 행사가 과도하게 제한되거나 차별적으로 취급되며, 특히 조합원의 수가 적은 이른바 소수노조가 과도하게 불리하게 차별적으로 취급될 우려가 있고, 극단적인 경우에는 소수노조의 조합원인 근로자에 대해서는 단체교섭권의 행사가 부정되어 단체교섭권이 사실상 무의미하게 되어서 헌법 제33조가 보장하고 있는 노동3권이 지향하고 있는 사회적 국가의 이념을 훼손할 우려가 있다. 그러므로 현행과 같은 교섭창구단일화제도는 헌법 제11조가 보장하고 있는 「법 앞의 평등」권을 침해하고 있다고 할 것이다.

물론 외국의 입법례나 단체교섭의 관행을 보면, 우리나라와는 다른 법적 상황[190]에 있는 아메리카합중국 등과 같은 국가에서는 복수조합병존상태에 있어서 단체교섭에 대해 배타적 또는 우선적 교섭권을 하나의 노동조합에 부여하는 법제 및 노사관행은 결코 드물지 않다. 그리고 ILO의 기관들은 대표성의 인정이 객관적·합리적 기준에 의한 것을 조건으로서 하여, 이와 같은 법규 관행의 존재를 긍정해 오고 있다. 물론 복수조합주의가 일반화되면 될 수록 노사 간에 있어서 단체교섭의 문제는 단일노조의 경우 보다 복잡하게 되고, 특히 사용자에게 복수노

189) 대한민국 노동헌법의 관점에서 볼 때, 노동조합 및 노동관계조정법의 상당한 부분과 그 제도운용에는 현재 위헌적 요소가 다분하다고 하겠다. 그 중에서도 복수노조의 설립을 금지하고 1기업 1노조주의를 강제했던 것은 어떠한 상황논리에 의하더라도 위헌이었다고 말할 수 있다. 이와 같이 단결의 자유를 침해하는 위헌적 상황이 2011.7.1.부터 법적으로 해소된 것은 다행이었다. 그러나 아래에 언급하듯이, 노동조합 및 노동관계조정법에 있어서 복수노조 간의 교섭창구단일화제도는 단체교섭권을 과도하게 제한하는 것으로 위헌이라고 할 것이다.

190) 헌법 제33조 1항은 단결권, 단체교섭권 및 단체교섭권을 나란히 독립된 권리로서 보장하고 있다. 제2차 세계대전 후의 세계의 헌법 중에서 명문으로써 특히 단체교섭권을 근로자의 기본권으로을 보장하는 것은 아주 예외적인 법적 상황이라고 해도 좋을 것 같다. 결사의 자유와는 별개로 단결권과 파업권의 보장을 규정하는 헌법은 선진자본주의국가의 현대헌법 중에서 소수이긴 하지만 예외라고까지는 말할 수 없는데, 우리 헌법이 단체교섭권을 근로자의 기본적 인권으로서 규정하였던 것은 일본국헌법 제28조의 경우와 함께 상당히 이례적이다.

조의 병존은 성가시고 또 거추장스럽기 그지없다. 그러나 오로지 사용자편의 편익만을 위해서 배타적 또는 우선적 교섭권을 특정의 노동조합 또는 특정그룹의 근로자에게 부여하는 규정은 기본적 인권으로서 단체교섭권을 과도하게 제한하는 것이라고 할 것이다. 복수노조병존 하에 있어서 단독으로 교섭할 것인가 다른 노동조합과 연대하여 교섭할 것인가 또는 복수의 노동조합 상호간에 어느 쪽 노동조합이 대표적 지위를 차지하는가는 단체교섭권의 행사문제로서 근로자들의 선택적 문제이라고할 것이다. 단체교섭권이 근로자의 기본적인 인권으로 보장되어 있는 우리나라와 같은 헌법적 상황에 있어서 헌법의 하위법률인 노동조합 및 노동관계조정법에 의한 교섭창구단일화의 강제는 인권으로서의 단체교섭권보장과는 너무나 동떨어진 발상이라고 하지 않을 수 없다. 우리 헌법 제11조에 의해 보장되고 있는 이른바 단결평등(團結平等)의 원칙에 비춰 볼 때, 우리나라의 경우에는 사용자의 편익을 위한 교섭창구단일화방식으로서 대표적 교섭단체제도의 관념을 도입할 여지는 없다고 할 것이다.[191]

제 5 절 근로관계와 근로자의 시민적 자유권

Ⅰ. 서 설

천부의 자연권 내지 기본적 인권의 이념은 말할 필요도 없이 근대사회의 산물이고, "국가의 권력과 개인의 자유의 관계를 지배하는 원칙을 가장 본질적으로 표현하는 이념"일 수밖에 없다. 기본적 인권의 개념은 보편적인 상품교환사회로

191) 오히려, 단체교섭권과 관련해서 현행 노동조합 및 노동관계조정법은 너무나 사용자의 편의만을 보장하고 있는 듯하다. 예컨대, 노동조합이 산별조직형태로 구성되어 있는 경우에는 근로자의 단체교섭의 편의를 위해서 그 교섭상대방인 사용자측이 산별형태로 조직되어야 한다. 이렇게 하는 것이 단체교섭권을 근로자의 기본적인 인권으로 보장하고 있는 우리 헌법 제33조의 취지에 부합한다고 할 것이다. 현재 근로자가 노동조합을 산별차원에서 조직하고 있는 경우가 있는데, 이러한 경우에는 국가는 근로자의 기본적 인권인 단체교섭권의 보장과 원활한 행사를 해서 교섭상대방인 사용자가 산별차원에서 사용자단체를 조직하도록 법적으로 강제하는 것이 헌법의 취지에 부합한다고 할 것이다. 그럼에도 불구하고 오히려 현행 노동조합및노동관계조정법은 노동조합의 조직형태에 관계없이 사업 및 사업장 차원의 단체교섭만을 법적으로 강제하고 있다. 이것은 또 다른 형태의 위헌적 상황이라고 할 것이다.

서의 근대시민사회를 현실적 기반으로 해서 성립하고, 시민사회를 구성하는 시민 내지 개인의 자유를 인간본래의 권리로서 확인·보장하는 것을 중심적 내용으로 하는 개념이다. 이러한 의미에서 이것을 자유권적 기본권 내지 시민적 자유로 불러도 좋을 것이다.

시민적 자유에는 ① 재산권의 자유(소유권의 자유 및 그 아류로서 계약의 자유, 거주이전 및 직업선택의 자유 등) ② 정신의 자유(종교·사상·양심·표현의 자유 등) ③ 인신(人身)의 자유(적정절차의 보장, 부당한 체포로부터의 자유 등)의 3종류의 자유가 포섭되고, 이들 중 사상 및 언론, 집회, 결사 등의 표현의 자유는 선거권의 자유, 참정권 등과 결합하여 정치적 자유를 구성한다. 어떻든, 이들 자유의 근저 내지 중핵을 형성하는 것이 재산권의 자유라는 것은 이론의 여지가 없다고 생각한다. 시민혁명을 통해서 우선 제1차적으로 확립되고, 가장 강한 보장을 얻었던 것이야 말로 소유권의 자유의 절대성임에 틀림없다. "재산권의 인권화(人權化)"에 그 근대 헌법의 정신 또는 핵심이 있다. 또 이들 권리 중에서 자본주의사회의 일반적 존립에 관계하는 불가결의 권리와 자본주의경제에 있어서는 반드시 절대적인 것은 아니라, 각국 자본주의의 발전에 따라 그 실현의 정도가 상대적으로 결정된 권리를 나누고, 전자 즉 재산권을, 후자 즉 정신 및 인신의 자유에서 구별하는 시도도 있다. 아마 시민적 자유에 있어서 자유란 근본적으로 재산적 자유권을 근저로 해서, 다른 여러 가지의 자유를 이것과 불가분적 일체하에 전개되었으며, 이로써 자본주의사회의 역사적 발전을 잘 유도하는 사상적 원동력으로 되었다고 할 것이다. 그러므로 이러한 결과는 그 자체로 역사적 평가의 대상으로 되어야 한다. 물론 이것은 자본주의사회의 발전의 같은 시기에 이들 권리 모두가 확립되는 것이라든가, 그 모두가 일제히 완전한 내용이 충족되어지는 것이라는 것을 의미하는 것은 아니다.

그런데, 시민적 자유의 담당자는 말할 것도 없이 근대사회의 신흥부르조아지(시민계급)이었다. 따라서 신흥부르조아지가 시민혁명을 돌파구로 해서 구(舊)지배세력을 타도하고, 시민적 자유의 확립과 민주주의의 발전을 추진하기 위해서는 노동자·농민 등의 광범한 근로대중과의 연대 협력을 필요로 하였던 것은 또한 사실이다. 오히려 시민적 자유와 민주주의의 가장 철저한 실현을 추진하려고 했던 것은 바로 이들 근로대중이었다. 서구의 역사를 볼 때, 시민혁명에는 두 가지 형태가 있다. 즉 16세기의 네덜란드혁명 및 17세기의 잉글랜드혁명과 18세기의 프랑스혁명 및 아메리카시민혁명이 그것이다. 전자의 두 혁명에서는 광범한 근로대중의 민주주의적 운동은 조기에 억압되고, 부유한 시민계급이 권력을 가지고 있었던 것에 대해서, 후자의 프랑스혁명은 전자의 것과는 전혀 다른 과정을 취했다. 즉 1789년에 시작된 프랑스혁명은 당초 부르조아지의 승리를 가져왔지만, 곧(1793년) 권력이 근로대중으로 이행되었다. 또 북아메리카에서는 잉글랜드의 신흥부르조아들이 이민해 와서 아메리카합중국을 건국하였는데, 1800년의 대통령선거의 결과로 자영농민층도 정치적 지배층에 합류하게 되었던 것이다.

본래 시민적 자유는 단순한 개인적 자유의 집합이라기보다, 오히려 하나의 이념에 기초한 체계라고 말할 수 있다. 근대시민사회, 즉 근대사회의 기저를 이루는 자본제사회경제는 말할 필요도 없이 상품생산사회이지만, 그러한 상품생산은 또한 상품교환관계에 의해서, 전면적으로 매개되고 있다. 여기에는 생산의 직접적 기초인 노동관계도, 인간노동력의 거래를 통해서 비로소 성립한다. 자본제경제사회는 노동력의 상품화를 근본조건으로 성립하는 것이고, 자본주의사회를 독립한 사회의 역사적 발전단계로서 특징지우는 것이 이 노동력의 상품에 있다는 것은 다언을 요하지 않는다. 재산권의 자유는 이러한 상품교환관계의 성립을 보장하고, 특히 궁극적으로는 그것을 통해서 임노동관계의 성립과 그것에 있어서 자본의 노동력취득의 자유를 보장하는 것을 현실적 기능으로 하는 것이다. 물론 상품교환은 가치법칙에 따라 행하여지는 것이기 때문에, 이것을 매개하는 인간관계도 또한 모든 신분적 구속을 근본적으로 지양한 독립적이고 평등한 개인의 자유로운 의사에만 기초하여 성립하는 것이 필요하다. 바꾸어 말하면, 상품교환의 주체로서의 인간은 스스로를 지배하는 것은 자신이어야 한다는 의미에서의 일체의 외적 규정근거로부터 독립한 자율적 존재라는 추상적 규준에 기초해서 파악된 추상적 형식적으로 「자유로운」주체, 즉 인격이어야 한다. 재산적 자유권의 주체는 바로 이러한 의미에서 「자유로운」인격이고, 그것이 예정된 법률관계는 이러한 상호간의 자유의사에 기초한 관계, 즉 계약관계로 된다. 그리고 그 자유가 추상적·형식적 자유라는 것은 구체적 인간의 경제적 지위의 강약에 따라서 현실의 법률관계의 내용이 부자유, 불평등이라는 것을 허용하려는 것을 의미하지만, 보다 중요한 것은 추상적·형식적인 것으로 이러한 자유가 부르조아뿐만 아니라 모든 피압박계급의 공통적 요구로 된 것이다. 특히 노동자계급에 있어서 그것은 추상적이나마 노동자의 인격 주체화를 통해서 노동자 스스로를 권리의 주체로서 의식하고, 게다가 이러한 추상적 자유의 한계와 허위성에 대한 자각에 기초해서 그것을 극복하기 위한 운동을 전개하는 일반적 전제 내지 기초를 제공한다.

한편에서, 재산권의 자유의 확립은 그 현실의 기능을 체제적으로 보장하는 새로운 정치권력의 출현 즉 혁명을 불가피적으로 전제할 것이다. 시민의 권력비판과 체제비판의 자유도 포함한 정신적·정치적 자유는 이러한 의미에서 시민적 자유의 불가결한 구성요소로 하지 않으면 아니 된다. 게다가 산업혁명에 의해 「자유로이 사물을 생각할 권리」에 기초해서 과학 기술의 발전이 불가결이었듯이, 정신적 자유권은 이러한 면에서도 재산적 자유권과 불가분으로 결합되어 있다. 또 앞에서 언급한 인격의 독립과 존엄의 이념은 이러한 정신적 자유와도 표리관계에 있다. 그리고 이러한 인격에 대한 국가권력의 지배를 제약하고, 그 자유로운 활동을 보장하는 원리가 인신의 자유이고, 국가권력작용을 자유권 및 인격의 독립 존엄의 구체적 보장에 한정하기 위한 권리가 선거권 및 참정권이었다고 할 것이다.

시민적 자유는 이러한 재산권의 자유를 근저로 하면서도, 정신의 자유, 인신의 자유에 의해서 구성된 하나의 체계적 이념으로서 나타나기 때문에 단순히 시민계급뿐만 아니라, 다른 모든 피압박계급에 있어서 공통적 이익으로 되었던 것이다. 또 혁명적 계급으로서의 시민계급으로 하여금 단순한 하나의 계급으로서가 아니고, 사회 전체의 대표자로서 등장하는 것을 가능하게 만들었다. 마찬가지로, 광범한 근로대중이 시민적 자유와 민주주의를 쟁취하기 위한 투쟁에 있어서 강력한 추진자로서의 역할을 수행했다는 것도 이러한 이유에 기초하는 것이라고 할 것이다.

그럼에도 불구하고, 시민적 자유는 재산권의 자유에 의해서 지지되고, 그것에 의해서 규정되기 때문에, 전체로서 시민의 계급적 이익의 테두리 내에 그 실현이 제약되었다. 다시 말하면, 시민은 재산적 자유의 확립을 통해서 노동력에 대한 지배와 자본축적에 대한 보장을 획득하지만, 동시에 이것은 일체의 신분적 차별을 지양한 시민사회의 내부에 새로운 계급적 대립관계가 만들어지고, 기초되어진다는 것을 의미한다. 상품교환관계에 의해서 매개된 근대시민사회는 본래 등질 평등한 시민의 사회이지만, 자본제생산관계를 수반할 수밖에 없으므로 새로운 실질적 계급의 대립을 내포하는 사회로 전환한다. 이리하여, 봉건세력에 대한 시민적 자유획득을 위한 시민계급의 투쟁은 일체의 계급의 폐지를 지향하는 것은 아니었으며, 시민계급이 봉건세력을 타도해서 스스로 국가권력의 지배자로 되자마자, 시민적 자유는 모든 인간의 보편적 이익인 것을 중지하고, 자본축적과 자유경쟁의 보장이라는 시민계급의 특수이해에 종속되고, 한정되어버리게 되었다. 확실히 시민혁명을 통해서 자유, 절대적 소유권 및 그 보장기구의 확립은 달성된다. 그러나 인권선언에서 구가된 여타의 자유는 선언그대로 「완전히 보편적으로」보장되는 것은 아니었다. 잉글랜드에서는 재산권의 자유 중의 계약의 자유마저도 적어도 노동관계에 있어서는 1875년 주종법(主從法: master and servant acts)의 수정(1871년 노동조합법의 성립이후이다)에 이르기까지 완전하게는 실현되지 않았다. 또 정신적 자유는 체제변혁을 위한 불가결한 전제이므로 반대계급을 포함한 모든 인간의 자유로서 보편적 무조건적인 보장은 늘 억압되고, 예컨대, 프랑스에 있어서는 19세기 말에 이르러서야 비로소 이러한 보장이 이룩될 수 있었다. 또 특히 마르크스가 말했듯이, 자유의 인격이 실질적인 적용에 있어서 바로 사소유권의 인격이었다.

그렇지만 다시 자유획득의 투쟁이 개시된 이후에는 자유 그 자체가 가진 논리의 필연성에 의해서, 그것이 불러일으킨 인간의 존엄에 대한 강렬한 자각과 정열에 의해서 자유를 시민계급의 좁은 계급적 이해의 틀로부터 해방하고, 인간의 보편적 자유에까지 고양시키기 위한 운동을 막을 수 없다. 특히 이러한 운동은 재산적 자유권을 중심으로 한 시민적 자유의 최대의 희생자라고 할 수 있는 노동자계급을 담당자로서 전개될 것이다. 재산적 자유권은 노동자계급에 대해서 자본에 대한 종속과 생활의 궁핍을 필연적으로 초래한다. 그래서 노동자계급은 재산적 자유권과 그 정치적 보장자로서의 근대국가에 대한 예리한 비판을 하지 않을 수 없게 된다. 이러한 노동자계급의 자각적 운동이 끊임없이 발전하기 위해서는 체제비판의 자유를 포함한 정신적 자유의 충분한 보장이 따르지 않으면 아니 된다. 또 운동의 성과를 실정법상의 권리로서 보장하고, 나아가서 그것이 더 높은 발전을 위한 기초가 되기 위해서 노동자계급에게도 더 넓게 정치적 자유가 확대될 것이 요청된다. 이러한 운동은 노동운동에 대한 부당한 형벌적인 규제를 배제하고, 노동자의 자유를 한층 더 확대시킬 것이 확실하다.

그래서 시민적 자유는 그 기초 위에 새로운 운동의 형태를 낳고, 그 운동을 통해서 스스로 또한 신장되어 간다. 시민혁명을 통해서 시민적 자유를 확립한 힘은 자본주의사회에서 노동자계급을 중심으로 하는 근로계급의 수중에 넘어오고, 시민적 자유를 모든 인간의 보편적 자유로까지 고양하기 위한 노력이 끊임없이 계속되어 간다. 이 경우, 이 운동의 과정에 있어서는 재산적 자유권과의 대결을 통해서 새로운 인권개념으로서 생존권적 권리(노동자의 단결권, 쟁의권 등의 노동기본권을 중심으로 한다)를 성립시켰지만, 동시에 위와 같은 시민적 자유의 신장과 발전도 또한 이러한 생존권 내지 노동기본권과의 결합을 통해서 비로소 가능하게 된다. 생존권 내지 노동기본권은 시민적 자유의 새로운 발전계기에 틀림없다. 자본주의의 모순이 가장 격화된 독점자본주의시기의 국가에 있어서 생존적 권리가 확고한 기초를 획득하면서 시민적 자유도 또한 현저한 양적 질적 발전을 이루는 것은 이것을 보여주는 것이다. 동시에 그것은 시민적 자유의 담당자에게 명확한 계급적 구분을 만들고 있다는 것을 의미한다.

근로자의 시민적 기본권에 관한 논의는 근로관계라는 특수한 상황에서 근로자의 자유권이 어떻게 확보될 수 있는가에 그 초점이 맞추어진다. 그러나 현재 이에 관한 연구는 거의 전무하다고 해도 과언이 아니다.

근로자의 시민적 기본권의 내용은 평등권, 신체적 자유, 직업선택의 자유, 표현의 자유, 재산권의 보장, 정치적 참정권의 보장 등이다. 우리 실정 노동법에서는 특히 근로자의 시민적 기본권을 구체적으로 보장하고 있는 규정들이 개별적으로 산재되어 있다.

Ⅱ. 신체의 자유 : 신체안전의 권리

우리 헌법은 제12조 1항에서 "모든 국민은 신체의 자유를 가진다. 누구든지 법률에 의하지 아니하고는 체포·구속·압수·수색 또는 심문을 받지 아니하며 법률과 적법한 절차에 의하지 아니하고는 처벌, 보안처분, 강제노역을 받지 않는다" 라고 규정하여 신체의 자유를 보장하고 있다. 이러한 신체의 자유는 근로관계에서 특별한 의미를 가지고 있다.

근로자가 사용자에 대하여 노동을 제공한다는 것은 바로 근로자가 사용자에게 자신의 신체를 제공한다는 것을 의미한다. 근로계약에 기하여 사용자가 근로자의 신체적 활동을 과도하게 억제하는 것은 바로 근로자의 신체의 자유를 침해하는 것이다. 또 신체의 자유는 근로조건과 관련하여 사용자에 대하여 신체안전을 요구할 수 있는 권리를 포함한다.

1. 신체에 내한 물리적 위험에 대한 신세직 안전권

헌법 제12조의 신체의 자유는 특히 근로기준법 제7조에서 근로자에 대한 강제노역의 금지와 제8조에서 근로자에 대한 폭행의 금지로 구체화되어 있고, 산업안전보건법은 위해한 작업에 있어서 근로자의 신체적 안전과 보건을 확보하기 위하여 사용자에게 여러 가지 의무를 부과하고 있으며, 특히 산업안전보건법 제26조는 급박한 위험에 대하여 근로자의 작업중지권을 보장하고 있다.

2. 체포, 구속 및 강제퇴거에 있어서 절차적 권리

신체의 자유는 근로자에 대한 노동형법의 집행과 관련하여 중요한 의미를 가지고 있다. 특히 노동단체원의 체포와 구속은 모든 적절한 보호가 강구되어야 하고, 사법절차상의 보호를 받을 수 있는 권리가 보장되어야 할 것이다.

Ⅲ. 근로자의 직업선택의 자유

헌법 제15조가 보장하는 직업선택의 자유는 노동법상의 특수한 제도와 상충되는 경우가 있다. 예컨대 실질적 법원으로서 노동조합과 사용자 간에 체결되는 단체협약상의 조직강제조항, 근로계약상의 경업금지, 부업금지, 손해배상예정조항 등이 그것이다.

1. 조직강제조항(組織强制條項)

특히 클로즈드숍협정(closed shop: 이미 특정노동조합에 가입하고 있는 조합원이 아니면 고용하지 않는다는 단체협약상의 조항)이나 유니온숍협정(union shop: 일단 사용자에 의해서 고용된 근로자는 일정기간 내에 특정노동조합에 가입해야 한다는 단체협약상의 조항)과 같은 조직강제조항은 뒤에서 살펴보는 바와 같이 근로자의 단결권, 특히 소극적 단결권과 문제가 되기도 하지만, 다른 한편에서는 우리 헌법 제15조가 보장하고 있는 근로자의 시민적 자유권인 직업선택의 자유와 관련해서도 문제가 될 수 있다. 여기에서는 후자의 경우만을 본다면, 클로즈드숍협정이나 유니온숍협정은 결국 노동조합이 사용자로 하여금 해당근로자를 해고하도록 하기 때문에 이러한 조직강제조항은 근로자의 직업선택의 자유를 침해하는 것이 아닌가라는 문제가 제기된다. 이 문제는 단체인 노동조합과 그 구성원인 노조원 개인의 이익조정에 관한 문제라고 할 수 있다. 여기에서 그 결론만을 언급한다면, 사용자와 노동조합 간에 이미 조직강제협정이 체결되어 있다는 사실을 알면서 해당 노동조합에 가입하였거나 또는 그렇지 않다고 하더라도 노동조합이 그 내부적인 민주적 절차에 의해서 노동조합 자체의 의사를 결정한 후에 사용자와 유니온숍협정 등과 같은 조직강제에 관한 협정을 체결했다면 근로자의 직업선택의 자유를 침해했다고 볼 수 없지 않을까 생각한다.

2. 경업피지협정(競業避止協定)

사용자가 근로자로 하여금 근로관계가 종료된 이후에 일정기간 동안 동일한 직종의 사업장에 취업할 수 없도록 하는 약정이 경업피지협정인데, 이것이 근로자의 직업선택의 자유를 침해하는 것이 아닌가하는 문제가 제기된다.

위와 같은 경업피지협정은 원칙적으로 근로자의 직업선택의 자유를 침해는 것으로 보아야 하나, 근로관계가 종료한 후 사용자와 근로자가 자유로운 의사에 기하여 체결한 합리적인 기간을 정한 경업피지협정은 근로자의 직업선택의 자유를 침해하는 위헌성이 없다고 할 것이다.

3. 부업금지협정(副業禁止協定)

사용자가 근로자에 대하여 부업으로서 제2의 직장을 가지지 못하도록 하는 것이 근로자의 직업선택의 자유를 침해하는 것이 아닌가 하는 문제가 제기될 수 있다.

부업금지협정이 사용자의 보호할 만한 이익을 지키기 위한 경우가 아니면 위헌이라고 할 것이다. 즉 근로자의 부업으로 노무제공이 부실하든가 또는 부업으로 무단결근을 하는 경우에 그 자체를 이유로 불이익처분을 하는 것은 별론으로 하더라도, 근로자의 부업 그 자체를 무조건 금지하는 것은 근로자의 직업선택의 자유를 침해한 것이다.

4. 일정기간 불근무 시 해외기술연수파견비반환약정

근로자가 일정기간 계속 근무하지 아니하면 해외기술연수파견비를 반환해야한다는 약정을 사용자가 하는 경우 이것이 근로자의 직업선택의 자유를 침해할 것인가가 문제이다. 우리 대법원은 근로기준법 제20조(위약예정의 금지)의 취지가 근로자의 퇴직의 자유를 제한하여 근로의 계속을 강요하는 것을 방지하기 위한 것이라고 할 뿐 해외파견경비의 반환약정이 본 규정에 위배되지 않는다는 취지로 해석하고 있으나,[192] 사용자가 퇴직 이후에 근로자에 대하여 현존하는 이익범위에

192) 대판1974.1.29., 72다2465;동 2008.10.23., 2006다37274 참조.

서 부당이득의 반환을 청구할 수 있는 것은 별론으로 하더라도, 이러한 약정은 근로자의 퇴직의 자유를 제한하는 것이기 때문에 직업선택의 자유를 침해는 것으로 보아야 할 것이다.

Ⅳ. 근로자의 사상, 언론 및 표현의 자유

1. 문제적 상황

1) 사상, 언론의 자유에 대한 침해와 차별

사용자에 의한 근로자의 사상, 신조 및 언론의 자유에 대한 침해와 차별은 말할 필요도 없이 인간의 내면적 정신적인 자유, 근로자의 인간으로서 존엄과 인격상의 자유 및 인격적 이익의 침해행위라고 말할 수 있지만, 그것은 동시에 경제적 불이익을 수반하지 않을 수 없는 측면도 가지고 있다. 노동현장에 있어서는 특정의 사상이나 신조를 가진 자에 대한 감시, 조사, 고립화 등에 의한 프라이버시나 명예의 침해 혹은 인간관계형성의 자유에 대한 억압, 또는 모집·채용·승급·승격·배치전환·출향 등의 인사에 있어서 차별, 임금, 해고 등의 차별처우 게다가 언론의 자유 및 정치활동의 규제강화, 위반자에 대한 징계처분 등 다양한 제한, 배제의 시책이 기업질서 내지 노무지휘권 등을 근거로 해서 지금 여전히 넓고 깊게 침투하고 있는 상황이다.

확실히 헌법은 「양심의 자유」를 법률의 유보 없이 보장하고 있지만, 「신앙」에 의한 정치적, 경제적 또는 사회적 관계에 있어서 차별을 금지하고 있지 않다. 그러나 이들 사상과 신앙의 자유의 보장은 개인의 존엄성, 행복추구권과 밀접불가분의 관계에 있다고 이해하지 않으면 아니 된다. 그렇지만, 헌법상의 이념을 노사관계의 장과 관련해서 구체화하는 것으로서 근로기준법 제5조 신앙을 이유로서 임금 근로시간, 기타 근로조건에 대한 차별적 처우를 하지 못한다는 점과 제40조에 이른바 블랙리스트의 금지가 있다는 것만으로는 다각적인 형태의 침해, 차별을 남김없이 해석론상의 문제로 취급하는 것에는 한계가 있다.

2) 경향사업과 예외적 차별취급

그런데, 영리를 목적으로 하는 일반기업과 달리, 기업 자체가 그 사업의 성질상 특정의 사상 및 신조를 존립의 기반으로 하고 있는 특수한 사업, 소위 경향사업(Tendenzbetrieb)라고 칭하는 기업에서는 일정의 범위에서 그 특수성에 따른 법리의 적용이 인정되어 왔다고 생각된다. 그러나 특수한 사업에서는 사업이 가지는 경향성과 근로자의 사상과 신조가 모순 · 저촉되는 경우가 생기고 사업의 원활한 운영과의 관계가 문제로 된다.

첫째는, 사업의 존재의의 혹은 목적 등의 필요성과 경향성이 본질적으로 불가분적 일체의 관계를 이루고 있는 사업, 예컨대 정당과 정치단체 · 종교단체 및 이와 유사한 단체의 기관지출판이나 교육 · 선전 · 포교활동을 목적으로 하는 사업에 있어서는 근로자의 사상 및 신조와 사업의 경향성이 합치하는 것이 필요조건으로 된다. 이러한 경우, 대립정당의 당원이나 상대하는 이데올로기의 동조자의 존재, 혹은 이교도가 소속하고 있는 것 자체가 또 그 상태가 계속되면 될 수록 당해 사업의 존재의의 내지 목적 등의 필요성과 직접적으로 모순, 저촉하고 사업에 불이익을 야기하게 되고, 당해 사업의 경영활동에 미치는 구체적 현실적인 지장의 발생여부에 관계없이 일정의 범위에서 근로자의 사상 및 신조에 대하여 예외적으로 차별적 취급을 하는 것에 객관적 타당성이 있다고 생각된다.

이와 같이 예외적으로 차별적 취급이 허용되는 경우, 경향사업의 사용자는 종업원의 모집, 채용에 즈음하여, 일정한 정치적 신조의 지지자, 종교적 신조의 신봉자인 것을 자격조건으로 하는 취지를 표명하는 것이 필요하다. 또 사업의 경향성과 근로자의 지위, 직무내용이 객관적으로 관계가 없는 노무제공자(예컨대, 단순노동 등)에 대해서는 그러한 예외적용은 허용되지 않는다.

둘째, 일률적으로 경향사업이라고 하더라도, 그 경향성과 영리목적, 근로자의 사상 및 신조의 자유와 모순 · 저촉하는 것이 아니라 공존하는 경우가 있다. 그러한 사업에 있어서는 근로자의 사상 및 신조가 추상적으로 사업의 특수성에 모순 · 저촉하고 있다는 것만으로는 족하지 않고, 근로자의 지위나 직종 그 내용, 고용형태나 근무 장소, 시간대, 사업의 규모나 경업관계 등에 의해서 사업에 미치는 영향의 정도에 차이 있는 것을 참작하여, 사업활동을 저해하는 구체적인 사실을 개별적으로 살펴보지 않으면 아니 된다. 요컨대, 근로자의 당해 행위가 사업활동에 구체적 · 현실적인 지장을 미치는가 여부의 판단에 충분한 객관성, 타당성을 가지게 하는 것인가 중요하게 된다.

2. 사상의 자유에 관한 조사·신고·표명 등

근로자의 사상에 관한 사항에 대하여 신고·표명을 요구하고 혹은 그것에 관련성이 있는 신원조사를 하는 등의 행위는 그것을 필요로 하는 합리적 이유와 근로자의 사상의 자유 및 개인적 영역에 대한 침해와 관련해서 문제로 된다. 이 점, 근로계약성립 전과 후에서 논점에 있어서 약간의 차이가 있을 수 있다.

1) 근로계약성립 이전의 침해와 차별

(1) 신원조회와 신고 등

확실히 사용자는 근로자를 고용하는 데에 있어서 원칙으로서 자유롭게 결정할 수 있지만, 근로자의 채용여부의 결정에 있어서 기업이 근로자의 사상이나 신조를 조사하고, 그 사람으로부터 그것에 관한 사상에 대한 신고를 요구하는 것은 문제가 있다. 특정의 사상·신조를 가지고 있는 자에 대하여 그것을 표명하도록 실질적으로 강요한 경우는 양심의 자유 내지 인격권에 대한 적극적인 침해행위로서 사용자의 불법행위책임이 성립할 가능성이 높다고 할 것이다.

(2) 채용거부

사용의 거부가 사상 및 신조를 이유로 한 것이 명백한 경우, 사용자에게 채용을 법적으로 강제할 수 있는가가 문제로 된다. 예컨대, 근로자는「사용자에 대해서 전인격을 가지고 봉사하는 의무를 부담하는」이유는 아니고 사용자의 재량권도 그 자체에서 필요하고 합리적인 범위를 넘어서는 아니 되기 때문에 실질적으로 일연의 조직성을 가지고 흐름 가운데에 행하여진 거부라고 엿보여지기에 족한 계기가 포함되어 있다고 파악되는 경우는 특정의 사상·신조를 가진 자에 대하여 그 때문에 가해를 시도하는 것에 틀림없고, 그래서 생존권적 이익의 침해에 해당하여 사용자의 불법행위책임은 면할 수 없을 것이다.

2) 근로계약체결 이후의 침해와 차별

(1) 조사, 감시, 공동절교 등

사용자에게 기업질서유지를 위한 규칙을 제정하는 권능, 그 위반자에 대하여 제재를 가하는 기능을 인정하는 한, 질서위반행위에 관해서 감시·지도·조사 등을 하는 것은 사용자의 권능의 일부로서 승인될 것이다. 그러나 사용자가 특정근로자가 가지고 있는 사상 및 신조를 공개적으로 혐오 혹은 비난하거나 특정근로자의 사상이나 신조를 혐오한 나머지 특별한 감시요원을 배치하여 당해 근로자에 대해 미행, 사진촬영, 동정조사를 하도록 하고 또 동료근로자들로 하여금 공동절교를 하도록 조처하겠다는 말하는 것은 그 수단, 방법의 여하를 그다지 자세히 살펴볼 필요도 없이 각 행위에서 엿보이는 실의(實意)로부터 판단해 볼 때 사용자의 권한남용이라고 할 것이다.

이러한 말들은 그 개별적 성질이나 그 실질적인 효과 여부를 가지고 침해여부를 판단하기 어렵고, 전체의 조작적인 추이 가운데에 암묵적인 강제를 수반하면서 이루어진다는 점에 그 특성이 있다. 그래서 현실적으로 이러한 말이 실행되어 근로자의 사상이나 신조를 침해하지 않더라도, 사용자가 근로자의 사상이나 신조를 이유로 차별적인 노무관리의 의도를 엿보이게 하기에 충분하다고 할 것이다. 특히 고립화, 공동절교 등이라는 상태로 근로자를 몰고 가는 듯한 행위는 단순히 사상·신조의 자유의 침해라는 것에 그치지 않고, 직장에서의 조직적 협동작업에의 참가를 위축시켜 「자유로운 인간관계형성」의 자유를 저해하는 비인도적 행위라고 평가해야 할 것이다.

따라서 기업의 적극적인 지원을 받는 행위인가여부의 판단은 일상적인 기업활동과 어떠한 접점이 엿보이는 추이에 의한 행위성이 인정되면, 특정의 사상이나 신조를 가지는 사람에 대한 그것 때문에 적극적인 정신적 위협행위라고 평가되어지는 것만으로 불법행위성이 높은 것이다. 반면, 노무수행과정에 있어서 사용자로부터 감시 조사활동, 공동절교에 대한 협력 참가를 요청받은 경우, 근로자는 기업의 일반적 지배에 복종하는 것은 아니기 때문에 공서질서에 반하는 비인도적 행위를 할 의무를 당연히 부담하지는 않는다. 노무제공의무를 이행하는 데에 필요하고 합리적인 범위에 한해서 협력의무가 발생하는 것에 불과하다.

(2) 사상의 청취와 표명

사용자가 경영상 전혀 불필요함에도 불구하고 특정의 사상이나 신조를 가지고 있다는 것을 표명하도록 근로자에게 요구하는 행위는 근로자가 현재 그러한 사상이나 신조를 가지고 있다는 사실 자체를 단순히 인지하려고 하는 것에 그치는 것이 아니라, 그 사상의 전향을 요구하거나 장래에 특정의 사상과 신조를 갖지 못하도록 하기 위해 실질적 제한적 조치를 하려고 하는 것이라고 할 것이므로 이러한 사용자의 행위는 사회통념상으로서도 결코 통상적인 것이라고 말할 수 없다. 이것은 헌법 제21조가 보장하고 있는 언론의 자유뿐만 아니라 헌법 제19조에 보장된 양심의 자유에 기해 보호되는 침묵의 자유 및 개인의 인격적 가치영역에 대한 침해라고 할 것이다. 특히 사용자의 권한은 근로계약에 기초한 채권으로서 근로자에게 청구할 수 있는 한도를 넘지 않아야 하는 점을 생각한다면 사업주, 사업담당자 또는 상사 등 노무관리자의 그러한 행위가 현실적으로 근로자의 특정사상이나 신조를 표명하도록 강제되었는가의 여부를 확인할 필요는 없을 것이고, 그것이 기업조직상의 권한에 기해 이루어진 행위이었는지의 여부를 묻는 것은 의미가 없다고 하겠다. 그러한 행위가 기업의사에 명확하게 반하는 등 특단의 사정이 있는 경우를 제외하고 사용자가 일상적인 노무관리 하에서 구두로 하든, 서면에 의하든 근로자의 침묵의 자유를 간접적·직접적으로 억압하는 형태로 그러한 표명을 근로자에게 요구하였다고 파악되는 경우 그것은 강요이고, 적극적인 정신적 위협, 인격권의 침해로서 사용자 자신의 불법행위를 구성한다고 판단된다.

3) 차별인사

기업에 인사재량권이 있다고는 말할 수 있고, 헌법 및 근로기준법상의 구조로부터 특정의 사상 및 신조에 대하여 합리성이 인정되는 특단의 사정이 있는 경우를 제외하고 차별적 취급을 하면, 당연히 재량권의 남용 내지 위법성이 인정된다고 할 것이다. 근로자 측의 불이익성의 입증에 관해서 개별적으로 입증할 필요성이 있다고 주장하는 견해도 있을 수 있지만, 이러한 입장에 있어서도 종업원이 인사고과 전체를 파악하는 것은 사실상 곤란하고 부당한 차별적 취급을 받았다는 것을 직접으로 증명하는 것은 불가능할 것이다. 이와 같이 사용자의 차별의사의 입증은 그것이 내심의 의도에 관련된 것인 만큼 직접적인 입증하기 어려운 특수성이 있다는 것을 참작하면, 차별성의 판단은 객관적 차별이 존재하고, 인사권의 남용을 엿보기에 족한 사실로써 인정해야 할 것이다. 배치전환, 승진, 임금차별 및 해고에 있어서 집단적으로 비교하여 객관적 차별성의 존재가 인정되었던 경우, 사용자의 인사기밀유지상의 사유가 무엇이든 관계없이 특정의 사상 또는 신조를 가진 자이기 때문에 가해진 적극적 가해행위라고 말하지 않을 수 없을 것이고, 이는 불법행위를 구성한다고 할 것이다.

3. 근로자의 언론활동

1) 취업시간 중 사업장 내 언론의 자유

근로자는 기업조직 내에서 사용자의 지휘명령하에서 노무를 제공하고 다른 동료근로자들과 조직적인 협동작업에 종사하는 한편, 그들과 복잡 다양한 인간관계를 가지고 있으면서 그 자신 삶의 중요부분을 영위하고 있다. 이러한 과정에서 근로자가 기업의 종업원으로서 다른 종업원이나 기업 외의 제3자에 대해 문서배포, 첨부 등의 언론활동의 수단을 이용해서 그 자신과 그가 처하고 있는 실상을 호소하고, 그 것에 대한 지지나 지원을 구하거나 개선을 요구하는 언론활동은 단순히 시민적 표현의 자유 일반의 문제로서가 아니라, 근로자에 고유한 표현의 자유의 문제이고 나아가서 노사관계에 있어서도 일종의 공공적인 질서를 형성해 간다고 말할 수 있다.

그러나 위와 같은 기업 내에 있어 근로자의 언론활동은 대(對)사용자와의 관계에서 특히 사용자의 노무지휘권, 직장규율권, 시설관리권 등과의 관계에서 문제로 된다. 이들 사용자의 권한, 법익이 그와 같은 자유를 제약하는 법적 근거로 될 수 있는가에 대해서는 사용자의 시설관리권을 별도로 한다면, 근로계약 외는 있을 수 없다. 근로계약이라는 법적 구성을 통한 노무제공의무와 그것에 부수하여 발생하는 작위·부작위의무를 매개로 하여 합리적으로 한정되는 것이다. 기업 내에 있어 취업시간 중에 대립 항쟁을 하고 노무불제공에 의한 채무불이행, 직무에 대한 전념을 포기한 경우, 및 다른 종업원의 업무 생산성 등을 적극적으로 방해한 경우, 그것에 수반하는 양태가 구체적으로 직장규율유지에 저촉한 경우에 그 정도 및 범위에 따라 사용자의 권한·법익과의 조화를 비교형량하여, 표현의 자유에 대한 제약의 합리성여부가 판단되어야 할 것이다.

2) 기업 밖에서 취업시간 외의 비판활동

(1) 비판의 자유와 종업원의 의무

근로자의 표현의 자유에 기한 비판활동은, 종업원이기 때문에 사용자와 다른 가치관의 입장에서 할 수 있는 표명의 자유를 내포하고 있으며, 그것의 제약은 근로계약이라는 법적 구성을 통해 객관적·구체적으로 평가되어야 한다. 근로자가 소속하는 기업에 대한 비판이 기업 외에서 취업시간 외에 이루어지는 경우, 본래적으로 직무의 수행 및 기업시설의 이용과는 아무런 관계가 없는 행위라고 할 수밖에 없지만, 그럼에도 기업의 신용성, 공익성을 원용하여 종업원의 기업옹호, 방위협력의무 혹은 충실의무에 반하는가, 문서의 내용과 방식의 부적절 등의 논법이 징계처분을 긍정하기 위한 매체논거로서 이용되고 있다.

그렇지만, 이러한 의무론의 개념이라는 것은 극히 추상적이고, 그 외연은 확대되기 쉬운 성격을 가지고 있다. 가령 그것을 우위에 두게 되면, 기업비판의 억지 내지 침묵의 강요로서, 결국은 근로자의 소속기업에 대한 전인격적 복종을 가져올 위험성조차 초래하게 된다. 기업 밖에서의 비행, 파렴치행위 등을 제외하면, 사인간으로서의 근로자의 표현의 자유를 일반적으로 억제할 논거라고 보기 어렵다.

(2) 문서내용과 기업의 신용과 명예

기업 외에서 한 근로자의 언론활동이 그의 표현의 자유의 일환으로서 이루어졌다고 하더라도 그 문서나 말의 내용이 격하거나 악질적인 문언을 사용하여 회사나 사용자 개인의 명예·신용을 실추시켰다고 하여, 그것이 기업질서위반이 문제로 되는 경우가 있다. 이 경우에 예컨대, 기업을 비판하는 문서내용이나 표현방법이 합리적 범위라고 할 수 있는가의 판단은 기재의 부분적 평가에 그치는 것이 아니라, 문서전체의 문맥과의 관련에서 그것의 상당성 내지 객관적 사실에 기한 것 아니지 여부 또 사실을 왜곡·과장하였다고 하여도 기업에 대한 비방·중상이 목적인가 아닌가가 당해 비판활동에 고유한 경위와 동기, 목적 등도 소재로 하여 판단해야 한다.

4. 정치활동

1) 기업 내 취업시간 중의 정치활동

(1) 정치활동제한의 합리성

헌법 제21조가 보장하고 있는 표현의 자유에 대한 제약은 공공복리에 기한 합리적 이유가 있는 경우에 인정될 수 있다.[193] 기업 내에서 취업시간 중에 정치활동이 행해지는 경우에, 노무제공의무위반 혹은 다른 종업원의 업무수행방해라는

193) 예컨대, 공직선거에 있어 혹은 정치적 중립을 성질상 요구받는 직업에 있어서는 일정한 범위에서 정치활동이 제약될 수 있을 것이다.

이유는, 전혀 있을 수 없는 것은 아니지만, 구체적 위험성을 요하는 설에 서면, 그 활동이 현실의 노무제공에 지장을 미치고 구체적으로 작업질서를 교란하든가, 작업능률에 영향을 미치든가, 시설관리권을 위협한 경우, 즉「현실적이고 구체적으로 … 경영질서문란 등의 결과를 초래하는 행위」에 한하고, 그 범위에서 책임추급이 되는 것으로 된다. 따라서 단순히 추상적인 위험성의 존재를 이유로 일반적 추상적으로 기업 내의 정치활동금지조항의 효력을 긍정해서는 아니 된다.

(2) 휴게시간의 자유이용과 정치활동

휴게시간 중에 정치활동을 한 경우, 타인의 취업을 방해하거나, 직업질서를 방해해서는 아니 되는 것, 입찰금지 화기엄금 등의 물리적인 의미에서의 시설관리권의 행사에서 규제, 공동의 이익 예컨대 휴식이나 안면 등에 관한 룰(rule)을 준수케 하는 정도에서 제약은 어쩔 수 없다. 다만, 조합활동이나 레크레이션, 문화활동 등과 구별하여 금지되어야 할 합리적 근거는 없다.

2) 기업 외의 정치활동과 징계권

사용자의 징계권은 조직체로서의 기업의 질서를 유지하고, 기업의 생산성의 향상을 꾀하기 위해 이것에 위반한 자에게 소위 계약벌로서 불이익을 주고, 그것이 심한 경우는 이것을 징계해고 즉 기업 밖으로 배제하는 것을 목적으로 하고 있다. 그렇지만 기업질서라는 개념은 그 외연을 확대하기 쉬운 성질을 가지고, 그 결과로서 근로자의 행동이 안이하게 제약 내지 금지를 받을 위험성이 있는 것도 부정할 수 없다.

그런데 취업시간 외에 사업장 밖에서 정치활동이 행해진 경우, 사용자의 지배영역 외의 현상이고, 원칙으로서 노무의 제공과는 무관계한 행위이다. 사인 간으로서 존재하는 근로자의 전인격까지도 사용자의 통제 하에 끌어넣는 것이 아니기 때문에, 가령 정치활동이 취업규칙상의 규정에 반한다고 주장되는 것이 있어도, 그것은 기업 외에 있어서 비행, 파렴치죄 등과 같이 징계사유로 될 가능성이 명백하게 되고, 직장규율의 확대적용이 생각될 수 있는 경우와, 신의칙 위반에 관계하여 노동관계의 계속을 기대할 수 없는 정도로 종업원으로서의 적격성이 결하고 있는 경우에 징계권의 행사는 한정된다는 것이다.

5. 정 리

사상과 표현의 자유는 근로자와 노동단체가 누리는 자유의 불가분적인 요소라고 할 것이다. 우리나라에서 노동조합과 단체행동이 국가보안법과 관련해서 문제되는 경우가 대단히 많다. 이러한 경우에도 "명백하고 현존하는 위험(clear-and present danger)의 원칙", "명확성의 원칙", "과잉금지의 원칙" 등에 의하여 그러한 규제가 제한되어야 할 것이다.

표현의 자유는 근로관계와 관련하여 특히 두 가지의 측면에서 문제가 된다. 첫째, 근로계약에 기하여 근로자의 표현의 자유를 어느 정도 제한할 수 있는가? 둘째, 근로관계의 계속적인 성질에 기한 충실의무에 근거하여 근로자의 표현의 자유가 어느 정도 제한되는가? 원칙적으로 근로계약에 기하여 근로자의 표현의 자유를 제한할 수 없다고 할 것이다. 그러므로 근로계약이나 충실의무에 기한 표현의 자유의 제한은 사용자의 보호할 만한 이익을 지키기 위한 경우가 아니면 위헌이라고 할 것이다.

근로자의 사상 신조에 대한 침해, 차별은 일련의 레드파지(Red Purge)사건이 가장 특이한 형태로 나타났지만, 그와 같은 대대적이고 노골적인 행태는 그 후는 예를 볼 수 없다고 하여도, 결코 문제가 끊었다고 할 수는 없다. 오늘날에 이르러도, 채용의 자유, 기업질서의 유지 등 그 외연이 극히 확대되기 쉬운 논거로써, 취업규칙상의 규정위반을 이유로 하는 징계처분의 적부를 둘러싼 판례는 반복되고 있다.

근로자는 근로계약상 작위 · 부작위의무를 부담한다고 하여도, 사용자의 전인격적 지배하에 놓여있는 것은 아니다. 그렇다고 하면, 보호법규위반의 불법행위에 해당하고, 동시에 개인의 존엄, 프라이버시의 존중 등 정신적 · 인격적 가치침해의 위법성을 추구하는 관점에서, 근로자의 사상, 신조, 언론의 자유에 대한 제약의 합리성 여하에 대해, 각각의 침해, 차별의 배후에 잠재하는 조직성, 일체성을 간과하지 않고, 보다 정밀한 이론화를 시도해볼 과제는 의연히 큰 무게를 가지고 있다.

사기업에서 조례 시에 국기에 대한 경례를 강제하거나 애국가의 제창을 하도록 강요하는 행위는 근로자의 양심의 자유를 침해하는 것으로서 문제라고 할 것이다.[194] 왜냐하면 위와 같은 사용자의 강요행위는 근로자 개개인의 내면적 · 정신

---

194) 서울남부지방법원 2010.5.14, 2009가합21769 판결(동 판결은 서울고등법원 2010.12.10. 선고 2010나60488 판결로 항소기각되고 상고가 대법원 2011.4.14 2011다4230결정으로 심리불속행되어 확정

적 자유에 관련된 사항으로서 근로계약의 내용으로서의 의무 지워진 것도 아니기 때문이다. 국기·국가법이 제정되었다고 하여도, 본래적으로 그것은 명령이나 강요에 친한 성격의 사항인 이상, 그것에 따르지 않았다는 것으로써 곧바로 취업규칙상의 규정위반 기업질서를 문란하게 하는 것으로는 되지 않는다고 할 것이다.

V. 집회와 결사의 자유

헌법 제21조 제1항 및 제2항이 집회와 결사의 자유를 모든 국민의 권리로 보장

되었음) 참조. 이 사건은 이명박 정부 하에서 국책연구기관인 한국노동연구원에 야기되었던 연구원의 부당해고에 대한 해고무효확인청구사건인데, 사용자인 피고가 근로자인 원고가 피고의 경영설명회에 참석하더라도 국민의례를 거부한 것을 근무실적이 우수하지 못하다고 평가할 수 있는 근거로 삼을 수 있는지 여부에 대해서 법원은 다음과 같이 판단하였다. "① 대한민국 국기법(2007.1.26. 법률 제8272호로 제정된 것)에 따르면 '이 법은 대한민국을 상징하는 국기의 제작·게양 및 관리 등에 관한 기본적인 사항을 규명함으로써 국기에 대한 인식의 제고 및 존엄성의 수호를 통하여 애국정신을 고양함을 목적으로 한다(제1조)', '모든 국민은 국기를 존중하고 애호하여야 한다(제5조 제1항). 국기에 대한 경례를 할 때에는 선 채로 국기를 향하여 오른손을 펴서 왼편가슴에 대고 국기를 주목하거나 거수경례를 한다(제6조)'라고 규정하고 있고, 국기게양·관리 및 국민의례에 대한 지침(1996.3.12. 국무총리지시 제1996-5호)에 따르면 '나라의 상징이며 민족의 전통과 이상이 담겨져 있는 국기에 대하여 예절을 지켜 그 존엄성을 높이며, 아울러 국민의례를 통하여 나라사랑하는 마음을 더욱 가다듬어 나갈 수 있도록 모든 공직자들이 솔선수범하도록 해야 할 것임(1. 기본방침)', '각급 행정기관 및 산하단체 등에서 각종 의식(행사)을 거행할 때 실시하는 국민의례절차는 다음과 같이 하되, 앞으로 각종 의식 거행 시에는 정식절차에 따르도록 하는 것이 원칙으로 함(3. 국민의례이하 생략)'이라고 하고 있는 점 등을 고려할 때, 국기에 대한 경례에나 국기에 대한 맹세는 모두 국기를 존중하고 애국정신을 고취시키기 위한 것으로 국가가 관계법령을 통하여 국민에게 요망하고 있는 행위이기는 하다.
그러나 그 내용이나 관련 법령의 규정 등에 비추어 볼 때 이를 엄밀히 이미이 법저인 의무라고 보기는 어렵고, 대한민국 국민이 국기에 대한 경례나 국기에 대한 맹세를 거부하였더라도, 일반적으로는 이를 이유로 그에게 어떠한 제재를 가하거나 불이익을 줄 수는 없다고 봄이 상당하다. 국기에 대한 경례나 국기에 대한 맹세 모두 국가를 사랑하고 국가에 헌신하고자 하는 내면의 양심을 국기를 매개로 하여 경례나 맹세문의 낭독이라는 행위를 통하여 외부에 표현하는 것인데, 그 거부를 이유로 제재를 가하거나 불이익을 주는 것은 결과적으로 양심의 자유를 침해하는 것이 될 여지가 크기 때문이다."
다른 한편, 노동사건에 대한 판결이 아니지만, 대판 1976.4.27. 75누249은 김해여자고등학교는 1950.5.16자 총제430호 국무총리의 국기에 대한 경례통첩과 이에 의한 문교부의 국기에 대한 예절에 관한 지시 및 1973년도 고등학교 학생교련교육지침서에 따라 국기에 대한 예절은 "국기에 대한 경례"의 구령으로 시작되어 경례방법은 제복 제모를 착용한 학생들은 거수경례를 하도록 되어 있는데 위 학교의 학생인 원고들이 나라의 상징인 국기의 존엄성에 대한 경례를 우상숭배로 단정하고 그 경례를 거부한 것은 국기예절에 관한 위 학교의 교육방침에 위배되는 행위라고 보아 퇴학처분한 징계처분은 적법하다고 판시하였다. 이 판결을 통해서 법원의 판결이라는 것이 얼마나 정치적인지를 극명하게 알 수 있을 것이다. 어떻든 이 판례는 국기에 대한 경례의 강요가 우리 헌법 제19조가 보장하고 있는 양심의 자유의 본질적인 부분을 침해할 우려가 있다는 점에서 심히 문제라고 할 것이다.

하고 있는데, 근로관계와 관련해서 보면 집회와 결사의 자유는 노동단체의 활동을 위한 불가결한 조건이다.

특히, 집회 및 시위에 관한 법률(이른바 "집시법")은 집회와 결사의 자유를 과도하게 제한하고 있어 있어서 위헌의 소지가 있다. 집회권은 노동단체의 자기활동 조직권의 필수불가결한 요소이기 때문에 공적기관에 의한 노동단체의 집회에 대한 부당한 간섭이나 자의적인 참석제한은 위헌이라고 할 것이다.

Ⅵ. 재산권의 보장 : 노동단체의 가옥과 자산의 보호

헌법 제23조에 의해서 근로자와 노동단체의 재산권도 보장된다. 그러나 현실에서 노동단체의 재산권에 대한 침해는 사실상 다양하게 나타나고 있다. 노동단체의 본부나 기관지 발행소에 대한 임의적인 수사, 노동단체의 자산 특히 건조물의 압류, 노동단체사무소의 봉쇄나 폐쇄, 경찰이나 군대에 의한 노동단체의 가옥의 점거 등이 그것이다.

제 6 절 노동권 : 근로의 권리

Ⅰ. 예비적 고찰

1. 노동권의 역사적 개관

1) 노동권사상의 계보

노동권의 사상은 원래 이것을 인간의 천부의 권리의 일종으로서 노동의 의무와 함께 인간의 속성이라고 보는 자연권사상에서, 그 단초가 발하였던 것이다. 물론 여기에는 다분히 크리스트교의 영향이 있었다고 할 것이다. 그러나 그것은 17,18세기의 자연법학의 개인주의적 사회관에 있어서는 「모든 인간은 노동을 하고 노동하지 않으면 아니 된다」고 하는 추상적인 사상하에, 결국은 당시의 자유주의와 결합하여, 개인이 자유로이 노동의 기회를 얻는 것을 국가가 침해해서는 아니 된다고 하는 소극적인 주장을 하기에 그쳤다. 따라서 이러한 한에 있어서는 아직 현대적 의미에 있어서의 노동권이 인정되지 않았다. 현대적 의미에 있어서 노동권의 개념은 자본주의경제발달의 부산물로서 실업문제의 빈발에 직면하여 노동자들의 생존이 사회문제로 되면서 생존권사상과 연결되면서 정치적으로 그리고 이론적으로 부각되었다. 원래 노동권개념은 구빈제도에 그 발단을 두고 있었는데, 도이칠란트에서는 피히테(Johann Gottlieb Fichte, 1762~1814)가, 「노동에 의해 생활해야 한다」고 주장하면서 철학적 차원에서 노동권의 관념을 주장하였고, 프랑스에서는 프리에(François Marie Charles Fourier, 1772~1837)가 처음에 사회주의이론적인 견지에서 노동권에 관한 주장을 피력하였다.

프랑스에는 이미 대혁명기에 「사회로부터 일거리를 요구할 권리」의 사상이 표명되었다. 그러나 노동권이 최초로 명시적으로 주장되었던 것은 19세기 초두에 초기사회주의자인 프리에에 있어서였다. 그는 구성원의 자연적 권리의 등가성을 전제로 하는 미개사회의 공동체를 모델로 해서 "팔랑쥬(phalange)[195)]"라는 생산자협동조합을 조직할 것을 제안하였는데, 팔랑쥬에서 각인의 기호와 능력에 따라 노동이 보장이 될 수 있다고 했다. 프리에의 제자인 V. 컨시데른(Victor Considerant, 1808-1893)은 팔랑쥬가 실현되기 이전에 단순한 일을 요구할 권리가 실현되어야 한다고 주장하였다.

이와 같은 19세기 전반기의 프랑스사상은 당시의 도이칠란트에 영향을 미쳐서 도이칠란트에서도 초기사회주의자들이 노동의 권리를 주장하기에 이르렀다. 바로 도이칠란트에서 갈(Heinrich Ludwig Lambert Gall, 1791-1863)이 노동권이라는 개념을 최초로 명시적으로 언급하였고, F. 쉬트로마이어(Franz Stromeyer)는 프리에의 주장과 거의 같은 논거에 기하여 노동권을 「적직(適職)을 구할 권리」로서 파악했다.

프랑스에서 노동권은 처음에 사회주의노동운동에서 주장되었던 것인데, 1848년 프랑스 제헌의회에서 비(非)사회주의파도 노동권의 보장을 제기하였다. 그 결과 노동권은 현실의 정체체제 내에서 단순히 실업구제나 생활할 권리라는 측면이 강조되면서 노동권에 관한 관념이 왜소화되는 계기가 만들어졌다. 그럼에도 불구하고, 프랑스 제헌의회에 있어서 노동권에 관한 논의에 촉발되어, 1849년 도이칠란트 헌법제정의회에서는 시민적 중도좌파에 의해 노동권이 주장되었다. 그 후 노동권론

195) 팔랑쥬는 이른바 공상적 사회주의자인 프리에가 주장했던 자급적이고 독립적인 공동체적 사회의 명칭이다. 프리에가 말하는 팔랑쥬는 주로 농수공업적 경제에 바탕을 둔 것으로서 오늘날의 생산자협동조합을 연상하면 어느 정도 이해될 수 있을 것 같다.

은 프랑스에서는 거의 모습을 감추었고, 도이칠란트에서도 말로(Karl Marlo, 1810-1865) 등을 제외하면, 사상계나 정치의 무대에서 한 동안 거의 주장되지 않았다.

그런데 19세기 후반 도이칠란트 제2제정기로 접어들면서 노동권론은 다시 분출하게 되었다. 거기에서의 의론은 거의 일관된 특색은 노동권이 체제옹호적인 입장에서 주장되고, 또 체제 내에서 실현가능한 것으로서 제시되었던 것에 찾을 수 있다. 19세기 중엽까지의 노동권론의 대부분은 체제변혁적인 입장을 견지하고 있었던 것에 반해, 이 시기의 노동권론은 체제옹호적인 노동권론이라고 부를 수 있겠다. 이러한 이론의 방향을 기초했던 것은 1848년의 프랑스 제헌의회의 논의에서 배우면서 체제 내에서 단순히 「일을 구할 권리」를 주장하였던 쉬퇴펠(Franz Stöpel)의 이론과 구빈법적 "일거리제공"에서 암시를 받았던 프로이센의 제상 비스마르크(Otto Eduard Leopold von Bismarck, 1815-1898)가 했던 "노동권연설"이었다. 이 시기에는 카톨릭사회운동이나 강단사회주의의 입장에서도 노동권이 주장되었고, 또 법조사회주의 진영에서도 노동권의 보장을 요구하였다. 그렇지만 이 시기에 마르크스주의자나 사민당은 노동권에 대해 원칙적으로 반대의 태도를 가지고 있었다. 어떻든 이 시기의 노동권의 주장은 대체로 사회개량주의적인 조심스런 내용을 가지고 있었다고 할 수 있다. A. 멩거(Anton Menger, 1841-1960)는 노동권을 일용노동을 구할 권리로서 정식화하고, 노동권론의 보급에 많은 기여를 하였지만, 오히려 이론사적 관점에서 오늘날 노동권론과 관련해서 생각해볼 때는 맹거보다 약간 뒤에 활약했던 아들러(Georg Adler)와 싱거(Rudolf Singer, 1907-1979)라고 할 것이다. 아들러는 적직을 요구할 수 있는 권리와 그렇지 않을 경우에 보충적으로 실업급여를 요구할 수 있는 권리로 구성했고, 싱거는 노동권론을 법이론적으로 정치하게 정식화를 시도했다.

바이마르시대가 시작되면서 노동권론은 수그러지게 되지만, 거기에서는 약간의 학자들에 의해 노동권의 완화된 해석이나 사회정책적 조치들에 의한 그 실현이 설시되기에 이르렀다. 이 시기에는 문제의 중점은 노동권이라는 관념적 정치적인 의론에서, 바이마르헌법 제163조 제2항의 요청에 따른 실업구제법제를 둘러싼 구체적인 의론으로 옮겨지게 되었다. 나찌즘시대가 되면, 노동권은 노동력배치정책을 기초하는 이데올로기로서 기능하였다. 그리고 20세기 중엽에는 크리스트교사상에 기초한 노동권의 주장이 되었다. 대체로 노동권사상의 발생 이래 제1차 세계대전전까지는 노동권의 다수는 법률학 이외의 측면에서 전개되고, 바로 사회사상이나 정책, 이념 등의 차원에서 논의되는 경향에 있었고, 거기에서는 국가로부터의 일의 제공을 구하는 실업자의 권리라는 명확한 법적 정식은 약간의 논자에 의해 주어졌던 것에 불과했다.

이러한 경향은 전후의 시기에 있어서도, 일면에서, 말하자면, 수계되었는데, 뿐만 아니라, 여기에서는 노동권론은 새로운 활성화를 나타내고, 바로 순수학문차원에 한하지 않고, 널리 정치사회의 장에서 노동권의 표어가 침수하기에 이르렀다. 그러나 이 시기에는 노동권론은 동시에, 사회권론이 활발하게 되면서 이와 더불어 법률학적인 평면에서 자주 논의되게 되었다. 그 중에서 다수의 학자는 노동권을 국가로부터 일의 제공을 구할 권리에 한정해서 이해한 다음, 현행헌법질서 하에서의 노동권의 법적 실현의 불가능을 주장하였다. 그리고 노동권의 말하면, 대용물로서 유효한 고용정책이나 실업급부 등의 필요를 설명하였다. 이러한 상황에서, 다른 한편, 약간의 학자들에 의해 오늘날의 사회에서 표현 가능한 형태로의 노동권의 완화된 법적 정식화가 시도되기에 이른다.

2) 노동권론의 다양성

역사상으로 주장되었던 노동권론은 그 내용에 있어서 하나가 아니었다. 그것은 각 시대와 상황에 따라 상당히 다양했다. 그래서 현행헌법상의 노동권을 제대로 파악하기 위해서 먼저 예비적으로 이들 노동권론의 내용·근거 및 사상적 배경에 대한 이해가 필요하다.

첫째로, 노동권의 의미는, 그 역사에서 상당히 다의적으로 파악되어왔고, 사회사상차원에서는 특히 19세기 중엽까지의 시기에는, 노동권은 자주 노동수익을 구할 권리나 노동수단을 구할 권리, 그리고 생존확보의 요구와 결부되거나 일체로 된 형태로 주장되는 경향에 있었지만 전체로서 보면, 그 중핵적인 내용을 이루는 것은 어디까지나「일거리 또는 일자리에 대한 요구」였다고 말할 수 있다.

이 노동권의 내용에 관해서 특히 커다란 의론의 대상으로 되었던 것은 그것이 전문적인 일을 구할 권리, 단순한 일을 구할 권리의 어느 쪽을 의미하는가라는 것이었다. 이 문제가 심하게 의론되었던 장으로서는 1848년의 프랑스의 헌법제정의회를 들 수 있지만, 그 후의 노동권론의 다수도, 이 문제에 상당한 관심을 두고 있었다고 하겠다. 그리고 다수의 논자는 전문적인 일을 구할 권리는 실시상의 난점을 가지고, 그것을 실현하는 것은 금일의 사회에서는 불가능하다고 하는 것이나 그것은 사회주의로 연결되는 것이라는 등을 주장하여왔다. 그러나 노동권의 역사를 거슬러가 보면, 국가로부터 전문적인 일을 구할 권리라는 것은 이론상의 가설로서 혹은 반대론자에 의한 노동권의 공격의 재료로서 이야기되었던 것에 불과하고, 그것은 노동권의 지지자에 의해 명시적으로 주장되었던 것은 아니었다는 것을 알게 될 것이다. 실제, 노동권론의 주류를 이루었던 것은 단순한 일을 구할 권리의 주장이었다. 그 주장은 콘시데른, 1848년의 프랑스의회의 노동권지지파, 말로, 쉬테펠, A. 멩거, G. 슈몰라(Gustav von Schmoller, 1834~1917) 등의 사상에서 볼 수 있다. 거기에는 노동권은 자주 실업구제사업에서 일정한 임금을 수반하는 일용노동에 대한 권리로서 파악되었다. 그러나 이러한 단순한 일을 구할 권리에 관해서는 그 난점으로서, 그것이 "일거리제공"에 의한 부조로 돌아가 버린다는 것, 전문노동자의 능력을 해친다는 것 등이 지적되었다.

또 노동권에 관련해서는, 특히 도이칠란트 제2제정기 이래, 실업구제조치로서, 직업소개, 실업급부 등의 문제가 설명되어 왔지만, 이들은 반드시 노동권의 내용에 속하는 것으로서 자리매김 되었던 것은 아니었다. 물론 그것들을 노동권의 구성요소를 이루는 것으로서 파악하는 학설도 볼 수 있다. 그렇지만 전통적으로 노동권은 국가에 대하여 직접 「일거리 또는 일자리를 요구할 수 있는 권리」로서 파악해 왔다. 이와 같은 노동권에 대한 이해방식은 제2차 세계대전 후에 전개되었던 현대적 노동권론에도 그대로 수계되었다고 해도 좋을 것 같다. 앞에서 언급했던 안톤 멩거는 자주 「한정적인 노동권」, 즉 국가에 의한 노동기회의 제공과 그것이 불가능한 경우에 상당한 생계비의 지불을 요구하는 권리를 주장하였던 자로서 파악되고 있는데, 그는 다른 다수의 논자와 마찬가지로, 국가에 의해 일거리 또는 일자리가 제공되지 않을 경우에 보충적으로 생활보장을 요구할 수 있는 권리가 노동권의 내용으로 된다고는 이해하지 않았다고 하는 것에 주의할 필요가 있다.

둘째로, 노동권론의 근거에 관해서는[196] 등가물이론, 생존보호의 요구, 사회적 정의의 이념, 인간의 자기실현의 이념 등 다양한 것이 거론되고 있다.[197] 이들 중에서 등가물이론은 프리에주의자(fourierist)[198]에 있어서와 같이, 미개인이 가지고 있는 원권(原權)이 상실된 것의 대가로서, 그 등가물인 노동권을 요구하는 것이지만, 우선 역사적 의미를 가지는 것에 그칠 것이다.[199] 또 생존확보의 요구는 생존

---

196) Vgl. M. Rath, Die Garantie des Rechts auf Arbeit, 1974, S. 14ff; W. A. Malachowski, Recht auf Arbeit und Arbeitspflicht, 1922, S. 66ff.

197) 그 외에, 여기에서는 언급하지 않았지만, 노동권의 보장근거를 다양한 각도에서 찾고 있다. 노동의 (도덕적) 의무에서 찾는 학자도 있고, 예컨대, H, Hamm, Arbeit-Ethik-Menschenrecht, 1976, S. 33ff. 또 소유권보장에서 생산과정에 대한 참가의 보장을 매개로 노동권의 보장을 도출하는 학자도 있다. 예컨대, Schiffauer, Recht auf Arbeit und Eigentum, EuGRZ, 9. Jg.(1982), S. 56f.

198) 프리에(François Marie Charles Fourier)가 주창했던 협동조합적 사회의 구현을 주장하는 공상적 사회주의자를 말한다.

199) 또한, 등가물이론은 그 외에, 금일의 사회에 있어서 유산자는 소유권을 가지고 있기 때문에, 무산자는 소유권의 등가물로서 당연히 노동권을 요구하고 있다고 하는 주장의 의미에서도 말할 것이다(또한 vgl. Malachowski, a.a.O. S. 68).

을 위해서는 노동이 필요하다고 하는 논리에 뒷받침되었던, 다수의 노동권주장자의 공통된 근거이었다고 할 것이다. 다음에 사회적 정의나 사회정책적 이념에 기초한 노동권의 주장은 실업자구제의 사회적 요청에서, 도이칠란트 제2제정기 이래 상당히 중요한 위치를 차지하여왔다고 할 수 있다. 그리고 인간의 자기실현의 이념이라는, 말하자면, 윤리적인 근거를 수반하는 노동권옹호론도, 노동권을 노동의 의의와 결부해서 파악하는 방법 등의 형태로, 역사적으로도, 오늘날에서도 상당한 논자에서 볼 수 있다고 하겠다.

셋째로, 노동권의 사상적 배경에 관해서는 대체 다음의 여러 조류들을 들 수 있다. 첫째로 중요한 조류는 노동권사상의 형성기에 중요한 위치를 차지한 초기 사회주의의 사상이다. 그것은 일정한 사회변혁적 입장을 가졌던, 말하자면 밑으로부터의 노동권론이었지만, 노동권실현의 구체적 전망을 가지지 않았던 점에 특색을 가지고 있다고 하겠다. 그것은 프리에나 쉬트로마이어의 사상에 의해 대표되는 것이다. 두 번째로 중요한 것은 도이칠란트 제2제정기 이래 주류적 지위를 차지하고 있었던 말하자면, 사회정책적 노동권론이다. 거기에는 노동운동이나 사회주의운동에 대처하기 위해, 체제내적인 사회개량이나 국가에 의한 약자의 보호의 필요성이 부르짖어졌다. 이러한 보수적 사회정책사상이 보급된 중에, 체제옹호적인 노동권론이 전개되었다. 세 번째의 조류는 크리스트교사상에 기한 노동권론이다. 그것은 오늘날에 이르기까지 다양한 역사적 장면에 있어서 얼굴을 드러냈고, 현대적으로는 특히 크리스트교적 자연법에 기초를 둔 노동권의 주장이라는 형태로 나타났지만, 대체로, 크리스트교적 노동관과 더불어, 노동권사상사 전체에 상당히 커다란 정신사적 각인을 주었다고 하겠다. 다른 한편, 법조사회주의의 입장에서 안톤 멩거의 노동권론은 사상사(思想史)상 상당히 중요한 한 조류를 담당하는 것이지만, 노동권이론사의 전체의 계보 속에는 말하자면, 특이한 위치에 있었다. 또 노동운동은 노동권의 요구를 제시하고 사회적으로 보급시키는 데에 있어 역사상 약간의 예외적인 경우를 제외하고, 적극적인 역할을 하였다.[200)]

한편, 위와 같은 노동권론을 반대하는 입장도 상당히 강했는데, 여기에서는 사상적 관점에서 노동권반대론의 내용이나 근거[201)]에 대해서도 간단한 정리를 해두고자 한다. 우선, 자유주의자들은 경제생활에 대한 국가의 불간섭을 주장하므로 이들이 노동권반대론에 서 있다는 것은 명백할 것이다. 이에 관해서는 더 이상

---

200) 대체로 같은 지적을 하고 있는 것으로서 H.J. Steinberg, Das “Recht auf Arbeit” in der Geschichte der deutschen sozialistischen Arbeiterbewegung, in: Universität Bremen(hrsg.) diskurs, Thema: Recht auf Arbeit 1979, S. 88.

201) Vgl. Malachowski, a.a.O. S. 69ff.

자세히 언급할 필요도 없을 것이다. 그런데 흥미로운 점은 앞에서 약간 언급했지만, 19세기 말부터 20세기 초반까지 마르크스주의자들이 노동권반대론의 입장에 있었다는 것이다.[202] 특히 도이칠란트 제2제정기에 노동을 권리로 파악하는 것을 반대하였던 마르크스주의자와 "일자리"행정에 밀착하고 있었던 관료 및 관변이론가들이 각기 다른 각도에서 노동권반대론을 전개하였다는 점을 확인해 둘 필요가 있다. 사상사적 견지에서는 노동권지지론은 우선 위와 같은 부류의 노동권반대론과의 대항관계 속에서 파악되어야 할 것이다. 그 외의 노동권반대론은 대체로 현 체제 내에서의 실업구제(특히, "일거리제공")의 필요성을 인정하면서, 노동권의 실시상의 난점을 지적한다고 하는 류의 것이고, 그것은 부분적, 조건적인 반대론도 포함하여 생각하면, 상당히 다수의 주장들이 있었다는 것을 알 수 있을 것이다. 이러한 사상적 관점에서의 노동권반대론은 일면에 있어서 법률학적 견지에서의 그것과 공통된 성격을 가지는 것이라고 할 수 있지만, 일반으로 노동권반대론의 주된 근거로서는 우선 다음의 점을 들 수 있다. 첫째로 노동권은 국가에 성취불능가한 임무를 부과하고 그것을 위해 과도한 재정지출을 하게 하여 국가존립 자체를 위태롭게 하며, 근본적으로는 현존의 자본주의체제하에서는 노동권은 실현불가능한 공허한 허상에 불과하다는 점, 둘째로, 노동권의 보장은 개인의 다양한 자유를 침해하거나 노동강제를 초래하게 된다는 점 등이다. 그리고 사상적 또는 원리적 견지에서는 바로 노동권은 국가의 사업과 사기업을 경합시키거나 국가를 기업화한다든가, 노동권의 보장이 노동자의 태만을 조장하는 것이 노동권반대론의 논거로서 거론되고 있다.

3) 노동권의 개념

우선, 노동권이라는 말에는 엄격한 용법과 완화된 용법이 있었다. 당초 도이치어 Rech나 프랑스어 droit라는 말은 "권리"와 "법"을 포섭하는 상위개념인데, 노동권을 의미하는 "Recht auf Arbeit" 또는 "droit au travail" 중 "Recht" 또는 "droit"가 권리 및 법이라는 두 가지의 의미를 가질 수 있다고 하는 것과도 관련해서, Recht auf Arbeit 또는 droit au travail이라는 말은 상당한 폭을 가진다고 생각할 수 있다. 노동권이라는 말은 확실히, 사회사상의 측면에서는 대부분의 경우에 "일거리제공" 또는 "일자리제공"을 은혜 내지 자선으로서가 아니라 권리로서 파악해야 한다는 것의 주장을 함의하였다고 생각된다.[203] 또 법률학적 장면에서도 엄격한

202) 노동권에 대해 초기의 마르크스주의자들은 자본주의체제를 유지하기 위한 책략이라고 파악했다.
203) 이러한 주장은 명시적인 형태에서는, 말로나 쉬테펠 등에 의해 이야기되고 있다.

의미에서의 권리를 이미지화하는 경향에 있었다고 말할 수 있지만, 다른 한편, 이 말은 문맥에 따라서는 노동권이라고 번역되기에 적절하지 않는 용법도 제거한다.[204] 노동권사(史)의 어떤 국면에 초점을 맞추는 경우, 노동권에 대한 지지론과 반대론의 대립은 프랑스 2월혁명기, 도이칠란트 제2제정기 및 제2차 세계대전 후에서 나타났듯이, 전자가 노동권의 의미를 느슨하게 이해하면서 그것을 주장하였던 것에 대해, 후자가 그것을 엄격히 파악하고 이를 반대한다는 형태로 엇갈려 있었다는 점 또는 노동권이라는 말의 이해방식의 차이에서 비롯되었다고 하는 점을 가지고 있다고 할 수 있다.

다음, 노동권에 대해서는 원리적 · 사상적 차원과 법률학적 차원을 구별해서 파악되어야 한다는 것이다. 노동권은 사회사상, 사회운동이나 정치의 장면에는, 거기에서 말하는 권리의 의미 여하에 대해 자세히 탐색하지도 않고, 말하자면, 만연히 주장되었지만, 거기에는 노동권개념의 막연성(漠然性)이나 애매성(曖昧性)이 노동권론을 지지하는 하나의 중요한 요소로 되었다고 볼 수 있다. 그런데 노동권은 법률학적 색안경으로 관찰되든 그렇지 않든, 법학적 의미에서, 특히 사법적 구제 또는 관철의 가능성을 수반하는 것으로서 권리(주관적 권리)로서 성립할 수 있는가라는 점이 문제로 되지 않을 수 없다. 실제, 사상차원에서는 어렵지 않게 이야기될 수 있는 노동권도, 그대로의 형태로는, 즉 국가에 대해 직접으로 일자리 또는 일거리를 요구할 권리로서는 실정법학의 권리론의 차원으로 이식되거나 법말씀론적 개념으로서 구성하여 주장하는 것에 친숙하지 않았다. 그뿐 아니라 법률학적 관점에서 전통적인 노동권개념을 검토하는 경우에 그러한 노동권이 현실적으로 성립할 수 있는가라는 법적 문제로 부각되는 경우에는 현실적으로 부정적인 결론에 도달할 수밖에 없었다. 그래서 노동권은 그것의 완화된 정식화를 기다려서 비로소 법률학적 권리로서 주장되었던 것이다. 다른 각도에서 말하면, 노동권이 이러한 정식화를 전제로 하지 않고, 법규정이나 법률학의 장면에 있어서 적극적인 맥락에서 말하여지는 경우에는 거기에서 말하는 "권"은 - 입법이나 법해석을 위한 지침으로서의 의의를 가지는 것이고 - 반드시 엄격한 의미를 띠고 있지 않았다고 할 것이다. 여기에서도, 또한 노동권지지론과 반대론의 구별의 일면에 있어서 상대성이 이야기될 것이다. 그러나 다른 면에 있어서, 노동권지지론은 그것이 권리사상에 뒷받침되었던 한에 있어서는 반대론에 대한 안티테제로서 자기

204) 이 점과의 관련에서는 역사상, 권리가 아닌 부조에 대해, 자주 Recht auf Unterstützung(droit a la assistance)라는 말이 사용되어 왔다고 하는 것이 상기해야 할 것이다. H. Unrein, Arbeitslosigkeit, 1978, S. 22, 23은 Recht auf Arbeit에 있어서 Recht는 도덕적 청구권이라고 기술하고 있다.

를 주장할 수 있는 성격을 가지는 것이었다.

또한 부언하면, 사회사상의 면에 있어서 노동권이 이야기되는 경우에는, 원초적으로는, 특히 사상사에서 19세기 전반에는, 그것은 권리의 요구대상자의 명확한 표명을 수반하지 않았고, 그것을 예정하지 않은 사회적 요구나 새로운 사회의 규범원리를 보여주는 것으로서 사용되기도 하는 경향에 있고, 또 거기에서는 노동권의 개념하에서 말하자면, 자유권과 사회권이 미분화의 상태에서 관념되는 것이 있었다. 그러나 노동권사상은 서서히, 특히 도이칠란트 제2제정기 경부터 노동권의 내용은 국가로부터의 일의 제공을 요구할 권리로서 보다 명확한 형태로 파악되게 되었다. 그리고 노동권개념이 말하자면, 사회권적 구성으로서 법적으로 정식화되기 시작했다. 이렇게 해서 원리적 차원에서의 노동권은 법기술적 차원의 노동권으로서 심화될 수 있었다. 다른 한편, 제2차 세계대전 후에 크리스트교적 노동권론은 앞에서 기술한 원초적인 노동권의 목적이 부흥된 것으로 이해할 수 있다. 바로 이러한 노동권론은 자연법론 또는 자연권사상과 연계되어서 등장한다.[205] 또 오늘날 헌법해석론에서 노동의 자유와 연계해서 노동권을 이해하려고 하거나 자유권적 기본권으로서 파악하려고 하는 시도는 무엇보다 원초적 노동권 개념이 오늘날과 같은 사회경제적인 상황에서 상당히 많이 변모했다는 사실과 관련되어 있다고 하겠다.

4) 노동권론의 역사적 의의

노동권의 역사를 분석하는 경우에 우선 주의해야 할 것은 역사상 제기되었던 논의에서 노동권이라는 말을 사용하고 있지 않더라도 사상적으로 또는 내용적으로 노동권론에 포함시켜야 하는 경우가 있다는 점과 노동권이라는 용어를 사용하고 있다고 해서 그것이 동일한 의미를 가지는 것이 아니라 점이다. 그래서 문헌에서 사용되고 있는 용어로서의 노동권과 역사인식의 용구인 개념으로서 노동권을 구별해 둘 필요가 있겠다. 왜냐하면 전자가 반드시 후자와 일치한다고 예정할 수 없기 때문이다. 노동권의 개념을 규정하는 방식으로서는 우선 다음과 같은 세 가지를 생각할 수 있다. 첫째로, 문헌에 노동권이라는 용어를 사용하지 않더라도 설령 희박한 형태라고 할지라도 국가에 대해 일자리 또는 일거리의 제공을 요구할 수 있는 권리라는 의미에 있어서 언어적 사상(事象)을 표시하고 있는 경우, 둘째로, 노동권이라는 용어로써 국가에 의한 일거리제공을 개인의 권리로서 요구할

205) 이러한 관점에서는 노동권(right to work)은 인권으로 파악되며, 자기 및 그 부양가족의 충분한 수준에서 생존을 보증하기 위해 노력을 사용하는 모든 사람의 생래적 권리로 이해된다.

수 있는 권리로 명시적으로 표현하는 경우, 셋째로, 일거리제공 또는 일자리제공에 관한 개인의 요구에 대응하는 국가의 의무라는 형태로 규범적으로 표현하는 경우가 그것이다.206) 여기에서 우리가 논의하고 있는 노동권이라 함은 첫 번째의 의미에서의 노동권이었다. 그러므로 노동권을 역사적으로 분석하는 경우에 노동권사의 분상의 방법으로서는 노동권이라는 말로 표현되어 있든 그렇지 않든, 널리 둘째 또는 셋째의 의미에서의 노동권개념에 포섭할 수 있는 사상을 분석의 대상으로 할 수 있다. 그렇지만 문헌에서 노동권이라는 말로 표시되지 않은 언어적 사상에 대해서는 필요에 따라 이차적으로 검토의 범위에 넣을 밖에 없을 것을 것이다. 그래서 첫 번째의 의미에서의 노동권개념을 염두에 두면서, 노동권(론)의 역사를 아주 간략하게 살펴보기로 한다.

첫째, 노동권의 개념은 "일제공"의 사회적 요청이 있는 역사적 장면에서 반드시 등장하게 되는 것은 아니었다. 그러한 사회적 요청을 표현하기 위해서는 우선은 "직을 주라"라는 류의 표어를 거론하면 족할 것이고, 이러한 의미에서는 노동권은 이러한 요청을 표시하기 위한 하나의 특수한 정식에 불과했다고도 말할 수 있다. 그것은 바로 법사상사의 고찰대상으로 하는 것에 적합하고, 권리라는 말을 부착하기보다, 고전적인 인권 내지 기본권의 개념과의 유비를 가능하게 하는 표현형식을 붙였던 것으로 되었을 것이며,207) 실제 노동권의 개념을 최초로 명명했던 프리에는 인간의 기본적인 권리 즉 인권의 개념으로서 암시하기 위해서 노동의 권리라는 용어를 사용하였다고 할 수 있다. 이렇듯 노동권은 프리에에서 시작하여, 19세기 중엽을 지나면서 프랑스 및 도이칠란트에 전파되었으며, 앞에서 언급했듯이, 비스마르크의 연설을 계기로 도이칠란트 제2제정기에 들어오면서 다시 도이칠란트에 보급되는 등 상이한 맥락에서 그 의미에 부침을 수반하면서도, 오늘날에 이르기까지 주로 도이칠란트를 중심으로 해서 계속 논의되어 왔다. 여기에서 우리는 노동권이라는 용어와 그 내용이 다른 나라에 어떻게 계수되었는지를 알 수 있다. 노동권의 개념은 반드시 각 역사사회에서 자연히 용출하였던 것은 아니었고, 그것은 자주 스스로 선행했던 시기의 언어적 사상을 수계하고, 새로운

206) 또한 노동권사에 관한 다양한 이차적 문헌에 있어서, 자주 어떤 역사적 언어적 사상 - 예컨대, 프랑스의 1793년 헌법의 "일제공" 조항이나 피히테의 "노동권"사상 - 이 노동권을 승인 내지 주장하였던 것이라고 말할 수 있는가라는 문제가 제기되어왔다. 그것은 역사인식의 용구로서의 노동권개념의 명확한 규정을 기대로 비로소 답해야 할 문제이었다고 하겠다.

207) 대체로 같은 지적을 하는 것으로서 F. Tönnies, Das Recht auf Arbeit, Archive für Rechts- und Sozialforschung, Jg. IV(1935), S. 67; M. Martiny, Das Recht auf Arbeit in historischer Sicht, in: Gewerkschaftliche Politik: Reform aus Solidarität, Zum 60. Geburtstag von Heinz O. Vetter, 1977, S. 450.

사회에서 말하자면, 이식한다고 하는 형식으로 역사적으로 전개하여 왔다고 말할 수 있다. 이것은 첫째로는 노동권이라는 말이 표어로서 내용적인 명쾌성과 실천적인 선동력을 가지고 있었다고 하는 것과 관련해서 이해할 필요가 있으며, 특히 노동권의 계수에 있어서 노동권의 성립 내지 분출의 조건으로서 당해사회가 노동권의 요구를 야기하는 사회경제적 토양을 가지고 있거나 노동권론을 끌어들일 수밖에 없는 정치적 혹은 문화적 사정을 가지고 있었다고 하는 것을 들 수 있겠다.

그러면 자본주의사회에서 발생하는 실업은, 말하자면, 경제적 필연성에 의거한 현상이다. 그리고 실업구제의 요구의 형태나 실제의 구제방식은 역사적으로 당해사회의 경제적·정치적 관계에 의해 규정되고, 또 실업구제, 특히 일자리제공에 관한 법제가 어떠한 표현형태 하에서 결실을 맺는가는 바로 각 사회의 법문화 등에 의해서도 영향을 받는다. 이러한 의미에서 노동권에 관한 법률규정의 표현방식은 역사경제사적으로 볼 때 당시의 경제적 실상과는 상당한 거리가 있었다. 학설(사회사상도 포함한다)의 차원에서 노동권론의 주장이 전개되었던 양상을 보면, 그것은 자본주의사회의 경제적 현실과는 상당히 멀리 떨어져 있었을 뿐 아니라 추상적, 관념적인 노동권개념은 당시의 실업문제를 현실적으로 해결하기 위한 법적 도구로서 기여했다고 말할 수 없는 측면이 있었다. 이러한 맥락에서 노동권론의 전개사에는 사실사(事實史)로서의 실업구제의 역사와도 다소간 간극이 있었다고 할 수 있다. 예컨대 도이칠란트에 있어서 노동권론은 실업문제가 심각하게 현재화되지 않았던 1880년대에 활황에 있었으나 오히려 실업문제가 심각하였던 1920,30년대의 바이마르기에는 침체기에 있었다.

둘째, 노동권론이 전개되었던 역사적 맥락에서 노동권개념에 관해 말한다면, 노동권개념은 편의상 역사적 내지 학설사적 차원과 실정법규정(특히 헌법규정)이나 입법과정에 있어서 의론, 나아가서는 비스마르크연설 등에 나타나는 헌법사 및 정치적인 차원을 구별하여 생각해야 한다. 전자의 차원에서 제2차 세계대전 이전을 생각하는 경우, 우선 다음과 같은 점을 지적할 수 있겠다. 즉 노동권은 학설사상, 실업 고용문제의 구체적인 해결책과 결부된 형태로서보다는, 추상적인 교의(말씀)의 차원에서 말하자면 순수학문(사상)차원에서 이야기되는 경향에 있었다고 하는 것, 노동권지지론은 자주 경제사상의 분야 등 실정법학 외의 영역에서 전개되어왔던 것, 그리고 노동권개념과 인권(기본권)개념과는 프리에나 안톤 멩거 등을 별로도 하면 학설사상 몰교섭의 상태에 있었다고 할 수 있다.

마지막으로, 노동권(론)의 역사적인 의의 및 기능에 대해 총괄적으로 간단히 정리한다면, 노동권에는 본래 개인이 국가나 공동체에 대해 일을 할 권리를 요구할 수 있다고 하는 관념을 내포하고 있다. 그래서 실제로 일정한 역사적 시기에 있어서는 지배계급에 대하여 사회 밑바닥에서부터 전개되었던 급진적인 혁명운동의 정치적 슬로건(slogan)으로서의 의미를 가지고 있었다. 그렇지만 19세기 이후부터는 노동권은 일거리 또는 일자리를 요구할 수 있는 권리로서, 법원에 대한 소구가능성을 수반하는 것은 아니라도, 권리이념과 결부된 형태로 파악해야 한다고 하는 주장은 상당히 온건적인 사상이나 운동의 차원에서도 강하게 주장되어 왔다. 이러한 내용은 학설차원에 있어서 노동권론에 함의되어 있는 것 외에, 예컨대 헌법사의 무대에서 법규정에 있어서 "일자리 또는 일거리"를 제공해야 한다고 하는 요청에 대응하는 국가의 추상적인 책무로서가 아니라, 명시적으로 개인의 권리로서 표현되어야 한다고 하는 주장의 형태로 나타났고, 또 오늘날에도 그 내용을 상당히 완화시킨 형태이긴 하지만 여전히 개인의 주관적 권리로서 노동권을 실정법적으로 구성하려고 하는 주장이 그대로 유지되고 있다. 바로 이러한 맥락에 있어서 노동권개념은, 이 경우에는 전술한 두 번째의 의미의 것을 안중에 두어야 하지만, 권리로서의 "일자리제공"의 관념을 전면으로 내밀면서, 다소간 정치사회의 개선 내지 경제적 약자의 지위의 향상을 위해 간접적인 방법으로라도, 실천적으로 작용한다고 하는, 말하자면, 개선적인 의의를 띠고 있다고 하겠다. 그러나 다른 한편, 노동권이라는 말은 그러한 관념을 잠재적으로는 품고 있으면서도, 말하자면 한걸음 나아가 비스마르크나 나찌시대에서 나타났듯이, 지배자의 정치적 상징으로서 기능하는 면도 없지 않다. 어떻든, 노동권사의 고찰에 있어서는 이와 같이 하여 노동권의 요구가 제기되었던 그때그때의 역사적 연관 속에서 그 정치적 기능[208]을 살펴볼 필요가 있을 것이다.

노동권사에 있어서는, 이 경우에는 전술한 두 번째, 세 번째의 노동권개념을 염두에 두면, 다른 역사적 의의를 가진 사회적 요구가 같은 표현형식을 취한다고 하는 것이 대충 있었다. 즉 구빈법적 "일거리제공"과 실업대책적인 "일자리제공"(나아가서는 오늘날 고용정책적 관점에 기한 "일자리제공")은 다른 경제사적 의의를 가지고 있으며, 초기사회주의자에게 나타났던 사회개량적인 "일거리제공"과 도이칠란트 나찌즘시대에 있어 노동력배치정책은 이질적인 성격을 가지고 있음에도 불구하고, "일자리제공"의 요청이라는 공통적인 관념을 포함하고 있었다는 점을 감안할 때 넓은 의미에 있어서 노동권개념으로 포섭되는 같거나 유사한 규범적 카테고리에 포함시킬 수 있다고 할 것이다.[209] 다시 말하면, 그 사람의 능력에 맞는

208) Martniy, 위 같은 책, S. 449.

209) 또한 이 점에 관해서, B. Klees, Das Recht auf Arbeit, 1984, S. 182는 「중요한 것은 [노동권의] 표

노동의 기회의 제공의 요청이라는, 말하자면, 현대적인 규범적 관념은 그것 자체, 구빈법적 "일거리제공"의 차원에서도 이미 나타났다고 할 것이다. 어떻든, 이러한 다른 유형의 "일거리제공"이라는 관념과의 사이에는, 그 역사적(특히 경제사적) 의의에 있어서 단절이 있음에도 불구하고, 이상(理想)적인 사회사상이라는 점에서 일정한 연속성을 지적할 수 있다.

역사적 의의에서 판단할 때, 프리에가 노동권을 제창하였던 것은 자본주의사회에 있어서 정치적 기본권에 대해 경제적 기본권을 부각하려는 데에 그 의의가 크다고 할 수 있다. 그는 자연상태에 있어서는 수렵하고, 어로하며 과실을 채집하고 자신의 가축을 방목하는 권리를 가지고 있다. 그렇지만 자연이 이미 선점되어 있는 사회상태에서는 이 경제적 기본권이 행사될 수 없다. 자연상태에 있어서 기본적 권리는 사회상태에 있어서도 보장되어야 한다는 것이 프리에의 생각이었다. 그래서 그는 자연상태에 있어서 기본적인 경제권을 노동권으로서 주장하였던 것이다. 그의 주장은 물론 그 당시의 현재 상태에 있어서 노동권이 부여되어야 한다는 것이 아니라, 그가 계획한 사회질서가 실현된 후에 비로소 부여되어야 하는 것이었다. 그의 주장을 보면, 생존권과 노동권의 구별이 반드시 명확하지 않고, 그의 노동권개념은 오히려 완전한 노동권의 개념을 상정하고 있는 것이 아닌가 한다. 그렇지만 그의 노동권사상이 사유재산제도를 보충하는 유일한 수단으로서 한정적인 노동권개념이 발전했다는 것은 역사적인 아이러니라고 할 수도 있다. 프리에는 사유재산과 개별경제를 전제로 하는 입장에서 생명이 부여된 모든 존재는 그 생존의 가능에 대해 동일한 권리의 요구를 가진다고 주장하는 한편, 일체의 국민의 직업과 물건의 가격을 국권에 의해 결정한다고 설명하고 있어 불명확하지만 노동권개념의 맹아를 보여주었던 것이다.

프리에 이후에 다양한 입장에서 노동권에 관한 의론이 되고 있지만,[210] 결국 이것을 이론적으로 확립하였던 것은, 한편에 있어서 사회주의 내지 공산주의의 사상가이고, 다른 한편에 있어서는 20세기의 자연법학의 사상가들이라고 말할 수 있다. 순수한 사회주의 내지 공산주의, 즉 마르크주의적 입장에서는 사유재산, 특히 생산수단의 사유를 부정하고, 이른바 노동가치설의 사상을 근저로 하여, 이미 기술하였던 완전한 노동권의 개념을 확립하고, 현실적인 타협적인 입장에 선 사회주의사상가는 한정적인 노동권의 개념을 주장하고 있다. 특히 한정적인 노동권의 개념은 법적 사회주의의 한 장르(genre)를 개척하였던 오스트리아의 사회주의법

현형식이 아니라, 그 내용이다」라고 논하고 있다.

210) Anton Menger, 위 같은 책, S. 10ff.

률학자 안톤 멩거(Anton Menger)에 의해 생존권 및 전노동수익권(全勞動收益權)[211]과 함께 이른바 「경제적 기본권」의 하나로서 설명된다. 이들의 주장에 의하면, 노동권은 모든 국민의 국가에 대한 구체적 권리로서 인정되는 것이며, 또 결국은 사유재산, 특히 생산수단의 사유라는 제도의 점차적인 폐기를 이상(理想)으로 하고 있다.

이에 대해 현대, 즉 20세기의 자연법의 사상가들 중에는, 다음 단락에서 생존권에 관해 기술하듯이, 과거의 자연법의 사상을 발전시켜, 노동권에도 적극적인 의미내용을 주고, 이것을 국민의 경제권의 하나라고 주장한다. 이 입장은 「인간이 인간으로서 인정하는」 것을 근본적인 요청으로 한다고 하는 기본적 관념에 있어서는 17,18세기의 자연법학의 경우와 변화가 없지만, 위의 요청을 「인간으로서 존재의 완전한 유지」의 요청이라는 것을 발전시켜, 생존권 및 노동권의 내용에 적극적인 의미를 주자고 주장하는 것이다. 이 입장도 사유재산제의 존속을 전제로 하는 것이기 때문에, 한정적 노동권의 개념을 인정하게 된다. 다만, 주의해야 할 것은 이 자연법학의 입장, 특히 크리스트교적 자연법사상에 있어서는 사유재산제도의 유지는 자연법의 요청으로 하는 것이기 때문에[212] 결국 사유재산의 정국적인 긍정이라는 점에서 사회주의적 사상과 근본주의적 입장의 차이를 보여주고 있다. 따라서 한정적인 노동권을 국민의 구체적인 권리로서 인정하는가, 그렇지 않는가 반드시 주의하고 있는 것에 그치는 것을 보아야 하지 않을까 생각한다.

2. 노동권과 생존권

1) 노동권의 기초로서 생존권

역사적으로나 이론적으로 노동권은 자본주의체제하에서 근로대중의 생존문제와 관련하여 주장되었다. 통상 생존권은 생존을 위해서 필요한 조건의 확보를 요구하는 권리로 정의할 수 있다. 개념상으로는 생존권은 반드시 일할 의사와 능력을 가지고 있는 노동자에게만 특유한 것이 아니라 모든 국민에게 공통적인 문제다. 그러므로 생존권은 오로지 노동자에만 결합시켜서 생각한다고 해서는 아니 된다.

---

211) 전노동수익권이란 사회의 각원에게 그 노동전수익이 법률질서에 의해 귀속되어야 한다는 것을 요구할 수 있는 권리이다. 따라서 불로소득 및 그 법률상의 전제인 생산수단의 사유는 결국은 부정한다.

212) Fichte, Der Geschlossene Handlsstaat, Samtliche Werke Bd. 3, SS 210ff, 402ff.. 그 외 田中「經濟と法」, 岩波法律學辭典, 1556면 참조.

근대국가에 있어서 생존권이라는 개념은 아주 넓은 의미를 가지고 있으며, 현재 그것은 단순히 노동법의 기본관념일 뿐만 아니라, 노동법을 포함하는 「사회법」의 기본관념으로 되어 있다.

생존권사상은 17,18세기의 자연법사상을 어느 정도 정리되었다고 볼 수 있는 도이치의 관념철학자 피히테(Johan G. Fichte, 1762-1814)에까지 소급할 수 있다. 이 당시 생존권사상은 17,18세기의 자연법학에 있어서 자유권적인 것으로서 주창되었다. 그 후 산업자본주의가 본궤도에 오르고 사회주의사상이 대두하여 성숙되어 가면서 안톤 멩거(Anton Menger, 1814-1906) 등 사회주의진영의 지식인들에 의해 적극적인 의미내용을 가지는 권리로서 주장되기에 이르렀다. 그 후 줄곧 프롤레타리아의 자연권이라는 의미에서 근로대중의 생존권으로 주장되었다가 1,2차 세계대전을 거치면서 독점자본들의 전쟁에 동원되어 근로대중들이 엄청난 희생을 치른 후에, 승전국에서는 물론이고 패전국에서도 그 실질적 지위를 인정받은 노동자계급이 희생에 대한 보상 및 인간으로서 생존하기 위한 요청으로서 생존권의 개념이 일반적으로 의식화되고, 그 결과 기본적인 인권으로까지 승화되기에 이르렀다.

생존권 개념은 봉건제도의 붕괴에 이어, 근대의 자본주의국가가 성립하여 발달하면서 명확하게 되었다. 예컨대, 봉건적 사회조직에 있어, 다수인들이 특정의 왕후 귀족 등에 예속하여 충근의 의무를 부담함과 아울러, 다른 한편에서 그의 생계를 보장하는 신분적 관계에 있어서는 근대적인 의미에 있어서 생존권이라는 것이 특히 개인의 측에서 문제로 되지 않았다. 근대국가의 발달과 더불어, 이러한 신분적 예속관계를 이탈하여 이른바 시민사회의 질서가 생기게 되면서, 개인의 생존에 대한 권리나 이익이라는 것이 그가 소속하는 나라와의 관계에 있어 문제로 되게 된다. 이와 같은 의미에서 생존권이라고 하는 것은 개인의 자아의 자각이 발달함에 따라 명확히 되었던 것이고, 이것을 정립하였던 것은 17,18세기의 자연법학의 개인주의적 사회관이었다고 말하고 있다.[213] 이것은 인간의 생존본능을 기초로 하는 사고방식이고, 이 생존권을 이른바 인간이 태어나면서부터 가지는 「자연권」 내지 「천부의 기본권」으로서 주장되었던 것이다. 그러나 이 당시의 생존권은 그 때의 개인주의, 자유주의의 사상과 결합하고, 이른바 「자유권」의 하

213) 자연법이란, 인류의 본성에 기초하는 바의, 그 때문에 모든 시대와 모든 장소를 통해 불변적인 보편적인 법이고, 그 각 나라의 실정법이외의 법원으로서 존재한다고 하는 것이다. 이 사상은 인류의 역사로서도 오래된 것이고, 고대부터 18세기까지의 법률철학은 대체에 있어서 자연법 사상이였다고 할 수 있다. 19세기로 접어들면, 이러한 사상은 일시 쇠퇴하지만, 20세기에 있어서는 세계대전 후의 철학에 있어서 형이상학의 부흥, 윤리학의 범위에 있어서 칸트적 형식주의, 주관주의의 쇠미 및 객관주의의 대두와 따라 여러 형식으로 재생을 시작하고 있다.

나로 생각되었다. 이것은 한편에서는 자본주의경제조직하에 재산권의 불가침이라는 대원칙을 내걸고, 재산권을 지키는 체제를 유지하고, 다른 한편에서는 그 체제하에서 각인을 자유롭게 하기만 하면 각인이 자주적으로 생존을 유지·발전시킬 수 있다고 하는 사고방식을 전제로 하고 있다. 그래서 당시의 생존권은 이러한 생각에 의하면, 자주적으로 생존의 유지발전을 할 수 있는 것을 전제로 하면서 국가는 오로지 이러한 생존에 대한 위해 또는 장해를 제거하면 족하고, 종래의 봉건사회에 있어서와 같이 국가가 개인의 생존의 자유를 부당하게 침해하지 않도록 확보하기 위해 생존권을 보장하면 된다는 것이다. 이러한 의미에 있어 당시의 생존권은 자유권이었다고 해도 과언이 아니다. 국가는 형사소송이나 경찰법규 등에 의해 개인의 생존의 자유를 소극적으로 배려하는 것뿐이고, 이른바 천부적인 권리로서의 생존권은 생존을 지지하는 데에 족한 재산을 가지는 것은 개인도 자유라고 하는 추상적 능력, 환언하면, 권리능력, 즉 법률상 권리의무의 주체로 될 수 있는 것을 보장하는 것에 그치고, 현실에서 생존을 확보하는 것에 대해 국가가 실질적으로 배려한다는 것은 아니었다. 이것은, 한편으로 개인의 신분적 예속관계를 해방하는 것이 제1의 요청이었고, 다른 한편으로는 약간의 재산을 보유하는 자영농민 내지 상공업자가 사회의 주동력을 이루고 있었던 당시의 사회적 상황에서 오히려 당연한 귀결이었다. 이와 같은 의미에서 18,19세기의 국가의 헌법은 정면에서 생존권의 보장이라는 것을 거론하지 않고, 위와 같은 자유권으로서의 생활권의 승인을 헌법상 당연한 전제로 하였다.

그런데 그 후에 산업혁명기를 지나 자본주의가 발달함에 따라 국민 간에 있어서 빈부의 차가 심화되고, 다수의 무산자에 있어서는 그 생존을 확보하는 것이 중대한 문제로 되었다. 소유권의 절대원칙을 내건 자유방임주의적인 체제는 모든 사회구성원들이 그들의 재산을 증대시키려고 노력하지만 현실적으로 충분한 재산을 소유하는 것을 실질적으로 보장해 주지 못했기 때문에, 무산자는 점점 고통스런 상태에 들어갈 수밖에 없었다. 이러한 상황에서 이들 다수의 무산자에 대한 생존권의 확보라는 것이 중요한 사회적 관심사로 되자, 특히 사회주의 및 공산주의를 추구하는 사상가들은 종래의 생존권개념을 새롭게 적극적인 의미로 재해석하게 되었다.[214] 이들의 재해석에 의하면, 개인의 생존권이라는 것은 단순히 종래와 같이 개인의 생존 또는 생활에 대한 위해나 장해를 제거하는 것에 기여하는 조건

214) 이 새로운 생존권개념은 법적 사회주의의 일생면을 확장하였던 오스트리아 사회주의법률학자 안톤 멩거 등에 의해 노동권 및 노동전수권(사회의 각원에게 그 노동전수익이 법률질서에 의해 귀속시킬 것을 요구하는 권리. 따라서 불로소득 및 그 법률상의 전제로서의 생산수단의 사유를 부정한다)과 더불어 경제적 기본권(wirtschaftliche Grundrechte)의 하나로서 설명되었던 것이다.

을 국민에게 보장한다고 하는 것에 그치지 않고, 나아가 적극적으로 생존의 유지 또는 발전에 기여하는 조건들에 대해서도 국가의 공공적 배려가 이루어질 수 있도록 요구하는 의미로 되어야 한다는 것이다. 즉 국가는 그 국민에 대해 국민이 자유롭게 생존하는 것을 침범해서는 아니 됨은 물론이고, 국민이 현실에 생존을 유지하고 발전할 수 있도록 국가에 있어 각종 방책을 취해야 한다는 의미에 있어서 개인의 생존권을 보장해야 한다는 것이다. 이와 같이 하여 생존권의 개념에는 사회주의의 경향에 속하는 사상가에 의해 우선 적극적인 의미가 부여되었다. 그 후 20세기에는 자연법학의 입장에서도, 이른바 프롤레타리아자연법이라는 개념 하에, 국민일반에 대해 동일한 생존권의 개념이 주장되었다.215) 그래서 근대국가에 있어서는 그 사상적 입장에 있어서는 여러 가지로 차이가 있다고 하여도, 생존권을 과거와 같이 단순히 자유권으로서가 아니라, 적극적인 의미내용을 가지는 것으로서 인정하는 것이 일반적으로 되었다.

어떻든, 이러한 의미의 생존권의 사상에는 노동자는 단순한 생물적인 생존으로서, 그 생존을 보장받는 것이 아니고, 사회의 다른 계층의 그것과 같이 「완전히 인간적 존재」로서 보장할 것을 요구하는 것이다. 다만, 이 경우에 보장해야 할 완전히 인간적인 존재의 내용에 대해서는 이것을 최저한도에 그쳐야 하는가, 그것 이상의 것으로 되어야 하는가가 문제로 된다. 이 점에 대해는 모든 국민에게 공통적으로 국가가 책임을 가지고, 그 생존권을 보장하는 방식으로서는 자본제국가에서는 자연히 「최저의 것」으로 만족할 수밖에 없는 것으로 이해되었다. 이 점에 대해 사회주의적 및 공산주의적 진영은 모든 국민에게 보다 완전한 생존권을 확보하기 위해 개인이 재산, 특히 생산수단(토지, 공장 기계)을 사유하는 것을 부정하는 것이다.

20세기에 들어오면서 적극적인 의미내용을 가진 생존권의 개념은 자본주의적 국가이든 사회주의적 국가에서든 일반적으로 인정되게 되었다. 그 결과, 도이치 바이마르헌법 제161조(노병자에 대한 포괄적인 사회보장제도를 예정한다) 및 이탈리아 공화국 헌법 제38조(노동에 부적당하여 생계를 위한 필요한 수단을 잃은 모든 시민은 사회로부터 부조와 원조를 받을 권리를 가진다고 정한다) 외에, 프랑스 제4공화국헌법

---

215) Friedrich Wieser, Das Gesetz der Macht, 1926, S. 295; Vierkandt, Der geistig-sittliche Gehalt des neueren Naturrechtes, 1927, SS. 25ff. 또한 피어칸드는 「프롤레타리아자연법」이라는 것에 대해 다음과 같이 말하고 있다. 계몽주의의 자연법의 입장은 「인간을 인간으로서 인정」하는 것을 그 근본적 요청으로 하고 있다. 그 근본관념은 「프롤레타리아자연법」이라는 입장에서도 변화가 없지만, 이것을 「인간으로서의 존재의 완전한 유지」의 요청으로서 기본권으로 인정하는 점에서 위 근본관념에 대한 다른 구성이 있다고 한다. 따라서 이 경우 「자연법이 그 내용을 역사적으로 변한다」고 하는 역설을, 그것을 위해 감수해야 한다고 한다.

전문이나 중화민국헌법 15조 등과 같이 생존권의 보장이 성문헌법 속에 명시적으로 선언되었다. 소비에트헌법은 특별히 생존권을 보장한다고 하는 의미의 규정을 두고 있지 않지만, 이른바 「일하지 않는 자는 먹지 말라」의 원칙의 선언 하에(헌법 12조) 소비에트인민은 「… 노동의 양 및 질에 대응하여 이것에 상응하는 급부로써 보장되는 일을 받을 권리를 가진다 …」라고 하여(헌법 제118조), 이른바 노동권을 보장하는 것에 있어서, 생존권을 그 노동에 따른 내용에 있어서 확보할 수 있는 취지를 선언하였다. 이것은 노동으로써, 모든 국민의 생계를 지지하는 유일한 수입원천으로서 하는 귀결이고, 실질적으로는 생존권의 보장을, 보다 구체적인 방식으로 보장하고 있다는 것이라고도 말할 수 있다.

2) 생존권으로서 노동권의 두 개념

생존권으로서 노동권(right to labor, Recht auf Arbeit, droit au travail)은 통상 두 가지의 의미로 파악되어 왔다.[216] 첫째, 노동권의 개념을 「일반적으로 노동의 의사와 능력이 있는 것은 자기가 속하는 사회에 있어서 노동의 기회를 제공할 것을 요구할 권리가 있다」라는 의미로 파악하는 것이 그것이다. 이것을 이른바 「완전한 노동권의 개념」이라고 한다. 둘째, 「노동의 의사와 능력을 가지는 것이 사기업 하에서는 취업할 수 없을 때에 국가에 대해 노동의 기회의 제공을 요구하고, 그것이 불가능한 때는 상당한 생활비의 지급을 청구할 수 있는 권리가 있다」라는 의미로 노동권을 파악하는 것이다. 이것이 이른바 「한정적 노동권의 개념」이다.

(1) 완전한 노동권의 개념

완전한 노동권이란 노동권을 아주 일반적인 형식으로 그렇지만 적극적인 의미내용을 가지고 있는 권리로 구성하는 경우이다. 「일반적인 형식으로」라는 것은 모든 국민이 노동의 의사와 능력을 가지는 한, 국가에 대해 노동의 기회를 제공할 것을 요구하는 권리가 있다고 하기 때문이다. 노동의 의사와 능력이 있는 자에게는 반드시 노동의 기회가 부여된다고 하는 것은 어떠한 나라도 찾을 수 없는 이상적인 사회체제라는 것은 물론이다. 그러나 그것을 하나의 이상에 그치지 않

---

216) 생존권에 대해 거론했던 것 외에, Giese, Recht auf Arbeit (Handwörterbuch der Arbeitswissenschaft, 1930, Bd. 2, S. 3648ff); Adler, Recht auf Arbeit (Handwörterbuch der Staatswissenschaften, 1911, S. 46ff.); Bauer, Recht auf Arbiet Handwörterbuch der Staatswissenschaften, 1925, S. 1202ff.); Malachowski, Recht auf Arbeit und Arbeitspflicht, 1922; Bentele, Das Recht auf Arbeit, 1948, 山內, 「ソ連憲法の 基本的 諸特質」(法律時報 18권 9호 19면이하), 岡部, 「英美における 勤勞權」(司法研究報告書 3집 5호) 참조.

고, 현실적으로 모든 국민에게 이와 같은 노동권을 구체적인 권리로서 보장하고, 국가는 항상 적당한 노동의 기회를 모든 국민에게 현실로 제공하는 법률상의 의무를 부담한다고 하는 것은 간단히 실현할 수 있는 것은 아니다. 모든 국민에게 그 최저한도의 생활을 영위할 수 있게 하는 데에 필요한 노동의 기회를 제공하도록 국가에 있어서 항상 준비하고 있다고 하는 것도 용이하지 않지만, 모든 국민에게 그 기능이나 능력에 따른 노동의 기회를 항상 제공한다고 하는 것은 거의 불가능하다고 말할 수 있다. 노동의 기능과 능력에 어떠한 분류를 예정해서 대체적으로 이것을 실현하는 사회체제라는 것이 현실적으로는 생각할 수 없다. 「적극적으로」라는 것은 모든 국민에게 현실에 노동의 기회를 제공하도록 국가가 적극적으로 배려하는 것을 요한다고 하는 의미이다. 이 의미에서 이것을 가령 완전한 노동권의 개념이라고 부르는 것이다. 따라서 그것은 모든 국민은 생존해야 하고, 그 때문에 노동의 의사와 능력을 가지는 자는 자유로이 노동할 수 있어야 하고, 국가가 이것을 부당하게 침해해서는 아니 된다는 소극적인 의미가 아닌 것은 처음부터 모든 국민에게 노동의 기회를 부여하는 것이 바람직한 이상이라고 하는 추상적인 또 국가의 윤리적인 요청에 그치는 것이 아니다. 노동의 의사와 능력이 있는 한, 모든 국민에게 항상 적당한 노동의 기회를 부여할 수 있는 사회적 경제적 체제가 현실에 실현되어 있지 않는 한, 이와 같은 완전한 노동권을 모든 국민의 구체적인 권리로서 국가가 국민에게 보장하는 것은 무의미하고, 또 불가능한 것이다. 이와 같은 노동권을 법률상 구체적으로 의미 있는 것으로서 인정하는 것이 근대국가에 있어서도 거의 없는 것은 이 때문이다. 오로지 (구)소비에트공화국이 이와 같은 노동권의 확립을 의도하였는데, 불완전하긴 했지만, 어느 정도의 수준에 있어서 이것을 실현하였다고 말할 수도 있을 것 같다.

어떻든 노동의 의사와 능력을 가진 모든 국민에게 반드시 노동의 기회를 제공한다고 하는 것은 사회 내지 국가의 이상이라고 하여도, 이것을 현실에 실현함에 있어서는 전노동력의 종합적인 배분의 필요나 국가의 경제력 그 자체가 부담하는 한정성 때문에, 다소간 개개국민의 자유의 제약을 내포하지 않을 수 없다는 점에서 난점이 있다. 단지 공산주의 혹은 순수사회주의의 입장, 이른바 마르크스주의 입장에서는 사유재산권 특히 생산수단(토지, 기계, 공장 등)을 개인이 사유하는 제도를 부정함과 아울러, 이 완전한 노동권의 개념을 주장하게 된다. 이 입장에서는 노동으로서, 국민이 그 생존을 확보하기 위한 유일한 수입원천으로 해서 모든 국민의 생존을 보장할 수 있도록 하고, 위의 의미의 노동권의 개념이 그 국가조직의 기본인 요청으로 되고, 국민은 동일하게 구체적인 권리로서의 노동권을 향수하게 된다. 이 입장에서는 자본주의하에서 노동권을 실현하는 것은 본래「웃어야 할 자기모순」이기 때문에, 다음에 기술하는 한정적인 노동권의 개념은 부정하게 된다.

모든 국민은 자유로이 그 생존을 확보해야 한다고 하는 것에서 국민이 자유로이 노동의 기회를 가지는 것을 침해해서는 아니 된다고 하는 의미에서, 모든 국민이 노동권을 가진다고 하는 것은 당초 위의 완전한 노동권을 인정하는 것은 아니다. 이 입장은 그 이른바 노동권은 자유권의 하나에 불과하고, 소극적인 의미의 것밖에 아니기 때문이다.

(2) 한정적인 노동권의 개념

이것은 노동의 의사와 능력을 가지고 있지만, 원칙적으로 사기업 하에서 자주적으로 노동의 기회를 확보할 수 있는 것을 이상으로 하고, 그것이 불가능한 경우에는 이들 국민에게 국가에 대해 노동의 기회의 제공을 요구하는 권리를 인정하고, 국가가 이 경우에 적당한 노동을 주지 않을 경우에는 국민은 상당한 생활비의 지급을 국가에 대해 요구하는 권리가 있다고 하는 것이다.

한정적인 노동권의 개념에 대해서는, 첫째로 주목해야 하는 것은 그것은 사유재산제, 즉 개인이 재산, 특히 생산수단을 사유하는 것을 인정하는 것을, 환언하면 자본주의경제조직을 긍정하는 것을 전제로 하는 것이다. 여기에서 이른바 노동권은 개인이 사기업 등에 있어서 자주적으로 노동의 기회를 받는 것을 이상으로 하고, 국가는 이것이 불가능한 경우에 보조적으로 노동의 기회의 제공 등의 의무를 진다는 것이다. 이러한 의미에서 이것을 가령 한정적인 노동권의 개념이라고 하는 것이다.

이와 같은 노동권의 개념은 공산주의나 순수한 사회주의의 입장에서 배척되는 것은 당연하다. 다만, 이 경우, 자본주의경제조직을 인정하는 경우에, 나아가 두 가지의 사상적인 입장의 차이가 있다. 그 하나는 사상적으로는 사회주의의 입장에서, 궁극의 이상으로서는, 사유재산제의 부정을 목표로 하지만, 혁명에 의하지 아니한 사회주의의 점진적 실현의 의도하에, 당면 자본주의경제조직을 잠정적인 의미에 있어서 긍정하고, 현실적인 노동계급의 지위향상을 위해 현존의 사법적 질서에 약간의 수정을 가하고, 어느 정도 노동권의 실현을 한다고 하는, 말하자면 타협적인 입장이 이것이다. 그 두 번째는 사유재산, 즉 자본주의경제조직을 종국적으로도 긍정하면서, 자본주의경제에 내재하는 흠결을 시정하는 의미에 있어서, 즉 자본주의경제의 자기반성 내지는 자기제약의 의미에서 사기업에 있어 노동의 기회가 주어지지 않는 것에 대해서는 국가에 있어서 노동의 기회를 제공해야 한다고 하고, 여기에 한정적인 노동권의 개념을 인정하는 것이다. 자연법사상가 중에는 이와 같은 의미에서, 이 노동권의 개념을 긍정하는 것이 적지 않다.

어떻든, 이러한 의미의 노동권의 개념은 이론적으로는 사유재산제를 승인(잠정적이든, 종국적이든)하면서, 재산에 의해 생활할 수 있는 사람이 존재하는 이상, 노동에 의해서밖에 생활할 수 없는 사람에게는 당연히 노동의 기회를 제공하고, 그 생존을 확보해주어야 한다고 하는 사상을 그 근저로서 하고 있다. 따라서 어떤 의미에서는 노동권은 인간의 태어나면서 가지고 있는 원권(原權) 내지 자연권과 같은 것이고, 말하자면 이것을 사유재산제를 인정해서 잃어버린 것을 대신하는 것으로 보는 것이다. 그 때문에, 이 노동권의 개념은 오스트리아의 사회주의법률학자 안톤 멩거가 정당히 지적하고 있듯이, 「현대의 사법질서에 접합시켜야 할 생존권의 일종이다」 단순히 현행의 재산법을 보충하는 성질을 가지고, 바로 토지 내지 자본에 대한 개인적 소유권의 존재를 전제로 하는 것이다.

둘째로, 한정적인 노동권 개념은 모든 국민이 자주적으로 사기업 등에 있어서 노동의 기회를 가지는 것을 이상으로 하고, 그것이 불가능한 경우에, 그 의미를 발휘하는 것이기 때문에, 그러한 의미의 노동권을 인정하고 있다는 것은 당연히 국가에 있어 모든 국민이 자주적으로 사기업에 있어서 노동의 기회를 확보할 수 있도록 적극적인 배려를 한다고 하는 것을 전제로 하고 있다. 다만 국가가 보충적으로 국민에게 노동의 기회 등을 제공하기 보다는 국민이 자주적으로 노동의 기회를 확보할 수 있는 사회적 경제적 체제를 가급적으로 정비한다고 하는 것이 원칙이기 때문이다. 그 때문에 그것은 실업의 방지·경감을 위해, 경제안정이나 사기업의 발달을 도모하는 것은 물론이고, 때로는 그것을 위해 재산권의 제약조차 할 수 있다는 것은 당연히 내포하고 있는, 국가의 사회적·경제적 존재방식을 당연한 전제로 하였다고 하겠다. 이러한 의미에서의 노동권사상은 재산권 존중에 대한 제일주의적인 입장을 수정하고, 재산과 노동이 함께 개인의 생존을 확보하는 중요한 수단이라고 하는 것을 확인하고, 이 재산과 노동을 잠정적이든 종국적이든 자본주의경제질서를 지지하는 2대지주로 하고 있다. 물론 여기에서는 노동의 지위가 사회적으로 현저하게 고양되게 된다.

셋째로, 이와 같이 국가가 모든 국민으로 하여 사기업에 있어 노동의 기회를 확보하도록 사회적 경제적인 체제의 실현을 이상으로 하면서도, 현실에서는 사기업 등에서 노동의 기회를 자주적으로 확보할 수 없는 국민을 생기게 할 수 있다는 것을 감안하고, 이러한 경우에는 국민은 국가에 대해 어떠한 노동의 기회의 제공을 요구할 수 있다고 하는 것이, 이 한정적인 노동권의 중심적인 내용으로 된다. 이 경우, 국민이 국가에 대해 그것에 관한 기회의 제공을 요구할 수 있는 노동의 종류가 어떠한 것이 되어야 하는가라는 것에 대해서는 입장이 나뉜다. 그 첫 번째의 입장은 이 경우에는 국가는 위의 요구를 하고 있는 국민의 노동기능에 상응한 노동을 하도록 하는 일거리를 제공해야 한다고 하고, 다른 입장은 통상의 임금율에 의한 일용고용의 기회를 제공하면 족하다고 한다. 이상적으로는 물론 첫 번째가 정당하고 하지만, 그 현실성의 점에서 보면, 두 번째의 입장이 실제적인 것은 당연하다. 다만, 첫 번째의 입장과 같이, 국가가 사기업에 대해 노동의 기회를 얻지 못한 실업자를 위해, 항상 확실히 각 국민의 노동기능에 상응하는 노동을 할 수 있도록 보충적인 체제를 준비해두는 것은 자본주의경제제체하에서는 아주 곤란하기 때문이다. 첫째, 어느 정도의 수의 실업자가 또 어떠한 노동기능을 가진 실업자가 어느 때 발생하는가라는 것은 그 경제체제가 사적 기업의 이윤 - 이것을 적정한 이윤으로 하여도 - 에 대한 배려라는 것을 무시할 수 없는 관계에 있어서 구성하고 있는 한, 거의 예정할 수 없는 것이다. 이 예정할 수 없는 상태에 즉응한 태세를 항상 준비해 둔다고 하는 것은 국가의 재정능력의 점에서도, 또 그 기술적인 면에서도, 거의 불가능한 것이다. 또 이것을 현실에 실현하려고 하면, 결국 현재의 사유재산제나 그것에 근거한 사적 기업을 중심으로 하는 체제에 중대한 제약을 가해야 한다. 게다가 그렇게 되면 오히려 이러한 보충적인 방책보다는 오히려 정면에서 사유재산제나 사기업을 중심으로 하는 체제를 부정하면서, 완전한 노동권의 개념을 인정해서 이것을 실현하는 쪽이 노동의 기회의 확실한 제공이라는 것에서는 올바른 길이고, 또 그 실현이 용이하다고 하겠다. 따라서 한정적 노동권의 개념을 인정하는 입장은 본래 그 자체의 타협적인 입장의 당연한 귀결로서, 일반적으로는 두 번째의 입장, 즉 국가가 일용노동의 기회를 제정하면 족하다고 해석하고 있다. 어떻든, 그래서 국가가 이른바 실업구제사업을 준비하는 것이 이러한 한정적 노동권, 따라서 그것에 대응하는 국가의 의무로서 되게 된다.

그러나 또 이러한 실업자구제사업 등을 국가가 준비한다고 하여도, 이것도 그 국가재정이나 그러한 사업 자체의 필요성이 무한하지 않기 때문에, 무제한으로 준비될 수 있는 것은 아니다. 그래서 이 한정적인 노동권의 개념은 그리고 보충적인 의미에서, 이러한 노동의 기회를 국가가 제공할 수 없는 경우에는 그 대신에 상당한 생활비의 지급을 국가에 대해 요구할 수 있는 권리를 내포하는 것으로 이해되고 있다.[217] 그러므로 한정적인 노동권은 노동권으로서 노동의 기회의 제

217) 위에서 언급한 두 번째의 입장에는 그 금액의 범위는 일용노동에 상응하는 금액의 급부로 된다.

공을 요구하는 권리이지만, 그것에 상응하는 금액의 급부로써도 만족한다고 하는 의미에서 결국은 「생존권 개념의 특수한 수정」에 불과하다.

마지막으로 위에서 기술한 내용을 가지는 한정적 노동권개념의 법률상의 성질이 문제로 된다. 이 점에 대해서는 이것을 모든 국민의 국가에 대한 기본권이라고 하는 것에 대해서는 의견이 일치되고 있지만, 이것을 통상의 의미의 「구체적인 권리」로 보는가에 대해서는 반드시 의견이 일치하고 있지 않다. 그러나 다수의 학설은 오히려 이것을 모든 국민의 국가에 대한 구체적 권리 즉 이것에 대응하는 국가의 법률상의 의무가 있고, 국민은 이것의 소로써 실현할 수 있는 권리이라고 보고 있다.

(3) 생존권과 한정적 노동권의 관계

이미 언급한 바에서 분명하듯이, 노동권의 개념은 완전한 노동권이든, 한정적 노동권이든 불문하고, 생존권의 개념을 기본적인 전제로 하는 것이다. 그러나 완전한 노동권의 개념을 취하는 입장에서는 생존권은 즉 노동권으로 되고, 결국 노동권의 개념이 전면에 나오게 되고, 구체적으로는 국민의 국가에 대한 지위는 노동권의 처리로서 해결된다. 따라서 생존권의 개념과 노동권의 개념과의 관계를, 특히 문제로 할 필요조차 없다. 이것에 반해, 한정적인 노동권의 개념을 인정하는 입장에서는 생존권과의 관계가 특히 문제로 되게 된다. 이 경우에는 생존권개념의 특수한 수정형태로서 그 특수화된 한에 있어서, 일반적인 생존권의 개념과의 관계가 음미를 요할 뿐만 아니라, 자본주의경제체제를 전제로 하는 것으로서, 생존권은 노동권만으로 만족되지 않고, 재산권에 의해 만족시키려고 하는 것이다. 환언하면, 재산권과 노동권은 국민의 생존권을 확보하는 두 가지의 중요한 요청이고, 그래서 양자의 기본을 이루는 바의 생존권의 개념과의 관계가 문제로 된다. 뿐만 아니라, 모든 국민의 국가에 대한 「존재방식」 일반에 관한 생존권의 개념은 이미 지적하였듯이, 반드시 노동에만 직격하는 것은 아니고, 널리 국민의 문화적 생활과의 관계를 가지는 것이어야 한다는 것은 근대문화국가에 있어서 요청이다. 여기에 노동권과 생존권의 관계를 음미해둘 필요가 있다. 이것은 오로지 생존권개념과 노동권개념의 분석이라는 이론상의 한 과제에 그치지 않는다. 양자의 관계를 명확히 해두는 것은 국민의 국가에 대한 존재방식의 처리에 관한 입법이나 행정의 소속을 명확히 하고, 각 부문에 있어서 지도이념을 명확히 하는 데에도 필요하다. 게다가 우리나라를 비롯하여 세계의 각국은 현재 자본주의경제체제를 취하고 있으며, 이러한 체제하에 있어 구체적으로 이미 문제로 되고, 또 문제로 될 수 있는 것은 한정적인 노동권의 개념이다.

3. 노동권 보장의 입법례

노동권의 개념은 근대로 됨에 따라 거의 명확하게 되었지만, 이 노동권을 확립하려 하였던 약간의 실제적인 조치를 고찰할 필요가 있다.

한정적인 노동권을 실현하려고 하였던 사례도 반드시 많지는 않다. 1789년의 프랑스의 인권선언은 이른바 유산시민계급의 자유획득을 위한 운동의 결과이었던 만큼 노동권이라고 할 만한 것은 거론되고 있지 않다. 1848년의 2월혁명 때 파리의 임시정부가 발표하였던 「모든 시민에게 노동을 제공하는 것을 약속하는 선언」에서 이러한 노동권이 공적 권력에 의해 승인된 최초의 사례이라고 할 수 있다. 이것은 2월혁명 후 파리의 노동자들이 일시 결정적인 세력으로 되었을 때, 그들이 임시정부를 강요하여, 이 선언을 하게 하였다. 어떻든 이 노동권을 실시하기 위해 1848년 2월 26일의 칙령은 프랑스에 국민공장의 설립을 명하고, 또 동년 4월 27일의 칙령에 의해, 프랑스 식민지에도 확장되었다. 그러나 현실에서 국민공장이 설치되었던 것은 단지 파리시 및 그 근교뿐이고, 게다가 그것조차도 진정한 시도는 아니었다고 한다. 국민공장에는 실로 다수의 근로자가 수용되었지만, 그들에게 정부로부터 충분한 노동이 부여되었던 것이 아니고, 그것은 산업적 설비라기보다는 오히려 노동자군대의 특질을 가지고 있었다. 따라서 그것은 충분한 효과를 올리지 못하고, 얼마 되지 않아 폐지되고, 노동권의 실시는 공상적 사회주의자가 생각하였던 만큼 용이한 것은 아닌 증거로서 지적되고 있다. 다음에 주목해야 하는 것은 1884년 5월 9일의 도이칠란트제국의회에 있어서 당시의 재상 비스마르크의 진술인데, 한정적인 노동권의 사상의 발달에 다대한 영향을 미치고, 이것에서 이 사상이 역사적 중요성을 얻었다고 하고 있다. 그는 「그가 건강한 한, 노동자에게 노동권을 주어라, 그가 건강한 한, 노동자에게 노동을 주어라, 그가 병에 걸렸을 때, 요양을 확보하라. 그가 늙었을 때 급여를 확보하라 …」라고 하여, 이것이 「우리의 전체의 도덕관계에 있어서 확립되어 있는 바이다」라고 하여, 가일층 크리스트교적 시설이나 실업구제를 위한 사업을 일으켜야 한다는 뜻을 주장하고 있다. 그의 주장은 명백히, 사회주의에 반대하는 것이고, 또 결국은 크리스트교적인 빈민구조의 사상에 선 것이라고 말할 수 있는데, 「건강하고 노동의 의사가 있지만, 노동이 없다고 하는 사람은 자신에게 노동을 주라고 하는 권리를 가지고 있고, 국가는 이들에게 노동을 줄 의무를 부담하고 있다…」라고 하여 한정적 노동권의 사상을 강조하였다고 하겠다. 그런데 이 주장과 함께, 현실에서 권리로서의 노동권이 도이칠란트에 있어 확립되었던 것이 아니고, 그것을 결국 약간 사회정책적 시설의 설치 이상은 아니었다. 그러나 1601년의 잉글랜드 빈민구제법, 1791년 및 1793년의 프랑스의 헌법 및 1794년 2월 5일의 프로이센의 국법 등이 국가 또는 지방자치단체는 빈민에게 구조를 하든가, 그들에게 노동을 주든가 하는 책무를 진다고 하는 취지를 규정하였지만, 여기에는 확실히 적극적인 의미내용도 포함되어 있었다. 이들 입법상의 표현은 상당히 진보적이지만, 그것은 실제에서는 빈민구조를 안중에 두고 있었던 것에 불과했다.

다음에 주목해야 할 것은, 북아메리카합중국의 아이다호주의 1915년법이다. 이것은 아메리카에 있어서 노동권을 인정하였던 최초의 것이라고 한다. 그것에 의하면, 6개월간 그 주에 살았던 아메리카시민에게 1000달러 이상의 재산을 가지고 있지 않은 자에 대해, 매년 공도 기타 공공의 노동에 대해 6주간의 긴급고용을 보장하는 것이었다. 그러나 이 규정도 충분히 그 효과를 발휘하기 전에, 그것을 위한 자금충당에 관한 기술적 이유에 의해 헌법위반으로 되었다. 이와 같이, 자본주의경제질서하에서는 한정적 노동권조차 이것을 하나의 구체적인 권리로서 모든 국민에게 인정하는 것은 현실의 문제로서는 용이하지 않고, 우리는 19세기부터 20세기의 초두에 걸쳐 한두 차례 더 실패한 사례를 찾는 데 불과하다. 완전한 노동권의 실시의 시도는 20세기에 이르기까지는 거의 주목할 만한 사례는 없고, 1931년으로 되어, 앞에서 언급했듯이 비로소 소비에트공화국이 그 공산주의체제하에, 이것을 어느 정도 실현하였다.

20세기적 헌법으로서 1919년 바이마르헌법은 제151조 1항에서 「경제생활의 질서는 모든 사람에 대해서 인간다운 생활을 보장하는 것을 목적으로 함과 아울러, 정의의 원천에 적합한 것을 요구한다. 개인의 경제상의 자유는 그 한계 내에서 확보되어야 한다」라고 규정하고, 또 제161조에서 「건강 및 노동능력을 유지하고, 산부를 보호하고, 또 노령, 병약 및 생활의 변화에 기한 경제상의 결과를 방호하기 위하여 국가는 피보험자의 적절한 협력 하에서 포괄적인 보험제도를 설정한다」라는 것을 규정하였다.

1946년 프랑스 제4공화국헌법 전문 제11항은 「국가는 모든 사람, 특히 아동, 부녀 및 연로한 노동자에 대해, 건강의 보호, 물질적 안정, 휴식 및 여가를 보호한다. 모든 사람은 그 연령, 육체적 또는 정신적 상태, 경제적 사정 때문에 노동불능상태로 되는 때는 적당한 생활의 수단을 공동체로부터 취득하는 권리를 가진다」라고 하고, 제12항은 「국가는 국가적인 재액(災厄)에서 생긴 부담에 대한 모든 프랑스인의 연대와 평등을 선언한다」라고 하였다. 제2차 세계대전의 패배로 파쇼적인 체제가 몰락한 다음인 1947년 새로 발효한 일본헌법 제25조는 제1항에서 「모든 국민은 건강하고 문화적인 최저한도의 생활을 영위할 권리를 가진다」 제2항에서 「국가는 모든 생활부문에 있어서 사회복지 사회보장 및 공중위생의 향상 및 증진에 노력을 해야 한다」라고 규정하였다. 또 이탈리아 공화국헌법 제38조도 이와 같은 내용의 생존권에 대해서 규정하고 있다. 그리고 (구)소비에트연방공화국헌법 제42조 이하, 도이치민주주의공화국헌법 제35조 이하에서, 중화인민공화국헌법 제50조 1항, 기타 다수의 국가 헌법에 생존권에 관한 규정이 있다.

그뿐만 아니라 1948년 세계인권선언 제22조 제25조, 1966년 경제적·사회적 및 문화적 권리에 관한 국제규약 제11조, 같은 1966년의 시민적 및 정치적 권리에 관한 국제규약 제24조가 주목되지 않으면 아니 된다.

입법으로서는 잉글랜드의 1909년 직업소개법이나 1911년 국민보험법에 있어서 실업보험제도에 노동권으로서의 구체적인 시책을 볼 수 있고, 또 바이마르헌법 제163조 2항은 「모든 도이치 인민에게, 그 경제적 노동에 의해서 그 생활자료를 구할 수 있는 기회를 제공하는 것을 요구한다. 적당한 노동의 기회를 부여받지 못한 자에 대해서는 필요한 생활비를 지급한다. 상세한 것은 국가의 특별한 법률로 정한다」라고 규정하였다.

또 프랑스 제4공화국헌법 전문 제11항은 「각인은 노동의 의무와 직업을 얻는 권리를 가진다. 누구라도, 출생, 의견 또는 신앙 때문에 그 노동 또는 취업에 있어서 불이익을 받지 않는다」라고 규정하였다. 이탈리아공화국헌법에 있어서도 제4조, 제35조, 제36조, 제37조가 노동권을 규정하고 있다.

(구)소비에트연방공화국헌법에 있어서는 제14조 제2항에 「국가는 『각인은 능력에 따라 일하고, 노동에 따라 수취한다』라는 사회주의의 원칙에 기하여, 노동과 소비의 기준에 대한 통제를 한다」라고 하고, 또 제40조 1항은 「소련시민은 노동의 권리, 즉 천분, 재능, 직업교육과 일반교육에 따라 또 사회적 요청을 고려해서, 직업, 업무와 직업의 종류를 선택하는 권리를 포함해서, 노동의 양과 질에 따라, 또 국가가 정한 최저액을 벗어나지 않은 지불을 수반된 보장된 일을 할 수 있는 권리를 가진다」라고 하고 있다. 도이치 민주주의공화국헌법 제24조 중화인민공화국헌법 제10조, 제48조 기타 사회주의국가의 헌법에도, 노동권에 대한 규정이 있다. 또한 세계인권선언 제23조에도 노동권에 대한 규정이 있는 것이 주목된다.

ILO조약 제122호 및 동 권고 122호가 「자유로이 선택된 생산적인 완전고용을 촉진하는 적극적인 정책」이라는 것은 이미 기술하였다 「일할 수 있고 일을 구하는 모든 사람에게 일자리를 주는 것(제1조 (2) (a)) 「그러한 일은 가능한 생산적일 것」(동(b)) 「인종 · 피부색 · 성별 · 종교 · 정치적 견해, 국적 또는 사회적 출신에 관계없이 각 노동자에게 자기에게 적합한 일자리를 위하여 필요한 자격을 취득하게 하기 위하여 그리고 자신의 기술과 재능을 그 일에 활용하게 하기 위하여 고용선택의 자유와 가능한 충분한 고용기회를 주는 것」(동(c))이 확보되지 않으면 아니 된다고 하고 있는 점에 유의해야 한다. 이 고용선택의 자유는 시민의 직업선택의 자유에 포함되기 어렵지 않지만, 현실에는 노동자로서의 고용(employment)을 선택할 자유라고 해야 한다. 즉 고용, 경영자, 자영업자와 같이 직업을 선택할 자유를 사실상 거의 가지지 못한 노동자가 어떠한 노동자 - 직종, 숙련의 문제 - 로서 어떠한 고용주 하에서 일하는가를 선택할 자유임에 틀림없다. ILO로서는 그것에 관심을 가지는 것은 당연하다. 이미 필라델피아선언은 「모든 인간은 인종 종교 또는 성별에 관계없이 자유와 존엄성, 경제적 안정과 기회균등의 조건하에서 물질적 풍요와 정신적 발전을 추구할 권리를 가진다」라고 선언하고, 122호 조약 및 권고도 이 기본적 목적을 전문에 게시하고 있다.

그렇지만 생산적 완전고용의 요청은 고용선택의 자유의 요청과는 물론이고 강제노동금지의 요청과도 조화될 수 없다. 특히나 소외된 노동 내지 종속노동이 고용의 내용이고 - 여기에서 「생산적」이라는 조건의 위험성도 있지만, 여기에서는 들어가지 않는다 - 노동의 성과는 자본에게 귀속하는 경제기구 하에서는 원리적으로도 조화될 수 없는 것이다. ILO도 「조정된 경제사회정책의 테두리 내」에서 조화를 기대하지 않을 수 없다(조약 2조(a))라고 하게 된다. 이러한 막다른 곳에서, 인간의 존엄에 값하는 노동의 권리는 어떻게 파악해야 하는 것인가? ILO의 고심도 거기에 존재한다고 생각된다. 조약은 고용정책에 있어 노사대표와의 협의를 요구하고(제3조) 권고는 구체적으로 상세한 방책을 보여주고 있다. 다만 ILO가 정부, 노, 사 각대표로 구성되는 만큼, 또 체제가 다른 국가군, 생산력의 발전정도를 달리하는 국가들에 적용되는 것을 예상하고 있기 때문에 실제적으로 정책이나 조치의 가능성을 지적하는 데에 그치는 것은 어쩔 수 없다.

노동권을 어떠한 의미에서 이해하든, 이것을 헌법상에 보장하게 되었던 것은 20세기가 되어서부터이다. 예컨대, 바이마르헌법 제163조, 중화민국헌법 15조 및 최근 프랑스 제4공화국헌법의 전문 등이 그 예이다. 이 중에서도, 중화민국헌법은 「인민의 생존권, 노동권 및 재산권은 보장된다」라고 규정하여, 프랑스헌법도 「각인은 노동의 의무를 가지고, 직업을 획득한다」는 권리를 가지고 있다고 선언하여 아주 추상적 일반적 형식을 취하고 있다. 그러나 20세기에 있어 헌법으로서의 노동권의 보장선언으로서, 그것이 단순한 자유권으로서의 노동권을 선언한 것이라고 해서는 아니 된다는 것은 당연할 것이다. 그러나 중화민국헌법은 명백하게 재산권을 노동권과 나란히 보장하고 있으며, 프랑스헌법도 또한 사유재산제를 전제로 하는 것이기 때문에, 그것이 완전한 노동권을 보장하였던 것은 아니라는 것도 명료하다. 환언하면, 이른바 노동권이란 한정적인 노동권의 사상인 것은 확실하지만, 이러한 의미의 노동권을 국민의 구체적인 권리로서 인정하는가, 혹은 단순한 정치적 강령의 선언인가는 문제이다. 아마 후자가 아닐까 생각한다. 이 양자를 비교하면, 바이마르헌법은 「모든 도이치인민은 경제적 노동에 의해, 그 생활자료를 구할 수 있는 기회를 부여받을 것이다. 적당한 노동의 기회를 받지 못하는 자에 대해서는 필요한 생활비를 지급한다. 상세한 것은 국가의 특별법으로 정한다」고 보다 구체적으로 규정하고 있다. 이것은 자본제국가의 헌법으로서 가장 명료하게 노동권을 규정하였던 대표적인 것이고, 한정적인 노동권의 개념에 의한 것을 명확히 하고 있다. 다만, 이 규정도 일반적으로는 위의 노동권의 사상을 근거로 한 것이지만, 이것을 그대로 구체적인 권리로서 승인하였던 것이 아니라, 하나의 프로그램의 선언이라고 해석된다.

이와 같이, 20세기의 헌법은 노동권의 보장을 선언하는 것이 일반적이지만, 그 이른바 노동권은 한정적인 노동권이 아니라, 한정적인 노동권개념을 사상적인 근저로 하면서 그것을 이른바 「정치의 강령」로 선언하였던 것에 불과하다. 그 당부는 어떻든 그것은 자본주의국가에 있어서는 노동권을 한정적인 노동권이라도 노동권으로서 확립하는 것이 얼마나 어려운가를 보여주고 있다.

이에 반해, 소비에트헌법 제118조는 「소비에트연방의 인권에게는 노동권, 즉 노동의 양 및 질에 대해, 이것에 상응하는 급부가 보장된 일을 얻을 권리이다. 노동권은 국민경제의 사회주의적 조직, 소비에트사회생산력의 불요한 발전, 경제공포의 가능성의 배제 및 실업의 청산에 의해 보장된다」로 하고 있다. 여기에는 생산수단의 사유를 부정하는 그 기본적인 입장에 대응하고, 완전한 노동권의 개념에 따르고 있으며, 자본주의국가에 있어서 주장된 노동권과 본질적으로 다르다. 둘째로, 이른바 노동권은 노동의 의사와 능력을 가지는 자에게는 그 기능에 대응한 노동의 기회를 확보해 주도록 하는 국가조직 하에서 인정되는 것으로서, 모든 국민의 구체적인 권리로서 선언되어 있다. 따라서 우리는 여기에서 노동권을 게다가 완전한 노동권을 헌법에 보장하였던 유일한 사례를 찾을 수 있다. 즉 소비에트연방에서는 자본주의적 소유의 해소하에, 근로자는 생산수단에서 분리되지 않고, 공동으로서 그것을 소유하고 있다. 그 결과 노동권은 상품 즉 매매의 대상으로 되지 않고, 직접 국가와 근로자 개인과의 관계로서 직접적으로 사회적 성격을 취득하였다고 한다. 그래서 사회주의국가는 계획적으로 노동력을 이용하고, 계획적으로 노동력을 재생산하고, 또 계획적으로 국민경제의 각 부문마다에 배당한다고 하여, 이러한 사실이 서로 노동권을 현실에 보장하고 있다고 한다. 어떻든, 이러한 노동권의 확립은 한편에 있어서는 생산수단의 사유제를 부정하고, 다른 한편에서는 국민의 노동력의 계획적인 배분이라는 것을 전제로 해서만, 실제상 실현가능하다고 하겠다. 따라서 그 당부는 노동권의 확립이라는 한쪽의 면에서만 고찰해서는 아니된다. 첫째로, 사유재산제의 부정 특히 생산수단의 사유의 부정에 의해, 생산성을 저해하지 않은 만큼의 경제적·사회적 실체와 국민감정이 존재하는 것을 전제로 해야 한다. 둘째로, 소비에트연방에 있어서도, 국민은 당초 노동선택의 자유는 있지만, 국가가 예정하는 계획적인 노동의 배분이라는 것을 무시한 노동선택은 사실상 부정되는 경향이 없지 않고, 또 국가가 모든 국민에게 그 기능과 기호에 따른 노동을 유감없이 제공하는 체제를 실제상 실현하는 것은 불가능에 가까운 것이라고 한다. 결국 국민의 자주적인 노동선택보다는 국가적으로 통제된 노동의 배분이라고 하는 방식에 중심을 둘 수밖에 없다. 이 체제에 있어서 모든 국민이 노동권의 확립을 얻는 것을 좋아하는가, 혹은 보다 자유로운 자주적인 노동의 기회의 획득을 다소간 자기의 위험으로 실현하는 것을 좋아하는가라고 하는, 이것 또한 각 국민의 경우에 있어서 국가의 보조적 방책이 유효한 한에서 국민은 오히려 자유와 자주성을 향수하게 된다. 이것 또한 각국의 경제적·사회적 실체와 국민의 사회연대적인 의식 및 국가의 시책에 의존하고 있다고 할 것이다.

Ⅱ. 우리 헌법과 노동권

1. 헌법상의 규정

1) 제헌헌법의 규정

1948년 7월 17일 발효했던 제헌헌법은 제17조 제1항에서 「모든 국민은 근로의 권리와 의무를 가진다」, 제2항에서 「근로조건의 기준은 법률로써 정한다」, 제3항에서 「여자와 소년의 근로는 특별한 보호를 받는다」라고 규정하였다.

1945년 식민지 종주국인 일본의 패전과 함께 갑자기 한반도에 갑자기 해방이 찾아왔다. 아메리카의 세력을 등에 업은 이승만을 중심으로 하는 정부수립이 계획되고 몇몇 법학자들이 기초한 헌법안(憲法案)이 국회를 통과하여 1948년 7월 17일 발효하였다. 우리 헌법의 기초에 참가했던 법학자들은 순진하게도 자본주의도, 그렇다고 사회주의도 아닌 이른바 "제3의 길"이라는 기치하에,[218] 서구에서 생성되어 그 당시 일본에서 한창 논의되고 있던 생존권사상을 받아들여 제헌헌법 제16조 이하에서 교육권(제16조), 노동권(제17조), 노동3권(제18조) 사회보장권(제19조) 등을 규정하는 한편, 제헌헌법 제6장에서는 경제에 대한 국가의 적극적 개입을 하도록 하여 대한민국이 문화국가 그리고 복지국가로서 사회정책·경제정책 등을 적극적으로 추진할 수 있는 길을 마련하고 있었다.

2) 현행헌법의 규정

제헌헌법은 수차에 걸쳐서 거의 누더기 될 정도로 개정되었다. 그렇지만 제헌헌법 제17조에 규정되어 있었던 근로권의 근간은 그대로 유지되어 현행헌법에 이르고 있다. 즉 현행헌법 제32조 제1항에서 「모든 국민은 근로의 권리를 가진다. 국가는 사회적·경제적 방법으로 근로자의 고용증진과 적정임금의 보장에 노력하여야 하며, 법률이 정하는 바에 의하여 최저임금제를 시행하여야 한다」, 제2항에서 「모든 국민은 근로의 의무를 진다. 국가는 근로의 의무의 내용과 조건을 민주주의원칙에 따라 법률로 정한다」 제3항에서 「근로조건의 기준은 인간의 존엄성을 보장하도록 법률로 정한다」 제4항 「여자의 근로는 특별한 보호를 받으며, 고용임금 및 근로조건에 있어서 부당한 차별을 받지 아니 한다」 제5항에서 「연소자의 근로는 특별한 보호를 받는다」 제6항 「국가유공자 상이군경 및 전물군경의 유가족은 법률이 정하는 바에 의하여 우선적으로 근로의 기회를 부여받는다」라고 규정하고 있다.

제헌헌법 제17조와 비교해보면, 현행헌법에는 제헌헌법의 규정이 거의 그대로 유지되고 있다. 다만, 그 내용에 있어서 현행헌법은 제헌헌법보다 훨씬 보강되었다고 할 수 있다.

3) 문제의 제기

제헌헌법 제17조와 현행헌법 제32조를 어떻게 파악해야 하는가와 관련하여 여

---

218) 이에 관해서는 전진한, 『건국이념』, 서울 단기4281년(서기 1948년) 및 이흥재, 『노동법의 제정과 전진한의 역할』, 서울대학교출판문화원, 2010, 참조.

기에는 복잡한 문제들이 제기된다.

첫 번째로 제기되는 어려운 문제는 제헌헌법 제17조와 현행헌법 제32조는 어떠한 관계에 있는가라는 것이다. 이들 양자는 사상적 배경과 내용에 있어서 연속되어 있는가? 그렇지 않으면, 어떠한 단절이 있는가?

둘째, 제1항만을 근로권 내지 노동권을 보장하는 규정으로 보는가, 그렇지 않으면 제1항 내지 제6항을 포함한 제32조 전체가 근로권의 보장에 관계되는 규정인가, 그리고 제1항 내지 제6항은 어떠한 관계에 있는가?(제헌헌법의 경우에는 제1항만을 근로권 내지 노동권을 보장하는 규정하는가, 그렇지 않으면 제1항 내지 제3항 전체를 근로권 내지 노동권의 보장에 관계되는 규정으로 보아야 하는가? 그리고 제1항 내지 제3항은 어떠한 관계에 있는가)

셋째, 헌법이 보장하는 근로권의 법적 성질을 어떻게 파악해야 하는가? 우리 헌법은 어떠한 노동권론 및 노동권개념에 입각하고 있는가?

넷째, 오늘날 세계화나 정보화는 한국인이 이룩한 지금까지의 생존기반을 뒤흔들리고 있다. 이러한 상황에서 헌법이 보장하고 있는 『노동의 권리』는 어떠한 의미를 가지고 있는가? 외환위기 그리고 IMF에 의한 경제적 유린, 기업의 구조조정 그리고 대량실업이라는 상황에서 헌법이 보장하고 있는 근로의 권리는 빛이 바랜 사전처럼 눈앞에 아른거리면서 퇴색되어만 가고 있다. 오늘날처럼, 한국자본주의가 휘청거리고 있는 때에, 만약 법이란 것이 경제적 반영 그 자체가 아닌 진정한 보장이라고 한다면, 국가가 근로대중에게 보장하겠다는 『근로의 권리』는 적어도 법적 측면에서 다른 어떠한 권리보다도 중요한 의미를 가질 것이고, 그것은 근로대중에게 커다란 위안을 주는 법적 장치일 것이다. 그러나 과연 그럴 수 있을까?

2. 제헌헌법 제17조와 현행헌법 제32조

한국현대사에 수차에 군사쿠데타가 있었지만, 권력을 장악했던 자들은 모두 헌법을 수호한다는 것을 선언하였고, 헌법개정이 수차례에 걸쳐 되었지만, 국체에 있어서 근본적으로 변경된 것이 없었고, 특히 경제체제에 근본적인 변경이 있었던 것은 아니었다. 그렇다고 한다면, 제헌헌법의 이념과 원리 및 원칙은 현행헌법에도 그대로 살아 있다고 할 것이다. 그러므로 현행헌법 제32조에는 제헌헌법 제17조가 그대로 계속되고 있으며, 오히려 제헌헌법 제17조는 현행헌법 제32조에 의해 보다 구체적으로 보완되었다고 하는 것이 옳을 것 같다.

3. 헌법 제32조(제헌헌법 제17조) 각항의 관계

헌법 제32조의 각항이 어떠한 관계에 있는가에 관련해서 두 가지의 견해가 예상된다. 그 하나는 헌법 제32조 제1항 및 제2항(제헌헌법의 경우에는 제17조 1항)만이 노동권을 보장한 규정이라고 보는 입장이고, 나머지 하나는 헌법 제32조 제1항 내지 제6항을 포함하는 제32조 전체가 노동권을 보장하는 규정이라고 입장이 그것이다. 제1설에는 노동권을 보장하는 헌법 제32조 제1항 및 노동조건의 법률에 의한 보호의 원칙을 제창한 동조 제3항, 및 여성 근로자에 대한 차별금지에 관한 제4항, 아동에 대한 특별보호에 관한 동 제3항의 규정 및 국가유공자에 대한 특별우대에 관한 제6항은 각각 헌법 제34조의 생존권의 보장을 노동자에 대해 구체화하기 위해 마련된 규정으로서, 독자의 의의를 가지는 것으로 될 것이다. 이것에 대해 제2설에 의하면, 헌법 제32조 제1항 및 제2항은 실업상태, 취업상태의 쌍방에 있어서 노동권 혹은 실업상태에 있어서 노동권만을 보장하는 규정이고, 동조 제3항 내지 5항은 취로상태에 있어서 노동권을 보장하거나 그것을 구체화한 규정으로 해석하게 될 것이다.

생각건대, 인간의 노동에 특별한 가치와 의의를 인정하고, 「인간의 존엄」에 값하는 노동의 권리를 보장하는 것이 헌법에 의한 노동권의 보장의 취지라고 생각한다면, 제2설이 말하는 「취로상태에 있어서 근로권」의 개념은 적극적으로 지지되어야 할 것이다. 현실로 오늘날의 고용정책은 단순히 실업자를 전제로 하여 그것에 대한 사후적인 구제를 하는 것에 핵심이 있는 것이 아니라, 취로노동자도 포함한 노동자 전체를 대상으로 하여 말하자면 포괄적으로 고용의 확보와 유동화를 꾀하고자 하는 것이기 때문에, 취로상태에 있어서도, 노동권의 적용을 인정하는 것이 아니면, 노동권보장의 이념과 취지는 충분히 살릴 수 없게 될 것이다. 따라서 헌법 32조 3항 내지 5의 규정은 현재 특정의 사용자 아래에서 노동자로서 고용되어 있는 자에 대한 노동권의 보장의 적용으로서 의의를 가지는 것이고, 또 사용자의 해고권은 노동권에 의해 직접제약을 받는 것으로 해석되어야 한다.

4. 우리 헌법상 근로의 권리의 사상적 근거

우리 헌법 제32조 제1항에 보장된 노동권이 어떠한 의의를 가지고 있는 지를 분명히 하기 위해서는 이른바 생존권(right of life, right to life, Recht auf Existenz)에 관해 이해할 필요가 있다.

헌법 제32조 제1항이 「모든 국민은 근로의 권리를 가진다」라고 규정하고 있을 뿐, 이것이 어떠한 사상적 근거 하에 그렇게 선언되었는가라는 것이 문제로 된다. 노동권의 개념에 관해서는 여러 가지 사고방식이 있는 것에 비춰볼 때, 헌법상의 규정은 너무나도 간단하고, 따라서 다분히 해석상의 의의(疑義)를 담고 있다.

그렇다면, 우리 헌법에 있어서 「근로의 권리」에 관한 규정은 어떠한 사상적 근저에 서는 것으로 이해해야 하는 것일까? 제헌헌법의 제정과정에서 근로의 권리에 관한 논의가 적극적으로 전개되지 아니 하여 그 사상적 근저를 명확하게 밝힐 수는 없다. 제헌헌법에는 이미 「근로의 권리」도 선언되어 있다. 그런데 이 규정의 삽입을 주장하였던 사람들이 사상적으로 어떠한 입장에 있었든, 이 규정도 또한 제헌헌법 속에서 유기적인 자리매김을 해야 한다. 제헌헌법의 기초자인 유진오 박사는 자본주의도, 사회주의도 아닌 「제3의 길」을 언급하고 있지만[219], 자본주의와 사회주의 중 어느 쪽인가 하면, 현행 헌법은 사유재산권을 강하게 인정하는 19세기적인 자본주의국가체제를 전제로 하고 있으며, 게다가 개인의 자유와 평등의 원칙을 일반적으로 강하게 주장하는 자유주의적 조류에 편승하고 있다고 말할 수 있다. 따라서 이 넓은 형식에 있어서 근로의 권리의 일반적인 선언은 위의 헌법의 기본적인 입장에서는 오히려 17,18세기의 자연법학의 개인주의적 사회관을 근저로 한다고 보아야 할 충분한 이유가 있다. 그러나 그렇다면 이른바 근로의 권리도 모든 국민은 노동을 하는 것에 있어서 기회를 얻는 데 자유이고, 국가도 이것을 침해할 수 없다고 하는 소극적인 것으로 된다. 이 입장에 있어서는 이른바 근로의 권리도 물론 국민의 구체적인 권리가 아니고, 자유권의 하나이라고 하는 것으로 된다. 물론 그렇게 이해해서도 「직업선택의 자유」와는 별도로, 근로의 권리로서, 이것을 선언하고 있는 것은 약간의 문화적 의의를 인정하지 않는 것은 아니다. 그렇지만 이미 생존권에 대해 기술했듯이, 헌법은 원칙으로서는 자연법의 개인주의적 사회관을 기조로 하는 것이지만, 한편에서는 개인의 자유나 재산권에 대해서도, 「공공복리」라는 관념에서의 제약을 정하는 것, 다른 한편에서는 생존권의 보장, 근로의 권리의무의 선언, 노동기준의 법정의 요구, 근로자의 단결권 및 단체교섭권의 보장을 하고 있는 것에 있어서, 다분히 20세기헌법으로서의 신선미를 가미하고 있다. 이 일반적 입장 하에서, 특히 「근로의 권리」라는 것을 거론하였다고 하는 것에, 실질적 문화적 의의를 인정하는 헌법의 합리적 해석의 입장에

219) 유진오, 「제헌헌법의 정신」 『헌법과 현대법학의 제문제』(현민 유진오 박사 고희기념논문집), 일조각, 1975, 459면.

서는, 그 이른바 「근로의 권리」는 한정적인 노동권의 사상을 근저로 하는 것으로 보아야 하고, 그것은 사회주의사상의 소산이 아니라고 하여도, 근대적 자연법사상, 즉 프롤레타리아 자연법을 근저로 한다고 이해해야 하는 것이 아닐까 한다. 즉 사유재산제 특히 생산수단의 사유도 긍정하는 자본제경제질서를 전제로 하고, 각인이 자주적으로 노동의 기회를 획득할 수 있는 것을 이상으로 하면서, 그것이 얻을 수 없는 경우에는, 각인은 국가에 대해 노동의 기회의 제공 혹은 그것에 대신하는 적당한 생활비의 급여의 지불을 청구하는 권리가 있다고 하는 한정적인 노동권의 개념을 사상적인 근저로 하여, 노동권의 사상이 주장되는 사회, 경제체제에 가까운 상태를 실현하려고 하는 사상적 경향을 보여주는 것이다. 이러한 의미에 있어서, 이 규정의 근저를 흐르는 사상은 그 18,19세기의 자유권으로서의 노동권개념의 입장이 아니라, 근대적 노동권개념의 입장이라는 것에 커다란 문화적 의의가 있다고 해야 한다. 그러나 이와 같이 한정적인 노동권의 개념을 사상적 근거로 하는 것은 당연히 헌법상 한정적인 노동권을 인정하였다고 하는 것으로는 되지 않는다는 것을 주의해야 하다.

자본주의체제와 사회주의체제에서 생존권이 가진 의미내용 및 기능은 각각 다르고, 또 각 체제에 있어서도 또 차이가 있지만, 일반적으로 사상사적으로 말하면, 생존권개념은 노동권개념의 전제 혹은 기초로 되고 있다. 게다가 소위 「완전한 노동권」의 개념에 있어서 경우와 「한정적인 노동권」의 개념에 있어서의 경우에서는 생존권과의 관계에 차이가 있다.

노동권(right to labour, Recht auf Arbeit, droit au travail)사상의 맹아는 1601년의 잉글랜드의 빈민구제법, 1791년과 1793년의 프랑스 헌법, 1794년의 프로이센 국법 등에서 찾을 수 있지만, 이와 같은 빈민구제적, 자혜적인 법제들은 그 후의 노동권사상과는 구별하지 않으면 아니 된다. 노동권사상의 형성에서는 프리에(François Marie Charles Fourier, 1772-1837), 프루동(Pierre-Joseph Proudhon, 1809-1865)도 기여한 바가 크다 있다고 할 수 있다. 또 비스마르크조차 노동권에 관하여 언급한 바 있다. 그러나 마르크스주의 입장 이외에 처음부터 노동권을 상세하게 연구하고 체계화하려고 하였던 것은 안톤 멩거이었다. 멩거에 의하면, 노동권의 바른 개념은 「사기업자 아래에서 노동을 찾을 수 없는 통상의 노동능력이 있는 시민은 노동권에 의해서 국가 또는 지방자체단체에 대해서, 통상의 일용임금의 지불에 대해서, 보통의 일용고용을 줄 것을 요구할 수 있다」라는 것이다.

우리나라에 노동권사상이 처음으로 들어오게 된 것은 1930년대 이후가 아닌가 추측해본다. 일본에서 1920년대 이른바 다이쇼(大正)데모크라시라는 분위기 속에 안톤 멩거의 『Das Recht auf den vollen Arbeitsertrag in geschichtlicher Darstellung』220) 이 번역·소개되자, 그 영향 하에서 그 당시 사회주의계열에 서 있었던 일본의 진보적 지식인들이 멩거의 노동권사상을 흡수했다. 이들 일본지식인과 교류했거나 그의 영향 하에서 일본에 수학했던 개화파계열 또는 사회주의 계열의 일부 조선식자들이 그들의 노동권사상을 받아들였던 것이 아닌가 생각한다. 그런데 1948년 제헌헌법 제17조에 노동권이 이미 규정되었다고 하는 사실은, 한편으로는 경이롭다는 생각까지 들지만, 또 다른 한편에서 노동권사상에 관해 그 내용이 무엇인지 제대로 알지도 못하는 미성숙상태에서 노동권이 섣불리 헌법적인 기본권으로서 규정된 것이 아닌가라는 의심까지 하게 된다.

Ⅲ. 노동권의 내용

1. 주 체

1) 근로자로서의 국민

헌법 제32조 제1항은 "모든 국민은 근로의 권리를 가진다. 국가는 사회적·경제적 방법으로 근로자의 고용의 증진 …의 보장에 노력해야 한다"라고 규정하고 있다. 헌법 제33조 제1항과의 관계에서는 동조가 노동권(근로권)을 「모든 국민」의 기본권으로 정의하고 있는 것에서 이 점을 어떻게 이해해야 하는가라는 문제가 생기게 된다.

이 문제와 관련하여 근로의 권리의 주체가 누구인가에 관하여 견해가 대립되어 있는 듯하다. 첫째 근로의 권리의 주체를 국민으로 보는 견해도 있고, 근로대중으로 보는 견해도 있고 또 근로자로 보는 견해도 있다.

헌법 제32조 1항이 근대사회성립기에 커다란 역사적 의의를 가졌던 「노동의 자유」에 관한 규정이 아니라, 자본주의체제하의 실업자문제를 염두에 두고 있고, 「노동권(Recht auf Arbeit)의 사상」에 대한 국가의 기본적 태도를 표명하였던 것이라고 이해하는 점에서는 - 그 기본적 태도의 내용을 어떻게 이해하는가에 대해 다툼

220) Anton Menger, Das Recht auf den vollen Arbeitsertrag, seine geschichtliche Darstellung Stuttgart/Berlin 1886(제3개정판에서 Das Recht auf den vollen Arbeitsertrag in geschichtlicher Darstellung로 제목을 변경하였음). 일본에서는 森戸辰男(역), 『全勞働收益權史論』, 弘文堂書房, 1920(1판), 1924(2판 개역). 그리고 森田勉(역), 『勞働全收權史論』, 未來社, 1971로 다시 출판되었다

이 있다고 하지만 - 학설은 거의 일치하고 있다고 해도 좋다. 그런데, 「노동권의 사상」에는 몇 가지의 조류가 있다. 그 중에서 자본주의사회에 특유한 주기적 공황과 그것에 수반하는 실업에 대하여, 이것을 체제적으로 구축(驅逐)하였던 사회주의 체제 하에서의 노동권을 주장하는 입장[221]에 있어서는 노동의무(「노동하지 않는 자는 먹지 말라」)와 불가분의 노동권(노동의 기회의 보장)이 「모든 국민」에 인정되었던 것으로 된다. 사회주의체제하에는 노동은 이미 자본제종속노동으로서는 존재의 여지가 없고, 노동은 바로 「모든 국민」의 신성한 의무인 동시에, 체제적으로 보장된 구체적인 권리로 된다. 그래서 생산수단의 사유제에 기초한 노자의 대립, 이것을 기초로 하는 「사용자」와 「노동자」라는 두 기본계급으로의 「국민」의 분열은 역시 존재하지 않는다. 그러나 우리 헌법은 사회주의를 채용하는 것이 아니다. 따라서 위와 같은 의미에서의 「모든 국민」의 「노동권」을 인정하지도 않는다. 이 점에 대해서도 아마 이론이 없을 것이다.

사회주의체제하에서의 노동권에 대해, 자본주의법에 「접합될 수 있는 권리」로서 법조사회주의자 안톤 멩거(Anton Menger)가 제창한 유명한 「노동권」의 개념이든, 같은 자본주의법질서를 전제로 하면서 자연법적 입장에서 제창된 「노동권」의 관념이든 자본주의체제하에 있어서 「노동권」은 이 체제에 특유한 노자(또는 노사)의 필연적인 대립이라는 기반의 제약을 피할 수 없다. 무엇보다 이러한 대립이 구체적으로 어느 정도의 격함으로 나타나는가는 각 자본주의국가의 발전단계나 그때그때의 정황에 따라 다르다. 그러므로 자본주의체제하에서, 이 대립의 격화의 억제나 예방에 기여하는 여러 가지의 "철학"이 등장한다. 그 주된 것이 각종의 "협동체이론"이다. 우리나라 헌법의 노동권의 해석에 대해서도, 20세기 헌법에 있어서 협동체이념을 창도하여 제32조 제2항의 노동의무(근로의무)의 의무성을 강조하고, 노동권은 이러한 노동의무와의 불가분의 결합에 있어서만 인정하려고 하는 설도 있을 수 있겠다.[222] 그러나 이러한 협동체이념의 강조는 학설로서는 전적인 예외일 뿐만 아니라, 과연 이 설이 협동체이념의 기본, 자본주의하의 노자(노사)의 대립을 전혀 부정하는 입장에서 「모든 국민」의 협동체구성원으로서 노동의무와 노동권을 구성한다는 철저한 협동체이론인가의 여부도 분명하지 않다.

어떻든 사회주의체제하의 노동권의 규정이 공황과 함께 20세기 자본주의의 사활문제로 되기에 이른 노동자의 이른바 구조적 실업이라는 현상이 사회주의하에

221) 이 입장에서 말하는 노동권은 제1차 대전 후의 소련에 있어서 사회주의국가의 출현 이후, 인류에 있어서 단순한 당위의 주장에 그치지 않고 사회주의국가의 출현 이후, 사회주의국가에 있어서 현실화되었다고 할 수 있다. 그러나 소련의 현실이 과연 그러했는지는 의문이다.

222) 이 설은 제2차 세계대전 직후 일본에서 我妻榮 등이 주장했다.

서는 체제적으로 배제되고 노자의 대립이 이미 존재하지 않고, 국가구성원이 모두 근로자(노동자 농민)이라는 등질적 존재로 구성되기 이른 상태 하에서 근로의 의사와 능력이 있는 「모든 국민=근로자」에 대해 근로의 의무와 더불어 근로의 기회 그 자체가 보장된 체제가 수립되었던 새로운 선언이라는 의의를 가지는 것에 비해, 20세기 자본주의헌법에 있어서 노동권의 규정은 권리의 주체면에서 위와 같은 등질적인 국민구성을 현실적 전제로 할 수 없었던 것이다.

따라서 여기에서의 노동권은 「모든 국민」의 권리로서 내걸어서 규정의 문언에서만 보면, 마치 현실로 「모든 국민」에게 널리 의의가 있는 권리인 것 같은 환상을 생기게 하더라도, 실은 그것은 국민 중의 「노동자」라는 지위에 있는 자(「노동자」는 현실에 어딘가에 고용되어 있는 자만을 가리키는 것은 아니다. 노동권에 대해서는 오히려 실업 중의 또는 미취업자인 「노동자」가 중요하다)에 있어서만 현실적 의의를 가지는 권리로 될 수밖에 없다. 이것은 노동권의 조류가 어떠하든, 자본주의사회에 있어서 실업문제의 격화에 수반하여 생기는 생성 전개되어 간다고 하는 노동권개념의 역사에서도 조응한다. 자본의 담당자인 사용자도 "근로[하는]자 내지 노동[하는]자로서 "노동권" 내지 "근로권"을 인정받아야 한다는 주장은 임금노동자를 항상 염두에 두고 구성되어 왔던 권리이고, 또 이러한 것으로서 존재이유를 가질 수 있는 노동권이라는 개념(사회주의사회에서 현실화한 노동권도, 당초 이러한 것으로서 생겼다)과는 무관한 단순한 말의 유희에 불과하다.

그런데 노동권은 일견 노동자와 사용자의 구별에 관계없는 것처럼 보는 경우가 있다. 예컨대, 헌법 제32조의 노동권이 구체화된 직업안정법상의 무료직업소라는 국가적 서비스는 현재 고용주도 아니고 피용자가 아니며 또 종래 고용주로서의 경력밖에 가지고 않고, 게다가 무위도식할 만큼 재산을 가진 자도, 원하면 그것을 받을 수 있기 때문이다. 그러나 이것은 실정법상의 「노동자」가 과거의 경험의 여부나 소유재산의 다소에 관계없는 것, 현재 고용주도 피용자도 아닌 자에 대하여 이루어지는 위의 국가적 서비스도 경력이나 소유재산의 여하에 관계없이 문제로 되고 있는 시점에서 피용자로 되려고 할 의사를 가지고 있다고 인정되는 자를 「노동자」로 보아 수급자격을 용인하게 된다. 따라서 이 경우도 헌법 제32조의 노동권을 「노동자」라는 주체개념에 결부시켜 파악하는 것을 방해하지 않는다. 이것과 자본주의헌법상의 노동자가 「모든 국민」의 권리라는 규정형식에 관계없이, 국민의 노자(노사) 두 계급으로 기본적인 분열이라는 경제적 사회적 기초 위에 국민 중의 「노동자」에 있어서만 현실로 의의를 가지고 있다고 하는 인식이 자본주의체제하의 노동권의 역사적 사회적인 피제약성을 붙이는 것으로서 중요하다는 것을 함께 생각한다면, 오히려 적극적으로 「노동자」라는 주체개념에 결부시켜 파악해야 한다고 생각한다.

노동권은 사용자와 근로자의 구별을 전제로 하고 있는 권리다. 그러므로 헌법 제32조 제1항의 「국민」이라는 것은 "근로자로서의 국민"을 의미한다. 즉 근로의 권리의 주체는 근로자이다. 그러므로 헌법 제32조 제1항의 국민이란 근로자를 뜻하고 본항이 국민이라고 규정한 것은 오늘날 모든 국민이 근로자가 될 수 있다는 것을 의미함에 불과하다고 할 것이다. 그러므로 근로의 권리를 일반 국민으로 보거나 근로대중으로 보는 것은 근로의 권리의 성격이나 내용을 잘못 이해하고 헌법의 자구에만 너무 집착한 결과라고 할 것이다. 그러므로 여기서 말하는 근로자에는 현재 고용되어 있는 자뿐만 아니라 실업자도 포함된다. 이는 헌법 제32조 2항 두 번째 문장이 "근로자의 고용의 증진"이라는 표현을 사용하고 있는 것에서 분명히 알 수 있다. 그러므로 현재에 고용되어 있는 근로자는 새로운 직장을 구하기 위하여 근로의 권리를 가지고 있으며 실업자는 당연히 근로의 권리의 주체가 된다.

2) 외국인도 포함되는가?

여기서 외국인이 근로의 권리의 주체가 되는가라는 문제가 제기될 수 있다. 근로권은 국민의 기본권으로 되어 있다. 그래서 헌법의 규정형식만을 보면, 외국인은 근로권의 주체가 될 수 없다. 그렇지 않다고 하더라도 근로권이 국가에 직접적으로 청구할 수 있는 권리라는 적극적인 측면에서 외국인은 그러한 범위 내에서 그 주체가 될 수 없다.

그러나 적어도 근로자로서 외국인도 자유권적 차원에서는 근로의 권리의 주체가 된다고 할 것이다. 왜냐하면 근로의 종류·내용·장소 등을 선택할 자유 및 특정근로에의 취업을 강제당하지 않을 자유가 근로의 권리에 전제되어 있기 때문이다. 그러므로 근로자로서 외국인에게도 대한민국에 의해서 근로의 기회가 제공되었다고 하더라도 이러한 범위 내에서 자유가 보장되어 있다고 할 것이다.

3) 법 인

역사적인 연혁이나 사상적인 배경에 감안할 때 법인(法人)은 헌법 제32조 1항이 보장하고 있는 근로권 내지 노동권의 주체가 될 수 없다고 해석해야 할 것이다.

2. 노동권의 법적 성질

1) 학 설

헌법상의 노동권의 법률적 성질에 대해서는 두 가지의 극단적인 견해가 있다. 그 하나는 이미 기술하였듯이, 이 근로의 권리의 선언 자체를 자유권의 선언으로 하는 입장이다. 이 입장은 아주 보수적인 것이고, 근로의 권리를 실질적으로는 거의 무의미하게 한다. 이 입장에는 이른바 근로의 권리에 대한 「권리」의 법률상의 성격 등은 처음부터 아마 문제로 되지 않는다. 그러나 이 입장이 정당하지 않은 것은 이미 지적한 바이다. 그 두 번째는 이 근로의 권리의 선언으로써, 국민에게 구체적인 권리로서의 노동권을 인정하였다고 하는 입장이다. 이 입장은 그것 자체로서는 아주 진보적인 것이고, 사회주의적 사상의 입장에서 주장되고 있다. 그러나 이 입장에는 다분히 헌법의 해석에 대한 희망적인 견해가 혼입되어 있으며, 법률적인 해석론으로서는 채용하기 어려운 것이다. 실정헌법의 해석론과 입법론은 구별되어야 하고, 이 입장은 명백히 해석론의 한계를 일탈하고 있다고 평가해야 한다. 그러한 상태의 실현이 희망되어야 한다고 하여도, 그것은 그것을 가능하게 하는 사회적·경제적인 지반과 그것을 반영하는 헌법의 전체로서의 입장의 수정이 실현된 후에, 비로소 실현되는 것이다. 문제는 현재의 신헌법의 해석으로, 근로의 권리가 어떻게 이해되어야 하는가라는 것을 분명하게 하는 것에 있다고 해야 한다.

헌법에 규정된 노동권을 어떻게 파악하는가는 자본주의경제를 전제로 하고 있는 국가에 대해서 어떠한 법적 의무를 부과하는가라는 문제와 직결된다. 또 설령 헌법해석론을 통해서 국가에게 법적 의무를 부과한다고 하더라도, 국가가 그러한 의무를 이행할 수 있을 것인가라는 문제와도 연계되어 있다.

일반적으로 노동(기본)권에는 두 가지의 의미가 있다고 할 수 있는데, 그 첫째는, 완전한 노동권의 개념으로서, 일반적으로 노동의 의사와 능력을 가지고 있는 사람은 누구나 자기가 속한 사회에 있어서 노동의 기회제공을 요구하는 권리를 가진다고 하는 것이며, 그 두 번째는 한정적인 노동권의 개념으로서, 노동의 의사와 능력을 가지고 있지만, 사기업 등에 취업할 수 없을 때에, 국가에 대해서 노동의 기회의 제공을 요구하고, 그것이 불가능한 때에는 상당한 생활비의 지불을 청구할 수 있는 권리를 진다고 하는 것이다.

사회주의국가에 있어서는 모든 국민에게 노동의 기회를 제공하려고 의도하고 있지만, 자본주의국가에 있어서는 완전한 노동권의 실현은 불가능하다.[223] 그래서 자본주의국가에 있어서는 실업대책사업 기타 고용보장의 정책이 취해지게 된다.

헌법 제32조 제1항은 헌법이 보장하는 노동(기본)권의 성격에 대해서는 국가가 국민의 생존을 부당하게 침해하지 않고 또 침해하지 않도록 보장한다는 자유권적 소극적 의미에 그치지 않고, 국민의 생존의 유지, 발전을 위해 국가가 적극적인 정책을 취하는 것을 분명하게 하고 있다.

노동권이 구체적으로 어떠한 의미내용을 가지고 있는가에 대해서는 학설은 아직 일치하지 않고 있다. 이들 학설을 크게 나누어 보면, 프로그램규정으로 보지 않을 수 없다는 입장, 보다 적극적으로 공법상·사법상의 효과를 인정하려고 하는 입장 등이 있다. 해석론으로서는 각종의 권리의 남용이론, 정당성이론 혹은 합리성이론, 또는 불법행위이론의 측면에서 파악하고 그 방향이 정착할 때에 구체적 권리성이 결정될 것이라고 하는 식의 구성방법을 할 수밖에 없을 것이다.

(1) 프로그램설

이 설은 헌법에 있어서 노동의 권리는 한정적인 노동권의 개념을 사상적인 근저로 하였다고 하지만, 그러한 노동권을 국민의 구체적 권리로서 인정한다는 것은 아니라는 입장이다. 이 입장에 의하면, 헌법은 한정적인 노동권을 인정하였던 것은 아니지만, 이 노동권의 개념을 사상적 근저로서, 노동의 권리를 선언한 것으로 된다. 우선, 노동의 권리가 국민의 구체적인 권리 즉 국가의 그것에 대응하는 법률상의 의무가 있는 권리가 아니라고 하는 까닭을 검토해 본다. 헌법이 모든 국민은 『노동의 권리』를 가지고, 의무를 진다고 규정하고 있는 문언상 간단히, 이것을 보통의 권리의무와 같은 의미에서 구체적인 권리로 이해할 수 없는 것은 당연한 것이다. 이렇게 말하는 것은, 이러한 소위 『노동의 의무』 그 자체가 구체적인 보통의 의무, 즉 그것에 대립하는 국가의 권리가 있는 의무가 아니라는 것은 이 권리에 대해서만 구체적인 권리로 이해하는 형식적인 근거도 존재하지 않는다. 본래 이러한 노동의 권리와 의무라는 것은 반드시 동일한 강도의 것으로서 법률상 구성될 것을 요하지는 않더라도, 헌법에 있어서 노동의 의무는 후술하듯이, 전적으로 정신적 의미의 것에 불과하기 때문에 노동의 권리만을 구체적인 권

223) 사회주의체제하에서는 노동권의 주체를 모든 국민으로 볼 수 있다. 대한민국의 헌법이 그 경제체제로서 자본주의를 전제로 하고 있다는 것을 감안할 때, 사회주의헌법과의 구별을 위해서도 헌법 제32조 1항의 「국민」은 "근로자"로 해석할 수밖에 없을 것이다.

리로 이해하는 것은 너무나도 불균형적이라고 할 것이다.

더구나 이를 실질적으로 고찰할 때, 이것을 구체적인 권리로 이해하는 데에는 각종의 조건을 결하고 있고 할 수 있다. 그리고 이 설은 왜 그러한 조건을 결하고 있는가에 대해서 보면, 첫째, 「그 사회 경제면에 관한 규정의 일반적인 경향으로서의 진보적 성격이 상당히 높이 평가되고 있는 면도, 노동의 권리에 대해서도 헌법에서는 확실히 구체적인 규정내용을 가진 바이마르헌법에 있어서조차, 노동권은 구체적인 권리로서는 승인되지 않는 것에 비추어 볼 때, 그것보다는 일반적으로 보아 약간 18, 9세기적 사상이 농후한 헌법의 경제면에 관한 규정 중에 노동권을 인정한다는 것은 명백히 통일성을 결한 해석적 입장이라고 하지 않을 수 없다」고 하고, 둘째로 노동권을 구체적인 권리로 파악할 수 있는 경제적인 기반을 결여하고 있으며, 우리나라의 사경제적 사정에서 「불가피적으로 발생하는 대량 실업자를 망라해서 그것에 대한 사회정책의 중요성을 훨씬 증대한다고 하여도, 이들 모든 실업자에게 권리로서 노동권을 보장하려고 하는 실질적 기반을 결하고 있다는 것은 너무나도 명백하다는 것이며, 셋째 순수하게 법률적으로 고찰해서 보아도, ① 그 표현이 너무나도 간단하고, 그 노동기능에 따른 노동의 제공이 되지 않으면 아니 되는가, 혹은 통상의 일용노동이면 충분한가라는 논의로 나누어지기 때문에 이점에 대해 명확한 규준을 제시하지 않고 있으며, ② 이것을 구체적 권리로 보는 데에는 그 권리의 실현에 필요한 법률상의 보장규정을 결하고 있다. 국가가 노동권의 보장을 위한 조치를 등한히 하고, 필요한 법이나 시설을 하지 않는 경우에도, 국민이 국가에 직접으로 이것을 요구하는 방법이 없기 때문에, 결국 「이러한 나라의 말하자면, 정치상의 책무가 헌법상 선언되어 있다는 것과 관련에 있어서 모든 국민에 대해서 기대된 지위 내지 이익을 『노동의 권리』를 가진다고 선언하였던 것이다」라고 하고 있다. 이 설은 노동권의 보장을 이유로 사용자의 해고의 자유를 제한하는 것은 법해석론으로는 무리라고 하고 있다.

(2) 구체적 권리설

구체적 권리설은 노동권의 사상은 후에 기술한 노동의무의 사상과 함께, 일종의 일반조항으로서 노동생활의 법률적 처리 특히 노동법상의 권리의 궁극적 근거로서 의미를 가지고, 또 노동자에 대립하는 고용주의 권리 특히 소유권 내지 그것에서 나오는 기능을 제약하는 것을 승인해야 하는 것을 전제로 사법상의 효과를 어느 정도 인정하려고 하고 있다.

일반적으로 완전고용을 사기업에 대응해서 요구할 수 없는 것은 분명하지만,

노동자가 취업하고 있는 상태가 경영자의 자유에 의해서 중단되는 것도 노동권의 관심 밖의 것이라고 생각할 수는 없다. 노동권은 실업이라는 상태에서 생기는 권리라고 말할 수 있을 뿐만 아니라 취업이라는 상태에서도 생기는 것이 아니면 아니 된다. 결국 청구권적인 노동권과 함께 기득권적인 노동권이 인정되지 않으면 아니 된다.『해고반대』의 주장 속에 흐르고 있는 규범의식은 직접적으로 생존권의 법의식임과 동시에, 노동하고 있는 현재 상태의 권리성의 의식에 있어야 한다. 해고의 자유는 노동권에 의해서 제약되지 않으면 아니 된다」고 하고 있다.

그뿐 아니라 별도의 법률로써 구체적인 내용을 정하지 않은 이상, 이 규정에서만 직접적으로 정부나 사용자에 대해서, 어떠한 청구권이 생기는 것을 긍정하지 않는다고 하여도 직업안정법이나 실업보험법의 해석 적용에 있어서의 기본원리로 할 수 있다고 하는 사고방식이나 해고의 자유를 제약하는 원리로는 된다고 한다.

그러므로 헌법 제32조 제1항을 단순한 프로그램규정으로 해석하는 것은 성립할 수 없고, 노동권은 개개의 노동자가 고용주인 사용자에 대해서 가지는 취업청구권과는 다르지만, 국가 또는 지방자체단체에 대한 권리라고 하고 있다.

2) 정 리

위에서 대표적인 두 입장을 개괄적으로 보았지만, 우리나라의 헌법학자들은 근로의 권리에 관하여 국가의 현실적 여건과 결부하여 잡다한 논쟁을 벌여왔다. 대부분의 헌법학자들은 아직도 근로의 권리를 프로그램적인 권리 또는 추상적 권리로 파악하고 있는 듯하다. 그러나 우리가 어떠한 헌법상의 권리를 구체적인 권리로 파악할 것인가의 여부에 관한 문제는 국가가 재정능력이 있는가의 문제와는 별개라고 할 것이다. 즉 국가의 재정능력이 빈약하다고 헌법상의 권리를 프로그램적인 또는 입법방침적인 권리로 파악하는 것은 잘못된 것이다. 즉 나는 노동권에 관한 헌법규정을 그저 프로그램적인, 즉 정치강령적인 규정으로 해석해서는 아니 된다고 생각한다. 근본적으로 나는 우리 헌법이 보장하고 있는 근로의 권리는 대한민국의 국고와 관계없이 구체적인 권리라고 이해해야 한다고 생각한다. 그러므로 국민은 근로의 권리를 구체적인 권리로서 청구할 수 있다고 파악하고 싶다.

그런데 여기에서 노동권이 어떠한 구체적인 권리인가라는 문제가 제기된다. 헌법상의 권리가 구체적인 권리라고 하더라도, 그러한 권리를 구체화하는 법률이 제정되어야 한다는 것을 부정하는 것이 아니다. 오히려 그것이 구체적인 권리이기 때문에 국민이 국가에 대하여 법률의 제정을 요구할 수 있다고 할 것이다.

(1) 적극적 권리의 측면

사회보장의 권리에 대해서도 말할 것이 있지만, 노동권의 경우도, 국가의 시책을 요구하는 권리인 만큼, 국가의 시책이 전체적으로 보아, 계획적으로 수립되어야 보다 충실하게 된다. 본래 직업선택의 자유 즉 어떠한 직종과 기업을 선택할 것인가, 노동할 것인가 또는 하지 않을 것인가의 자유, 어디를 거소로 정할 것인가 등 거주이전의 자유, 특정인과 계약을 할 것인가의 자유 등 이러한 자유야말로 자유방임이다. 이러한 사회에 있어서 경제적 필연성은 무정부성이고, 이것은 예측불가능성으로서 나타나는 자유이다. 이와 같이 자유가 허구화하고, 그 자유의 허구가 심각하게 의식되었던 곳에서 노동권의 사상이 생기는 것이다. 그러한 자유를 향유하는 자의 상대방은 자유의 반대현상인 필연적 종속, 즉 자유의 관점에서는 반가치적 현실에 처하게 된다. 이러한 반자유적 현실은 실업·저임금 등의 형태로 직접·간접으로 그들의 생활을 위협하는 원인으로 현실화되었다고 하면, 생존권으로서 노동권이 그러한 종속에 대한 부정(否定)을 지향하는 사상이라는 것은 당연하다고 할 것이다. 하지만, 그러한 권리를 구체적으로 보장하는 데에는 국가가 노동자의 종속을 필연적으로 초래하게 하는 노동시장에 개입하는 것을 부정할 수 없다. 결국 국가가 노동생활의 무정부성을 극복하기 위해 많은 정보를 수집하여 계획적 조정을 하기 때문에 자유에 대한 일정한 통제의 계기가 생기는 것은 피할 수 없을 것이다. 물론 완전고용정책은 이러한 계획적인 개입이 가능한 정보시대에서 비로소 구현될 수 있는 것이다.

그런데 여기에서 또 다른 측면의 문제가 제기된다. 국가의 적극적인 개입으로 인하여 국가의 품에 조직적·기술적으로 포섭된 상품인 노동력의 담당자로서 노동자가 처한 상황이 인간의 존엄에 부합하는 생존이라고 할 수 있는가, 혹은 노동자는 국가독점자본주의체제하에서 국가에 의해서 관리되는 인적 자원에 불과한 것이 아닌가는 보다 근본적인 의문이 제기되는 것이다. 왜냐하면 국가에 의한 개입으로 진정한 의미에 있어서 인간의 존엄성이 실현될 수 없기 때문이다. 설령 그것이 가능하다고 하더라도 자본주의체제하에서 노동력을 관리·통제하는 주체인 국가의 성격이 문제이다. 국가독점자본주의체제하에서 국가권력이 전정한 의미에 있어서 공동체 전체를 대표하지 않기 때문이다. 국가가 자본가계급 특히 독점자본을 대표하는 소수의 집단의 공적 위장에 불과하다고 하면, 정보네트워크에 의한 노동시장의 관리와 통제 및 계획적인 조정은 그 자체로 노동자에 대해서는 피할 수 없는 또 다른 억압이라고 하지 않을 수 없다. 그렇다고 한다면, 인간의 존엄의 이념을 품고 있는 노동권의 보장이란 무엇인가가 문제로 제기되는 것이다.

생존권으로서 근로권은 구체적인 권리이다. 물론 이를 실현하는 구체적인 법률이 있어야 하겠지만, 그렇지 아니한 경우에 국민은 구체적인 법률의 제정을 국가에 청구할 수 있을 것이다. 즉 헌법 제32조 1항이 규정하는 근로의 권리는 취업할 수 있고 직장을 구할 수 있는 사람이 자신의 능력에 적합한 근로의 기회를 얻는 것을 국가에 대하여 요구할 수 있는 권리라고 할 것이다. 만약 국회가 법률을 제정하지 않거나 불충분한 법률에 의하여 방치하는 경우, 근로의 권리가 현실적으로 침해되었기 때문에 근로자는 입법을 요구할 수 있고 이른바 위헌확인소송을 헌법재판소에 청구할 수 있다고 해석해야 할 것이다.

해고의 제한에 대해서는 헌법상의 노동권규정을 매개로 하지 않고도, 오늘날 근로기준법에 있어서 해고법의 구조에서 이러한 결론을 내릴 수 있다. 그렇지만, 해고제한에 대한 현행 법제는 문제이다. 헌법이 보장하고 있는 노동권을 실현하기 위해서 해고의 정당사유에 관한 입법이 필요하고, 특히 경영상의 필요에 의한 해고는 보다 세련된 절차적 통제가 요청되고 있다.

다른 한편, 근로권을 적극적 권리로 파악하는 것은 국가로 하여금 자기의 노동력을 파는 것 이외에는 생활의 자료를 얻는 수단을 갖지 못하는 사람들에 대하여 노동할 기회를 보장해줌으로써 가족을 포함한 그의 생활을 보장하도록 노력하게 하는 데에도 그 의의가 있다. 국가에 의한 고용보장에 관한 사상은, 근로의 권리가 국가목적규정과 프로그램적 규정을 넘는 권리로서 법적으로 규범화되지 않았다고 하지만, 적어도 헌법의 하위법률인 근로기준법 등 고용관계법의 해석을 위해서 중요하다고 할 것이다.

그러나 헌법 제32조 제1항이 규정하고 있는 노동권을 적극적 권리로서 파악함에 있어서 우리나라의 현실적 한계를 넘는 법적 의미부여가 곧바로 법조사회주의적(法曹社會主義的) 오류라고까지 말할 수는 없다고 하더라도, 자본주의경제를 전제로 하고 있는 현상황에 있어서 헌법해석론의 한계에 대해서는 충분히 유의할 필요가 있다.

(2) 소극적 권리의 측면

다른 한편 근로의 권리에 자유의 차원도 있다고 보아야 할 것이다. 근로의 종류·내용·장소 등을 선택할 자유 및 특정근로에 대한 강제되지 않을 자유가 근로의 권리에 전제되어 있다. 그러므로 국가에 의해서 근로의 기회가 제공되었다고 하더라도 이러한 범위 내에서 근로자에게 자유가 보장되어 있다. 이러한 의미에서 국가는 근로자의 근로의 자유를 보장하는 대신에 일정한 금전적인 보상을 하는 것만으로 근로의 권리를 대신할 수 없다고 할 것이다. 즉 국가는 대상조치(代償措置)로써 근로의 권리를 폐지할 수 없다고 할 것이다.

3. 노동권의 내용

1) 서

노동권은 일자리에 관한 권리(고용의 권리), 일자리의 조건 및 환경에 관한 권리(임금의 권리 및 근로조건의 권리 등)를 그 내용으로 한다. 국가가 고용정책을 전개하고 그것을 보다 적극화해감에 따라, 노동권은 「노동의 자유」의 이념의 구체적인 실현을 넘어서 국가에 대한 여러 가지 조치를 요구할 수 있는 근로자의 구체적인 권리로서 구체화되어 가고 있다.

2) 고용의 권리

노동권에서 말하는 고용이란 민법상의 고용만을 뜻하는 것이 아니라 근로의 기회의 부여와 같은 것으로서 그 내용이 훨씬 넓다. 그러므로 고용의 권리는, ① 일자리를 선택할 권리(고용선택의 자유, 적직선택권(구직자가 국가적 제도인 취업소개나 실업보험 등을 이용하여 자발적으로 자기가 좋아하는 적직(適職)을 고르거나 보다 좋은 노동조건의 일자리로 상향이동하는 권리)), ② 구체적인 취업의 기회를 박탈당하지 아니할 권리(자유권적인 소극적 권리), ③ 고용증진을 위한 사회정책, 노동정책, 경제정책 및 고용정책 등을 요구할 수 있는 권리 등을 그 내용으로 한다.

여기에서 좀 더 살펴보아야 할 문제로서 첫째, 근로자가 구체적인 취업의 기회를 박탈당하지 아니할 권리(자유권적인 소극적 권리)를 사용자에 대해 직접 주장할 수 있는가라는 것이다. 이에 대해서 종래 부정설과 긍정설이 대립하고 있다. 부정설은 사기업이 헌법 제33조 제1항에 모순되는 고용 내지 해고를 하면, 이는 일종의 사회적 의무위반으로서 위법으로 될 가능성을 가지나(예컨대 민법 제103조 위반) 노동권은 국가와 국민의 관계에 불과하므로 적극적 침해, 예컨대, 사용자가 통모하여 특정근로자의 취업을 박탈하는 것은 위법이고, 사기업도 무의미하게 실업자의 방출을 해서는 아니 된다고 하는 경제윤리적 제약이 있지만 사기업에 대한 완전고용을 주장할 수 있는 권리는 있을 수 없고, 해고의 자유에 대한 제약은 무리한 해석론이라고 한다.[224] 이에 대한 긍정설은 근로권은 국가는 물론이고 사용자에 대해서도 직접적으로 주장할 수 있다는 것을 전제로 해고 시 헌법 제32조 1항이 보장하고 있는 근로권보장의 정신은 유지되어야 하고 정당한 사유가 없는 해고는 헌법상의 근로권보장의 취지에 위배되어 위헌·무효라고 한다.

생각건대, 노동권의 자유권적 요소는 사용자에 대해서도 직접적인 효력을 갖는다고 할 것이다. 그러므로 고용을 박탈하는 사용자의 해고행위가 부당한 경우에는 이는 근로권을 침해하는 것으로서 위헌이라고 할 것이다. 이렇게 본다면, 사용자의 해고의 자유는 헌법 제32조 1항에 의해 영(zero)로 감축되고, 다만 정당한 사유가 있는 경우에만 해고가 허용된다고 이해해야 할 것이다.[225)]

둘째, 고용증진을 위한 사회정책·노동정책·경제정책 및 고용정책 등을 요구할 수 있는 권리의 구체적인 내용이 무엇이며, 어느 정도의 범위까지 가능하는가라는 것이다.

여기에서는 생활보장의 권리, 고용정보를 알 권리, 취업훈련을 받을 권리, 학교교육·사회교육을 받을 권리, 고용정책에 대한 노동자의 단체참가의 권리 등등도 고용의 권리에 포함되고, 공공직업훈련수강권(취직, 승진, 상향이동을 목적으로 하는 노동능력의 유지 향상을 위하여 직업교육·훈련을 받을 권리, 적직선택권을 보강하는 의미를 가진다), 최종적 수단으로서 취로권(노동능력이 있는 자에게는 금전적 급부인 공공부조에 앞서, 우선 그 노동력의 활용에 의한 자주적 생활확보를 위한 원조를 요구하는 권리)이 중핵적인 권리로서 고용의 권리에 포함된다고 할 것이다. 이러한 권리에 대응하는 국가의 의무로서, 공적 직업소개유지향상의무, 강제실업보험유지향상의무, 공공직업훈련유지향상의무, 공적 취로사업유지향상의무가 각각 인정되어야 할 것이다.

이들 권리도 「입법에 의해 비로소 구체적 권리로 된다」고 생각되나, 노동권의 이념을 구체화한 법률에 의해 국민에게 구체적 권리가 인정된 경우에는 입법이나 행정처분에 의해 합리적인 이유도 없이 이들 권리를 박탈하는 것은 위헌으로서 허용되지 않는다고 할 것이다. 이렇게 이해한다면, 노동권의 보장은 원칙적으로 정부의 예산조치를 구속하거나 재판규범으로서 입법 및 행정의 행동도 구속한다고 이해되며, 노동권의 보장의 취지에 반하는 예산조치나 입법·행정행위는 위헌으로 무효의 평가를 받게 된다.

예산이나 입법의 부작위에 대해서 근로자가 이러한 부작위의 위헌의 확인을 법원에 구할 수 있는가라는 것이다. 이와 관련하여 검토되어야 할 문제는 헌법상의 노동권의 보장에 기초해서 직접 국민(노동자)의 측에 일정한 구체적인 권리를 성

---

224) 심태식, 『노동법개론』, 89-98면.

225) 근로기준법 제23조는 이러한 취지를 구체화하고 있다. 이것은 부당해고를 다투는 쟁송에서 해고의 정당사유에 대한 입증책임을 사용자 측이 부담하게 하는 이론적 근거이다.

립하고, 국가의 측에 이것과 대응한 법적 의무가 생기는가라는 것이다. 예컨대, 직업훈련을 받을 권리나 적직(適職)선택권 혹은 고용정책에 대한 노동자의 단체참가의 권리 등이 직접 노동권의 내용으로 인정되는가, 그렇지 않으면 입법을 통해 비로소 구체적 권리로 되는가라는 것이다. 생존권 등에 관해 주장되고 있는 「입법요구권」의 사고를 적용하면, 노동자는 적어도 노동권을 실현하기 위해 필요한 입법이나 기존의 법의 개정을 국회에 대하여 요청할 수 있을 것이다. 그러나 그 경우에도, 전제로서, 입법을 통해 실현되어야 할 노동권의 최저한도의 내용을 노동권의 이념에 입각해서 확정하는 작업이 행해져야 할 것이다(예컨대, 노동권의 보장이 「인간의 존엄에 부합하는 노동」의 실현을 기본이념으로 하는 것을 근거로 하여 직업교육수강권, 적직선택권, 단체참가권 등의 여러 권리를 입법상 포함되어야 할 최저한의 내용을 확정한다고 하듯이) 노동권의 내용으로서 확립되어야 할 상기의 몇 가지의 제안은 이 문제에 대한 유익한 참고로 될 것이다. 앞으로 이들 점에 대한 검토가 적극적으로 시도될 것이지만, 노동법이론이 당면하는 중요한 과제라고 생각한다.

3) 일자리의 환경에 관한 권리

일자리의 환경에 관한 권리는 합리적인 작업환경의 보장을 요구할 수 있는 권리이다. 그 구체적인 내용에는 합리적인 근로조건의 보장을 요구할 수 있는 권리(근로조건의 권리), 일한 대가에 적정한 임금의 보장을 요구할 수 있는 권리(임금의 권리) 등이 포함된다.

(1) 근로조건의 권리

우리헌법은 근로조건과 관련하여 네 가지의 헌법적 기준을 제시하고 있다. 첫째, 근로조건에 있어서 인간의 존엄성이 보장되어야 한다고 규정하고 있다. 이것은 헌법의 기본원칙이고, 근로권의 보장에 흐르고 있는 기저적 원칙이다. 둘째, 여성근로자를 특별히 보호하고, 부당하게 차별하지 않아야 한다. 셋째, 연소근로자를 특별히 보호해야 한다. 넷째, 근로조건을 결정함에 함에 있어 민주주의원칙이 존중되어야 한다. 여기에서 민주주의원칙이 존중되어야 한다는 것은 경영참가, 노사협의회 등의 제도운영에 있어서 근로자의 참가와 발언의 기회가 보장되어야 한다는 것을 의미한다.

무엇보다 근로조건에 관한 헌법적 기준은 근로계약에 기한 근로조건설정의 한계를 의미한다. 즉 개별적 근로관계의 근로조건은 사용자와 근로자 개인 간에 체결되는 근로계약을 통해서 결정되는데, 위와 같은 헌법적 기준은 근로계약의 헌법적 한계를 설정하고 있다고 할 것이다.

근로조건에 관한 권리에는 모든 근로자는 건강한 작업환경의 보장과 합리적인 근로시간 · 휴식시간 · 휴가제도 · 퇴직금제도 · 재해대책 등이 실현될 수 있도록 적절한 조치를 강구할 것을 요구할 수 있는 권리가 포함되고, 특히 여자와 연소 근로자의 경우에는 남녀평등, 생리휴가, 모성보호휴식과 휴가, 육아휴직, 야간작업과 위험작업금지, 근로시간의 단축 등을 보장하도록 요구할 수 있는 권리도 여기에 포함된다고 할 것이다.

(2) 임금의 권리

헌법의 문헌상에서는 적정임금은 근로조건과 별개로 규정되어 있으나, 그것은 근로조건의 일부라고도 할 수 있다. 그렇지만 임금은 근로의 대가, 즉 그 상환가치이다. 이러한 의미에서 본다면, 임금은 근로수행 시에 시공간에 걸치는 상황적 여건을 의미하는 근로조건과는 구별될 수 있다.

우리 헌법은 근로권으로서 임금의 권리를 보장하기 위해서 국가에게 적정임금 보장의무와 최저임금제실시의무를 부과하고 있다. 그러므로 근로자는 국가에 대하여 적정한 임금 내지 최저임금을 보장하도록 요구할 권리를 가진다.

근로자가 근로의 대가로서 보장받아야 할 적정임금의 수준은 근로자 자신과 그 가족의 인간다운 생활을 영위하는 데에 필요한 액수라고 할 것이다. 그런데 여기에서 문제로 되는 것은 적정임금의 수준과 최저임금의 수준이 어떠한 관계에 있는가라는 것이다. 적정임금은 물질적 최저한의 생활보장수단인 최저임금보다 높아야 한다는 견해가 있으나, 우리 헌법은 모든 근로에 대해 적정임금을 보장하도록 하고 있고, 최저임금은 어떠한 경우에도 적정임금이 되어야 하기 때문에 실질적인 최저임금은 적정임금과 같을 것이 요구된다고 할 것이다.

그리고 적정임금보장권 및 최저임금보장권과 관련해서 파업기간 중의 임금지급에 관한 문제이다. 파업기간 중에 무노동무임금의 원칙을 철저하게 적용하면, 헌법상 보장된 쟁의권의 실효성을 약화시킬 수도 있기 때문이다. 노동권을 보장하는 헌법 제32조와 노동단체권을 보장하고 있는 헌법 제33조 1항은 상호보완관계에 있는 근로자의 기본적 권리로서 서로 상승적으로 기능할 수 있도록 해석 · 적용하는 것이 요청되고 있다. 그러므로 파업기간 중에도 적어도 최저임금수준이 보장될 수 있도록 하는 것이 노동권과 노동단체권의 취지에 부합한다. 파업기간 중에 무노동무임금의 원칙을 철저하게 적용하는 것은 자본주의적인 경제법칙을 수정하려고 하는 헌법 제32조와 제33조가 상정하고 있는 헌법적 질서를 위배한

것이라고 할 것이다.[226)]

4. 노동권과 국가적 책무

1) 서

노동권은 무엇보다 근로자의 구체적인 대(對)국가적 권리이다. 즉 국가는 모든 국민에게 그의 능력에 적합한 노동을 할 수 기회를 제공할 의무를 지고 있다. 다만 자본주의사회에서는 사회적 · 경제적 사정에 의해서 부득이하게 근로의 권리가 추상화되거나 프로그램적 규정으로 될 수 있는 가능성이 항존하고 있다.

헌법에 있어 근로의 권리의 보장이 국가의 정치적인 책무의 선언으로서의 것이라고 한다면, 근로의 의사와 능력이 있는 국민이 현실에 근로의 기회를 가질 수 있는가라는 것은 일면, 각 국민의 자주적인 노력 여하에 관계되는 것임과 동시에, 타면, 보다 많이 우리나라의 경제 기업의 실체, 나아가 국가의 시책 여하에 관계하는 것으로 된다. 따라서 이른바 근로의 권리를 모든 국민이 현실에서 실현할 수 있는가라는 것은 국가의 경제의 전반에 관련하는 문제이고, 이것을 만족할 수 있는 상태에 있어 해결할 수 있는가 여부라는 것은 부의 공정한 배분의 문제인 동시에, 나아가 자본주의국가의 존속의 기초에 입각하는 것이기도 하다. 그러나 그와 같이 중대하고 또 해결하기 곤란한 문제인 만큼, 이것은 노동자에 대한 단결권 등을 노동3권의 보장 혹은 근로기준의 법정이라는 문제와는 달리, 그 적극적인 해결을 단순히 수개의 법률을 제정해서 달성할 수 있는 것도 아니다. 여기에 헌법상 노동권을 각인의 구체적인 권리로서 보장하는 것을 감히 하지 못하는 까닭도 있는 것이다. 모든 국민에게 그것이 노동의 의사와 능력이 있는 한 반드시 어떠한 직업을 받는다고 해서 노동권의 만족, 따라서 이른바 완전고용을 실현한다고 하는 것 자체는 반드시 곤란한 것은 아니다. 그러나 모든 국민에게 건강하고 문화적인 생활을 확보하는 방식에 있어서 게다가 모든 국민에게 그 능력에 따라 완전고용을 실현한다고 하는 것은 그 국가의 경제, 기업의 실력과의 관계에

226) 임금이분설에 따라 임금을 교환적 부분과 생활보장적 부분으로 구분해서 실제상 근로제공의 대가로 받은 교환적 부분은 무노동무임금이라는 자본주의적 교환원칙에 따라서 삭감하되, 근로자로서의 귀속신분 때문에 받는 생활보장적 부분은 파업기간 중에도 지급하도록 했던 종래의 대법원 판례(대판 1992.3.27, 91다35307; 동 1992.6.23. 92다11455 등)는 적어도 결과의 측면에 있어서 헌법적 취지에 어느 정도 부합한다고 할 수 있다. 그러나 그 후 대법원은 대판 1995.12.21. 94다26721에서 임금이분설을 배척하고 철저히 무노동무임금의 원칙이라는 자본주의적 경제법칙을 적용하여 파업기간 중의 임금불지급으로 태도를 전환하였다. 이러한 대법원의 태도는 우리 헌법 제32조 및 제33조가 상정하고 있는 노동헌법에서 후퇴하였다는 비판을 면하기 어렵다.

있어서 반드시 용이하지는 않다.

모든 국민이 아사(餓死)선상을 헤매고 열악한 생활조건에서 고뇌한다고 하는 상태에서 완전고용을 실현하는 것도 반드시 행복하지 않다. 노동권의 확립, 따라서 완전고용의 요구만을 일면적으로 해결할 수 없는 까닭이 여기에 있다. 현재 우리나라의 노동조합은 이 완전고용의 요구와 대우개선의 요구를 제출하는 것이 많다. 이들 두 가지의 요구는 현재 다행히 노동의 기회를 얻고 있는 자에 관한 한, 혹은 양립할 수 있을지도 모른다. 그러나 우리나라 전체로서, 이것을 보았을 때, 노동의 의사와 능력을 가진, 모든 국민에 있어서의 요구로서는 현재 양립할 수 없는 것이라는 것은 아주 명료하다. 게다가 모든 국민에게 노동의 기회를 주려고 노력한다고 하는 정치의 방침을 선언하고 있는 헌법하에 있어는 국가는 그 후의 의미에 있어서 완전고용의 실현에 노력해야 한다. 따라서 국가는 국내적으로 그것에 적합한 경제체제의 실현을 기도함과 동시에, 국제적으로는 외국의 물적 자본적 조력이나 우리노동력의 해외진출의 기회의 획득이 허용될 수 있도록 노력해야 한다. 여기에 우리나라의 경제체제나 노동체제도 반드시 그와 같은 국제적 원조가 주어지는 데에 적당한 것이 되어야 한다. 이러한 의미에서 노동권의 만족적 해결이라는 것은 우리나라 경제의 기본적 성격 속에서 본격적인 해결을 찾게 된다. 따라서 근로의 권리를 뒷받침하는 것으로서는 이 문제가 실질적으로는 가장 중요한 것으로 된다. 그러나 이 문제를 본격적으로 논하는 것은 본서의 목적이 아니다. 여기에서는 헌법에 있어서 근로의 권리의 보장을 위해서는 이미 실시되고 있는 약간의 법률상의 조치나 기타 구체적인 조치에 대해 설명하는 것을 주안으로 하고, 마지막으로 우리나라 경제의 기본적인 체제의 방향을 근로의 권리를 뒷받침하는 것과의 관계에서 간단히 음미하고자 한다.

근로의 권리라는 것은 국가와 국민의 관계이고, 개별기업과 국민의 관계는 아니다. 따라서 헌법에 있어 근로의 권리를 어떠한 의미에서 이해하든 이것을 근거로 하여 노동자가 그 고용주에 대해 해고하지 말 것을 요구하거나 일반적으로 완전고용을 요구할 수 있는 것은 아니라는 당연하다. 이미 기술한 의미에서 한정적인 노동권의 사상을 근저로 하여 근로의 권리라는 것을 선언한 헌법의 원칙으로서는 될 수 있는 한, 다수의 국민이 자주적으로 노동의 기회를 얻는 것을 이상으로 하는 것이다. 따라서 사기업 등으로부터 다수의 실업자가 방출된다고 하는 것은 바람직하지는 않다. 그러나 자본주의국가에 있어서는 그것은 오직 그 정도이어서 국가가 사기업에 대해 실업자를 절대로 방출하지 않도록 요구할 수 있는 것은 아니다. 하물며 사기업에 대한 국가의 재정적인 보호가 원칙으로 금지ㆍ제한되어 있는 현재의 체제하에 있어서는 국가가 그러한 것을 요구할 수 있는 근거도 없다. 다만 국가가 기업의 재정원조를 하고 있는 경우에는 그 한도에 있어서 정말 실업자를 방출하지 않도록 지도하는 것을 생각할 수 있지만, 이러한 경제적인 보장을 주지 않고서 게다가 이윤을 중심으로 하고, 혹은 적어도 독립채산제를 취하는 기업체에 그러한 것을 요구하는 것은 무리일 뿐만 아니라 부당한 것이기 때문이다. 결국, 사기업에서 얼마만큼의 실업자가 방출되는가라는 것은 사기업의 채산성을 중심으로 하는 고려와 노자의 세력관계에 의한 것이다. 국가로서 할 수 있는 것은 후술하듯이, 노동력의 흡수를 가능하게 하는 경제의 기초를 구축한다고 하는 일반적인 방책과 사회적으로 무익한 실업자의 방출을 회피하도록 간접적으로 지도한다고 하는 것을 제외하고는 구체적으로는 법률적으로 보아 부당한 해고를 금지한다고 하는 이상으로는 나아갈 수 없다. 예컨대, 노조법 제81조 사용자는「근로자가 노동조합에 가입 또는 가입하려고 하였거나 노동조합을 조직하려고 하였거나 기타 노동조합의 업무를 위한 정당한 행위를 한 것을 이유로 그 근로자를 해고하거나 그 근로자에게 불이익을 주는 행위」또「근로자가 노동조합에 가입하지 아니할 것 또는 탈퇴할 것을 고용조건으로 하거나 특정한 노동조합의 조합원이 될 것으로 고용조건으로 하는 것」등을 부당노동행위로서 금지하고 있으며, 근로기준법 제23조 제2항「사용자는 근로자가 업무상 부상 또는 질병의 요양을 위해 휴업한 기간과 그 후 30일 동안 또는 산전산후의 여성이 이 법에 따라 휴업한 기간과 그 후 30일 동안은 해고하지 못한다」라고 하는 것이 그 예이다.

결국, 사기업과 노동자와의 관계에서는 어느 정도의 실업이 생기는가라는 것은 특정의 시 일반적인 경제상태를 배경으로 한, 그 당해 기업 내의 문제이고, 국가가 당연히 그것에 간여할 수 있는 성질의 것은 아니라는 것이 개별자본기업을 중심으로 하는 자본주의경제에 있어서 원칙이다. 노동조합도 그것 자체로서는 이 실업이라는 것에 대한 보장을 법률적인 의미에서 노동자나 노동조합에 주어져 있는 것이 아니다. 그리고 노동기준법에 의한 근로기준의 법정이라는 것에서는 필연으로 기업자 측에 있어서 노동선택 내지 노동도태라는 것을 내포하고 있을 뿐만 아니라, 경제력이 빈곤한 현시의 우리나라기업에 있어서는 근로기준의 강행이라는 것은 기업에 있어서 과잉노동력의 정리로서 물론 실업자의 방출을 당연히 예상케 하는 것이라고 할 것이다. 이것은 근로기준의 명확한 정립은 그것에 대응한 노동능률의 발휘를 당연히 요구하는 것이고, 노동의 의사나 능력이 충분하지 아니한 노동자가 개별기업에서 탈락한다고 하는 현상을 생기게 할 수밖에 없기 때문이다. 이러한 의미에서 기업자의 노동선택은 당연히 확보되어야 하고, 이러한 훈련의 과정에서 해고라는 현상을 생기는 것은 어쩔 수 없다. 이러한 고난 중에 우리나라에 있어서 노동관계의 근대화의 길이 있다고 할 것이다. 또 「모든 사람은 그 능력에 따라」라는 소비에트헌법의 표어를 인용할 필요도 없이, 모든 국민이 그 능력에 따라 노동관계에 있어서도 재편성되어야 한다. 이러한 의미에서는 노동조합이 그 단결력을 이용하여 해고에 대해 항쟁하는 경우에도, 현재 취직하고 있는 것을 위해서만 무비판적 혹은 맹목적인 보호의 주장에 그쳐서는 아니 되고, 건전한 노동의 의사와 노동능력을 가진 노동자 전체에 대한 공정한 노동배분의 입장하에서 주장되어야 한다. 뿐만 아니라, 전후 궁핍경제체제에 있어 우리나라에 있어 노동의 의사와 능력이 충분하다고 하여도, 반드시 당연히 노동의 기회가 보장되는 것은 아니다. 문제의 중심은 오히려 그 점에 있다고 할 수 있다.

어떻든, 근로기준법의 확보라는 것을 실현하고 있는 개별자본단위의 기업을 중심으로 하는 경제체제하에 있어서는 사기업에서의 실업자의 방출이라는 것은 불가피할 뿐만 아니라, 그 수도 심히 우려되는 바에 달한다고 상상할 수 있다. 종래, 이들 다수의 실업자는 이른바 암상인으로서 인플레이션 앙진의 파고 속에서 변태적인 활로를 찾고 있지만, 그 길도 서서히 안이한 것이라고 할 수 없을 뿐만 아니라, 금후 방출된 실업자에 있어서는 이것도 또한 좁은 문으로 되고 있다. 게다가 향후에 있어, 보다 많은 자가 실업자로서 사기업에서 방출되는 것은 필연이라고 할 것이다. 이렇게 실업자의 증대가 필연이라고 하는 것은 실업자의 구제에 무관심해도 좋다고 하는 의미는 아니다. 사적 기업체제하에 자주적인 경제의 근대화와 합리화를 실현하기 위해서는 비능률적인 다수노동의 포옹이라는 것이 음미되어야 하고, 그래서 실업이라는 현상을 생기해서 이들 과잉노동력에 대한 「구제의 책임자」를 명확히 하고, 그 구제의 방식을 특별히 고구해야 한다는 것을 지적하는 것이다. 노동조합이 국가에 대해 무조건적으로 완전고용을 보장할 것을 요구하는 것이 부당함은 물론이고, 국가가 국민의 근로의 권리를 보장하는 책임을 태만히 하는 것은 부당할 뿐만 아니라, 그것은 또한 결국 우리나라 경제 및 노동관계의 근대화를 저해하는 것이라고 하는 이중의 의미에 있어서 아주 부당한 것이다. 아래에서는 근로의 권리의 보장에 관한 국가의 책무에 관해 간단히 언급하는 것에 그친다.

2) 국가기능의 변화 : 실업정책에서 고용정책으로

20세기 헌법의 모범으로서 세계의 주목을 받았던 1919년의 도이치제국헌법(바이마르헌법)은 물론 제1차 세계대전 패배 후에 있어서 도이치자본주의의 체제적 위기의 극복을 과제로 하여 등장하였던 것이다. 특히 그 제5장 「경제생활」에 포함된 제규정은 위험의 표현으로서의 정치적·경제적 모순을 사적 소유제도의 기초하에서 「국가의 레벨에서 적극적으로 해결하기 위한 형태」를 보여주었던 것이며,[227] 이들 규정이야말로 20세기 헌법으로서의 동헌법의 특징적 성격을 가장 선명하게 나타내는 것이었다. 즉 그것들은 「경제생활의 질서는 모든 자에게 인간다운 생활을 보장하는 목적을 가진 정의의 원칙에 적합해야 한다」라고 하여 생존권의 보장을 내건 제151조에서 시작하여, 소유권의 의무대유성(제153조 3항), 노동력의 보호와 통일노동법의 제정(제157조), 단결의 자유(제159조), 포괄적 보험제도의 설정(제161조), 노사의 대표에 의한 경영, 지구, 라이히(Reich)마다의 협의회제도의 창설(제165조) 등의 주목해야 할 규정을 포함하고 있었다. 노동권의 보장도, 이들 규정의 하나로서 또 노동의 「도덕적 의무」와 함께 규정되었다. 즉 제163조 2항은 「각 도이치인에게 경제적 노동에 의한 그 생계[의 길]을 얻을 수 있는 가능성이 부여되어야 한다. 그것이 적당한 노동의 기회가 부여되지 않는 한, 그 필요한 생계에 대해 배려된다. 상세는 특별한 제국법률에 이것을 정한다」고 규정한다.[228]

위의 생존권의 보장규정에 관해서는 안슈츠(G. Anschütz)를 대표로 하는 프로그램규정설이 당시의 지배적 견해이었다. 그 대극으로서 레만(H. Lehmann)의 「현실적 권리(Aktuelles Recht)」설(제151조 제1항은 법원 및 행정기관을 구속한다고 본다)이 존재하였다고 하지만,[229] 이들 견해는 그 후에 성립된 일본국헌법에 있어서 생존권의 보장의 해석에 대해 적지 않은 영향을 미쳤던 것으로 볼 수 있다. 노동권을 보장한 163조에 대해서도, 구체적인 권리의 승인이 아니라, 「프로그램의 선언」이라고 해석하는 것이 일반적 견해이었다.[230] 그런데 이 노동권규정은 1918년 11월 혁명과 패전을 계기로 생긴 대량의 실업문제에 대처하기 위해 채택된 일련의 긴급조치, 특히 공적 실업부조제도의 경험을 결실하게 하였던 것인데, 그 후 인플레이션의 진행, 국가재정의 적자격증과 함께, 실업부조금경비는 점차 공적부담에서 노사부담으로 전화되게 된다. 그리고 1923년 말 인플레이션 수습 후의 본격적 경제부흥기에 있어서도, 실업자의 수가 계속 증대하였을 뿐만 아니라, 특히 1925년 말 이래 격화의 일로를 걷고, 구조적 실업의 성격도 보이기 시작하였기 때문에, 1927년 7월 비보험적인 긴급부조의 포함과 함께 완전한 실업보험제도로의 전환이 실현하였다. 그러나 이 실업보험제도의 운명도 길지 않았다. 1929년의 세계공황과

227) 影山日出弥, 「ヴァイマル憲法における, 『社會權』」, 東京大學社會科學研究所(편), 『基本的 人權 3: 歷史 II』, 東京大學出版會, 1968, 220면.
228) 高木/末延/宮澤(편), 『人權宣言集』, 212면 이하 참조.
229) 影山, 위 같은 글, 196-7면.
230) 석정, 위 같은 책, 282면 참조.

함께, 많은 수의 장기적 실업자가 발생하고, 실업보험은 결국 재정난으로 빠져 파탄하였기 때문이다. 그리고 「실업구제의 중점은 다시 재정자금에 의한 부조금급부로 돌아가게 되었다.[231] 「프로그램의 선언」으로 해석된 헌법의 노동권보장 하에 있어서 그것을 구체화하기 위해 전개된 바이마르체제하의 실업구제제도는 위와 같이 아주 복잡한 과정을 거치고, 게다가 종국적으로는 그 해결을 살육적인 세계전쟁으로 가는 길에 맡기지 않을 수 없었다.

위와 같은 바이마르 도이치의 경험은 자본주의제도의 구조에 있어서 실업문제를 해결하는 것이 얼마나 고난한가를 말해주고 있다. 이것은 헌법상의 노동권보장의 규정을 가지는가 여부에 관계없이, 제2차 대전전의 각 자본주의국가에 있어서, 다소간 공통으로 볼 수 있었던 경험임에 틀림없다. 일본국헌법이 보장하는 노동권의 법적 성격에 관하여, 종래의 지배적 견해가 극히 억제적 입장을 취하고, 「개별적 구체적 권리」이라는 것을 부정할 수밖에 없었던 것도 이러한 경험과 그것에 기한 문제의 곤란성을 강하게 의식하는 데에서 유래하고 있다. 어떻든, 자본주의제도하의 실업문제가 마찰적 실업이나 계절적 실업 등의 순환적 실업으로서 나타나는 한에서는 이것에 대처하는 정책은 직업소개나 실업보험을 중핵으로 한 「고전적 실업정책」으로서 나타날 것이다. 여기에서는 실업정책은 자본주의경제의 순환에 따라 필연적으로 생길 수밖에 없는 실업자에 대한 사후적 내지 보완적인 정책에 그치고 있다.」[232]

그렇지만, 1930년대의 세계공황에서 볼 수 있었듯이, 실업문제 자체가 고전적 성격을 벗어나 만성적, 구조적 실업으로 전화하기 이르러 이러한 「고전적 실업정책」도 또한 파탄을 면할 수 없는 것은 위에서 보았던 바이다. 여기에서는 자본주의경제조직의 구조에서 문제의 해결을 시도하려고 하는 한, 실업정책은 역시 자본주의경제의 자동조절기능을 전제로 하는 단순한 사후적·보완적 정책에 그칠 수밖에 없다는 것이다. 바꿔 말하면, 새로운 실업정책은 이미 발생한 실업자를 단순히 사후적으로 구제한다고 하는 것이 아니라 정부, 지방자치단체의 재정투융자에 의한 투자수요의 환기나 사회보장지출에 의한 소비수요의 증대 등의 방법을 통해, 사전에 「고용량 자체를 조정하고 안정시켜야 한다」고 하는 적극적인 형태를 취하게 된다.[233] 아메리카합중국의 1946년 고용법(Employment Act)을 시초로 해서, 제2차 대전 후에 거의 모든 자본주의국가가 채용하고 있는 적극적 「고용(보

---

231) 戸原四郎, 「ヴァイマル體制 と失業問題」, 東京大學社會科學研究所(편), 『基本的 人權 3: 歷史Ⅱ』, 東京人學出版會, 1968, 223면 이하에 의한다.

232) 氏原正治郎, 「現代の 失業と 雇傭政策」, ジュリスト 465호 27면 참조.

233) 戸原, 위 같은 글, 247면, 氏原, 위 같은 곳.

장)정책」이 이것이다. 이와 같은 정책이 「자본주의경제의 안정적 발전을 위한 불가결한 구성부분으로서의 정부의 경제행동」[234]을 의미하는 것, 또 그것이 금준비의 국가독점과 태환정지, 중앙은행의 국가지배를 기축으로 한 독자적인 정치·경제기구의 확립을 전제로 하여 비로소 실현가능하게 되었던 것[235]은 이미 다수의 지적이 보여주는 바와 같다.

각국에 있어서 위와 같은 적극적 고용정책의 발전과정 및 그 구체적 내용의 상세에 대해서는 다른 연구[236]에 맡기고, 여기에서는 ILO의 활동도 포함해서 이 정책이 가진 일반적 특징을 음미하는 데 그친다.

먼저, 이러한 정책의 내용의 점에서 말하면, 그것에는 「고전적 실업정책」에 해당하는 직업소개와 실업보험 실업수당뿐만 아니라, 사업장의 내외에 걸친 직업훈련과 개별적 및 집단적인 쌍방의 해고에 대한 규제를 위한 조치가 포함된다. 그리고 자본의 고용창출을 위한 다양한 조치가 부가된다. 이러한 근년에 있어서는 고용정책의 범위가 확대되고, 정부의 재정, 금융상의 권한을 행사하는 일반적 경제조치도 포함하는 것으로 되어가고 있다. 문제는 이들 조지가 각각 독립하여 개별적으로 입안 실시되는 것이 아니라, 국가의 경제정책 전반과 밀접한 관련 및 조정하에서 명확한 계약과 조감에 기해서 상호 유기적인 연대를 가지면서, 종합적으로 추진된다는 점에 있다. 특히 이와 같은 정책에 있어서 불가결적 중요성을 가진 것은 경제발전계획과 일체로 되어 확정되어야 할 고용량의 계획적인 유지와 창출에 있다고 해도 좋을 것이다.

고용정책이 실업을 「불가멸적 최저한」으로 억제하면서, 완전고용의 달성이라는 소기의 성과를 올리기 위해서는 다른 조치들은 오로지 높은 역량의 계획적인 유지와 창출을 목적으로 하는 정책을 전제로 하고, 이것에 종속해서 비로소 그 방향을 명확히 보여줄 수 있고, 충분한 기능을 수행할 수 있다고 해도 과언이 아니다. ILO의 「고용정책에 관한 조약(122호)」가 제1조의 모두에서 「각 가맹국은 주된 목표로서 경제발전성장을 자극하고, 생활수준을 향상하고, 노동력수요를 채우고, 또 실업 및 불완전취업을 극복하는 것을 목적으로 하여, 완전, 생산적이고 자유로

---

234) 氏原正治郎, 위 같은 곳,

235) 池上惇, 「現代資本主義と國家」『現代と 思想2』, 92면.

236) 이에 관한 본격적인 연구는 우리나라에는 없는 것 같다. 그렇지만 林迪廣 외, 『保障法硏究序說』 法律文化社 1978 참조. 이 책에는 일본에 있어서 제2차 세계대전 전후의 고용정책형성과정에 대한 淸正寬, 林迪廣, 林弘子, 福島淳, 石松亮二, 菊俗達弥, 馬渡淳一郎 河原稔 등의 연구가 있고, ILO의 고용보장에 대해서는 石橋主說, 古賀昭典이, 서부도이칠란트에 관해서는 石松亮二이, 프랑스 및 OECD에 대해서는 石橋主說가, 잉글랜드, 아메리카에 관해서는 馬渡淳一郎가, 스웨덴에 대해선 林迪廣, 後藤勝喜가 각각 검토를 하고 있다. 그 외에도 淸正寬 『雇用保障法の硏究』 法律文化社 1987은 우리나라 고용보장법을 체계화하는 데에 시사하는 바가 크다.

이 선택된 고용을 촉진하도록 기도된 적극적인 정책을 선언하고, 또 추구해야 한다」고 기술하고 있는 것은 위와 같은 사정을 단적으로 나타내는 것이다.[237] 각 방면에 있어서 지적되고 있듯이 바로 오늘날의 정책으로서의 의의를 차제에 희박화시키고 있는 것이지만, 동시에 또 그렇게 해서 종래의 실업정책과는 다른 중요한 적극적인 역할을 수행하고 있다고 말할 수 있다.

3) 국가적 책무의 내용

(1) 고용증진책의 강구

A. 직업안정책의 강구

헌법이 보장하는 근로의 권리를 뒷받침하는 것으로서 국가가 해야 할 조치로서 첫째로 생각되는 것은 모든 국민에게 그가 가지는 능력에 적응한 직업에 대해 기회를 부여한다고 하는 것이다. 이것은 이미 기술했듯이 본격적으로는 그 국가의 경제의 기본적인 체계에 맞닿은 문제이지만, 그러한 경제체제의 편성 교체와는 분리하더라도, 일반적으로 배려되어야 할 것이다. 그 가장 소박한 방식은 직업소개업이고, 이것은 이미 옛날부터 우리나라에서도 실시되고 있다. 모든 노동자가 반드시 자주적으로 직업을 구하는 것은 아니기 때문에 이 방식도 물론 중요한 의의를 가지는 것이지만, 그것은 필경 객관적으로 존재하는 노동의 기회를 각 개인에 대해 발견해 주어 이것을 안배한다고 하는 의미 이상은 아니다. 여기에 경제체제의 근본적인 편성체라는 것과 저촉되지도 않고, 단순한 직업의 소개 이상으로 적극적·종합적으로 노동의 기회를 국민에게 확보하도록 하는 배려가 필요로 된다. 이것은 단순히 객관적으로 존재하는 노동의 기회의 적확한 배분 이상으로 어느 정도 노동의 기회의 적극적 제공이라는 것에도 맞물리고, 또 객관적으로 존재하는 노동의 기회에 대해 현재의 노동력이 그 요구에 응하는 정도의 소질을 결한다고 하는 경우에 대한 배려라는 것에도 미칠 수 있다. 다만, 그것은 결국 노동의 기회의 적극적인 제공, 보다 적확히 말하면, 일자리의 창조적인 제공을 그 본래의 사명으로 하는 것이 아니라, 본질적으로는 국민의 노동력의 수요공급의 적정한 조정과 국민의 노동력의 유효한 발휘를 꾀하는 것에 그 주안이 있다고 하는 점에 있어서 본격석인 경제체제에 관한 조치는 물론이고, 실업구제사업의 실시와

237) ILO고용정책조약에 관해서 林저광 외, 위 같은 책, 214면, 삼수건이 「ILO에 있어서 노동권과 고용보장」, 법률시보558호 46면 이하 참조. 또한. E. Yemin, Job Security; Influence of ILO Standards and Recent Trends, ILO Review, Vol 113, No. 1 참조.

도 그 임무와 성격을 달리한다. 이와 같은 적극적이고, 근대적인 국가의 행정작용의 발휘를 목적으로 하여 제정된 것이 직업안정법이라고 할 수 있다. 이것은 종래의 직업소개법에 대신하는 것이지만, 단순한 직업소개의 개선에 그치지 않고, 그 이념 및 작용에 있어서, 종래의 직업소개와 본질적으로 다른 성격을 정하는 것이다. 직업안정법이라는 명칭은 그 정신의 표명을 기대하는 것이고, 바로 그러므로 헌법에 있어서 근로의 권리를 뒷받침하기 위한 구체적 조치의 하나로서 의의를 가진다.

B. 실업방책의 강구

여기에서 실업방책으로서 고찰하는 것은 국민이 사기업 등에 있어 자주적으로 노동의 기회를 잡지 못한 경우, 환언하면 이들이 실업자로 되었을 때에, 이것을 구제하기 위한 일련의 조치에 대해서이다. 일반적으로 실업대책이라는 것은 실업의 방지와 실업자의 구제를 위한 양면의 시책을 의미하지만, 여기에서는 주로 후자에 관한 법적 조치에 대해서 고찰한다. 이러한 의미에서 실업구제방책은 다소간 실업이라는 것이 발생하는 것을 당연한 전제로 하고, - 이것은 자본제국가에 있어서는 불가피적인 것이다. 말하자면, 사후적인 소극적인 대책이다. 그러나 실업이라는 현상을 완전히 구제할 수 없다고 하는 현실에 비춰볼 때, 이 방책이 가진 의의는 아주 크고, 실업대책은 이것에 의해 유효하게 보완되는 것이다. 자본주의국가체제를 종국적으로든 잠정적이든 전제로 하는 입장에 있어 앞에서 언급했던 한정적 노동권의 개념도, 바로 이 점에 연결된 것이다. 헌법이 한정적인 노동권의 개념을 사상적 근저로 하고, 모든 국민이 사기업 등에서 노동의 기회를 얻지 못한 때는 이것에 어떠한 노동의 기회를 주고, 그럼에도 불능한 때에는 생계비의 지급에 의해 그 생존권의 확보를 하게 하도록 노력해야 할 국가의 정치상의 책무를 선하였다는 것이라고 하면, 이 실업구제방책의 실시는 바로 헌법상 요청되는 바이다.

본래 실업대책이라는 개념 그 자체는 자본제국가에 불가피적인 경기적인 실업이라는 정규의 실업현상을 대상으로 하는 것이다. 그러한 한에 있어서는 그것은 결국 개별적 임시적인 대책의 테두리를 벗어나지는 않는다. 따라서 통상의 경제체제하에서는 실업방지책과 실업구제방책을 종합적으로 강구해야 한다.

(2) 경제체제의 정비

근로의 권리를 뒷받침하는 것으로서 결국 우리나라 경제체제의 종합적인 정비를 필요로 하지만, 이러한 경제체제가 어떠한 것으로 되어야 하는가라는 것은 그 것 자체 독립적으로 고구되어야 하는 중요한 문제이다. 따라서 노동권의 법률적 성명을 중심으로 하는 본서로서는 이 점을 본격적으로 논할 수 없다. 또 그것까지 필요하지도 않다고 생각한다.

(3) 근로조건의 법정

헌법 제32조 3항은 「근로조건의 기준은 인간의 존엄성을 보장하도록 법률로 정한다.」 이것은 근로조건에 관한 기준 즉 이른바 근로기준을 법정해야 한다는 취지를 선언하고 있다. 국가의 근본법인 헌법에 「인간의 존엄성을 보장하도록」 근로에 관한 기본적 요청을 규정한 것은 획기적인 것이다. 근로기준의 정립을 요구하고 있는 헌법의 기본적 정신에 대해서는 다음과 같은 점에서 주목해야 할 것이다.

헌법 제10조는 「모든 국민은 인간으로서 존엄과 가치를 가지며, 행복을 추구할 권리를 가진다. 국가는 개인이 가지는 불가침의 기본적 인권을 확인하고 이를 보장할 의무를 진다」라고 선언하고 있다. 이것을 특히 근로자에 대해 확보하기 위해 즉 근로자에게도 「인간의 존엄과 가치 그리고 행복」을 영위하도록 하기 위해 이것을 근로조건 속에 구체적으로 보장하도록 요구하였던 것이다. 이것은 우리나라의 민주주의적 재건이 넓은 의미에서의 노동계급의 자각적인 향상에 기대하지 않으면 아니 된다고 하는 것에서, 그 경제적·사회적 지위를 확보하기 위한 실질적인 기반을 보장하도록 하는 근본사상의 표현이다. 종래 지배된 노동의 봉건성을 타파하고, 노동자의 혹사와 예속에 종지부를 찍었다고 하는 바에 인도주의적인 윤리적 향기의 고양을 감지하게 하지만, 나아가 노동자에게도 인간다운 문화적인 생활수준을 확보하게 한다고 하는 적극적 의미를 표시하고 있는 바에, 윤리적 감정적 차원을 넘어 노동자의 사회적 경제적 지위에 있어 중대한 전이를 짐작할 수 있다. 자본주의경제체제하에 재산권과 노동력을 종합하려고 하는 의도의 성부는 장래에 있어 중대한 과제이지만, 그것이 헌법 그 자체 속에 노동자의 본질적인 존재방식을 말하자면 국시로서 요구하는 것으로 되었다고 하겠다.

이러한 헌법정신에 기초해서 근로기준법도 제정되어 있다고 할 수 있다. 그런데, 과연 현행근로기준법 등 여타의 근로조건법이 인간의 존엄성을 보장할 수 있는 정도의 기준인지에 대해서는 의문이 아닐 수 없다.

(4) 여자와 연소자의 근로에 대한 특별보호

현행 헌법은 제32조 제4항에서 「여자의 근로는 특별한 보호를 받으며, 고용 임금 및 근로조건에 있어서 부당한 차별을 받지 아니한다」라고 규정하고 또 동조 5항에서 「연소자의 근로는 특별한 보호를 받는다」라고 규정하여 여자와 연소자에 대해 특별한 보호를 선언하고 있다. 본래 근로자 일반은 노동시간제, 휴식, 기타의 근로기준의 법정에서 당연히 예정되어 있는 바이다. 따라서 이론적 견지에서 말하면, 여성이나 연소근로자에 대해서는 성년남성근로자에 비해 더욱더 보호되어야 한다는 것이다. 원래 노동입법은 아동 및 여성의 보호를 위해, 이른바 노동보호법으로서 발단하였던 것이고, 우리나라의 노동입법은 오래 동안 이러한 단계에 있었다. 헌법이 여성이나 연소자의 근로에 대한 특별보호를 선언하고 있는 것은 노동법적으로 보면 진보적이라고 하기보다는 오히려 연혁적인 잔재에 그치고 있다고도 하겠다.

바이마르헌법 및 소비에트헌법은 「노동보호적 의미」에는 위와 같은 규정을 마련하고 있지 않다. 현행 근로기준법은 제6장 「여성 및 연소자」로서 노동시간 기타에 대해 특수한 법규정을 하고 있다. 동시에 이런 당연하게 요구될 수밖에 없다고 하는 보호는 기업자에 있어서는 특별한 부담으로 될 뿐만 아니라, 작업의 균일제를 할애하는 우려가 있기 때문에 연소자 및 여성에게 취업기회를 감소하게 된다. 이것 자체는 그 보호의 반면으로서 어쩔 수 없는 것이지만, 그것에 따른 사회적 시설을 강구하지 않는 한, 경제적으로도, 하물며 도덕적으로도 냉정해야 할 사회현상을 낳을 우려가 다분히 존재한다.

(5) 국가유공자, 상이군경 및 전몰군경의 유가족의 우선적인 고용기회부여

헌법 제32조 6항은 「국가유공자·상이군경 및 전몰군경의 유가족은 법률이 정하는 바에 의하여 우선적으로 근로의 기회를 부여받는다」라고 규정하고 있으나, 이 규정은 특이하다. 국가에 대한 충성을 헌법적으로 확인하고 있는 조항이라고 할 수 있다. 이러한 규정을 헌법에 둘 필요가 있는지 의심된다. 헌법 제11조 1항의 평등권 및 동조 2항의 사회적 특수계급창설금지와 관련해도 재검토가 필요하다.

5. 노동권보장의 한계

실업자 개인에서부터 보면 실업은 엄청난 법적 불이익을 의미하므로 효과적인 개인에 지향된 기본권보장을 관찰하기 위해서 실업을 제거하는 것이 고도의 정치적 목적임이 명백하다.

그러나 문제는 법질서가 이에 얼마나 도움을 줄 수 있느냐 하는 것이었다. 사회적 기본권에 대한 고찰과 사회법에 대한 우리의 체험은 사회적 기본권이 경제적·정치적 문제의 해결을 위한 법적 보조수단으로서 거의 권할 만한 것이 못 된다는 것이다. 특히 여기서 서로 경쟁하고 있는 권리주체들의 존재와 상호 경합하고 있는 법적 경제적 목적의 요청과 관련하여 생각해볼 때, 노동권은 단순한 방어권과 대비되는 근로자의 취로권(就勞權)으로 인정되어야 할 것이다. 그러나 헌법 제23조 및 제119조 이하의 경제에 관한 규정에서 볼 때 우리의 경제헌법을 대대적으로 변경하지 아니하고는 국가적 고용보장은 가능하지 아니하다는 것이 분명하다. 근로기본권의 법적 보장을 위한 재량영역은 원칙적 형평에서 볼 때 한정되어 있다는 것이 명백하다. 이러한 인식이 다른 한편 가능하고 실천할 수 있는 곳에서까지 법적 쇄신을 거부하는 것은 아니다.

Ⅳ. 노동(기본)권의 실현과 관련된 현안문제

노동권을 둘러싼 실태의 범위와 이론적 발전은 극히 주목해야 할 것이 있지만, 이와 관련된 현안들 중에서도 우리나라에서 검토되어야 할 노동입법 및 행정상의 현안문제를 든다면,

① 청년실업자의 문제
② 남녀의 균등대우 및 동일노동, 동일임금의 문제
③ 외국인고용의 문제
④ 장애인 등 취업취약계층의 고용의 문제
⑤ 직업안정, 직업훈련의 문제
⑥ 해고제한의 문제
⑦ 임시직, 계약직 등 불안정고용의 문제
⑧ 근로자파견을 둘러싼 문제
⑨ 정년제연장 및 노령자의 고용문제

등을 뽑을 수 있다.

Ⅴ. 기타의 문제

권리의 성립과 보장을 역사적 맥락에서 생각해보면, 재산권과 직업선택의 자유

는 사용자와 근로자를 지배자와 피지배자의 관계로 법적으로 고정시키는 계기를 만들었다. 재산권의 보장과 직업선택의 자유는 사용자에게는 실질적으로 의미가 있었으나 근로자에게는 畵中之餠(그림속의 떡)이었다. 그래서 현대헌법은 근로의 권리를 헌법적으로 보장하여 이러한 사회적 사정을 극복하려고 한다. 근로의 권리의 보장에 의하여 재산권과 직업선택의 자유가 근로자에게도 실질적으로 의미있게 될 수 있다.

1. 재산권과의 관계

근로자에 있어서 근로의 권리와 사용자의 재산권이 상충될 때, 어떻게 해결해야 되는가? 지금까지 헌법학에서 여러 가지 관점이 이 문제를 다루어져 왔다. 사실 이 문제는 상당히 추상적인 문제인 것 같으나, 근로자의 이익과 사용자의 이익이 첨예하게 대립되어 있는 근로관계, 즉 기업현장에서 구체적인 문제로서 대두된다. 구체적인 상황적 맥락에서 상호간의 이익을 조화시킬 수 있는 차원에서 해결되어야 하겠으나, 적어도 노사의 갈등차원에서 재산권은 소수 사용자의 영업차원의 권리이나 근로의 권리는 다수 근로자의 생활과 직결되는 것이라는 점을 감안할 때, 재산권에 대하여 근로의 권리가 상대적으로 우선된다고 해석해야 할 것이다.

그래서 근로자의 근로의 권리에 의해서 사용자의 재산권은 규제될 수 있다. 그 결과 예컨대 사용자의 고용의 자유는 인정되나 그것은 제한될 수 있으며 해고의 자유는 인정되지 않고 오직 해고를 정당화할 수 있는 객관적인 사정이 있는 경우에만 인정된다고 할 것이다(근로기준법 제30조, 제31조). 그러므로 우리는 근로의 권리와 재산권의 관계에 관한 이러한 법리를 염두에 두고서 근로자의 해고 및 인사이동 등에 관한 근로기준법 제30조와 제31조 등의 조항을 해석 적용해야 할 것이다.

2. 직업선택의 자유와의 관계

헌법학에서 근로의 권리는 생존권 내지 사회권으로 파악하고, 직업선택의 자유는 자유권으로 파악하고 있어서 마치 이들 양자의 권리가 전혀 별개의 것처럼 인식되고 있다. 그러나 직업선택의 자유와 근로의 권리는 실질적으로 근로자인 시민의 "일할 권리"라는 동일한 맥락에서 파악할 수 있다. 즉 양자는 동일한 것이나 시대적 상황과 사회적 분화에 따라 상이하게 표현된 권리형태이다.

사용자의 재산권이 근로자에 대한 사용자의 지배를 직접적으로 용인한 것이라고 한다면 직업선택의 자유는 간접적인 것이라고 말할 수 있다. 근로자의 이익과 사용자의 이익이 첨예하게 대립되어 있는 근로관계, 즉 기업현장에서 사용자의 직업선택의 자유와 근로자의 근로의 권리가 갈등을 야기한다. 구체적인 상황적 맥락에서 상호간의 이익을 조화시킬 수 있는 차원에서 해결되어야 하겠으나, 적어도 노사의 갈등차원에서 직업선택의 자유는 소수 사용자가 기업을 중지 변경 및 폐지할 수 있는 영업차원의 권리이나 근로의 권리는 다수 근로자의 생활과 직결되는 것이라는 점을 감안할 때, 사용자의 직업선택의 자유에 대하여 근로의 권리가 상대적으로 우선된다고 해석해야 할 것이다. 그러므로 기업의 중지·변경 및 폐지도 근로자의 근로의 권리를 보장해야 한다는 측면에서 법률의 규제를 받아야 할 것이다. 하지만 이를 규제하는 실정법은 현재 존재하지 않다.

문제는 근로자의 직업선택의 자유와 근로의 권리의 관계이다. 근로자의 직업선택의 자유는 실업의 경우 무의미하고 취업의 경우에 자발적인 선택의 여지가 없으면 역시 무의미하다. 현재와 같이 취업하기가 '하늘에서 별 따오기'처럼 어려운 시기에는 직업선택의 자유란 허망한 미몽(迷夢)에 불과하다. 그러므로 실질적인 의미에 근로자의 직업선택의 자유를 실현하고 보장하는 권리는 바로 근로의 권리인 것이다.

3. 노동권과 노동단체권

노동권을 보장하는 헌법 제32조는 제3항 「근로조건의 기준은 인간의 존엄성을 보장하도록 법률로 정한다」라고 하여, 근로조건의 법정을 명시하고 그 보장수준으로서 「인간의 존엄성」의 보장을 제시하고 있다. 여기에서 인간의 존엄성을 보장할 수 있는 수준이 어느 정도인가가 문제이다. 그렇지만 이것은 일의적으로 정할 수 없을 것이다. 현재의 법적 상황을 거꾸로 거슬러 본다면, 근로기준법 등 근로조건법들이 정하고 있는 근로조건의 최저기준이 인간의 존엄성의 한계이라고 할 수 있다. 그런데 이러한 근로조건법들은 노사의 계약자치에 대해 노동권보장의 관점에서 적극적 개입을 의미하는 법이고, 그것이 규정하는 근로조건기준보다도 열악한 조건을 내용으로 하는 한 근로계약 당사자의 자유는 부인된다. 계약당사자의 자유 특히 근로자의 자유의사를 부정하는 것이 인간의 존엄성을 보장하는 것인가? 그러나 일정한 경우에는 이렇게 해석하는 것이 오히려 계약자유를 보장하는 것이라고 할 수 있다. 그리고 근로기준법 자체가 취업규칙의 제정·개폐, 시간외근로 등에 대해, 사업장 종업원대표의 참가, 즉 사업장 소속 근로자대표와의 협의 또는 그의 동의를 요구하고 있는 것은 좁은 범위, 낮은 수준이지만, 직장의 민주화를 지향하는 것이다. 종업원단을 기반으로 하는 기업별노동조합의 경영협의나 노사협의제에 있어서 역할 그리고 이른바 직장교섭이 직장의 민주화에 기여한다고 하는 것은 말할 필요도 없다.

그렇지만, 정부의 노동시장정책이나 노동시장조정기구에 대한 노동자 측의 지도성을 가졌던 작용은 극히 저조하였다. 최저임금제에 대해서는 상당한 관심을 표시하고 있지만, 노동조합의 노동시장통제력이 뒤떨어지게 되기 때문에, 실질적인 효과가 오르지 않는다. 고용계획이나 직업훈련의 분야에 대해서는 거의 영향력을 가지고 있지 않다. 무엇보다 각종 위원회나 심의회에 노동조합대표가 참가하고 있지 않은 것은 아니지만, 그 활동은 모태인 조직의 기능의 한계도 있어 활발하게는 되지 않는다. 아마 앞으로 이니셔티브를 잡고 고용의 기구에 활동하는 데는 위원회나 심의회에 대한 단순한 관여와 같은 기존의 참가형식으로는 불충분할 것이다.

향후 전국적인 차원에서 근로조건수준과 관련하여 프랑스나 네덜란드에서 볼 수 있는 「사회협정」과 같은 정치적 합의를 타결하는 것이 현실적으로 가능한 방식이라고 생각한다. 이러한 협정을 할 수 있다면, 우리나라 노동조합이 가지고 있는 노동시장통제력의 약점을 보충할 수 있고 또 각종 위원회나 심의회에서도 구체적인 기능을 할 수 있는 가능성도 생길 것이다. 현재 노동계에서 기업별노조로부터 「탈피」를 위해서 노력하고 있지만 그것이 과연 실현될 수 있는지 여부는 의문이다. 신자유주의적 물결이 넘실거리는 현상황에서 직장의 민주화와 고용행정이나 고용입법의 민주화를 확약시킬 수 있는 대대적인 노동운동 없이 아무런 성과도 얻지 못할 것이다. 그리고 이러한 운동을 배경으로 하여 고용정책에 대한 노동자의 단체참가의 권리가 노동권을 근거로 해서 도출되지 않으면 아니 된다.

이와 같이 노동권에 있어서 자유의 계기도 노동자의 사회적 존재에서 규정되고 단결인 통제조직에 대한 자주적 참가, 즉 개별적인 자의의 자유의 자주적인 부정에 의해, 보다 구체적으로 보장되는 것이다. 즉 「노동의 종속성」이 노동자의 자유인권의 본질 내지 현실의 방식을 규정한다고 하는 것이다. 무엇보다, 「노동의 종속성」의 의식은 그것에 대한 비판적 이데올로기와 연결해서 노동자계급의 실천을 자극하고, 노동조합이 계급적인 연대에 기초해서, 고용선택의 자유를 포함한 완전고용의 실현, 즉 노동권보호의 금일적 과제에 적극적으로 천착해서 미조직노동자의 노동권보장의 제요구도 대표하고, 단결의 위신을 확립해야 할 것이. 그렇지만

「노동의 종속성」은 오직 실천적 이데올로기로서 기능할 뿐만 아니라, 노동법학이 단결권과 노동권을 통일적으로 파악하는 것은 그것이 노동법학에 있어서 독자의 법적 이데올로기로서 법리의 기본에 녹아있기 때문이다.

4. 근로의 권리와 근로의 의무

헌법에 근로의 권리와 관련하여, 헌법 제32조 제2항이 「모든 국민은 근로의 의무를 진다. 국가는 근로의 의무의 내용과 조건을 민주주의원칙에 따라 법률로 정한다」라고 규정하고 있는 것의 법률상의 의미를 명확히 해둘 필요가 있다.

헌법상의 「노동의 의무」는 어떠한 사상적 근거에 의하든, 문자 그대로 형식적으로 해석해서는 아니 된다. 헌법의 일반적인 기조, 특히 생존권 및 노동의 권리에 관한 입장과 관련하여 이해해야 한다. 사유재산을 기조로 하는 자본주의제하에서, 이것을 국민의 구체적인 의무로서 법정할 수 없는 것은 이미 지적한 바이다. 따라서 노동에 의하지 않고서 생존할 수 있을 것을 인정함과 동시에, 다른 한편, 노동권을 인정하고 있지 않은 헌법하에 있어서는 노동을 모든 국민에 의해 현실에서 이행되어야 할 의무로서 요구하지 않는 것은 너무나도 명백하다. 따라서 헌법 제32조 제2항은 사회주의의 원칙으로서의 「일하지 않으면 먹지 말라」라는 의미의 일반적 노동의무를 정하였던 것이 아니라, 생존권의 확보를 위한 사회정책적인 시설을 국가가 실시할 것이라는, 그 생존권에 관한 일반적 입장의 선언에 부수하여, 국민은 「일반적으로 노동해야 한다」라는 정신의 표명과 「근로의 의사가 없는 자에게는 생존권보장의 필요가 없다」라는 정신을 표명하였던 것이고, 자연법사상의 다분히 추상적이고 도덕적인 의미의 규정이라고 해석해야 할 것이다. 그러한 한에 있어서는 헌법 제10조 및 제37조 제2항의 「국민의 모든 자유와 권리는 국가안전보장, 질서유지 또는 공공복리를 위하여 필요한 경우에 한하여 법률로써 제한할 수 있으며…」라는 정신규정의 한 표현에 불과하고, 또 이미 생존권의 확보를 위해 「근로의 권리」를 선언한 이상, 당연히 그 속에 내포된 것이라고 할 수 있다. 따라서 모든 국민은 그의 생존권의 유지에 있어서도 원칙적으로 자주적인 생활, 즉 근로를 하는 것을 필요로 하기 때문에, 법률적으로는 이러한 근로의 의무의 선언은 무의미에 가깝다. 또 그 이른바 생존권의 보장도, 근로의 의사가 있는 자에 대해서조차 법률상 구체적인 권리로서 이것을 보장할 수 있는 것이 아니기 때문에, 근로의 의사가 없는 자에게 그 보장이 미치지 않는다고 하는 것은 실질상 이렇다 할 문제가 아닌 동시에, 근로의 의사가 있어도 당연히 근로의 기회를 꼭 얻는다고 할 수 없는 자본주의국가의 법질서에 있어서는「근로의 의사가 없는 자」의 판정도 실제상 곤란하다. 결국은 근로만이 유일한 수입원이고, 또 근로의 의무를 당연히 이행할 수 있는 사회조직, 즉 환언하면 완전한 노동권이 보장되어 있는 사회조직이 아님에도 불구하고,「근로의 의무」라는 것을 선언하였던 것의 부자연성의 표명임에 틀림없다. 헌법에서는 국민의 권리의 선언이 많고, 의무의 선언이 거의 없다는 것에서 의무규정을 필요로 하고, 종종 근로의 권리라는 것에서, 균형상 근로의 의무라고 하였던 것이 아닌가 한다. 따라서 법률적으로 고찰하는 때는 이것을 국민의 의무로서 납세의 의무 등과 동등한 평면에서 취급하는 것은 적당하지 않다. 물론 본조의 규정 때문에, 강제노동의 유치 기타 그 남용의 위험을 문제로 하는 것은 그것 자체 이른바 노동의 의무의 오해에 의한 것이다.

이와 같이, 헌법에 있어 근로의 의무의 선언은 법률적으로는 무의미에 가까지만,「사회적 협동체의 일원으로서 보유하는 권리나 이익에서는 반드시 그것에 상응하는 의무를 기초로 하는 것이다」라고 하는 정신의 소박한 표현으로서 국민에 대해 교육적인 실제적 효과가 상당히 크다고 할 것이다. 특히 일제식민지배하에서는 산업화에 걸맞은 근로윤리가 제대로 정립되지 못하였으며, 또 서양에서 수입된 민주주의정신과 자유주의이념에 대한 오해로 인하여 자기의 이익만을 추구하는 것에 급급했던 1948년 건국 직후의 우리사회의 상황에 비춰볼 때, 오히려 이러한 근로의 의무의 선언은 필요하였다고 하겠다.

헌법에 있어서 근로의 의무의 의미를 명확히 하는 것과 관련하여, 근대국가에 있어서 헌법을 보는 데에 있어 자본주의제국가의 헌법에는 특히 본조와 같은 규정을 마련하지 않는 것이 보통이다. 이것은 노동의 의무를 본조에 있어와 같이 정신적인 것으로서 하는 한, 특히 선언할 필요가 없고, 또 이것을 법률상 의미 있는 의무로서 선언하는 것은 자본주의국가에 있어서 곤란 내지 불가능한 것이기 때문이다. 단지 프랑스 제4공화국 헌법은 그 전문에 있어서「각인은 노동의 의무를 가지고, 직업을 획득할 권리를 가진다.」라고 하고 있지만, 이것도 단순한 정신적 규정밖에 아무것도 아니다. 이것을 필요로 하는 한정적인 노동권을 인정하는 국가에 있어서는 이미 지적하였듯이, 노동의 의무라는 것도 약간 법률상의 의미도 가질 수 있지만, 그 단계에 달하지 않은 자본주의국가에 있어서는 노동의 의무라는 것은 법률상 의미를 가지는 것이 아니다.

이것에 반해, 완전한 의미에 있어서 노동권을 인정하는 소비에트연방에 있어서는 그 헌법 제12조는「소비에트연방에 있어 노동은『일하지 않는 자는 먹어서는 아니 된다』의 원리에 따라, 노동능력이 있는 각 인민의 의무이고, 또 명예이다」라고 있다. 여기에는 모든 국민에게 노동의 가능성을 보장하고, 노동을 모든 자에 있어 유일한 수입원이 되게 해서 노동을 모든 국민으로 현실에서 이행해야 할 의무로 한다. 따라서 이른바 노동의 의무는 노동을 강제하는 것은 아니라고 하여도, 각인은 노동의 종류의 선택을 할 수 있으나 그것을 이행하지 않은 때는 생존권의 확보가 법률상 부정된다고 하는 불이익을 입는 하나의 「법률상의 전제조건」이다. 그것은 자본주의국가에 있어서와 같이, 근로의 의사가 없는 자에게는 실업구제조치가 부여되지 않는다고 하는 소극적 의미가 아니라, 우선, 모든 국민에 의해 현실로 이행되어야 할 법률상의 의무이다. 이 의무를 현실에서 다하기 위해 각인에게 완전한 노동권이 부여되고, 이 의무를 이행해서만이 현실에서 그 생존을 유지할 수 있는 구조로 되어 있다. 따라서 그것은 우리 헌법에 있어서 근로의 의무와는 전혀 성질을 달리하는 것이고, 한정적인 노동권을 인정하는 자본주의국가에서의 노동의 의무와도 그 성격을 달리하는 것임을 주의해야 한다.

제 7 절 노동단체권 : 노동3권

Ⅰ. 예비적 고찰

1. 용어의 문제

우리 헌법은 제33조 제1항에서 [근로자의 단결권 등]이라는 표제 하에 "근로자는 근로조건의 향상을 위하여 자주적인 단결권·단체교섭권 및 단체행동권을 가진다"라고 규정하고, 제2항에 공무원인 근로자에 대해, 제3항에서는 주요방위산업체에 종사하는 근로자에 대해 직접적으로 제1항의 권리를 제한하고 있다. 그런데 헌법 제33조에 규정된 근로자의 권리를 어떻게 불러야 하는가가 문제이다.

이와 관련하여 헌법 제33조가 표시하고 있듯이, 그저 단결권·단체교섭권 및 단체행동권으로 나누어서 부르기도 하고, 헌법 제33조의 일체의 권리를 넓은 의미에서의 단결권이라고 하면서 단체교섭권과 단체행동권을 단결권의 내용으로 보는가 하면, 어떤 이는 단결권·단체교섭권 및 단체행동권이 근로자의 집단적인 권리라는 측면을 부각시키려는 의도에서 노동단체권이라고 한다.[238] 또 어떤 이는 단결권 단체교섭권 단체행동권의 독립성을 강조하고자 하는 의도에서 근로3권 또는 노동3권이라고 부르고 있다. 여기에서는 단결권, 단체교섭권 및 단체행동권을 포괄하는 의미에서 노동단체권이라고 부르고, 그 권리의 3원성을 강조하는 경우에는 노동3권 또는 근로3권이라고 부르며, 구체적인 경우에는 단결권, 단체교섭권 및 단체행동권을 각각 구분해서 독립성을 부각하고자 한다.

2. 노동단체권의 역사

근대시민혁명으로 봉건체제가 붕괴하여 신분적 구속이 해제되고 추상적인 자유와 평등을 이념으로 하는 근대시민사회가 성립하면서 모든 사회적 관계는 개인의 의사에 기초한 계약적 교환관계로 파악되었다. 그러한 교환관계는 자본주의체제의 성립을 의미한다. 자본주의사회에 있어서 노동자는 자본가에 비해 사회적·경제적으로 불리한 지위에 위치하고 있다. 노동단체는 노동자가 자본가와 대등한 지위에서 근로관계를 설정하기 위해 단결하여 자본가에 대항했다. 이러한 단결에 의한 노동자들의 집단적 대항은 물론 현재에 노동자가 자본주의체제에 있어서 자신의 자유와 생존을 지키기 위한 일련의 기본적인 권리로 인정되고 있지만 처음부터 그러했던 것은 아니다.

노동단체권이 확립되어 온 역사적 과정은 자본주의각국의 역사적 조건에 따라 다양하고 복잡하지만,[239] 아주 대략 일반적 흐름을 지적하면, 세 단계로 나눌 수 있다. 제1단계는 노동자의 단결권이 금지되었던 단계, 제2단계는 단결활동이 방임(소극적 용인)되기에 이른 단계, 그리고 제3단계는 단결활동이 노동기본권으로서 적극적으로 승인되었던 단계이다.

제1단계는 시민혁명에서 산업혁명까지의 단계이고, 다수의 나라에서 처음에는 단결이 금지되었다. 이 단결금지는 산업혁명이 완료하여 자유방임주의가 정책의 기조에 있었기 때문에 오래 계속되었고, 이것을 어떻게 평가하는가는 사회정책학, 경제학, 노동법학에서도 의견이 나누어져 있다. 이 단계에서의 단결금지에는 전기적 전(前)시민법적 법사상에 기초한 단결금지와 근대적 시민법적 법사상, 즉「노

238) 단결권의 개념을 광의적으로 파악할 때, 단체교섭권과 단체행동권까지 포함하는 개념으로서 단결권을 이해하는 것이 보통이다. 이 경우에 단결권은 노동단체권과 개념내포가 동일하게 된다.

239) 각국에 있어서 노동단체권보장의 개괄적인 역사에 관해서 窪田隼人/本多淳亮,「勞動法の 生成と展開」, 小川/蓼沼(편),『現代法と勞動』, 岩波講座現代法 제10권, 岩波書店, 19675, 43면 이하, 蓼沼謙一,「爭議權論」, 日本勞動法學會(편),『勞動法講座』(제3권), 有斐閣, 1957, 445면 이하.

동의 자유」라는 시민법적 자유에 근거를 둔 단결금지(초기의 직업집단의 억제)라는 그 성질을 달리하는 두 가지의 단결금지가 언급되고 있다.[240] 이 양자가 어떻게 관련하고 있는가가 평가의 분기점이다. 그러나 어느 것이든, 단결금지의 기조는 전기적인 것에서 시민적인 것으로 서서히 이동해가는 것이고, 잉글랜드에 있어서 1799년, 1800년의 일반적 단결금지법[241] 프랑스에 있어서 1791년의 르 사프리에법[242] 등은 그 전형일 것이다.

단결금지법의 배경에 있는 역사적 상황은 각국의 노사관계의 역사적 현실에 입각해서 실증할 사항이지만, 예컨대, 최근의 역사적 연구의 성과는 잉글랜드에 있어서조차 이 단계에서의 임노동의 역사적 유형은 또한 「이중적 의미에서」자유로운 임금노동자일 수 없고 (노동자와 생산수단소유가 완전히는 분리되어 있지 않다) 또 매뉴픽처의 협애한 기술적 기초(마르크스)에 제약되어, 생산과정에 있어서 작업관리, 노무관리상의 대폭적인 권한이 역시 직접적 생산자의 순에 확고히 쥐어져 있었다는 것, 이러한 역사적 조건하에서 자본가 노동력부족을 해결하고, 노동자의 소생산자로의 역전경향을 저지하고, 구입한 노동력에서 잉여노동을 수취할 자유를 확보하기 위해서는 노동자의 단결금지를 비롯하여 일련의 권력주의적 노동정책을 취하지 않을 수 없었다는 것 등을 실증적으로 분명히 하고 있다.[243]

이리하여 이 단계에 있어서는 노동자는 단결을 금지해서 시민과 같은 권리조차도 보장되지 않았다. 즉 이러한 노동정책은 개인으로서 가치법칙에 기초해서 상품을 판매하는 능력을 가질 수 없는 노동력상품소유자의 특수성을 부정하는 것이고, 그 특수성을 인정하지 않으면 상품소유자로서의 일반적 지위마저도 확보할

240) 蓼沼謙一, 「爭議權論」, 日本勞動法學會(편), 『勞動法講座』(제3권), 有斐閣, 1957, 448면은 전기적 단결금지와 자본제생산으로의 과도기에 있어서 단결금지의 두 가지로 구별하고 있다.

241) 무엇보다, 이것을 그것 이전의 단결금지법제와 원리적으로 구별할 수 있는가 여부에 대해서는 다툼이 있다. 片岡昇, 『英國勞動法理論史』, 有斐閣, 1956, 65면 이하, 戸塚秀夫, 『イキリシ工場法成立史』(未來社, 1966년), 363-64면.

242) 동법 제1조는 「신분 같은 직업의 모든 종류의 시민의 동업조합의 폐지는 프랑스헌법의 본질적 기초이기 때문에, 어떠한 명목 및 어떠한 형식 하에서도 그것을 재건하는 것은 금지된다」고 하고, 제4조는 「만약 자유와 헌법의 원칙에 반해 같은 직업 기술 및 수공업에 속하는 시민이 단결을 하거나 그들의 재능 또는 노동의 조력을 일치하여 거부하거나 일정한 가격에서만 승낙하는 협정을 하는 경우에는 상기의 결의 및 협정은 위헌, 자유 및 인권선언에 위반하여 무효인 것으로 선언된다」고 하고 있으며, 시민적 자유(기본권)의 입장에서의 단결금지를 명료하게 제창하고 있다. 그러므로 로베스피에르, 페시온과 같은 좌파마저 이 법안에 반대하지 않았으며, 어떠한 반향도 없이, 말하자면 당연한 것으로서 성립하였다. 이들 점은 中村睦男, 「フランス憲法 における 社會權の 發展」 『北大法學論叢』 14권 2호 1963, 133면 이하에 의한다. 또한 공화31년 4월 12일법률(1803년 4월 12일 법률)은 르 샤프리에법과 같이 엄격하게 단결금지를 규정하였다. 게다가 사용자의 단결은 「불법으로 또는 남용으로」의 경우만 벌금인 것에 대해, 노동자의 단견은 동기 여하를 불문하고 항상 징역으로 처벌되었다. 1810년의 나폴레옹형법전은 공화11년 법을 더 강화한다.

243) 戸塚秀夫, 위 같은 책, 365-66면.

수 없는 노동자의 권리를 부정한다고 하는 결과를 초래했던 것이다. 그러나 노동자가 단결을 하지 않을 수 없는 필연성이 있는 이상, 단결금지의 이러한 시기에도 숙련공이 그 권리를 지키기 위한 노동조합운동은 착실하게 진전하였다.

제2단계는 산업혁명을 통해 자본, 임노동관계가 결정적으로 되는 단계이다. 이 단계에 있어서 단결금지는 철폐되고, 시민적 자유의 기초 위에, 노동자의 단결 및 단결활동은 국가의 형벌권에서 해방되었다. 잉글랜드의 1824, 1825년의 법[244], 프랑스의 1864년법[245], 도이칠란트의 1869년(북도이치연방영업법 - 그 후의 도이치제국영업법),[246] 아메리카의 1842년 판례법 등이 통상 그 지표로서 들 수 있을 것이다. 이 단계에서 경제정책은 주지와 같이, 자유방임정책이다. 노동정책에 있어서도, 노동력의 거래를 노사의 자유로운 단체교섭에 맡기고 국가는 개입하지 않고, 다만 여자, 아동 등의 노동자에 대해서만 예외적으로 노동보호법의 정립(공장입법)에 의해 개입한다고 하는 정책이 기조로 되고,[247] 따라서 전단계의 권력주의적 규제는 이 단계에서도 여전히 완전히 소멸되지 않았지만,[248] 기자유방임정책의 기조에서 보아 근본적 비판을 면할 수 없는 것으로 되기에 이르렀던 것은 당연하다.

이러한 자유방임정책을 지지하는 역사적 조건은 임노동의 역사적 유형이 완전히 소생산자적 성격을 탈피하고, 산업자본이 거기에 퇴적된 노동력에 의존하여 자립적 축적운동을 전개하는 것이 가능하게 되었다는 것, 생산과정에 있어서 자본의 임노동자지배가 훨씬 직접적이고 강하게 되었다는 것, 그럼에도 불구하고, 작업관리나 노무관리는 여전히 숙련노동자, 직인적인 친방(親房)노동자의 수중에 거의 있었다는 것[249] 등이다. 자본은 이들 숙련노동자를 주체로 한 노동조합운동을 일방에서는 강압하면서도, 타방에서는 그것을 소거할 수 없었다는 것을 인식하고, 오히려 그것을 최소한 필요한 범위에서 인용하고, 단결금지를 해제하면서 필요한 규제를 남기고, 또 노동운동이 미숙련노동자대중에 파급하는 것을 방지하

---

244) 片岡昇, 『英國勞動法理論史』, 有斐閣, 1956, 102면 이하.

245) 1864년 법률 이전에 1848년 헌법 제13조에 고주와 노동자의 평등이 선언되었다. 1864년법은 형법상의 단결의 금지를 철폐하고 단결의 자유를 개인주의적 자유, 계약의 자유의 테두리 내에 인정하였던 것이기 때문에. 쟁의권까지 인정되지 않았다. 조합결성권도 인정되지 않았다. 이 입법과정에 대해서는 中村睦男, 위 같은 글, 85면 이하 참조.

246) 작센에서는 1861년, 바이마르에는 1863년에 단결금지를 철폐하고 프로이센에도 같은 움직임이 있고, 이러한 전제 위에 통일법으로서 라이히공장법이 제정된다.

247) 이 시기의 공장입법을 어떻게 자리매김하는가에 대해는 주지하는 바와 같이 경제학자간에 다툼이 있다. 여기에서는 성인남자노동자에 대해는 자유방임이 기조이고, 여자와 아동노동의 보호는 이것을 보완하는 것이며, 자유주의와 노동보호입법은 모순되지 않는다고 하는 입장을 선택하고자 한다.

248) 예컨대, 잉글랜드에 전기적 주종법이 1875년까지 존속하는 것은 그 전형적인 예이다.

249) 戶塚秀夫, 『잉글리시 공장법성립사』, 미래사, 1966, 375면. 이것은 잉글랜드에 대한 분석이다.

려고 한다. 이러한 역사적 상황에서, 노동자의 단결 및 단체행동은 국가형벌권의 직접적 탄압에서 어떻든 해방되기에 이른다.

그러나 이러한 의미에서의 단결권의 방임은 즉 시민적 자유로서의 결사의 자유의 보호는 노동력상품의 특수성에 대한 국가의 소극적 확인을 의미하는 것이고, 말하자면 노동자의 인간으로서 사는 요구를 시민적 기본권의 차원에서 보장하려고 하는 것이다. 그러나 이 단계에서도 노동자조직이라는 것이 개인의 자유로운 의사에 기해서 결성되는 일반적 시민적 단체와 질적으로 다르고, 노동력상품의 특수성 때문에 필연적으로 결성될 수밖에 없는 단체라는 관점은 아직 법의 시야 속에는 있지 않았다. 때문에, 노동력상품의 거래주체는 여전히 시민개인인 노동자로서 법적으로 파악하였던 것이다. 다만 개인이 자유롭고 자발적인 의사로 집합하는 것을 인정하는 것에 불과했다.[250] 따라서 단결권은 의연하게 시민적 기본권의 일환을 구성하는 것에 그치고, 노동력상품의 특수성에 기초한 기본권이라는 관념은 아직 등장하지 않았다.

이것은 사상적으로는 산업자본주의단계의 자유주의적 사상에서 유래하는 것이고, 경제적으로는 노동조합이 또한 숙련공을 중심으로 하는 노동자를 중심으로 조직되었던 것에서 유래하는 것이다. 즉 숙련공에 있어서, 일정의 숙련에 기초한 기능은 일반적으로 말하자면, 인간이 생산한 상품과 유사한 일종의 재산으로서 관념되고, 따라서 이러한 재산을 소유하고 있는 노동자의 객관적 지위 및 의식은 무산자라기보다, 일반 상품소유자 즉 재산소유자로서의 그것에 가깝고, 본래 상품으로서 생산된 것이 아니라는 의미에서도 다른 상품과 구별되는 노동력상품의 특수성이 여기에는 현저히 나타나지 않았다(주체적 조건). 또 숙련공에 있어서는 시민적 내부의 자유방임에 맡겨도 아웃사이더가 생기기 어렵고, 단결이 뒤의 시대에 비하면, 비교적 고수되기 쉽다고 하는 사정도 있었다.[251] 이리하여 노동자의 단결권의 소극적 인용 즉 단결권의 자유방임은 자유권의 보장=국가의 불개입이라는 형태이고, 노동자의 생존요구를 충족시키기 위한 것이었다.

제3의 단계는 독점단계이래의 자본주의경제의 변모 및 그것에 규정된 노사관계의 변모의 과정을 통해서 단순한 시민적 기본권과 구별되는 의미에서 노동기본권이 적극적으로 인용되는 단계이다. 이러한 변모를 우선 노동력상품의 존재형태에

250) 그러므로 이 단계에서의 시민적 자유로서 단결의 자유는 노동자의 단결 및 단결활동에서 개별노동자의 「시민적 자유」의 보호를 동시에 수반하고 있으며, 단결강제에 이르는 행위는 어떤 나라에서도 아직 국가의 형벌권에서 해방되어 있지 않다. 蓼沼謙一 「爭議權論」 日本勞動法學會(편), 『勞動法講座』, 有斐閣, 제3권, 1957, 462면.

251) 숙련공조합에 있어서는 도제제도와 결부하여 노동력공급제한을 지렛대로 하여 봉쇄적으로 노동시장을 지배하고 있었다.

있어서만 보면, 대량의 반숙련 및 미숙련노동자의 등장에 의해, 노동시장의 변모라는 사태를 지적할 것이다. 숙련노동자의 경우와 비교해서 반숙련 및 불숙련노동에 있어서 기술, 기능이 차지하는 지위는 낮고, 노동력상품은 육체와 관계되고, 따라서 노동자는 자기의 육체를 팔아서 살 수밖에 없는 프롤레타리아 혹은 무산자로서의 지위 및 그 자각을 확실히 가지게 되었다. 또 숙련노동자의 경우와 비교해서 반숙련 및 미숙련노동자의 노동시장은 현저히 확대되고, 대량의 프롤레타리아트의 발생은 부단히 다수의 아웃사이더를 발생시키고, 자유방임에 맡겨놓으면, 노동조합의 거래능력은 자연히 저하되지 않을 수 없다. 자본주의경제의 경기순환에 수반하는 공황의 심각화는 대량의 현재적 잠재적 실업자군을 발생시켜 노동자의 거래능력을 자연히 저하시킨다. 또 자본의 시장지배가 독점화함에 따라, 노동자도 노동력의 컨트롤의 독점화에 의해 그것에 대항하고 거래능력을 높일 필요성이 자연히 증대한다. 이리하여 이 단계에는 제2단계에 있어서 숙련노동자중심의 직종별조합이 아니라, 광범한 반숙련 및 미숙련노동자를 산업별로 조직하는 본격적인 프롤레타리아의 노동조합운동의 전개를 배경으로 단결권, 쟁의권의 확립에 대한 요구가 강화된다.

이러한 요구가 어떠한 과정과 논리로 국가정책 속에 편입되는가는 각국의 역사적 조건의 차별에 따라 현저히 다르다. 다만 일반적으로 말하면, 독점단계에서 그리고 국가독점자본주의단계에 있어서 자본이 자유방임정책을 통해 노동력상품을 구매하고, 잉여가치를 취득하여 자본축적을 달성하는 것은 이미 불가능하게 되고, 여기에 노동정책의 전환이 불가능하게 된다. 첫째로 자본에 의한 노동시장의 통제는 진행되고, 특히 제2차 세계대전에 있어 완전고용정책은 노동력상품에 대한 국가의 개입과 통제를 결정적으로 만든다.

둘째로, 그것에 수반하여 노동력상품의 가격, 즉 임금에 대한 통제도 불가피하게 진행되지 않을 수 없다. 그것은 일방에 있어서 최저임금제 등에서 볼 수 있는 국가의 직접적인 임금통제라는 형태를 취함과 아울러, 타방에 있어서 단체교섭을 인정한 다음에, 단체교섭을 통해 간접적으로 임금수준을 규제한다고 하는 형태를 취한다. 그러므로 자본에 있어서 단체교섭권의 법인은 노동통제정책의 중요한 지주로 된다.

보다 구체적으로 말하면, 노동조합운동의 필연성을 부정할 수 없는 이상, 노동기본권을 적극적으로 인정해서, 노동조합운동을 체제 내에 자리매김하는 것과 함께 이와 반대로 노동조합을 노동통제의 기구로서 이용하는 것이 현대국가에 있어서 자본의 지배적 노동정책으로 된다. 그 전형적 형태는 단체교섭을 중앙집권화하고, 그 지도자를 통해 하부조합원 대중의 요구를 규제하는 것이다. 그것은 중앙집권화된 단체교섭을 통해 임금을 규제하고, 조합원 대중이 과도하게 높은 임금요구를 억제하기 위해서 자본가에도 필요하고 중앙집권화된 노동조합의 지도자에게도 필요하다. 자본에 있어서는 단체교섭을 거부하여 노사분쟁을 격화하기보다, 단체교섭기구인 조합을 중앙집권화하고, 그 관료화된 리더를 통해 임금을 규제하는 방식이 보다 현명하고, 보다 합리적이다. 이러한 종류의 단체교섭을 통한 임금통제는, 정도의 차이는 있다고 하더라도 국가독점자본주의단계에 있어서 발달한 자본주의국가의 중요한 노동정책으로서 일반성을 가지고 있다고 말해도 좋을 것이다.

이를 위해서는 노동조합을 체제내부의 합법적 단체교섭기구로서 자리매김하고, 게다가 노조내부의 민주주의를 공동화하고, 반체제를 꾀하는 노동자의 정치적 자유나 표현의 자유 기타 시민적 자유도 탄압하고, 또 조합민주주의나 반체제운동의 핵으로 되는 전위정당의 지배를 배제하는 등, 요컨대 이빨을 뽑고 안정을 확인한 다음에 노동조합운동과 노동기본권을 보장한다고 하는 정책이 불가피하게 등장한다. 그래서 현대자본주의에 있어서 노동기본권의 보장은 자본축적을 위한 노동시장 임금의 통제정책의 일환으로서 자리매김 되고, 새로운 역사적 조건하에서의 자본의 노동지배를 담보하는 것으로서의 역할을 담당하게 된다. 노동기본권이 역사적으로 확립되는 과정은 일방에 있어서 노동자계급의 운동의 전개과정임과 동시에, 타방에 있어서는 그것의 자본제경제로의 포섭과정이고, 그 근저에는 자본주의의 법칙이 여전히 엄연히 작용하고 있다.

이렇듯 노동단체권은 국가법에 의해서 비로소 새롭게 탄생된 것이 아니라 오랜 기간 법적 승인을 받지 못한 채 현실사회 속에서 자생적으로 생성되어서 성장되어 왔다. 노동단체권은 자본주의적 생산방식하에서 자신의 노동력을 판매하여 생계를 영위해나가야 하는 노동자는 생산수단의 소유자인 자본가, 즉 사용자에 비하여 열악한 지위에 불가피하게 놓이게 되며 따라서 사용자와 불리한 거래 또는 사용자로부터 수탈을 면하기 위하여 단결하지 않을 수 없는 상황에서 비롯된 것이다.

그러나 노동단체권이 자본주의 내에 있어서 노동자의 필연적 욕구에서 비롯된 것이라 하더라도 국가의 승인 또는 법적 승인을 받기까지는 여러 단계의 역사적 과정을 거쳐 왔다. 초기에는 노동단체권은 범죄시되어 국가로부터 적극적 탄압되었으며, 그 다음에는 노동단체권에 대하여 국가가 직접 간섭하지 않고 제3자적 입장에서 방관하는 이른바 집단적 자유방임의 형태로 보장되었다가 마지막으로 노동단체권에 대한 적극적인 필요성이 인정되어서 국가권력에 의하여 승인됨은 물론 사용자의 침해로부터 보호하는 것을 보장하는 적극적 보장으로 발전하였다.

노동단체권이 어느 범위에서 자유권적인 기본권으로서 보장되어 가는 과정에는 수많은 노동선각자들의 피와 땀이 그 발전의 원동력과 거름이 되었다. 그야말로 노동단체권의 역사는 서구자본주의의 인간화과정이자, 노동의 인간화과정이었다고 해도 과언이 아니다.

3. 노동단체권의 구조와 기능

노동단체권은 이상에서 기술했듯이, 3단계를 거쳐 자본주의사회에 있어서 승인을 받게 되었다. 단결권을 중심으로 하는 노동기본권의 법구조, 그것과 결사의 자유 내지 개인의 시민적 자유(가입, 탈퇴의 자유)와의 관계, 즉 단결권의 성립에 의한 개인의 시민적 자유의 제한이 어느 정도 인정되는 등의 문제는 각국의 실정헌법의 구조나 그 아래에서의 노동법체제의 차이에 따라 상당한 차이가 인정되지만, 여기에는 들어가지 않는다. 특히 영미와 같이, 헌법상 「단결권의 보장」의 규정을 가지지 않고, 형사상, 민사상의 위법성의 제거(영)이라든가, 행정의 개입에 의한 보호(아메리카합중국의 부당노동행위제도) 등의 형태로 단결권이 인정되는 경우와 프랑스, 도이칠란트, 일본 및 한국 등과 같이 헌법상 「단결권의 보장」이 규정되어 소유권 등의 다른 기본권과 병행하는 독자의 기본권으로서 단결권이 보장되는 경우는 법적 구조의 차이는 현저하다.[252] 그러나 이들의 차이는 법기술상의 차이이고, 어느 것이든 노동자의 단결권이 일반시민의 단순한 결사의 자유의 권리 기타 시민적 권리와 다른 독자의 권리로서 현대에 있어서 노동기본권을 구성하고 있는 것은 공통이다.

노동단체권보장의 논리적 근거로서는 노동력의 집단적 통제의 법리(아메리카형) 집단적 자유방임의 법리(잉글랜드형), 종속노동의 법리(도이치형)가 있으며, 우리나라의 경우에는 도이칠란트의 영향을 받으면서 종속노동의 법리를 발전시켜 「생존권」법리에 의거하고 있는 일본류의 학설의 세례하에서 그 나름의 학설을 주장하고 있지만, 점차 앵글로아메리카식의 사고로부터도 무시할 수 없는 영향을 가지고 있다. 노동단체권은 노동력상품의 특수성과 그것에 기초한 노동자의 단결의

252) 현대국가의 기본권이라는 관점에서 보면, 성문헌법상의 보장을 가지지 않은 영미형의 쪽이 오늘날에는 예외이라고 할 수 있다. 잉글랜드법리 및 그 배경에 대해서는 片岡昪, 『英國勞動法理論史』, 有斐閣, 1956, 152면 이하 참조. 각국의 일응비교에 대해서는 片岡昪, 「團結と 勞動契約の 研究」, 有斐閣 ,1959, 48면; 蓼沼謙一「爭議權論」, 日本勞動法學會(편), 『勞動法講座』, 有斐閣, 제3권, 1957, 445면 이하; 窪田隼人/本多淳亮, 「勞動法의 生成과 全開」, 小川/蓼沼(편), 『現代法과 勞動』, 岩波講座 現代法 제10권, 岩波書店, 19675, 43면 이하 각 논고 참조.

필요성을 특별하게 법적으로 보장해서 노동자를 일반상품소유자로서의 지위에까지 올리기 위한 것이다.

노동단체권은 노동자에게 개인주의적 자유방임주의적 결사의 자유만의 보장을 주는 것으로는 도저히 시민과 같은 권리마저 보장하지 못한다. 바꾸어 말하면 시민으로서의 기본적 생활요구마도 충족될 수 없게 되었다고 하는 특수한 역사적 단계에 있어서, 노동자단결에 결사의 자유 이상의 특별한 보장을 주어서, 노동자의 기본적 생활요구의 충족을 기도하기 위한 권리이다. 다시 말하면, 노동력상품의 등가교환이 이루어지기 위해서는 일반상품소유자(시민)으로서 권리는 불충분하다고 하는 역사적 조건하에서, 단결권은 인정되는 것이며, 그것은 일견, 노동자에게 시민법상의 권리의 특별한 권리를 주는 것같이 보여도, 실은 오히려 일반상품소유자보다도 낮은 지위에 있는 노동자(노동력상품소유자)를 그것에 의해 일반상품소유자의 지위에까지 올리는 것이다. 그 보장 없이는, 노동자는 시민으로서의 생활마저 보장될 수 없다고 하는 의미에서, 노동기본권은 노동자인 시민의 시민적 기본권이라고 할 수 있다. 국민 중에서 노동자가 차지하는 비중이 크지 않으면 정말 국민의 거의 다수부분이 노동기본권 없이, 시민적 생활요구를 실현할 수 없는 상태 즉 시민으로서 건강하고 문화적인 최저생활의 요구를 실현할 수 없는 상태에 처해 있다. 이러한 의미에서 노동기본권은 생존권과 결부된다. 혹은 노동기본권은 생존권을 기초로 하고 있다고 해도 좋다. 그러나 이 경우의 생존권이란 추상적 초역사적인 인간이 사는 권리를 말하는 것이 아니라, 자본제사회를 전제로 하고, 따라서 가치법칙의 실현을 통해, 건강하고 문화적인 최저생활을 영위하는 시민 즉 상품소유자의 권리를 말하는 것이다. 그렇기 때문에, 이러한 의미에서의 생존권이란 바로 시민적 기본권이고, 시민적 기본권의 실현을 위해 노동자인 시민에 있어서는 노동기본권이 불가결한 것으로 된다. 역사적 사회적 실재로서의 노동자계급이 그 시민적 기본권의 테두리를 넘기 위해서는 시민(상품소유자)인 입장, 즉 임노동자인 지위를 넘지 않으면 아니 되고, 그것은 자본 임노동관계의 폐지 즉 혁명을 기대하지 않으면 아니 된다.

노동기본권이 이와 같이 노동자인 시민의 시민적 기본권이기 때문이야말로, 그것은 상품교환에 기초를 두는 자본주의 체제의 테두리 내에서 자본가계급이 장악하는 국가권력하에 있어서도, 그 권리성을 승인하려는 것이다. 즉 노동기본권이 국가권력의 승인을 받을 수 있는 국가법상의 권리이기 위해서는 그 시민적 기본권으로서의 테두리를 넘을 수 없다. 다만 이 「시민」이 추상적인 시민일반이 아니라, 「노동자」인 「시민」이라고 하는 특수성을 국가권력에서 승인되면 충분하다는 것이다. 그리고 현대자본주의국가는 그것을 국가법상의 권리로서 승인해서, 노동자의 생활요구를 시민적 생존권의 테두리 내에 가두고, 그 요구가 시민적 생존권의 테두리를 넘어 체제변혁의 에너지로 진행될 가능성이 있는 경우에는 이것을 철저하게 억압하는 체제를 확보한다.

다른 한편, 노동자의 측에서 보면, 노동단체권은 그것 없이 시민으로서의 지위와 생활을 확보할 수 없는 불가결한 것이다. 그래서 자본주의가 성립하기 시작했던 근대에 재산권은 소생산자층에게 시민적 생존권의 기초이고, 그것에 대해 신성불가침적인 성격을 부여했던 것처럼, 오늘날에는 노동단체권이 노동자의 생존권의 기초이므로 신성불가침의 권리라는 의미를 부여하게 되는 것이다. 따라서 노동단체권은 공공복리에 의해 제한되는 성질의 것은 아니라는 주장도 제기되는 것이다.[253] 만약 노동기본권이 시민적 기본권 이상의 특별한 권리를 국가정책에 의해서 부여 받았던 것으로 한다면, 그것을 국가정책에 의해 제한하는 것도 가능할지 모르지만, 그렇지 않고, 그것 없이는 시민적 기본권(생존권)마저 실현할 수 없다고 하면, 그것을 국가정책에 의해 빼앗을 수 없는 것은 말할 필요도 없다. 노동기본권을 보장하는 것은 현대자본주의에 살고 있는 노동자에 있어서의 바로 최저한의 요구이다.

위와 같은 것뿐만이 아니다. 노동단체권은 노동조합의 체제화, 조합민주주의의 공동화를 전제로 하여, 체제 속에 자리매김 되고, 자본의 노동통제 내지 지배의 도구로서의 역할을 수행하고 있는 것이기 때문에, 단순한 노동단체권의 보장만으로써는 노동자의 생존요구는 결코 실현할 수 없다. 노동단체권이 노동자의 인간으로서의 생존요구실현에 있어서 유효한 수단일 수 있기 위해서는 대(對)국가적 관계에 있어서 노동자계급에 대한 다양한 강압이 배제되어야 하고 또 노동조합의 대내적 관계에서 조합민주주의가 작동될 수 있도록 노동자 개인의 자유와 권리가 보장되어야 한다. 이를 위해서는, 노동자의 정치적 자유, 표현의 자유(대중행동의 자유를 포함한다), 인신의 자유 등이 노동단체권과 불가분적으로 연계되어 보장되어 있지 않으면 아니 될 것이다. 근대적 인권체계에 있어서, 재산권, 정신적 자유, 인신의 자유가 삼위일체의 불가결한 권리이었던 것을 대신해서, 현대적 인권체계에 있어서는 노동자인 시민에 있어서 노동기본권, 정신적 자유, 인신의 자유가 삼위일체의 불가결한 권리로 되었다. 이들 시민적 자유는 노동자인 시민에만 고유

253) 공공복리와 노동단체권의 관계에 대해서는 논해야 할 것이 많이 있지만, 여기에서는 더 이상 깊게 나아가지 않는다. 어떻든 우리 헌법은 제23조에서 재산권의 행사에 대해서는 공공복리에 의한 개별적인 유보규정을 두고 있으나 노동단체권의 행사에 대해서는 이러한 규정을 두고 있지 않다.

한 것은 아니지만, 노동자나 노동운동의 지도자인 시민에 있어서 불가결한 것이다. 전술과 같이, 변모하고 있는 자유권은 그 새로운 형에 있어서, 노동기본권과 서로 밀접하게 연결되어 현대적 인권의 체계를 구성하고 있다. 이러한 상호관계를 훨씬 깊게 들어가서 연구하는 것은 향후 중요한 과제일 것이다.[254)]

노동단체권은 합리적인 근로조건과 적정한 임금에 관한 권리를 실효성 있게 보장해주는 역할을 하고, 근로자에게 경제적 강자인 사용자에게 대항할 수 있는 권리를 보장함으로써 근로자의 인간다운 생활을 보장해 주고 사회평화와 사회정의의 실현을 위한 제도적 장치로서의 기능을 한다.

근로자들의 인간적인 생활을 보장받기 위해서는 양 당사자 간에 평등한 지위에서의 고용계약의 체결이 요구되었고, 이를 보장받기 위하여 상대적으로 열세에 놓여 있는 근로자들이 단결하고 단체행동을 하기에 이르렀다. 노동3권은 20세기의 자연법이 요구하는 권리로 승인되었다. 집단적 차원에서의 근로의 권리를 최초로 규정한 헌법은 1919년의 바이마르(Weimar)헌법이며, 제2차 세계대전 후에는 각국의 헌법이 일반적으로 이를 보장하고 있다.

4. 노동단체권의 목적

헌법 제33조 제1항은 "근로조건의 향상을 위해서"라고 규정하고 있기 때문에 노동단체권은 이러한 목적에만 국한되어야 하는가라는 문제가 제기된다. 이러한 목적의 범위에 대한 문제는 쟁의권행사의 한계, 특히 정치파업의 정당성과 관련해서 제기된다.

역사적으로 볼 때, 노동단체권의 실체는 사실 국가 이전에 이미 존재하고 있었다. 그러므로 헌법 제33조가 이미 존재하고 있는 노동단체권을 헌법적으로 추인하면서 "근로조건의 향상을 위해서"라는 문구를 삽입한 것은 사실상 노동단체권

---

254) 노동단체권과 여타 시민적 자유권과의 관계가 중요하다. 양자가 상호연관적으로 얼마나 보장되어 있는가는 노동단체권이 노동자의 인간으로서의 생활요구실현의 수단으로서 얼마나 유효하게 기능하는가를 결정한다. 그렇지 않다고 하면, 기업별조직형태와 일사일노조원칙을 강제했던 지금까지의 노동조합및노동관계조정법(2011.7.1.이전의 노동조합및노동관계조정법)에서 유니온숍협정제도의 폐해가 보여주었듯이 구체적인 상황에 따라서는 노동단체권이 자본의 노동지배의 수단으로서 기능할 수도 있다. 예컨대, 정치파업의 문제도 이러한 각도에서 검토되어야 할 문제이다. 그리고 노동조합의 조직론적 측면에서 볼 때 노동조합의 내부민주주의가 제대로 작동되지 않는다면, 노동단체권은 이른바 노동조합간부의 귀족화 및 어용화를 초래할 위험도 있다. 노동단체권은 자본에 의한 노동자의 지배를 노동자에 의한 노동자의 지배로 그 지배자의 종류만 바꾸는 기능만 하지 못한다. 조합민주주의가 제대로 확보되어야 비로소 노동단체권이 진정으로 노동자의 기본권으로서 기능할 수 있는 기초가 마련되는 것이다.

의 보장이 아니라 노동단체권을 제한하기 위한 것이라고 이해할 수 있다. 그러나 이러한 제한적인 목적조항을 너무 좁게 해석하는 것은 오히려 목적 실현에 장애가 될 것이다.

그러므로 헌법 제33조 1항의 "근로조건의 향상을 위해서"라는 목적조항은 근로자가 노동단체권을 향유하는 목적을 규정한 것에 불과하고 노동단체의 목적이 그것에 국한되어야 한다는 것으로 이해해서는 아니 된다. 그러므로 이 문구는 노동단체가 부수적으로 다른 목적을 가져서는 안 된다거나 단체교섭권이나 단체행동권의 행사가 반드시 대(對)사용자관계만을 전제로 해야 한다는 식으로 제한적으로 해석되어서는 안 된다고 할 것이다. 이러한 맥락에서 보면 노동단체의 정치활동이 우리 헌법 제33조 1항과 전혀 배치되지 않는다고 할 것이다.

5. 단결체(노동단체)와 노동조합

단결권, 단체교섭권 및 단체행동권은 역사적으로 볼 때 노동조합이라는 근로자단체를 전제로 하고 있다고 볼 수 있지만, 우리 헌법에서는 개념적으로 "단결체=노동조합"이라는 공식을 전제로 하고 있지 않다고 말할 수 있다. 왜냐하면 노동조합은 헌법보다 하위서열에 있는 노동조합 및 노동관계조정법(이하 "노조법"이라고 한다)에 의해서 비로소 인정되기 때문이다. 그 뿐만 아니라 노조법은 노동조합의 자유설립을 인정하지 않고 있기 때문에 헌법상의 노동단체와 노동조합에서는 그 실체에 있어서 괴리가 생긴다. 그러므로 헌법적 차원에서 단결권의 행사결과로 생긴 단결체, 즉 헌법상의 노동단체와 노조법에 의해서 설립되는 노동조합은 개념적으로 구별할 필요가 있고 또 헌법과 노동조합의 체계적 관계에 비추어 볼 때 헌법상 단결체로서 노동단체는 노조법상의 노동조합개념에 대한 상위개념으로서 설정되어야 한다.

Ⅱ. 노동단체권(노동삼권)을 어떻게 이해할 것인가?

1. 근본적 문제의식

19세기말에 노동단체권이 서구선진산업국가에서 처음으로 법인(法認)된 이래, 그것이 자본주의적 국가법질서에 미쳤던 영향력은 사실적 측면에서 뿐만 아니라 규범체계적인 차원에서도 정말 「파열적(破裂的)」이라고 말해도 결코 지나치지 않을 것 같다. 이러한 파열성은 특히 단체행동권의 행사와 관련해서 그 극치를 이룬다. 단체행동권은 법형식적인 면에 있어서는 노사당사자 간에 체결된 계약에 기초해서 그 이행이 이미 법적 의무로 되어 있는 노무제공을 일방적으로 그리고 집단적으로 거부한다는 소극적인 형태로 행사되는 권리이지만, 그 실질적 성격은 근로자가 그들의 집단적 이익을 관철하기 위한 자력구제적인 성격을 띠고 있다. 그래서 자력구제를 원칙적으로 철저히 금지하고 있는 국가중심적 법질서에 있어서 단체행동권은 그 근본에 있어서 국가법질서와는 이질적인 존재라고 하지 않을 수 없다.

이러한 노동단체권의 파열성에도 불구하고, 우리 헌법의 제정자는 제2차 대전후 이데올로기적 갈등 속에서 새로운 민족국가의 건설을 위한 규범적 계획서인 제헌헌법에 노동단체권을 이익균점권과 함께 기본적 권리로서 과감하게 명시적으로 규정하였다.[255] 정치적 권력의 일방적 재단이라는 수차례의 헌법개정과정에서 근로자의 이익균점권은 사라졌지만, 노동단체권은 현행 헌법에서도 "근로자의 단결권 등"이라는 표제하에 근로자의 기본적 권리로 규정되어서 규범력을 발휘하고 있다(헌법 제33조). 게다가 현행헌법은 국가가 개인으로서 국민의 기본권을 적극적으로 보장하도록 의무화하고 있기 때문에(헌법 제10조 참조), 국가는 기본권으로서 노동단체권이 그 본래적 성질에 따라 기능과 역할을 다할 수 있도록 배려해야 할 것이다.

우리 헌법이 명시적으로 국가로 하여금 노동단체권을 적극적으로 보장하도록 의무화하고 있지만, 사실 노동단체권을 둘러싼 서구 자본주의사회의 역사를 회고해보면, 노동단체권의 실현은 자본주의관리자로서 국가의 개입으로부터 벗어나는 데에 있었으며, 국가가 기본권을 적극적으로 보호해야 한다는 헌법규정의 실질적인 의의는 적어도 노동단체권과의 관계에 있어서는 소극적인 방임 또는 자유영역의 확보에 있어야 한다고 할 것이다. 특히 우리 헌법이 보장하고 있는 근로자의 단체행동권에 있어서 그 실질적 의미는 더욱더 그러하다고 할 것이다. 왜냐하면 근로자의 단체행동권은 그 근본적인 성질에 있어서 자력구제권으로서 국가적 보호 및 개입을 배제하고 다른 권리주체 특히 사용자에 대하여 대항적 관계에서 실현될 때 비로소 그 실질적 의의가 있기 때문이다. 여기에서 헌법이 보장하고 있는 노동3권을 우리 헌법질서 전체적 차원에서 어떻게 이해해야 하는가라는 문제가 제기된다.

255) 제헌헌법 제18조 제1항 및 제2항.

이러한 문제와 관련하여 우리는 우리 헌법의 제정자가 제정 당시에 어떠한 규범적 이념을 추구하려고 했는지를 물어보지 않을 수 없다. 우리는 우리의 선배들이 우리 헌법에 기초해서 한반도에 어떠한 국가공동체를 만들려고 했는가를 파악하고 또 그것이 실현될 수 있도록 연구해야 할 것이다.[256] 이와 동시에 우리는 우리 헌법의 역사적 성격을 어떻게 규정할 것인가에 대해서 고민하지 않을 수 없다. 이러한 역사적 맥락에서 우리 헌법을 파악하지 않는다면, 우리 헌법에 명시적으로 규정되어 있는 각종 권리들은 그저 전시용에 불과할 것이다. 그렇지만 지금 우리는 이러한 문제의식에 투철하지 못한 것 같다.[257] 지금부터라도 우리는 우리 자신의 역사적 맥락에서가 아니라 그저 독일 또는 미국의 역사와 해석론을 우리의 해석론인 양 그대로 받아 들여서 우리 사회를 법적으로 재단하는 태도는 지양되어야 할 것이다.

2. 노동단체권의 법사회학적 이해

1) 노동법사회학의 기본시각

우리가 대한민국의 정치적·경제적·사회적·역사적 맥락에서 노동단체권을 어떻게 이해할 것인가? 이러한 물음에 대한 대답은, 적어도 나는 우리 노동법질서가 물적으로 터잡고 있는 한국자본주의에 대한 파악에서 출발해서 그것을 찾아내려고 해야 한다고 생각한다. 여기에서 또한 노동법에 대한 사회과학적 인식이 시작될 수 있다고 할 것이다.

노동3권에 대한 법사회학적 파악의 핵심은 한국자본주의와 노동법의 관계를 규

256) 이러한 맥락에 있어서 헌법에 관한 연구란 제헌 헌법에 대한 의미부여행위라고 할 것이다. 우리 헌법제정자들이 어떠한 사회적 모델을 이상(理想)으로 해서 헌법규범을 설계했을까? 우리 헌법학계에 아직 이 부분에 관한 연구가 거의 없는 것이 아쉽다.

257) 사실 우리나라에서 사법시험을 준비하는 수험생들에게 마치 경전처럼 읽히고 있는 헌법해석서들조차 그 서론 부분에서 거창하게 "헌법의 역사성"을 강조하고 부각시키고 있다. 예컨대, 허영, 『헌법과 헌법이론(상)』, 1980, 40면; 김철수, 『헌법학개론』, 1989, 12면; 권영성, 『헌법학원론』, 1996, 11면 등 참조. 그러나 막상 그 본론 부분에 들어가 보면, 헌법의 역사성이란 것이 마치 헌법조항의 개정사를 의미하는 것처럼 취급되고 있을 뿐, 진정한 의미에 있어서 우리 헌법의 역사성은 어디로 사라져버렸는지 찾을 길이 없다. 우리 의 역사 속에 생생하게 살아 있는 우리 공동체의 헌법적 이념과 비전은 그저 생면부지의 외국학자들 특히 독일 공법학자의 화려한 이론과 언어논리 속에서 실종되고 말았다는 느낌이 든다. 헌법이라는 관념 그 자체가 서구에서 들어온 것으로서 우리들에게는 생소한 것이었기 때문에 현 상황에서는 그럴 수밖에 없다고 스스로를 위로해보지만, 그래도 아쉬움은 여전히 남는다. 이러한 부분은 앞으로 우리가 반성하지 않을 수 없는 치부라 할 것이다.

명하는 데에 있다. 자본주의사회에 있어서 노동법의 역할, 그 진보성과 한계에 대해서 일반적인 문제로서 잘 설명되고 있다고 생각하지만, 구체적 문제로서 보는 경우, 현재 한국자본주의의 발전단계에서 노동법이 가지고 있는 양면성이 실제로 어떻게 발현되고, 어떠한 의미를 가지고 있는가가 문제이다. 우리나라에 있어서 사회과학으로서 법사회학의 학문적 과제가 한국자본주의의 상부구조로서 한국법에 대한 사회학적 연구라고 한다면, 결국 한국의 법사회학자는 법이 자본주의의 경제법칙에 의해서 어떻게 규정되고, 이와 반대로 경제법칙에 어떠한 반작용을 미칠 수 있는가와 같은 문제에 대한 사회과학적인 문제인식을 가지고, 한국자본주의와 한국법의 상호관계를 규명하는 데에 그 학문적 관점을 두지 않으면 안 될 것이다. 이러한 맥락에서 보면, 한국노동법사회학의 과제도 한국자본주의와 노동법과의 상호관계의 규명에 있다고 할 것이고, 사회과학적인 문제의식을 가진 한국노동법학자는 한국자본주의의 변동 속에서 노동법의 역할과 기능에 그 학문적 관점을 둘 것이다.

한국자본주의는 자본주의로서의 일반적 성격과 한국의 자본주의로서의 특수성을 가지고 있다. 이러한 일반성과 특수성의 관계의 방식에 대한 평가가 통일적으로 되지 않기 때문에 경제학 기타 사회과학의 분야에 있어서도 한국자본주의의 인식이나 평가에 있어서 많은 다른 견해가 있을 수 있겠다. 결국 오늘과 같은 세계자본주의(Global Capitalism)의 단계에서는 상부구조인 법의 역할은 지난 세기의 산업자본주의단계에 있어서와 비교되지 않을 정도로 크고, 다른 한편에서 법에 대한 분석을 제외하고서 오늘날의 세계자본주의의 구조를 분석하는 것은 불가능하다고 할 것이다.[258] 그럼에도 불구하고, 한국자본주의론은 지금까지 대개 경제학자의 손에 맡겨져 왔기 때문에 그 분석은 다소간 경제주의적으로 편중되고,[259] 우리 법학자의 눈으로 보아도 아주 불만족스러운 상태에 있다.

지금까지 우리나라에 있어서 노동법학은 실정노동법률의 해석론에 그쳤기 때문에 노동법학자가 노사관계나 노동문제를 논의함에 있어서 법학적 입장에서 현대 한국자본주의를 어떻게 인식하고 혹은 그 성격을 어떻게 규정해야 하는가에 관해서 거의 고민하려고 하지 않은 것 같다. 예컨대 한국노동법에 있어서 어떠한 측면이 자본주의노동법의 일반적인 측면이고, 어떠한 측면이 한국노동법에만 고유한 특수성인가? 그리고 이러한 특수성은 한국자본주의와 연계해서 보는 경우에

258) 세계자본주의의 일반적인 문제에 관해서는 Anthony Giddens/Will Hutton(편저: 박찬욱/형선호/홍윤기/최형익 공역), 『기로에선 자본주의』, 생각의 나무, 2000, 참조.

259) 예컨대, 김병태 외 10인, 『한국경제의 발전과정』, 돌배개, 1981; 김형기, 『한국의 독점자본과 임노동』, 까치, 1988; 주종환(편), 『한국자본주의론』, 한울 1990 등.

왜 그리고 어떻게 그렇게 형성되었으며 한국노동법에 대하여 어떠한 의미를 가지고 있는 것인가? 또 그 특수한 측면과 일반적 측면은 서로 어떻게 관계하고 있으며, 또 그 상호관계는 왜 어떻게 변화해왔는가? 등등의 문제들은 노동법학적 차원에서는 논의된 적도 없다. 역사적 시각과 비교법적 측면에서 지금까지 세계각지에서 다양한 양태로 존재해온 노동법질서의 존재방식을 분석하면서, 그 가운데에서 그것을 통해서 한국자본주의의 역사적 맥락과 현실구조를 규명하는 것은 우리 노동법학에도 반드시 필요하다고 할 것이다.

한국자본주의는 해방 이전부터 전통적으로 가지고 있는 봉건적인 권위주의적 잔재와 일제식민지배적 잔재에 의한 왜곡, 해방 이후 남북분단에 의한 이데올로기적 왜곡, 그리고 미국의 지배적 영향 하에 진행된 외국자본에 의한 개발독재적인 왜곡 등 이중 또는 삼중의 왜곡을 안고 있다. 그 결과 노사문제나 노동문제에 있어서 독점자본주의 및 세계자본주의의 일반법칙이 관철되어 있다고 보통 말하지만, 이러한 독점자본주의 및 세계자본주의의 일반법칙에 의해서 수많은 이질적인 요인들이 중첩되어 있는 복잡한 한국자본주의의 현상을 설명할 수는 없을 것이다. 이러한 복잡한 한국사회의 현실적 맥락 때문에, 예컨대 근로기준법, 산업재해보상보험법, 고용보험법, 노동조합및노동관계조정법, 근로자참여및협력증진에관한법률 등 여타의 실정노동법제가 우리의 현실노사관계 및 노동문제에 유발하는 반작용도 여러 가지로 굴절된 양상을 가지고 있다고 할 것이다.

무엇보다 한국자본주의의 문제에서는 한국사회의 권력구조를 제외하고서는 생각할 수 없는 것인 데에도 불구하고, 남북분단이라는 특수한 상황 그리고 경제개발이라는 정치적 요청 때문에 개발독재가 당연시되어서 그런지 몰라도, 한국자본주의와 국가권력의 문제에 대한 본격인 연구가 거의 없다.[260] 특히 노동법의 영역에 있어서는 다른 어떠한 법분야에서보다 현실적으로 심각하게 법과 권력의 모순이 제기되어 왔다고 생각하고 있지만, 그러한 모순이 구체적으로 어떠한 형태로 존재하고, 어떻게 변하고 있는지를 입법이나 판례, 행정규제의 동향 속에서 확정하는 연구작업은 지금까지 한 번도 제대로 이루어지지 않았다. 이러한 상황은 당분간 그대로 유지될 것 같다. 오늘날 우리사회에서 권력의 성격이나 구조를 규명하는 것이 어느 정도로 가능할까? 또 노동사건에 있어서 법원의 역할을 어떻게 평가해야 하는가 혹은 노동위원회나 노동행정관청 등의 역할을 어떻게 생각해야 하는가? 등등 문제도 오늘날 한국의 권력구조 전체와 그 중에 있어서 권력기구내

260) 박현채 외 2인, 『한국자본주의와 사회구조』, 1985; 최장집(편), 『한국자본주의와 국가』 1985; 조형제 외 7인, 『오늘의 한국자본주의와 국가』, 1988 등.

부의 상호모순과의 일정한 관계에 대한 적확한 이론적 인식 내지 전망 없이는 해결할 수 없는 문제들이다.

이들 문제를 인식하는 배후에는 또한 오늘날 한국자본주의의 발전 속에서 현행 한국헌법을 어떻게 자리매김해야 하는가라는 근본적인 문제의식이 있다. 이러한 헌법적 문제와 관련해서 경제학자나 정치학자의 사이에는 구조개혁론과의 관계에서 더러 주변적인 논쟁이 있었지만,261) 법학자들 간의 논의는 지금까지 거의 보지 못하였다.262) 이러한 이유가 어디에 있을까? 이른바 국가관리학(國家管理學)으로서 법학의 태생적 한계성 때문일까? 아니면 관학지향적(官學指向的) 법학자들의 보수성 때문일까? 일부의 사람들은 헌법에 대하여 너무 많은 것을 기대하고 다른 일부의 사람들은 헌법을 아주 무시하려고 한다. 그래서 일방에서는 헌법의 과대평가가, 타방에서는 헌법의 과소평가가 나타난다. 법이 권력의 지배도구임과 동시에 시민의 투쟁의 도구라는 법의 이러한 양면성에 대해서는 종래 일반론으로서는 많은 것이 언급되었지만, 구체적으로 현재의 한국자본주의의 구조의 문제로서 어떻게 이것을 분석해야 하는가는 또한 확실하지 않다. 특히 노동법은 법의 이러한 양면성이 적나라하게 나타나는 영역이기 때문에, 노동법을 통해서 이러한 문제에 대하여 접근하는 것은 우리 헌법문제에 대한 실질적 이해를 얻기 위한 하나의 좋은 열쇠가 될 것이다. 적어도 이러한 맥락에서 보면, 한국헌법은 한편에서 근로자를 위한 근로자의 권리보장의 체계인 동시에 다른 한편에서는 근로자에 대한 근로자의 자유억압의 체계라고 말할 수 있을 것이다. 실제로 한국근로자는 한국헌법의 이름으로 그 권리를 보장받고 있는 동시에 같은 한국헌법의 이름으로 그 자유를 빼앗기고 있다. 이러한 헌법의 양면성은 단지 사회적 권력관계에 의해서 아무렇게나 움직이는 것은 아니고, 한국자본주의의 일정한 운동법칙에 의해서 객관적으로 규정되고 있는 것이다. 따라서 한국헌법이 어떠한 의미로 어느 정도까지 근로자권리보장의 체계일 것인가 또 반대로 근로자억압의 체계인가는 당면하는 한국자본주의의 발전단계나 성격규정과의 관계에서 비로소 구명(究明)될 수 있을 것이다.

법사회학의 관점에서는 한 나라의 법질서 특히 권력의 강제체계로서 법질서가 근본적으로 동일한 법원리에 따르면서 그 가운데 내부에 있어서 이질적인 것을 포함하고 있다고 보지 않으면 안 된다. 그래서 시민법원리와 노동법원리의 차이라고 말하는 것도 결국 동일한 토양의 틀 속의 상대적인 차이에 불과하다. 결국,

261) 이를테면, 노동헌법에 대한 본격적인 논의는 아니지만, 최장집, 『한국노동운동과 국가』, 1988 및 노동문제연구소(편), 『한국의 노동문제』, 1991 등을 예루 볼 수 있겠다.

262) 법학영역에 있어서 이러한 문제에 관한 초보적 인식이 엿보는 것으로서는 이영희, 『한국노사관계와 노동운동』, 1989를 들 수 있다.

시민법과 노동법간의 동질성과 이질성의 관계를 현대 한국자본주의법질서 속에 어떻게 자리매김할 것인가가 문제이다.

2) 노동법과 자본주의

노동법이 자본주의를 부정하거나 폐기하는 법으로 생각하는 일부의 사람들이 있지만, 이것은 그야말로 오해라고 할 것이다. 노동법은 자본주의를 전제로 해서 자본주의를 건강하게 만들고 있다. 노동법이야말로 가장 자본주의적인 법이다. 이러한 의미에서 노동법은 「자본주의노동법」이라고 해도 과언이 아닐 것이다.

이를테면 많은 노동법학자들이 예컨대 생존권의 법리, 단결의 법리, 직장폐쇄의 법리 등의 노동법원리를 언급하는 경우에도 이들은 실정법해석상의 지도원리에 불과한 것이지, 이것이 자본주의적 시민법원리의 기본틀을 근본적으로 바꾸는 것은 아니라고 할 것이다. 아직도 「시민법과 노동법」의 관계구조가 충분하게 연구·분석되어 있지 않다고 할 것이다. 노동기본권 예컨대, 노동단체권에 있어서, 현실적인 단결의 필요성이라는 단체주의적인 포섭방법에 의해서 조직강제 등 집단적인 여타의 문제를 설명하는 것이 노동법학자의 일반적 경향이라고 말할 수 있다.[263] 그러나 해석론으로서 적극적 단결권과 소극적 단결권의 규범적 근거를 모순 없이 설명하지 않으면 안 된다. 현실의 문제로서는 단체와 개인 간에 모순이 있고, 단체주의적인 원리만으로 노동단체권을 논할 수는 없다. 자본주의시민법의 개인주의원리는 근로자단체 내에도 객관적으로 관철되고 있는 것이 현실사회의 실질적인 법칙이다. 단체주의원리와 개인주의원리는 일방에 있어서 상호적으로 타방을 전제로 하면서 타방에 대하여 상호적으로 타방을 배척하고 있다는 복잡한 관계를 취하면서 동시에 근로자집단에 이중성을 부여하고 있다. 그 결과 근로자집단에 있어서 일방에서는 단결의 필요성과 함께, 타방에는 분열의 불가피성이 늘 문제로 되어왔다. 하지만 지금까지는 적어도 자본주의하에 있어서 근로자집단 내에서는 단체주의원리가 개인주의원리보다 강하게 관철되어야 한다는 것이 당연히 요청으로서 전제되어 거의 순수하게 단체주의원리가 우위를 차지해 왔다고 할 것이다. 그렇지만 노동단체권은 정확히 양자를 모두 다 포함하는 복합적인 구조이다. 즉 노동단체권에는 한편에는 근로자집단의 계급적 모델이 있고 다른 한편에는 근로자의 비계급적 즉 시민적 모델이 있다. 따라서 근로자집단에 있어서는 단결하는 것이 단결하지 않는 것보다는 가치가 더 높은 행동이므로 단결을

263) 김형배, 『노동법』, 2000, 154면 이하; 임종률, 『노동법』, 2000, 18면.

강제하는 것만 보장하고 단결하지 않을 자유를 보장하지 않는 것이 정당하다고 일률적으로 말할 수 없을 것이다.

노동법학자는 노동법원리에 의한 개인주의적 시민법원리의 수정이라는 측면을 강조하는 경향을 가지고 있기 때문에, 정작 노동법학자 스스로는 근로자집단에서도 개인과 단체 간의 이익충돌이 현실적으로 항존하고 있으며 이러한 현실적인 이중구조 하에서 개인주의법원리와 단체주의법원리가 야기하는 이론적 모순에 대하여 충분한 주의를 하지 않고 있는 것처럼 보인다. 단체주의적인 법원리가 노동운동에 의해서 지지되면서 그것이 개인주의적 시민법원리를 수정하여 왔다는 것은 사실이라고 하더라도, 단체주의적인 법원리도 결국에 있어서 그 개인주의적 시민법원리를 폐기하거나 부정하는 것이 아니라 단지 그 위에 부가적으로 덧붙여질 수밖에 없다는 모순적 상황에서 노동법학은 또한 근본적으로 이에 대하여 이론적 대결을 하지 않으면 안 될 것이다. 근로자집단에게 법인(法認)된 노동단체권의 기초가 근로자들의 계급적 단결의 필연성 위에 그 본원적 뿌리를 두고 있다는 것은 역사과학적 인식을 하는 사람에게는 상당히 명백한 것이다. 그러나 그것만으로 노동단체권의 법리를 설명하려고 하는 것은 또한 역사과학적 인식으로서는 편협한 것이라고 말하지 않을 수 없겠다. 그러므로 우리가 올바른 역사적 인식을 가진 노동법학자라면, 오히려 노동단체권이 자본주의시민법원리에 의해서 제약되는 측면을 이론적으로 분석해야 할 것이다. 일반적으로 자본주의 시장경제체제하에서 단체와 개인의 관계에 생기는 모순과 갈등을 어떻게 분석하고, 이를 어떻게 해소하면서 '인간의 얼굴을 가진 건강한 자본주의를 만들 것인가?'가 오늘날의 법학이 직면하고 있는 가장 절실한 문제라면, 이러한 문제는 바로 노동영역에 있어서 우리 노동법학이 해결해야 할 과제이기도 하다.

3) 노동법이론의 출발점

다수의 노동법학자들은 노동법이 개인주의적 시민법을 수정하기 위해서 생겨난 법이므로 노동법원리는 시민법원리와 다르다는 것에서 출발하고 있다.[264] 그러나 이들 간에서도 노동법원리와 시민법원리의 차이점을 취급하는 방식에서는 상당한 차이가 있는 것 같다.[265]

---

264) 김형배, 『노동법』, 2000, 16면; 박홍규, 『노동법론』, 1995 12면과 47면 이하; 임종률, 『노동법』, 2000, 3면 및 강희원, 「노동법의 법체계적 지위」, 『노동법학』, 제6권(1996), 57-86면 참조.

265) 사실 역사적 맥락에서 볼 때, 한국사회는 시민혁명의 결과로 성립된 시민사회 그리고 산업혁명의 결과로 생겨난 산업사회라는 두 가지의 다른 역사적 과정을 단계별로 거치지 못했기 때문에, 우리는 각 역사적 단계에 그 이념적 뿌리를 두고 있는 시민법원리와 사회법원리를 사회구성의

노동법을 재산법분야의 한 분야로서 파악하는 견해[266]는 근로자가 자본주의하에서 사적 상품소유자로서의 형태를 취하지 않을 수 없다는 그 특수형태성에 주목하는 한에서 자본과 임노동의 관계라는 사회적 현상에 일정한 객관적 기초를 가지고 있다. 노동관계를 노동력이라는 상품의 거래관계로서 파악하는 것은 노동력의 상품화 그 자체가 자본주의를 자본주의답게 하는 규정인 요인이라는 역사적 사실을 반영하고 있다. 따라서 이러한 관점을 자본주의노동법의 기초적 출발점으로 삼는다는 것은 적어도 그 인식론에 있어서는 옳다. 그렇지만 이러한 견해는 인간의 「노동력」의 특성을 간과하고 있다는 점이 문제이다. 노동력이라는 특수한 상품을 어떻게 인식하는가는 노동법의 이해에 있어서 없어서는 아니 된다. 노동법에 있어서 가장 중심적 개념이어야 할 노동력에 대한 올바른 인식이 없으면, 노동력의 거래를 규제의 대상으로 하는 노동법의 원리를 어디에서 구하는가에 대한 인식도 애매하게 되고, 법적 이데올로기로서 노동법의 원리에 대해서도 가능한 집단적 거래 및 집단적 조직구조에 터 잡은 「집단」개념에만 국한하여 노동력을 파악하게 되는 것이다. 이렇게 되면, 노동법은 노동력상품의 법으로 축소되고 말 것이다.

이에 대하여 생존권을 노동법원리의 중심에 두는 사고방식[267]은 자본주의적 노사관계 내지 임금노동관계에 대한 어떠한 역사적 인식에서 출발하고 있다. 노동법학에서 사용되고 있는 생존권은, 그것이 초역사적 일반적인 「인간답게 살 권리」, 「인간적 생존의 확보를 요구하는 권리」를 의미하는 것처럼 보인다. 그러나 현실에서 실천적 이데올로기로서 즉 국가법상의 권리 내지 국가권력이 승인하는 가치원리로서 생존권을 문제로 삼으려고 하는 경우, 노동법의 원리를 이러한 초역사적 이데올로기에 기초해서 설명하는 것은 불가능하다.

원리로서 실질적으로 경험하지 못했다. 그래서 규범적 이데올로기로서 시민법원리와 사회법원리에 대한 인식은 우리에게는 실질적으로 없다고 해도 과언이 아니다. 보다 정확히 말한다면, 우리는 시민법원리와 사회법원리를 한꺼번에 그것도 관념적으로만 경험했다. 그래서 사회구성의 규범적 이데올로기로서 시민법원리와 사회법원리의 관계에 관한 논의가 한국법학에는 거의 없었다고 해도 과언이 아닐 것이다. 그러나 일본의 경우에만 해도 그렇지 않았다고 말할 수 있다. 일본에서의 논의에 관해서 좀 오래된 문헌으로는 예컨대 橋本文雄, 『社會法と市民法』, 有斐閣, 1957; 西谷敏, 「現代市民법と勞働法」, 前田達男 외 2인(편), 『勞働法學の 理論と 課題』, 有斐閣, 1988, 45-74면 참조.

266) 이러한 견해는 대체로 노동법을 사법으로 파악하는 입장과 일치한다. 예컨대, Reinhard Richardi, Arbeitsrecht und Zivilrecht, in: ZfA 5.Jg.(1974), S. 3-27 ; 김형배, 노동법과 사법질서, 「헌법과 현대법학의 제문제」(현민 유진오박사 고희기념논문집), 일조각, 1975, 345면.

267) 이 견해는 주로 노동법을 공법으로 파악하는 입장과 일치한다. 분명한 것은 아니지만, 임종률, 『노동법』, 14면이 단결활동권이 시민법상의 자유주의적 법원칙을 수정하는 신시대적 정책으로서 등장한 생존권적 기본권이라고 보는 판례에 찬동하는 것에 비추어 볼 때, 이러한 입장이 아닌가 추측해 본다.

자본주의사회라는 특정의 역사적 사회에 있어서 국가권력의 승인을 받을 수 있는 법이데올로기로서의 생존권이라 함은 이미 일정한 역사적, 그러니까 이론적 규정성을 가지는 생존권일 수밖에 없다는 것은 다언을 요하지 않을 것이다. 그러므로 「생존권」, 즉 「인간답게 살 권리」가 초역사적인 보편적 요청이라고 하더라도, 자본주의체제하에서는 그러한 생존권이 완전하게 실현될 수 없다는 한계가 있음은 말할 필요도 없다. 자본주의사회에서는 근로자의 생존권이란 정말 노동력 상품의 판매라는 형태로밖에 실현되지 않을 수 없는 역사적 제약을 인정하지 않을 수 없고, 그러한 생존권의 실현형태는 계약관계를 전제로 하는 재산법상의 권리행사라는 형태를 취하지 않을 수 없을 것이다.

근로자의 생존권이 재산권과 무관하게 그야말로 순수한 의미에 있어서 인간의 생존권으로서 실현되기 위해서는 두말을 할 필요도 없이 노동력상품교환체제의 폐지이고, 이것은 곧바로 자본주의사회의 소멸 즉 이상사회의 건설을 위한 혁명을 기대하는 수밖에 없을 것이다. 그러나 이것이야말로 비현실적인 유토피아이다. 이러한 의미에서의 생존권원리는 이상사회의 법원리는 될 수 있을지언정 자본주의사회의 원리는 될 수 없다고 할 것이다. 노동법학에서 우리가 근로자의 생존권을 강조할 수는 있지만, 세계자본주의체제 또는 국가독점자본주의체제하에서 순수한 의미에 있어서 생존권의 실현을 법적으로 관철할 수는 없을 것이다. 그러므로 「인간다운 생활을 할 권리」라는 초역사적 관념은 현실을 은폐하거나 부정하는 이데올로기적 지향성을 가지고 있지만, 실천적 기준은 되지 못한다. 이러한 의미에 있어서 「인간이 인간다운 생활을 할 권리」라는 이념은 직접적으로 자본주의노동법원리를 지지하는 이념은 아니라고 할 것이다. 이것은 오히려 인간해방의 이념이고, 노동력의 상품형태로부터의 해방에 의해서만 달성될 수 있는 혁명이념이다. 그것은 혁명담당자로서의 노동자계급의 규범의식이라고 할 수 있고 또 노동법의 생성과 전개의 사회적 기반이라 할 수 있어도, 직접적으로 자본주의노동법의 법적 가치의 기초는 될 수는 없다. 임금노동으로부터 해방에 의해서만 비로소 달성될 수 있는 권리가 임금노동을 전제로 하는 법의 원리로 될 수 없다는 것은 명백할 것이다. 그러므로 우리 헌법학자나 노동법학자들이 주장하는 생존권원리가 자본주의체제하에서 통용될 수 있는 어떠한 생존권인지 그리고 그러한 생존권이 구체적으로 어떠한 논리적 구조를 가지고 있는지를 우리는 정말 엄밀하게 검토하지 않으면 안 될 것이다. 적어도 지금까지의 형편으로 생존권을 자본주의상부구조로서의 노동법의 원리로서 확정하는 것에 노동법학은 아직 성공하지 못하고 있다고 할 것이다.

이렇듯 근로자의 권리를 재산법상의 권리로서 인식하는 견해도, 생존권으로 인식하는 견해도 자본주의노동법의 역사과학적 인식으로서는 공히 난점을 가지고 있다. 자본주의법제의 노동관계에 있어서 근로자가 생존하기 위해서는 노동력을 상품으로서 판매하고, 그것을 판매하여 얻은 화폐로 생활필수품을 구매하지 않으면 안 되고 나아가서 상품거래관계에 들어오지 않으면 아니 된다. 이러한 관계가 기본적으로 있는 이상 소위 생존권을 매개로 하고 있는 것은 결국 재산권인 것이다. 근로자에 있어서 생존권인가 재산권인가는 상호배타적인 것이 아니고, 상호의존적인 것으로 통일적으로 이해되어야 하는 것이다.

자본주의사회에서 근로자는 역사적·사회적 존재로서 다양한 인간적 요구를 가지고 있다. 이러한 요구를 가지고 노동시장에 등장하는 근로자는 잉여가치의 증대를 추구하는 자본의 주체로서 사용자와 대립적 관계에 있다. 그러나 이러한 대립적 관계에서 곧바로 자본주의노동법의 원리가 도출될 수는 없다. 중요한 것은 노동과 자본의 관계로서 자본주의적 형태 그 자체가 문제이다. 근로자의 생존욕구는 자본에 의해서 부여된 노동력상품의 사적 소유자라는 자본주의적 형태 아래에 포섭되어서 이러한 형태를 규정하는 것으로서 재화교환법으로서 노동법의 차원에서 실현되어 간다. 그러므로 생존권원리는 즉자적으로, 즉 그 자체로 노동법의 원리일 수 없다고 할 것이다. 노동법이 자본주의노동법인 한, 그것은 노동력상품교환의 법이고, 법이론적으로 볼 때 오히려 재산법의 범주에 들어간다고 할 것이다. 그러나 그것이 통상의 시민법적 재산거래법과 다른 것은 단지 집단적 거래에 기초를 두고 있기 때문만이 아니라, 보다 정확하게 말한다면, 사적 상품소유자로서 근로자의 재산권 중에 사회적 역사적 존재, 즉 생산수단에서 분리된, 생산수단의 무소유자로서의 근로자의 생존 및 생활의 요구가 내포되어 있기 때문인 것이고, 그 재산권의 행사가 근로자의 생존권실현을 위한 매개형태로 되고 있기 때문이다. 노동법에 의해서 보장되는 근로자의 권리를 직접적으로 생존권에 기초해서 설명하는 것은 그것을 실현하는 자본주의적 매개형태인 재산법적 기초를 오해하게 할 우려가 있다.

이렇듯 근로자의 권리를 생존권원리로 설명하는 경우에 생기는 문제점은 사회보장의 권리 특히 그 중핵으로서의 공적 부조를 받을 권리와 비교해보면, 보다 분명하게 된다. 공적 부조(公的 扶助)는 그야 말로 생존권에 기하여 설명될 수 있다. 상품교환관계(따라서 법적으로는 계약관계)를 전제로 하는 근로자의 권리는 그것을 전제로 하지 않는 말하자면 재산법적 원리가 전혀 적용되지 않는 공적 부조의 권리와는 그 성질에 있어서 판이하게 다르다. 그래서 생존권이라는 말을 노동법원리로 사용하면, 혼동이 생긴다. 공적 부조법은 그야말로 생존권원리라는 용어가 어울린다. 공적부조법의 영역에는 시장원리로서 등가교환의 원칙을 배제할 뿐만 아니라, 한 걸음 더 나아가서 give and take원칙조차 가능한 한 포기하고 인간의 생존 그 자체의 실현을 꾀하려고 하는 이념이 작용한다는 의미에서, 그야말로 진정한 의미에 있어서 생존권의 실현이라고 말할 수 있겠다. 그러나 근로자의 권리에 있어서는 전혀 반대로 등가교환의 법칙을 부인하는 것이 아니다. 노동법에서는 오히려 시장원리로서 등가교환의 법칙이 제대로 기능하여 그것이 특히 노동시장에서 완전하게 실현될 수 있도록 보장하는 것을 목적으로 한다. 다시 말하면 노동법은 인간의 물질적 사회생활에 있어서 give and take원칙을 철저하게 관철해서 근로자의 생존을 실현하려고 하는 것에 그 존재의의가 있다. 그러므로 노동법과 공적부조법은 둘 다 인간생존의 실현이라고 하더라도, 양 법영역에 있어서 그 실현형태는 오히려 정반대라고 말할 수 있다. 이와 같이 노동법과 공적부조법이 성질과 구조가 다름에도 불구하고 노동법에 의한 근로자의 권리의 실현과 공적부조법에 의한 사회보장의 권리(이것은 사회보험법상 권리와 엄밀히 구별해야 한다)를 동일하게 생존권의 이념으로 설명하는 것은 문제가 아닐 수 없다.

요컨대, 자본주의사회에 있어서 노동기본권은 역사적 사회적 존재로서의 근로자가 자신의 생활적 욕구를 노동력이라는 특별한 사적 상품소유자로서의 형태를 통해서, 즉 가치법칙(give and take원칙)에 따라서 실현하기 위한 근로자의 권리라고 할 것이다. 자본주의는 노동력이 본래는 상품으로서 생산된 것이 아니지만 그것을 상품화하는 것에 의해서, 보다 정확하게 말한다면, 노동력을 상품화하는 것에 의해서 비로소 지금까지 지구상에 존재했던 다른 역사적인 사회구성체와 구별된다. 그러므로 이러한 특별한 성격을 가지고 있는 자본주의사회에 있어서 노동기본권은 이러한 역사적 의미를 가진 노동력상품에 자본주의적 특질을 반영한 법적 이데올로기이라고 규정할 수 있다. 여기에 노동력상품이라고 할 때 그 의미는 이중적으로 규정된다. 즉 노동력상품이라는 것은 첫째, 노동력이 「상품」이라는 의미이고, 둘째 「노동력」이 상품이라는 의미이다. 전자는 자본주의사회의 노동력이 다른 역사적 사회의 노동력과 다르다는 것을 의미하고. 후자는 자본주의사회의 노동력이 자본주의사회의 다른 상품과 다르다는 것을 의미한다. 법적 이데올로기로서 전자는 재산법원리를 만들어내고, 후자는 노동법원리를 창출한다. 이 노동력상품의 이중적 의미를 정확히 파악하는 것에서 자본주의노동법의 인식은 출발한다. 그래서 우리는 왜 노동법은 자본주의노동법일 수밖에 없는가라는 문제를 자본주의적 임금노동관계의 기본원칙과의 관계에서 원리적으로 천착하지 않을 수 없다.

결국, 노동법을 재화거래를 위한 재산법 즉 사법으로 보는가 또는 생존권실현을 위한 공법으로 보는가 여부에 따른 노동법학에 있어서 두 가지의 태도 및 사고방식은 근본적으로 노동력상품에 대한 인식의 차이에 기초하고 있다고 말해야 할 것이다. 될 수 있는 한 노동법을 사법의 영역으로 끌어들여서 시민법원리와 근접시켜 보려고 하는 태도 및 사고방식은 노동력의 상품형태에만 주목하고, 노동력의 거래 속에 근로자라는 사회적 존재가 그 실존을 실현하는 물적 상품 그 이상의 의미를 내포하고 있다는 점을 무시하는 노동력상품관(觀)에서 출발하고 있다고 할 것이다. 이러한 사고방식은 인식론적 차원에서 노동법에서부터 이를테면 역사적 계급적 성질을 떼어 내어버리고, 노동법원리를 순수상품교환법칙하에 두려고 하는 것이다. 이에 대하여 노동법을 공법의 영역으로 끌어들여서, 될 수 있는 한, 생존권원리의 지배를 받도록 하려는 사고방식은 노동력상품이 상품이 아니라 노동력상품의 주체인 사회적 존재로서 근로자 그 자체에 주목하면서 사회적 존재로서 근로자의 생존욕구를 실현하고 보장하려고 하지만, 이러한 태도는 무산자로서 근로자의 사회적 종속성에서 출발하고 있지만, 근로자의 생존욕구가 자본주의사회에서 사적 상품소유자의 등가법칙이라는 형태(재산법원리)에 의해서 않고서는 실현될 수 없다는 것을 보지 못하고 있다. 전자에서는 노동력상품이 그 주체인 계급적 존재로서의 근로자로부터 완전히 떨어져 나가버렸고, 후자에서는 노동력상품이 사회적 존재로서의 근로자의 속에 완전히 흡수되었다고 할 것이다. 여기에서 이러한 두 가지의 극단적인 사고방식이 현대자본주의사회에 있어서 노동력상품의 인식으로서 올바를 수 있는가라는 의문이 새롭게 제기한다.

이러한 의문은 더욱이 특정의 국가의, 특정의 단계의 노동법의 의미를 검토하는 경우, 각각의 노동입법의 구체적인 특질은 각국의 각 단계에 있어서 노동력상품의 구체적인 의미나 특질에 규정되어 있다고 하는 전제적 생각과 연계해서 대답되어야 할 것이다. 그러므로 왜 그리고 어떠한 단계에 있는 특정한 국가에서 특정한 형태의 노동입법이 나타나는지를 분석하는 것이 중요한 것이다. 이러한 분석은 노동법사회학의 가장 중요한 과제 중의 하나이다. 노동법의 존재형태는 각각의 역사적 사회에 있어서 노동력상품의 구체적 존재형태와의 관계에서 비로소 분명하게 될 것이다.

4) 자본주의적 제도로서 노동단체권

한국노동법과 그 이론적 기초를 마련함에 있어서 현실적으로 중요한 것은 한국자본주의체제하에서 노동3권의 주체인 노동조합을 어떻게 이해할 것인가라는 문제이다. 노동법이 개인주의시민법을 수정해서 생겨난 것이고, 소위 노동법원리가 시민법리와 다르다는 것에 있어서는 모든 노동법학자가 다투지는 않는다. 그러나 문제는 노동3권에 기초한 노동법원리를 다루는 사고방식에 있어서 차이가 있다.

노동운동이 노동법형성과 발전을 위한 원동력이고 그 주체적 담당자가 노동조합이므로 노동운동과 노동조합을 빼놓고서는 노동법의 의의를 이해할 수 없다는 것은 지금까지 대부분의 노동법학자들이 강조해온 것이다. 만약 그렇다고 한다면, 노동운동과 노동조합에 대한 이해가 노동법의 이해를 위한 기초적 전제로 되어야 할 것이다. 물론 법학은 노동법을 취급할 뿐이고 노동운동과 노동조합 그 자체를 직접으로 취급하지 않기 때문에 노동운동 및 노동조합 그 자체에 대한 구체적 분석은 노동법학자의 임무도 아니라고 말할 것이다. 그 뿐만 아니라 이러한 문제를 취급한다는 것은 법학자에게 버거운 것임에 틀림없다. 그러나 노동법이 노동운동과 노동조합을 빼고서는 생각할 수 없는 것이라고 한다면, 노동법학자도 또한 일정한 노동운동과 노동조합의 이론을 전제로 해서 노동법을 논하지 않으면 아니 될 것이다. 그렇지 않으면, 노동법학자는 진정한 의미에 있어서 단결권의 문제를 논할 자격이 없을 지도 모른다. 그러면 노동법학자는 과연 어떠한 노동운동과 노동조합이론을 가지고 있는가?

도대체 자본주의사회에 있어서 노동운동과 노동조합이란 무엇인가? 이 문제는 현대 자본주의사회를 연구하는 사회과학에 있어서 중요한 주제이다. 특히 경제학이나 사회정책학에서 전력을 다해서 분명하게 하지 않으면 아니 되는 중요한 과제라고 할 것이다. 서구에서 한 때, 학문적 차원에서 노동운동과 노동조합이론을 둘러싼 사회과학적 논쟁은 마르크시즘방법을 둘러싼 논쟁으로서, 실천적 차원에서는 혁명의 전망이라든가 혁명의 주체를 둘러싼 논쟁으로서 심각한 주제로서 풍미했다. 그러나 노동법학자 특히 한국노동법학자는 노동운동과 노동조합이론에 관심을 표명하지 않았다. 마치 노동법학자는 노동운동과 노동조합이론에 관한 이론적 실천적 논쟁에는 전혀 관계없다는 듯한 태도를 취하고 있는 것은 아닌지? 아니면 노동운동과 노동조합에 관한 노동법학자의 시각은 노동운동과 노동조합이 자본주의사회에 있어서는 필요악이라는 상당히 상식적 수준에 그치고 있는 것은 아닌지?

현실역사에 있어서, 초기에 노동자계급의 자주적 투쟁조직으로서 발단하였던 노동조합은, 점차로 자본주의기구의 필요한 제도의 일부로서 그 체제 내에 조직·도입되었다고 할 수 있다. 정말 이러한 현상은 어떤 측면에서 보면 자본가계급의 양보의 역사이었다고 말할 수 있다. 그러나 법칙적으로는 그것은 자본주의

경제의 법칙의 관철일 수밖에 없다. 그래서 자본주의노동법이 국가법인 노동법으로 등장하고, 노동조합을 그 대상으로 생각했을 때 그 자체가 이미 노동조합을 체제내의 조직으로 편입되었다는 것을 의미하였다. 자본가계급의 혹은 그것이 담당하는 국가권력의 양보란 단지 계급적 권력관계에 밀려서 어쩔 수 없는 양보이었던 것만은 아니고 오히려 노동조합을 체제내의 거래기구로서 편입하여 자리매김하기 위한 양보이었다고 할 것이다.

노동법학자가 노동조합을 일률적으로 초역사적(따라서 관념적)으로 저항을 위한 반체제, 반권력의 조직으로서 규정하고, 그것의 이데올로기적 반영으로서 노동자권과 노동법원리를 보는 것은 문제가 아닐 수 없다. 노동법학자는 노동조합의 성격이나 역할을 각국의 역사적 조건하에서 구체적으로 분석하지 않으면 아니 된다. 자본주의의 역사에 비추어서, 각국에 있어서 노동조합의 공통적인 일반적 성격을 규정해본다면, 노동조합이란 노동력상품의 사적 소유자들이 그 상품의 거래를 위해서 결성한 조직에 불과했다고 할 것이다. 그렇다면, 그것은 어떠한 조건하에 왜 노동조합이 자본주의에 있어서 적대적 계급조직으로 되는 것인가? 혹은 될 수 없는가를 사회과학은 분명하게 하지 않으면 아니 된다. 노동조합이 어느 정도의 체제적이고, 어느 정도 반체제적이고 저항적인가는 각 역사적 조건에 의해서 규정되는 것이다. 또 산업자본주의의 초기단계, 제국주의단계 그리고 세계자본주의단계에서는 노동조합의 역할과 기능이 변한다. 국가가 임금법칙 그 자체에 개입하게 되는 국가독점자본주의단계에서는 노동조합과 국가의 관계는 구조적으로 변하게 될 것이라고, 특히 자본이 전세계적 차원에서 움직이고 있는 세계자본주의단계에서 각국의 노동조합도 세계적 차원에서 연대하여 이에 대응하지 않으면 아니 될 것이다. 특정기업 또는 특정국가의 노동조합이 임금인상을 쟁취하여도, 그 인상효과가 국가의 인플레이션 정책이나 국제적 조약에 의한 자본과 상품이동의 자유화로 인하여 삭감되어 버리고 마는 현재와 같은 국제적 여건하에서 가치법칙의 관철을 꾀하는 노동조합의 투쟁은 국가의 재정정책이나 사회보장정책에 대한 투쟁 및 국제적 차원에 있어서의 연대투쟁으로 확장되지 않을 수 없을 것이다. 그러나 노동조합이 전국민적인 과제를 담당하게 되면, 정말 그것이 자본주의 체제에 있어서 필요한 제도의 일부로서 그 중에 편입될 가능성이 증대하게 된다는 것도 사실이다.

많은 노동법학자의 소박한 인식과 달리, 우리는 자본주의가 성숙한 국가에 있어서 노동조합은 자본주의의 조절제도로서 실질적인 체제내적 기구로 정착되어 있다는 것을 알 수 있다. 우리가 노동단체권의 주체로서 논의해야 할 노동조합은 역사적 유물이 된 과거의 노동자단체로서 노동조합이 아니라 오늘날의 노동법이 그 주요한 규율의 대상으로 하는 노동조합을 말한다. 이러한 노동조합의 실체는 구체적으로 어떠한가를 역사적 사실로서 인정하고 확정하는 것에 노동법학이 관심을 기울여야 한다. 그러므로 노동법학자는 "무릇 노동운동과 노동조합이란 항상 반체제적인 것이다"라는 식의 관념적 전제로부터 출발해서는 아니 되고 개별적인 역사적 사회의 각 단계에 있어서 구체적인 사실로 출발해야 한다는 것이다. 그 고찰을 통해서 아마 한국의 노동조합 및 그 위에 조직되어 있는 노동법 및 법학이데올로기가 특수 한국적인 것이라는 것을 우리는 발견할 것이다. 자본주의노동법 일반을 논하는 것에서 전술한 바와 같이 사적 상품소유자의 상품거래의 조직으로서 노동조합으로부터 항상 출발하지 않으면 아니 된다. 이것은 예컨대 한국법, 일본법, 독일법, 영미법 등 여타의 자본주의국가의 법에 공통하는 원칙이라고 할 것이다. 그러나 이 원칙이 특정한 역사적 사회에 관철되는 혹은 관철되지 않는 구조는 자본주의의 발전 단계, 노동력의 질과 양, 권력의 역할, 정당의 지도력, 근로자의 의식과 같은 여러 역사적 조건에 따라 다르다.

그런데 한국노동법의 과학적 인식은 어떠한 이론 위에 조직되어야 하는가? 한국자본주의의 과학적 검토를 기초로 하여 비로소 가능할 것이다. 한국의 노동조합이 그래서 그것에 의해서 지지되고 있는 노동운동이 다른 발달된 자본주의국가(제국주의국가)의 그것과 비교해서 어떠한 한국적 특질을 가지고 있는 것인가 왜 그러한 것을 한국자본주의의 운동법칙과의 관계에 있어서 분명하게 하지 않으면 한국노동조합이데올로기의 특질을 과학적으로 검증할 수 없다. 또 앞으로 노동조합 및 그 운동은 아마도 크게 변모할 것이다. 이들 제조건의 변화에 수반한 노동조합운동의 변화는 그것을 기저로 하는 노동법원리의 변화를 요구하고 있는 것도 사실이다.

현 단계에 있어서 한국노동법학은 그에 따라 서있는 한국자본주의의 역사적 기반을 근거로부터 음미할 필요가 있지 않는가? 도대체 그것은 노동법학만의 문제는 아니다. 모든 법학의 문제이다. 노동법학을 포함해서 과학적 법률학을 지향하는 우리 전부가 협력해서 물론 경제학 여타 사회과학과도 협력해서 본격적으로 분명하게 하지 않으면 아니 되는 과제이다.

이러한 인식을 전제로 할 때, 현 단계의 한국자본주의체제하에 한국의 노동운동과 노동조합은 노동력상품의 공정한 거래를 위한 자본주의기구일 수밖에 없고, 노동3권은 이러한 자본주의적 기구를 조직하고 운영하는 법적 도구로 파악해야 할 것이다.[268]

3. 노동단체권에 대한 법말씀론적 파악

1) 노동법말씀론의 기본시각

우리가 노동단체권을 자본주의적 경제질서를 구축하기 위한 법적 도구로 파악한다고 할 때, 그것을 현실의 법질서에서 어떻게 해석·적용해야 할 것인가는 실천적 문제이다. 이러한 실천적 문제가 바로 노동단체권의 법말씀론적인 파악이다. 실정법의 해석론적인 차원에서 볼 때, 노동단체권 즉 노동3권을 정점으로 하고 있는 우리나라의 법질서는 어떠한 모습을 가지고 있는가? 이 문제를 해명하기 위해서 우리는 우리나라의 노동법질서가 그 뿌리를 두고 있는 헌법에까지 거슬러 올라가서 노동헌법을 살펴보아야 할 것이다. 이러한 작업은 우리 헌법 제33조에 보장되어 있는 노동단체권의 헌법적 의의와 그 법적 성질을 음미하는 것에서부터 출발해야 할 것이다.

2) 헌법적 보장의 의의

(1) 규범적 의미

제헌헌법 제18조 1항은 「근로자의 단결, 단체교섭과 단체행동의 자유는 법률의 범위 내에서 보장한다」라고 규정하였으나 현행헌법에서 제33조 1항에서 "근로자는 근로조건의 향상을 위하여 자주적인 단결권, 단체교섭권 및 단체행동권을 가진다"라고 규정하고 있다. 양자는 이른바 노동단체권을 보장하고 있다는 점에서는 동일하지만, 그 의미는 상당히 다르다. 그렇지만 이 노동단체권의 보장이 자유와 평등을 실질적 의미에서 노동자에게도 확보하려고 하는 점에서는 제헌헌법과 현행헌법은 기본적으로 일치하고 있다고 할 것이다. 사소유권의 절대, 계약의 자유, 과실책임의 3대원칙을 기조로 하는 근대시민법체계가 재래의 봉건제를 타파

---

268) 이러한 시각에서 볼 때, 노동운동과 노동조합의 저항성, 반체제성을 강조하는 입장에 대해서는 의문을 제기하지 않을 수 없다. 역사적으로 노동운동과 노동조합이 자본가와 계급적으로 대립하고 있는 임금노동자계급의 조직이라고 하는 것은 틀림이 없었다. 그러나 이것은 곧바로 노동조합이 자본주의체제의 변혁을 목적으로 하는 반체제조직이라는 것을 당연히는 의미하지 않는다. 노동조합이 자본주의경제하에서 임금결정의 하나의 기구이라고 한다면, 그것은 오로지 그러한 것이 그대로의 성질로서는 자본주의체제내의 조직 결국 개량조직이라는 것이 당연하고, 그것 자체가 본질적으로 체제의 극복이나 인간해방 즉 사회주의혁명을 꾀하는 조직인 것만은 아니다. 논리적으로나 현실적으로 오늘날의 노동운동과 노동조합은 결코 그렇지 않다.

하여 개인의 자유를 확립하고, 인류의 정신적, 물질적 측면에 있어서 비약적인 발전을 실현하는 원동력으로 되었던 것은 부정할 수 없다. 다만 그것은 모든 사람을 사람으로서의 형식적인 자유와 평등의 면에서 파악하였던 것이지만, 생산수단을 사유하는 사용자에 대해 그 성질상 팔기 어려운 노동력을 제공하여 생활하고자 하는 노동자는 필연적으로 열위의 지위에 처하여 노동착취를 감수할 수밖에 없는 상태에 빠지게 되었다. 바로 「부자유스런 것, 불평등한 것」을 「자유롭고 평등하다」라고 하는 것만큼 실질적으로 부당한 것은 없는 것이다. 이와 같은 부자유와 불평등을 초극하기 위해 나타났던 사회현상이 노동자의 단결이고, 단결의 원동력은 대항세력에 대한 개인이 서로 도운다고 하는 충동이다. 그래서 노동조합운동은 각국에서 활발히 진전되었지만, 노동자의 단결이 법인되는 데에는 각국에 있어서 긴 고뇌의 체험이 필요하였던 것은 주지의 사실이다.

일제식민지배에서 벗어난 지 얼마 되지 않아 산업화의 미비로 노동운동이 본격적인 궤도에 오르지도 못했던 상황에서 노동3권이 앵글로아메리카에서와 달리 제헌헌법에서부터 곧바로 보장되었던 것은 획기적인 사건이라고 할 수 있다.

이와 같이 헌법에 있어서 단결권 등이 보장되고 있는 실질적인 의의에 대해서는 특히 다음의 두 가지의 점을 주목해야 한다.

첫째, 단결권 등의 보장은 헌법상의 것이기 때문에, 개별 실정노동법규는 항상 헌법과의 관계에 있어서 그 내용이 실질적으로 타당한가 여부의 비판을 피할 수 없고, 이 점에서 노동자를 위해 커다란 보장이 부여되고 있다고 하는 것이다. 무엇보다 헌법의 규정 자체는 일반적인 표현을 취하고 있기 때문에, 개별 실정법규에 의해 어느 정도로 단결권 등을 제한할 수 있는가라는 것은 각개의 경우에 있어서 구체적으로 문제로 되는 것이지만, 항상 헌법에 있어서 노동3권 보장의 근본정신에 입각해서 문제의 고찰을 해야 한다는 것이다. 또 헌법에 있어서 노동3권 보장의 기본적인 입장을 변형하는 데에는 헌법의 개정에 의하지 않으면, 실현할 수 없는 것은 당연하다.

둘째, 재산권의 보장과 나란히 생존권, 노동권과 함께 노동3권이 헌법에 보장되어 있는 것에서, 기본적으로 방향 지워져 있는 체제를 주목해야 한다고 하는 것이다. 단지 재래의 전통적인 사소유권의 절대 등의 정신을 기조로 하는 헌법 하에서 개별 노동입법으로써 단결권 등을 보장하고 있는 경우(예컨대, 아메리카합중국의 경우)에 있어서는 그 개별 노동입법이나 그 아래에 발달하는 노동법원리는 당연한 것이면서 헌법이 예정하는 기본적인 입장을 무시할 수 없기 때문에, 그 전통적인 사고방식의 테두리에서 노동입법 내지 노동법원리의 본질이 규정될 수밖에 없다는 것에 대해,[269] 헌법 그 자체에 있어서 재산권의 보장과 나란히 노동기본권의 보장이 있는 체제하에 있어서는 (예컨대, 우리나라나 일본 및 도이칠란트, 프랑스의 현행제4공화국헌법에는 그 전문 중에 조합활동의 권리 등이 일반적으로 선언되어 있는 것에 불과하다) 이 새로운 조화적 질서 속에서 개별노동입법 내지 노동법원리의 존재방식이 규제되기 때문이다. 무엇보다 이 점에 대해서도, 헌법의 규정 자체는 위 두 개의 다른 입장의 법제에서 있어서도, 특히 일반적이기 때문에, 그러한 의미내용 자체에 대해 해석에 폭이 있을 수 있으며, 그러한 한에서 위의 두 가지의 다른 법제에 있어서 노동입법의 존재방식이나 노동법적 원리의 차이를 과장하는 것은 신중해야 하지만, 양자 간에 기본적으로는 주목해야 할 차이가 기대될 수 있다는 것은 확실하다. 이러한 의미에 있어서 단결권에 관한 법적 고찰에 있어서는, 우리나라에 있어서와 마찬가지로, 이것을 헌법상 보장되어 있는 도이칠란트에 있어서 본질이 특히 참고로 되는 것이고, 앵글로아메리카 특히 아메리카에 있어서 본질과의 차이에 대해서는 충분히 주의해야 한다. 어떻든, 이러한 노동기본권을 헌법상 보장해서 새로운 질서를 수립하는 것에는 다수에 걸친 뿌리 깊은 전통을 가진 시민법체계에 있어서, 본격적인 재검토의 기회와 시간이 필요로 되는 것이다. 여러 외국에 있어서는 단결권의 법인도 다년에 걸친 노사관계의 진전 속에서 현실적인 인식을 통해 이것을 서서히 이루어왔던 것이다. 그러나 우리나라에 있어서 종전 직후에 돌연히 노동3권의 헌법상의 보장이 점령정책의 일환으로서, 말하자면, 「위로부터 주어진 것」인 만큼, 현재 시민법의 체계 내지 원리와의 조화적 해결을 곤란하게 하는 요인을 내포하고 있다.[270]

어떻든 헌법은 노동자에게 단결권을 보장해서 노사의 실질적인 평등을 기대하고, 단체교섭에 의해 노사관계가 자주적으로 형성되고, 전개되는 것을 하나의 이상으로서 기대하는 것이다. 그러한 의미에서는 노동자의 단체를, 개인을 초월하는 곳에 성립하는 새로운 사회질서의 담당자로서 해서 노사관계에 실질적인 자유와 평등을 실현하는 것이지만, 그것은 동시에 생산수단의 사유를 전제로 하는 자본

269) 아메리카합중국에서는 이른바 1935년 와그너법(National Labor Relations Act) 제7조에서 노동자의 단결권을 법인하고, 정당한 이유가 없는 한, 노동조합을 부인하고, 단체교섭을 거부하는 것을 위법으로 하였다. 그러나 유나이티드 킹덤에서는 큰 회사가 노동조합의 단체교섭을 거부하는 것은 드물지만, 법 자체는 사용자가 조합을 인정하여 단체교섭하는 것을 강제하고 있지 않고, 조합을 인정하여 단체교섭하는 것에 대해 노동자는 도덕상의 권리(moral right)를 가지고 있을 뿐이다. 즉 노동조합의 승인라는 것은 현재 산업에 있어서 쐐기로 되어 있지만, 그것은 법적 근거에 의한 것은 아니라고 하고 있다(Kahn-Freund, "Legal Framework", in Flanders and Clegg, The System of industrial relations in Great Britain, p. 53 참조).

270) 이것은 노동법학에 있어서 한편에 있어서는 노동법의 특이성을 경시하는 경향, 다른 한편에 있어서는 노동법의 특이성을 너무 감수하는 경향을 생기게 할 위험이 있다.

주의법제를 전제로 하는 것이고, 결국, 새로운 의미에서의「자본주의적 자유주의」의 입장 이상의 것이지도 않다. 이러한 의미에서는 헌법은 단결권 등을 계급투쟁의 수단으로서 보장하고 있는 것이 아닌 것은 당연하다.

(2) 사회적 자치의 기초

20세기에 접어들면서 사회적 세력의 발전과 그의 활발한 조직의지 및 이에 생기를 불어넣는 자유정신, 독립정신 및 자결의식은 법과 국가에 있어서 일반의지의 형성을 위한 새로운 형태를 발전하도록 하였다. 이러한 현상은 국가가 사회적 힘과 새로운 형식으로 편성되어야 한다는 것을 의미하였다. 사회세력은 법률과 행정에 의하여 권위적으로 지배되는 원자적 존재가 아니라, 자기형성의 자유를 요구하고, 국가활동과 입법에 대한 참가와 일정한 범위 내에서 국가의 고권적 결정(高權的 決定)을 배제할 것을 요구한다. 이것이 바로 사회적 자치(Soziale Autonomie)에 대한 열망이다.

오늘날 산업사회는 매우 다기하고 그 변화의 속도가 또한 매우 빠르다. 특히 노동영역에는 경제적 여건변화에 따라 새로운 종류의 직업과 근로관계가 성립하고 그 상황이 빠르게 변하기 때문에 이들의 노동생활관계에 적용되는 구체적인 규범을 국가가 주도적으로 제정하여 규율한다는 것은 현실적으로 불가능하다. 그래서 일정한 범위에서 노동영역의 주체인 노사의 사회적 자치에 의한 규범형성은 현대적 산업사회에 있어서 필수적이라고 할 것이다.

헌법 제33조는 노사 간의 사회적 자치에 의한 노동법규범의 형성을 전제로 해서 근로자의 노동단체권을 보장하고 있다고 할 것이다. 헌법 제33조는 경제적·사회정책적 사안의 해결을 위한 자치적 규범창설권한을 가진 특별한 노동단체의 결성과 활동에 관한 권리를 근로자에게 보장하는 데에 그 목적이 있다. 사회적 자치를 위한 대외적 활동은 노동단체의 대표자를 통해서 이루어지고, 내부적 관계는 민주주의원칙에 기한 자기행정에 의해서 규율된다. 이러한 자기행정 기관이 일정한 공동체적 사항을 스스로 정할 수 있는 권한을 가지고 있을 때 실효성이 있을 수 있다.

그러나 자치와 자기행정에 문제가 없는 것은 아니다. 대외적 관계에서 사회적 주체인 노사가 사회적 자치에 의하여 합리적인 규범을 형성하지 못하거나, 대내적 관계에서 대표자에 대한 민주적인 통제가 이루어지지 아니하는 경우가 생길 수 있다. 그러면 이 경우에 문제를 어떻게 해결해야 하는가? 주체간의 적나라한 힘에 의한 투쟁에 무제한적으로 맡겨 놓을 것인가? 아니면 국가의 개입에 의하여 강제적으로 해결할 것인가가 문제이다. 이 경우에 문제는 궁극적으로 국가의 개입에 의하여 강제적으로 해결될 수밖에 없다고 생각한다. 그러나 국가가 강제적으로 해결하기 이전에 노사 쌍방의 자율적 해결을 촉진하는 국가의 활동이 필요하다고 할 것이다. 이를 위하여 현행 노동조합및노동관계조정법은 노동단체의 내부적 관계를 어느 정도 규율하면서 노사 간의 노동분쟁을 국가개입에 의하여 해결하는 조정제도를 준비하고 있다고 할 것이다.

3) 노동단체권의 법적 성격론

(1) 학 설

헌법 제33조가 보장하고 있는 노동단체권이 어떠한 권리인가에 관하여 헌법학과 노동법학에서 여러 가지 견해가 대립하고 있다. 이를 분류해 보면 다음과 같이 3개의 부류로 나눌 수 있다.

A. 자유권설

이 설은 노동단체권을 근로자의 자유로운 단결권, 단체교섭권 및 단체행동권의 행사에 대하여 국가 또는 타인으로부터 부당한 방해나 간섭을 받지 아니하는 소극적 자유권의 일종으로 파악하고 있다.[271)]

B. 사회(생존)권설

이 설은 노동단체권을 근로자의 자유로운 단결권, 단체교섭권 및 단체행동권의 행사에 대하여 국가가 이를 적극적으로 보호 조장하여 주도록 청구할 수 있는 사회권(생존권)의 일종으로 이해하고 있다.[272)]

C. 혼합권설

이 설은 한편으로는 근로자가 노동단체권을 행사하는 것을 국가 또는 제3자가 방해해서는 안 된다는 자유권적 측면과, 다른 한편에서는 국가가 적극적으로 노동단체권의 행사를 보장해 주도록 청구할 수 있는 생존권적 측면을 가지고 있다고 보는 절충적인 입장이다.[273)]

---

271) 박일경, 『신헌법』, 1977, 207면; 박홍규, 『노동법론』, 1995, 88면.
272) 문홍주, 『한국헌법』, 1987, 296면; 김철수, 『헌법학개론』, 1989, 482면; 권영성, 『헌법학원론』, 1996, 588면 참조.
273) 허영, 『헌법이론과 헌법(중)』, 1988, 341면 참조.

(2) 판 례

A. 대법원의 입장

대법원은, "본래 헌법 제33조 제1항에 의하여 선명된, 이른바 노동3권은 사용자와 근로자간의 실질적인 대등성을 단체적 노사관계의 확립을 통하여 가능하도록 하기 위하여 시민법상의 자유주의적 법원칙을 수정하는 신시대적인 시책으로서 등장된 생존권적 기본권들"이라고 하여, 노동기본권이 생존권적 기본권의 성질을 갖는다고 본다.[274)]

B. 헌법재판소의 입장

헌법재판소는 노동3권이 국가공권력에 대한 단결권의 방어를 일차적인 목표로 한다는 점에서 노동3권의 법적 성질을 자유권적 기본권으로 파악하고 있다. 노동3권을 자유권으로 파악하는 헌재의 태도는, 우리가 헌법에 보장된 기본권을 대국가적 관계에 있어서의 기능을 기준으로 하여 자유권적 기본권과 사회권적 기본권으로 분류하는 경우에, 원칙적으로 타당하다. 그런데 헌법재판소는 노동3권이 자유권적 기본권이지만, 헌법에 보장된 여타의 자유권과는 달리 "사회적 보호기능을 담당하는 자유권" 또는 "사회권적 성질을 띤 자유권"이라고 규정하였다.[275)] 이러한 점에서 헌법재판소는 혼합설의 입장을 취하고 있다. 이러한 입장에서 보면, 노동3권은 근본적으로 자유권적 기본권이지만, 사회적 기본권이라는 성질도 가지고 있다. 다시 말하면 노동3권의 자유권적 성질은 사회권적 성질에 의해서 제한을 받는다는 것이다. 헌법재판소가 사용하고 있는 "사회적 보호기능을 담당하는" 또는 "사회권적 성질을 띤"이라는 한정사(限定詞)가 이러한 것을 의미한다고 할 것이다. 즉 헌재는 노동3권의 보다 큰 헌법적 의미는 근로자단체라는 사회적 반대세력의 창출을 가능하게 함으로써 노사관계의 형성에 있어서 사회적 균형을 이루어 노사 간의 실질적 자치를 보장하려는 데에 있으며, 근로자는 노동조합과 같은 근로자단체의 결성을 통하여 집단으로 사용자에 대항함으로써 사용자와 대등한 세력을 이루어 근로조건의 형성에 영향을 미칠 수 있는 기회를 가지게 되므로 이러한 의미에서 노동3권은 "사회적 보호기능을 담당하는 자유권" 또는 "사회권적 성질을 띤 자유권"이라는 것이다.[276)]

---

274) 대법원 1990. 5. 15. 선고 90도357 판결.

275) 헌재 1998.2.27. 94헌바13 · 16, 95헌바44(병합) 결정.

276) 헌법재판소의 입장에 대한 비판은 강희원, 「노동3권의 법적 성격과 노동단체법: 헌재 1998.2.27. 94

(3) 노동단체권의 성질론에 대한 비판

제1장 서론에서 이미 언급했듯이, 노동3권의 법적 성질에 관한 논의는 일정한 이데올로기를 전제로 해서 일정한 방향으로 현실을 규율하기 위한 연역적 법학방법론의 개념적 포섭작업이다. 그런데 노동3권의 법적 성질(또는 법적 성격)에 관한 주장 중 어느 것이 타당한가를 논의하기 전에 우리는 이러한 논의 그 자체의 타당성을 살펴보는 것이 필요하다. 구체적인 노동문제의 해결과 관련하여 그 문제 자체의 법적 성격을 규정한다는 것이 어떠한 의미를 가지고 있는가? 무엇보다 구체적인 노동문제에서 노사당사자 간에 상호 첨예하게 대립하고 있는 집단적인 이해관계를 이익형량과 조화라는 방법으로 구체적으로 조정해서 해결하는 방법론이 아니라 추상적으로 노동3권의 법적 성질을 규정하고 그것에 입각해서 노사당사자의 집단적인 이익관계를 재단하는 방법론이 과연 타당할 수 있는가는 의문이 제기된다.

첫째, 역사적 또는 연혁적 차원(沿革的 次元)에서 자본주의사회의 유기적 구성을 위한 기본권을 이념형적으로 자유권 또는 생존권(사회권)으로 분류하는 것에는 그 의의가 있을지는 모르지만, 단순히 국가의 작용에 의하여 기본권을 평면적인 차원에서 자유권 또는 사회권으로 유형화하고, 이것을 곧바로 정치적 선택을 위한 규범적 도구로 이론화하는 것은 문제가 아닐 수 없다. 이러한 맥락에서 보면, 노동3권의 법적 성질에 관한 위 학설의 대립은 다른 기본권과의 관계 속에서 실천적 의미에 있어서 무의미할 뿐 아니라 오히려 현실을 은폐하는 이데올로기적 위험성을 가지고 있다고 말할 수도 있다. 왜냐하면 이러한 분류 자체가 국가에 의한 개입을 방지하거나 또는 강화하는 이론적 또는 논리적 근거는 될 수 없다고 할 것이기 때문이다. 또한 헌법에 있어서 모든 기본권은 이미 그 보장자로서 국가를 전제로 하고 있으며, 우리 헌법 제10조는 "국가는 개인이 가지는 불가침의 기본적 인권을 확인하고 이를 보장할 의무를 진다"라고 규정하여 헌법에 인간의 존엄과 가치를 실현하기 위하여 규정된 기본권을 보장하고 실현하도록 국가에게 명령하고 있기 때문이다. 그러므로 국가는 그 연혁적인 의의가 자유권이든 사회권이든 그것에 관계없이 적극적으로 보장해야 할 의무가 있을 뿐이다. 개인들 간에 있어서 기본권이 충돌하여 쌍방을 제한하거나 어느 한쪽을 선택할 수밖에 없는 경우 그러한 선택은 공동체의 유기적 구성을 위한 정치적 선택일 뿐이지 그 기본권의 연혁적인 의의가 자유권이기 때문에 더 보장되고 사회권이기 때문에 덜 보장되는 것은 아니라고 할 것이다.[277)]

헌바13 · 16, 95헌바44(병합) 결정과 관련하여」『헌법실무연구』 제1권(2000) 헌법, 363-396면 참조.

둘째, 여기에서 문제로 되는 것은 노동3권의 내용을 근로자집단이 자본세력과 투쟁하여 자주적으로 확보한「적극적 자유(自由)」라고 보아야 하는가 아니면 자본세력의 양보 또는 인용에 기하여 자본세력에 의해서 보장된「소극적 방임(放任)」으로 보아야 하는가라는 것이다. 우리가 전자의 경우에는 노동3권을 자유권의 범주로 분류하고, 후자의 경우에는 노동3권을 생존권(사회권)의 범주로 분류한다고 한다면, 노동단체권을 자유권으로 분류할 것인가 또는 사회권으로 분류할 것인가는 근대국가에 있어서 정치권력의 주체와 노동운동과의 관계 속에서 파악해야 할 것이다.

그러면, 역사적 또는 연혁적 차원(沿革的 次元)에서 헌법상의 기본권을 자유권과 생존권(사회권)으로 분류할 때, 노동3권을 어느 쪽 범주에 포섭시키는 것이 역사적 또는 연혁적 맥락에서 타당할까? 이 문제에 대한 해답은 현대국가의 성립과정에 있어서 사회세력으로서 근로자집단의 역할을 역사적으로 어떻게 평가하는가에 따라 다르게 된다. 이것은 또한 역사관의 문제이기도 하다.

논리적인 차원에서 기본권을 자유권과 생존권으로 그 성격을 규정하는 것이 가능한가라는 문제도 제기된다. 왜냐하면 "자유"와 "생존(또는 사회)"이 대립개념이 아니기 때문이다. 생존 없는 자유란 불가능하고, 자유 없는 생존이란 무의미하다고 할 것이다. 재산권을 정점으로 하는 시민적 기본권이 봉건국가의 정치적 세력에 대한 근대부르조아(시민)의 생존 및 자유의 확보에 그 실질이 있었다고 한다면, 노동3권을 정점으로 하는 노동기본권은 근대국가의 정치적 세력에 대한 근로자의 생존 및 자유의 확보에 그 본질이 있었다고 파악해야 할 것이다. 그러므로 모든 기본권은 본질적으로 생존과 자유 양자의 확보가 그 실질이라고 할 것이다.

기본권의 실현에 있어서 기본권의 성질을 자유권과 생존(또는 사회)권으로 구분하고 이에 기하여 차별할 필요가 없을 뿐만 아니라 또 그렇게 해서도 아니 된다.[278] 그렇지만 기존의 학설에서 주장되고 있는 관점에 따라, 이를테면 현실을

277) 헌법학에서 특정 기본권을 자유권적 기본권 또는 사회권적 기본권으로 분류하고 있는데 이러한 시도에는 당해 기본권의 실현에 대한 국가의 개입 또는 작용을 정당화하려는 의도가 있다. 즉 자유권적 기본권으로 파악하는 경우에는 국가의 자제 또는 개입금지가 정당화되고, 사회권적 기본권으로 파악하는 경우에는 국가의 적극적 형성 또는 개입이 정당화된다.

278) 기본권을 자유권적 기본권과 사회적(또는 생존권적) 기본권으로 구분하는 것은 근대자유방주의적 사유의 법학적 아류라고 할 것이다. 이러한 자유방임주의적 법학사고에 의하면, 근대시민국가에서 유산시민(부르조아)세력이 이른바 "천부적 권리(天賦的 權利)"로 주장했던 자신들의 권리들을 자유권으로 규정되고, 산업자본주의의 성립과 더불어 새롭게 등장했던 무산시민(프롤레타리아)세력이 유산시민세력에 대하여 주장했던 요구들이 법적으로 관철된 것을 사회권(생존권)으로 규정된다. 그러나 역사적으로 볼 때, 유산시민의 자유권이든 무산시민의 사회권이든 그 주체세력이 처해 있었던 사회적 상황이 달랐기 때문에 이들의 요구가 기성의 법질서에 다르게 나타났을 뿐이지 그러한 권리를 통한 요구의 본질은 생존에 기초한 자유의 확보에 있었다는 점은 동일하

재단하기 위한 법말씀론적 도구로 사용하기 위하여 우리가 기본권의 실현 또는 보호에 있어서 국가의 작용 또는 기능을 기준으로 해서 노동3권의 법적 성질을 규정하면서, 기본권의 본질적 보장내용으로서 "자유"와 "생존" 중 어느 하나를 반드시 선택해야 한다면, 노동3권의 본질적 보장내용이 "자유"인가 "생존"인가에 관해서 생각해보기로 하자. 우선, 결론부터 말한다면, 노동3권이 헌법상의 기본권으로 승화되는 역사적 과정이 규범형식적 측면에 있어서 "국가에 의한 새로운 기본권의 창설" 또는 "적극적 보호"라는 형태를 취하고 있지만, 그 실질적 측면에 있어서는 노동3권에 대한 "국가의 인정"이었을 뿐이다. 그러므로 노동단체권은 국가의 작용에 의해서 실현되는 생존권이 아니라 근로자의 자유권이라고 하는 것이 옳을 것이다.

즉, 노동3권은 그 기능적 차원에 있어서도 "국가로부터의 자유"를 그 본질적 내용으로 하고 있다고 할 것이다. 다만 근로자라는 특별한 사회 경제적 지위 때문에 노동단체권은 결사의 자유와 별도로 헌법적 차원에서 국가에 의해서 인정되었으며 또 노동단체권과 그 행사는 일정한 요건 하에서 재산권의 효력을 후퇴시키는 방식, 보다 구체적으로 말한다면, 기존의 민사책임과 형사책임을 예외적으로 면제하는 방식으로 보장되고 있다. 우리 헌법도 노동단체권이 근로자의 특수한 결사의 자유라는 것을 시사하고 있다.

첫째, 노동단체권을 자유권으로 파악하는 것이 노동단체권의 발전역사와 부합한다.

둘째, 헌법 제32조 제1항의 근로의 권리, 제34조 사회보장권, 제35조의 환경권, 제36조의 모성의 보호에는 국가의 노력의무가 규정되어 있지만, 제33조에는 그러한 국가의 의무규정이 없다.

셋째, 만약 노동단체권이 생존권이라면 국가가 제한하는 규정을 따로 규정한다는 것은 생존권의 성격과 부합하지 않는다. 그런데 노동단체권에는 어떠한 생존권적 권리에도 인정될 수 없는 권리의 제한이 인정되고 있다. 이것은 노동단체권이 근본적으로 자유권이라는 것을 승인하고 있는 것이다.

넷째, 자연인만이 생존권의 주체가 될 수 있다. 법인이나 단체에게 생존권을 인정한다는 것은 말이 되지 않는다. 노동단체권은 자연인뿐만 아니라 노동조합이라

다고 말할 수 있다. 여기에서 자유권과 사회권(생존권)이 다르게 되는 문제로 되는 인식의 차이에서 기인한다고 할 것이다. 즉 유산시민세력을 국가주체로 보면서 이들의 양보에 의해서 무산시민세력의 생존이 보장되었다고 볼 것인가 아니면 유산시민세력과 무산시민세력을 동등한 국가주체로 인정하면서 양자의 사회적 역할의 차이에 의하여 사회적 유기적 구성방법이 다르게 되었을 뿐이라고 볼 것인가에 따라 자유권과 사회권은 다르게 인식된다.

는 단체에게도 권리주체성이 인정된다. 노동단체의 생존 내지 인간다운 생활이란 처음부터 성립될 수 없는 말이다. 이것 또한 노동단체권이 자유권이라는 것을 전제로 한 것이다.

다섯째, 근본적으로 노동단체권을 자유권으로 보아야 하는가? 또는 생존권 또는 사회적 기본권으로 보아야 하는가는 근로자의 사회적 상황에 대한 판단에 달려 있다. 근로자의 사회력이 향상된 현 상황에서 노동단체권을 생존권으로 파악하는 것은 오히려 근로자의 생존권을 확보하는 데 기여하지 못한다고 할 것이다. 그리고 노동단체권을 생존권 내지 사회권으로 파악하는 것은 국가가 노사관계에 적극적으로 개입할 수 있는 이론적 바탕 내지 정당화 기초를 마련하려는 것 외에는 별 의미가 없다고 할 것이다.

여기서 우리가 명심해야 하는 것은 노동단체권(또는 노동3권)을 연혁적 또는 역사적 맥락에서 자유권적 기본권 또는 사회권적 기본권으로 분류하는 것과 헌법말씀론적 차원에서 노동단체권의 법적 성질을 자유권적 기본권 또는 사회권적 기본권으로 유형화하는 것은 그 기본적 의도가 다르다는 것이다. 전자의 경우는 기본권발전사에서 국가의 성격과 역할 및 국가와 개인의 관계를 이념형적으로 기술하는 것에 불과하지만, 후자의 경우는 사회에 대한 국가의 개입을 정당화하고 기본권보장의 한계를 설정하기 위한 목적론적 차원에서 규범적으로 규정하는 것이다. 위에서 언급한 학설들의 입장은 후자의 경우에 해당한다고 할 것이다.

어떻든, 기본권의 실현 또는 보호에 있어서 국가의 작용 또는 기능을 기준으로 해서 기본권을 유형화하고, 이러한 유형론을 기본권의 실현에 있어서 국가의 개입 또는 개입금지를 정당화하는 헌법실천을 위한 기초로 삼을 때, 즉 목적론적 차원에서 기본권유형론을 헌법말씀론(Verfassungdogmatik)으로 승화시키려고 하는 경우에, 이를테면, 노동3권을 어떠한 성질을 가진 기본권의 유형으로 파악할 것인가가 비로소 문제로 되는 것이다. 헌법말씀론적 기본권유형론에 의한 노동3권의 법적 성질의 결정문제는 노동3권에 어떠한 법적 성질을 부여해야 하는가라는 목적론적 문제이라고 할 것이다. 이러한 문제는 논리적 문제가 아니라 정당화의 문제이기 때문에 특정이데올로기로 전제로 해서 비로소 해결될 수 있다. 이것은 또한 헌법실천적 문제로서 구체적인 정치현실과의 관계 속에서 일정한 가치를 선호하는 헌법이론가의 정치적 및 정책적 입장에 의한 선택의 문제일 것이다.[279)]

결론적으로 노동단체권의 보장은 단결의 자유의 보장에 그 본지가 있는 것이

279) 여기서 우리는 실천을 전제로 한 모든 법적 개념과 이론이 얼마나 정치적 성질을 가지고 있는지를 알 수 있다. 이러한 맥락에서 "정치로서 이론(Theorie als Politik)"이라는 말이 나온다.

고, 노동자가 사용자와의 관계에서 노동조건 기타 경제적 지위의 유지향상을 꾀하기 위하여 어떻게 단결하는가도 자유이다.

4) 노동단체권의 한계

우리 헌법은, 전체 구성적 차원에서 볼 때, 공동체주의에 기초하고 있다고 말할 수 있지만, 기본권보장의 차원에서는 국가에 의한 개인의 인간의 존엄성의 보장을 최고의 가치이념으로 하고 있기 때문에 개인주의적 가치를 우선적 전제로 하고 있다. 우리 헌법에 있어서 개인의 기본권보장은 공동체의 구성원리로서 기능하고 있다. 그러나 개인의 기본권은 그것이 실현될 수 있는 광장의 제공자이면서 보장자인 공동체의 뿌리와 맞닿는 곳에서 그 한계를 가질 수밖에 없다. 이러한 한계는 공동체에 기초하고 있는 모든 기본권이 가지는 숙명이라고 할 것이다. 전체로서 공동체와 그 구성원으로서 개인의 관계를 어떻게 설정하는가는 공동체구성의 근본적 문제이다. 우리 헌법 제37조는 한편에서는 기본권을 통한 공동체구성의 원리를 선언하면서 다른 한편으로는 기본권의 공동체적 속성을 표현하고 있다. 하지만 우리 헌법은 또한 공동체구성자로서의 정치권력이 그러한 공동체적 속성이라는 명분으로 기본권의 제한을 남용하거나 과도하게 제한하는 것을 염려하고 있다.

그래서 우리 헌법은 헌법적 가치질서의 실현을 위해서 불가피한 경우에만 두 가지의 차원에서 기본권의 제한을 인정하고 있다.[280] 헌법이 개별적인 기본권조항에서 기본권의 한계를 명시하여 입법권자가 갖는 재량의 여지를 줄이거나 법률에 의해서만 기본권을 제한할 수 있도록 하는 것이 그것이다. 이것은 근로자의 노동단체권의 경우에도 마찬가지다. 그러므로 이러한 두 가지 차원에서 헌법이 보장하는 노동단체권도 불가피하게 그 한계를 가질 수밖에 없다.

(1) 노동단체권의 헌법적 한계

헌법 제33조 제1항은 근로자의 기본적 권리로서 노동3권을 보장하면서 제2항에서 공무원인 근로자는 부분적으로만 노동3권을 가질 수 있도록 제한하고 있다. 헌법 그 자체가 공무원에 대한 노동3권의 부분적인 제한을 명시하고 있는 것은

280) 기본권보장에 있어서 헌법은 방법론상 철저하게 개인주의적 입장을 취하고 있기 때문에 공동체 및 타인의 기본권보장과의 관계에 있어서 그 한계를 명시하지 않을 수 없다. 헌법은 기본권의 성격과 기능에 따라 개별적으로 그 한계를 명시하는 방법과 입법자에게 일반적으로 위임하는 방법을 취하고 있다. 전자가 구체적 헌법유보이고, 후자가 일반적 법률유보이다.

입법자에 대한 방어적 의미를 갖는다.[281] 그러므로 헌법이 명시하고 있는 것보다 과도하게 공무원인 근로자의 노동3권을 제한하는 것은 그 자체로 헌법위반이라고 할 것이다.

(2) 법률에 의한 노동단체권의 제한

헌법에 보장된 국민의 기본권은 공공의 이익을 보호하기 위해서 필요불가결한 경우에 한하여 입법자가 제정하는 법률로써 제한될 수 있다. 우리 헌법도 입법자가 법률로써 기본권을 제한할 수 있는 근거를 마련하고 있다(헌법 제37조). 그러나 입법자가 공공의 이익을 보호하기 위한 불가피한 사정 때문에 헌법적 수권에 의해서 근로자의 노동3권을 제한하려는 경우에도 자유로운 결정권을 갖는 것이 아니라 절대로 넘어설 수 없는 일정한 한계가 있다. 법률에 의해서 기본권을 제한하는 경우에 그 제한에는 목적상, 형식상, 내용상 및 방법상의 한계가 있다.[282]

(구)노동쟁의조정법 제4조 제5호 및 제30조 3호, 제31조와 제47조의 제31조에 관한 부분 중 각 제30조 제3호에 의하여 중재에 회부된 때에 관한 부분은 공익사업에 종사하는 근로자의 쟁의행위를 특별취급하고 있기 때문에 이들 규정은 헌법상의 단체행동권을 제한하고 있다. 그러므로 이는 법률에 의하여 기본권을 제한하는 것에 해당한다.[283]

4. 노동단체권과 노동조합및노동관계조정법

1) 출발관점

우리가 노동단체권의 헌법적 의의와 법적 성질을 위와 같이 이해한다고 하더라도, 집단적 현상으로서 쟁의행위에 대한 법적 평가의 문제가 곧바로 해결되는 것은 아니다. 왜냐하면 근로자의 집단적 권리로서 노동3권을 다른 기본권들과 어떻게 조화시킬 것인가는 다른 차원의 문제이기 때문이다. 조화의 문제는 그 성질에

281) 허영, 『헌법이론과 헌법(中)』, 128면 참조.
282) 허영, 위 같은 책, 134면 참조.
283) 지금까지 대부분의 헌법학자나 노동법학자는 헌법이 보장하고 있는 노동3권의 성질을 사회적 기본권 내지 생존권으로 파악하면서, 현행 노동조합및노동관계조정법을 이른바 기본권형성적 유보라는 시각에서 사회적 기본권으로서 노동3권을 구체적으로 형성하는 법률로 이해하였기 때문에 공익사업장의 근로자의 쟁위행위를 특별취급하는 노동조합및노동관계조정법상의 특별규정이 노동3권을 구체화하는 것으로 보고 있는 듯하다. 그러나 위에서 이미 언급했듯이 이러한 시각은 수정되어야 할 것이다.

있어서 논리적 문제가 아니라 선택의 문제라고 할 것이다. 선택이란 현실적인 맥락에서 결과를 고려해서 내려진 정치적 결단이다.

현실에 있어서 근로자들의 집단적 행동에 대한 국가적 규제는 노동조합및노동관계조정법에 의해서 이루어지고 있다. 그런데 구체적인 사건에 대한 노동조합및노동관계조정법의 해석 · 적용 및 운용이 노동헌법질서에 부합하는가는 헌법과 노동조합및노동관계조정법의 관계에 대한 파악에 따라 다르게 될 것이다. 그런데 우리가 헌법실천적 차원(憲法實踐的 次元)에서 노동조합및노동관계조정법에 대한 헌법적 통제의 근거로서 자유권적 기본권과 사회권적 기본권으로 구분하는 헌법말씀론적인 기본권유형론을 취한다고 할 때, 즉 기본권으로서 노동단체권의 성질에 기하여 노동조합및노동관계조정법 규정의 해석한계를 근거지우려고 한다면, 노동단체권을 자유권으로 파악하는가 아니면 그것을 사회권으로 파악하는가에 따라 구체적 사건에 있어서 노동조합및노동관계조정법의 해석 및 적용결과는 상당히 달라 질 수 있겠다. 게다가 노동단체권을 보장하고 있는 헌법의 시각에서 볼 때, 쟁의행위를 규율하고 있는 노동조합및노동관계조정법은 그 대부분의 내용이 쟁의행위를 권리로서 적극적으로 보장하는 것이 아니라 오히려 그러한 행위 자체를 제한하고 있기 때문에, 쟁의행위를 노동단체권이라는 기본적 권리로서 보장하고 있는 헌법 제33조 제1항과 수미일관되게 부합되지 않는다. 여기에서 노동조합및노동관계조정법을 헌법적 맥락에서 어떻게 이해해야 하는가라는 문제가 제기된다.

2) 노동단체권의 특수성

산업현장에 있어서 단체교섭권 및 단체행동권은 단결권과는 상이한 모습으로 나타난다. 단결권은 구체적인 상대방을 전제로 하지 않더라도 성립할 수 있는 권리이지만 단체교섭권과 단체행동권은 항상 구체적인 상대방을 전제로 하는 권리이다. 그러므로 단체교섭권과 단체행동권은 그 상대방과의 관계 속에서 구체화된다. 그뿐만 아니라 노동단체권의 행사는 다른 사회구성원에게 엄청난 영향을 초래할 수도 있다.

단체교섭권과 단체행동권의 이러한 특수성은 "노동조합및노동관계조정법"을 이해하는 데 있어서도 전제되어야 한다. 결국, 단체교섭, 단체협약 및 쟁의행위를 규율하는 노동조합및노동관계조정법의 각 규범들은 근로자의 단체교섭권과 단체행동권을 사용자에 대한 권리로 파악하고 있다.

3) 노동조합및노동관계조정법의 헌법적 근거

헌법상의 노동3권과 관련하여 노동조합및노동관계조정법을 어떻게 파악해야 하는가의 문제는 헌법말씀론적 차원에서 노동단체권의 법적 성질을 어떻게 이해하는가? 즉, 노동단체권이 근본적으로 "국가로부터의 자유"를 위한 권리인가, 아니면 "국가에 의한 자유"의 권리인가에 따라 상이하게 될 수 있다. 이 문제는 국가의 기능과 성격에 관한 기본적 인식과 밀접하게 연관되어 있다. 이에 대해 살펴보면 첫째, 헌법말씀론적 차원에서 노동단체권의 법적 성질을 국가로부터의 자유 즉 자유권으로 파악하는 시각은 노동조합및노동관계조정법을 기본권의 제한형식으로 이해할 것이므로 노동조합및노동관계조정법의 헌법적 근거를 헌법 제33조 제1항에서 찾는 것이 아니라, 기본권을 일반적으로 제한하는 일반적 법률유보조항인 헌법 제37조에서 찾을 것이다. 둘째, 헌법말씀론적 차원에서 노동단체권을 국가에 의한 자유 내지 보호의 권리, 즉 생활권 내지 생존권으로 파악하는 입장은 노동조합및노동관계조정법을 기본권을 실현하는 이른바 기본권형성적 법률로 이해할 것이다. 셋째, 노동단체권을 자유권과 생존권의 혼합적인 기본권으로 파악하는 입장은 노동조합및노동관계조정법의 규율내용이 기본권의 실현인가 또는 제한인가에 따라 구체적으로 파악하게 될 것이다.

필자와 같이 노동단체권을 연혁적으로든 헌법말씀론적으로든 자유권적 기본권으로 이해하는 입장은 노동조합및노동관계조정법을 사회경제적 생활에 있어서 상호대립적 관계에 있는 사용자의 재산권과 노동단체권을 구체화하는 또는 그것을 제한하는 법률로 파악할 것이다. 이러한 입장에 의하면, 사용자의 재산권과 근로자의 노동단체권은 노동조합및노동관계조정법에 의해서 노동시장 및 사업장이라는 현실적 맥락에서 구체화된다고 할 것이다. 그러므로 노동조합및노동관계조정법은 헌법적 근거를 헌법 제33조 제1항에 기초하고 있는 것이 아니라, 기본권을 일반적으로 구체화 또는 제한하는 일반적 법률유보조항인 헌법 제37조에 근거하고 있는 것이 된다. 다시 말하면, 노동조합및노동관계조정법은 공동체적 차원에서 헌법 제33조에 근거하고 있는 근로자의 노동단체권과 헌법 제23조에 기초하고 있는 사용자의 재산권과의 조화를 구체적으로 구현하는 법률로서 헌법 제37조에 근거를 두고 있다고 해석해야 할 것이다.

4) 특히, 단체행동권의 행사와 공공복리

우리 헌법에 보장된 기본권 및 그 행사 그 자체가 공동체의 유기적 구성이라는 공공복리에 기여하고 있다. 다만, 그것이 이러한 공공복리에 기여하지 못하는 경우에는 권리로서 승인될 수 없을 것이다. 이러한 점에서 공공복리를 위해서 헌법에 보장된 기본적 권리를 제한한다는 것은 논리적 모순이라고 볼 수 있다, 그러나 이러한 논리적 모순은 공공복리를 어떻게 파악하는가에 따라 다르게 될 수도 있다. 결국 기본권과 공공복리의 관계에 관한 문제는 공공복리의 개념의 문제이다.

한편, 우리 헌법이 인정하고 있는 노동3권은 이미 어느 정도의 범위 내에 있어서 노동3권의 행사와 관련하여 일반대중의 불편감수가 전제되어 있다. 이것은 이른바 노동3권의 반사적 효과라고 할 것이다. 그러나 문제는 일반대중이 노동3권의 반사적 효과를 어디까지 용인하는 것이 사회의 유기적 구성원리로서 타당한가이다. 여기에서 다시 노동3권의 구체적인 행사자로서 노동조합과 기업 외부의 제3자간의 이해관계의 조정기준으로서 공공복리의 원칙이 다시 문제로 되는 것이다.

공공복리와 단체행동권의 관계라는 문제를 생각할 때, 우선 우리에게는 양자의 관련구조의 기초이론적 해명이 어떠한 차원에서 어느 정도로 되고 있는가라는 의문이 제기된다. 이 문제에 관한 이론적 분석은 공공복리를 기본적 인권상호간의 조정원리로서 파악한다는 점에 그치고 있는 것처럼 보인다. 조정에 있어서도 그 기준이 애매하기 때문에 결국 해석론으로서도 이데올로기적 대립에 일관하고, 말하자면 아전인수(我田引水)론에 그치는 경우가 많다. 이 점에 있어서도 조금 더 구체적인 전망을 취했던 이론적 해명이 필요로 할 것이다. 이와 관련하여 우리는 예컨대 두 가지의 문제점을 지적할 수 있다.

그 첫 번째는 오늘날의 기업, 특히 독점적 대기업과 공공복리와 관계에 관한 문제이다. 말할 필요도 없이, 금일의 기업 특히 대기업은 고도의 분업을 전개해서 기업의 시장지배력을 확장하는 과정에서 확실히 공공적 성격을 띠어가고 있다. 그래서 오늘날 모든 기업이 사적 이윤의 추구와 사회공공의 이익의 제공이라는 양면성을 항상 다소간 내포하고 있다고 할 것이다. 이러한 양면성의 이론적 내지 사회적 구조를 통일적으로 이해하고 있지 않으면 기업이 공공의 복지의 제공자로서 나타난 오늘날의 문제의 의미를 충분히 파악할 수 없다고 생각한다. 이를 위해서는 노동법학의 측면에서도 기업의 활동에 대해서도 정밀하게 분석될 필요가 있다. 일반적으로 노동법학자는 근로자의 생존권, 쟁의권 등의 입장에서부터 일방적으로 분석해서 기업의 활동에 대한 연구에 관심을 거의 기울이지 않고 있는 것처럼 보인다. 기업 및 그것을 지지하고 있는 자본의 경영권에 대한 연구를 하지 않으면 노사관계의 객관적인 구조를 인식할 수 없다.

그 두 번째는, 공공복리의 제공자가 사기업이라고 한다면, 그것의 수익자는 사용자도 근로자도 아닌 제3자인 소비자대중이라는 문제이다. 근로자가 파업을 할 때, 고통을 당하는 제3자, 즉 일반시민이 있다고 TV, 라디오, 신문 등 대중매체가 보도하는 것처럼, 생산과정에 있어서 사용자와 근로자간의 갈등은 곧바로 근로자와 일반 소비대중 간의 이익충돌로 나타나는 것이 오늘날의 대기업에 있어서 노동쟁의의 특징이다. 그래서 단체행동권의 행사에 대한 법적 제한은 표면상으로 제3자인 소비대중이라는 견지에서 이루어진다. 그래서 단체행동이론도 단순히 사용자와 근로자간의 차원에서만 구성되어서는 아니 되고 농민, 소비자 및 다른 사용자와의 관계를 고려하여 구성되지 않으면 아니 된다.

그러나 이러한 점들과 관련하여 노동법학에 있어서 단체행동권의 취급방법은 반드시 명확하지는 않다. 이를테면 법학에 있어서 공공복리이론은 너무나 피상적이다. 특히 공공복리를 과도하게 강조하거나 확장하는 이론은 독점자본주의체제하에 있어서는 독점자본의 사적 이익을 옹호하기 위한 논리로서 기여할 수밖에 없다는 역사적 필연성을 인식하고 그러한 인식 위에 입각해서 공공의 복리와 자본의 이윤추구가 표리일체를 이루는 이중구조를 분석하려는 이론작업은 우리 노동법학에서 거의 없는 것 같다. 자본주의사회에 있어서 소위 사회적 생산력은 자본의 사적 소유를 기초로 해서 전개되는 것이기 때문에, 근로자가 단체행동권의 행사를 통해서 자본의 사적 소유에 대하여 타격을 가하는 것은 곧바로 근로자 자신의 생활이 기초하고 있는 사회공동체의 생산력에 대하여 타격을 가하는 것이다. 그러므로 근로자가 쟁의행위권을 행사하는 것은 자본의 사적 소유에 위협을 주는 것만 아니라 사회적 생산력을 해치는 혼란을 일으키는 작용을 초래한다는 것도 부정할 수 없다. 그런데 근로자가 오로지 전자의 관점에서만 단체행동권을 파악하려고 하고, 사용자와 국가가 오로지 후자의 관점에서 단체행동권을 파악하려고 하기 때문에, 양자 간에는 필연적으로 관점상의 대립이 생길 수밖에 없다. 공공복리의 이론은 사회적 생산력의 요청에 기초한 것이고, 국가는 이러한 사회적 생산력의 대변자로서 서 있다. 사회적 생산력의 요청에 응해서 국가는 자본의 사적 소유도, 그 사적 소유 하에 있는 사적 노동도 규율할 수밖에 없다. 경제적·사회적 분업이 고도로 전개되면서 관리자로서 국가는 사회적 생산력의 요청(이른바 국민경제의 요청)을 전면에 내세우고, 국가권력에 의한 생산력의 유지·발전을 불가결한 명제로서 등장시킨다. 이러한 의미에서 사회적 생산력의 요청에 기초한 공공복리는 일면에 있어서 자본의 사적 소유의 자유를 규제함과 동시에 타면에 있어서 사적 노동의 자유도 규제하는 것이다. 공공복리론은 양날을 가진 칼로 작용할 수밖에 없다.

이러한 맥락에서 볼 때, 공공복리라는 주제는 자본의 사적 소유와 사회적 생산력의 모순을 내포하는 자본주의국가의 독점자본주의단계에 있어서 여러 가지 모순을 집중적으로 드러내는 문제의 덩어리다. 그러므로 우리가 독점자본주의 및 세계자본주의의 법체제 전체구조에 대한 분석에 기초하지 않는다면, 공공복리라는 문제의 현대적 의미를 정확하게 해명할 수 없다. 그것은 또한 현대국가가 그 본질에 있어서 계급국가이기 때문에 그것에도 불구하고, 아니 정확하게 말하면, 그것 때문에 독점단계에는 사회적 생산력의 통제기능을 전면적으로 발휘하고 이러한 것으로서 초계급적 형태를 취하는 복잡한 구조에 의해서 지지되고 있다. 이러한 현대국가의 복잡한 성격, 기능 및 권력과 생산질서의 관계의 틀에 대해서는 다른 사회과학과 특히 경제학의 영역에서는 세계자본주의 또는 국가독점자본주의의 본질파악을 둘러싸고 논쟁이 되고 있다는 것은 주지하는 바와 같고, 사회적 생산력의 요청을 구현하는 것으로서 국가의 역할의 평가의 차이에 따라 구조개혁 논쟁을 산출한다는 것도 널리 알려져 있다. 노동법학에 있어서 공공복리론은 이러한 국가독점자본주의에 있어서 국가에 대한 이론 인식, 특히 국가권력과 생산질서의 관계의 구조에 대한 사회과학적 인식과 근저에 있어서 밀접하게 결부되어 있다. 공공복리와 쟁의권의 제한에 관한 다양한 해석론의 대립은 해석자가 인식하는가의 여부와 관계없이 결국에 있어서 국가독점자본주의하의 국가구조의 파악방법의 차이에 의해서 규정되는 것이다.

공공복리를 이유로 단체행동권의 행사를 제한하는 것이 자본의 이익으로 되기 때문에 이를 반대하지 않으면 아니 된다고 하는 식의 논리는 문제가 아닐 수 없다. 우리는 우선 공공복리를 내세우면서 단체행동권의 행사를 제한하려고 하는 헌법해석론을 사회과학적으로 분석하고 그 배후에 있는 이익형량의 구조를 면밀하게 천착할 필요가 있다. 이러한 과제는 오늘날의 세계자본주의 또는 국가독점자본주의의 법구조의 기본적인 분석에 기초해서 천착되어야 할 것이고, 또 이러한 작업을 하는 데에 있어서 노동법학이야말로 경제학과 병행해서 가장 적합한 학문분야라고 할 것이다. 단체행동권의 법구조에는 그 보장의 법리와 제한의 법리가 함께 포함되어 있고 그것은 세계자본주의 또는 국가독점자본주의의 법구조에서 없어서는 아니 되는 불가결한 일환을 이루고 있다. 객관적 구조로서 보면, 단체행동권을 위한 보장의 법리도 그리고 제한의 법리도 하나의 동일한 기초 위에 있는 것이지, 개별의 것은 아니다. 예컨대, 파업을 해석론적 차원에서 옹호하기 위해서 노동력을 어떻게 판매하는가는 근로자의 자유이고, 노동력을 값싸게 팔지 않기 위해서 근로자들이 파업하는 것은 당연하다는 식의 설명을 하는 것도 가능하겠지만, 이러한 식의 설명이 오히려 사적 노동의 자유를 제한하는 결과를 초래하게 된다는 것이 사회적 생산력의 요청을 전면에 내세우는 현단계의 법체계의 특징이라고 할 것이다. 단체행동권의 보장을 위해서 사적 소유의 자유를 제한하는 법리는 동시에 그것에 의해서 사적 노동의 자유를 제한하는 법리를 공공복리론에 내재시키고 있다. 그러므로 상황에 대한 철저한 분석 위에서 이러한 문제를 검토할 필요가 있는 것이다.

Ⅲ. 노동단체권의 내부적 상호관계

우리 헌법은 단결권, 단체교섭권, 단체행동권을 형식상 별개의 권리로 규정하고 있다. 그래서 이들 3가지 권리가 규범적으로 상호 어떠한 관계에 있는가라는 문제들 둘러싸고 견해가 대립되어 있다.

1. 독립권리설

단결권 · 단체교섭권 및 단체행동권이 상호 아무런 관련성이 없다는 견해로서 단결권은 단체교섭권 또는 단체행동권을 행사하기 위한 전제조건으로서 인정되는 것이 아니라고 한다. 또 이 설에 의하면 단체행동권은 단체교섭권을 유리하게 전개하기 위한 수단이 아니라 단체교섭의 수행여부와 관계없이 근로자의 목적달성을 위해서 수시로 행사될 수 있는 권리이며, 단체교섭권은 굳이 단결의 목적을 위해서 행사되는 것이 아니라 단결의 목적과는 상관없이 다른 목적의 달성을 위해서도 행사될 수 있는 권리이다.

2. 상호연계설

단결권 · 단체교섭권 및 단체행동권이 상호 밀접한 불가분의 관계에 있다는 견해로서 이들 3가지 권리는 유기적으로 밀접하게 작용하는 경우에만 헌법상 보장

목적을 충분히 달성할 수 있으며, 이 중 어느 하나라도 결여되는 경우에는 그 실효성이 확보될 수 없다고 한다.

이 설은 3가지 권리 중 어느 것을 가장 중요한 목적이 되는 권리로 파악하는가에 따라 또 견해가 나누어진다.

1) 단결권중심설

이 설은 단결권을 중심적인 권리로 보고 단결권을 목적적 권리로 인정하고 단체교섭권과 단체행동권을 수단적 권리로 이해한다. 이 설은 단결권의 목적은 대사용자관계를 전제로 하는 근로조건의 유지·개선으로부터 대사용자관계를 반드시 전제로 하지 않은 근로자의 인간적 생존보장으로 확대되었다고 한다. 그러므로 이러한 단결권의 목적을 실현하기 위한 수단적 권리로서 단체교섭권과 단체행동권의 행사범위도 단결권의 목적범위의 확대와 마찬가지로 확대되어야 한다고 주장한다. 이 설에 의하면 단결체는 단체교섭권과 단체행동권을 반드시 사용자를 상대로 행사할 필요가 없고, 근로관계를 맺고 있지 않는 제3자에게도 행사할 수 있으므로 단체교섭권과 단체행동권의 행사범위가 대국가적 또는 대사회적 차원으로 확대된다. 그러므로 정치적 파업도 적법한 단체행동권의 행사로 인정될 수 있다.

2) 단체교섭중심설

이 설은 단결권 단체교섭권 단체행동권 중 단체교섭권을 중심적 권리로 이해하면서 단체교섭권은 목적적 권리이고 단결권과 단체행동권은 수단적 권리로 파악한다. 이 설에 의하면 근로자의 단결은 궁극적으로 단체교섭을 행사하기 위한 전제단계이며 단체행동권은 단체교섭을 원활히 하기 위한 보조적 수단이다.

이 설은 단체교섭권의 행사는 근본적으로 대사용자관계를 기본적 전제로 하기 때문에 단체교섭권에 대한 수단적 보조적 권리로서 단체행동권의 정당성범위는 대사용자관계에만 국한되어야 하며, 단결의 목적범위에 대사용자관계를 전제로 하지 않는 것이 포함될 수도 있지만, 이것은 단체교섭의 대상은 될 수 없다고 한다.

이 설에 의하면 단체행동권의 행사가 대사용자관계를 전제로 하기 때문에 단결권중심설에 비하여 단체행동권의 행사범위가 좁아진다. 그러므로 정치적 파업은 대사용자관계를 전제로 하지 않는 것이므로 불법파업으로 평가된다.

3. 결 론

우리 헌법 제33조 제1항은 "근로자는 근로조건의 향상을 위하여 자주적인 단결권 · 단체교섭권 및 단체행동권을 가진다"라고 규정하고 있기 때문에 단결권 · 단체교섭권 및 단체행동권이 근로조건의 향상을 위해서 행사되어야 한다는 점은 명백하나 이들 3가지의 권리가 어떠한 관계에 있는지 나아가서 어떠한 관계에 있어야 하는지에 관해서 헌법의 해석에 맡겨져 있다고 할 것이다.

노동운동사를 볼 때, 단체교섭을 법인(法認)시키기 위하여 그 전제로서 단결권이 인정되었고, 또 강제하기 위하여 단체행동권이 인정되었다는 점은 수긍할 수 있겠지만, 이러한 역사적 이해에만 근거해서 단결권과 단체행동권을 단체교섭권의 보조적 수단으로 파악하는 것은 문제라고 할 수 있다. 또 단결권을 중심 되는 권리로 보고 단결권을 목적적 권리로 인정하고 단체교섭권과 단체행동권을 수단적 권리로 이해하는 단결권중심설도 우리 헌법의 규정을 너무나 자의적으로 축소해서 해석한다는 점에서 문제가 있다.

노동자가 사용자에 대해 단결하는 경우에는 일시적으로 단결하는 것에 불과한 경우도 있지만, 보다 유효적절한 방법으로서는 계속적으로 단결하는 것이고, 그러한 의미에는 노동조합의 결성이라고 하는 것이 이상적인 모습이다. 단지 일시적인 단결, 이른바 쟁의단에 있어서는 쟁의라는 것에 관해, 그러한 한에서 하나의 통일체성이 인정되는 것에 불과하고, 단체교섭에 의해 그 성과를 단체협약으로서 결실케 할 수 없기 때문이다.[284] 특히 단결권 및 단체행동권은 단체교섭이라는 것을 떼어서 관념적으로 보장되는 것이 아니고, 그 중심은 『단체교섭』에 존재한다는 것을 주목해야 한다.[285] 다만, 생산수단의 사유가 긍정되고, 생산수단과 노

284) 프랑스에 있어서는 일시적으로 단결하는 것을 coalition이라고 하고, 이것을 계속적으로 단결하는 것, 즉 assiation(또는 syndicate)와 구별하는 동시에, 동맹파업(greve) 그 자체도 구별하고 있다(Pic, Traite, elementaire de legislation industrielle, pp. 160 et suiv, 211. 협조회 역, 폴 피크 노동법 262면 참조). 다만, 일시적인 단결은 동맹파업을 포함해서 결성된(노동자에 대해 말하면 쟁의단) coalition라는 표현 중에 쟁의행위라는 의미가 포함되어 있다고 말하는 것이 아닌가 생각한다(또한 항등, 프랑스노동법제의 개관(국립국회도서관조사입법고사국자료 A5 각구노동법제의 개관 소재) 60면 참조). 바르마르헌법 159조가 단결권의 보장에 있어서 이것을 Vereinigungsfreiheit 라고 하고, Koalitionsfreiheit라고 말했던 것은 적어도 관념상 쟁의권을 단결권(단결의 자유)에서 분리하고, 이것에 대해서는 법률에 의해 별단의 정함을 할 수 있다고 하였던 것이라고 하는 것도 주목해야 한다(Anschütz, Die Verfassung des Deutschen Reichs, 1933, S. 731. 또한 본서 13면 이하 참조) 다만, 도이치의 노동법학사는 Vereinigundfreitheit와 Koalitionsfreiheit를 상당히 엄격히 나누시 않고, 단결의 자유 내지 단결권을 일반적으로 Koalitionsfreiheit라로서 설명하고 있다.

285) 光俊光俊, 『勞働法』(青林書院 1956), 85면 참조.

동의 결합이 사용자와 노동자의 근로계약을 매개로 하여 실현되도록 예정되어 있고, 본래적으로는 노동계약의 장을 통해 노동자의 생활조건이 향상되어야 하는 것으로서 노사의 실질적 평등을 단체교섭의 형식으로 확보하려고 하는 것이 자본제국가에 있어서 노동3권보장의 기본적인 정신으로 보아야 하기 때문이다. 즉 단결이든가 단체행동이라는 것도 단체교섭에 있어서 노사의 대등을 실현하거나 단체교섭을 유리하게 유도하기 위한 수단이고, 단결 내지 단체행동은 그 자체가 목적이 아니다.[286] 일시적 단결현상으로서 쟁의단의 경우에는 쟁의행위를 실현하기 위한 단결로서의 형식을 취하지만, 이 경우에 있어서도, 「쟁의를 위한 쟁의」라는 것은 무의미하고, 결국은 사용자에 대한 특정의 요구의 실현이라는 것이 목적이라는 것은 변화가 없고, 단체교섭 내지 그것을 실현하기 위한 일시적인 단결이라고 해야 할 것이다. 따라서 헌법은 단결권·단체교섭권 및 단체행동권의 3권을 노동자에게 보장하고 있지만, 이와 같이 노동3권을 나누어서 규정하고 있다고 하는 이유에서 단체교섭권 없는 단결권만을 특정의 직종의 근로자에게 인정한다고 하는 것은 진정한 의미의 단결권을 인정하는 것이 아니라고 할 것이다.[287] 그러나 전술과 같이 노동3권은 밀접한 상호적 관련에 있다고 하는 것에서 특정의 직종의 노동자에 대해 단결권을 인정하는 이상 당연히 단체행동권을 인정해야 하는 것은 아니다. 이 점에 관하여 도이칠란트에서는 바이마르헌법 및 본헌법에 있어서 단결권의 보장은 당연히 쟁의권의 보장을 포함하는 것이 아니라고 하고, 경제적 단체에 있어 투쟁의사 내지 투쟁가능성이라는 것은 반드시 단결의 본질은 아니라고 설명하고 있다.[288] 우리헌법하에서는 단결권과 함께 단체행동권이 보장되어 있기 때문에, 단결권의 보장에 쟁의권의 보장이 포함되어 있는가 여부는 문제로 될 필요는 없지만, 단결권의 승인, 즉 쟁의권의 승인은 아니라는 점은 변화가 없다고 하겠다. 다만, 노동3권은 전술과 같이 상호 밀접한 관계에 있는 것이고, 단체교섭의 유력한 지지조치로서 쟁의권의 행사는 어쩔 수 없는 것이고, 또 원칙으로서는 없어서는 아니 되는 수단이기 때문에, 노동3권은 원칙적으로는 일체로서 노동자에게 보장되어야 하는 것이다. 헌법도 또한 그러한 취지에 있어서 이것을 보장하고 있는 것으로 해석해야 한다.

또한 헌법에 있어서 단결권의 보장은 개별 노동자에 대해서뿐만 아니라, 노동

---

286) 石井照久, 『勞働法總論』(有斐閣 1957), 49면; 法學協會, 『註釋日本國憲法(상)』, 539면 참조.

287) 프랑스에는 쟁의권(coalition의 권리)의 쪽이 조합결성의 권리보다 먼저 인정되었지만, 이것도 노동자의 일시적인 단결권만이 먼저 인정되었다고 하고 있다. 일시적 단결권에서 이론상 계속적인 단결권(조합결성권)이 생겼을 것이라는 것을, 조합결성이라는 계속적 단결을 극단으로 경계하였던 것에서 후자가 전자에 20년도 지나 인정하기에 이르렀다는 것이다.

288) Sinzheimer, Grundzüge des Arbeitsrecht, 1927, SS 71,72.

자의 단체 그 자체에게도 보장되는 것이라고 해석해야 한다. 다만, 개별 노동자에게 단결권을 보장하고 있다고 하는 것은 동시에 노동자의 통일적 조직으로서의 단체(노동조합) 자체에게도 이것을 보장하고 있다고 생각하지 않으면 결국 단결권의 보장을 불완전 내지 무의미하게 하는 것으로 되기 때문이다.[289)]

그러나 우리 헌법의 규정형식에 비추어 볼 때, 단결권 단체교섭권 및 단체행동권은 근로조건의 향상을 위해서 행사되기만 하면 족하지, 굳이 이들 3가지 권리 중 어느 권리가 목적된 권리이고, 어느 권리가 수단인 권리라고 구분할 수 없지 않을까 생각한다.[290)]

Ⅳ. 노동단체권의 주체

1. 근로자

1) 근로자 개인

우리 헌법 제33조는 노동단체권의 주체가 근로자라고 규정하고 있다. 여기서 근로자라는 개념은 역사적인 개념이 아니라 기능적 개념으로 이해해야 할 것이다. 그러므로 근로자개념은 역사적인 개념인 노동자보다는 포괄적이다. 근로자라 함은 자신의 노동력을 팔아서 생활을 유지해야 하는 상황에 있는 모든 사람을 의미한다고 할 것이다. 그러므로 직업의 종류와 국적을 불문하고 임금 급료 기타 이에 준하는 수입에 의하여 현재 생활을 영위하는 자는 물론 실업상태에 있는 자까지도 포함된다.

2) 단결체

헌법 제33조 1항은 근로자 개인만을 노동단체권의 주체라고 표현하고 있지만, 근로자 개인이 단결권을 행사하여 조직한 단결체 그 자체도 노동단체권의 주체가

289) 이 점은 바이마르헌법시대에 이미 일반적으로 승인되었던 것이고, 단순히 그 근거를 헌법 159조에 찾는가, 165조 1항 2문에서 찾는가가 다투어지는 것에 불과했다. 이와 같은 다툼이 존재하였던 것은 오로지 이것이 법의 명문의 규정을 기대하지 않고도, 노동자에 대한 단결권의 보장 속에 당연히 인정되어야 할 귀결이었다고 하는 것을 보여주는 것이라고도 말할 수 있다.

290) 단체교섭권 중심설은 정치파업의 불법성을 도출하기 위한 전초적인 발상이 전제되어 있다고 할 수 있다.

된다. 그러므로 기준의 단결체가 기존조직을 보다 강화하기 위하여 새로운 조합을 가입시키고 단결체를 유지 운영하기 위하여 단결권을 행사할 수 있다.

2. 사용자

사용자가 헌법 제33조 제1항에 규정된 노동단체권의 주체가 될 수 없다는 것은 헌법의 조문상 명백하다. 그런데 근로자의 노동단체에 대항하는 사용자단체를 결성하는 것이 헌법 제33조 제1항의 반사적 효과로 인정될 수 있는가? 이 문제는 특히 사용자단체가 근로자의 단체교섭권의 행사의 상대방이 될 수 있는가, 사용자단체가 근로자의 단체교섭권의 상대방으로서 독립적인 단체교섭권을 향유하고 있는가 또는 근로자의 단체행동권의 행사에 대항하기 위하여 사용자가 직장폐쇄를 단행하는 경우에 그 헌법적 근거가 무엇인가 하는 문제와 관련하여 생각해 보아야 한다.

사용자가 사용자단체를 결성하는 것은 헌법 제33조 제1항이 아니라 헌법 제21조의 결사의 자유에 기초하고 있다고 해석해야 할 것이다. 사용자가 근로자와 단체교섭을 수행하는 것은 사용자가 단체교섭권을 보유하고 있는 것이 아니라 근로자가 단체교섭권을 행사하는 데에 있어서 그 단체교섭의 상대방이 되는 것에 불과하며, 사용자의 직장폐쇄는 헌법 제33조 제1항의 반사적 효과가 아니라 근로자의 단체행동권에 대응한 사용자의 재산권의 행사로 파악해야 할 것이다.

V. 노동단체권의 내용

1. 단결권

1) 개 념

단결권이란 근로자가 근로조건의 유지·개선을 목적으로 사용자와 대등한 교섭력을 가질 수 있는 단체를 자주적으로 구성할 수 있는 권리를 말한다. 단결권은 목적성과 자주성을 그 특징으로 하나 계속성은 필수적 요소가 아니다. 따라서 단결체는 일시적 성격의 쟁의단도 될 수 있으나 일반적으로 노동조합을 말한다. 단결권의 주체는 근로자와 노동조합이다.

계속적인 단결로서의 노동조합으로는 하나의 통일적 조직체로서의 성격이 인정되는 한, 반드시 법인일 것을 요구하지 않고, 이른바 권리능력 없는 사단인 것도 적지 않다. 또 그것은 개별기업의 특정의 직종(예컨대, 인쇄공)에 속하는 노동자가 횡적 관계로 결성하는 조합, 즉 직종별 조합(craft union, Berufsgewerkschaften)도 좋고, 동종의 산업의 노동자(예컨대, 선원)에 의해 결성되는 조합, 즉 산업별 조합(industrial union, Industriegewerkschaften)도 좋으며, 또 개별기업(회사)별로 그 기업에 사용된 노동자만으로 결성하는 조합, 즉 회사(경영)별 노동조합(company union, Werkverein)도 좋다. 우리나라 일제시대에 직종별노동조합이 있긴 했지만, 이들은 치안경찰법에 의한 탄압 하에서 모습을 잃었다가 해방이후에는 생긴 노동조합은 모두 회사별 노동조합이라고 해도 과언이 아니다. 이른바 산업별 노동조합이나 연합체도 결국 회사별 노동조합의 모집이고, 회사별 노동조합 없이 각 기업에 속하는 노동자가 직접으로 통일적인 산별조합을 결성하고 있는 것은 전일본해원조합 정도이다. 이것에 대해 유럽에 있어 노동조합은 원래는 숙련공의 조합으로서 발달한 직종별조합을 중심으로 하는 것이고, 이것과 나란히 특정산업에 소속하는 일반노동자로 이루어지는 산업별 노동조합도 발달하여왔지만, 후자의 경우에 있어서도 그것은 회사별 노동조합을 기반으로 하는 것은 아니다. 뿐만 아니라, 노동조합의 결성에 있어서는 특정의 기업에 속하는 노동자만을 구성원으로 한정해서는 아니 된다고 하고 있다. 이와 같은 단결, 즉 회사(경영)별 노동조합에 있어서는 조합구성원의 전부가 해고로써 위협받는다고 하는 종속관계에서, 조합으로서의 자주성을 해한다고 하는 것은 종래 일반적으로 말해지고 있는 것이다. 그러나 최근의 도이칠란트에 있어서는 오히려 「각 개별기업을 초월한 기반」이 단결의 본질이라고 하고, 이것은 각 개별기업의 종업원단체(Betriebschaft)가 경영협의체에 그 대표를 보내 기업 내에서 그들의 이익을 사용자에 대해 지킬 수 있도록 된 이래 특히 그러하다고 말하고 있다. 회사별 노동조합을 중심으로 하는 우리나라의 노동조합이 이미 그 한계에 직면하여 근본적인 반성을 요청되고 있는 것이 아닌가 한다.

2) 근로자 개인의 단결권과 근로자단체의 단결권

단결권의 내용은 근로자 개인의 단결권과 근로자단체의 단결권으로 나누어 생각하여야 한다. 근로자는 단체를 구성하거나 가입함에 있어 국가의 부당한 간섭이나 침해를 받지 아니한다. 따라서 단결권의 행사를 이유로 해고시키거나 단체의 불가입이나 탈퇴를 조건으로 하는 근로계약의 체결 등은 위법이나(황견계약의 금지). 적극적인 단결권 이외의 소극적인 단결권, 즉 단체에 가입하지 않을 권리가 포함되는가에 관하여는 학설이 대립하나 이를 인정하는 것이 다수의 견해이다.

단결권은 근로자 개개인에게 보장될 뿐 아니라 근로자의 단결권에 의하여 조직된 단체에게도 보장된다.291) 집단적 단결권은 근로자집단이 조직을 유지·확대하고 단체를 결성할 수 있는 권리를 의미한다. 그러므로 복수노조는 당연히 인정되어야 할 것이다.

근로자 개인의 단결권과 근로자 단체의 단결권이 충돌하는 경우에는 근로자 단체의 단결권이 우선함이 원칙이다.

3) 단결권과 결사의 자유

헌법은 제21조에서 모든 국민에게 결사의 자유를 보장하면서 제33조에서는 근로자의 단결권을 보장하고 있다. 그래서 이들의 관계가 어떠한 관계에 있는지에 관해서 견해가 나누어지고 있다.

(1) 결사의 자유의 특별한 유형이라는 설

단결권은 광의의 결사의 자유에 포함되는 권리로서 근로자가 향수하는 결사의 자유의 특수한 형태에 불과하다는 견해이다.

(2) 독립적인 기본권이라는 설

단결권은 그 역사적 배경 성격 법적 효과 등에서 결사의 자유와는 전혀 다른 별개의 기본권이라는 견해이다.

(3) 결 론

헌법이 보장하는 단결권의 성격에 대해서는 이것을 헌법상의 자유권으로서 결사의 자유와 같이 보는 입장도 있지만,292) 일반적으로는 단결권의 보장을 결사의 자유보장과는 구별하고, 이것에 보다 적극적인 의미를 인정하고 있다. 그러나 여기에서 주목해야 하는 것은 헌법상에서 이른바 자유권과는 다른 「적극적인 의미」라는 것의 내용이다. 단지 노동자라면, 개인이 공동의 이익을 지키기 위해 타인과 단결(공동)한다고 하는 것은 진쯔하이머도 인정하고 있듯이, 인간의 자연적인 충

291) 이와 관련하여 대판 1992.12.22, 91 누 6726도 「근로자 단체의 단결권이란 단체자체의 조직을 유지·확대하고, 그가 선택하는 상급단체에 가입·탈퇴할 수 있는 권리를 말한다」라고 하고 있다.
292) 예컨대, 孫田, 『現代勞動法の諸問題』, 90면, 참조.

동이고,[293] 이와 같이 단결한다고 하는 가능성 자체는 본질적으로 보면, 카스켈(Kaskel)이나 니키쉬(Nikisch) 등이 지적하고 있듯이, 개인에 부가적인 힘을 부여하는 것으로서 국가에 의해 부여된 권리라고 하기보다는, 오히려 자연적인 능력이라고 해야 할 것이고, 본래 「단결하는 권리」라고 표현하는 것이 적당한가도 문제이기 때문이다.[294] 특히 이것을 노동자의 단결권이라고 하더라도, 노동자의 권리에 대응하는 법률상의 의무를 인정할 수 있는 성격이 것은 아닌 것은 확실하다. 단지 국가는 위에서 기술했듯이 자연적인 능력을 노동자가 이용하는 것을 금지하거나 제한할 수 있고, 현재에 국가 및 사용자는 이것을 금지하고 제한하는 것이고, 그것과의 관련에 있어 단결의 자유라는 것이 특히 문제로 되는 것이고, 이것을 헌법 등 특히 보장할 필요와 의의가 생기게 된다. 그리고 그 경우에는 특히 「법에 의해 승인된 자유」로서 그 법적 의미내용이 특히 문제로 되는 것이다.[295] 이 경우 국가가 노동자의 단결의 자유를 부당하게 제한하거나 방해해서는 아니 된다고 하는 의미의 보장이 우선 국가와의 관계에서 문제로 되고, 이러한 면에서는 단결권의 보장은 자유권의 보장으로서의 의미를 가진다. 그러나 노동자의 단결의 자유는 그것이 법인(法認)되기 이른 결과가 이것을 보여주고 있듯이, 종래의 경제적 자유주의 기타 자유주의사상하에서 억압되면서 자랐던 것이고, 그러한 한에서, 이미 일반의 결사의 자유와 원리적으로 다른 성질을 가진다고 하는 것도 말할 수 있고,[296] 적어도 이것을 결사의 자유와는 달리 보장하는 의미가 있다고 하지만, 이와 같은 단결권의 보장, 즉 단결자유가 실질적으로 보아 자유권으로서의 보장 이상으로 무엇인가 「적극적인 의미」도 보유하는 것으로서 보장되어 있는가가 다음에 구체적으로 음미되어야 한다. 그래서 위에서, 이른바 「적극적 의미」가 무엇인가라는 것이 문제로 되지만, 그것은 결국 단결의 자유가 국가에 대한 면 외에, 그리고 사인에 대한 면에 있어서도 법적으로 어떠한 의미 있는 것으로서 보장되어 있는가라는 것이다. 이 사인(私人)에 대한 면에 있어서 단결의 자유

293) Sinzheimer, 위 같은 책, S. 68 참조.

294) Kaskel, Arbeitsrecht, 1928(Dritte Auflage), S. 297; Jaccusiel, Wesen und Inhalt des geltenden Koalitionsrechts, in: Kaskel, Koalitionen und Koalitionskampfmittel, 1925, S. 66 참조.

295) 이러한 의미에서는 Sinzheimer가 Kaskel 등의 의견(단결의 자유를, 보거나 먹는다는 것 등의 자연적인 행동의 자유로 보는 것)을 공격하고 있는 것은(Sinzheimer, 위 같은 책, S. 90) 반드시 적절하지 않다. 다만, Kaskel 등도, 이것을 「그 본질」에 대해 표현하고 있으며, 그러한 한에서는 Simzheimer자신이 그것을 인간의 자연적 충동으로 표현하고 있는 것은 다름이 없다. Kaskel 등도 단결의 자유의 법적 성질에 대해서는 특히 그 법적 내용의 이해에 대해 차이를 보이고 있는 것에 불과하다 현실적으로 단결의 자유에 대해 본질적으로는 Kaskel과 같은 표현을 취하는 Jacusiel은 후술하듯이, Kaskel과 달리, 단결권의 권리성을 승인하고 있다는 것을 주목해야 한다.

296) 吾妻光俊, 『勞動法の基本問題』 59면 이하 참조.

내지 단결권의 법적 의미에 대해서는 다시 두 가지의 면을 나누어서 고찰할 필요가 있다. 그 첫 번째는 「사용자에 대한 면」이고, 그 두 번째는 「노동자 상호간에 대한 면」이다. 즉 사용자에 대한 면으로서는 헌법에 있어서 단결권의 보장은 노동자의 단결의 자유를 사용자도 이것을 제한하거나 방해해서는 아니 된다는 법적 의의를 가지는가이고, 노동자 상호간에 대한 면으로서는 단결권의 보장은 적극적 단결에 대한 자유(적극적 단결권)에, 그 본래의 취지가 있다. 따라서 어느 정도의 단결강제가 인정되는 성격의 것으로서 단결권의 보장이 있는가 혹은 단결하지 않을 자유, 즉 소극적 단결권의 보장도 포함하는가이다. 이 점에 대해서는 우리나라에서와 같이 헌법상 단결권의 보장을 하고 있는 도이칠란트에 있어서 학설이 설명하는 바는 충분히 참고할 가치가 있다. 단결권의 보장이 소극적 단결의 보장을 포함하는가 여부에 대해서는 바이마르헌법시대부터 다툼이 존재하는 바이지만, 이 점은 후에 「단결의 내용」에 있어 상론하기로 하고, 여기에서는 단결권의 보장이 사용자에 대한 면에 있어서도 법적으로 의미 있는 것으로서 보장되어 있는가에 대해서만 고찰한다. 다만, 이 면에 있어서 단결권보장의 의미가 적극적으로 긍정되는 한, 그것은 이미 그 한도에서 자유권의 보장이상의 의의를 가지는 것이라고 할 수 있기 때문이다(무엇보다, 후술하듯이 위의 두 가지의 점, 즉 단결강제의 면에 있어서 결사의 자유와의 사이에 주목해야 할 차이를 보여주는 것이지만).

바이마르헌법 제159조 「노동조건 및 경제조건의 유지촉진을 위해 하는 단결의 자유(Vereinigungsfreiheit)는 어떠한 사람에 대해서도 또 모든 직업에 대해, 이것을 보장한다. 이 자유를 제한하거나 방해하려고 하는 모든 약정 및 조치는 위법이다」의 해석으로서 그것이 적극적 단결권을 보장하였다는 것이라고 하는 입장에 있어서는 단결권은 사인에게도 향하는 「사적 권리」로서 민법 제823조 제1항에서 이른바 「기타의 권리」라고 하거나, 그와 같은 권리는 아니지만 민법 제823조 2항에 예정하고 있는 법률상의 보호라고 하여, 그것에 대한 침해는 손해배상의 사유로 되고, 또 단결의 자유를 제한하고 방해하려고 하는 약정은 민법 제134조 위반으로서 당연히 무효로 이해되었다.[297) 이것에 대해 단결의 자유를 자연적인 행위의 자유로 이해하고, 따라서 헌법은 적극적 단결권뿐만 아니라, 소극적 단결권도 보장한다고 하는 입장에 있어서는 이른바 단결권은 단결의 자유라는 것이고, 민법 제823조 1항에 있어서 이른바 「기타 권리」는 아니지만, 이 입장에서도, 예컨대 카스켈은 단결의 자유는 민법 제823조 1항에 있어서 「자유」에 포함되는 것으로

297) Sinzheimer, a.a.O. S. 92ff. Hueck-Nipperdey, Lehrbuch des Arbeitsrechts, Bd. e, 1932, SS. 496, 509; Kaskel-Dersch, Arbeitsrecht, 1932(Vierte Auflage), S. 317 참조.

서, 그것에 대한 침해에 손해배상을 인정할 뿐만 아니라, 단결의 자유를 제한하거나 방해하려고 하는 약정(이것에 명백히 사법상의 것을 포함하고 있다)은 법률상의 금지에 위반하는 법률행위로서 민법 제134조에 의하여 「당연히」 무효라고 이해하였다.[298] 따라서 단결의 자유의 보장은 단결을 방해하는 사용자의 행위를 위법 내지 무효로 한다고 하는 법적 의의도 가지는 점에서는 위 두 가지의 입장은 실질적으로는 상당히 다르지 않다고 해야 하고,[299] 이 점은 도이칠란트에 있어서는 바이마르헌법 제159조 제2항의 규정이 있는 결과라고 하겠다. 또한 도이칠란트의 본(Bonn)헌법 제9조 3항은 대체로 바이마르헌법과 같은 내용을 규정하고 있지만, 단결의 자유(Vereingungsfreitheit)에 대신해서, 「단체를 조직하는 권리」(Recht, Vereingung zu bilden)으로서 단결권의 보장이 단순한 자유의 보장이 아니라는 취지를 약간 명확히 하는 동시에, 「이 권리를 제한하거나 방해하려고 하는 약정은 무효이고, 그러한 조치는 위법하다」라고 규정하고, 일단 전술의 취지를 명확히 하였다고 말할 수 있다. 그러나 단결권 그 자체에 대해서는 학설은 일반으로 이것을 단결의 자유(Vereinigungsfreitheit, Koalitionsfreiheit)의 문제로서 논하고 있으며, 그 저변에 이른바 단결권의 특수한 성격을 보여주는 것이 있다고 하겠다.

그래서 우리헌법을 고찰하는 데에 있어, 헌법은 일반의 「결사의 자유」와 별도로, 「근로자의 단결하는 권리」를 보장한다고 규정하고 있지만, 타면, 바이마르헌법 등에 있어서와 달리 단결권을 제한하거나 방해하는 약정의 효력 등에 대해서는 특별히 규정하고 있지 않기 때문에, 단결권보장의 법적 의의가 문제로 된다. 당초 여기에 「권리」라고 표현하고 있는 것 자체는 이미 고찰하였던 바에서 분명하듯이, 당연히 단결권의 법적 성격을 결정하는 것은 아니지만, 「결사의 자유」와는 별도로 「단결할 권리」로서 보장되어 있는 것, 그리고 이 보장은 실질적으로는 노동자로서는 단결하는 것을 통해만 사용자와 실질적으로 평등을 유지할 수 있으며, 노동자의 노동조건 등의 유지향상은 본래 노동계약에 의해 노사관계에 있어서 실현되어야 하는 것에 비춰보는 때, 단결권의 보장은 노동권의 보장 등과 달리 상대방, 즉 사용자를 예정하고, 당연히 대사용자관계에 있어서도 법적 의의가 있는 것으로서 보장되었다고 해석해야 할 것이다. 즉 위에 기술하였던 의미에서, 단결권의 보장은 근대적인 노사관계에 있어서 강행법적 「공서」로서 요청되는 것이라고 하여야 하고, 이것을 부당하게 침해하는 사용자의 행위는 특히 바이마르헌법 등에 있어서와 같은 특별한 규정을 기다리지 않고, 그것 자체 위법이고, 손

298) Kaskel, a.a.O. SS. 278-280 참조.

299) Kaskel-Dersch, a.a.O., S. 317은 이것을 지적하여, 단결의 자유가 권리인가 아닌가는 본질적으로는 순히 이론상의 성질에 관한 것에 불과하다고 하고 있다.

해배상책임을 발생하는 외, 그러한 법률행위를 당연히 무효로 하는 근거를 제공하고 있다고 해석해야 할 것이다.[300] 그리고 이 점은 헌법에 있어서 국민의 권리, 특히 자유권의 보장은 일반적으로는 국가에 있어서 인민의 권리로서의 성질을 가지는 것이기 때문에, 사인 간에 있어서는 당연히는 타당하지 않는 것에 대해서 특색을 가지는 것이다. 당초 자유권에 대해서도 헌법이 이들 권리를 기본적 인권으로서 승인하는 것인 이상, 이들의 권리가 부당하게 침해되지 않는 것으로써 국가의 공서를 구성하는 것을 의미한다고 생각되지 때문에, 하등의 합리적인 이유 없이 당연히 위의 권리나 자유를 침해하는 것은 사인 간에 있어서도, 이른바 공서양속위반(민법 제103조)의 문제를 낳을 수 있다고 하지만,[301] 단결의 자유를 제한하거나 방해하려고 하는 약정은 「당연히」 무효이고, 그러한 조치가 「당연히」 위법으로 되는 점에서, 보다 적극적인 의미를 가진다고 하겠다. 뿐만 아니라, 그것은 후술하듯이, 어느 정도 단결에 대한 강제조차 내포하는 것이고, 이것을 통상의 의미에 있어서 권리(상대방에게 의무를 수반하는 바의)라고는 할 수 없다고 하여도, 특별히 「국가에 의해 보호된 이익」으로서, 하나의 「특별한 법적 자유」이라고 해야 하고,[302] 이와 같은 법적 자유가 보장되어 있는 것에서 노동자에게 기대되는 이익을 경제적 기본권이라고 부를 수 있는 것이다.[303]

4) 적극적 단결권과 소극적 단결권

(1) 문제의 소재

적극적 단결권이란 단결을 할 권리, 즉 노동조합을 결성하고 이에 가입하며 노동조합의 구성원으로서 활동을 할 수 있는 적극적 권리인데, 소극적 단결권은 단

300) 法學協會, 『註釋日本國憲法(상)』, 538년 외에 일본의 다수설이 인정하고 있는 바이다. 이것에 대해, 吾妻光俊, 『勞動法』, 88면은 노동조합법이 정하는 「부당노동행위의 존재를 헌법의 정신의 필요충분하게 하여 타당한 제도로서, 이것과는 별개로 법원의 간여를 필요로 하지 않는다 …」라고 한다. 그러나 이 입장도 실정노조법에 의해 헌법의 단결권의 보장의 내용이 창설된다고는 보지 않기 때문에, 노조법이 정하는 노동위원회에 의한 원상회복의 구제가 「헌법의 정신의 필요충분…」한 제도이라고 하는 이유는 분명하지 않다. 단지 현행의 부당노동행위제도는 특별한 행정기관에 의한 특별한 구제이기 때문에, 헌법에 있어서 단결권의 보장의 정신이 그 저변에 있다고 하는 것은 무리이다. 오히려 단결권의 보장으로서 대사용자관계에서도 어떠한 의미를 예정하는 것이라고 하려면, 헌법의 정신으로서는 바이마르헌법 내지 본(Bonn)기본법에 있어서와 같이 단결의 자유의 방해에 대해 손해배상이나 행위의 무효를 당연하게 예정하고 있다고 보는 것이 솔직하고, 또 통상적이라고 해야 할 것이다.

301) 法學協會, 『註解日本國憲法(상)』, 299면, 참조.

302) Sinzheimer는 단결권을 사인에게도 지향된 권리로서 설명하지만, 결국은 이것을 「하나의 특별한 법적 자유」이라고 하는 것(Sinzheimer, a.a.O. s. 91)을 주목해야 한다고 하고 있다.

303) 石井照久, 『勞動法』, 51면 참조.

결하지 아니할 권리, 즉 원하지 않는 경우 노동조합에 가입하지 아니하거나 언제든지 노동조합으로부터 탈퇴할 수 있는 소극적 권리를 말한다.

헌법 제33조 1항에 의해서 보장되는 단결권에 단결하지 않을 자유가 인정되는가가 문제이다. 결사의 자유의 경우에는 소극적 결사의 자유가 인정된다는 것이 일반적이다. 그러나 단결권의 경우는 단결권의 연혁에 비추어 볼 때 소극적 단결권이 인정될 수 있는가에 대해 견해가 대립되고 있다. 이 문제는 소극적 단결권을 인정하는 헌법적 근거를 어디에서 찾아야 하고 또 근로자에 대한 단결강제가 헌법적으로 인정되는가라는 문제와 직결되어 있다.

헌법에 있어서 단결권의 보장은 각국에 있어서 과거의 역사가 보여주고 있듯이, 단결의 자유획득의 운동 내지 투쟁 속에서 발달하였던 것이고, 그것은 단결해서는 아니 된다고 하는 법은 없애고, 단결해도 좋다고 하는 법을 획득하기 위한 것이었던 것은 확실하고, 또 노동자는 단결해서 비로소 노사의 실질적 평등을 획득할 수 있기 때문에, 단결에 대한 자유, 즉 적극적 단결권(positive Koalitionsfreiheit)가 단결권보장의 주안이라는 것은 부정할 수 없다.

그러나 현상황에서 문제로 되는 것은 헌법에 있어서 단결의 자유의 보장 중에 단결하지 않는다고 하는 자유 즉 소극적 단결권(negative Koalitionsfreiheit)의 보장도 포함하고 있는가라는 것, 그것과의 관련에 있어 단결에 대한 강제 이른바 조직강제(Organisationszwang)가 어느 정도로 허용되는가라는 것이다.

(2) 학 설

A. 긍정설

이설은 근로자에게도 단결체를 자유롭게 선택하고 원하지 않는 경우에 단결하지 않을 자유가 보장되어 있다는 견해로서 근로자의 소극적 단결권이 헌법 제33조 1항 단결권에 포함되어 있다는 입장과 소극적 단결권은 헌법 제21조 결사의 자유에 의해서 보장된다는 입장이 있다.

B. 부정설

이 설은 근로자는 원하지 않는 경우에도 노동조합에 가입하여야 하며, 따라서 근로자에게는 일정한 단결강제가 예정되어 있다는 견해이다. 이설도 그 논거에 따라 근로자는 단결을 통해서만 실질적 평등을 실현할 수 있으므로 소극적 단결권은 전혀 보장될 여지가 없다는 입장과 소극적 단결권은 헌법상 단결권이 아닌 일반적 행동의 자유로서 파악되어야 하나 일반적 행동자유는 자유권으로서 생존권적인 적극적 단결권에 의해서 제한되어야 한다는 입장 및 소극적 단결권은 결사의 자유의 문제라고 하는 입장 등이 있다.

또 소극적 단결권을 부정하는 입장은 단결강제의 범위와 관련하여 견해가 나누어져 있다.

a. 일반적 단결강제설

이 설은 근로자는 노동조합에는 반드시 가입하여야 하나 원하는 노동조합을 선택할 수 있는 단결선택의 권리를 가지고 있다는 견해이다.

b. 제한적 단결강제설

이 설은 근로자는 특정 노동조합에 반드시 가입하여야 하며, 또 노동조합 중 원하는 노동조합을 선택할 수 있는 권리조차 부여되지 않는다는 견해이다.

(3) 외국의 해석례

A. 도이칠란트의 경우

단결권의 보장이 소극적 단결, 즉 모든 단결에서 벗어나 있을 수 있는 자유 즉 단결하지 않을 자유도 포함하는가 여부에 대해는 단결권의 보장을 선언하고 있는 바이마르헌법의 해석으로서 도이칠란트에서도 의론이 나누어져 있어, 어느 것이 통설적인 견해이었는가는 결정하기 어려울 정도이다.[304] 그러나 이론적으로 보아, 단결하지 않을 자유가 단결할 자유의 자명한 이면이라는 것은 말할 필요도 없고, 실제적으로 보아 단결의 자유를 획득하였던 바이마르공화국시대에 있어서는 헌법이 보장하는 단결권은 적극적 단결권이고, 소극적 단결권은 일반적인 자유의 보호의 문제로 맡겨진 것에 불과하다고 생각하는 경향이었다는 것은 오히려 당연한 것이라고 하겠다. 그만큼 또 개인의 자유, 특히 각 개인의 조직강제로부터의 자유에 대한 욕구가 그 후의 경험을 통해 이전보다 강하게 된 현재에는 본(Bonn)기본법 제2조가 개인의 개성발휘의 자유를 선언하였던 것과의 관련에서 보면, 본기본법에 있어서 단결권의 보장은 소극적 단결권도 보장하는 것이라고 하는 견해가 유력하고,[305] 따라서 각인은 단결강제(Koalitionszwang)에 대해서도 헌법상 보호되어

304) Groh, Kaskel, Oertmann, Jacobi, Anschütz, Nikisch 등은 소극적 단결권을 포함한다고 하고, Sinzheimer, Nipperdey, Potthoff, Kurlbaum, Dersch 등은 없다고 하였다.(Hueck-Nipperdey, a,a,O. S. 501, Anm,2, 3; Kaskel-Dersch, a.a.O. S. 318 참조).

305) Ludwig Schnor von Carolsfeld, Arbeitsrecht, 1954, SS. 94, 127; Babrowski, Das Arbeitsrecht, S. 248;

있다고 한다. 이것에 대해 본(Bonn)기본법 제9조 3항에 있어 단결권의 보장에는 소극적 단결권을 포함하지 않는다고 하는 견해도 있지만, 이 두 가지의 입장의 차이는 결국 단결하고 있지 않은 노동자(미조직노동자)를 단결로 강제하는 약정이나 조치가 당연히 위법인가 아닌가라는 것에 나타난다. 그리고 조직노동자가 사용자에 대해 압력을 가하여 기업 내에 일제히 일하고 있는 미조직노동자의 해고를 강제한다고 하는 것으로 미조직노동자를 강제적으로 기업 외로 추출한다고 하는 것은 위법(바이마르헌법 제118조 위반 또는 양속위반으로서)이라고 하는 것, 학설과 판례가 동일하게 인정하는 있는 바이지만, 그것과의 관련에서 「간접적인」 단결강제로서의 조직조항(Organisationsklausel) 등의 합법성이 문제로 되고 있다. 즉 조직조항 내지 클로즈드숍조항(Absperrungsklausel)이란 노동협약(단체협약)에 의해 사용자에 대해 조직노동자만을 고용할 의무를 부과하는 조항(일반적 조직조항), 또는 특정의 조합에 소속하는 이외의 노동자는 고용해서는 아니 된다고 하는 의무를 부과하는 조항(제한적 조직조항)이 그것이고, 그 외, 협약제외조항(Tarifauschlaußklausel)도 간접적인 단결강제로서 일제히 문제로 되고 있다. 후자에 있어서는 노동협약상의 노동조건 혹은 특정의 노동협약상의 이익을 미조직노동자에 대해서는 인정하지 않는 조항(제한적 협약제외조항)이 있지만, 이 협약제외조항은 기술상의 곤란으로 실제에서는 거의 행해지고 있지 않다. 그래서 실제상 문제로 되는 것은 조직조항에 대해서 고찰하는데, 도이칠란트에 있어서 학설은 조직조항 중 위의 일반적 조직조항이 헌법에 있어서 단결권의 보장과의 관련에 있어 「당연히」 위법인가 아닌가에 관해 견해의 대립을 보이고 있다. 단결권의 보장에 소극적인 단결권을 포함한다고 하는 다수설에 있어서는 위와 같은 조항은 「당연히」 위법이라고 하게 되지만, 소극적 단결권을 포함하지 않는다고 하는 입장에서는 위와 같은 일반적 조직조항에 의해 단결에 대한 강제가 되는 경우에서도, 그 「수단」이 위법인가, 혹은 미조직노동자에게 불측의 손해를 주는 때에만 양속위반 혹은 헌법 제2조가 정하는 개인의 개성발휘에 관한 기본권의 침해로서 단결강제를 위법으로 보는 것이다. 어떻든, 전술에서 분명하듯이, 위의 어느 입장에 있어서도, 무제한으로 일반적 조직조항을 인정하지는 않는다는 것에 주목해야 한다. 특히 주목해야 하는 것은 단결권의 보장에서는 소극적 단결권을 포함하지 않는다는 입장에 있어서도, 제한적 조직조항, 즉 노동협약의 당사자인 특정의 노동조합

Rewolle, Der Betriebsberater. Zehntagdienst für Wirtschafts-Steuer und Sozialrecht, Verlagsges, Recht und Wirtschrift m.b.H. 1950, S. 594; Mangold, Das Bonner Grundgesetz, Komentar, Anm, 4 zu Art. 9(그는 「가입에 강제가 되어서는 아니 된다」라는 규정이 제거되었다는 것으로, 국회에 있어서 논의 중에 소극적 단결권이 제거되었던 것은 아니라고 강조하고 있다).

에 속하는 이외의 노동자의 고용을 사용자에 대해 금지하는 조항은 당연히 위법, 무효로 이해되고 있다는 것이다. 즉 미조직노동자를 고용하지 않는다고 하는 일반적 조직조항은 단순히 소극적인 단결권의 침해에 불과하지 않고, 단결하는 것 자체를 방해하지는 않기 때문에 유효하지만, 제한적 조직조항은 특정의 조직(노동조합)의 구성원이라는 것을 노동자에 대해 강제하는 것이기 때문에, 각자가 좋아하는 단체를 결성한다고 하는 권리, 즉 적극적 단결권을 침해하는 것으로서 위법, 무효라고 이해되고, 이 점은 어느 쪽 입장에서든 이론이 없는 바이다. 또 동일한 사고방식은 협약제외조항에 대해서도 채용되어 미조직노동자 일반에 대해가 아니고, 「특정」의 조합에 속하지 않는 노동자에 대해 협약상의 이익을 주는 것을 금지한다고 하는 조항은 위법으로 이해되고 있다.

이와 같이 현재의 도이칠란트에 있어서는 단결강제를 인정하지 않는 사고방식이 유력하고, 이것을 긍정하는 학설에 있어서도, 그것은 일반적인 조직형성에 대한 강제를 인정할 뿐이고, 특정의 기존의 조직(노동조합)에 대한 가입강제를 승인하지는 않는다는 것을 주목해야 한다. 원래 특정의 노동조합만이 절대적인 가치를 과시할 수 있는 것은 아닌 것이 당연하기 때문에, 적극적인 단결의 자유에 대한 보장, 즉 가입해야 할 단체에 대한 선택의 자유라는 것에서 보아 위의 도이칠란트에 있어서 기본적인 사고방식은 아주 정당한 방향을 보여주고 있지 않는가 생각한다.

어떻든 도이칠란트에 있어서 클로즈드숍 등의 조직강제는 노동조합이 그 승인을 받기 위해 심하게 투쟁해야 했던 당초의 시기에 발생하여 과거의 노동협약에는 적지 않았지만(1872년 및 1888년이 최초의 사례이고, 1919년 후 왕성히 이용되었다). 20세기에 들어와서는 서서히 이용되지 않고 있다고 말할 수 있다.[306)]

B. 유나이티드 킹덤의 경우

단결권에 관해 헌법상의 보장을 하지 않은 법제하에서는 단결강제도 헌법과의 관계에 있어서 곤란한 문제를 낳는 것이 아니고, 개별의 법령이나 판례 내지 노동관행에서 각각의 해결을 얻고 있다. 이 점에 대해 주목해야 하는 것은 잉글랜드에 있어서 단결강제의 방식이다. 잉글랜드(스코틀랜드도 포함)에 있어서는 이미 「단결권의 보장」에서 지적했듯이, 사용자는 단체교섭에 응하는 「법률상의 의무」

---

306) Schneider는 조직조항의 실제상의 효용을 고찰한 후, 결론으로서 다수의 경우, 조직조항에 의해 관계자에게 달성된 이익은 적고, 실제적 견지에서 조직조항에 부정적 입장을 보이고, 현재, 다수의 사용자 및 노동자의 단체도 그러한 태도를 취하고 있다(Schneider, Die Bedeutung der Organisationsklausel in der Praxis, in Kaskel, Koalitionskampfmittel, SS. 87, 92).

가 아니라[307] 조합운동을 약체화하는 사용자의 행위도 법률적으로는 위법하지 않고, 이른바 황견계약(yellow dog contract)[308]마저, 클로즈드숍협정과 마찬가지로, 당연히 공서(public policy)에 반하는 것으로는 보지 않는다.[309] 그렇지만, 현재 잉글랜드에서 이른바 클로즈드숍이라는 말[310]은 아메리카에 있어서 조합운동의 실천에서 나왔던 것이지만 그 의미에서는 중대한 변경이 있다고 하고 있다.[311] 벨이 설명하는 바에 의하면, 잉글랜드에서는 클로즈드숍이라는 것은 통상의 경우에는 아메리카에 있어서와 같이, 「특정의 노동조합」(one particular union)에 소속을 고용조건으로 하지 않고, 「어떠한 적당한 노동조합」(any appropriate trade union)에 대한 소속을 고용조건으로 하는 것이고,[312] 거의 모든 기업에 대해 직종을 달리할 때마다, 다수의 조합이 있는 잉글랜드에는 아메리카식의 클로즈드숍은 채용불가능하다고 한다.[313] 클로즈드숍협정이 노동운동의 실천 일반에 어떠한 기능을 하였는가에

---

307) 국유화된 산업의 경영을 담당하는 공공회사(Public corporation) 중에는 (예컨대, National Coal Board) 단체교섭의 의무가 인정되고 있는 예가 있지만, 이 경우에도 이것을 강제하는 것에 관해서는 법은 침묵하고 있다.

308) "yellow dog contract"이라는 표현은 어휘 그대로 "황견계약"이라고 번역할 수 있다. 이것은 노동조합에의 가입 또는 노조로부터의 탈퇴를 고용조건으로 하는 근로계약을 말한다. 김형배, 『노동법』(신판 제4판), 박영사, 2008, 944면; 임종률, 『노동법』(제6판 전면개정), 박영사, 273면 등은 "비열계약"이라고 번역하고 있으나, 이러한 번역은 비난 또는 도덕적 또는 윤리적 판단을 가미한 의역이라고 할 수 있다. 물론 yellow dog contract이라는 용어의 유럽 특히 유나이티드 킹덤의 노동조합운동실무에서 형성된 것이다. yellow가 색깔을 의미하는 "노란색", "황색" 등의 의미 외에 "비겁한", "겁이 많은", "대중에 영합하는"과 같은 상징적인 의미도 있다. 한편 "dog"는 복종을 상징하는 동물이다. yellow dog은 자본가에게 복종하는 노동자 또는 노동조합을 지칭한다. 그러므로 yellow dog contract는 the contract for yellow dog 또는 the contract for being a yellow dog을 의미한다. 그러나 필자는 이러한 번역조어는 바람직하지 않다고 생각한다. 법률문제에 있어 윤리도덕적으로 비하하는 듯한 감정적인 표현을 쓸 필요는 없지 않는가? 우리 노조법 제81조 2호 본문은 yellow dog contract를 부당노동행위의 한 유형으로서 금지하고 있다. 필자는 노조법 제81조 2호 본문의 취지를 살려서 yellow dog contract를 「단결권제한계약」 또는 「단결자유제한계약」이라고 번역·조어하고자 한다. 특히 필자는 단결권의 법적 성격을 기본적으로 자유권으로 파악하고 있는데, 이러한 의미를 강조하기 위해 「단결자유제한계약」이라는 용어를 선호한다. 그렇지만 이하에서는 편의상 황견계약 또는 비열계약이라는 말을 그대로 쓴다.

309) Kahn-Freud, op. cit., pp.53, 118 참조, 또한 클로즈드숍을 위법이 아니라고 한 판례로서 여러 번 인용되었던 것은 Reynolds v. Shipping Federation, (1924) 1 Ch. 28이다.

310) 잉글랜드에서 클로즈드숍(closed shop)이라는 말은 노동조합원에 대해 폐쇄된 직장을 의미한다.

311) Bell, "Trade Union", in Flanders and Clegg, op. cit., pp. 171-174 참조.

312) 또한 Bell은 예외로서 노동조합이 특정한 종류의 업무를 그 조합원에게만 유보하지만, 이 경우에도 다른 노동자가 그 기업 내에서 다른 업무에 종사하는 것을 부정하지 않고, 그것은 특정의 숙련노동자에게 특정의 숙련작업을 유보하는 것인가, 각 직종간의 한계선에 있는 업무를 조합원에게 확보하는 것에 불과하다고 하고 있다. 또한 하나의 예외의 경우는 분열조합에 대한 경우이고, 제2조합의 결성이 선의가 아닌 때에는 조합운동은 클로즈드숍협정을 일반적으로는 부정하지 않는 경향이 있다고 하고 있다. Bell, op. cit., p.171.

313) 잉글랜드에는 클로즈드숍협정이 그다지 중요시되지 않는 것은 Rosenfard, op. cit., p.248도 이것을 지적하고 있으며, 또 이것에 대한 비판은 Knowles, Strikes - A study in industrial conflict, 1954, p.

관계없이, 잉글랜드의 노동조합운동에서 클로즈드숍의 문제는 특정의 유일의 노동조합을 위해 배타적인 권리를 인정하는 것이 아니라, 개개의 노동조합의 권리나 조합원의 법률상의 의무라는 것이 아니라, 단순히 널리 보급되어 있는 노동조합운동의 신념, 즉「노동협약에 의해 이익을 얻는 노동자는 협정을 하는 것에 관계가 있는 조합이라는 것에 참가해야 한다 …」는 것에 뿌리내리고 있다.[314] 또 이미 1912년 이래 노동조합회의(T.U.C)는「노동조합원은 비조합원과 함께 일하는 것을 거부해야 할 때가 오고 있다…」라는 결의를 채택하였지만, 그것은 결코 아메리카식의 특정의 하나 조합에 대한 가입강제를 인정하는 클로즈드숍협정을 승인하는 것은 아니었다고 하고 있다.[315] 따라서 아메리카식 제한적 조직조항을 인정하지 않는 것은 도이칠란트에 있어와 다르지 않고,[316] 이른바 단결강제는 도이칠란트에 있어서 약간의 학설(단결권의 보장에 소극적 단결권을 포함하지 않는다는 입장)과 같이, 일반적인 조직강제조항으로서 클로즈드숍협정만을 인정하는 것이지만, 게다가 이것을 무조건으로 승인하는 것도 아니다. 즉 구체적인 각 경우에 대해 특정의 것에 대해 손해를 주도록 하는 악의가 없고, 노사가 함께 단체교섭과 단체적 지배의 편익을 확보하여 유지하도록 하는 의욕에서 행동하는 한, 소로 다투려는 공모(conspiracy)가 없다고 하여, 이것을 위법이라고 보지 않는다.[317] 어떻든, 노동관계에 있어서 조직강제와 단결의 자유와의 관계를 관념적으로가 아니라, 현실의 노동조합운동 속에서 적당히 조정한 예로서, 흥미 있는 것이라고 해야 할 것이다.

C. 아메리카합중국의 경우

아메리카합중국에서는 도이칠란트나 잉글랜드 등에서와 달리, 클로즈드숍협정

47에도 소개되어 있다.

314) 이것은 Charles Dukes(후의 Dukeston경)이 1946년의 노동조합회의에서 한 인사말의 일부이다.

315) Knowles, op. cit., p. 46-48(그는 잉글랜드의 노동조합회의는 "one-union shop"이 아니라, 100-percent union shop을 지지하는 것이었다고 한다. 또 정부(노동당정부와 같음)의 위 의미에 있어서 클로즈드숍에 관한 정책은 이 노동조합회의의 위 정책만큼 명확하지도 않다고 하고 있다).

316) 프랑스의 제4공화국헌법은 단결권의 보장을 특별한 조문으로 규정하지 않고, 헌법전문에「누구라도 조합활동에 의해 그 권리 및 이익을 지키고, 또 그가 선택한 조합에 참가할 수 있다…」고 규정하고 있을 뿐이다. 프랑스에는 조합분열 때문에 미조직자의 수가 많고, 조합은 미조직노동자를 단결하도록 간접적인 강제수단을 취하고, 클로즈드숍협정도 유효로 인정하고 있지만, 그것도 조직노동자만을 고용한다고 하였던 일반적 조직조항에 관한 것이다. 또한 미조직노동자의 해고를 사용자에게 강요하기 위한 쟁의행위는 미조직할 수 있는 권리의 침해로서 조합의 책임을 발생시킨다고 하는 오래된 파기심법원의 판례가 있지만, 그것이 선례로서의 가치를 보유하는지는 의문이라고 하고 있다(Lyon-Caen, op. cit, p. 65 참조).

317) Kahm-Freud, op. cit., p. 118 참조.

도 「특정의 노동조합」에 대한 가입강제로서 취급되고, 유니온숍협정은 이 클로즈드숍협정의 타협적인 형식에 불과하다. 조합을 재정상 기타 지원하는 노동자만이 조합이 확보하는 이익을 향수할 수 있고, 비조합원에게 기업이 개방되어 있다면, 단체교섭이 위험에 빠진다고 하는 것에서, 이것을 정당화하는 일반적인 이유를 찾고 있는 것은 잉글랜드와 다르지 않지만,[318] 특정의 조합에 대한 가입을 강제하는 데에서는 그 조합원이 아닌 자를 사용자가 고용해서 그 조합의 세력을 약화하여 조합의 토대를 침식하는 것이 여러 번 있는 것을 들어, 클로즈드숍협정 등을 그것에 대한 방어적 무기라고 한다. 즉 특정의 사용자에 의한 조합의 승인(union recognition)이라는 것을 일시적인 것이 되지 않도록 하는 데에 클로즈드숍협정의 의의가 인정되는 점에서는 그것은 「일자리 통제」(job control)의 주체로서의 조합의 승인이다.[319] 그러면 로젠베르그로 하여금 「… 클로즈드숍협정은 노동조합에 있어서는 여자에 있어서 결혼과 같은 것이다 …」라고 말하게 하고, 또 클로즈드숍협정에는 원칙으로, 「쟁의제한조항」(antistrike provisions)을 수반하고, 이로써 산업에 있어서 안정성에 기여하고 있다고 하는 사정을 이해할 수 있게 한다.[320] 어떻든, 아메리카의 노동조합은 클로즈드숍협정의 획득을 기본적인 정책의 하나로 하여, 사용자는 이것으로써 인사권의 포기 내지 기업지배권의 상실이라고 이해되는 것에서 단체교섭에 있어서 가장 성가신 것의 하나로 되었던 것이다. 클로즈드숍협정은 산업별 노동조합(industrial union)에서도 이용되지만, 주로 직종별 노동조합에서 이용되고, 실제에는 노사의 타협으로서, 클로즈드숍협정을 약간 완화하였던 방식, 즉 유니온숍협정 혹은 조합원유지협정(maintenance of membership)[321] 내지 우선적 숍협정(preferential shop)(기업에 있어서 공석을 메우는 때는 노동조합원을 우선시키는 협정) 등이 많았다고 한다.[322]

이와 같은 클로즈드숍협정은 1935년의 와그너법이래 연방법상 승인되었던 것이지만, 그전에 있어서는 클로즈드숍협정 자체는 위법이 아니라고 하여도, 이 협정의 실효성의 확보를 위한 스트라이크, 즉 이 협정 하에서 조합원이 아닌 특정의 노동자의 해고를 요구하여 하는 쟁의행위의 합법성은 별개의 문제로 되고, 이것을

318) Commons and Andrews, Principles of Labor Legislation, 1936, p. 191 참조.

319) 아메리카의 노동조합이 일자리의 통제(job control)를 중시하고, 강제적인 방법으로 조합원자격을 팔 것을 강요한다는 것은 野村 「ユニオンショップ조항과 단결권의 보장」 법률시보 27권 9호 18면 이하도 이것을 지지하고 있다.

320) Rosenfarb, op. cit, pp. 247, 248 참조.

321) 협약당시에 협약당사자인 노동조합의 조합원이었거나, 그 후 당해 노동조합에 가입하였던 것이 제명 또는 탈퇴의 때는 해고되지만, 협약체결당시에 조합원이 아니었던 종업원은 조합에 가입을 강제하지 않는 조직강제도이다.

322) Rothenberg, On labor relations, 1949, pp. 48-50 참조.

위법으로 보는 입장(매사추세츠주 최고재판소)와 독점으로 되지 않는 한, 반드시 위법이라고 보지 않는 입장(뉴욕주 재판소)이 나누어져 있다.[323] 그리고 와그너법 제8조 3항(클로즈드숍협정을 일반적으로 승인한 규정)은 와그너법 초안에 반해 채용되었던 것이고, 동 조항의 규정은 클로즈드숍협정을 위법으로 하는 각 주(州)에 있어서 당연히 동 협정을 합법적인 것으로 하지는 않지만, 와그너법이 예정하는 행정적 조직의 범위 내에서는 클로즈숍협정의 합법성을 확립하였던 것이라고 한다.[324]

그런데 1947년 태프트 하트리법(The Labor Management Relations Act)은 클로즈드숍협정을 금지함과 아울러(각 주법에 있어서, 허용되는가 여부는 별문제이다) 유니온숍협정에 대해서도, 이것을 엄격한 조건하에서만 승인한다고는 중요하고 철저한 변경을 가하였다(동법 8조 (a)(3)). 즉 유니온숍협정의 체결에서는 적다한 교섭단위 내에서 과반수를 점하는 노동조합일 것, 적어도 투표권 있는 종업원의 다수가 위의 목적을 위해 하는 선거(이것을 union shop elction이라고 한다)에 있어 당해조합에게 이러한 협정을 하는 것을 수권하는 것에 대해 전국노동관계국에 의한 확인이 있는 등의 조건이 필요하고, 또 채용 후 또는 당해협정의 효력발생의 일(위의 것 중에서, 어느 것이든 후일을 기준으로 한다) 이후 30일 이내에 당해노동조합의 조합원으로 되는 것을 요구할 수 있는 협정을 인정하는 것에 불과한 것이다. 따라서 협약체결에 있어서의 조건이나 위의 유예기간을 결하는 때는 유니온숍협정의 체결은 그것 자체 사용자에 의한 종업원에 대한 강제로서 위법으로 되고, 유니온숍조항이 현실에서 실행되는가 여부는 문제로 되지 않는다.[325] 또 위의 협정이 존재하는 때에는 극단적으로 다액의 조합가입금을 징수하는 것도 부당노동행위로 되고(동법 8조 (5) 참조). 종래의 폐해(유니온숍협정을 이유로 가입금으로서 조합원자격을 고가로 파는 것)의 방지를 꾀하고 있다. 또 전술과 같은 조건을 충족한 경우에도 사용자는 유니온숍협정을 체결하는 것을 의무로 하지 않는 것은 당연한 것이고, 그것은 자유로운 단체교섭의 문제로 되는 것에 불과하다. 또 교섭단위에 속하는 종업원의 30% 이상의 자는 유효한 선거후 1년경과 후에 있어 전술의 수권의 철회를 전국노동관계국에 신청할 수 있는 것으로 하고 있다(동법 제9조 (e) 참조). 특히 주목해야 하는

---

323) Commons and Andrews, Principles of Labor Legislation, 1936, p. 391, 392; Oakes, The law of organized labor and industrial conflicts, 1927, pp. 236-247 참조.

324) Rosenfarb, op. cit, pp. 245-256 참조. 예컨대 클로즈드숍협정의 당사자인 노동조합에 소속하지 않는 것이 주(州)법원에 의해 위법으로 판결된 클로즈드숍협정을 체결하고 있는 고용주에 대해 와그너법 제8조3항 위반에 대한 신청을 전국노동관계국에 하였던 경우에서도, 전국노동관계국은 당해협정은 와그너법에 관한 한 합법이기 때문에, 위의 신청을 기각해야 한다고 하고 있다.

325) Werne, The Law of Labor Relations, 1951, p, 158;(또한 Werne는 전례로서 C. Hager & Sons Hinge Manufacturing Company, 80 NLRB 163과 Julius Resnick Inc., 86 NLRB No. 10을 들고 있다).

것은 유니온숍협정의 효력이다. 당해 협정의 당사자인 노동조합에 소속하는 노동자가 자발적으로 노동조합으로부터 탈퇴하는 때는 별도로 하고, 제명 등으로 조합원인 자격을 잃었던 때는 그것이 조합원자격의 취득 또는 보유에 필요한 정기의 조합비 및 조합가입비의 납입을 게을리 하였다고 하는 이유 이외의 것이라고 믿을 만한 정당한 이유가 있는 때에는[326] 이를테면, 조합에서 제명되더라도 유니온숍협정을 이유로 해고하는 것을 정당화하는 이유로는 되지 않고, 이것에 위반하여 사용자로서 당해노동자를 해고한 때에는 노동조합과 사용자의 부당노동행위로 되고, 특히 임금소급불(back pay)의 책임을 생기게 한다.[327] 따라서 당해조합의 최상의 이익에 반하는 이중조합운동(dual unionism activity)나 조합의 내부통제의 필요상의 이유에 기한 제명 등의 경우에 종래 사용자로서는 유니온숍협정에 의한 해고의 정당성이 인정되지 않는 한, 해고에 대해 피해고자로부터 부당노동행위로서의 공격을 받을 위험이 있고, 다른 한편 노동조합에서는 해고하지 않는 한, 협정위반으로 된다고 하는 딜레마가 있지만, 그 점은 약간 완화되었다.[328]

또한 이와 같은 위 방법의 추이와는 별개로, 최근에 각주법의 상태를 보면, 49개주 중 10개주는 단결강제조항의 전부 또는 일부를 금지하고 있다. 하나의 조합에 소속하는 것을 고용조건으로 하는 협정을 명시적 또는 묵시적으로 금지하는 것이 대부분의 주의 원칙이다. 또 클로즈드숍협정 등을 반드시 금지하고 있지 않는 주법 하에 있어서도, 이와 같은 협정을 하는 것에 대한 종업원의 동의요건 등을 가중하고(예컨대, 위스콘신 주법) 혹은 클로즈드숍협정에 의한 해고에 대해 조합에게 특별한 증명을 요구하는 등의 제약(예컨대, 매사추세츠 주법)을 마련하는 것이 많다.[329]

어떻든, 클로즈드숍협정 내지 유니온숍협정의 본고장이라고 해야 할 아메리카에서 이와 같이 단결강제에 관한 협정이 현저하게 제한되기에 이르렀던 것은 아주 주목해야 할 것이다. 이 아메리카에 있어서 동향 자체에 대해서는 다양한 견

---

326) 이 경우 사용자는 조합에 있어서 조합원자격거부의 이유를 조사할 의무가 있는가는 태프트 하트리법 하에서는 명료하지 않다. 다만 와그너법 하에서 이것을 인정하였던 판폐가 태프트하트리법이 이 점에 대해 침묵하고 있어서 부정되었는가 여부는 명료하지 않기 때문이다(Rothenberg, op. cit p. 415).

327) Rothenberg, On labor relations, 1949, p. 414; Werne, op. cit., pp.74-75 참조.

328) Werne, op. cit., pp. 410, 413-415 참조.

329) Werne, op. cit., pp. 359 et seq.(또한 Werne는 특정조합의 소속을 고용조건으로 하는 협정을 금지하는 주법을 가진 주는 Arizona, Arkansas, Florida, Georgia, Iowa, Maine(다만, Maine는 클로즈드숍을 금지하고, 유니온숍은 허용한다), Nebraska, Nevada, North Carolina, North Dakota, South Dakota, Tennessee, Texas, Virginia를 들고, 또 하나의 조합에 대한 소속의 유무에 의해 노동권(right to work)을 감살할 수 없다는 취지를 규정하기 위해 주헌법의 수정을 하고 있는 5개의 주가 있다).

지에서 비판의 여지가 있다고 하여도, 이상에서 소개한 각국에 있어서 이론이나 실천이 보여주고 있듯이, 「특정조합에 대한 가입강제」라는 것은 앞으로 이론적으로나 실천적으로 난점이 많다. 그리고 그것이 아메리카에 있어서 특유한 형이라는 것은 확실하고, 그것만으로 이와 같은 특종의 형을 필요로 하였던 아메리카의 경제적 사회적 배경하에 있어서도, 그 가치에 대한 동요를 보이고 있는 것은 이 문제의 고찰에 상당히 충분히 주의를 해야 한다.

(4) 정 리

그런데 우리헌법에 있어 단결권의 보장이 소극적 단결권도 보장하고 있는가? 또 이것과 관련해서 단결강제 이른바 유니온숍협정이 어느 범위에서 허용되는가에 대해서 고찰한다. 우리헌법은 개인의 자유평등을 기본적 인권으로서 강하게 보장하고 있다(헌법 제10조, 37조 1항). 이 점에서는 도이칠란트 본(Bonn)헌법에 있어서와 같이, 단결권의 보장에서는 소극적 단결권의 보장도 포함하고 있다고 해야 할 것이다. 그러나 다른 한편 특히 근로자에 대해서만(바이마르헌법 및 본헌법에는 사용자의 단결자유도 동시에 보장하고 있다) 단결권을 일반의 결사의 자유(헌법 제21조)와 구별해서 보장하고 있는 것, 노동자는 단결을 통해서만 실질적인 평등을 실현할 수 있음에도 불구하고, 과거에 있어서 단결의 자유, 즉 노동조합의 법인이 부당하게 탄압되고, 노동조합을 법인케 하는 노력이 번번히 실패의 역사를 반복해왔다는 사실에서 보면, 우리 제헌헌법에 있어서 특히 단결권의 보장을 선언한 취지는 단순히 적극적 단결권의 보장을 주안으로 하는 것에 불과하고, 오히려 적극적 단결의 보장을 목적으로 하였다고 해석해야 할 것이다. 따라서 헌법의 단결권의 보장에서는 소극적 단결권의 보장을 포함하지 않다고 이해된다.

다만, 이와 같이 헌법에 단결권의 보장은 소극적 단결권의 보장을 포함하지 않는다고 하는 것은 노동자에게는 「단결로부터 자유」(Freiheit von den Koalition)는 헌법에 있어 단결권의 보장으로서 보장을 받지 않는다는 것이다. 따라서 노동자가 모든 조직(조합)으로부터 자유에 대한 제약으로서 단결에의 강제 즉 노동자를 일반적으로 조직화로 강제하는 것 자체는 단순히 소극적 단결의 침해로서 노동자의 일반적인 자유에 대한 제한으로서의 의미를 가지는 것에 불과하고, 적극적 단결권보장의 헌법의 정신에서 보면, 어느 정도에 있어서 일반적인 자유(소극적 자유)를 제약하는 것은 용인되고 있다는 것이다. 즉 그것을 제한하는 방법이 위법이거나 당해노동자에게 불법적인 손해를 주지 않는 한, 양속위반으로서 당연히 위법으로 되지는 않는다는 것이다. 그리고 이와 같이 어느 정도 단결에의 강제가 인정되는 것에, 단순한 자유권으로서의 결사의 자유와 큰 차이가 있다고 할 수 있다. 그러나 여기에서 가장 주목해야 할 것은 그것은 일반적인 조직화에의 강제(일반적 조직강제)에 관한 것이고, 특정의 조직(조합)에의 단결강제(제한적 조직강제)를 당연히 정당화하는 것은 아니다. 종래 우리나라에서 일본의 학설[330]을 무비판적으로 받아들여 단결권의 보장이 적극적 단결의 보장에 있다는 것에서 곧바로 특정의 조직(조합)에의 단결강제로써 소극적 단결권의 침해에 불과한 것으로서 유니온숍협정을 긍정하고 있지만, 이 점은 타당하지 않다고 하겠다.

생각건대, 단결권에 대한 헌법상의 보장을 가지고 있는 도이칠란트에 있어서 학설의 소개에서 이미 지적했듯이, 특정의 조직(조합)에의 단결강제는 헌법에 있어서 단결권의 보장이 적극적 단결권의 보장이라고 하든, 나아가 소극적 단결권의 보장을 포함한다고 하든, 그것 자체 단결에의 자유 즉 「단결선택의 자유」를 침해하는 것으로서, 적극적 단결권을 침해하는 것이기 때문이다. 따라서 특정의 조합의 구성원이 아닌 한, 고용하지 않는다고 하는 협정(이른바 클로즈드숍협정)이나 고용된 이상은 특정의 조합에 가입해야 하고 가입하지 않은 때는 사용자에 있어 이것을 해고한다고 하는 협정(유니온숍협정)은 헌법에 있어서 단결권의 보장과의 관계에서 보면, 위법 무효라고 해야 하지 않을까 한다. 결국, 이와 같은 조직조항도 도이칠란트나 잉글랜드 등에 있어서 사고방식으로서 소개했듯이, 일반적 조직조항 즉 일반적 노동조합에 소속하지 않은 노동자는 고용하지 않는다고 하는 것인 한, 그것은 일반적 단결에의 강제로서 소극적 단결권을 침해하는 것에 불과하기 때문에 당연히 위법이라고 할 수 없지만, 특정의 조합에의 가입을 강제하는 제한적 조직강제조항은 단순히 미조직에 대해서가 아니라, 모든 다른 조직에 지향되어 있는 것으로서 적극적 단결권을 침해하여 무효라고 해석해야 한다. 이 점, 우리 노조법 제81조 2호 단서가 「 … 다만 노동조합이 당해사업장에 종사하는 근로자의 3분의 2이상을 대표하고 있을 때에는 근로자가 그 노동조합의 조합원이 될 것을 고용조건으로 하는 단체협약의 체결을 예외로 하며 …」라고 하여 규정의 형식에 보면, 제한적 조직조항을 긍정하고 있다. 따라서 이 규정으로써 우리나라에 있어서 유니온숍협정 등의 조직강제의 일반원칙을 정하는 것이라고 해석하는 때는 이것은 헌법이 보장하는 적극적 단결권의 침해를 긍정하는 위법의 입법으로서 무효라고 해석할 수밖에 없다. 다만, 노조법 제81조 제2호 단서는 단순히 노조법이 예정하는 특수한 행정적 기관으로서의 노동위원회에 의한 부당노동행위구제와의 관계에 대한 부당노동행위로서 구제가 부여되는 경우를 명시하였던 것에 불

330) 法學協會, 『註解日本國憲法(상)』, 541면, 吾妻光俊, 위 같은 책, 89면 등 참조.

과하다고 하면, 그것은 헌법이 보장하는 단결권의 보장 이상으로 「특별의 구제」, 즉 「특권」을 노동자에게 주는 경우에 있어 하나의 기준에 불과하기 때문에, 당연히 그것으로써 헌법위반의 규정이라고 할 수 없다고 해석할 여지도 있다.331) 그러나 전술과 같이, 적극적 단결권의 침해가 헌법상 허용되지 않는다고 해석하는 때, 이를테면 노동위원회에 의한 구제가 특별한 구제이든, 헌법상 위법이라고 해야 하는 계약이나 조치가 되는 경우에 그 구제를 부여하지 않는다는 뜻을 명정하는 것은 극히 부당한 입법적 태도라고 평가할 수밖에 없다.332) 결국 노조법의 규정은 헌법상 단결권의 보장을 가지고 있는 우리나라 법제하에서는 본래 채용할 수 없는 숍협정의 형식을 아메리카합중국법에 특수한 숍협정에 관한 사고방식의 영향에서 규정한 것으로서, 입법상의 과오라고 평가할 수 있지 않을까 생각한다. 원래 아메리카에 있어서 숍협정은 전술과 같이 일자리(시장)가 독점 내지 통제라는 것을 목적으로 발달하였던 것이고, 또 우리나라나 도이칠란트에서와 달리, 헌법에 있어서 단결권의 보장을 가지지 않은 법제에 있어서 단결의 자유의 방식으로서, 그것은 개별 입법이나 판례에 의해 구체적인 발달과 추이를 보여주고 있는 것이다. 따라서 헌법상 단결권의 보장을 가지고 있는 법제하에서 숍협정의 방식에 대해서는 충분히 그 차이를 인식했어야 한다고 생각한다.

뿐만 아니라, 회사별 노동조합을 중핵으로 하는 우리 법제하에 있어서는 숍협정도 아메리카에 있어서와 달리, 일자리 내지 시장의 독점이라는 것은 문제로 되지 않고, 따라서 클로즈드숍협정은 문제가 아니고, 오로지 유니온숍협정이 「특정기업내에 있어서 특정조합의 조직력강화」의 수단이라는 특수한 한국적인 목적으로 이용되고 있는 실태의 차이를 간과해서는 아니 된다. 다만, 이와 같이 회사별 노동조합을 중핵으로 하는 사회적 실체에 비춰, 도이칠란트나 잉글랜드에 있어와 달리, 특정의 조직(조합)의 단결강제가 적극적 단결권의 침해로 되지 않는다고 해석할 수 있는가라는 것이지만, 노동조합으로서는 이례적인 형태(외국에서는 자주성을 결한다고 하는 형태)이기 때문에, 적극적 단결권의 침해(특정의 단결에의 강제)가 허용된다고 하는 논리는 생길 여지는 없고, 오히려 역의 논리, 즉 특정조합에의 단결

---

331) 또한 이 점에서도, 吾妻 光俊이 노동법이 정하고 있는 노동위원회에 의한 원상회복의 구제가 「헌법의 정신의 필요 충분한」 제도라고 하는 것에 대해 의문이 제기된다. 그것은 「원상회복」을 보고 말하는 것이지만, 이 원상회복의 구제가 주어지는가 여부의 「전제」 자체에 대해서는 어떻게 생각하는가의 문제이기 때문이다.

332) 이러한 노조법의 사고방식은 이미 아메리카법, 특히 와그너법과 주법과의 관계에 대해 일견 유사한 조치라고 할 수 있지만, 아메리카에 있어서는 그것은 각주법과 연방법의 적용영역의 문제에 생기는 것에 불과한 현상인 것에 대해, 우리나라에서는 헌법상 위법이라고 해야 할 경우에 대해, 행정기관에 의한 구제를 예정하지 않는다고 하는 것이고, 문제의 성질이 다른 것을 간과할 수 없다.

강제에 대해서는 보다 신중해야 한다고 말하지 않을 수 없다.[333] 또 회사별 노동조합으로서 이용할 수 있는 조직강제조항으로서의 유니온숍협정에 있어서는 「특정」의 노동조합에의 가입의 강제가 미가입노동자의 해고의 위협과의 관련에 있어서 이루어지는 점에서 그것은 개별 노동자의 이익을 현저히 해할 뿐만 아니라, 당해조합 내에 있어서 비민주적인 지도 내지 통제로의 경향을 양성할 위험도 있고,[334] 특히 강하게 비판되어야 할 요소를 내포하고 있다고 할 것이다. 또 한 특정조합에 관한 유니온숍협정을 인정하는 아메리카에 있어서조차 이미 지적했듯이, 교섭단위제와의 관련해서 특별한 배려가 되고, 또 유니온숍협정의 당사자인 조합의 조합원이외의 노동자가 당해조합에 가입하는가 여부에 대해 3개월의 유예기간을 두고 있는 것 등도, 유니온숍협정의 방식의 고찰에서 간과할 수 없는 것이다.

이와 같이 고찰하는 때, 「특정의」 조합에의 가입강제를 인정하는 점에서 외국의 법제 중에도, 오히려 특수한 방식을 취하는 아메리카의 유니온숍협정의 방식을 헌법상 단결권의 보장을 취하는 우리법제 속에, 게다가 회사별노동조합하에서 단순히 당해 노동조합이 「특정의 사업 또는 사업장에 사용된 근로자의 3분의 2이상을 대표하는 경우」라는 것을 요건으로 하는 외, 아무런 합리적인 제약도 예정하지 않고, 말하자면 무제한으로 규정하였던 것은 어떻든 부당노동행위의 특별구제와의 관계에 불과하다고 하여도, 강한 비난을 받아야 마땅하다고 할 것이다.

(5) 노조법 제81조 2호 단서의 위헌성

A. 문제의 소재

현행 노동조합및노동관계조정법 제81조 2호 단서에는 "… 특정한 노동조합의 조합원이 될 것을 고용조건으로 하는 행위. 다만, 노동조합이 당해 사업장에 종사하는 근로자의 3분의 2이상을 대표하고 있을 때에는 근로자가 그 노동조합의 조합원이 될 것을 고용조건으로 하는 단체협약의 체결은 예외로 하며, 이 경우 사용자는 근로자가 노동조합에서 제명된 것 <또는 그 노동조합을 탈퇴하여 새로운 노동조합을 조직하거나 다른 노동조합에 가입한 것>을 이유로 근로자에게 신분상 불이익한 행위를 할 수 없다"라고 규정하여 유니온숍협정을 긍정하고 있다. 노조

333) Knowles는 단결에의 강제와의 관련에 있어 자유의 주장이 부진면목한 것이 여러 가지 있다고 하여, 「단결강제에 대해 불안을 보이고 있는 사람들은 회사별 노동조합의 조합원자격에의 강제에 대해서 의외로 신경실석이 아니었다」라고 하는 Edwards의 말을 인용하고 있지만, 회사별노농조합을 중심으로 하는 우리나라에 있어 유니온숍협정에 대한 사고에 대해 반성해볼 필요가 있다.

334) Knowles, op. cit., p.47.

법은 아메리카합중국의 와그너법에 기원을 두고 있는 부당노동행제도를 실정법적 제도로 계수하면서 사용자의 부당노동행위금지를 부분적으로 해제하면서, 적어도 그 취지에 있어서는 노동조합의 조직강제를 위한 제도로서 제한적 형태의 유니온숍제도를 인정하고 있다.

사용자에 대하여 근로자의 노동3권을 보장하는 장치로서 아메리카합중국에 고유한 부당노동행위제도를 받아들인 것이 마치 '소나무에 대나무를 접붙이는 것'과 같이 정합성이 부족한 것인데, 거기에 덧붙여 유니온숍제도까지 도입했던 것이다.[335] 그래서 유니온숍제도가 우리나라 노동조합의 조직형태가 주로 기업별이므로 사용자가 어느 정도로는 노동조합의 존재 자체를 승인하게 한다는 점에서 근로자 측에도 긍정적인 기능이 인정되었고, 사용자의 입장에서도 「1기업1노조」를 사실상 강제할 수 있기 때문에 노무관리나 노사관계의 안정에 기여하기 때문에 상당히 유익한 측면이 있다. 이와 같이, 현행 유니온숍협정제도는 노사쌍방에 긍정적인 측면이 있었기 때문에 지금까지 별 무리 없이 온존되어 왔다. 그 뿐만 아니라 정부의 입장에서 보아도, 유니온숍제가 기업단위의 「1노조주의」를 사실상 관철할 수 있게 하고, 헌법에 의해 보장된 근로자의 단결권을 근로자 자신에 의해서 제한하는 결과를 가져오게 하는 이를테면 이이제이(以夷制夷)의 방법에 의해 일종의 산업평화에 기여할 수 있다는 점에서 쉽게 폐기하기 어려운 제도라고 볼 수 있다.

우리 노동헌법의 관점에서 유니온숍협정제도를 인정하는 현행 노조법의 태도를 어떻게 파악해야 하는가가 문제이다. 그래서 이제 우리는 검토의 차원을 달리하여, 즉 우리 노동헌법의 관점에서 노조법상의 유니온숍제도를 검토할 필요가 있다. 과연 노조법이 유니온숍협정제도를 상당히 제한적으로 인정하고 있지만,[336] 그 정도로 제한하면, 우리 노동헌법과의 정합성을 가질 수 있는가? 물론 이 문제에 대한 해답은 우리 노동헌법을 어떻게 파악하는가에 따라 다르게 될 수 있을 것이다.

우선 유니온숍협정제도를 헌법적 관점에서 본격적으로 논의하기 전에, 오늘날 노동법질서의 현실적 기반으로서 우리나라의 경제적 사회적 여건의 변동, 특히

335) 김형배, 위 같은 책, 944면 참조.

336) 노조법은 유니온숍제도에 대해 이중적인 제한을 하고 있다. 즉 일차적 제한은 "노동조합이 당해 사업장에 종사하는 근로자의 3분의 2이상을 대표하고 있을 때"라는 노조법 제81조 2호 단서 전문의 유니온숍협정체결을 위한 상황적 제한조건이고, 이차적 제한은 "근로자가 노동조합에서 제명된 것 <또는 그 노동조합을 탈퇴하여 새로운 노동조합을 조직하거나 다른 노동조합에 가입한 것>을 이유로" 유니온숍협정에 기하여 그런 비조합원에 대해 사용자가 신분상 불이익처분권을 행사할 수 없도록 하고 있는 노조법 제81조 2호 단서 후문의 유니온숍협정의 효력제한이다.

근로자들의 생활과 의식변화에 눈을 돌려서 그 상황에 대한 인식을 얻고, 그러한 인식 하에 우리 노동헌법 특히 노동3권의 헌법적 의의를 확인한 후에, 다시 노조법상의 유니온숍제도에 대한 헌법적 평가를 하기로 한다.337)

B. 우리 노동사회의 변동

초기에는 그렇지 않았지만, 자본주의가 진전되어 가면서 자본주의국가에서 노동조합이 다른 형태의 근로자조직보다 우위를 차지하면, 노동조합은 근로자를 대표하는 주된 조직으로서 법인(法認)되었다. 그래서 노동조합은 노동법제상 그 결성이나 활동에 관하여 특별한 보호를 받게 되고 근로조건결정 등에 있어서 중요한 지위를 가지게 되었다.

그렇지만, 근년에 취업구조의 변화 등에 수반하여 근로자상이 다양해지면서 노동조합을 중심으로 하는 노동법상의 집단주의적 사고방식을 우선시하는 것에 대해 그 정당성에 의문이 야기되고 있다. 노동조합의 조직기반으로 되었던 블루칼라 중심의 「전통적 노동자」가 점점 소수로 되는 한편, 이른바 화이트칼라, 골드칼라, 다이아몬드칼라로 불리어지는 미조직의 「새로운 노동자」가 점점 늘어감에 따라, 근로자집단 간에도 서로 이해관계가 상충하는 부분이 적나라하게 나타나고 있다. 그래서 동일한 이해관계를 가진 블루칼라가 주축으로 되었던 전통적인 획일적 노동조합중심주의가 반드시 타당하지 않을 수도 있다는 회의가 생기게 된 것이다.

그 원인이 무엇인가를 근로자의 생활상태 및 의식의 변화에 초점을 맞추어 살펴본다. 부동문자로 굳어 있는 성문노동헌법을 재해석하여 새로운 상황과 시대에 부합하는 구체적인 살아 있는 노동헌법을 발견하는 데에 있어 오늘날 근로자의 생활과 의식의 질적 변화를 인식하는 것은 무엇보다 중요하다.

a. 근로자생활의 향상

은근과 끈기 그리고 근면과 성실이라는 우리 민족적 정서를 기반으로 하여 1960년대 중반부터 줄곧 추진되어온 국가주도적 경제개발이 국제적 정세에 힘입어 상당한 수준에서 성공을 거두었고, 특히 88올림픽을 치른 1980년대 후반부터 우리나라 경제는 양적이나 질적인 면에서 괄목할 만큼 고도성장을 달성하였다. 이러한 경제적 고도성장은 우리나라 근로자의 생활에도 커다란 변모를 가져왔다.

---

337) 이와 관련해서는 강희원, 「유니온숍협정제도의 헌법적 정합성에 관한 일고찰」 『경희법학』(경희법학연구소), 제45권 3호(2010년) 9-66면; 「현행노조법 제81조 2호 단서의 해석문제」 『노동법학』(한국노동법학회), 제28호(2008년), 299-351면 참조.

특히 이러한 고도성장으로 인해 서구적 생활양식이 사회전반으로 침투하고, 규격화된 공업제품 특히 내수소비제가 일반근로대중에까지 급속히 보급되었다. 그것은 장시간노동과 빚(차입금)을 대상으로 하는 것이었지만, 근로자생활에 어느 정도의 풍요를 가지고 왔다는 것은 부정할 수 없다. 의(衣)식(食)주(住) 중, 특히 도시근로자에 있어서 주(住)의 풍요가 현재의 상황에서 보장되었다고 말하기 어렵지만, 의식(衣食)에 있어서는 적어도 최저생활수준은 넘고 있다고 할 수 있다. 의식주에 있어 그 질은 종전에 비해 상당히 향상되었고, 당분간 경제적 어려움으로 그 향상이 약간 주춤하겠지만 앞으로 점차 좋아질 것이다. 그 뿐만 아니라 종전에 대다수의 사람들이 꿈속에서나 했던 해외여행이 상당히 쉽게 즐길 수 있게 되었다는 등 여가생활도 국민생활에서 중요한 의미를 가지게 되었다는 것도 사실이다. 그러한 생활양식의 변화와 돈에 대한 의존의 강도는 여성의 의식향상과 더불어 기혼여성의 직장진출을 촉진하고, 구래의 가족기능을 자본주의적 시장적 기능으로 대체시켜, 「삶의 상품화」 또는 「인생의 상품화」라고 할 수 있는 부정적인 상황이 촉진되고 있으며, 이것은 기혼여성의 직장진출을 촉발하는 방향으로 가게 된다. 결국 가족관계는 더욱더 금전관계로서 전락하게 된다.

자본주의가 너무나 급속하게 진행되었기 때문에 자본의 사회적 축적도가 천박하고 소비적 자본만 횡횡하여 나머지 전통적인 지역사회나 가족기능이 붕괴되고 있다. 선진자본주의국가의 역사를 보면, 생활 전체의 자본주의적 상품화에 대응하여 생활의 사회화에 의한 자발적인 시민단체활동의 활성화뿐만 아니라 국가 및 자치단체의 보조적인 기능확대(사회보장제도, 의료보험제도 등)가 이루어졌는데, 우리나라에 있어서는 자본주의적 상품화에 대한 이러한 반작용이 제대로 성숙하지 못하고 있고 오히려 상품화만이 더욱더 극단적으로 촉진되고 있다. 하지만 생활세계의 자본주의적 상품화는 근로자생활 전체를 금전에 철저하게 의존하게 만들어, 근로자들을 경쟁으로 마구 부추기는 원인(原因)으로 되고 있다. 다른 한편, 이것은 또한 근로자들의 의식을 더욱더 개인주의적인 이기주의로 몰아가고 있다.

어떻든 1950, 60년대의 거의 기아상태에 비교하면, 우리나라의 근로자가 물질적으로 「풍요한 생활」을 향수하고 있다는 것은 부정할 수 없다. 이러한 물질적 번영과 생활의 상품화에 기한 규격화는 근로자들에게 중류의식을 강하게 만든다. IMF외환사태 이전의 한 때에는 전체국민의 5할 이상이 자신들이 「중산층」에 속한다고 생각하고 있다고 하는 한 일간지의 보도도 있다. 물론 이러한 중산층의식이 자신의 현실과 부합하는지에 관해서는 심히 의문이 제기 되지만, 이것이 어떠한 의미에서는 우리나라의 경제적 상황을 반영하는 우리 국민의식을 보여주는 한

가지의 지표로 될 수도 있을 것이다. 국민 전체의 반 정도가 일응 「보통생활」수준이 보장되고 있다고 의식하고 있다는 사실은 벌써 국민생활의 어느 정도 수준에 도달한 것이라고 하겠다. 다른 한편, 이러한 현상은 근로자에 있어서 계급의식이 어느 정도 희박화되어 가고 있다는 것을 의미하기도 한다. 왜냐하면 계급의식은 현실사회에 있어서 자기의 생활이 다른 계급에 비교해서 차별적으로 낮다고 하는 의식을 불가결한 구성요소로 하는 것이기 때문이다. 이러한 중산층의식의 확대와 계급의식의 후퇴가 신(新)중산층론의 중요한 근거로 되고 있다는 것이 이유가 없는 것은 아닐 것이다.

물론 1997년 IMF사태 이후 국가와 기업의 신자유주의적 노동정책으로 근로자의 고용상태가 상당히 불안정하게 되었고 또 아메리카합중국 발(發) 금융위기로 향후 경제상황이 현저하게 나빠질 것이긴 하지만, 우리나라 고도경제성장의 결과로 점점 규격화되고 있는 국민생활은 사회적 관계에서 개인들을 더욱더 개별화하여 점점 더 개인주의화하게 할 것이다. 이미 타인과의 동일한 상품을 획득하는 것에 만족하지 않고 개성 있는 상품에 대한 기호를 강화하고 있다. 그것은 소품종대량생산에서 다품종소량생산으로의 전환을 지향하는 소비재제조업의 개별화, 차별화정책의 반영이지만, 소비생활에 있어서 개인주의의 침투의 현상이기도 하다. 그러나 그것은 생활의 상품화경향에서의 일정한 다양화에 불과하고, 진정한 개별화는 아닌 것은 말할 필요도 없고 국민의 중산층의식을 조금도 감퇴시키는 것이 아니라는 것도 또한 당연하다.

b. 근로자상(像)의 다양화

노동시장이나 직장환경의 변용에 기하여, 종래에는 없던 「새로운 노동자」가 출현하여, 「전통적인 노동자」의 비율은 감소경향에 있다. 노동조합의 조직강제를 정당화하였던 이해관계가 공통적이었던 「전통적인 노동자」, 즉 블루칼라로 상징되는 제조업중심의 노동자에 대해서, 이들과는 경제적 사회적 및 개인적 취향에 있어서 전혀 공통적인 기반을 가지지 않은 화이트칼라 및 골드칼라로 불리는 새로운 근로자가 나타나고, 최근에는 다이어몬드칼라로 지칭되는 고소득의 첨단전문기술직근로자도 증가하는 추세에 있다.

우리나라의 경제적 발전과 더불어 「노동자상의 다양화」는 표면적으로 뿐만 아니라 심층적으로 아주 급속하게 또는 서서히 진행되고 있다. 이러한 「새로운 노동자」는 기존의 노동조합에 가입하거나 새로운 노동조합을 조직할 필요성은 높지만, 다양한 요인 때문에 조직화되고 있지 않다. 그것이 조직율의 저하 등 노동조합의 사회적 지위를 저하시켜, 「조합중심주의」나 「집단주의」의 정통성을 동요하게 하는 요인으로 되고 있다. 그렇지만 다른 한편에서는 근무방식의 다양화나 노동조건의 개별화의 진행에 따라, 「전통적인 노동자」층 및 「새로운 노동자」층의 쌍방에서 가 일층 다양화가 진행되면서 공통적인 이익기반의 다양화와 근로자의식의 개별화가 다양한 형태의 노동조합을 설립하게 하는 복합적인 요인으로 되고 있다.

가. 서비스근로자의 증가

제조업부문이 전통적으로 노동조합의 기반으로 되었던 산업이지만, 기술혁명 등의 영향에 의해 이러한 비율은 감소하는 것이 세계적인 추세에 있다. 우리나라에서도, 서비스업부문의 종사자비율은 계속해서 증가하는 경향에 있고, 최근에는 취업자의 60%를 차지하고 있다. 이와 같이, 산업구조의 변화가 동시에 급격히 생기고 있지만, 이러한 경향은 다음의 3가지의 점과 관련하여, 노동조합의 조직기반에 영향을 미치는 것은 필연적인 결과라고 할 것이다.

첫째로, 고학력, 고기능의 화이트칼라가 증가하고 있다. 국제적인 경향으로서, 고학력, 고기능의 화이트칼라는 개인주의적 성향이 강하여, 문제가 있는 경우에 사용자와 개인적으로 해결하려고 하거나, 이해관계가 공통적인 근로자끼리 소규모로 집단화하는 경향이 점점 강해지고 있다.

둘째로, 서비스업은 세분화되는 경향이 강하기 때문에, 소규모사업소속 근로자가 증가하고 있다. 일반적으로 소규모사업소에는 사용자가 노동조합에 대한 가입을 방해하는 경향이 강한 것에 더해, 노동자도 노동조합의 필요성을 충분히 인정하고 있지 않는 경우도 많다.

셋째로, 컴퓨터 등 첨단정보기계와 시설이 급속도로 발전하여 재택근무(teleworker) 등 새로운 근무형태가 생기고 있다. 재택근무의 경우에는 근로자가 서로 공통적인 관심을 가지고 연대하여 단결할 수 있는 공간으로 되는 직장이라는 것이 사실상 존재하지 않기 때문에, 노동조합을 조직화하기가 쉽지 않다.

나. 여성근로자의 증대

여성노동력에 대한 수요의 증대와 여성의 가사부담 경감, 여성의 고학력화 등과 같은 사정에 의해 여성노동자가 급증하고 있다. 선진자본주의국가에서 직장여성이 전체여성의 절반을 넘어간 지 오래되었다. 예컨대, 아메리카합중국에는 이미 1993년에 여성의 57.9%가 취업하였는데, 2005년 63%로 상승하였다고 한다. 우리나라에서 지난 30여 년간 여성취업자의 수가 괄목할 정도로 증가해왔다. 통계청에 따르면, 여성취업자는 1990년 737만 명에서 2010년 991만 명으로 거의 천만에

육박하고 있는데, 2010년 여성취업률은 47.7%에 이르고 있다고 한다.

이와 같이 여성근로자가 증가하고 있지만, 여성근로자는 자본주의 성립 초기부터 임금상의 성차별철폐 등 특유한 요구를 가지고 있었을 뿐만 아니라, 최근에는 불안정고용에 종사하는 경우가 많기 때문에, 여성특유의 노동조합조직의 새로운 기반으로 될 가능성이 높다. 그럼에도 불구하고, 실제에 있어서는 「여성차(female gap)」라고 평가되듯이, 그 조직률은 남성근로자에 비해 대체로 낮은 편이다. 여성근로자의 조직률이 낮은 원인에 대해는 여러 설이 있지만, 주로 노동조합이 과거에 있어, 남녀평등문제를 소수파의 특수한 이해로서밖에 취급하지 않았던 것이 영향을 미치고 있는 것이 아닌가 생각한다. 어떻든 노동조합의 조직기반으로 되었던 근로자는 전통적으로 남성이고, 여성근로자의 요구를 그 과제로서 자리매김하는 것이 지체되었던 것은 부정할 수 없다. 그러나 이러한 상황은 서서히 변하고 있다. 이미 서유럽이나 일본에서는 여성을 조합원으로 하는 노동조합이 생기고 있다고 한다.

다. 비전형고용의 증대

위에서 언급한 바와 같이 여성근로자가 증대함과 아울러 정보화 등으로 산업구조가 변하여 노동시장이 급변하며, 이에 따라 노동법제가 규제완화의 방향으로 전개되자, 이를 배경으로 하여 유기(有期)고용, 파견노동, 파트타임노동 등 「비전형고용」이라고 불리는 다양한 고용형태의 근로자가 각국에 증가하는 경향에 있다. 예컨대, 파트타임노동에 한해서 보면, 도이칠란트에는 1973년에 전취업자에 차지하는 비율은 10.1%이었던 것이, 1996년에는 15.0%로, 프랑스에서는 1973년에 5.9%이었던 것이 1997년에는 15.5%로, 유나이티드 킹덤에는 1973년에 16.0%이었던 것이 1997년에는 23.1%로 각기 증가하였다. 일본에도 1973년에 13.9%이었던 파트타임의 비율은 1996년에는 21.8%로 증가하였다고 한다. 우리나라의 경우에는 통계청의 자료에 의하면, 2010년(8월기준) 비정규직의 비율은 임금근로자 전체의 33%에 이른다. 그러나 실제로는 비전형고용까지 포함해서 생각하면, 비전형고용 및 비정규고용이 전체 고용인원수의 60%를 넘을 것이라고 추산된다.

이러한 비전형고용자는 고용의 불안정과 열악한 노동조건 등에서, 노동조합에 가입할 필요성은 본래 높지만, 지금까지는 다음과 같은 이유로 충분히 조직되고 있지 않다.

첫째로, 종래 노동조합의 조직기반으로 되었던 표준적인 「전통적」 노동자의 고용이나 노동조건을 위협할 가능성이 높은 것이다. 이 때문에, 비전형고용자에게 특유한 요구와 조직근로자의 요구는 그 차이가 판이하게 다르기 때문에 조정 자체가 곤란한 경우가 많다.

둘째로, 이러한 비전형고용의 다수는 직장이 고정되어 있지 않아 유동성이 높기 때문에, 조직대상 특히 기업별노조의 조직대상으로 될 기회는 거의 없다. 일반적으로 노동조합의 가입기회는 직장이 고정된 쪽이 높지만, 비전형고용의 경우에는 조직 자체도 어렵거니와 조직이 된다고 하더라도 단위사업장차원을 초월하는 형태의 조직으로밖에 될 수 없다.

라. 관리직근로자의 증가

관리직의 증대도 현업근로자가 중심으로 되어 있는 현재의 노동조합에서 커다란 문제로 되고 있다. 이것은 관리직 자체의 증가라고 하기보다도, 경기의 변동이나 경영관리의 변용의 영향을 받아, 자신의 보호와 이익대표조직을 바라는 관리직이 이전보다도 증대하였다고 하는 것이 정확하다. 최근까지는 정년까지 고용보장 등으로 관리직이 노동조합을 결성할 필요가 적었지만, IMF사태 이후 관리직이 고용조정의 대상으로 되는 등 고용불안에 의해, 일반근로자와는 다른 차원에서 관리직의 이익만을 대변할 수 있는 노동조합을 절실히 필요로 하고 있다.

마. 외국인근로자의 등장

최근에 들어와 「새로운 노동자」로서 외국인노동자가 점점 증가하고 있다. 정확한 통계를 접하지 못하여 확정적으로 말할 수는 없지만, 우리나라에도 합법 및 불법외국인근로자가 거의 50만 명 이상일 것으로 추산된다. 우리 노동조합은 이러한 외국인노동자에 대한 지원을 강화하고 있지만, 그 조직률은 극히 낮다. 이들이 기회만 있으면, 노동조합에 가입하려고 하겠지만, 실제에는 언어의 벽과 정보의 부족 등이 조직화를 막는 원인으로 되고, 내국인과의 차별 등으로 조직화는 극히 어려울 것이다. 그래서 이들의 이익을 대변하는 외국인근로자노동조합도 생길 가능성이 있다.

C. 유니온숍협정인정론의 재검토

a. 유니온숍인정론의 논리와 그 사상적 기초

위에서 이미 언급했듯이, 우리나라에서는 유니온숍제도가 1953년에는 법적으로 금지되었으나, 1963년 박정희 군사쿠데이후 제3공화국에서 일정한 조건하에 법적으로 허용되었으며, 아이러니컬하게도 신군부독재시절에는 또 다시 유니온숍제도가 사용자의 부당노동행위로서 금지되었다가, 1987년 이후 사회의 민주화와 더불어 다시 (구)노동조합법 제39조 2호 단서와 같은 일정한 요건 하에서 인정되어 지금까지 그대로 허용되고 있다. 이러한 입법적 상황을 평가해보면, 유니온숍제도가 구체적인 정치적 경제적 사회적 상황에 관계없이 일의적으로 "사용자에 대(對)한 근로자를 위(爲)한" 제도인 것처럼 비춰지고 있다는 것이다. 그래서 유니온숍제도가 헌법 제33조 1항의 노동기본권을 실현하는 적극적 제도로 평가하는 견해가 지배적인 것으로 되었고 나아가서 유니온숍제도에 대한 면밀한 법적인 검토가 없었던 것이 아닌가 생각한다. 또 우리나라에 있어서 유니온숍제를 도입하고 그것을 유효로 보는 견해가 지배적이었던 이유가 우리나라의 유니온숍협정의 특수한 성격과 그것의 광범한 보급 그 자체에 있다고 말할 수 있지만, 그 보다 중요한 원인은 일본노동법학의 영향을 받아서 형성된 전통적인 단결우위의 사상에서 찾아야 할 것이다.

우리나라의 대부분의 학설[338)]과 판례[339)]는 유니온숍협정의 유효성을 인정하고 또 현행 노조법 제81조 2호 단서를 합헌적인 규정으로 이해하고 있다. 또 다수의 학설과 판례가 유니온숍협정을 포함한 단결강제를 단결권의 내용으로서 인식하고, 또 근로자의 단결권을 결사의 자유와 구별하는 가장 중요한 징표로 이해하고 있는 듯하다. 단결권과 결사의 자유의 차이점을 조직강제의 유무에서 찾고, 조직강제가 인정되는 근거를 단결권과 결사의 자유의 차이에서 찾는다는 것은 동어반복에 불과하지만, 우리나라의 다수설은 그러한 동어반복의 느낌마저 줄 정도로 단결강제와 단결권의 연계를 당연시하고 있다. 물론 유니온숍협정과 같은 조직강제의 적법성과 유효성이 자명한 것이 아니라, 독자적인 논증을 필요로 한다는 명제이라는 것은 다른 나라에서 보더라도 자명한 것이기 때문에, 우리나라의 학설도 유니온숍협정의 유효성을 주장함에 있어서 그것에 의해서 제약된 개개의 근로자의 권리와 자유와의 관계를 전혀 도외시하는 것은 불가능했다. 그래서 현행법과 같이 "노동조합이 당해 사업장에 종사하는 근로자의 3분의 2이상을 대표하고 있을 때"라는 조건을 붙이고 또 "당해 노동조합에서 제명된 것을 이유로 신분상

---

338) 그러나 유니온숍협정을 인정하고 있는 노조법 제81조 2호 단서의 위헌성을 주장하는 학자도 일부 있다. 박상필, 『한국노동법(전정판)』, 대왕사, 1990, 102-104면은 유니온숍협정이 되어 있는 경우 근로자는 자신이 원하는 노조가 아니라 협정당사자인 특정노조에 강제적으로 가입하여 조합원으로서의 신분을 유지해야 하기 때문에 단결권에 내포되어 있는 단결선택권을 침해당하는 것이 되므로 유니온숍제를 인정하고 있는 (구)노동조합법 39조 2호 단서 즉 현행 노조법 제81조 2호 단서는 위헌이라고 하고, 김철수, 『헌법학개론』, 박영사, 2002, 772면은 유니온숍협정은 근로자의 자기결정권에 대한 단결권 침해이기 때문에 무효라고 한다.

339) 대판 2002. 10.25. 2000카기183 참조.

불이익한 행위를 할 수 없다"는 제한도 첨가하게 되었다. 이러한 조건과 제한을 붙여서 다수설은 근로자 개개인의 자유나 권리는 바로 노동조합이라는 집단을 통해서 비로소 실현된다는 이론에 기초해서 유니온숍협정과 개개인의 근로자의 권리와의 상극을 간단히 극복하려고 했다.

근로자의 단결하지 않을 자유를 사실상 부정하여 단결을 강제하는 유니온숍협정은 근로자 개개인의 자유나 권리는 단결해서 비로소 실현할 수 있다고 하는 기능론적 논리와 단결하지 않는 것이 단결하여 근로조건향상을 위해서 노력하고 있는 근로자동료의 노력에 찬물을 뿌리게 된다고 하는 도의론적 논리에 의해서 정당화하고, 유니온숍협정이 헌법 제33조 1항에 의해 보장된다고 하는 논거가 인정되어 왔던 것이다.

그런데 위와 같은 논리는 제2차 세계대전 후 일본의 집단적 노동법의 모든 영역을 관통하여 온 기본사상이었다. 이것은 그 당시 일본의 역사적 조건에 규정되어 정당화될 수 있었던 것이다. 일본에 있어서 전통적인 집단주의적 사고양식의 잔존 그리고 이러한 사고양식이 시대적 사상으로서의 단결우위, 생존권우위의 사상을 만들어냈고, 이것은 바이마르 도이칠란트의 노동법이론의 영향과 더불어 일본식 집단주의적 노동법이론을 형성한 것이다. 이러한 사상이 지배하는 곳에서는 근로자의 개인적 자유 그 자체에 중요한 의의가 인정되어왔던 것은 어떤 의미에서는 어쩔 수 없었던 것이다. 그래서 당시에 있어서는 근로자는 「개인적으로는 무력하고, 사용자에 종속되어 자유를 상실하지 않을 수 없다. 고로 단결이야말로 그들의 진정한 자유의 보루이며, 단결하지 않을 자유에 대해서 가치적 우위를 부여할 수 없는 단결관이 지배적이었다. 노동조합이 수행하는 생존권옹호기능 및 민주화기능과 조합운영의 민주성에 대한 신뢰가 동요하지 않는 동안에는 조합에서 탈퇴하는 것이나 제명당하는 행위로 퇴출되는 것은 물론이고, 조합에 가입하는 것도 일종의 죄악이며, 그러한 근로자를, 예를 들면, 근로의 권리를 근거로 하여 보호할 필요성도 없다고 생각하는 것도 당연하였을 것이다. 어쩌면 노동조합에 가입하지 않는 것을 「상당히 사치스런 자유」로 보려는 듯한 발상이 그 당시 일본의 다수 노동법학자들의 뇌리를 강하게 사로잡고 있었을지도 모른다.

여기에서 우리가 유니온숍협정의 무효를 주장하는 일본노동법학자들의 견해에 대해서 주목해야 할 것은 그러한 해석론의 타당성여부는 별론으로 하더라도 이들이 유니온숍협정의 무효의 근거를 적극적 단결권에서 찾고 있었다는 사실 그 자체이다. 다시 말하면, 도이치의 통설과 같이 소극적 단결자유를 근거로 해서 유니온숍협정의 유효성을 부정하는 견해는 일본에서는 고작 일부의 논자에 의해서 주장되었던 것에 그치고[340] 유니온숍협정을 긍정하는 사람도 부정하는 사람도 적극적 단결권을 근거로 하고 있다. 이것은 일본에도 얼마나 적극적 단결권이 중시되고, 단결로부터의 자유가 얼마나 등한시되어 왔는가를 보여주고 있는 다른 측면이라고 할 것이다.

b. 유니온숍협정의 부정적 기능

모든 제도가 이중적인 성격을 가질 수 있듯이, 유니온숍제도도 대사용자관계에 있어서 근로자들에게 약(藥)이 될 수도 있고 또 독(毒)이 될 수도 있다. 즉 노사관계의 구체적인 상황에 따라 유니온숍제도는 사용자에게 고통으로 되기는커녕 오히려 이용가치가 있는 제도가 될 수도 있다. 그러면 서구산업자본주의초기에 성행했던 강력한 조직강제도들 거의 모두가 오늘날에는 위법한 것으로 평가되어 금지되고 있는데, 상황에 따라 역기능을 할 수도 있는 유니온숍제도가 어떠한 연유에서 우리 노사관계법에는 여전히 유효한 제도로서 제도화되어 있는가를 생각해 보면, 그것은 지금까지 우리나라 노동현장에 유니온숍협정이 광범하게 보급되어 있다는 사실 자체가 가지고 있는 비중 때문에 현행 노조법은 다만 예외적으로 유니온숍제도를 인정하고 있는 것이 아닌가 생각해 본다. 여기에서 우리는 한 번 더 유니온숍제도를 인정하는 기본적 논리와 그 사상적 배경을 검토할 필요성을 느끼게 되는 것이다.

노동조합의 조직화문제는 노동조합운동의 원초적인 기본으로 돌아가 조합민주주의를 철저히 확립하면서 그와 아울러 조합원 개개인의 기본적 권리를 최대한으로 보장해서 노동조합의 자율적 재생기능에 의해 극복되어야 한다. 노동조합이 전체 노동시장 차원에 있어서 일자리의 보장 및 개별기업 차원에서의 취업 자체에 대하여 아무런 규제기능을 가지고 못하고 있는 현재의 상황에서 노동조합운동의 기본원칙에 철저하지 못한 노동조합에게 사용자의 힘에 의거하여 거대조직화의 기회만 제공하는 유니온숍제도는 진정한 의미에 있어서 단결권의 보장에는 거의 도움이 되지 않을 것이다.

그러나 다른 면에서는 유니온숍협정이 사용자에 대한 단결승인의 제도로서 긍정적 측면을 가지고 있다는 것은 간과해서는 아니 된다. 즉 기업 내 노사관계의 당사자로서 사회적으로도 법적으로도 정착하고 있는 민간대(大)기업노동조합은, 특히 대(大)기업에서도 조합 병존 시에 있어서 소수조합, 혹은 중소영세기업의 노

340) 大脇雅子, 「組織强制と 團體自治の 法理(一)」, 名大法政論集 16호(1961년) 66면 이하는 단결할 자유와 단결하지 않을 자유를 동렬에 놓는 것에서 유니온숍협정이 사용자에게 법적 해고의무를 과하는 것은 아니라고 한다.

동조합의 경우에는 유니온숍협정의 체결이 사용자에 대해 기업 내에 있어서 집단적 노사관계를 형성하는 당사자로서 조합의 존립, 단결자치와 그 단결활동을 승인케 하는 기능을 가지고 있는 것은 갑자기 부정하기 어려운 바이다.

유니온숍협정은 해고라는 극히 강력한 수단에 의한 근로자의 소극적 자유의 제한이며, 그것의 적법성을 긍정하는 것은 상당히 곤란하다. 그래서 이러한 관점에서, 유니온숍협정의 부정적 기능을 검토해둘 필요가 있다.

판례[341)]에 나타난 사례에서 보면, 유니온숍협정은 단결을 강화하기는커녕 오히려 반대의 역할을 하였다고 하는 것이다. 유니온숍협정의 부정적 기능은 그것에 본래적으로 내재하는 위험성이 구체적 상황에서 현실화된 것에 불과하다고 이해해야 할 것이다. 즉 앞에서 기술한 바가 우리나라의 유니온숍협정은 조합내부의 통제강화를 그 하나의 목적으로 하고 있어, 당초부터 다수파가 제명(또는 자진탈퇴)의 위협과 함께 소수파의 활동을 부당하게 제약하기도 하고, 소수파를 기업 밖으로 배제하기 위해 소수파의 하찮은 언동을 구실로 해서 제명처분에 하려고 할 위험성을 내포하고 있었던 것이다. 게다가 이러한 제도는 노동조합의 조직적 확대와 강화라는 조합 자체의 과제를, 투쟁의 상대방인 사용자의 손을 빌려서 실현하려고 하는 모순적 성격을 가지고 있으며, 거기에 사용자의 의도가 개입할 가능성도 적지 않다. 결국 사용자는 조합미가입자나 탈퇴자 중에서 사용자의 입장에서 가장 나쁜 자만을 선택적으로 해고함으로써 간접적이긴 하지만 노동조합에 개입할 수 있는 가능성이 있다. 특히 우리나라에서 다수의 사이비유니온숍이나 선언적 유니온숍의 경우에는 사용자의 자유재량이 제도적으로도 보장된다. 유니온숍협정의 이행으로서의 해고가 실제에 행하여지는가 여부는 「권리자인 조합의 힘의 강약이 아니고, 가입거부, 탈퇴자의 사용자에 대한 거리와 사용자와 노동조합과의 거리의 격차(그것은 상대적으로 결정된다)」에 의해서 결정된다고 할 것이다. 그리고 노동조합의 협조노선이 정착되어 가는가에 따라서 조합집행부가 혐오하는 소수파와 사용자가 해고에 의해서 기업 밖으로 배제하고 싶은 근로자는 완전히 일치하게 된다. 이렇게 유니온숍협정이 사용자와 노동조합의 협동에 의한 소수파 추방의 기능을 영위하고 있는 것은 단순한 일시적인 남용이라기보다도, 제도 그 자체의 기본적 성격에 유래하는 것이며, 판례에 나타난 사례의 다수가 이러한 종류의 문제를 둘러싼 것이라는 것은 결코 우연이 아니다.

그런데 유니온숍협정의 기능에 대한 최종적 결론을 끌어낸다고 하면, 그것은

---

341) 대판 2002.7.26,2001두5361; 동2004.7.22, 2004다24854; 2002.10.25. 2000다23815 및 헌재 2005.11.24 2002헌바9596;2003헌바9(병합) 결정 등의 내용 참조.

또 일면적이라고 말하지 않을 수 없을 것이다. 유니온숍협정이 법적 현상으로 되지 않는 국면에서 적극적인 단결보장기능을 하고 있는가의 여부에 대해서 다시 생각해볼 필요가 있다.

우선, 유니온숍협정긍정론이 공통으로 지적하는 이 제도의 단결강화의 역할에 대해서 검토해보자. 일반적으로 말해서, 유니온숍협정은 본래 노동조합에 가입하려고 하지 않는 근로자에게 가입을 강제하는 것이기 때문에, 조합수의 증가에 기여하지만, 적어도 이미 형성된 전원가맹제를 유지하는 역할을 할 것이다. 그리고 조합원수가 많다는 것은 노동조합의 재정적 기초를 견고히 하고, 잠재적인 활동력을 높일 가능성이 있는 것은 부정할 수 없다. 그렇지만, 그것이 곧바로 진정한 의미에서 노동조합의 강화로 연계되는가 여부는 별개의 문제이다.

실제, 가입강제에 기초한 노동조합은 2중의 의미에서 실질적으로 강하게 될 수 없다고 생각한다. 첫째로, 강제로 가입한 조합원은 노동조합의 본래의 의의를 인식하고 있는 것은 아니기 때문에 당연한 것이지만, 조합활동에 적극적으로 참가하지 않는 경향을 가진다. 그리고 다수의 무관심조합원의 존재는 전체로서 조합활동의 수준을 저하시키고, 사실상 간부 혹은 일부활동가만이 참가하는 형해화된 노동조합을 만들게 된다. 둘째, 강제조직의 원칙하에서는 노동조합의 운영이 아무리 비민주적이고 아무리 근로자이익에 반하는 형태로 되고 있어도, 가입거부자나 탈퇴자가 생기지 않을 뿐만 아니라, 제명의 우려 때문에 그것에 대한 조합원의 비판적 활동도 억제된다. 이것은 조합의 비민주적 운영을 온존하고, 조합원의 이익에 반하는 조합의 존재방식을 고정시킬 가능성이 강하다. 조합의 운영을 일단 그르치면, 탈퇴자가 속출한다는 긴장관계의 존재와 조합원에 의한 비판활동의 최대한의 보장이야말로 민주적인 노동조합의 불가결한 전제조건이기 때문이다.

이렇듯이, 조직강제가 결코 노동조합을 질적으로 강화한다라고 하는 것은 생각할 수 없는 것이다. 유니온숍제도가 노동조합을 강화한다고 하는 논의는 조합원의 수에만 주목하고, 그것이 강제에 의한 것이라는 문제성을 경시하는 것이라고 말하지 않을 수 없다.

다음에, 유니온숍협정이 사용자에 의한 조합승인의 의미를 가진다는 점에 대해서는 어떠한가? 확실히 전후 노동조합이 차례로 탄생하여왔던 시기에 유니온숍협정이 그러한 기능을 하였다는 것은 부정할 수 없다. 그러나 노동조합을 승인한 사용자가 다시 조합분열의 결의를 굳힐 때는 유니온숍협정이 거의 억제적 역할을 하지 못했다는 것도 역사적인 사실이다. 유니온숍협정이 조합승인의 의미를 가진다는 것은 그것이 사용자에 의한 조합승인의 징증(徵証)이라는 것을 의미하는 것에 불과하고, 그것 자체가 사용자에 의한 분열을 방지하는 보증으로 될 수는 없다. 게다가 가령, 그러한 징증이 필요하다면, 「사용자는 노동조합을 승인하고, 그 존속과 활동을 보장한다」라는 선언적 규정을 단체협약에 마련하면 좋을 것이고, 반드시 유니온숍협정을 필요로 하지 않는다고 할 것이다. 그러한 의미에서 사용자에게 노동조합을 승인시키기 위해서 유니온숍협정이 필요하다는 주장도 벌써 설득력을 가지는 것은 아니다.

복수노조의 금지규정과 함께 노조법 제81조 2호 단서는 단결강제에 의한 노동3권의 보호를 강화하고자 하는 기능보다는 오히려 이른바 「1기업1노조주의」에 의한 노사관계의 안정화에 그 비중이 있었던 것이 아닌가 한다.

D. 소극적 단결권에 대한 재평가의 필요

a. 자유의사의 주체로서 근로자

유니온숍제도인정론은 유니온숍협정에 의해 사용자가 사업장 내에서 노동조합 존재 자체를 인정한다는 점을 높이 평가하고 있는 듯하나, 근로자 개인의 단결권의 측면에서 유니온숍제의 부정적 기능에 대한 면밀한 법적인 검토가 없었던 것이 아닌가 생각한다. 유니온숍인정론이 펴고 있는 일견 지당하게 보이는 논리도 실은 극히 심각한 문제를 품고 있다. 유니온숍인정론의 문제점은 크게 두 가지로 요약될 수 있는데, 근로자 개개인의 자유의사를 너무나 경시하고 있다는 것과 유니온숍협정이 해고의 위협을 수단으로 하는 조직강제라는 사실을 너무나 경시하고 있다는 것이 그것다.

우리가 주목해야 하는 법적 문제로는 유니온숍제에 포함된 강제의 계기이다. 숍제를 둘러싼 외국의 논의에서 그토록 크게 문제로 되었던 개인적 자유보장의 요청이 우리나라에서는 너무도 간단히 「극복」되고 있는 것은 놀랄만한 것이다. 개개인의 자유와 자율을 기초로 하는 근대 현대사회에 있어서는 본래 어떠한 목적의, 어떠한 종류의 강제도 그 자체반가치적인 것이라는 추정을 받아야 하고, 개인의 자유를 능가하기에 충분한 특별한 법익의 존재만이 강제를 정당화할 수 있을 뿐이다. 강제가 결국 근로자 자신의 이익으로 된다고 하는 것에 의해서 자유의 부정을 근거지우려고 하는 것은 유니온숍협정이 실제에 어느 정도 근로자의 이익으로 되는가라는 문제를 별도로 해서라도 근로자의 자유로운 판단의 의의를 너무나도 경시하고 있다고 하지 않을 수 없다.

「근로자는 단결해서만이 진정한 자유를 획득할 수 있다」라고 하는 명제는 오늘날에도 일반적으로는 정당하다고 생각한다. 근로자는 그 사회적 지위(종속성)에서 볼 때, 자본에 대항하여 단결할 필요를 가지고 있고, 단결하는 것에서 비로소 어느 정도의 실질적 자유(특히 거래의 자유)를 회복할 수 있다는 인식은 노동법의 가장 기본적인 출발점을 이루는 것이라고 해도 좋다. 또 근로자의 시민적 자유, 특히 사상 신조의 자유나 정치적 자유도 근로자의 단결을 통해서 비로소 충분히 국가나 자본의 공격에 대하여 보장될 수 있다고 하는 것을 인정해도 좋을 것이다.[342] 따라서 오늘날 근로자의 자유를 보장하는 것이 아니라 오히려 억압하는 노동조합이 아무리 많다고 하여도 근로자의 진정한 자유 혹은 인간다운 생활의 보장은 기본적으로 노동조합을 통해서 실현될 수 있다는 것은 역시 그 진리성을 상실하는 것은 아니라고 할 것이다.

그런데 문제는 「근로자가 단결해서만이 진정한 자유를 획득할 수 있다」라는 명제에서 「따라서 단결에 대한 강제는 당연히 허용된다」라는 명제를 도출해낼 수 있는가의 여부이다. 이것은 근로자가 스스로 진정한 자유의 실현을 위해서 단결한다는 것도 어디까지나 근로자 자신의 주체적 단결을 매개로 해서 이루어져야 하는 것이 아닌가라는 것이 다시 문제로 되기 때문이다.

근로자의 진정한 자유를 위한 강제라는 모순적인 명제는 수동적인 인간상을 전제로 해서만이 성립할 수 있다. 이러한 인간상에서 추출되어 나오는 것은 자신의 경제적 지위를 스스로의 노력에 의해서 개선하려고 하지 않고 오로지 타인에 의해서 강제되지 않으면 자신의 이익을 옹호하는 방법도 찾지 못하는 그러한 인간이다. 이러한 인간이 우리 헌법 제33조가 지향하는 근로자상인가? 그러나 이러한 근로자상은 헌법 제33조가 상정하는 인간상에 합치하지 않는다고 할 것이다. 왜냐하면 자주적인 단결권을 보장하고 있는 헌법 제33조는 스스로의 경제적 이익을 스스로의 자발성에 기한 단결에 의해서 주체적으로 추구하려고 하는 근로자를 전제로 하지 않으면 아니 되기 때문이다. 제헌헌법이 제정될 당시는 확실히 일제식민지배로부터 해방된 직후이고, 그 당시 한국근로자의 법의식은 개인적 자유에 대한 의식이 희박하고, 반대로 집단적 귀속의식이 지배적이었던 단계에 있었다고 할 수 있다. 우리 제헌헌법 제18조 제1항을 그대로 이어받은 현행 헌법 제33조 제1항에 전제되어 있는 인간상이 그 당시의 이러한 일정한 현실에 터를 잡고 있었다고 말할 수 있다. 그러나 이로부터 반세기이상이 지나갔으며, 1980년대, 1990년대까지의 압축적인 고도성장과 1990년대 후반 IMF경제위기사태를 통해서 근로자의식이 크게 변한 오늘날, 이러한 수동적 인간상은 현실의 근로자의식과도 적합하지 않을 뿐만 아니라, 단결권론의 과제와의 관계에 있어서도 커다란 문제를 야기하고 있다

342) 片岡昇, 『勞動法の基礎理論』, 1974년, 日本評論社, 188면 이하.

고 말하지 않으면 아니 된다.

노동조합은 근로자의 자유로운 의사에 의해서만 결성되고 가입이 되어야 한다. 단결자유의 진수는 바로 그 점에 존재한다. 단결권과 결사의 자유를 선험적으로(a priori) 대치하고, 단결권의 본질이 강제에 있는 듯이 이해하는 것은 충분한 근거를 가지는 것이 아니다. 노동조합이 사용자와의 교섭과 투쟁을 통해서 근로자의 권리와 자유의 옹호나 경제적 지위의 향상이라는 본래적 기능을 발휘할 수 있는 것은 바로 그것이 근로자의 자발적 결사이기 때문이다. 강제에 의해서 가입된 근로자가 조합의 활동에 적극적으로 참가할 의욕을 가질 수도 없다.

본래 노동조합에 대한 가입이 근로자의 자유로운 의사에 기초해야 한다고 하여도, 그 자유의사는 시민법적 인간에 대해서 말하는 추상적인 자유의사는 될 수 없고, 말하자면 사회적으로 규정된 자유의사일 수밖에 없다. 이러한 자유의사는 거시적 관점에서 보는 한, 근로자의 객관적 지위의 공통성을 반영하여 단결로 지향할 것이다. 그러나 현실에는 근로자에 있어서 단결의사의 형성을 저해하는 여러 가지의 복잡한 요인이 존재하고, 근로자가 자연발생적으로 단결을 지향하는 것은 아니다. 거기에 단결의 필연성이라는 거시적인 사회법칙과 개개 근로자의 조합비가입이라는 행동의 괴리가 생긴다. 그러나 그러한 괴리 그 자체에 현실적 근거가 있으며, 그것을 단결강제에 의해서 일거에 매몰시키려고 한다면 반드시 무리가 생긴다. 그것은 단결을 강화하기보다도, 오히려 단결의 생명력을 무력화할 것이다. 단결하지 않는 사람에게도 그 나름의 자주적 판단력이 있기 때문에, 그의 판단은 존중되어야 한다. 중요한 것은 그 자주적 판단 그 자체를 변경하려는 설득을 통해서 저해요인을 하나씩 하나씩 극복하는 과정 그 자체에 실은 단결의 생명력의 비밀이 숨어 있다고 말해도 좋을 것이다. 오늘날 노동조합의 쇠퇴의 하나의 원인은 그러한 노력을 태만히 하는 것에서 찾아야 하지 않을까 한다.

b. 근로자의 소극적 단결자유

오늘날과 같은 상황에 있어서 근로자에게는 단결해야 할 도덕적 의무로서 적극적 단결권을 획일적으로 강화하기보다 근로자 자신의 주체적 판단을 존중하는 단결선택의 자유와 소극적 단결의 자유가 점점 더 중요한 의미를 가진다. 근로자의 주체적 판단을 존중한다고 하는 것은 근로자가 자기의 주체적 판단에 기초해서 노동조합을 선택하고 노동조합에 가입하거나 가입하지 않을 자유를 인정하는 것을 의미한다. 그러면 소극적 단결자유의 근거는 어디에서 찾아야 하는가? 그것은 헌법 제33조 1항의 단결권보장에서 찾아야 한다. 다수의 학자들은 헌법 제33조 1

항이 보장하고 있는 노동3권의 법적 성질을 사회적 기본권 내지 사회권적 성격을 가진 자유권이라고 전제하고, 노조법에 의해서 입법자가 자의적으로 노동3권을 형성 내지 제한할 수 있다는 이론적 근거를 만든 다음, 노조법에서 복수노조의 설립을 금지하더라도 그것이 위헌이 아니라고 하였다. 그리고 또 그들은 헌법 제33조 제1항은 적극적 단결권만 보장하고 있다는 권리의 가장 기본적인 성질에도 반하는 주장을 펼치고 있다. 이러한 정치적 해석론은 이제 변경되어야 한다. 어떠한 요구가 권리로 보장되는 순간, 그것이 권리이기 위해서, 그 권리의 주체에게는 그러한 권리를 행사하지 않을 자유가 보장되어야 한다. 그 권리를 반드시 행사해야 할 의무가 있다고 한다면, 그것은 이미 권리가 아니다. 권리의 소극적 측면은 모든 권리 그 자체의 가장 기본적인 본질이다. 헌법 제33조 1항이 보장하고 있는 근로자의 단결권이 그것이 권리인 한 거기에는 이미 소극적 단결권이 포함되어 있는 것이다. 이것을 해석을 통해서 배제하는 것은 단결권의 권리성 자체를 부정하는 것과 마찬가지다.

그 뿐만 아니라 다수설과 같이 노동3권이 적극적 단결권만 보장하고 있다고 해석한다고 하더라도, 오늘날과 같이 근로자의 이해관계가 다양해지는 상황에서 서로 이해관계가 공통하는 근로자들이 단결하여 자신들의 이익을 제대로 관철할 수 있을 때, 그것이 적극적 단결권을 제대로 보장하는 것일 것이다. 그러므로 단결선택의 자유가 단순히 어떠한 단결체에 소속하는 것 보다 중요하고, 자신의 이익을 제대로 실현하지 못하고, 아니 오히려 자신의 이익을 해치는 단결체에 가입할 것을 강제하는 것이 노동3권이라고 한다면, 차라리 그러한 권리는 보장되어 있지 않는 것이 나을지도 모른다.

대부분의 노동법학자들은 헌법 제33조 1항이 적극적 단결권만 보장하지 소극적 단결자유를 보장하고 있지 않다는 입장을 취하고 한다. 이러한 사고방식은 헌법 제33조 1항에 보장된 노동3권이 사회적 기본권 또는 생존권이라고 보는 태도에서 비롯된 것이라고 할 것이다. 위에서 이미 논하였듯이, 노동3권은 순수한 자유권적 기본권이다. 그러므로 근로자의 소극적 단결권은 헌법 제33조 1항에 의해서 당연히 보장되어야 한다.

설령 다수설과 같이 헌법 제33조 1항이 소극적 단결자유를 인정하지 않는다고 해석하더라도, 근로자의 소극적 단결자유는 인간의 존엄성을 보장하는 헌법이 보장하는 일반적 탈퇴의 자유와의 관계에서도 인정되어야 한다고 생각한다. 이 경우에는 그것이 어떻게 근거지워지는가? 확실히 규약에 어떠한 정함도 없는 경우에는, 노동조합이 근로자의 자주적인 결합이라는 일반원칙에서 곧바로 탈퇴의 자유를 도출해도 좋을 것이다. 그러나 탈퇴를 실질적으로 제약하는 조항이 규약에 마련되어 있는 경우, 그것이 무효라는 것은 결코 자명한 이치는 아니다. 단결자치를 존중하는 입장에 서면, 근로자가 스스로 선택해서 가입한 단결의 규범에 따른다는 것은 당연하고 그래서 조합의 일정한 기관의 합리적 기준에 기초한 승인을 탈퇴의 조건으로 하는 것은 허용된다는 견해가 오히려 설득력이 있게 보인다. 통설과 같이 일방에서 해고의 위협에 의해서, 사실상 탈퇴의 자유를 박탈하는 유니온숍협정을 용인하면서 다른 한편에서 탈퇴의 자유에 일정한 실질적 제약을 가하는 자주적 규정으로서의 조합규약의 효력을 부정한다고 하는 것은 수미일관된다고 할 수 있을까? 어떻든 조합조직의 강화를 목적으로 하고 있다고 하면, 협약조항에 기하여 사용자의 손을 빌려서 조합원의 자유를 제한하려고 하는 것은 무엇 때문에 조합규약에 의해서는 할 수 없는 것일까?

탈퇴의 자유를 제약하는 노동조합규약이 무효라는 근거를 적극적 단결권의 내용으로서의 단결선택의 자유에서 찾는 견해가 있지만,[343] 이것도 설득력을 가지고 있다고 말할 수 없을 것 같다. 이 논리는 특정 노동조합을 탈퇴하여 다른 노동조합을 결성하든가, 다른 노동조합에 가입하려고 하는 근로자에게만 타당하지만, 탈퇴한 후에는 어떠한 노동조합에도 가입하지 않고 비조합원으로 남아 있고자 하는 근로자에 대해서는 근거를 가지지 않기 때문이다. 모든 근로자들이 어떠한 노동조합에라도 가입할 것이라는 전제가 성립하지 않는 것은 분명하고, 탈퇴라는 행위를 당해 조합에 대한 비판으로 파악할 수 있어도 그것을 조합선택의 자유와 결부해서 그 근거를 찾으려고 하는 것은 다른 노동조합에 가입하거나 새로운 노동조합을 결성할 의도를 전혀 가지고 있지 않은 근로자에 대해서는 견강부회하는 감을 면할 수 없다.

따라서 탈퇴의 자유를 실질적으로 제약하는 조합규약이 무효인 근거는 다수 학설과 판례가 그렇게 하고 있듯이, 바로 소극적 단결자유에 구하지 않을 수 없을 것이다. 그것은 소극적 단결자유에 대해서 적어도 그것을 일반적으로 제약하는 규약조항을 무효로 할 만큼의 법적 평가를 인정하는 것을 의미한다. 탈퇴의 자유를 일반적으로 승인하고, 그것을 제약하는 규약조항을 무효로 하면서, 법적 원칙으로서의 소극적 단결자유를 부정하는 것은 논리모순이라고 하지 않을 수 없다.

---

343) 예컨대, 石井照久, 『新版勞働法』, 弘文堂, 1971, 303면은 「어떤 근로자가 그 소속하고 있는 특정 조합으로부터 탈퇴한다고 하는 것은 당연히 모든 근로자의 조직으로부터 떠난다는 것은 아니고, 당해 조합에 대한 비판으로서의 탈퇴 중에 조합선택의 자유를 행사하고 있는 것이라고 말할 수 있기 때문이며, 그것은 헌법이 보장하는 단결의 자유, 즉 적극적 단결권과 연계를 가지고 있다」라고 하는 것에서 조합탈퇴의 자유를 부당하게 제한하는 것은 허용될 수 없다고 하고 있다.

E. 정 리

우선, 제한적 조직조항으로서 단결강제를 헌법이 보장하는 적극적 단결권의 침해로서 위법이라고 하여, 일반적 조직조항으로서의 단결강제만을 긍정한다고 하는 기본적 입장에 서는 때, 유니온숍협정의 효용이 심히 감살되는 것은 확실하다. 특히 우리나라에서 의도되고 있는 「특정조합의 조직력강화」의 요청은 인정되지 않는 것으로 되지만, 사실상은 다른 기존의 조합이 있는 경우가 아닌 한, 새로운 유력한 조합의 결성이라는 것은 그렇게 용이하게 실현될 수 있는 것도 아니기 때문에, 일반적 조직조항으로서 유니온숍협정에 의해서도 일반적인 조직화의 강제를 특정 노동조합의 가입이라는 것으로 실현할 수 있는 기회가 적지 않다고 할 것이다.[344] 당초 일반적 조직화에의 강제로서의 유니온숍협정에 의해서는 전술과 같이 조합의 분열을 방지할 수 없고, 그리고 회사별노동조합을 중핵으로 하는 현재의 우리나라에서 하나의 회사 내에 두 개 이상의 노동조합이 병존한다고 하는 것이 반드시 좋은 현상이 아니라는 것도 확실하다.[345] 그러나 분열은 항상 노동조합의 발달과정에 있어서 불건강한 장해라도 말 수 없다. 분열현상이 기존의 노동조합조직에 있어서 결함에 대한 주의환기로 되고, 건강한 노동조합의 결성을 유도하는 것도 적지 않기 때문에, 분열의 권리를 전면적으로 부정하는 것은 단결의 자유의 원칙을 침해하는 것으로서 타당하지 않다.[346] 이러한 의미에서 유니온숍협정을 조합의 분열방지조치로서 과대시하는 것도 올바른 노동조합운동의 방식이라고도 할 수 없다. 특히 회사별노동조합을 중심으로 하는 우리나라에서 특정조합에의 가입강제라는 형태로 조직선택의 자유(조직에서 떨어져 있을 자유가 아니다), 즉 적극적 단결권의 침해를 안이하게 긍정하는 것은 충분히 반성해 보아야 하는 것이 아닐까 한다. 그리고 현재 우리나라에서 유니온숍협정이 이른바 「무늬뿐인 유니온」을 상태로 할 수밖에 없는 것, 이러한 협정위반에 대한 추급이 반드시 강력하게 이루어지 않고 있는 현실에서 이 협정이 가진 의의 한계를 노정하고

---

344) 특히 전국적인 산업별 노동조합이 발달하면, 일반적 조직조항으로서의 유니온숍협정도 상당히 효과를 발휘하게 될 것이다.

345) 최근 잉글랜드에 있어서는 조직노동자의 수는 증가하고, 게다가 조합수는 감소의 경향이 있다고 하는 것에 반해, 우리나라는 조합수의 증가에 비해 조합원수가 반드시 만족할 만한 증가수를 보이고 있지 않다. 그것은 조직화의 진전이라기보다는 오히려 조합분열의 현상이 많다는 것을 보여주는 것으로서, 반드시 좋은 현상은 아니다. 이 점은 프랑스와 유사하다고 할 수 있지만, 특정 조합 내에 있어서 통제의 과잉 등이 오히려 분열의 계기로 된다는 것을 반성해야 한다.

346) Knowles 및 Bell이 이러한 점을 지적하고 있다(Knowles, op. cit,, p. 174; Bell, op. cit., p.174 참조. 또한 Bell은 현재 잉글랜드에 있어 가장 존경할 만한 노동조합의 몇몇은 과거의 분열운동의 소산이라고 하고 있다).

있다고 하겠다.

나아가서 유니온숍제는 국가의 최고규범인 헌법에 평등권, 노동3권 등이 보장되어 있는 유럽대륙국가와 그 법적 상황을 달리하는 앵글로아메리카 국가에서 기업별노동조합을 중심으로 발전했던 제도이다. 이와 같이 앵글로아메리카법제인 유니온숍제도가 우리나라에 도입되었던 것은 역사적으로 일본의 영향에 기인한 것이라고 하겠다. 사업장소속근로자 3분의 2이상을 대표하는 노동조합과 체결된 유니온숍협정만 인정하는 제한적 형태가 인정될 수 있었던 것은, 위에서 언급했듯이, 우리나라에서는 노동조합이 지금까지 1기업1노조의 기업별형태이었다는 점과 노동조합이 있는 경우에 하나의 지배적인 노동조합을 인정하는 것이 군소노동조합의 난립을 방지하여 오히려 사용자의 노무관리에 도움이 된다는 점에 있었다고 말할 수 있다.

그리고 노조법에 의해 위와 같은 제한적인 유니온숍제도가 상존할 수 있도록 했던 법이론적 기초는 헌법 제33조 1항에 보장된 노동3권의 법적 성격이 사회적 기본권 또는 사회권적 성질을 가진 자유권이라는 이론과 헌법 제33조 1항이 보장하는 것은 근로자의 적극적 단결권이지 소극적 단결권이 아니라는 이론,[347] 노조법이 이러한 법적 성격을 가진 노동3권을 형성하는 법률이고, 그 노조법의 헌법적 근거는 헌법 제33조 1항이라고 하는 이론 등이다. 그러나 이들 이론은 형식적으로 근로자의 단결권을 적극적으로 보장하는 것처럼 보이지만, 실질적으로는 근로자의 단결권을 자의적으로 제한할 수 있도록 하는 이론적 근거가 되었다는 점은 이론적 역설이 아닐 수 없다.

위에서 검토했듯이, 노동3권은 역사적으로 자유권적 기본권을 가지고 있다. 노동3권은 그 본질에 있어서 그것을 형성하는 국가적 조치가 필요 없는 권리다. 게다가 노조법의 내용을 검토해 보면, 대부분의 내용이 노동3권을 보장하거나 형성하는 것이 아니라 제한하는 것이라는 것을 알 수 있다. 그러므로 노조법의 헌법적 근거는 헌법 제33조 1항이 아니라, 국민의 자유와 기본권의 제한에 관한 일반적 법률유보를 규정하고 있는 헌법 제37조 2항에 근거하고 있다. 그렇기 때문에

347) 우리나라 헌법학자 및 대부분의 노동법학들은 헌법 제33조 1항이 소극적 단결권을 보장하지 않고 있다고 해석하는 입장을 취하고 있다. 예컨대, 권영성『헌법학원론』박영사 2005, 672면; 김철수, 『헌법학개론』, 법문사, 2001, 844면; 김형배, 위 같은 책, 155면; 임종률 위 같은 책, 71면 등 참조. 그러나 노동3권의 적극적 보장도 단결자유에서 출발해야 한다. 어떠한 권리가 권리일 수 있기 위해서는 적어도 그 권리의 주체에게 그 권리의 행사여부를 선택할 수 있는 기회 즉 소극적 자유가 보장되어야 한다. 이러한 의미에 있어서 소극적 자유는 권리의 본질적인 부분이다. 만약, 단결권에서 적극적 권리만 보장하고, 소극적 권리를 보장하지 않는다는 것은 단결권의 권리성 자체를 부정하는 결과가 될 것이다.

노동3권 특히 단결권의 경우에는 그것을 제한하는 경우에는 단결자유의 본질적인 내용을 침해해서는 아니 된다. 그런데 근로자의 소극적 단결권을 보장하고 있는 단결권이 권리이기 위한 최소한의 본질적 내용이다. 그러므로 근로자의 적극적 단결권을 보장한다는 미명하에 소극적 단결을 부정하는 것은 단결권 자체의 권리성을 부정하는 것이어서 노동3권의 본질적 내용을 침해하는 것으로서 위헌이라고 할 것이다.

우리나라의 유니온숍협정은 앵글로아메리카 국가의 그것과는 다르고, 조합원의 고용보장과는 전혀 관계없고, 노동조합을 사용자에게 승인시키는 동시에, 조합내부의 통제를 강화하는 목적으로 발전되어 왔다. 유니온숍협정을 원칙적으로 긍정하는 학설과 판례는 노동조합이 근로자의 자발적인 단결의사에 기한 경우에만 정상적인 발전을 이룩할 수 있다는 것과 근로자의 단결하지 않을 자유(소극적 단결자유)가 헌법상의 보장을 받아야 하는 것을 무시 내지 경시하고 있으며, 또 유니온숍협정이 바로 해고를 수단으로 하는 점에서 근로자의 근로권 혹은 고용상의 지위보장의 요청과 정면에서 저촉된다는 것을 경시하여 왔다는 점에서 중대한 문제를 포함하고 있다. 유니온숍협정의 이와 같은 문제성은 복수조합이 존재하거나 결정된 경우에 협정의 효력을 부정해서, 약간 완화되지만, 기본적으로 해결된 것은 아니다. 또 유니온숍협정이 현실적으로 하고 있는 역할에서 보더라도, 그것을 단결확보의 관점에서 정당화할 수 없다.

이상과 같은 관점에서 볼 때, 필자는 우리나라에 있어서도, 노조법 제81조 2호 단서에 의해 인정되는 유니온숍협정에 기한 단결자유제한계약의 유효성에 대해서도 헌법적 관점에서 근본적으로 재검토되어야 한다고 생각한다.[348] 유니온숍협정은 사용자가 단결제유를 제한한다는 의미에서 그 본질적으로 단결자유제한계약(yellow dog contract)과 동일하다. 다만 유니온숍협정과 단결자유제한계약(yellow dog contract)은 단위사업장의 지배력을 가진 특정노동조합의 요청에 의해서 체결되는 단결자유제한계약인가, 그렇지 않으면 사용자가 스스로 체결하는 단결자유제한계약인가에 그 동인(動因)에 있어서 차이가 있을 뿐이다. 하지만 그 동인에서 노조와 사용자간에 서로 이해관계가 일치하는 경우에는 노동조합의 요청이란 형식적인 것에 불과하고, 사용자가 스스로 체결하는 단결자유제한계약이 된다. 노조법 제81조 2호 본문의 "근로자가 어느 노동조합에 가입하지 아니 할 것 또는 탈퇴할

348) 앞에서 살펴본 부일교통사건에서 유니온숍해고의 정당성을 인정한 부산고등법원 판결을 지지했던 위 대법원 판결과 관련하여 이승욱 교수는 유니온숍협정 그 자체의 실효성이나 합헌성에 대하여 조심스럽게 부정적인 의문을 제기하고 있다. 이승욱, 「노조법상 유니온숍제도(단결강제제도)의 위헌여부」 『헌법실무연구』, 4권(2003년). 339면.

것을 고용조건으로 하거나 특정한 노동조합의 조합원이 될 것을 고용조건으로 하는 행위"를 "황견계약" 또는 "비열계약"(yellow dog contract)으로 명명하여, 이러한 용어에 의해 유니온숍협정이 그 본질을 황견계약 또는 비열계약과는 다른 것처럼 은폐될 수 있도록 해서는 아니 된다.

설령, 헌법 제33조 1항이 보장하는 노동3권이 사회적 기본권 내지 사회적 성격을 가진 자유권이어서 그것에 의해 소극적 단결자유가 보장되지 않는다고 하더라도 헌법 제10조는 근로자에게 인간으로서 존엄과 가치를 보장하고 있으므로 근로자는 자기의 뜻에 반해서 단결을 강제 받지 않을 자유(소극적 단결자유)를 가지고 있다. 또한 적극적 단결권과 소극적 단결권이 동렬에 보장되는 것이 아니며, 우리 헌법이 적극적 단결에 높은 가치를 인정하고 있다고 해석할 수 있다고 하더라도 이를 근거로 해서 근로자의 소극적 단결자유를 부정하는 것으로 해석되어서는 아니 된다.

결국, 유니온숍협정에 관해 생각해보면, 그것은 해고라는 근로자로서 가장 심각한 수단에 의한 위협을 통해서 조합에 대한 가입을 강제하고, 탈퇴를 제약하고, 또 해고라는 강력한 제재를 가해는 것에 의해 조합밖에 있을 자유, 즉 소극적 단결자유를 너무나 심각하게 제약한다고 말할 수 있다. 따라서 유니온숍협정에 의해 노조미가입자, 노조탈퇴자에 대한 사용자의 신분상 불이익 처분을 법적으로 인정하는 한에서 현행 노조법 제81조 2호 단서는 헌법 제10조(인간의 존엄), 제11조(평등권), 제32조 1항(근로권) 및 제33조 1항(노동3권)에 반하는 것이라고 해석할 수밖에 없다.[349] 그것은 협약자치의 한계를 넘는다고 할 것이다. 근로자가 일단 획득한 직장을 보유하는 권리가 헌법 제32조의 근로권보장에 포함되어 있다고 해석하는 경우에는 그것은 동시에 헌법 제32조의 위반이라고 하는 것도 가능할 것이지만, 여기에서 문제인 것은 해고가 근로자에 미치는 사실상의 영향이기 때문에, 근로권이 헌법 32조의 보장범위인가 여부는 반드시 본질적으로 문제는 아니다. 어떻든, 사용자에게 미가입자, 탈퇴자에 대한 신분상 불이익한 처분 특히 해고를 의무화하는 유니온숍협정은 무효이고, 따라서 동 협정에 기초해서 이루진 해고도 무효이다.

유니온숍협정의 효력에 관한 이상과 같은 해석과, 노조법 제81조 2호 단서의

349) 이에 대해 헌법재판소는 현재 반대의 입장을 취하고 있다. 헌재2005.11.24 2002헌바 95.96.; 2002헌바9 참조. 그런데 헌재의 결정에 의하면, 사용자가 스스로 유니온숍협정상의 채무를 이행하지 않는 경우에는 결국 그 유니온숍협정의 상대방당사자인 노동조합이 사용자의 인사권을 대위해서 노조미가입자 및 노조탈퇴자에 대한 사용자의 신분상 불이익 처분권을 행사할 수 있게 된다(민법 제404조 참조). 이러한 결과는 근로자의 단결권을 보장하고 있는 헌법 제33조 1항의 목적에 근본적으로 반하는 결과를 가져온다. 이것은 단결권보장의 법적 아이러니(irony)자 패러독스(paradox)라고 할 것이다, 정말 헌법재판소가 헌법을 살해하는 조치를 했다고 비판하지 않을 수 없다.

규정은 어떠한 관계에 있는 것인가? 검토해 둘 필요가 있다. 가령, 동 규정이 일정한 조건하에서 창설적으로 유니온숍협정을 인정하는 취지로 해석된다면, 그것은 헌법 제33조 1항(만약 헌법 제33조 1항은 적극적 단결권만 보장하고 있다고 본다면, 헌법 제10조)에 근거를 가진 소극적 단결자유에 저촉하는 무효인 규정이라고 평가해야 할 것이다. 그러므로 현행 노조법 제81조 2호 단서는 위헌이다. 헌법적 차원에 있어서 면밀한 검토 없이, 그저 경제정책적 또는 노동통제적 차원에서 정부가 유니온숍제를 인정하는 입법을 남발하였던 것이다. 현행 노조법 제81조 2호 단서의 법문이 너무나 졸렬함에도 불구하고, 다수의 노동법학자들은 근로자를 위한다는 미명하에 정부의 경제정책 또는 노동정책에 기초한 입법취지를 지지하는 태도를 취하고 있는 듯하다. 본래 이 규정은 아메리카의 전국노사관계법에서 그 본을 취했던 규정이지만, 본문의 상위를 무시하고 단서만을 차용했기 때문에, 사리가 맞지 않는 규정으로 되고 있다. 그래서 대다수의 노동법학자들은 이 규정이 일반적으로 유니온숍협정을 창설적으로 인정하던가 유효한 유니온숍협정의 요건을 정하는 의미를 가지는 것이 아니고, 유니온숍협정체결 그 자체가 경우에 따라서 부당노동행위로 평가될 가능성이 있다는 것에 비추어서 부당노동행위의 불성립을 확인 내지 추정하는 것을 정한 규정으로 해석해왔던 것이 아닌가 생각한다.

요컨대, 현행 노조법 제81조 2호 단서가 유니온숍협정을 법인하면서 그러한 유니온숍협정이 사용자에 대하여 노조미가입자와 탈퇴자의 해고를 의무로 하는 실정법적 근거로 되고 있다고 한다면, 단결권을 보장하는 헌법 제33조 1항의 기본적 취지 자체에도 반할 뿐만 아니라, 헌법 제33조 1항이 보장하는 단결권은 그 자체가 목적이 아니라 헌법 제32조가 보장하는 근로권의 구체적인 현실화 이후에 그 근로권의 구체적인 조건을 향상하기 위한 수단적 기본권인데, 유니온숍해고의 법적 허용은 수단이 목적을 부정하는 결과를 초래할 수 있다. 그러므로 유니온숍제도를 인정하는 것은 우리노동헌법의 목적과 수단의 전도시키는 결과가 되어 우리 노동헌법의 기본적 체제를 뒤엉키게 만든다. 현행 노조법 제81조 2호 단서는 우리나라 노동헌법에 반하는 규정라고 해야 할 것이다.

2. 단체교섭권

1) 개 념

단체교섭권이란 근로자가 노동조합의 결성・가입・운영과 같은 단결권과 파업

등 단체행동권을 제외한 노사 간의 모든 문제에 관하여 사용자에 대하여 협상으로 해결할 것을 요구하는 권리를 말한다. 사용자는 정당한 이유 없이 교섭을 거부할 수 없으며, 거부할 때에는 부당노동행위가 되어 근로자 측에 손해배상청구권이 발생하며 쟁의행위의 정당한 사유가 된다. 단체교섭의 결과 체결된 단체협약은 국가의 법에 의해서 보호를 받는다.

국가는 노동조합과 사용자간의 단체교섭에 불필요하게 간섭할 수 없으며, 단체협약이 보호될 수 있도록 적절한 조치를 강구할 수 있다. 사용자에게도 효력이 미치므로 사용자가 교섭을 거부하거나, 노사 간에 단체협약의 체결이 불가능한 때에는 노동위원회의 조정과 중재를 거친 후 근로자는 단체행동을 할 수 있다.

2) 근로자 개인의 단체교섭권

근로자 개인은 단결체가 행하는 단체교섭에 관여할 권리를 가지고 있다. 단체교섭권은 단결체를 통해서 집단적으로 행사되어야 하기 때문에 근로자 개인이 단체교섭권을 개인적으로 행사할 수 없다.

3) 단결체의 단체교섭권

노동조합 등 노동단체가 사용자 또는 사용자 단체와 일정한 사항에 관하여 교섭하는 권리이다.

4) 단체교섭권의 효력

(1) 대(對)국가적 효력

근로자의 단체교섭권은 우선 국가에 대해서 효력을 가지고 있다. 단체교섭권에 기하여 근로자는 노사 간의 협상에 국가권력이 불필요하게 간섭하는 것을 배제할 수 있을 뿐만 아니라 노사 간의 협상이 원만하고 효과적으로 이루어질 수 있는 단체교섭제도를 마련해주고 단체교섭에 의해서 체결된 단체협약이 특별히 존중될 수 있는 적절한 조치를 요구할 수 있다.

(2) 대(對)사인적 효력

근로자의 단체교섭권은 무엇보다도 직접적으로 사용자를 향하고 있다. 사용자가 교섭에 성실하게 응하지 아니하는 경우 단체교섭권은 제대로 실현될 수 있다.

그러므로 사용자가 정당한 이유 없이 단체교섭에 불응하거나 해태하는 것은 근로자의 단체교섭권을 침해하는 것이다.

근로자의 단체교섭권의 내용에는 교섭청구권, 요구제시 및 수락 요구권, 대안의 제시요구권, 대안거부권 등이 있다. 사용자의 단체교섭응낙의무는 단체교섭에 응할 의무만을 의미할 뿐 단체협약을 체결할 의무까지 포함하는 것은 아니다.

3. 단체행동권

1) 개 념

단체행동권이란 근로자가 그의 요구를 실현하기 위하여 업무의 정상적인 운영을 방해할 수 있는 쟁의행위를 정당하게 할 수 있는 권리이다. 엄밀한 의미에서 단체행동권과 쟁의행위권은 다르다. 쟁의행위권은 노동조합및노동관계조정법에 기하여 사용자에 대하여 근로자에게 인정된 권리이다.

2) 근로자 개인의 단체행동권

근로자 개인은 단결체가 행하는 단체행동에 관여할 권리를 가지고 있다. 단체행동권은 단결체를 통해서 집단적으로 행사되어야 하기 때문에 근로자 개인 자신은 직접적으로 단체행동권을 행사할 수 없다고 할 수 있다.

3) 단결체의 단체행동권

노동조합 등 노동단체가 사용자에 대하여 단체행동을 하는 권리이다. 노동단체의 단체행동권은 집단적 의사결정의 방식을 통해서 행사되어야 한다.

4) 단체행동권의 내용과 효력

단체행동권은 노동단체의 의사를 관철하기 위한 집단적인 실력행사를 그 내용으로 하는데 그 집단적인 실력행사의 구체적인 방법에는 여러 가지가 있다. 단체행동에는 파업·태업·불매운동·시위운동 등이 있다. 사용자는 이의 수인의무를 부담하며, 정당한 근로자의 단체행동에 대하여는 형사책임은 물론, 민사상 손해배상책임도 지지 아니한다. 또한 단체행동에 참가하였다는 이유로 해고나 기타 불리한 처우를 받지 아니한다.

5) 단체행동권의 한계

근로자가 단체행동권을 행사함에는 그 목적·방법·절차상의 한계를 존중해야 한다.

6) 단체행동권의 제한

현행헌법은 특히 주체의 면에서 제한하는 규정을 두고 있다. 법률이 정하는 주요방위산업체에 종사하는 근로자의 단체행동권은 법률이 정하는 바에 의하여 이를 제한하거나 인정하지 않을 수 있다(헌법 제33조 3항)고 정하고 있다. 이 헌법규정에 따라 노조법은 국가 지방자치단체에 종사하는 근로자와 방위사업법(2006.1.2. 법률 제784호)에 의하여 지정된 방위산업체에 종사하는 근로자는 쟁의행위를 할 수 없다고 정하고 있다.

7) 정치파업의 문제

(1) 문제의 소재

정치파업의 문제는 우리 헌법과 관련해서도 여러 가지의 의문이 제기될 수 있다.[350] 물론 그러한 모든 의문은 헌법 제33조가 보장하고 있는 근로자의 단체행동권에는 정치파업이 포함되어 있는가라는 문제로 귀착한다. 그렇지만 이 문제는 두 가지의 측면으로 나누어서 파악해야 한다. 첫째의 문제는 단체행동권의 행사상대를 어떻게 이해해야 하는가라는 것이다. 우리 헌법 제33조가 보장하고 있는 단체행동권이 사용자만을 상대로 하는 상대적 권리인가, 그렇지 않으면, 사용자를 포함한 모든 자를 상대로 하는 절대적 권리인가라는 문제이다. 두 번째의 문제는 단체행동권의 한계를 어떻게 이해해야 하는가라는 것이다. 정치파업이 우리의 합헌적 질서와 충돌하는가? 여기에서 헌법적 질서라는 개념이 민주주의와 동의어로 규정되어질 수 있는가라는 문제가 제기된다.

---

350) 이와 관련해서 더 자세한 것은 강희원, 「이른바 정치파업과 우리 노동헌법」 『노동법연구』, 제28호(2010년 상반기 서울대학교노동법연구회), 145-230면 참조.

(2) 정치파업의 개념

정치파업에 관해 논의하려고 하는 경우에 맨 먼저 부딪히는 어려운 문제가 "정치파업이란 무엇인가", 즉 "정치파업의 개념을 어떻게 정의할 것인가"라는 것이다. 좀 더 부언한다면, 우리가 통상 정치적 파업과 경제적 정치파업으로 구분하고 있는데, 이것이 과연 가능한가라는 것이다. "정치적" 파업인가 "비정치적" 파업인가를 판단하는 기준이 무엇인가? 예컨대, 임금인상문제나 휴가의 문제가 산업부문 전반 또는 전국적 차원에서 취업자 전반에 관련되는 경우에는 그러한 문제는 이미 정치적인 성질을 가질 수밖에 없지 않는가? 이렇듯 양자 간의 경계부분이 아주 유동적이고 모호하다.

지금까지 유럽노동운동사에서는 상이한 관점에서 정치파업에 관한 논쟁이 전개되었는데, 여기에서 시도되었던 정치파업에 대한 개념정의에는 파업의 주체, 대상, 목적, 범위 등과 관련시켜 자기진영의 다양한 정치적인 스펙트럼을 반영하고 있다. 이를 정리해면, 최소한 7가지 이상의 정치파업의 개념정의가 있는 것 같다.[351)]

만약 정치파업과 비(非)정치파업을 구별하는 것이 거의 불가능하다고 한다면, 기득의 정치권력에 의해서 금지되었고 또 금지되었으면 하는 일체의 파업이 정치파업으로 되는 것이 아닌가, 즉 정치권력이 싫어하는 파업 또는 현행 실정법에 위배되는 파업은 모두 정치파업이 아닌가라는 결론에 도달하게 된다. 이렇게 된다면, 정치파업이라고 용어화하는 것 그 자체에 어떠한 정치적인 저의가 있는 것이 아닌가하는 의문이 제기된다.

(3) 외국에서의 논의

먼저 우리나라에서 정치파업의 문제를 논의하기에 앞서 그 법적 상황이 우리나라와 비슷한 (구)서부도이칠란트(BRD)[352)]와 일본에 있어서 정치파업에 관한 논쟁

351) 이에 관해서는 Heinz-Gehard Haupt u.a,, Politischer Streik – Geschichte und Theorie, in: Heinz-Gehard Haupt u.a.(Hrsg.), Politischer Streik (Jahrbuch Arbeiterbewegung 1981) Frankfurt a.M. 1981, S. 17-18 참조.

352) 정치파업의 허용여부에 관한 논의가 상당히 극명하게 전개되었던 도이치현대정치사를 보면, 도이칠란트에서는 제2차 대전 종료 직후에는 정치적 권력은 점령권력의 수중에 있었다. 전후 초기 단계에서 이들의 관심은 나치즘으로 훼손된 엘리트를 폐기하고 새로운 민주적 시작을 가장 잘 맡길 수 있는 세력을 촉진하는 데에 우세했다. 이러한 세력은 노동운동과 그 조직에 집중되어 있었다. 그 결과로 이들이 바로 주(州)헌법에서 강한 지위를 얻었다. 여기에 합헌적 파업권과 관련하여 포괄적인 지위가 있다. 그래서 베를린주 헌법 제18조 3항이 그러하다: "파업권은 보장된다." 그리고 헤센주 헌법 29조에서 직장폐쇄(Aussperrung)는 위법으로 선언되어 있다. 또 1948년 상원에서 기본원칙문제의 결의에서 "파업권은 법률의 테두리 내에서 인정된다"는 규정에 다수가

을 살펴보는 것이 도움이 될 것이다. 도이칠란트와 일본은 제2차 대전의 파시즘 동맹국으로서 패전 이후에 정치적·사회적 민주주의의 구축과정과 관련하여 특별한 정치적 상황에 있었다. 정치적 민주주의가 제대로 정착하기도 전에 자본주의가 극단적인 보수적 형태로 타락해서 성립되었던 파시즘세력이 국가권력을 장악하고 노동자들을 전쟁에 동원했던 점은 두 국가에 있어서 동일하고 또 패전을 했지만 여러 가지 정치적 상황 때문에, 파시즘세력이 완전히 척결되지 못했던 점도, 물론 도이칠란트의 경우에는 나찌즘세력이 척결되었다고 하더라도 그것은 정도의 차이에 불과하기 때문에,[353] 일본의 경우와 상당히 동일하다고 할 수 있다. 이러한 두 가지의 점을 볼 때, 과거의 서부도이칠란트와 일본의 정치파업논쟁[354]은 우리에게 현재 시사하는 바가 크다고 할 것이다.

A. (구)서부도이칠란트에서의 논의

a. 서

(구)서부도이칠란트에서는 1952년 이른바 「신문파업(Zeitungsstreik)[355]」과 관련하

찬성하였다. 그렇지만, 이러한 강한 지위는 종속적인 근로자의 단결권은 바이마르공화국헌법에서 보다 일의적으로 개선된 형태로 규율하고 있는데, 이것은 냉전적인 흐름에서 점령권력의 가치변동에 의해서 수정되었다. 나찌즘에 오염되었던 엘리트들의 복귀로 세력관계와 의회 내에 합의했던 정치적 요청의 사정범위도 변하게 되었다. 노동조합의 특권으로서 파업권은 다수의 지지를 얻지 못했다. 그래서 노동쟁의의 원칙적인 합법성에 관하여 일치하였지만, 그 사정범위와 한계에 대해서는 불일치가 있었다. 그래서 그것은 제9조 3항에서 알 수 있듯이, 도이치 기본법에 명시적으로 규정되지 못하고 해석의 여지를 만들었다. 협약능력의 독점과 조직으로서 노동조합의 정의는 다수결대상이었다. 그 조직은 "쟁의적인 일반적 근로자연대에 의해 결성되고, 나아가 노동법원과 사회법원이라는 부문과 사업장조직과 사회보험에서 대표임무를 얻었다. 1950년대 초에 노동헌법재판관할의 후퇴가 있었다. 그 당시 논쟁의 중심점에 있었던 것은 첫째가 광산업에 있어서의 공동결정법이었고, 그 다음이 사업장조직법이었다. 여기에 이른바 1952.5.27-29에 있었던 48시간의 신문파업이다. 그 결과로 사용자의 손해배상청구가 제기되었는데, 거의 성공했다. 그래서 사용자의 입장이 정치적 및 법률적으로 관철되었다. 왜냐하면, 대부분의 노동법원은 파업을 위법한 정치파업으로 판단했기 때문이다. 베를린 등 몇몇 노동법원은 정치파업을 적법한 것으로 판결하였다. LAG Berlin, Urteil vom 12,8,1953 -4LAG 835-52 NJW 1954, 124 참조. 그리고 Hessen주의 헌법상의 사회적 질서에 관해서는 Thilo Ramm, die soziale Ordnung in der Hessischen Verfassung, in:Ewin Stein(Hrsg.), 30 Jahre Hessischen Verfassung: 1946-1976, 1. Aufl. Wiesbaden 1976, S. 204-229 참조.

353) 서부도이칠란트의 경우에 있어서 정치적으로든, 정신적으로든 나찌에 동조했던 지식인들은 동·서의 갈등과정에서 거의 복권되었다고 할 수 있다. 법학계의 경우에도 예외는 아니었다. 어떤 면에서 보면, 보수적인 도이치법학자들은 상당히 교활했다고 말할 수 있다. 히틀러의 나찌즘정권에 대한 자신들의 역사적 참여가 마치 법실증주의이론의 결과이었던 것처럼 말하고, 실제로 자신들은 그러한 이론적 비판 배후로 숨었던 것이 아닌가 한다, 이것이 도이치법이론이 가지고 있는 보수성의 원인이라고도 볼 수 있다.

354) 현재에는 정치파업위법론이 도이칠란트와 일본에서 지배적인 견해이다. 이것이 무엇을 의미하는지는 뒤집어서 곰곰이 생각해보기 바란다.

여 정치파업논쟁이 가동되었다. 여기에서는 도이칠란트에서 제기되었던 정치파업에 대한 논의를 정리하기 위해, 한편에서는 보수적인 주장이 무엇인지, 다른 한편에서 그것을 비판하는 진보진영의 주장이 어떠한지를 살펴보고자 한다. 여기에서 일반적인 의미에 있어서의 "노동쟁의"와 "파업"의 개념 및 특별한 의미에 있어서의 "정치파업"의 개념에 대한 중요한 핵심을 개관하려고 한다.

아래에서는 필자가 중요하다고 생각하는 몇몇의 학자들을 선별해서 그들의 주장을 중심으로 전개하고자 한다. 우리나라에서 대표적인 도이치노동법학자로 소개되고 있는 니퍼다이(Hans-Carl Nipperdey)와 헌법학자 카이저(Josef H. Kaiser)와 틸

355) 이른바「신문파업」의 개요는 다음과 같다(도이치 연방법원 제6법정 1954년 9월 29일 중간판결 AP 1954 Bl. 245-248). 1949년부터 1950년에 걸쳐 사용자의 상부단체와 노동조합 간에 피용자의 공동결정권의 규제에 대해 절충이 행해졌다. 어떠한 결론도 얻어지지 않았기 때문에 절충당사자들은 연방입법에 의해 규제하도록 할 수밖에 없다는 취지를 확인하였다. 1950년 10월에 경영조직법의 정부안이 도이치연방국회에 제출되고 곧 위원회에 회부되어 심의가 시작되었다. 이 초안은「피용자의 현실의 공동결정권을 억지하고, 사용자의 특권을 상당히 높이고 지나치게 강화한다」는 이유로 노동조합 측에서 거부되었다. 도이치총동맹의 간부는 1952년 4월 10일의 회의에서 입법의 동향을 엿보면서, 협회의 결론으로서 특히 다음과 같은 것을 성명서로 발표하였다.

(Ⅰ) 총동맹소속조합 전부가 일치하여 현초안은 그 내용과 적용범위에 있어서 당면의 요청에 다하지 못하고 있다고 확인한다.

(Ⅱ) 업무집행위원에게 각조합의 간부와 협동하여 모든 적당한 처지를 하도록 위임하고 통일적 진보적 경영조직법의 제정·실현을 기하는 것으로 하였다.

1952년 5월 9일의 도이치노동조합총동맹의 위원장은 연방수상에게 다음과 같은 서면을 내었다.「공동결정권을 저해하는 노력과 통일적 노동운동을 파괴하려는 사상이 현실화되고 있는 인상을 도저히 지우기 어렵다. 이 법률이 결함과 부정을 가지면서 시행되는 때 도이치조합뿐만 아니라 대다수의 노동자는 스스로」 자신의 노동의 성과를 사취당한다고 느낀다고 할 것이다. 도이치총동맹은 이제 이 책임을 부담할 수 없다. 조합원이 통일적 진보적 경영조직법(이것이야말로 신질서에 대한 공동의욕에 상당하는 것)의 제정을 위해 조합의 투쟁행위로 진력하지 않을 수 없다. 우리는 영광스런 연방수상에게 이 결의를 알게 할 의무를 느낀다.」

1952년 5월 16일 아데나워 수상은 도이치노동조합총동맹위원장 앞으로 다음과 같은 내용의 서간을 보냈다.「조합의 의사를 국회의 다수에게 압박하기 위해 기도되는 것에 불과한 파업으로서 국민경제에 조직적으로 손해를 주는 것은 기본법에 위배하고, 우리나라의 국내질서를 현저히 혼란하게 하는 것이라고 할 것이다. 이것은 금일에도 내가 조금도 의심하지 않는 바이다. 오로지 선거민만이 그 투표에 의해 국회의 구성을 결정하고, 국회의 의사결정을 좌우할 권리를 가지고 있다.」

그래서 1952년 5월 26일 총동맹의 지시에 기초해서 동년 5월 27일 정오부터 5월 29일 정오까지 신문업 내의 인쇄공, 식자공이 일제히 업무중단을 하였다. 이것이 이른바「신문파업」이다. 신문사에서 2일간의 신문발행침해를 이유로 하는 손해배상(6,255도이치마르크)의 청구권을 양수받은 원고가 피고에 대해 제기한 사건에 대해 내려진 것이 위에서 언급했던 연방법원의 중간판결이다. 원고는「피고는 국회의원에게 압력을 가하여 목적을 달성하기 위해 파업을 실행하였다. 이것에 의한 손해는 영업에 대한 유책한 침해에 의한 것이고, 본건 기업에 고의로 양속위반의 가해를 한 것이다」라고 주장하였다. 이것에 대해, 피고는 청구의 기각을 주장하고, 그 이유로서 본건은 노동법원법의 관할에 속한다는 점과 노동조합의 요구에 의한 시위(Demonstration)의 정당성을 기술하였다. 지방법원에서는 청구를 인용하였고, 고등법원이 그 항소를 기각하고, 상고심에서는 본건은 통상법원의 관할에 속하지 않는다는 취지를 주장하였다. 그러나 결국 연방법원은「조직된 피고용자단의 요구를 입법자가 실현하는 것을 추구하는 파업은 노동법원법 2조 1항 1호의 의미에 있어서 노동투쟁은 아니다. 그렇기 때문에 사용자가 1952년 5월의 인쇄공의 신언과 실행에 대해 책임 있는 노동조합에 대한 손해배상청구의 소송에 있어서는 통상 법원이 관할을 가지고 있다」는 취지로 판시하였다.

만(Wolfgang Tillmann)이 대표적으로 도이치보수진영을 대변하고 있다고 볼 수 있다. 그 반대편에는 제2차 대전 후에 사민당(SPD)의 당원이었던 아벤트로쓰(Wolfgang Abendroth), 그리고 노동조합이론가인 아가르츠(Viktor Agartz)와 쉬튜트가르트 고등노동법원 판사 슈미트(Richard Schmid), 그리고 베를린대학교 및 콘스탄츠대학교 공법교수이었던 뤼터스(Bernd Rüthers)가 후자의 입장을 어느 정도 견지하고 있다고 볼 수 있다, 아래에서는 이들 양측의 주장내용을 개괄적으로 소개하고자 한다.

b. 보수진영

가. Hans-Carl Nipperdey

니퍼다이는 "사회적 시장경제"를 기본법이 요청하는 경제적 행태로 생각하면서 노동평화의 교란이 노동쟁의의 전형적인 기준이라고 한다. 즉 니퍼다이에 의하면, 노동쟁의는 "압박에 의하여 일정한 목표 또는 그 외의 목표를 달성하기 위해 집단적인 쟁의수단에 의해 노동생활의 당사자가 기도하는 노동평화의 교란이다."[356] 이러한 노동쟁의의 개념에서 파업은 하위개념으로서 등장한다. 즉 "파업은 직업 또는 사업장에서 상당수의 근로자가 쟁의목표의 달성 또는 노동쟁의의 종료 후에 노동을 계속할 의사를 가지면서 쟁의목적을 위해 공동으로 계획적으로 실행하는 노무정지이다."[357] 그러므로 이러한 정의에서는 쟁의목표나 쟁의대상은 결정적이 아니다. 그런데 정치파업은 "노동생활의 당사자 간에" 노동쟁의의 한 형태인데, "정치적 목표를 가진 노동쟁의"로서 수행된다.[358] 니퍼다이에 의하면, 정치파업은 명백히 노동쟁의의 목적에 반하여 평화로운 경제를 교란하는 불법행위인 것이다. 그래서 그는 1952년 신문파업에 대한 감정서[359]에서 사용자가 전혀 실현할 수 없고, 또 실현시킬 수도 없는 정치적 목적을 추구하는 정치파업의 경우에는「영업을 마비시키는 것은 도이치민법(BGB) 제823조 1항에 의한 기업자의 영업의 권리에 대한 구성요건에 해당하는 직접적인 침해이고 위법이다.」[360] 그리고「사회적으로 상당하지 않는 모든 조치와 행동은 … 제3자의 권리에 간섭하는 것으로서 허용되지 않는다.」[361]라고 하면서 신문파업을 BGB 제823조 1항의 불법행위라고

---

356) Hueck-Nipperdey, Lehrbuch des Arbeitsrechts, Berlin/Frankfurt 1957, S. 604.

357) 위 같은 책, S. 610.

358) 위 같은 책, S. 634.

359) Nipperdey, Die Ersatzansprüche für die Schaden, die durch den von den Gewerkschaften gegen das gesplante Betriebsverfassungsgegetz geführten Zeitungsstreik vom 27-29 Mai 1952 entstanden sind, Rechtsgutachten, Köln 1953.

360) 위 같은 글, S. 45.

361) 위 같은 곳.

하여 손해배상책임을 긍정하였다.[362]

나. Josef H. Kaiser

카이저는 "경제평화"의 관념(wirtschaftsfriedliche Vorstellung)에 중요한 의미를 부여하고자 한다. 카이저는 일반적인 중흥의 시대에 있어서 파업을 일반적으로 대중적이지 않은 것으로 보고 있다. 그럼에도 불구하고 파업은 잠재적인 위험이라는 것이다.[363] 그래서 카이저는 전쟁을 허용하는 근대국제법에서와 유사하게 파업의 실체 및 합법성을 생각한다. 이러한 사고에 의하면 모든 파업은 국가 간의 전쟁과 비교된다. 왜냐하면, 전쟁이 현실적인 투쟁인데, 파업은 국가 간의 전쟁의 광경과 유사하기 때문이다.[364]

이렇게 하여 카이저는 경제적 세력 간의 자유로운 게임이라는 자유주의적 사유로 후퇴시켜서 파업권을 생각한다. 이 경우에 경제영역은 "원칙적으로 국가로부터 자유롭고 국가 외적인 공간"이다. 이러한 관념은 현대국가와는 더 이상 합치할 수 없으므로 자유방임주의적으로 파악되는 파업권은 "허구"로 되어버린다. 그리고 카이저는 국제법과 집단적 노동법 간에는 유사성이 너무나 많기 때문에 오늘날 노동조합의 파업에 대한 국가적 중립성의 종말을 고하든가, 그것이 요청되는가라는 질문을 제기한다.[365] 그리고 당연히 정치파업에 대해서도 이와 같은 물음을 제기한다. 정치파업 여부를 판단하는 결정적인 규준은 그 동인에 있지도 않고, 동기에 있는 것도 아니고, 또 반드시 그 목적이나 목표에서 그 결정적인 규준을 찾을 수 있는 것도 아니다. 그러므로 그것은 무엇보다 그 상대방에 의해서 결정되어야 한다.[366] 즉 국가에 대한 것이냐 여부가 정치파업의 결정적인 실체적 표식이라는 것이다.[367]

---

362) 그 전까지의 도이치 판례와 학설은 양속위반의 파업만을 불법행위(도이치 민법 826조)로 해서 노동자단결의 이익추구=사용자에 대한 가해를 원칙적으로 시인하였다. 그렇지만 니퍼다이는 역으로 노사의 관계에 있어서 영업 「활동」까지 권리로 승인해서, 사용자의 이익에 대한 공격을 모두 - 파업을 포함해서 - 원칙적으로 불법행위(도이치 민법 제823조 1항)로 하였다. 그 위에 「사회적으로 상당하다」고 인정되는 파업만을 예외적으로 불법행위로 되지 않는다고 하는 구성을 한다. 즉 파업=노동자단결체의 자리(自利)추구인 것 자체가 적법화사유로 되지 않고, 적법으로 되기 위해서는 사회적 상당성이라는 별도의 규준에 합치해야 한다는 것이다. 그렇지만, 그 규준이 노동자의 이익과 관련해서 객관화되지 않는다고 하면, 불법행위의 범위는 자본의 이익에 종속한 정책적 판단에 의해 결정되게 된다. 그것은 노자의 이익의 균형에 있어서 자유로운 투쟁을 인정하는 것이 아니라, 자본측의 이익을 우선적으로 확보하는 것을 전제로 하는 것이다. 니퍼다이의 이러한 논거를 뒤에서 살펴보는 바와 같이 일본의 石井照久가 받아들여 이른바 側杖論을 전개하였다.

363) Josef H. Kaiser, Der politische Streik Berlin 1955, S. 5.

364) 위 같은 책, S. 7.

365) 위 같은 책, S. 10-12.

366) 위 같은 책, S. 14.

그러므로 카이저는 어떠한 형태에서든 국가에 대한 합법적인 정치적 파업은 있을 수 없다고 한다. 여기에서 파업의 정치적 성질의 집중정도와 그에 따라 비난성과 자연적인 상이한 법적 효과의 여러 단계와 차이가 있다. 왜냐하면 모든 정치적 파업은 짧게 말해 하나의 혁명이기 때문이라는 것이다.[368)]

정치파업에 대하여 이렇게 평가하면서, 카이저는 도이치노동운동에 있어서 정치파업의 역할에 관한 논쟁에 개입한다. 여기에서 그는 그의 평가와 일치하는 정치파업부정론자의 목소리만 들으려고 한다. 논쟁에 있어서 그의 반향은 불완전하고 일방적이다.

그렇지만 카이저에 있어서도 유일한 예외를 인정한다. 그것은 자력구제권에 의한 것이다. 여기에서 정치파업권은 혁명권과 마찬가지로 도출된다. 이러한 경우란 국민이 국가폭력 자체에 대하여 자신의 힘을 고려해서 스스로 보호를 추구할 수 있을 때이다.[369)] 이러한 경우에 지배관계가 격화되기 때문에 여타의 모든 수단이 작용하지 않으면, 정치적 파업과 혁명은 방어의 수단일 뿐만 아니라, 국가형태의 형성을 위한 수단으로서 인정된다.[370)] 카이저는 이러한 상황은 국가가 그 권위를 증명해서 예방되는 것으로 본다. 그는 매개적 중개자로서 국가의 이념을 비난한다. 그러한 중개자는 이익집단에 의해 무력화되고 잘못 다루어지는 무력한 국가로 될 위험을 초래하기 때문이다.

카이저는 저항권의 차원 외에서 정당화될 수 없는 정치파업을 부정함으로써 헌법에 보장된 선거권, 청원권 및 표현과 집회의 자유라는 예정된 방법에 의하지 아니하고는 어떠한 이익집단에게도 국가의사형성에 영향력을 행사할 수 있는 권리가 인정될 수 없다는 보수진영의 주장을 정당화한다. 이러한 권리를 인정하는 것은 국회의 강요와 "자유로운 위임"[371)]에 대한 제한이라는 것이다. 보수적인 헌법학자들은 1956년 쉴레스비히 홀스타인에서 IG Metall이 평화의무 기간 동안에 실행했던 조합원직접투표(Urabstimmung)에서 "압박이 있는 것"을 인정하였다. 그 기간의 경과 후에 노무제공이 사실상 중지되었음에도, 보수적인 법률가들은 평화의무위반이라고 생각했다. IG Metall의 파업에 대한 감정평가자인 롤프 디에쯔(Rolf Dietz)는 "조합투표를 지도하는 대협약위원회의 결정과 투표의 실행은 이미 쟁의조치이지, 달리 준비행위가 아니라고 평가하였다. 이것은 장래에 행사될 압력

367) 위 같은 책, S. 15.
368) 위 같은 책, S. 29.
369) 위 같은 책, S. 30.
370) 위 같은 곳.
371) Vgl. dazu Ernst Forsthoff, Zur verfassungsrechtlichen Stellung und inneren Ordnung der Parteien, in: Die politischen Parteien im Verfassungsrecht, TÜbingen 1950, S. 12, 21, 27, 29ff.

을 준비하는 것이 아니다. 이것은 그 자체로 압박이고 당연히 강요이다"라고 하였다.[372] 1958.10.31의 도이치 연방노동법원의 판결은 이러한 생각을 따르고 있다.

다. Wolfgang Tillmann

한 사람의 보수적인 논객의 논의를 들고자 한다. 틸만은 정치파업을 뭉뚱그려서 논의하고 있다.[373] 그는 국내의 균형체계의 유지라는 기준에 기하여 정치파업이 합헌적 질서에 부합하는가를 판단한다. 이러한 기준에 의하면, "합헌적 질서는 포괄적인 의미에서 전체적인 국내폭력의 균형상태다. 그래서 국가라는 단체의 구성원의 하나의 행위와 조치가 이러한 균형체제를 위험하게 하거나 폐기할 정도인 경우에는 합헌적 질서의 원칙에 반한다는 것으로 귀결된다. 그래서 틸만은 "정치파업은 필연적으로 통합된 정치세력의 국내적 균형체계를 폐기하고 합헌적 질서의 현상을 위태롭게 한다"는 것이다. 정치파업과 무엇보다 충돌하는 법익은 기본법 제2조 1항이다. 그렇지만 틸만은 이러한 균형체제가 정치파업이 없어야 만이 침해되지 않고, 왜 정치파업에 의해 그 균형상태에서 벗어나는지에 대해서는 자세한 논증을 하지 않고 있다.

c. 진보진영

사회적 정치적 현상유지만을 강하게 지향하는 보수적인 논객에 반대하면서 노동조합과 좌파에 인접하는 이론가는 사회적 역동성의 동인, 경제적 기반의 개방성과 민주주의의 이념을 중심에 두고서, 보다 커다란 지속적인 정통성을 유지하기 위해서는 민주주의는 과정적으로 이해되어야 하고, 그러한 과정에서 형식적인 민주주의에서 실질적인 민주주의로 전진해 간다고 한다. 그들은 종속적 피고용자로서 근로자의 사회적·정치적 해방이익을 특별히 의무감으로 느끼고 있는 것 같다.

가. Hermann Heller

헌법학자 헤르만 헬러는 정치파업문제를 민주주의와 연관해서 파악하고자 한다. 그는 칼 슈미트(Carl Schmitt)나 한스 켈젠(Hans Kelsen)과 같은 보수적인 헌법학자와 이론적으로 대결하면서, 정치적 민주주의는 국가구성원 각자에게 대표임명에 의해 정치적 통일체의 형성에 대한 동등한 참여가능성을 보장하는 것에 그 본질이 있다고 이해한다. 동등한 참가 내지 참여가 이루어져 실질적 민주주의가 달

372) Rolf Dietz, Koalitionsfreiheit und Arbeitskampf(Gutachten), München 1960, S. 28.
373) Wolfgang Tillmann, Politischer Streik und Verfassung, Bonn 1958.

성되려면, 사회구성원 간에 실질적인 사회적 평등이나 동질성이 있어야 한다는 것을 강조한다.374)

형식적인 민주주의사회에서 실질적인 사회적 평등 내지 동질성(soziale Homogenität)이 없으면 최대의 법(summum jus)이 최대의 불법(summa injuria)을 초래한다. 즉 극단적인 형식적 평등은 사회적 동질성 없으면 가장 극단적인 불평등으로 되고, 형식적 민주주의는 지배계급의 독재로 된다는 것이다. 형식적인 대표민주주의체제하에서는 경제적 및 문화적 우위가 지배자에게 여론에 대한 직간접적인 영향을 통해 정치적 민주주의를 실질적으로 그 반대 즉 독재나 전제로 몰아갈 수 있는 충분한 수단을 장악하게 해준다. 즉 자본주의사회가 극도로 양극화되어 일부계층이 경제적 부와 문화적 영향력을 장악하게 되면, 그들은 그 우월적 경제력을 이용하여, 공무원과 같은 관료에 대한 체계적인 지배와 유권자를 선발기계로 만드는 직접적인 매수가 없더라도 정당, TV와 라디오 신문과 같은 대중매체, 영화와 연극 그리고 서적과 같은 정신적 문화적 매개물에 대한 재정적 지배와 대학이나 전문학교 그리고 그 이하의 학교 등 교육제도에 대한 사회적 유도를 할 수 있게 된다. 그래서 겉보기에는 민주적인 제도와 형식이 유지되지만, 그 내용은 독재나 전제로 변질된다. 이러한 경우에는 그 의사결정이 익명적이고 책임을 지지 않기 때문에 더욱더 위험하게 된다. 이러한 결과는 정치적 민주주의를 허구로 만들어서 대표임명의 형식을 유지하지만, 그 내용은 특정인 또는 특정계층의 의사에 의해 위조 또는 변조되는 것이다.

헬러는 민주주의를 과정적으로 이해해야 하고, 그러한 과정에서 형식적인 민주주의가 실질적인 민주주의로 전진해 간다고 한다. 정치파업은 과정적 민주주의의 요체이며, 국가적 의사형성에 대한 근로자의 정치적 참가로서 당연히 허용되어야 한다는 것이 헬러의 주장이다.

나. Wolfgang Abendroth

마부르크대학의 교수인 아벤트로쓰는 정치파업의 문제를 1949년의 도이치 기본법 제20조 1항 및 제1조 3항이 도이치연방공화국(BRD)에게 헌법적 책무(Verpassungsverpflichtung)로서 부여하고 있는 「민주적 사회적 법치국가(demoktatischer und sozialer Rechtsstaat)」의 정립과 「사회적 시장경제(soziale Marktswirtschaft)」의 개념에서 출발한다.375) 그는 사회적 시장경제(soziale Marktswirtschaft)를 상이한 정치적 · 사회적 세력

---

374) Hermann Heller, Politische Demokratie und soziale Homogenität, in: Grundproblemen der Demokratie, Darmstadt, 1973, S. 16.

375) Wolfgang Abendroth, Antagonische Gesellschaft und politsche Demokratie, Neuwied 1972.

의 타협으로 이해하고 그 타협은 동등한 세력에게 그 이후의 타협을 위한 생기 넘치는 통합시스템을 제공하여 입법자와 헌법제정폭력의 활동에 장래에 일정한 한계에서 의식적으로 비워 놓게 하는 것이라고 하고, 도이치연방공화국의 헌법적 책무는 헌법현실이 헌법적 목표를 지향해서 계속 나아갈 수 있도록 그것을 추진해야 할 항구적인 과제와 기준이고, 이러한 헌법적 책무의 추진과정에 있어서 민주적인 실질적 법치국가사상은 경제질서 및 사회질서로 확대되어야 한다는 것이다. 아벤트로쓰에 있어서 "민주주의와 사회국가의 내적 결합"은 생산수단에 대한 소유를 형성함에 있어서 그리고 기업의 기타 경제적 의사결정에 대해 공동결정사고의 구속성으로 표명된다. 이러한 의미에서 아벤트로쓰는 "과두적인 이익단체 및 이익집단의 지배체제"로서 형식적인 현대의 대의제민주주의국가에 대한 실질적인 민주적 대중조직으로서 노동조합의 영향이 이단시되는 것에 대해 경계한다. 여기에서 그는 법해석적 관점에서 도이치 기본법상의 자유권적 기본권, 특히 단결의 자유를 경제적 특권에 대한 방어규범으로 재해석하고 있다.

아벤트로쓰는 지금까지의 도이치민주주의의 역사에서 노동조합이 실천해온 정치적 의사형성의 형태에서 어떠한 위헌적인 행태도 찾아볼 수 없다고 하면서, 정치파업이 국회 등 국가기관에 대한 협박이라는 자유주의진영의 보수적인 관념을 부정한다. 그리고 그는 제도적으로 정해진 선거행위, 청원 및 개인적 의사표시로 정치적 의사형성을 제한하는 것에 반대한다. 그는 노동자들의 정치적 의사표시로서 집단적 노무제공정지 즉 파업을 헌법적으로 정당하지 않은 정치적 시위파업으로 보지 않는다. 왜냐하면 파업은 제도권의 정치적 결정주체가 정치적인 결정을 내리는 데에 고려할 수 있도록, 중요한 사회집단으로서 노동조합이 자신들의 의사를 분명히 하는데 기여하기 때문이다. 노동자들과 대립적인 지위에 있는 경제적 사회적 세력인 사용자 및 그 집단이 정치적 결정주체에 대하여 다양한 영향력 행사수단을 가지고 있는 것에 반해 노동자들은 종속적 피용자로서 그들이 가지고 있는 사회적 현실 때문에, 그것을 차단할 수 있는 효과적인 반대수단을 가지고 있지 못하다. 때문에 노동자들에게도 이러한 반대수단을 보장하는 것이 중요하다. 노동자들에게는 파업 이외의 투쟁수단으로서 선택의 여지가 없다.

아벤트로쓰는 도이치 기본법이 결코 정치적 의사형성을 함에 있어서 정당에게만 국민으로부터 일체의 지배를 위임받는 독점적 지위를 설정하지 않았다고 한다. 오히려 도이치 기본법 제21조의 의의는 정당이라는 예시를 통해서 국민과 그 현실정치세력과 그 대표기관 간의 내적 통일성을 분명히 하고, 동시에 일정한 문제에 있어서 그 중요한 기능 때문에 정당에게 특권을 인정한 것에 있다고 한다.

이러한 의미에서 정당에 대한 "자유로운 위임"에 관한 종래 학설은 실질적 및 법적으로 수정되어야 한다고 주장한다.376) 어떠한 사회적 집단이나 단체도 그 결성 자체가 도이치 기본법에 의해 금지되어 있지 않다면, 그 집단이나 단체는 그 자신의 의견과 생각을 국가와 그 기관에 표시할 수 있고, 그러한 표시행위의 형태와 양상은 그 개별 집단이나 단체의 구체적인 상황에 의해 그 타당성이 결정되어야 한다. 그런데 근로자와 그 조직은 집단적인 행위를 통해서만 그 민주적 역량을 표시하는 것에 의존할 수밖에 없다. 그러한 가장 전형적인 형태가 집단적인 노동중단, 즉 정치파업이다. 이 경우에 파업은, 그 파업이 부분적이든 전체적이든 어떠한 범위에서 수행되든, 기간이 정해진 시위파업으로서 위헌적으로 간주되어서는 아니된다고 한다.377) 정치적 시위파업은 사회적 집단이, 의회 등 국가기관의 결정전에 단결체의 지휘부, 단결 그 자체, 또는 이들을 대표하는 사회집단의 의사형성, 결국 그 사회적 권력을 표시하는 방법이다. 그러한 시위는 이들 집단이 그 사회적 적수에 대한 세력관계를 나타내기 위해 그 적수에 대항하고 있다. 그러나 구체적인 경우에, 그러한 행동들이 예컨대 신문파업에서 나타났듯이, 그 생각이나 의사가 의회의 의사결정에서 고려되도록 하기 위해 직접 의회를 대상으로 할 수 있다. 즉 노동조합은 신문이나 TV, 라디오 등의 대중매체에서 보도되는 여론과 국민의 여론 사이의 차이를 주장하고 다수근로자의 여론을 분명하게 하는 행동을 통해서 그것을 표현할 수 있다.378)

아벤트로쓰는 시위에 의한 압력은 민주주의에 유해한 것이 아니라, 그것은 사회에 현존하는 대립적인 이익의 필연적인 결과라고 하는 견해이다. "사회적 압력" 없는 자유로운 협상에 의한 요구는 허구이고, 단순히 전체주의적 독재로서 실현될 수 있을 뿐이다.379)

아벤트로쓰는 1920년에 있었던 Kapp-Putsch에 대한 ADGB(도이치일반노동조합동맹)의 총파업을 민주적으로 정당한 정치적 파업으로 평가한다. 이러한 평가에 의하여 그는 ADGB의 파업이 합헌적이라는 결론을 끌어낸다. 즉 "국가기관에 요구

---

376) 위 같은 책, S. 227.

377) 위 같은 책, S. 228-229.

378) 위 같은 책, S. 213-215.

379) 이와 관련해서 Abendroth는 "이데올로기적, 심리적 및 홍보적인, 적어도 시위에 의한 압력은 민주주의에 있어서 분명히 금지되어 있지 않다. 그것은 자유협상의 장해도 아니고, 현존사회에 있어서 상충하는 이익의 불가피한 결과로서 공권력의 균형체계의 기초로 되어 있다. … 시위에 의한 압력은 자본주의 시장사회에 있어서 이념형적으로 경쟁에 근거하여 경제사회의 균형시스템을 결정하고 있다. 그래서 민법적으로 보면, 모든 협박이 아니라 불법적인 협박만이 제외된다. 실은 사용자의 사회적 취로독점이 더 강력한 사회적 압력으로 나타난다."라고 기술하고 있다. Wolfgang Abendroth, Antagonische Gesellschaft und politsche Demokratie, Neuwied, 1972. S. 267-268.

하는 파업은 직접적인 결과에 지향된 무기한의 쟁의파업으로서 민주적 기본질서에 대한 직접적인 위협 시에 허용된다. 그러므로 그것은 법률적 규범에 위배되지 않는 한 유기적인 시위파업으로서 무제한적으로 허용된다. 그것은 기본법 제9조 3항의 문제에서 특히 정당화되지만, 입법기관에게 작위 또는 부작위를 강요하는 것이 아니라 근로자의 의사형성을 실질적으로 가름할 수 있도록 할 뿐이기 때문이다."[380]

아벤트로쓰는 정치파업의 합헌성에 대한 논거로서 "같은 것은 같게, 같지 않은 것은 같지 않게 취급한다(nur Gleiches gleich, jedoch Ungleiches ungleich zu handeln)"라는 판례에 의해 승인된 원칙을 원용하고 있다. 그는 이 원칙을 도이치 공화국의 사회적 현실에 어떻게 적용하는가에 따라 정치파업의 합헌성문제에 대해 상이한 대답이 나올 수 있다고 한다. 그 대답은 각자 자신의 사회적 위치와 그것에서 나오는 현실인식에 따라 결정된다. 한편에서는 사회적 세력 간에 권력균형상태가 있다고 생각하면, 이들 간에 투쟁수단도 마찬가지로 동등한 것으로 취급하려 할 것이고,[381] 다른 한편에서는 이러한 힘의 균형이 없고, 종속적인 피고용인에 대해 자영업자의 구조적인 우위를 인정하면 양자는 동등하지 않는 것으로 생각된다. 즉 평등한 투쟁수단은 평등하게, 불평등의 투쟁수단은 불평등하게 취급되어야 한다는 요청이 나온다. 그는 불평등한 권력집단에 대해 불등평한 취급을 요청한다. 즉 "사회적 집단이 똑같이 만들어지고 모두 동일하게 압력집단이라는 명칭을 얻는다고 하면, 실재적 문제를 명쾌하게 하는 데에 확실히 도움이 되지 않는다."[382] 그래서 사용자의 구조적인 헤게모니를 약화시키고, 이러한 구조적인 경제적 헤게모니가 다수의 종속적인 피고용자의 희생 위에 정치적 독재로 변하는 것을 방지하기 위해 노동조합의 파업권에 대하여 관대한 해석을 해야 한다는 것이다.

아벤트로쓰는 자본주의국가에 있어서 관료적 체제와 경제적인 거대이익의 대표자"[383]가 민주주의의 적대자로서의 유사성을 가지고 있기 때문에 노동자가 불평등한 투쟁수단을 가지게 되는 경향을 소여의 것으로 보고, 노동조합을 실질적 민주주의의 수호자이자 도이치 기본법 제20조 및 제28조가 부여하고 있는 합헌법적

380) Wolfgang Abendroth, Antagonische Gesellschaft und politsche Demokratie, Neuwied, 1972. S. 225.

381) 보수진영은 도이치 연방공화국에 있어서 세력관계를 조합국가로 약간 기울어져 있는 대등관계로 보고 있기 때문에 노동조합의 파업권을 가능한 엄격하게 규제해야 한다고 한다. 그래서 이에 대해 베버(Alfred Weber)는 . "물론 우리가 정당, 교회, 조합 그리고 경제적 이익단체를 통일하게 거명하는지가 문제이다"라고 의문을 제기하고 있다. Alfred Weber, Die rechtliche Bewertung der Verfassungsbeschwerde des IGM, Göttingen 1959, S. 42.

382) Wolfgang Abendroth, Zur Funktion der Gewerkschaften in der westdeutschen Demokratie, in: Gewerkschaftliche Monatshefte, 11/1952, Franfurt 1952, S. 646.

383) Abendroth, 위 같은 글, S. 645.

질서의 수호자로 보고 있다. 그래서 아벤트로쓰는 다음과 같이 말하고 있다: "종래의 관헌국가와 전체주의체제에 대한 경험이 노동자들에게 보여주고 있듯이, 정치적 민주주의가 보장되면, 노동조합은 보다 나은 생활조건에 관한 조합원의 경제적 이익만을 대표할 수 있다. 그러므로 노동조합이 그 고유한 본질을 포기하지 않는 한, 민주적 목표설정은 노동조합에게는 필연적으로 내포되어 있다."384)

다. Richard Schmid

슈미트는 신문파업의 손해배상책임을 부정하였던 베를린주 노동법원판결385)과 관련하여 1954년 노동조합 월간지(Gewerkschaftliche Monatshefte)에 정치파업합헌론을 지지하면서 공개적인 논쟁을 개진하였다. 물론 그 결과는 보수적인 진영의 계속적인 요구에 의해 법관으로서의 직위해제이었다. 슈미트의 논지를 요약하면 아래와 같다.

슈미트는 파업을 정치파업과 비정치파업으로 구분하는 것 자체에 대해 비판적이다. 모든 파업은 동기와 작용에 있어 공적인 성질을 가지고 있으며, 그래서 근본적으로 국가를 지향하고 있다. 그래서 파업을 "정치적" 파업과 "비정치적" 파업으로 구분하는 것은 처음부터 자의적인 날조에 불과하다는 입장이다. 그는 비정치적인 파업인 노동법적 파업과 정치적 파업을 구별하는 것은 거의 불가능하다고 한다. 양자 간의 경계부분이 아주 유동적이고 모호하다는 것이다. 예컨대, 휴가문제가 산업부문 전체 또는 취업자 전부에 관련되는 경우에 이미 그것은 정치적인 성질을 가질 수밖에 없다. 그리고 정치파업은 표면적인 의도로 포장된 쟁의수단에 불과하므로 허용된 것과 금지된 것으로 분류하는 것 자체가 이미 잘못이라고 한다. 특히 도이칠란트의 관헌적 전통의 의미에 있어서 그러한 구분은 전적으로 잘못된 것이라고 한다. 파업의 역사에는 정치파업이 거의 모두를 차지하고 있는데, 이러한 역사는 "실질적 불법인 형식적인 국가법에서 해방되기 위해 얼마나 자주 노동자조직의 압력을 필요로 했는지"386)를 명증하게 보여주고 있다. 여기서 슈미트는 "역사와 실정법의 긴장"을 보고 있는데, 그 긴장 속에서 역사적 진보는 너무나 자주 각 시대의 실정법의 폐기에 의해 비로소 가능하게 되었다고 주장한다.387)

384) Abendroth, 위 같은 글, S. 648.

385) LAG Berlin, Urt. v. 17.8.1953 - 4 LAG 835/52, NJW 1954, 124ff.

386) Richard Schmid, Zum politischen Streik, in: Gewerkschaftliche Monatshefte, 1/1954, Franfurt, 1954, S. 7.

387) Schmid는 "진보와 개혁은 그것이 역사적으로 필연적이라면 보통 실정법에 거슬리고 또 이에 반하는 법은 진정으로 사물의 본성에 있다. 정치적 및 경제적 진보는 대부분 법이 적응해야 하는 것에 그 본질이 있다. Richard Schmid, Zum politischen Streik, in: Gewerkschaftliche Monatshefte, 1/1954, Franfurt 1954, S. 2.

또 정치파업이 폭력이라고 하는 보수진영의 비판에 대해 슈미트는 그것은 실체에 부합하지 아니하는 날조된 어처구니없는 비난이라고 한다. 정치파업이야말로 바로 비폭력적인 저항의 전형이다. 정치파업은 전국적 차원 또는 광범한 지역의 총파업이라는 형태로 전개되고 그 정치적 효과가 가장 강력하기 때문에, 정치권력이 폭력적인 것으로 느낄 뿐이라는 것이 슈미트의 생각이다. 그리고 정치파업이 없었더라면 역사적 진보는 없다고 할 정도로 정치파업이 사회발전의 원동력이라고 주장하면서 정치파업합법성에 큰 애착을 보여주고 있다.

그리고 슈미트는 노동조합의 정치파업은 다른 어떠한 정치적 행동보다 개방적이기 때문에 다른 어떠한 정치적 행위보다도 더 민주주의에 부합한다고 평가한다. 이러한 맥락에서 그는 "민주주의는 개방성에 의해 살고, 비밀성으로 죽는다"[388]라고 말하고 있다. 사실, 민주적 개방성이라는 측면에서 볼 때, 자본주의사회에 있어서 공식적인 정치적 의사결정과정이나 제도 밖에서 정치권력에 대해 은밀하게 이루어지고 있는 사용자 및 그 단체의 영향력행사는 파업과 같은 노동조합의 공개적인 개입보다 훨씬 더 커다란 나쁜 문제다. 자본주의국가에서 대기업은 그 경제적 역할을 훨씬 능가하는 정치적 비중을 가지고 있기 때문에 그것이 민주주의에 미치는 위협은 심각하다.[389] 파업에 의해 노동조합이 국가기관에 대해 그의 공개적인 의사를 표시하는 것은 민주주의를 위협하는 것이 아니라 오히려 그 자체가 민주주의라는 것이다.

정치파업의 문제에 대한 슈미트의 고백에 의하면, 정치파업은 "과거에 노동자들이 생활이익과 그들의 민주주의적 권리 그리고 자본주의의 전개가 필연적인 것으로 만들어냈던 그때그때에 적시 또는 지연된 개혁을 위한 싸움터에서 가장 중요하고 효과적인 수단이었는데, 이러한 투쟁수단을 오늘날에도 포기할 수 없다"[390]는 것이다. 노동자들에게 이러한 권리를 보장하지 아니하는 민주공화국헌법이란 오로지 그 반대의 정치적 결과, 즉 비민주적인 독재권력에 기여할 뿐이다. 이러한 맥락에서 슈미트는, 어떤 점에서는 그의 진보적인 입장과는 어울리지 않는 것처럼 보이지만, 그 자신의 사상을 위한 핵심증인으로서 위에서 이미 인용한 바 있는 잉글랜드의 보수적인 국가철학자 에드먼드 버어크(Edmund Burke, 1729~1797)를 원용하고 있다.[391]

388) Richard Schmid, Zum politischen Streik, in: Gewerkschaftliche Monatshefte, 1/1954, Franfurt S. 8.

389) 그래서 슈미트는 이러한 상황에서 국가의 민주적 의사결정은 주권자인 국민에 의해서 되는 것이 아니라, 보다 나은 보다 노련한 즉 보다 비싼 선전광고기구를 가진 자 즉, 자본의 소유자에서 나온다고 한다. 이 경우에 민주주의는 순수형식적인 민주주의일 뿐이라는 것이다. Richard Schmid, Zum politischen Streik, in: Gewerkschaftliche Monatshefte, 1/1954, Franfurt a.M,, S. 8 참조.

390) Richard Schmid, Zum politischen Streik, in: Gewerkschaftliche Monatshefte, 1/1954, FranfurtS. 2.

라. Alfred Weber

사회학자 알프레드 베버도 파시즘과 같은 독재권력의 대두에 대비하여 민주주의의 추가적인 보장책으로서 노동조합에게 총파업권을 부여하려고 한다. 그는 도이치인의 국가예속성(Staatshörigkeit)[392]에 대한 비판에서 출발해서 민주주의를 위해 정치파업의 필요성을 주장하고 있다. "개인들이 집단행동에 대해 권리를 가지기 위해서는 집단행동의 목표를 기술적으로 실행할 수 있고 또 실질적으로 담당할 수 있어야 한다. 이러한 것이 있는지, 노동조합이 유토피아적이고 불가능한 것을 요구하는지 또한 그것이 필요하고 유용한 것인지에 대한 절대적인 판단기준은 없다. 그러므로 그것이 반드시 실행되어야 한다는 것을 제외하면, 사용할 수 있는 그 유일한 판단기준은 여론이지, 조문에 따라 판결하는 법률가 자신의 의견이 아니다."[393] 왜냐하면, "각 경우에 있어 총파업이 연관되어 있는 문제에서 여론의 태도가 전적으로 결정적인 요인이다. 어떠한 파업도 대중의 의사에 반해서 성공할 수 없으며, 대중의 전체적 생존이 생활기구에 얽혀 있는 한, 파업에 의해 직접적으로 생존정지의 위협을 받고 있기"[394] 때문이다.

마. Viktor Agartz

노동조합이론가인 빅토 아가르츠는 해방적 관점에서 노동조합과 국가의 관계를 고찰하고 있다. 그는 루소의 견해를 인용하여 국민주권의 목표는 소수에 대한 다수의 지배가 아니라, 일반의지의 타당성(Geltung)이라고 한다. 그래서 "일반의지(allgemeine Wille)"는 시민적 민주주의에 있어서 단지 "형식적 질서원리"로서 실현된다고 본다. 왜냐하면 "시스템은 생산과 분배의 원칙과 관련한 사회적 고려를 소외시키기 때문이다. 그래서 경제적 권력은 소수자의 법적 평등을 유린하게 되는데, 이러한 법적 평등을 진작시키는 것이 노동조합의 관심사이다. 그리고 이러한 생각은 오늘날의 국가의 원리와 필연적으로 대립하고 부분적으로 충돌할 수밖에 없다"[395]라는 것이다. 그래서 아가르츠는 진정한 의미에 있어서 민주주의를 실현하기 위해서는 형식적 제도외부에서 민주주의를 가능하게 하는 시스템변용적

391) Richard Schmid, Zum politischen Streik, in: Gewerkschaftliche Monatshefte, 1/1954, Franfurt 1954, S. 2-3.

392) Weber는 헤겔을 인용하여 이것을 분명하게 한다. Alfred Weber, Staat und gewerkschaftliche Aktion, Köln 1954, S. 9.

393) Alfred Weber, Staat und gewerkschaftliche Aktion, Köln 1954, S. 15.

394) Afred Weber, 위 같은 책, S. 27.

395) Viktor Agartz, Zur Stiation der Gewerkschaften in liberal-kapitalistischen Staatm in: Gewerkschaftliche Monatshefte, 8/1952, Franfurt, S. 460.

인 정치(systemransformierende Politik)가 필연적인 귀결이라고 한다.

이러한 맥락에서 아가르츠는 "그러한 한에서, 노동조합운동은 의회 밖의 영역에서 움직이는 의회 외적 세력이다. 자본주의국가의 질서원리 밖에서 작용하는 세력으로서 노동조합집단행동의 필요성이 설명된다. 노동조합의 단체행동은, 형식적인 비합법성에도 불구하고, 국가의 본질과 노동조합의 과제에서 사회학적으로 그리고 법적으로 필연적인 것으로 나타난다"[396]라고 말하고 있다.

바. Bernd Rüthers

정치파업에 관한 논쟁에서 베른트 뤼터스는 노동조합의 진영에 어느 정도 가까이 있으면서도 아주 조심스런 입장을 취하고 있다.[397] 그의 박사학위논문주제가 『파업과 헌법(Streik und Verfassung)』[398]이다. 이 논문에서 그는 아벤트로쓰와는 달리, 보수적인 헌법해석론의 입장에서 전개하고 있는 노동법적 파업과 정치적 파업을 분명하게 구분하는 것은 반드시 필요하다고 전제하고 있다. 그리고 노동법적 파업은 사회국가에 있어서 사회적 자기지배의 제도로서 헌법적 보호하에 있다. 합헌적 질서에 대한 공격이 이러한 권리의 주장 배후에 숨어 있지 않도록 감시하는 것은 국가권력의 의무라는 것이다. 그런데 정치파업은 국가를 대상으로 하고 또 국가질서를 위태롭게 한다는 특징에 의해 노동법적 파업과 구별된다고 한다.[399]

그 다음에 뤼터스는 정치파업을 본질적으로 "정치적 투쟁파업(politischer Kampfstreik)"과 "정치적 시위파업(politischer Demonstrationsstreik)"으로 세분한다. 정치적 투쟁파업이 헌법의 보호를 위한 방어적 파업으로서 또는 헌법내적인 저항권의 행사로 실행된다면, 합법이다. 정치적 시위파업은 시위적인 이익대변의 합헌적 기능 때문에 원칙적인 정당성을 가진다.[400] 그렇지만 여기에서 그는 오용의 위험이 각별히 크다고 생각한다. 이러한 규범적 평가에는 그 당시 연방공화국의 각 사회적 대표에 있어서 사회적수 간의 세력균형이라는 특별한 배경이 있었다는 것이다.[401] 뤼터스는 그가 보기에 노동 측에 의해 무제한적인 것으로 오해되고 있는 단결의 자유와 사회적 시민전쟁을 인정하는 듯한 민주주의개념에 대해 반론을 펴고,[402] 또

---

396) Viktor Agartz,위 같은 글, S. 468.

397) 이러한 점에서 뤼터스를 진보진영이라기 보다는 절충적인 제3자의 입장으로 분류해야 하지 않을까라는 의문이 제기된다. 그러나 그가 나찌즘법률가들을 상당히 예리하고 비판하고 있는 점에 비춰서 진보진영으로 평가했다.

398) Bernd Rüthers, Streik und Verfassung, Köln 1960.

399) 위 같은 책, 144면.

400) 위 같은 곳.

401) Bernd Rüthers, 위 같은 책, 124-125면 참조.

조합이론가가 국가비상사태의 위험을 경시한다고 비난하면서 그들이 계급투쟁적인 사상을 유지하고 있다고 나무라고 있다.[403)]

정치파업에 관한 논의에 대하여 뤼터스가 설득력 있게 기여했던 부분은 혁명권에 대한 논증에 나타난다. 이것은 그가 혁명의 수준하에서 모든 정치적 형태와 같은 동일한 기준에 의해 정치파업권을 합법적으로 인식하고 있다는 점에서 카이저(J. H. Kaiser)와 옐리네크(Georg Jellinek)의 입장과는 구분된다.

옐리네크는 새로운 국가폭력의 형성으로서 혁명은 "법적 성질의 모든 수단을 처음부터 배제하는" 사건에 근거하고 있다는 테제를 주장한다. 옐리네크는 모든 정치적 과정에 대한 규범적 평가를 포기하면서 성공 또는 실패라는 권력장악의 관점에서만 혁명을 판단한다.[404)] 카이저의 경우도 옐리네크와 동일한 입장에 있다고 할 수 있다. 이러한 접근방식의 핵심은 인권의 보호와 실현이라는 최고원칙하에 국가적 행위를 보아야 한다는 규범적인 헌법이해와의 결별을 의미한다.

그런데 뤼터스는 칼 슈미트의 견해[405)]에 입각해서 타당성을 창조하는 권력으로서 지배의 정당성에 관한 문제를 정리하고 있다. 그렇지만 뤼터스에 있어서 혁명권은, 다른 권리의 판단에서와 같이, 자연법의 전통에 있어서 불가침의 전국가적인 법적 근본가치인 실정법질서 밖에서의 법적 평가의 승인에서 나온다. 이러한 법적 근본가치는 제정된 형식적인 법질서 위에 있다. 그래서 그는 "인간의 존엄과 그 내적 가치는 정의의 이념을 시대의 생활관계에 부합하는 양식으로 구현하려고 하는 경우에만 존재할 수 있다"[406)]고 한다. 뤼터스에게는 "실정법률이 끝나고, 법으로서 그 타당성을 요청할 수 있는 데에는 한계가 있다. 이러한 경우에 혁명은 다름 아닌 법, 즉 정의에 대한 원초적인 의지의 직접적인 표현이다."[407)] 그래서 그는 이러한 정의개념의 실질적인 핵심을 다음과 같이 기술하고 있다. "조건부 지배계약(지배권력의 법적 구속), 불가침의 인권(인간의 존엄과 개성) 그리고 초실정적인 국민주권의 법적 형상(Rechtsfigure)이다."[408)] 법학이 "권력규정적인 몰가치적인 법개념"[409)]을 통해 권력을 법률적으로 정당화하려고 하지 않을 때, 법학

402) 위 같은 책, 119면.
403) 위 같은 책, 121면.
404) Gerg Jellinek, Allgemeine Staatslehre München 1932, S. 342.
405) Vgl. Carl Schmitt, Der Begriff des Politischen, Hamburg 1917. 슈미트의 이 논문은 Hans Krupa, Carl Schmitts Theorie des "Politischen", Leipzig 1937과 함께 묶어서 尹謹植(역), 『政治의 概念』(위성문고 No. 64)(법문사 단기4294)으로 출판되었음.
406) Bernd Rüthers, 위 같은 책, S. 98.
407) 위 같은 곳.
408) 위 같은 책, S 113.
409) 위 같은 곳.

은 초실정법에 대한 실정법의 구속에 의해서만 권력을 정당화할 수 있다.

뤼터스는 도이치연방공화국의 기본법에서 이러한 구속성이 주어져 있다고 보고 있다. 이것은 "세계에 있어서 인간공동체, 평화 그리고 정의의 기본으로서 불가침적이고 불가양도적인 인권"[410]을 규정하고 있는 기본법 제1조 2항에서 인정된다. 이러한 인권은 헌법적으로 근거지울 수도 없고, 그렇게 할 필요도 없다. 이것은 또한 "국가주권의 원칙의 내재적 한계"[411]이다. 합헌적 질서의 귀결: 국가가 일반적인 자연법적 기본원칙의 존재를 긍정한다면, 국가법질서 내에서 국가 자신에 대한 저항권을 이론적으로 부정할 수 없다"[412]는 것이다. 결국 노동자의 정치파업은 최소한 저항권으로서는 인정된다는 것이 뤼터스의 생각이라고 할 수 있다.

B. 일본에서의 논의

a. 서 설

일본에 있어서 정치파업에 관한 논의는 제2차 대전에서의 패전으로 제국주의일본이 무너지고, 일본국신헌법이 성립한 직후에 정치파업이 일본국헌법 제28조가 보장하는 단체행동권보장에 포함되는가를 중심으로 전개되었다. 특히 1960년 중후반에 있었던 이른바 中郵사건과 安保6.4사건과 관련하여 정치파업에 관한 논의가 본격적으로 제기되었다고 할 수 있다.[413] 일본에 있어서의 정치파업논의도 그 양상이 도이칠란트의 논의와 유사하나, 그 후에 일본최고재판소의 판결을 지지하는 입장(보수진영)과 이에 대한 비판적 입장(진보진영)으로 나누어져서 논쟁이 진행되었다.

b. 보수진영

일본에서도 보수적인 경향을 가진 노동법학자들은 도이치의 보수진영의 영향

---

410) Beck-Texte, Grundgesetz der Bundesrepublik Deutschland 1971, S. 29.

411) Bernd Rüthers, Streik und Verfassung, Köln 1960, S. 110.

412) 위 같은 책, S.112.

413) 일본의 최고재판소는 中郵사건판결(1966.10.26)에서 노동기본권은 일본국헌법 제25조에 규정하고 있는 이른바 생존권의 보장을 기본이념으로 해서 경제적으로 우위에 있는 사용자에 대해서 노동자의 실질적인 자유와 평등을 확보하기 위한 수단으로서 단결권, 단체교섭권 및 단체행동권 보장하는데 있다는 전제하에, 「쟁의행위는 정당한 한계를 넘지 않는 한, 헌법이 보장하는 권리의 행사」뿐만 아니라 「노조법의 목적을 달성하기 위해 한 정당한 것이므로 형사제재의 대상으로 되지 않는다는 것은 당연」하지만, 「만약 쟁의행위가 노조법 제1조 1항의 목적이 아니라, 정치적 목적을 위해 행해지는 경우」에는 일본국헌법 제28조에 보장된 쟁의행위로서의 정당성의 한계를 넘는다」고 판시하였다. 또 안보사건판결(1969.4.2)에서는 정치적 목적은 「사용자 …에 대한 경제적 지위의 유지 개선」이라는 노동조합의 본래 목적을 일탈하기 때문에, 그 정당한 범위를 일탈하였다는 취지로 판시하였다.

하에서 정치파업 일체를 위법으로 보고 있다. 그 대표적인 학자로서는 정치파업 위법론을 전개했던 吾妻光俊과 石井照久를 들 수 있다.

가. 吾妻光俊

吾妻光俊은 노동조합의 목적은 근로조건의 향상이라는 경제적 목적에 있다고 전제한 다음, 이와 같은 경제적 목적 이외의 다른, 예컨대 정치적 목적을 추구하는 경우 노동법상 노동조합으로 인정받는 지위 내지 이익은 이들 목적에 따른 활동에 대해서 반드시 법률적으로 옹호되는 것은 아니라고 한다.[414] 그러므로 정치파업은 쟁의행위를 하는 노동조합과 그 영향을 받는 사용자 간에, 따라서 그 사용자와 간에 직접적이고 구체적인 대항관계가 존재하지 않는 경우이고, 그러한 파업형태는 노사의 대항관계를 전제하고 있는 노동법의 대상으로서의 성격을 가지지 않는다는 것이다.[415] 그리고 이러한 종류의 행동에 특히 노동조합에 보장되어야 할 사회적 합리성도 존재하지 않고, 만약 이것에 대해 민사법상의 면책을 인정하게 되면, 개인의 정치적 평등의 근대법원칙과 모순되고, 또 법률개념으로서 인정될 수 없는 노동자의 계급적 연대에 법률적 보장을 주는 것으로 된다는 것이다.

나. 石井照久

石井照久는 정치파업이 1949년 제정된 일본국헌법 제28조가 보장하고 있는 단체행동권의 범위를 넘는다고 한다. 그 근거로는 두 가지를 들고 있다. 첫째, 일본국헌법은 자본제헌법으로서 쟁의권보장도 단체교섭을 통한 노동자의 생존확보를 목적으로 하고 있는 것이고, 둘째, 정치파업에 있어서 파업의 목적은 사용자가 해결할 수 없는 것인데, 이에 의한 손해를 사용자에게 감수케 할 수 없다는 것이다. 전자가 이른바 교섭중심론이고, 후자가 이른바 측장론(側杖論)[416]이다. 이에 관해서 좀 더 언급하면 다음과 같다.

노동자의 단결권, 단체교섭권 및 단체행동권, 즉 노동3권은 어느 것이라도 노동자의 생존확보를 위한 수단이지만, 노동3권의 상호관계를 고찰하면, 이들은 목적과 수단과의 관계가 있다. 즉 생산수단의 사유가 긍정되고, 생산수단과 노동과의 결합이 사용자와 노동자와의 노동계약을 매개로 하여 실현되도록 예정하고 있으며, 본래적으로 노동계약을 통하여 노동자의 생활조건이 향상되어야 하는 것으로서 노사의 실질적 평등을 단체교섭의 형태로 확보하도록 하는 것이 자본제사회에 있어서

414) 吾妻光俊, 『勞働法』(青林書院 1956), 109면.
415) 위 같은 책, 216면.
416) 우리말로 "봉변론(逢變論)이라고 번역할 수 있을 것 같다.

노동3권보장의 기본적 정신으로 보아야 하기 때문이다. 즉 단결이나 단체행동이라는 것도 단체교섭을 통해서 노사의 대등을 실현하거나 단체교섭을 유리하게 이끌기 위한 수단으로서 인정되는 것이고, 단체교섭과 동떨어져서 관념적으로 보장되는 것이 아니며, 이러한 의미에서 단결 및 단체행동은 그 자체 목적이 아니다.[417] 그러므로 자본제법질서에 있어서 합헌적인 정치파업이란 존재할 수 없다는 것이다.[418] 쟁의권은 단체교섭이라는 목적과의 관계에 있어서 그러한 한에서 보장되는 것이고, 또한 이와 같이 이해하는 것은 쟁의권의 보장에 특히 민사상의 면책으로서 노동자가 노동계약상의 채무를 이행하지 않음에도 불구하고, 사용자에 대한 채무불이행에 의한 손해배상의 책임을 면할 수 있는 것으로서 환언하면, 사용자에게 『손해의 감수』를 하게 하는 것과의 사이에서 조화를 찾을 수 있다. 따라서 쟁의권은 사용자와의 관계에 있어서 노동자의 단체가 그 목적으로서 실현하고자 하는 것, 즉 일반적인 의미에 있어서만 사용자로서 법률적 내지 실질적으로 처리할 수 있는 사항에 속하는 한에 있어서 헌법상 보장되어 있는 것이라고 이해할 수 있다. 이러한 의미에서 예컨대, 특정 정부의 퇴진을 주장하거나 특정 노동법률의 제정 등에 반대하여 이루어지는 쟁의행위, 이른바 『정치파업』은 정당한 쟁의행위는 아니라고 한다.[419] 그리고 이와 동일한 관점에서 당해 사업 및 사업장과 전혀 관계가 없는 제3의 사업을 위한 동정파업도 위법이라고 하고 있다.[420]

c. 진보진영

이른바 프로-레이버(pro-labour)를 지향했던 진보진영에 속한다고 할 수 있는 상당히 많은 노동법학자들이 「정치파업」도 일본국헌법 제28조의 단체행동권의 행사라고 설명하고 있다.[421] 그렇지만 여기에서도 순수 정치파업까지 포함하여 정치파업 일체를 합법으로 보는 견해와 정치파업을 순수정치파업과 경제적 정치파업으로 구분하고 후자만을 합법으로 보는 입장으로 구분할 수 있다.

가. 정치파업합법론

정치파업합법론은 노동단체권의 역사성을 강조한다. 즉 헌법은 자본주의국가에

417) 石井照久, 『勞働法總論』, 有斐閣, 1957, 310면.
418) 石井照久, 『勞働基本權』, 有信堂, 1957, 225면.
419) 石井照久, 『勞働法總論』, 有斐閣, 1957, 339면.
420) 石井照久, 『勞働基本權』, 223면 이하.
421) 본 논문에서 아래에서 소개하는 일본노동법학자들 외에도 예컨대, 磯田進, 『勞働法(3판)』(岩波書店 1959), 203~204면; 本多淳亮, 「政治罷業과 憲法」(季刊勞働法 76호 1970), 38면 이하; 片岡昇, 「罷業の法律問題」(勞働旬報社 1968), 215면 이하; 宮島尙史, 「『純粹政治罷業』の 法理」(季刊勞働法 74호, 1969), 54면 등이 있다.

서 역사적으로 존재했던 노동단체권을 법인(法認)한 것이지 어떠한 내용을 가공하거나 조건을 붙인 것이 아니라고 한다. 그러므로 자본주의국가에 있어서 파업은 모두 정치파업이었기 때문에 일본국헌법 제28조는 아무런 조건 없이 이러한 정치파업을 보장하고 있다는 것이다. 여기에서는 佐藤昭夫과 淺井淸信의 견해를 소개하는 것으로 그친다.

ㄱ. 佐藤昭夫

佐藤昭夫는 일본에서 가장 적극적인 정치파업합법론의 옹호자라고 평가할 수 있다. 그는 『정치파업론[422]』이라는 제목의 단행본책에서 도이치의 정치파업논의를 일본에 의욕적으로 소개하면서 정치파업위법론과 정치파업이원론을 조목조목 비판하고 있다.

단체행동권은 노동자의 요구실현을 위한 것이고, 사회의 움직임 속에서 역사를 배경으로 그 실체를 보장하였다고 하는 것, 또한 노동조합이 정치에 관한 목적도 가질 수 있다는 것을 명백히 인정하고 있다. 역사적으로 파업에 대한 인정을 그 목적의 면에서 될 수 있는 한 양보하기 쉬운 범위에서 그치려고 하는 것이 권력의 지향이었다는 것은 사실이다. 그러나 법률적으로 승인된 단결목적의 확대과정에서 볼 때 일본국헌법에 「근로자」라는 사회적 주체에 입각해서 보장된 기본권에 대해 그 주체의 필연적 요구로 되는 정치적 목적을 배제하는 것은 노동자의 아주 성숙한 운동과정에서 그것을 역사적인 배경으로 하는 실체를 가진 단체행동권의 역사적 의미에서 말한다면 옳지는 않다. 그리고 이것은 일본국헌법 제28조가 제2차 대전의 경험상에서 군국주의 파시즘에 반대하는 평화주의와 생존권의 이념과 결합해서 단체행동권을 보장하였던 것이라는 것을 볼 때, 더 분명하게 된다는 것이다.

1949년 일본국헌법이 제정될 당시의 정세를 보면, 먼저 국제적으로는 프랑스나 이탈리아에서 노동자계급을 중심으로 한 파시즘에 대한 지하투쟁의 승리가 있었고 전쟁범죄자에 대한 강력한 규탄이 이루어지고 있다. 이한 상황에서 헌법상의 쟁의권이 인정되었다. 단결권이나 단체행동권을 부인하고 노동운동을 탄압하면서 광범한 노동자층을 전쟁에 동원하였던 파시즘의 중심정책인 것이 확실히 비판되는 정세 하에서 쟁의권보장이 규정화되었던 것이다. 그리고 잉글랜드의 경우에도 1926년의 총파업을 계기로 만들어진 1927년의 파업제한법을 폐지하는 등(1946년), 일반적으로 정치파업을 포함하는 노동운동의 해방을 긍정하는 분위기에 있었다. 그 다음에 국내적으로는 일본국민은 바로 「정부의 행위에 의해 전쟁의 참화」를

422) 佐藤昭夫, 『政治スト論 - 團體行動權の 保障のために(改訂版)』, 一粒社, 1975.

겪었고, 겨우 살아남았던 근로대중은 전시이득자를 제외한 대부분이 궁핍한 최저 상태에서 악성인플레이션에 의해 생존 자체를 위협받고 있었다. 그리고 이러한 상황에서 노동기본권은 직접 절박한 생존을 지키고 이와 동시에 그러한 상태를 야기했던 지배층의 책임을 추급하고, 이를 통해서 평화적이고 민주적인 국가로서의 일본을 재건한다고 하는 목적을 위해서 주장되어 헌법에서 보장되었던 것이다. 당시, 전쟁책임의 추급, 파시즘이나 군국주의세력의 박멸, 자유와 민주주의적 권리의 획득, 인민이 지지하는 민주정부의 수립, 영구평화, 사회주의 등의 정치적 목적이 널리 조합의 강령, 규약, 선언 등에 언급되고, 그러한 운동이 진행되고 있었다. 파업을 노동기본권의 행사로 의식하는 국민의 지배적 규범의식에는, 그 당시 지배층이라도, 정치파업이기 때문에 이것을 위법이라고 주장하는 규범적 근거는 전혀 발견할 수 없다고 한다.[423)]

일본국헌법 제28조는 이러한 국제적 국내적인 지배규범의식하에서 제정되었다. 그 상태는 자본주의의 존속을 기도하려는 지배층도 노동자들의 경제적 요구 및 이것과 직접적인 관련이 있는 정치목적을 가진 단체행동만을 인정된다는 양보만으로는, 지배권력에 대한 노동자조직의 정치적 신뢰를 유지할 수 없는 상황이었다고 해도 좋을 것이다. 일본의 대자본과 정치권력은 자신들이 자행했던 과거의 인권억압, 정말 이에 대한 조직적 저항의 중심인 노동조합운동의 탄압에 대한 나쁜 기억들을 어느 정도 만회하기 위해 향후에 평화와 민주주의, 인간적 생존을 지키는 힘으로서의 단결과 단체행동을 존중하는 자세를 통해서 파시즘과는 다른 정치적 가치를 가지고 있다는 것을 보여줄 필요가 있었다. 그리고 이들은 자신의 정치적 재기를 위해서도 조직노동자의 힘이 필요했던 시기이기도 하였다. 이렇듯 佐藤昭夫는 일본국헌법 제28조가 바이마르헌법과 같은 목적의 한정을 두지 않았던 것에는 노동자의 생존과 직접적으로 관계가 있는 경제적 조건뿐만 아니라 평화나 민주주의의 문제와도 불가분의 관계에 있다는 것을 역사적으로 부정할 수 없었기 때문이라고 생각한다. 그러므로 일본국헌법 제28조가 보장하고 있는 단체행동권에는 정치파업을 포함하고 있었다고 하는 것은 오히려 정치적으로 필연적이라고 한다.

---

423) 극동위원회의 일본노동조합에 대한 원칙은 「파업 기타의 작업정지는 점령군당국이 점령의 목적 내지 필요에 직접적인 지장을 초래할 수 있는 경우에 금지된다」(5항)고 하였다. 그리고 군국주의 권력 및 세력의 영구추방, 전쟁능력의 파쇄, 기본적 인권의 확립, 평화적 정부의 수립은 포스탐 선언에 의해 점령목적으로 되었던 것이다.

ㄴ. 淺井淸信

淺井淸信에 의하면, 단결목적을 달성하기 위해서는 현실에 어떠한 단체행동이 필요한가는 체험을 기초로 해서, 노동자적 감각으로써 판단하고, 목적관철을 위해서는 이것이 필요하다고 감지했기 때문에 단체행동권이 실행되어 왔다. 그러므로 그 결과 단체행동의 내용과 형태는 역사적으로 규정되어야 한다. 그러한 것으로서 단결과 단체행동을 일본국헌법 제28조가 보장하고 있다는 것이다. 이러한 관점에서 정치파업의 합헌성여부도 판단해야 한다.[424] 또한 순수정치파업이라는 개념을 만들어서 헌법의 보장 밖으로 밀어내는 사고방식은 단체행동권의 역사적 실체에 반하는 것이라고 한다.

자본주의사회에서 경제활동과 정치활동이 긴밀하게 연계되는 것은 자본가와 국가권력이 결부되어 있기 때문에 생기는 필연적인 현상이다. 말하자면, 국가의 중립성은 점점 붕괴되고 있으며, 오늘날 국가는 자본가의 국가로서의 성격을 강하게 노골적으로 노정하고 있다. 그러한 현실 하에서는 정치파업의 경우에도, 쟁의행위를 실행하는 노동조합과 그 영향을 받는 자본가로서의 사용자와의 간에 대항관계가 완전히 없다고는 할 수 없다. 어쨌든, 대자본가인 사용자일수록 그러하지만, 사용자와 국가는 긴밀한 연계를 가지고 있으며, 사용자가 국가의 입법 기타의 정치조치에 영향을 줄 수 있는 지위에 있기 때문에 정치파업위법론은 관념론에 불과하다고 한다.[425]

파업에 대해 유럽국가에서는 19세기에서 20세기 초까지, 일본에서는 아니 그 이후에까지 공모죄, 강요죄 등으로 처벌을 하였고, 손해배상책임을 물었다. 그러나 유럽자본주의국가의 노동자들은, 형벌처벌을 받고 또 손해배상책임을 질 위험에도 불구하고, 살기 위해서는 그리고 그것을 극복하기 위해서는 오히려 파업을 계속하지 않을 수 없다. 그 결과, 그들은 모든 민·형사책임에서 해방되었고, 나아가 파업의 자유를 국가권력의 간섭을 받지 않는 권리로서 확립하였다. 파업의 자유를 제한하고 금지하는 입법 기타의 국가권력의 발동에 대해 노동자들이 그것을 반격하기 위해 어떠한 실력행사도 하지 않고, 손을 놓고 방관하였다고 하면, 파업권확립의 역사는 공허하게 되었을 것이고, 파업권을 승인한 의미는 완전히 상실하게 될 것이다. 이러한 의미에서 보면, 파업권에는 그 본질적 내용으로서 파업의 자유를 침해하는 국가권력을 배격할 수 있는 권리가 내포되어 있으며, 여기에 파업권확립의 진정한 의미가 있다고 할 것이다. 그러므로 파업권침탈을 의도

---

424) 淺井淸信, 『集團的 勞働法理の 展開』, (法律文化史 1968), 347면.
425) 위 같은 책, 348면.

하는 입법을 배격하는 정치파업은 합법이라고 해야 한다는 것이다.[426]

淺井淸信은 정치파업이 단순한 시위행위(demonstration)는 아니라고 한다. 데모는 정치조치에 대한 반대의 결의를 강력히 표시하는 방법에 그치고, 구체적인 정치조치를 강제한다고 하는 것까지 포함하지는 않는다. 그러나 정치파업은 구체적 조치를 취하도록 강제하려고 하는 것이다. 그렇기 때문에, 정치파업은 데모 등의 표현의 자유를 보장하는 일본국헌법 제21조 이외에서 정당성의 근거를 구하여야 한다.[427]

파업은 그것 자체 압력이고 강제의 수단이다. 따라서 설령 결의를 강력히 표현할 목적으로 하여도 그 목적을 관철하기 위해 파업을 실행하는 한, 필연적으로 강제가 행해지기 때문에, 이른바 시위파업(demonstration strike)도 정치파업이 되며, 특수한 취급을 받을 근거를 가지지 않는다. 그러나 그 만큼 강제적 압력으로 되지는 않는 시한파업의 방법에 의한 경우는 별개이다. 예컨대, 핵실험금지를 위해 노동조합이 반대결의를 보여주기 위한 방법으로서 1시간이나 반일(半日)도로 파업을 한다면, 이것은 시위파업으로 보아야 한다는 것이다. 이 경우에 이러한 시위파업은 일본국헌법 제21조에 의해 보장된다고 한다. 그렇지만 일본국헌법 제21조의 보장은 평화적 설득이라는 한도 내에서의 피켓트를 정당화하지만, 이들에 대한 채무불이행의 책임까지 면제하는지 않는다. 물론 이 경우에도 파업 그 자체도 위력에 의한 업무방해죄 등의 형법적 범죄를 구성하지 않는다고는 하지만, 일본국헌법 제21조의 보장은 일본국헌법 제28조의 보장만큼 강도가 높지 않은 점을 간과해서는 아니 된다고 한다.[428]

나. 정치파업이분론

정치파업이분론은 정치파업을 순수정치파업과 경제적 정치파업으로 구분하고, 전자는 일본국헌법 제28조의 쟁의권이라기보다는 일본국헌법 제21조의 표현의 자유에 속하는 한편, 후자만을 일본국헌법 제28조의 단체행동권의 행사로서 보려고 하는 입장이다.[429] 이러한 정치파업이분론을 지지하는 학자의 수가 일본에서 상당히 많은 것 같다.

정치파업이분론에는 그 이론적 근거에 따라 크게 두 가지로 분류할 수 있다.

---

426) 위 같은 책, 361면.
427) 위 같은 책, 362면.
428) 위 같은 책, 363면.
429) 渡辺洋三, 「勞働法の 基本問題」, 社會科學硏究 18권 1호 1966년 특히 17면, 동 「政治罷業と勞働運動－法と勞働法の 接點」, 法律時報 39권1호, 1967년), 특히 25면 이하.

그 하나는 沼田稲次郎 등이 주장하는 일본국헌법 제28조는「노동자의 입장」내지는「노동자로서의 생활요구」에서의 단체행동을 보장하였던 것이라고 하는 관점이다. 그는 이른바 안보투쟁과 같은 국민적 입장에 서서 국민적 요구를 내걸고 하는 정치파업, 즉 이른바 순수한 정치파업은 시민의 자유로서의 행동으로 보고, 일본국헌법 제28조의 쟁의행위에 포함되어 있지 않다고 한다.[430]

또 다른 하나는 渡辺洋三와 같이 가치법칙의 관철의 관점에서 노동조합 및 노동기본권을 이해하려는 입장이다. 이에 의하면, 노동조합운동 본래의 목적은 가치법칙의 실현이라는 것이고, 노동기본권은 그 운동을 보장하는 것이다. 그리고 사회보장이나 물가문제 등은 그것에 포함되지만, 이를테면 1960년에 있었던 베트남 반전파업과 같은 순수한 정치파업은 조합본래의 목적에 있어서 적어도 필연적인 것은 아니고, 또 고유한 것도 아니라는 것이다. 그러나 기본적으로는 두 이들 두 학자에 의해 대표되는 것처럼 생각되기 때문에 이하 이들의 견해를 소개하는 데에 그친다.

ㄱ. 沼田稲次郎

沼田稲次郎은 일본국헌법 제28조가「노동자의 입장」내지「노동자로서의 생활요구」에서 단체행동을 보장한 것이라고 한다. 노동기본권인 단결권은 정치결사권이 아니라, 경제적 요구의 실현을 위한 단결활동의 권리이다.[431] 그렇지만 역사적으로 보면, 노동자의 경제적 요구의 실현을 위해서 직접 요청되었던 정치적 요구는 내용적으로는 노동조건입법이나 단결권 자체에 관한 요구를 위한 활동이 대부분이었고, 그것은 노동조합의 역사가 보여주듯이, 트레이드유니온(trade union)의 불가결한 활동으로서 단체행동권에 포함된다는 것이다. 노동조건입법 예컨대, 40시간노동제도나 최저임금제의 입법요구의 실현은 직접적으로 노사관계에 영향을 준다. 그것을 위한 스트라이크는 한 사람 한 사람의 사용자에 대한 그러한 요구에서의 스트라이크와 규범적으로 같은 의미를 가지고, 사용자에 있어서도 이미 봉변은 아니다. 그렇지만 그것과는 달리「국민적 입장」에서의 요구의 실현을 위한 행동(순수정치스트라이크)은 시민적 자유인 표현의 자유에 속하는 것이고, 시민 일반이 평등하게 향유해야 할 자유라고 하는 것이다.[432]

---

430) 沼田稲次郎,『勞働法要論』(法律文化社 1967), 62면; 같은 이,『勞働基本權』(勁草書房 1969), 382면 이하; 같은 이,「團結權思想의 檢討」, 佐藤昭夫(편),『勞動基本權』(三省堂 1977), 113-133면 所收 등 참조.

431) 沼田稲次郎,「團結權思想의 檢討」, 위 같은 책, 129면.

432) 이러한 사고방식은 우리 헌법 제33조의 권리를「경제적 지위의 유지 개선에 직접관계」가 있는가 여부를 기준으로 하는 우리 헌법재판소의 기본적 입장과도 일맥상통한다. 그렇지만 그의 이른바

ㄴ. 渡辺三洋

渡辺三洋은 노동3권을 자본주의경제에 있어 노동력의 등가교환을 실현하기 위한 권리로 보고자 한다. 그에 의하면 상품의 등가교환이 자본주의경제의 기본원리이다. 그리고 노동력의 등가교환이란 노동력을 팔아서 사용자 아래서 일해서 그 노동력의 재생산 결국, 노동자의 생활이 종래와 같이 유지되지 않으면 아니된다. 그렇지만 노동자는 사용자에 대해서 그 입장이 약하기 때문에 개인으로는 그 노동력상품의 등가교환을 실현할 수 없다. 따라서 단결을 통해서 그 실현(노동력의 재생산, 노동자의 생활의 유지)을 가능하게 하는 것이 노동기본권이다. 그리고 그 노동자의 경제생활의 유지에는 사회보장이나 물가문제 등의 정책도 영향을 준다. 따라서 이들의 경제에 관련한 요구에서의 스트라이크(경제적 정치스트라이크)도 노동기본권의 행사이다. 그러나 이것에 관련되지 않는 외교나 군사 등에 관한 요구에서의 그것(순수정치스트라이크)은 노동조합본래의 목적에 있어서 반드시 필연적인 것은 아니고, 또 고유의 것도 아니다. 따라서 이러한 종류의 스트라이크의 자유는 일본국헌법 제28조가 보장하는 노동단체권의 문제라기보다는 일본국헌법 제21조의 표현의 자유의 문제라고 하게 된다.

(4) 한국에 있어 정치파업에 관한 논의

우리나라에서는 정치파업에 관하여 우리나라 자체의 정치적·경제적 상황을 전제로 한 치열한 논의가 있었다고 말할 수는 없을 것 같다. 정치파업의 개념정의에 관한 논의는 없으나 대체로 파업의 상대방과 목적에 의해서 정치파업과 비정치파업을 구분하고 있는 것 같다. 즉 국가 또는 지방자체단체를 상대로 정치적 수상의 관절을 목적으로 하는 파업을 정치파업이라고 하고 있다. 정치파업의 인정여부에 대해 지금까지 헌법적인 차원에서의 본격적인 논의는 거의 없는 것 같고, 헌법의 하위법률적인 차원에서 이른바 쟁의행위의 목적과 관련하여 정치파업의 합법성여부에 대해 이분법적으로 간단히 논의하는 수준 정도밖에 없는 듯하다.[433] 그 경우에서도 대부분의 법학자들은, 우리의 정치적 상황 때문이겠지만,

---

순수정치스트라이크라고 하는 예컨대 평화나 민주주의의 요구에서의 스트라이크행동의 경우, 노동자는 근로계약의 구속을 받고 있다. 그것을 위한 계약책임을 추급해서 노동자에 있어서 실세적 방법인 스트라이크형태로의 요구나 항의의 의사표시가 불가능하다는 것은 실은 시민일반이 평등하게 향유해야 할 표현의 자유가 노동자이기 때문에 실질적으로 보장되지 않는다고 하는 것과 같다.

433) 이에 관한 정리는 이병태, 『노동법(제6정정판)』(중앙경제사 2005), 343-344면; 박홍규 『노동법론』(삼영사 1995), 1072-75면 참조.

자신의 정체성을 드러내기를 상당히 꺼려하고 어정쩡한 절충적인 또는 타협적인 태도를 취하고 있는 것이 많은 것 같다. 그래서 노동법교과서에서 단체행동권의 한계문제로서 그저 지나가면서 언급되는 약간의 단편적인 주장이 있을 뿐이다. 이를테면, 노동법학계에는 정치파업위법설을 주장하는 입장[434]과 경제적 정치파업적법설을 주장하는 입장[435]으로 양분되어 있는 듯 하고, 정치파업적법설 또는 정치파업합헌론을 주장하는 입장은 없는 것 같다.[436] 헌법론상의 논의를 보면, 단체행동권은 구체적인 작업환경의 유지·개선을 관철하기 위한 목적으로만 행사되어야 한다는 전제하에서 명백한 정치목적의 단체행동 즉 정치파업은 허용되지 않으나 근로자의 작업환경의 유지 개선과 불가불의 상호관계에 있는 국가의 정책적 내지 산업정책 등을 이유로 하는 단체행동은 정치파업이라고 볼 수 없다고 하여 파업의 개념을 노동법적 파업개념보다는 상당히 넓게 보는 입장도 있다.[437] 한편, 우리 헌법재판소는 일본최고재판소와 마찬가지로 단체교섭권중심론에 입각해서 단체협약의 대상이 될 수 있는 사항을 목적으로 하는 경우에만 쟁의행위가 허용된다고 하여 정치파업을 인정하고 있지 않다.[438] 어떻든 우리나라에 있어서 정치파업에 관한 논의의 내용은 대부분 일본이나 도이칠란트에서의 논의결과를 자신의 입장으로 취하여 요약적으로 소개하는 정도에 그치고 있는 듯하다.

(5) 우리 노동헌법과 정치파업

A. 노동3권의 역사적 성격

우리 현행 헌법 제33조에서 근로자의 기본적 권리로서 보장되고 있는 노동3권은 어느 날 하늘에서 그저 떨어진 것이 아니다. 현행 헌법 제33조는 역사적으로 제헌헌법 제18조 1항과 같은 맥락에 있으며, 그것은 일제식민지배에서 벗어나 독

434) 예컨대, 김형배, 『노동법(신판제5판)』(박영사 2009), 821면; 박상필, 『한국노동법(전정판 재판)』(대왕사 1990), 110면(각주65) 등.

435) 예컨대, 이병태 『노동법(제6정정판)』(중앙경제사 2005), 344면; 김유성 『노동법II』 (법문사 1996), 980면; 신인령, 『노동기본권연구』(미래사 1989), 140면 등.

436) 그런데 박홍규 교수는 순수정치파업을 근로자의 단체행동권이 아니라 단체활동으로서 인정해야 한다고 하면서 그야말로 아주 애매한 논리를 전개하고 있다. 즉 "순수정치파업은 헌법 제33조에 의해 민형법 적용을 배제 받지는 못하나 그것이 노동조합에 의해 행해지는 경우에는 단체활동으로서 평가될 수 있으므로 순수하게 시민법적 평가를 받는 것은 아니다. 특히 그 목적이 민주주의라고 하는 헌법의 이념을 실현하고자 한 경우 위법성의 판단의 단계에서 특별한 정당화의 근거가 인정될 수 있다"고 한다. 박홍규, 『노동법론』(삼영사 1995), 1075면.

437) 허영, 『한국헌법론(신3판)』(박영사 2003), 494면 참조.

438) 헌재 1990.1.15, 89헌가103결정 그러나 이 결정의 취지가 노동3권을 기본적으로 대국가적 기본권인 자유권으로 보고 있는 헌재 1998.2.27. 94헌바13·16, 95헌바44(병합) 결정의 취지와 완전히 일치할 수 있는지는 의문이다.

립국가로서 민주공화국을 건설함에 있어서 그 당시까지 세계사적 차원에서 경제적 문화적 정치적으로 충만했던 시대정신의 중요한 일면을 반영하여 그것을 대한민국의 헌법에 규범적으로 구현하고자 했던 것이었다.

노동3권은 유럽자본주의국가에서 수많은 노동자들의 고통과 투쟁을 통해서 이룩된 역사적인 규범결정체이다. 자본주의적 노동관계에서 노동자의 자연발생적 내지 의식적인 요구는 그들의 사회적 입장의 공통성 때문에, 그들의 요구를 실현하기 위한 운동으로 전개된다. 이러한 요구는 제1차 세계대전 이후에, 주로 자본의 지배체제의 위기상황에서 성립된 유럽자본주의국가의 헌법에, 제한된 범위에서 일정한 조건에 따른 정도의 차이는 있어도 자본 측의 지배체제유지를 위한 양보로서 노동자의 기본적 인권으로서 결실하였다. 단체행동권은 이러한 권리의 중요한 부분을 이루고 있으며, 이것은 바로 노동자들이 다년간에 걸쳐서 했던 자유획득의 투쟁의 성과라고 해도 좋을 것이다. 그러므로 노동3권을 올바르게 파악하기 위해서는 무엇보다 먼저, 노동자의 요구와 운동의 정당성을 인정할 뿐만 아니라, 이것을 명시적으로 규범화하고 있는 현대자본주의국가의 헌법의 역사적 성격에 관한 이해를 기초로 하여 그 보장의 의미내용을 생각해갈 필요가 있을 것이다. 그야말로 노동3권의 역사는 서구자본주의의 인간화과정이자, 노동의 인간화과정이었다고 해도 과언이 아니다.

근대자본주의사회에서 소생산자층에게 재산권이 시민적 생존권의 기초이었고, 신성불가침의 것이었던 것과 같이, 현대자본주의사회에서는 노동3권은 노동자가 그것 없이 시민으로서의 지위와 생활을 확보할 수 없는 불가결한 것이기 때문에, 물론 우리나라의 현실에서는 사회악인 것처럼 취급되기도 하지만, 노동자에게 신성불가침의 권리라고도 할 수 있다. 노동3권은 합리적인 근로조건과 적정한 임금에 관한 권리를 실효성 있게 보장해주는 역할을 하고 있으며, 근로자에게 경제적 강자인 사용자에게 대항할 수 있는 권리를 보장함으로써 근로자의 인간다운 생활을 보장해 주고 사회평화와 사회정의의 실현을 하기 위한 제도적 장치로서의 기능을 하고 있다.

노동3권이 노동자의 인간으로서의 생존요구실현에 있어서 유효한 수단일 수 있기 위해서는 노동자계급에 대한 강압이 배제되고 또한 조합민주주의가 보장되어야 한다. 이를 위해서는, 노동자의 정치적 자유, 표현의 자유(대중행동의 자유를 포함한다), 인신의 자유 등이 노동기본권과 불가분으로 연결되어 보장되어 있지 않으면 아니 될 것이다. 근대적 인권체계에 있어서, 재산권, 정신적 자유, 인신의 자유가 삼위일체의 불가결한 권리이었던 것을 대신해서, 현대적 인권체계에 있어서는 노동자인 시민에 있어서, 노동기본권, 정신적 자유, 인신의 자유가 삼위일체의 불가결한 권리로 되었다. 이들 시민적 자유는 노동자인 시민에만 고유한 것은 아니지만, 노동자나 노동운동의 지도자인 시민에 있어서 불가결한 것이다. 이러한 근대적 자유권은 그 새로운 형태에서, 노동기본권으로서 노동3권과 서로 밀접하게 연결되어 현대적 인권의 체계를 구성하고 있다.[439)]

노동자들이 인간적인 생활을 보장받기 위해서는 노사관계 쌍방당사자 간에 평등한 지위에서의 고용계약의 체결이 요구되었고, 이를 보장받기 위하여 상대적으로 열세에 놓여 있는 노동자들은 단결하고 단체행동을 하기에 이르렀다. 노동3권은 20세기의 자연법이 요구하는 권리로 승인되었다. 이를 최초로 명문화했던 자본주의국가의 헌법은 1919년의 바이마르(Weimar)헌법이며, 제2차 세계대전 후에는 세계 각국의 헌법이 이를 일반적으로 보장하고 있다.

그렇지만, 헌법에 노동3권이 노동자의 기본적 권리로서 보장되어 있다는 사실만으로 노동자가 원하는 모든 것이 목적한 대로 되는 것은 아니다. 노동자 스스로가 자신의 가장 약한 부분을 지킬 의지가 있어야 하고, 파멸적인 경쟁을 막기 위해는 최저의 근로조건을 노동보호법이라는 형태로 일반적으로 강제하는 것이 필요하다. 또 노동력의 가치에서 그것만큼 낮지 않은 임금을 받기 위해서는 적어도 단결과 쟁의로써 제약을 배제하는 것이 전제이다. 이리하여 노동조건입법이나 해방입법, 단결보장입법은 필연적으로 노동자의 요구사항으로 되어 간다. 또 노동조건에 관한 요구, 즉 노동력의 판매조건에 관한 사용자와의 거래는 노동력의 수요 감퇴를 초래하는 불황 자체에는 대처할 수 없다. 다른 한편, 시대가 발전하여 국가가 경제과정에 직접 중요한 역할을 기도하려고 하면 할수록, 노동자의 생활을 보호하기 위해서는 더 넓게 국가의 경제정책과 사회정책 일반도 또한 그 요구의 대상으로 될 수밖에 없다. 그리고 이러한 문제를 해결해야 할 국회(國會)가 노동자의 의사를 반영하지 않는 경우에 노동자의 의사가 관철되도록 압력을 가해야 하고, 나아가서 국회의원의 선출방법이나 선거법도 문제로 삼지 않을 수 없을 것이다.[440)]

---

439) 노동자의 노동3권과 여타 시민적 자유권 그리고 민주공화국으로서의 국가기능의 삼위일체적 관계가 어떠한가는 전자가 노동자의 인간으로서의 생활요구실현의 수단으로서 유효하게 기능하는가, 그렇지 않고 후의 2자가 자본의 노동지배의 수단으로서 유효하게 기능하고 있는가에 따라 판단된다. 예컨대, 정치파업의 문제 등도 이러한 각도에서 검토되어야 할 문제이다. 다른 한편, 노동조합의 조직논적으로 말하면, 노동조합 내부에서의 민주주의가 확보되어야 한다. 조합민주주의의 성패는 노동3권이 근로자 개인의 것에서 출발하고 있는가 그렇지 않으면, 그것이 노동조합 자체 이를테면 노동조합의 간부를 위해서 동원되고 있는가에 의해 결정된다.

440) 예컨대, 19세기 후반에 있어서 잉글랜드의 노동운동의 주요핵심문제는 노동자들이 재산의 정도에 관계없이 의원을 선거하거나 입후보할 수 있는 보통선거권의 획득문제이었다. 이에 관해서는

지난 세기를 돌아보면, 자본주의는 자본의 이익을 위해서 제국주의전쟁을 일으켰고, 그것을 강행하기 위해서 노동자의 단결자유나 민주주의가 유린되는 경우가 비일비재하였다. 이것에 대해, 노동조건의 개선, 직접적인 취업상의 이익만을 목적으로 하는 노동조합의 노력으로는 결코 전쟁을 막을 수 없었을 것이다. 결코 형식적인 민주주의제도만으로는 파시즘적 체제의 등장에 대한 방파제로 될 수 없다는 것도 보여주고 있다. 이것은 노동자가, 그것이 일견 직업상의 이익과의 직접적인 연관성을 가지지 않는다고 하여도, 이러한 평화와 민주주의의 문제도 방치해서는 아니 된다는 것을 의미하고 있다. 이러한 요구는 개별적인 노사의 거래가 아니라, 전국민적인 규모의 정치적 과제로서 추구될 수밖에 없다.

파업이 역사적으로 가질 수밖에 없는 목적과 노동3권의 성격과의 관계, 혹은 단체행동권의 역사적 의미라는 점에서 생각해보면, 그것의 보장에는 정치파업이 결코 제외되어서는 아니 된다. 원래 파업은 개개인으로는 무력한 노동자가 단결하여 그 공통의 요구를 실현하려고 하기 위해 취하는 행동의 전통적 형태이다. 따라서 그 목적은 노동자가 어떠한 요구를 가질 수밖에 없다고 하는 것, 자본주의의 발전의 과정, 노동자가 처한 상황, 그 속에서 형성된 노동자의 의식이나 단결의 역량 등의 조건에 의해, 스스로 역사적으로 정해지게 된다. 즉 우선 노동자는 노동력을 팔아 얻는 임금에 의해 생활할 수밖에 없다. 그렇기 때문에, 노동자의 자연발생적 운동으로 생긴 노동조합에 있어서는 자본에 대항하여 임금 기타의 노동조건을 끌어올리는 것이 최초의 직접적 기초적인 요구로 된다. 따라서 이러한 문제와 이것과 관련하여 단결승인, 조합보장 등을 요구하는 파업이 현재까지 계속되고, 가장 많이 존재하는 것은 당연하다.

노동자의 생존적 요구와 그 실현을 위한 파업은 필연적으로 평화와 민주주의의 문제를 포함하는 정치적 목적에도 미칠 수밖에 없다는 것은 이론적으로 확인될 뿐만 아니라, 역사적으로 증명된 바이다. 단체행동권은 근로자의 요구실현을 위한 것이고, 사회의 움직임 속에서 역사를 배경으로 하여 실체가 보장되었다고 하는 점에서 노동조합이 정치에 관한 목적도 가질 수 있다. 노동3권의 성립과정에 비춰볼 때, 자본주의사회에 있어서 노동자의 필연적 요구로 되고 있는 정치적 목적을 배제하는 것은 노동3권의 역사적 의미에서는 옳지 않다. 오히려 우리 헌법이 보장하고 있는 단체행동권의 보장에는 이러한 단결목적달성을 위한 정치파업을 포함하고 있다고 해석하는 것은 정치적으로 필연적인 것이 아닌가 한다.

강희원, 「노동과 국가 - 잉글랜드에 있어서 노동운동과 노동입법을 중심으로 -」 『노동법학』(한국노동법학회) 제32호(2009년), 215면 참조.

B. 대(對)국가적 권리로서 노동3권

정치학적으로 볼 때, 국가에 대한 노동조합의 집단적 행동은 모든 민주주의국가에서 행해지고 있는 광의의 의미에 있어서 이른바 「압력정치(pressure politics)[441]」의 테두리 내에 속한다. 여기에서 문제인 것은 압력단체(pressure group)의 활동형태이다.[442] 그 압력단체에는 노동조합과 함께, 농업적 및 공업적 단체, 교회, 군인단체, 관료제 및 이것과 유사한 것이 있다. 물론 이들의 투쟁수단은 필연적으로 다르다. 자본가적 그룹은 특히 그들의 재산과 그들의 사회적 관계를 이용하고, 종교적 그룹은 무엇보다 영향에 대한 그들의 지배를 이용하며, 노동조합 및 기타의 것은 파업을 이용한다.

그러므로 이것들에 관한 상세한 것은 중요하지 않다. 여기에서 오직 중요한 것은 민주주의의 본질에 대한 철학이, 19세기에 보통 그러했듯이, 과거에 생기가 없는 이론이었고, 오늘날 점점 그렇다고 하는 것이다. 국민 혹은 그 대표자의 일반의지(volonté générale)라고 명명되며, 각자의 이해관계(利害)로부터 자유로운 장소에서 각자의 이성에 기하여 오로지 토론을 통해서 자기 스스로를 형성해 간다고 하는 일반의지에 기초한 누구에게나 공통적인 공공선이라는 것은 존재하지 않는다. 이러한 경우에 현실에서 우리가 널리 직면하는 국민의 의사란 슘페터(J. A. Schumpeter)가 말하고 있는 이른바 「제조된 의사(manufactured will)」나 「특정인이나 특정계층에게 기여하는 위장된 공공이익」만이 존재할 뿐이다.[443]

파업은 자본주의사회의 사회적 현상이다. 이것을 개념적으로 정당하게 취급하려고 한다면, 귀납적 방법에 의해서만 그렇게 할 수 있다. 그러므로 파업을 집단적 협정체결의 목적을 가진 노동법적인 집단적 분쟁개념의 특수한 경우로서, 이것에 종속시키려고 하였던 카스켈의 시도[444]는 지배적 견해[445]에 의해 거부되었던 것은 옳았다. 이러한 개념적인 프로크르테스의 침대(Prokrustesbett)는 역사적 현실과 모순된다.

---

441) 이러한 현상에 대해서는 특히 앵글아메리카권역에서 근본적으로 연구되고 있다. Blaisdell, Economic Power and Political Pressures, TNEC Monograph Nr. 26(1940); Key, Politics, Parties and Pressure Group Graoups(1947); Mckean, Party and Pressure Politics 1949 참조.

442) 이와 관해서는 佐竹 寛『参加民主主義の理想と實踐』中央大學出版社 1993; 勝田吉太郎 외 2人(편),『現代デモクラシー論』, 有斐閣, 1979 참조.

443) 슘페터(Joseph Alois Schumpeter, 이상구 역),『자본주의 · 사회주의 · 민주주의』(삼성판세계사상전집 38권)(삼성출판사 1982), 340면 참조.

444) Walter Kaskel, Arbeitsrecht 3. Aufl., Berlin 1928, S. 370ff.

445) 예컨대, Hueck-Nipperdey, Lehrbuch des Arbeitsrechts (3.-5. Aufl.) S. 650; A. Nikisch, Arbeitsrecht S. 272.

보다 높은 명목임금 또는 노동시간단축의 획득을 목적으로 하는 경제적 파업은 아주 중요하다. 그렇지만 주목해야 할 정치파업도 또한 존재한다.446) 그것들은 1830년대 말에 파업에 의해 선거개혁을 지지하였던 잉글랜드의 차아티스트운동으로 거슬러 올라간다. 반세기 후, 잉글랜드에는 다시 선거개혁을 위해 파업이 전개되었고, 마찬가지로 1893년에는 벨기에와 오스트리아에서 파업이 실행되었다. 1902년에는 스웨덴의 노동자가 3일간의 대중파업을 선거법개혁의 목적으로 실행하였다. 같은 해, 벨기에의 노동자도 다시 파업을 하였다. 1905년의 러시아의 대파업은 정치적 목적을 가지고 있었다. 도이칠란트에서는 특히 카프반란시의 파업을 언급할 가치가 있다.447) 주의할 것은 그 파업이 내란의 방어에 사용될 뿐만 아니라, 헌법에 따른 입법자에 대한 요구와도 연결되어 있었다는 것이다.448) 파업에 참가했던 사람들은 입법자에게 요구를 제시하였다(예컨대, 공화국보호를 위한 법률). 1948 11.12에는 노동조합은 통합경제지역에 있어서 입법 및 행정에 대한 그들의 요구를 지지하기 위해 거의 하루 파업을 실행하였다.449)

정치파업과 비정치파업을 구별하는 것은 개념형식적으로는 가능할지 모르지만, 현실적으로 아주 곤란하다. 노동자 일부분의 근로조건 향상에 기여하는 파업이라고 할지라도, 이를테면 그들의 근로조건 향상이 우선 순수하게 경제적이라고 하여도, 정치적 의미를 가지고 있다. 길게 보면, 그것은 계급적 형상을 변화시키고, 그리고 최후에는 법률관계 및 정치적 조직을 변형한다. 그렇게 되지 않고서는 사회 전체의 차원에서의 향상이란 이루어질 수 없는 것이다. 그러므로 근로조건의 향상을 위한 파업은 직접적으로 사용자에만 관계하지만, 간접적으로는 예컨대 단순한 임금 또는 근로시간에 관한 파업일지도 항상 보다 큰 범위에 관련되어 있다고 할 수 있다. 그것은 노동할 의사가 있는 노동자, 파업된 기업에 대한 공급자 및 채권자, 그 고객, 최후의 소비자의 문제와 관련되어 있다. 그리고 거기에는 세금채권자로서 국가, 예산, 국민경제 전체가 연계되어 있다. 그 결과 단순히 지방적이지 않는 성격을 가졌던 다수의 파업에 있어 국가가 어떤 때에 단순한 조정자로서, 어떤 때는 입법 또는 집행권력으로서 간섭하고 또 간섭한다고 하는 것이다. 그와 같이 하여 노동시간에 관한 투쟁도 그리고 또 임금투쟁도 입법자에 의해 해

446) Bernstein, Der Streik (1906) S. 109. 그는 이렇게 쓰고 있다.「봉건귀족은 좋아하지 않는 군주에 대해 비상시에 종군을 거절하였다. 부르조아는 반항적인 정부에 대해 지갑을 억제하여 양보를 강요하였다. 그리고 현대의 노동자계급은 노동의 중지에 의해 사회의 경제조직을 정체시켜 일정한 경우에 그들의 정치적 권리에 대한 요구를 강제한다.」

447) Hermann Grote, Der Streik - Taktik und Strategie, 1952, S. 46ff.

448) Hermann Grote, 위 같은 책, S. 55ff.

449) Hermann Grote, 위 같은 책, S. 59ff.

결되었다. 예컨대, 최장노동일, 최저임금 등등의 문제가 법률로 제정된다.

그러므로 파업은 정치적 동기와 비정치적 동기가 부단한 결합상태로(임금파업은 예컨대, 정치세력의 강화도 또한 추구하고, 선거법개정을 목적으로 하는 파업은 예컨대 8시간노동일의 의회에 의한 채택도 또한 추구한다) 나타난다. 설령 그러한 동기가 개념적으로 경제적 또는 정치적인 것으로 규정하는 것이 가능하다고 일반적으로 전제로 하더라도 하나의 혹은 다른 목적설정이 중복을 이루는가 여부는 중요하지 않다. 파업의 목적이 어떠한 범위에서 특정사용자를 넘어 사회 또는 국가와 관련을 가지고 있는가라는 것도 또한 결정적일 수는 없다. 그리고 사용자 혹은 국가가 파업의 원인으로 되어 있는 분쟁을 사실상 해결하는가, 또는 해결하려고 시도하는가라는 것도 중요하지는 않다. 이러한 규준에 의해 구별하려고 해도, 다소간 우연적인, 다소간 자의적인 국가의 어떠한 개입에 의해, 이를테면 국가적 중재자의 개입 혹은 파업사건의 의회에 의한, 혹은 행정적 취급에 의해 이론의 여지가 없는 비정치적 파업도 돌연 정치적인 파업으로 변화할 수 있다.[450)]

명확한 경계설정은 다툼의 대상이 개개의 근로계약 혹은 집단적 협정에 의해 규율되는가 여부라는 것이 규준으로 된 경우에만 이루어질 수 있다. 예컨대, 선거법, 관세, 조세, 물가정책, 외자도입 등은 근로계약 혹은 단체협약의 대상일 수 없다. 이러한 것들에 대한 정책의 폐지나 변경을 목적으로 하는 파업은 정치파업이다. 그러나 예컨대, 주40시간제에 관한 파업은 입법자 혹은 다른 국가기관이 개입한 경우에도 비정치적 파업으로서 그친다.

헌법 제33조 1항이 "근로조건의 향상을 위해서"라고 규정하고 있기 때문에 우리헌법이 사용자에 대해서만 경제적 목적을 위해서 단체행동권을 행사할 것을 예정하고 있다고 해석하고자 하는 견해도 있을 수도 있다. 노동3권은 역사적으로나 규범적으로 대(對)국가적 권리이다.[451)] 다양한 인권들을 자유권적 기본권 또는 사회권적 기본권이라는 이분법적 말씀론(Dogmatik)에 기하여 노동3권을 사회적 기본권이라고 규정하면서 그것이 마치 사회국가에 의해서 비로소 보장되는 권리인 것처럼 해석하고 있지만, 이러한 해석론은 역사적 사실에 반하는 이데올로기적인 의제(ideologische Fiktion)일 뿐이다. 특히 역사적으로 볼 때, 단체행동은 생존적인 자유(生存的 自由)로서 국가 이전에 이미 존재하고 있었다. 그러므로 헌법 제33조

---

450) A.A. Schilling, JZ 51, 122(「공동결정은 그것자체 하나의 경제적 목표이다. 그것을 강제하려고 하는 파업은 하나의 경제적 파업이다. 만약 어떠한 법률이 파업에 의해 강제되어지도록 하면, 그 법률의 대상이 무엇이든 사태는 다르다. 그것은 고유한 정치적 파업이다.」).

451) 우리 헌법상 노동3권의 법적 성격에 관해서는 강희원, 「노동3권의 법적 성격과 노동단체법」, 헌법실무연구 제1권(2000), 363-396면 참조.

가 이미 존재하고 있는 노동3권을 헌법적으로 추인하면서 "근로조건의 향상을 위해서"라는 문구를 삽입한 것은 사실상 노동3권의 보장이 아니라 노동3을 제한하기 위한 것이라고 이해할 수 있다. 그러나 이러한 제한적인 목적조항을 너무 좁게 해석해서는 오히려 그 목적의 실현에 장애가 될 것이다.

그러므로 헌법 제33조 1항의 "근로조건의 향상을 위해서"라는 목적조항은 근로자가 노동단체권을 향유하는 목적을 규정한 것에 불과하고 노동단체의 목적이 그것에 국한되어야 한다는 것으로 이해되어서는 아니 된다. 그러므로 이 문구는 노동단체가 부수적으로 다른 목적을 가져서는 안 된다거나 단체교섭권이나 단체행동권의 행사가 반드시 대(對)사용자관계만을 전제로 해야 한다는 식으로 제한적으로 해석되어서는 안 된다고 할 것이다. 이러한 맥락에서 보면 노동단체의 정치활동이 우리 헌법 제33조 제1항과 전혀 배치되지 않는다고 할 것이다.

C. 노동자의 정치참가의 최후보루로서 정치파업

제헌헌법 이후 오늘날에 이르기까지 우리나라 헌정사를 반성해본다면, 국민 스스로가 헌법의 역사적인 규범내용을 유지·보존하면서 그 근본적 가치와 원칙의 사회적 실현을 위해 부단히 노력하고 투쟁해왔다. 국민이 정치에 스스로 참가하고 깨어서 지키지 않았다면, 우리의 민주공화국은 몇몇의 특정인 또는 특정계급의 독재노예국가로 전락하였을 것이다. 이러한 사실은 제2차 대전 후 세계 각국에서 정부의 경제정책 및 사회정책에 관한 정치파업이 점점 강하게 되었던 것에서도 분명하게 알 수 있듯이 자유민주주의를 추구한다고 하는 서유럽국가에서조차 저절로 민주주의가 실현되었던 것은 아니다.

이것에 관련하여 또 하나 주의를 요하는 점이 있다. 그것은 이러한 정치파업이라는 형태에 있어서 노동자의 저항 내지 정치참가의 필요는, 도이치바이마르시대의 경험이 가르쳐주고 있듯이, 평등한 투표권이라는 형식에 의해 소멸하지 않는다고 하는 것이다. 그리고 이것은 득표율에 따라 권력을 분점할 수 있는 진정한 의미에 있어서의 비례대표제가 없는 현재의 선거제도가 결코 투표자 전체의 의사를 의석수에 정확하게 반영되게 할 수 없다고 하는 이유에 의한 것만은 아니다. 보다 기본적으로는 마치 「법 앞에서 평등」과 「계약의 자유」가 노동자에게 있어 실질적인 자유를 의미하는 것은 아니었던 만큼, 착취하는 자와 착취당하는 자 사이에 진정한 평등이란 있을 수 없었다. 법률상 투표권이 존재하여도 그것만으로는 현실정치에 실질적으로 영향을 미칠 수 있는 상시적인 절차나 과정이 없는 한 개개의 노동자에게는 형식적인 정치참가에 불과하다.

자본주의사회에 있어서는 그들 다수의 일상이 노동과 피로에 채워져 있고, 또 일상생활을 해결하는 데에 쫓겨 정치에 참가하기는커녕 동료 간의 대화조차 없는 것이 사실이다. 노동자가 받을 수 있는 정치적 정보는 대부분이 이미 관리되고 가공된 것이고, 투표나 회의참가 내지는 정치적 의사표시형성 그 자체에 대해서는 실질적으로 결정적인 장해가 존재한다. 그렇지만 그 점을 언급하지 않는다고 하여도, 자본주의사회에 있어 민주주의정치는 플라톤적 철인의 위원회에 의한 정치도 아니고, 자본단체 기타 압력단체로부터 자유롭지도 않다. 노동자는 공장이나 사무소에서 자본의 힘과 투쟁해야 할 뿐 아니라, 의회나 관청에서도 이것에 대항해야 한다. 그리고 여러 압력단체는 그 성질에 따라 각각의 압력형태를 가지고 있다. 자본가적 집단은 무엇보다 노동자가 가지지 못한 금전과 인적 관계에 의해 압력을 행사한다.452) 이것에 대하여 대중행동으로서의 파업은 노동조합의 요구를 실현하기 위한 전통적인 투쟁수단이고 압력형태인 동시에, 그 압력을 안에 숨겨서 다른 방법에 의해서는 무시되는 노동자의 의사표시의 역사적 형태로 되었던 것이다. 사실 매스컴 등의 정보전달수단이나 교육수단의 물질적 지배를 가지지 않은 노동자에 있어서는 파업이라는 대중행동에 의하는 것 외에, 자기의 의사를 효과적으로 표명할 수 있는 수단은 없다. 따라서 그 의사표시로서 파업은 바로 노동자에 있어 표현의 자유의 실질화라고 할 것이다. 또 그 압력형태로서 기본적으로 노동자가 단결하여 노동을 거부한다고 하는 행위는 그의 의사에 반하는 노동을 강제당하지 않을 자유를 행사하지 않는 것으로써, 이것은 전형적인 비폭력적 형태이다. 민주주의는 치자와 피치자 간의 부단한 일체화를 이념으로 한다. 파업에 의한 의사표명은 압력을 통한 노동자들 자신의 요구를 실현하는 방법이지만, 그것은 국가의사에 대한 외부로부터 부당한 압력이 아니고, 바로 그 의사형성의 과정에 있어서 진정한 주권의 행사라고도 할 수 있다. 진정한 민주정치가 국민이 적절한 수단과 절차에 의해 평등하게 실질적으로 하는 정치참가에서 실현되는 것이라고 한다면, 정치파업이야말로 노동자의 사회적 입장에 입각해 바로 진정한 정치참가를 구체화하고 실질화하는 것으로서 가치와 의의를 가진다고 할 것이다.

그러므로 정치파업이 적어도 최소한 범위에서 정당하게 보장되어야 한다고 하는 주장은 민주주의의 이념과 현대자본주의국가에 있어서 정치의 현실에 그 뿌리를 두고 있다. 따라서 그러한 정치파업의 부정은 노동자의 단결목적 추구의 억압임과 동시에, 실질적으로 노동자의 표현의 자유나 정치참가의 부정이며, 노동자

452) 압력단체의 기능양식과 정치파업의 문제에 대해서는 Fritz Bauer, Politischen Streik, Gewerkschaftliche Monatshefte, 1954, S. 1ff. 참조.

자신의 뜻에 반하는 고역의 강제라고 할 것이다. 그러나 사용자에 의한 민사책임의 추급 내지는 불이익대우뿐만 아니라 국가권력에 의한 억압을 당할 위험이 있었다. 정치파업은 노동계약에 구속되어 있는 노동자의 노무제공을 거부하는 단체행동으로써 이러한 표현의 자유를 행사하고 정치참가를 하는 것이다. 그러므로 이것은 바로 노동자의 권리로서 요구되었고, 그러한 것으로서의 보장형태를 취할 필요가 있다.

D. 노동3권의 상호관계

위에서 이미 논하였듯이[453] 단결권 · 단체교섭권 및 단체행동권은 근로조건의 향상을 위해서 행사되기만 하면 족하지, 굳이 이들 3가지 권리 중 어느 권리가 목적된 권리이고, 어느 권리가 수단인 권리라고 구분해서는 아니 된다.[454] 즉 노동3권은 공히 헌법 제33조에 한꺼번에 규정되어 있다고 할지라도 역사적 측면에서는 물론이고, 이론적인 측면에서 서로 독립된 근로자의 기본적 권리라고 할 것이다.

E. 헌법수호를 위한 파업

헌법을 침해하는 입법이나 정치적 조치가 추진되는 때, 그것에 대한 파업은 허용되어야 하지 않은가라는 것이다. 앞에서 언급했던 바와 같이, 도이치의 노동법학자 니퍼다이는 정치파업은 원칙으로서 위법이라고 하면서도, 위헌행정에 반대하는 총파업과 같은 예외적인 경우에는 정치파업도 허용된다고 하였고, 위헌행정이 강행되는 때는 바로 국가적 긴급상태에 처해 있기 때문에, 이러한 긴급상태에서는 초법률적 저항권이 발생하며, 위헌행정반대총파업은 그러한 저항권이 행사로서 허용된다고 한다.[455]

20세기 초중반 유럽에서 파시즘정권이 성립하였던 과정을 돌아보면, 그것은 민주헌법을 침범 파괴하는 입법 및 정치적 결과가 누적되면서 어느 단계에 이르러 불가역적으로 확립되었던 것이다. 사실 파시즘에 대한 가장 강력한 적(敵)은 비판을 마음대로 할 수 있는 사상과 언론의 자유이었고, 또 그 한 가운데에는 노동조합이 있었다. 그러했기 때문에 파시즘 세력은 이들에 대한 탄압정책을 서서히 강화하였고, 마침내 이들을 완전히 말살하였던 것이다. 사상과 언론의 자유를

453) 제6절 III 참조.

454) 단체교섭중심설은 정치파업의 불법성을 도출하기 위한 전초적인 발상이 전제되어 있다고 할 수 있다.

455) Hueck-Nipperdey, 위 같은 책, S. 644.

억압하는 법률이나 노동자의 노동3권을 억압하는 파업규제법 등의 입법은 사상의 자유와 파업권을 보장하고 있는 헌법 자체를 위반하는 것이었다. 파시즘은 그러한 위헌적인 입법을 누적시키고 급기야는 국회를 허수아비로 만들어 무력하게 하여 독재자의 명령 하나로 무엇이나 다 할 수 있는 정치체제를 확립하였던 것이다. 파시즘은 일거에 독점자본가와 국가권력을 결합하여 모든 국민을 독점자본가의 이익을 위해 봉사하게 하고, 특히 노동자에게 저임금, 장시간노동을 강제하고, 밖을 향해서는 침략전쟁을 기도하는 정치체제이다. 그렇기 때문에, 파시즘은 헌법이 정하고 있는 형식적인 절차나 과정을 통해 실질적으로 민주주의와 평화주의를 기조로 하는 헌법을 근저에서부터 붕괴시킨다고 할 것이다. 이렇듯 파시즘체제를 구축하는 과정에서 특정세력이 정치적·경제적 권력을 독점할 수 있도록 서서히 강행되었던 위헌적인 입법이나 위헌적 조치는 군사쿠데타만큼 급격히 국가적인 긴급사태를 야기하는 것은 아니라고 하지만, 그러한 위헌적인 입법과 행정적인 조치의 누적에 의해 국가를 실질적으로는 그 이전과는 전혀 다른 상태로 서서히 변질시키는 것이고, 그것이 어느 단계를 넘어가면, 파시즘체제가 구축되는 것이다.

이와 같이 국가가 질적으로 완전히 다른 상태로 변질되어 가는 경우에 설령 그것이 헌법에 정해진 형식적인 절차에 의해서 이루어진다고 하더라도 국민은 국가를 위해서 정치권력에 대해 저항권을 행사할 수 있다고 해야 할 것이다. 만약 그것에 대해 그것을 저지하기 위해서 어떠한 실력도 행사하는 것이 허용되지 않고, 위헌입법이나 위헌적인 정치적 조치가 자행되는 것을 그대로 방관해야 한다고 하면, 곧 파시즘체제가 확립될 것이고, 다시 국민은 독재정치 하에 헌법상의 기본적 인권을 유린당하고, 전쟁의 위기에 노출되어도 이것을 감수해야 하는 것으로 될 것이다. 그래서 마치 민주혁명에 의해 기본적 인권을 확립하고, 민주헌법을 쌓아 올렸던 때에 용인된 저항권과 같은 것이 위헌입법이나 위헌적 정치조치에 대해서 용인된다고 해야 할 것이다.

통상적으로 저항권은 자연법적인 초법률적인 권리인 것처럼 설명되고 있지만, 그렇게 보는 때는 저항권은 헌법 밖의 권리로 생각되고, 그 실정법상의 권리로서의 근거가 박약하게 된다. 저항권은 우리 실정헌법 자체에서 당연히 인정될 수 있는 권리로 이해하고자 한다. 저항권은 우리 실정헌법에서 그 자체에서 당연히 인정될 수 있는 권리이다. 우리 헌법 제10조 제1문은 "모든 국민은 인간으로서 존엄과 가치를 가지며, 행복을 추구할 권리를 가진다"라고 규정하고 있으며, 동 제37조 1항은 "국민의 자유와 권리는 헌법에 열거되지 아니한 이유로 경시되지 아니 한다"라고 규정하고 있고, 제2항은 "국민의 모든 자유는 … 제한하는 경우에도 자유와 권리의 본질적인 내용을 침해할 수 없다"라고 선언하고 있다. 이 규정은 그 이면에 헌법상의 기본적 인권을 뿌리째 침탈하려는 파시즘에 대해서 국민은 모든 힘을 집결해서 저항하고, 기본적 인권을 방위할 수 있는 권리를 용인하고 있다고 이해하지 않는다면 무의미하게 될 것이다. 우리 헌법 제10조 제2문은 "국가는 개인이 가지는 불가침의 기본적 인권을 확인하고 이를 보장할 의무를 진다"라고 규정하여 국가의 모든 기관과 그 기관에서 직무를 담당하는 공무원은 헌법을 존중하고 옹호할 의무를 진다고 선언하고 있다. 이 헌법옹호의무는 단순히 헌법에 위반되지 않을 의무뿐만 아니라, 헌법위반의 입법 기타의 정치적 조치가 되려고 하는 때 이것을 적극적으로 저지하고, 또한 이미 그러한 조치가 이루어지게 된 때에는 그것을 적극적으로 배제하여 합헌적 상태를 유지하고 회복해야 한다고 할 의무이다. 국가기관 등 공무원의 헌법수호의무가 단순히 헌법에 위반하지 않을 의무에 그친다고 하더라도, 별도의 특별한 헌법규정을 기다리지 않고도, 그러한 의무는 당연히 성립한다고 할 것이다. 그렇기 때문에, 국가기관의 호헌의무는 그것 이상의 것이라고 이해해야 할 것이다. 국가의 모든 기관 그 직무를 담당하는 모든 공무원이 이러한 호헌의무를 부담한다고 하면, 헌법을 침범하는 입법이나 정치조치를 스스로 저지할 뿐만 아니라, 저지의 국민운동에도 적극적으로 협력하고 그것을 촉진해야 할 의무를 부담하고 있다. 따라서 하물며 헌법침범의 입법이나 정치조치를 저지하려고 하는 일체의 국민운동에 대해 대통령 이하의 모든 공무원이 탄압을 가하는 것과 같은 행동은 그것 자체 헌법 제10조에 위반한다. 또한 그러한 호헌의무는 공무원을 포함해서 일반국민의 호헌의 권리를 전제로 하는 것이라고 해야 할 것이다. 저항권은 우리헌법에서는 이러한 규정들 속에 내재하고 있다고 생각할 수 있다.

예컨대, 만약 현재 진행되고 있는 노동조합및노동관계조정법의 개정이 헌법이 보장하는 노동3권을 과도하게 억압하는 요소를 내포하고 있다면, 그것의 저지를 위해 실행되는 파업은 헌법이 내포하고 있는 저항권의 행사로서 합법이라고 해야 할 것이다. 국가공무원법, 지방공무원법, 공무원노동조합설립및운영에 관한 법률 등에 있어서 과도한 파업금지규정이 존재하여 헌법상의 파업권을 침탈하는 한, 그것은 위헌적인 입법이기 때문에 적어도 그 범위에 있어서 무효이다. 따라서 이들 금지입법을 범하여 파업을 실행하는 것이야 말로 오히려 헌법을 옹호하는 것으로 된다. 공무원의 경우에도 그들이 호헌의무를 지고 있기 때문에 정부가 공무원법을 개정하여 공무원의 노동3권을 제한하고자 하는 경우에 그것을 저지하기 위한 파업은 합법이라고 주장할 수 있을 것이다.

(6) 결어 : 우리 자본주의적 민주주의의 생명보험으로서 정치파업?

지금까지 정치파업의 합헌성과 그것의 민주주의와의 호완가능성을 언급해 보았다. 이것을 기초로 해서 현재적인 헌법해석론과 관련해서 다시 한 번 정리해보면, 다음의 두 가지가 분명하게 된다는 것을 알 수 있다.

정치파업위헌론(또는 정치파업불법론)은 단결권행사에 있어 친(親)경제적 관념 또는 친자본적인 주의(主義)에 입각해서 노동자들이 현재의 정치적 체제에 어떠한 변화를 강요하는 정치적 요구가 실정헌법으로 들어갈 수 있는 입구를 아주 막아버리거나 또는 아주 제한적인 입구만을 인정하려는 입장이라고 평가할 수 있다. 여기에는 임금노동과 자본 간의 모순을 이익갈등지향적으로 해결할 수 있다는 것에 대한 신뢰가 자리 잡고 있다고 할 것이다. 그 이론적 기초는 기능적으로 국가권력의 중립성 또는 공정한 중재자로서의 가능성을 전제로 하면서 노동3권의 과제를 오로지 조직노동자와 사용자간의 대립적인 이익을 조정하는 것에 두면서, 자본주의적 노동문제를 근로계약의 당사자인 노사 간의 분쟁으로 국한하고 이들 간의 단순한 이익조정 내지 형량으로 보려고 한다. 그래서 이 입장은 단체행동권의 행사로서의 파업을 개별기업 차원에 묶어서 강력하게 규제하여 전국적 또는 일반적인 문제로 되는 것을 막으려고 한다.

이에 대해 정치파업합헌론(또는 정치파업합법론)은 단결권행사에 있어서 친노동자적 관념 또는 실질적 민주주의에 대한 신념에 입각해서 노동자들의 정치경제적 요구가 실정헌법으로 들어갈 수 있는 입구를 가능한 한 넓게 개방하려고 하는 입장이라고 평가할 수 있다. 이것은 자본주의사회에 있어서 노동문제는 근본적으로 정치문제로서 노동자들의 생존적인 요구가 정치적으로 규범화되고 제도화되어 보장되지 않는 한 해결될 수 없고, 또 자본주의체제의 건전화를 위해도 실질적인 민주주의를 활성화하여 자본주의체제가 경직화되어서 파시즘으로 되는 것을 막는 것이 절대적으로 필요하다고 보고 있다. 여기에는 자본주의체제하에 있어서 임금노동과 자본 간의 모순은 노자간의 이익갈등지향적으로는 해결될 수 없는 문제이고, 국가권력이 근본적으로는 지배계급인 자본 측의 대변자적 지위에 있다고 보면서 이러한 국가권력 자체에 대한 불신이 자리 잡고 있다고 할 것이다.

모든 규범적 판단의 문제는 항상 그 근저에 정치적 입장이 있다. 어떠한 공동체에서든 그 구성원 전체 또는 상당한 부분과 연관되는 법적 문제는 바로 정치적 문제이다. 그러므로 그 범위에 의해서 어떠한 법적 문제도 정치적인 문제로 될 수 있고, 법적 문제와 관련된 파업은 정치파업이 될 수도 있다. 그리고 정치파업의 허용여부에 대한 판단기준과 관련해서도 그것에 대한 어떠한 정치적 입장이 전제되는 것은 당연하다. 정치파업에 대한 판단은 결국 규범적이고 형식법적으로 대답될 수 없다는 것이 아닌가 한다. 왜냐하면 그것은 상이한 사회적 이익과 정치적 입장에 의해 결국 규범해석론으로 나누어지기 때문이다. 결국 정치파업이 헌법에 수용되는지의 여부, 수용된다면 얼마나 수용되는가에 관해서는 경쟁하면서 대립하는 정치세력의 헤게모니능력의 문제라고 할 수 있다. 결국, 노동자의 세력이 강해지면, 정치파업은 인정될 것이고, 그렇지 않으면, 정치파업합헌론은 단지 구두선에 불과할 것이라는 것이다.

물론 우리나라에 있어서 정치파업의 문제는 우리 각자가 현재 어디에 서 있는가에 따라 결론이 달라질 수 있다. 만약 우리가 본질적으로 한국 사회에 있어서 사회적 세력관계와 그 정치적 형성권력에 대하여 노동조합의 입장과 일치하는 견해에서 출발한다면, 정치파업에 관하여 그의 논증에 참가하게 된다. 그렇지만 우리사회의 현상황에서 나는 특히 정치적 시위파업의 관용적인 합법화가 불가피하다고 생각한다.

자본주의사회에서 근로자가 인간다운 생활을 할 수 있는 근로조건을 획득하기 위해선 단결하고, 파업을 하게 해야 한다고 하는 것을 우리는 노동조합운동을 통해 스스로 의식하였다. 그리고 단결목적을 달성하기 위해서는 현실에 어떠한 단체행동이 필요한가라는 것을 체험에 입각해서 노동자적 감각으로써 판단하고, 목적관철을 위해서 이것이 필요하다고 감지하였던 단체행동을 실행하였던 것이다. 그렇기 때문에, 단결과 그 단체행동의 내용과 형태는 역사적으로 상정되고 있고, 그러한 것으로서 단결과 단체행동을 헌법 제33조가 보장하고 있다. 정치파업의 합헌성도 이러한 관점에서 판단되어야 한다. 예컨대, 정부가 핵무기를 개발하여 한반도에서 핵선생을 하려고 하는 경우에 노동조합이 핵전쟁반대파업을 할 수 있다. 이러한 경우에 파업이 일견 단순한 휴머니즘에 기인하는 것이라고도 볼 수도 있지만, 핵전쟁반대파업은 노동자의 생활을 희생으로 하는 독점자본주의적인 정치에 저항하는 파업으로서의 의미도 있다. 그렇다고 한다면 이것 또한 헌법 제33조의 보장 내에 있다고 하겠다. 헌법 제33조가 보장하고 있는 노동자의 단체행동권에 기한 파업은 선진자본주의국가에서 과거 150년 이상의 장기간에 걸쳐 전개되어왔던 정치적 경제적 파업을 총칭하는 것이다. 그럼에도 불구하고, 순수정치파업이라는 개념을 정립하여 파업을 헌법적 보장 밖으로 추방하려는 시도는 국가독점자본주의의 정치적 지배권력에 위협적인 노동운동의 정치화를 방지하기 위한 이데올로기적인 발상에 입각하고 있다고 할 것이다.

노동자들의 정치파업에는 자본주의질서를 건강하게 유지하는 제도적 장치가 포함되고 있다. 여기에는 인류의 역사적 경험이 내재하고 있다. 이를테면, 나치의 포학을 경험했던 도이치의 역사에서 금융 및 산업자본가의 가차 없는 권력정책과 그들 나치스와의 동맹이 바이마르 민주주의를 파괴하고, 히틀러를 권좌에 앉혔기 때문에, 현대의 독점자본주의사회에서 경제적 지도에 대한 사회적 대항자로서 노동자의 투쟁준비와 단결에는 단순히 노동자의 생활수준뿐만 아니라, 민주주의와 유럽문명의 운명과 또한 관련되어 있다고 하는 것을 생생하게 인식할 수 있을 것이다. 19세기 중엽에 있었던 보통선거권의 쟁취를 위한 잉글랜드 대중파업에서부터 20세기 말엽에 있었던 국가제도의 독재적이고 반민주적인 세력의 장악에 대한 이탈리아 노동조합의 파업에 이르기까지의 현대사에는 수십 개의 정치파업의 사례가 있다. 이러한 사례에서는 노동자와 그 조직이 정치파업을 수단으로 사용하여 민주주의를 쟁취하고, 방어하고 또한 안정시켰다. 정치파업은 한편에서는 민주주의를 위한 생명보험과 같고, 민주주의가 "세상의 빛"을 아직 보지 못하고 있을 때에는, 도처에서 없어서는 아니 되는 "산파"이다. 이에 대해서는 19세기에서 20세기에 일어났던 잉글랜드, 프랑스, 도이칠란트 등의 선진자본주의국가에 있어서 수많은 정치파업들과 1980년대에 폴란드의 선박노동자, 남아프리카공화국의 광산노동자, 브라질의 금속노동자들의 용감한 정치파업 등과 같은 역사적인 경험이 증명한다.

이와 관련하여 1953년에 아벤트로쓰는 노동자이익과 민주주의의 상관관계에 대해서 다음과 같이 피력하고 있다. 즉 "파업권을 위한 투쟁은, 내용적으로는 노동자 자신의 이익을 위한 투쟁만이 아니다. 여기에는 노동자는 그의 이익에서 필연적으로 민주주의의 전체이익을 대표하고 있으며, 또한 그들이 그와 같은 근본적인 문제에서 자신들의 고유한 이익을 강력히 주장하는 것을 포기하면 불가피하게 민주주의를 위태롭게 한다는 것이 훨씬 새롭게 드러난다."[456] 그런데 21세기를 살아가고 있는 나에게 아벤트로쓰의 말이 가슴에 와 닿는 이유는 무엇 때문일까? 제2차 대전의 패망으로 도이칠란트에서 나치의 광풍이 사라졌지만, 전후 도이칠란트에 있어서 민주주의의 재건과정에서 새로이 강화되어가고 있었던 보수주의적 경향을 경고하면서 민주주의의 건강성과 사회적 약자로서 노동자상황의 상관관계에 관해 아벤트로쓰가 했던 말이 가지고 있었던 정확성과 현재성은 오늘날 우리 사회와 관련해서도 전혀 의심할 여지가 없다.

우리나라와 같이 민주주의가 일천한 국가에서는 다양한 주장이 정치적 차원에

456) Wolfgang Abendroth, "Der Kampf um das Streikrecht", in: Gewerkschaftliche Monatshefte 2/1953, Frankfurt 1953, S. 10.

서 전개될 수 있는 기회가 보장되어야 한다. 노동자는 그들의 주장을 표현할 수 있는 기회가 일정한 한도 내에서 보장되어야 하는데, 그러한 방법이 바로 정치적 파업이다. 노동조합이 공개적으로 그들의 주장을 공표하고, 그들의 주장을 관철하기 위한 파업의 의사를 밝히며, 일정한 기한 동안 파업하는 것은 단체행동권으로서 보장되어야 한다. 이 경우에 국가기관은 그들과 타협할 것인지, 그렇지 않으면 정면으로 대결할 것인지를 정치적으로 결단해야 할 것이다.

그리고 만약 정치파업이 우리 헌법 제33조가 보장하고 있는 단체행동권의 본질적인 내용을 이루고 있다고 생각한다면, 첫째 정치파업이 권리의 행사로서 처벌되지 않아야 한다. 둘째, 노동조합 및 파업참가 조합원에 대하여 사용자의 손해배상청구나 불이익대우 등 부당노동행위도 방지되어야 한다. 즉 쟁의행위에 대한 민사책임의 면제 및 부당노동행위의 금지는 자명하다고 할 것이다. 자본주의는 그 체제를 유지하기 위해 그 경제적 · 정치적 조건에 의해 생활을 위협받고 있는 노동자에게 쟁의권을 인정해야 했던 것이고, 사용자는 그의 재산권이나 영업활동의 자유를 인정하고 있는 바로 그 법률질서, 헌법을 정점으로 하는 전국가법질서에서 당연히 도출되는 결론으로서 정치파업에서 생기는 손해를 수인하지 않으면 아니 된다고 할 것이다.

Ⅵ. 노동단체권의 법적 효과

위에서 노동단체권의 내용을 다루면서 단결권, 단체교섭권 및 단체행동권의 법적 효과를 개별적으로 보았지만, 이를 종합해 보면 노동단체권의 법적 효과는 소극적 효과와, 민 · 형사상면책효과, 국가정책의무적 효과 및 대사인적 효과로 나눌 수 있다.

1. 소극적 효과

국가는 노동단체권을 침해해서는 안 된다는 부작위의무를 부담한다. 근로자 및 근로자단체는 노동단체권의 행사에 있어서 '국가로부터 자유'를 향수한다. 즉 근로자는 입법, 사법, 행정의 억압으로부터 자유를 청구할 수 있다. 그러므로 이러한 부작위의무에 반하는 입법, 사법, 행정행위는 헌법위반으로서 무효라고 할 것이다.

2. 민·형사법의 적용배제

노동단체권의 행사가 이에 대한 헌법상의 제한 및 내재적 한계를 벗어나지 않은 한, 이것은 정당하기 때문에 민·형법의 적용이 배제되는 것은 당연하다.

3. 정책의무적 효과

근로자와 근로자단체는 노동단체권의 원만한 행사를 보장하는 제도를 마련할 것을 국가에 대하여 청구할 수 있을 뿐만 아니라, 노동단체권의 행사에 의해서 얻어진 질서가 특별히 존중될 수 있는 적절한 조치를 취할 것을 국가에 대하여 요구할 수 있다.

그러므로 국가는 입법 및 적극적 정책의무 및 정책실현을 위한 입법의무를 부담한다. 국가는 입법, 행정을 통해서 노동단체권을 존중하도록 배려해야 한다.

4. 대(對)사인적 효과

사용자는 근로자의 노동단체권을 존중해야 한다. 그 결과 노동단체권에 대한 사용자의 침해행위는 부당노동행위로서 금지되고 단체협약에 규범적 효력이 인정된다.

Ⅶ. 노동단체권의 제한

1. 문제의 상황

1) 문제의 제기

먼저, 우리 헌법 제33조를 보면, 근로자의 노동단체권과 관련하여 향유주체와 관련하여 세 가지로 구분되어 규정되어 있다. 즉 제1항에서는 "근로자는 … 단결권 단체교섭 및 단체행동권을 가진다"라고 규정하여 누구나 근로자이기만 하면 단결권 단체교섭 및 단체행동권을 향유할 있는 주체로 상정하고 있다. 그런데 제2항에서는 "공무원인 근로자는 법률이 정한 자에 한하여 단결권 단체교섭권 및 단체행동권을 가진다"라고 규정하여, 그 문언의 형식만을 본다면, 우리 헌법은 근로자가 공무원인 경우에는 그 노동단체권의 보장여부는 아무런 조건 없이 입법자에게 백지 위임하고 있는 것처럼 보이고, 또 제3항에서는 "법률이 정하는 주요방위산업체 종사근로자 근로자의 단체행동권은 법률이 정하는 바에 의하여 이를 제한하거나 인정하지 아니할 수 있다"라고 하여, 우리 헌법은 근로자가 법률에 정해진 주요방위산업체에 종사하는 경우에는 문언상 단체행동권의 보장여부를 입법자에게 백지 위임하고 있는 것처럼 되어 있다.

한편, 헌법 제37조 2항은 "국민의 모든 자유와 권리는 국가안전보장, 질서유지 또는 공공복리를 위하여 필요한 경우에 한하여 법률로써 제한할 수 있으며, 제한하는 경우에도 자유와 권리의 본질적인 내용을 침해할 수 없다"라고 규정하여 모든 기본권에 대해서 그 본질적인 부분의 제한금지를 전제로 하여 국가안전보장, 사회질서유지 또는 공공복리에 의해서 일반적으로 제한할 수 있도록 하고 있다.

여기에서 헌법 제33조 1항과 2항 및 3항은 어떠한 관계에 있으며, 헌법 제33조와 헌법 제37조 2항과 어떠한 관계에 있는가라는 문제가 제기된다. 이 문제를 좀 더 세분해서 생각해보면, 첫째, 헌법 제33조 1항은 동조 2항의 "공무원인 근로자"와 동조 3항의 "법률이 정하고 있는 주요방위산업체 종사근로자"를 제외한 근로자 일반의 노동단체권을 규정하고 있다고 하겠는데, 이러한 근로자 일반의 노동단체권이 헌법 제37조 2항 전단에 의하여 제한할 수 있는가가 문제이다. 이러한 문제는 노동단체권의 법적 성질을 사회적 기본권(또는 생존권)으로 파악하는 입장에서 볼 때, 색다른 법적 의의를 가지게 되는데, 헌법 제37조 2항 소정의 기본권 제한 사유 중 특히 공공복리를 위하여 사회적 기본권을 제한하는 것이 가능한가라는 의문이 제기되는 것이 아닌가 한다. 둘째, 헌법 제33조 2항 및 제3항이 헌법 제37조 2항의 예외규정으로서 헌법 제37조 2항 소정의 기본권제한의 한계를 초과하여 제한하는 규정인가, 그렇지 않으면 헌법 제33조 2항 및 제3항에 의한 제한의 경우에도 헌법 제37조 2항의 소정의 기본권제한의 한계 내에서만 제한할 수 있는가가 문제이다. 아래에서 이들 두 문제를 각각 나누어서 좀 더 자세히 살펴보기로 한다.

2) 헌법 제33조 1항과 제37조 2항의 관계

헌법 제33조 제1항과 제37조 제2항의 관계는 헌법 제33조 제1항에 의해서 보장되고 있는 근로자 일반의 노동단체권이 헌법 제37조 제2항 소정의 국가안전보장, 질서유지 또는 공공복리를 위해서 제한될 수 있는가라는 문제이다. 이 문제와 관련해서는 세 가지의 견해가 있을 수 있을 것 같다.

첫째, 헌법 제37조 2항에 의한 제한은 인정하지 않고, 노동단체권 내재적 한계에 의한 제한만을 인정하는 입장이다. 이는 노동단체권의 실효를 기하려는 그 자체가 이미 공공복리에 합치하는 것이며, 공공복리의 개념은 막연하고, 추상적이며 자의적인 해석가능성이 있으므로 기본권의 부당한 침해를 우려하여 노동단체권의 제한가능성 자체는 인정하지만, 헌법 제37조 2항을 적용한 결과로서가 아니라 노동단체권 자체의 내재적 한계에 의한 제한만을 인정하고자 한다.[457] 둘째, 헌법 제37조 2항에 의한 제한을 긍정하는 입장이다. 헌법 제37조 2항이 국민의 모든 자유와 권리를 그 제한대상으로 하고 있으므로 해석상 당연히 노동단체권도 포함하고, 특히 노동단체권 중 단체행동권은 목적추구를 위한 행동의 권리로서 그 권리행사의 결과는 사용자뿐만 아니라 일반대중에게도 손해를 끼칠 위험성이 크므로 질서유지나 공공복리를 위하여 그 제한이 당연히 인정되어야 한다는 것이다.[458] 셋째, 제37조 2항이 제한근거가 될 수도 있지만, 사회권의 본질상 노동단체권은 유보가 아니라 형성하는 것이라는 입장이다.[459]

생각건대, 우리 헌법은 국가안전보장 질서유지 공공복리를 위해서 필요불가결한 경우에 한하여 그리고 기본권의 본질적 내용을 침해하지 아니하는 범위에서 모든 기본권을 법률로써 제한할 수 있도록 규정하고 있기 때문에 도이치기본법에서와 같은 절대적 기본권을 우리 헌법이 인정하고 있다고 보기 어렵다. 따라서 절대적 기본권을 전제로 하는 헌법질서 내에서 그 기본권의 제한가능성을 둘러싸고 기본권의 내재적 한계를 인정하려고 하는 도이치식의 논의는 우리 헌법에서는 이론상 제기될 여지가 없다고 하겠다. 그러므로 헌법 제37조 2항에 의한 제한은 인정하지 않고, 노동단체권 내재적 한계에 의한 제한만을 인정하는 첫 번째의 견해는 불필요하다고 할 것이다. 그리고 제37조 2항이 제한근거가 될 수도 있지만, 사회권의 본질상 노동단체권은 유보가 아니라 형성하는 것이라는 입장은 노동단체권의 성격이 사회적 기본권이므로 그 구체적인 내용이 국가에 의해 비로소 형

457) 임종률, 『쟁의행위와 형사책임』, 경문사, 1982, 54면; 심태식, 『노동법개론』, 법문사, 1982, 124-125면.

458) 이것이 당시 다수설이다. 김철수, 『신한국헌학개론』, 박영사 1982, 451면; 문홍주, 『한국헌법』, 해암사, 1984, 298면; 박일경, 『제5공화국헌법』, 일명사, 1981, 208면; 구병삭, 『헌법학 I』, 박영사, 1983, 672면; 권영성, 『한국헌법원론』, 법문사, 1981, 519면; 박상필, 『한국노동법』, 대왕사, 1981, 121면 등.

459) 허영, 『헌법과 헌법이론(中)』, 박영사, 1984, 335면 이하.

성된다는 것을 전제로 한 논의이나, 노동단체권이 역사적으로는 20세기 초에 산업자본주의의 성립 이후 사회적 기본권으로서 법인되었다고 할 수 있으나, 그 본질은 "국가로부터 자유"에 있다고 할 것이다. 그렇다면 세 번째의 견해가 말하는 노동단체의 "형성"이란 제한 내지 부인을 의미할 뿐이다.

이렇게 볼 때, 근로자 일반의 노동단체권은 헌법 제37조 2항에 의해 제한이 가능하고, 다만, 단결권, 단체교섭권, 단체행동권 중 어느 것도 공공복리를 이유로 하는 제한은 할 수 없다고 할 것이다. 노동기본권이 자본의 사회적 발현형태로서의 노동자의 경제적·인격적 부자유를 시정완화하기 위하여 형성된 필요불가결한 권리라는 점을 감안한다면, 노동단체권과 공공복리원리는 현대사회에 있어서 동일한 방향성을 가진 것으로 이해할 수 있기 때문이다.

그렇다면 국가안전보장이나 질서유지에 의하여 노동단체권의 본질적 내용의 침해가 되지 않은 범위에서 필요불가결한 최소한의 제한은 할 수 있다고 하겠다.

3) 헌법 제33조 2항, 3항과 헌법 제37조 2항의 관계

헌법 제33조 2항, 3항과 헌법 제37조 2항의 관계는 헌법 제33조 2항과 3항에 의한 개별적 법률유보에 의한 공무원인 근로자와 방위산업체종사근로자의 노동단체권의 제한이 헌법 제37조 2항에 기한 일반적인 법률유보에 의한 근로자 일반의 노동단체권의 제한의 범위를 초과하는 것인가라는 문제이다. 헌법 제33조 2항과 3항은 노동기본권에 대한 헌법직접적인 제한(헌법적 유보)이라고 볼 수 있는가? 그렇지 않으면, 헌법직접적 제한이 아니라 법률유보의 특별한 형식(개별적 법률유보)을 규정한 것일 뿐인가? 또 헌법 제33조 2항과 3항이 법률유보의 특별한 형식을 규정한 것이라고 보더라도, 그러한 특별한 법률유보에 의하여 공무원인 근로자와 방위산업체종사근로자의 노동단체권을 제한하는 경우에는 제한입법의 한계는 없는가? 이 경우에는 노동단체권의 본질적인 내용을 침해하더라도 위헌의 문제가 제기되지 않는가? 등이 문제이다.

현행 헌법 제37조 제2항은 기본권의 제한과 그 한계에 대한 포괄적인 일반조항이다. 그러므로 헌법 제37조 제2항은 근로자의 노동3권을 제한하는 데에 있어서도 국가안전보장, 질서유지 공공복리를 위해서 필요불가결한 범위 내에서만 한정된다. 게다가 그 본질적인 내용을 침해할 수 없기 때문에 적어도 헌법 제37조 2항에 의하면 입법에 의하더라도 어떠한 경우에도 노동단체권의 전부 또는 그 일부를 전면적으로 부인할 수는 없다.

그런데 헌법 제33조 제2항은 "공무원인 근로자는 법률이 정하는 자에 한하여 단결권 단체교섭권 및 단체행동을 가진다"는 규정하고 있으며, 헌법 제33조 제3항은 "법률이 정하는 주요방위산업체 종사근로자 근로자의 단체행동권은 법률이 정하는 바에 의하여 이를 제한하거나 인정하지 아니할 수 있다"라고 규정하여, 이들 문언에 의하면 헌법의 차원에서 헌법 제37조 제2항과는 별도로 공무원인 근로자의 노동단체권과 법률이 정하는 방위산업체 종사근로자의 노동단체권 중 단체행동권을 일부 또는 전부를 그 본질적인 내용을 침해하는 범위까지 제한하거나 전면부인할 수 있다고 할 수 있다. 다시 말하면 헌법 제33조 제2항과 제3항은 근로자가 공무원인 경우나 법률이 정하는 방위산업체에 종사하는 경우에는 헌법 제33조 제1항에 의해 보장되고 있는 노동단체권을 헌법 제37조 제2항의 제한한계를 넘어서 제한을 가할 수 있는 근거를 마련하고 있다고 할 수 있다.[460)]

과연 이러한 해석이 타당할까? 이렇게 해석하는 것이 인간의 존엄과 가치를 최고의 헌법가치로 하는 우리헌법의 근본적 이념에 부합하는 것일까라는 의문이 근본적으로 제기된다.

생각건대, 이러한 해석론에 의하면, 헌법 스스로가 기본권존중주의라는 헌법의 최고가치를 부정하는 것이 되기 때문에, 헌법 제33조 제2항 및 제3항에 기한 노동단체권의 제한도 기본권존중주의의 최후의 보루로서 노동단체권의 본질적 내용을 침해하지 아니하는 범위에서 인정되어야 한다. 헌법 제33조 제2항 및 제3항에 기하여 입법자의 입법권도 결국 공무원인 근로자의 직무성질상의 특수성에 비례하는 범위에서 공무원의 노동단체권을 제한할 수 있고, 그 범위를 넘는 경우에는 위헌이라고 할 것이다. 즉 공무원의 노동단체권을 제한할 수 있다고 한다면, 그것은 공무원이라는 신분에서 기인하는 논리필연적인 것이 아니라 직무성질상의 특수성에 기인한다고 보아야 할 것이다. 공무원이 가지고 있는 성격이라는 직무상의 특수성은 각 공무원의 근무의 태양과 내용에 따라 차이가 많으므로 일률적으로 규제하는 것은 부당하고 구체적으로 각 직무의 성질을 검토하여 필요한 최소한에 그치는 예외적인 제한만 정당화될 수 있다.

또 헌법 제33조 제2항과 제3항에 의한 노동단체권의 제한도 법률에 의한 제한이므로 결국 이것도 또한 법률유보이다. 그러므로 노동단체권을 제한하는 법률은

---

460) 이 문제에 관하여 신일령, 『노동기본권연구』, 146면 이하는 노동단체권의 제한은 헌법 제33조 2항 및 3항에 의한 "헌법직접적 제한"과 헌법 제37조 2항에 의한 "법률유보"를 구분하면서 전자의 경우에는 노동단체권의 본질적 내용을 침해하는 것을 허용하는 것으로 이해하고 있다. 신인령 교수는 이러한 현행 헌법의 태도는 헌법정책적인 차원에서 바람직한 것이 아니기 때문에 부정되어야 하지만 해석론적으로 어쩔 수 없이 긍정할 수밖에 없다는 듯한 입장을 취하고 있다. 그러나 헌법 제33조 2항과 3항을 헌법직접적 제한이라고 할 수 있는지 의문이다. 왜냐하면 헌법 제33조 2항과 3항의 경우도 헌법 제37조 2항과 마찬가지로 법률유보의 형식을 취하고 있기 때문이다.

기본권존중주의이라는 헌법의 기본이념에 구속된다고 할 것이다. 즉 입법자가 헌법 제33조 제2항에 기하여 법률에 의하여 공무원인 근로자의 노동단체권을 제한하는 경우나 헌법 제33조 제3항에 기하여 법률에 의하여 방위산업체 종사근로자의 단체행동권을 제한하는 경우에도 노동단체권의 본질적 내용을 침해해서는 아니 된다고 할 것이다. 즉 공무원인 노동자의 노동단체권을 전면적으로 부정하거나 방위산업체 종사근로자의 단체행동권을 전면적으로 부인하는 법률은 위헌이라고 해야 한다.[461]

4) 노동단체권, 특히 단체행동권의 행사와 공공복리

노동기본권과 공공복리라는 문제에 대해서는 결국, 노동기본권 그 각각에 대해 그 성격, 내용에 따른 다른 기본권 내지 법익과의 조정이 문제로 되는 각개의 경우마다 음미되어야 한다는 결론에 도달한다. 그렇지만, 노동단체권 중에서 실제상 가장 문제로 되는 쟁의권에 대해서는 어떠한 태양의 쟁의행위가 이미 쟁의권의 행사라는 성격으로 인정되지 않는 경우(기계파괴를 노동자단결이 쟁의수단으로서 채용하는 것과 같이 실제상 거의 생각할 수 없는 경우가 이것에 속하지만, 공공의 복지를 이유로서 이러한 쟁의행위를 금지하는 취지를 정하는 법률의 출현도, 현재와 같은 공공복리의 범람 하에서는 가능성이 있다)와, 쟁의권의 행사라는 성격이 인정되지만, 다른 기본권 내지 법익과의 조정을 위해 행사의 태양에 대한 일정한 제한이 설정되는 경우를 구별해야 한다. 공공의 복리에 의한 제한을 인정하는 경우에 설 경우는 이러한 제한을 후자의 경우에 한정해야 할 것이다. 그리고 쟁의권제한입법이 이와 같이 본래 쟁의권의 행사라는 성격이 인정되는 종류와 범위의 쟁의행위에 대해 행사의 태양에 관한 일정한 제한을 정하는 것으로 되면, 이것에 위반하는 쟁의행위도 이른바 형사·민사의 책임을 당연히 상실하는 것은 아니라고 하는 결론에 도달한다.

우리 헌법이 인정하고 있는 노동단체권(노동3권)은 이미 어느 정도의 범위 내에 있어서 노동3권의 행사와 관련하여 일반대중의 불편감수가 전제되어 있다. 이것은 이른바 노동3권의 반사적 효과라고 할 것이다. 그러나 문제는 일반대중이 노동단체권의 반사적 효과를 어디까지 용인하는 것이 사회의 유기적 구성원리로서 타당한가라는 것이다. 여기에서 다시 노동3권의 구체적인 행사자로서 노동조합과 기업 외부의 제3자간의 이해관계의 조정기준으로서 공공복리의 원칙이 다시 문제로 되는 것이다.

---

461) 허영, 『한국헌법론(제3판)』, 박영사, 2003, 496면.

공공복리와 단체행동권의 관계라는 문제를 생각할 때, 우선 우리에게는 양자의 관련구조의 기초이론적인 해명이 어떠한 차원에서 어느 정도로 되고 있는가라는 의문이 제기된다. 이 문제에 관한 이론적 분석은 공공복리를 기본적 인권상호간의 조정원리로서 파악한다는 점에 그치고 있는 것처럼 보인다. 조정에 있어서도 그 기준이 애매하기 때문에 결국 해석론으로서도 이데올로기적 대립에 일관하고, 말하자면 아전인수(我田引水)론에 그치는 경우가 많다. 이 점에 있어서도 조금 더 구체적인 전망을 취하는 이론적 해명이 필요로 할 것이다. 이와 관련하여 우리는 예컨대 두 가지의 문제점을 지적할 수 있다.

그 첫 번째는 오늘날의 기업, 특히 독점적 대기업과 공공복리와 관계에 관한 문제이다. 말할 필요도 없이, 금일의 기업 특히 대기업은 고도의 분업을 전개해서 기업의 시장지배력을 확장하는 과정에서 확실히 공공적 성격을 띠어가고 있다. 그래서 오늘날 모든 기업이 사적 이윤의 추구와 사회공공의 이익의 제공이라는 양면성을 항상 다소간 내포하고 있다고 할 것이다. 이러한 양면성의 이론적 내지 사회적 구조를 통일적으로 이해하고 있지 않으면 기업이 공공의 복지의 제공자로서 나타난 오늘날의 문제의 의미를 충분히 파악할 수 없다고 생각한다. 이를 위해서는 기업의 활동에 대한 분석이 노동법학의 측면에서도 정말 요청되는 것이다. 일반적으로 노동법학자는 근로자의 생존권, 쟁의권 등의 입장에서부터 일방적으로 분석해서 기업의 활동에 대한 연구에 관심을 거의 기울이지 않고 있는 것처럼 보인다. 기업 및 그것을 지지하고 있는 자본의 경영권에 대한 연구를 하지 않으면 노사관계의 객관적인 구조를 인식할 수 없다.

그 두 번째는, 공공복리의 제공자가 사기업이라고 한다면, 그것의 수익자는 사용자도 근로자도 아닌 제3자인 소비자대중이라는 문제이다. 근로자가 파업을 할 때, 고통을 당하는 제3자, 즉 일반시민이 있다고 TV, 라디오 신문 등 대중매체가 떠드는 것처럼, 생산과정에 있어서 사용자와 근로자 간의 갈등은 곧바로 근로자와 일반 소비대중 간의 이익충돌로 나타나는 것이 오늘날의 대기업에 있어서 노동쟁의의 특징이다. 그래서 단체행동권의 행사에 대한 법적 제한은 표면상으로 제3자인 소비대중이라는 견지에서 이루어진다. 그래서 단체행동이론도 단순히 사용자와 근로자간의 차원에서만 구성되어서는 아니 되고 농민, 소비자 및 다른 사용자와의 관계를 고려하여 구성되지 않으면 아니 된다.

그러나 이러한 점들과 관련하여 노동법학에 있어서 단체행동권의 취급방법은 반드시 명확하지는 않다. 이를테면 법학에 있어서 공공복리이론은 너무나 피상적이다. 특히 공공복리를 과도하게 강조하거나 확장하는 이론은 독점자본주의체제하에 있어서는 독점자본의 사적 이익을 옹호하기 위한 논리로서 기여할 수밖에 없다는 역사적 필연성을 인식하고 그러한 인식 위에 입각해서 공공의 복리와 자본의 이윤추구가 표리일체를 이루는 이중구조를 분석하려는 이론작업은 우리 노동법학에서 거의 없는 것 같다. 자본주의사회에 있어서 소위 사회적 생산력은 자본의 사적 소유를 기초로 해서 전개되는 것이기 때문에, 근로자가 단체행동권의 행사를 통해서 자본의 사적 소유에 대하여 타격을 가하는 것은 곧바로 근로자 자신의 생활이 기초하고 있는 사회공동체의 생산력에 대하여 타격을 가하는 것이다. 그러므로 근로자가 쟁의행위권을 행사하는 것은 자본의 사적 소유에 위협을 주는 것만 아니라 사회적 생산력을 해치는 혼란을 일으키는 작용을 초래한다는 것도 부정할 수 없다. 그런데 근로자는 오로지 전자의 관점에서만 단체행동권을 파악하려고 하고, 사용자와 국가는 오로지 후자의 관점에서 단체행동권을 파악하려고 하기 때문에, 양자 간에는 필연적으로 관점상의 대립이 생길 수밖에 없다. 공공복리의 이론은 사회적 생산력의 요청에 기초한 것이고, 국가는 이러한 사회적 생산력의 대변자로서 서 있다. 사회적 생산력의 요청에 응해서 국가는 자본의 사적 소유도, 그 사적 소유 하에 있는 사적 노동도 규율할 수밖에 없다. 경제적 사회적 분업이 고도로 전개되면서 관리자로서 국가는 사회적 생산력의 요청(이른바 국민경제의 요청)을 전면에 내세우고, 국가권력에 의한 생산력의 유지·발전을 불가결한 명제로서 등장시킨다. 이러한 의미에서 사회적 생산력의 요청에 기초한 공공복리는 일면에 있어서 자본의 사적 소유의 자유를 규제함과 동시에, 타면에 있어서 사적 노동의 자유도 규제하는 것이다. 공공복리론은 양날을 가진 칼로 작용할 수밖에 없다.

이러한 맥락에서 볼 때, 공공복리라는 주제는 자본의 사적 소유와 사회적 생산력의 모순을 내포하는 자본주의국가의 독점자본주의단계에 있어서 여러 가지 모순을 집중적으로 드러내는 문제의 덩어리다. 그러므로 우리가 독점자본주의 및 세계자본주의의 법체제 전체구조에 대한 분석에 기초하지 않는다면, 공공복리라는 문제의 현대적 의미를 정확하게 해명할 수 없다. 그것은 또한 현대국가가 그 본질에 있어서 계급국가이기 때문에 그것에도 불구하고, 아니 정확하게 말하면, 그것 때문에 독점단계에는 사회적 생산력의 통제기능을 전면적으로 발휘하고 이러한 것으로서 초(超)계급적 형태를 취하는 복잡한 구조에 의해서 지지되고 있다. 이러한 현대국가의 복잡한 성격, 기능 및 권력과 생산질서의 관계의 틀에 대해서는 다른 사회과학과 특히 경제학의 영역에서는 세계자본주의 또는 국가독점자본주의의 본질파악을 둘러싸고 논쟁이 되고 있다는 것은 주지하는 바와 같고, 사회적 생산력의 요청을 구현하는 것으로서 국가의 역할의 평가의 차이에 따라 구조개혁논쟁을 산출한다는 것도 널리 알려져 있다. 노동법학에 있어서 공공복리론은 이러한 국가독점자본주의에 있어서 국가에 대한 이론인식, 특히 국가권력과 생산질서의 관계의 구조에 대한 사회과학적 인식과 근저에 있어서 밀접하게 결부되어 있다. 공공복리와 쟁의권의 제한에 관한 다양한 해석론의 대립은 해석자가 인식하는가의 여부와 관계없이 결국에 있어서 국가독점자본주의하의 국가구조의 파악방법의 차이에 의해서 규정되는 것이다.

공공복리를 이유로 단체행동권의 행사를 제한하는 것이 자본의 이익으로 되기 때문에 이를 반대하지 않으면 아니 된다고 하는 식의 논리는 문제가 아닐 수 없다. 우리는 우선 공공복리를 내세우면서 단체행동권의 행사를 제한하려고 하는 헌법해석론을 사회과학적으로 분석하고 그 배후에 있는 이익형량의 구조를 면밀하게 천착할 필요가 있다. 이러한 과제는 오늘날의 세계자본주의 또는 국가독점자본주의의 법구조의 기본적인 분석에 기초해서 천착되어야 할 것이고, 또 이러한 작업을 하는 데에 있어서 노동법학이야말로 경제학과 병행해서 가장 적합한 학문분야라고 할 것이다. 단체행동권의 법구조에는 그 보장의 법리와 제한의 법리가 함께 포함되어 있고 그것은 세계자본주의 또는 국가독점자본주의의 법구조에서 없어서는 아니 되는 불가결한 일환을 이루고 있다. 객관적 구조로서 보면, 단체행동권을 위한 보장의 법리도 그리고 제한의 법리도 하나의 동일한 기초 위에 있는 것이지, 개별의 것은 아니다. 예컨대, 파업을 해석론적 차원에서 옹호하기 위해서 노동력을 어떻게 판매하는가는 근로자의 자유이고, 노동력을 값싸게 팔지 않기 위해서 근로자들이 파업하는 것은 당연하다는 식의 설명을 하는 것도 가능하겠지만, 이러한 식의 설명이 오히려 사적 노동의 자유를 제한하는 결과를 초래하게 된다는 것이 사회적 생산력의 요청을 전면에 내세우는 현 단계의 법체계의 특징이라고 할 것이다. 단체행동권의 보장을 위해서 사적 소유의 자유를 제한하는 법리는 동시에 그것에 의해서 사적 노동의 자유를 제한하는 법리를 공공복리론에 내재시키고 있다. 그러므로 상황에 대한 철저한 분석 위에서 이러한 문제를 검토할 필요가 있는 것이다.

2. 공무원의 노동단체권

1) 공무원의 근로자성

우리 헌법 제33조 2항은 "공무원인 근로자…"라고 규정하고 있기 때문에, 헌법은 공무원의 근로자성 자체를 인정하고 있어 공무원의 근로자성 여부에 대해서는 논란의 여지가 없다고 할 것이다. 그럼에도 불구하고, 공무원관계를 노동법의 규율대상인 종속노동관계와 달리 취급하여 노동단체권을 전면부인 또는 제한하는 헌법에 합목적성과 합리성이 있는가라는 의문이 제기된다.

공무원을 일반근로자와 질적으로 다른 취급을 하고 있는 태도는 이론적으로 도이칠란트의 관료제도에서 영향을 받은 것이 아닌가 한다. 전통적으로 도이칠란트에서는 공무원이라는 통일적 개념이 없었고, 국가나 지방자치단체에 근무하는 자를 관리(Beamte), 사무원(Angestellte) 및 노무원(Arbeiter) 등으로 구분하여 그 중 관리는 일반근로자와 달리 관리법을 적용하여 특별한 규제를 하고, 사무원과 노무원에 대해서는 일반근로자와 똑같은 취급을 하여 일반노동법을 적용하였다.

그래서 도이칠란트에서는 관리의 근로자성 여부가 논란의 대상으로 되었다. 앵글로아메리카권에서는 공무원관계를 규율함에 있어서 실용적인 측면에서 그것을 어떻게 합리적으로 규율할 것인가가 논의의 대상이었지, 관리의 근로자성 여부와 같은 관념적인 개념법학적 문제는 제기되지 않았다.

먼저, 공무원에 대하여 일반종속노동관계에 있는 근로자와는 달리 노동단체권을 부정하고 특별한 취급을 하고 있는 현행헌법의 태도가 논리적으로 타당한가, 예외적인 것인가.

도이칠란트에서는 관리의 근로자성 여부에 대한 논의는 1920년대 바이마르시대 카스켈(Kaskel)과 진쯔하이머(H. Sinzheimer)의 논쟁에서 비롯된다. 카스켈은 국가와 관리의 관계는 노동관계가 아니고, 관리는 국가의 기관 그 자체로서 자신이 봉사하는 국가의 일부를 자기의 인격에 발현하여 마치 국가 이외의 법인의 의사와 같이 국가와 추상적 법인의 구체적 현상형태를 형성한다고 하면서, 관리를 노동법하에 둔다면, 국가에 대한 의무를 오히려 국가에 부담하게 해야 한다고 하는 모순이 야기된다고 한다. 이에 대해 진쯔하이머는 노동관계의 성립근거로서 노동계약이 그 전부가 아니며, 관리임용이 일방적 고권행위에 기인한다고 하여도, 의사의 일치를 효력발생요건으로서 하는 한 임용으로 성립하는 관계는 종속노동관계로 보지 않을 근거는 없으며, 노동자보호의 현실적 필요성이 관리관계에서 존재한다면, 법률제도의 외견상 개념상의 불능은 아무런 문제가 되지 않는다고 하면서 관리의 근로자성을 인정하고, 관리관계가 종속노동에 기초하는 한 노동법의 적용을 긍정하고자 했다.

일반적으로 공무원의 근로자성을 부인하는 견해가 공무원관계의 성립이 공법관계에 근거한다든가 공무원의 노동급부의무가 충성관계에 있다든가 하는 개념법학적 논의에 기반을 두고 있지만 노동법이 종속노동관계를 규율하는 법인 이상 그 노동관계의 성립계기 또는 그 근로관계에 있어서 특별한 의무는 공무원과 일반근로자 사이에 본질적 차이를 인정하느냐 여부와 직접적 관련이 없고, 공무원도 노무를 제공하지 않으면 아니 되고, 그 대가인 임금에 의하지 않는 한 다른 생활방도가 없는 것이므로 이 점에 있어 공무원도 일반근로자와 다른 바가 없다. 그러므로 노동법의 지도적 원리는 공무원관계에도 그대로 타당한 원리라고 할 것이다.

2) 공무원노동정책의 기본적인 계기

(1) 정치적 계기

권력자가 반인민적 정책 - 군비확장, 침략전쟁에 대한 가담과 같이 평화를 위협하는 정책이나 고물가, 저임금정책 등의 생활고를 압박하는 정책 등 - 을 강행하려고 하는 경우에는 노동정책 특히 공무원노동정책은 중요한 정치적 과제로 되는 것은 필지이다. 어쩌면, 관공노동자가 사기업의 노동자와 함께 노동자계급의 통일전선에 결집되고, 반인민적 정책의 기획수행에 관한 노동을 단결하여 거부한다고 하는 사태가 충분히 예상되기 때문이다. 그 경우에 대비해서 일반적으로 정치파업이나 시위를 억제하는 정책이 취해질 것이지만, 나아가 공무원노동정책으로서도 특수적 조치가 취해질 수 있을 것이다. 그것은 권력 측이 공무원노동자를 종속시켜 장악하는 방책이 없으면 아니 된다. 그것을 위해서는 적어도 고권적 작용에 종사하는 관리단으로 하여금 권력에 대해 충성을 맹세하게 할 필요도 있을 것이다.

(2) 경제적 계기

국가의 경제사회에 대한 통제개입이 체제적인 것으로 되지 않을 수 없는 현단계에 있어서는 노동정책이 경제정책의 중심적 과제의 하나로 되는 것을 피할 수 없다. 기술혁신, 설비투자, 기업결합 등 경제적 변동이 어수선한 중에, 자본 특히 독점자본에 필요한 질과 양의 노동력을 확보하기 위한 직업교육이나 노동시장의 조정 등 노동정책은 단순히 보호법만으로는 그칠 수 없다. 그리고 임금정책에까지 미치는 것은 피할 수 없다. 정부가 독점자본의 저임금정책을 지지하려고 하면, 많은 공무원노동자에 대한 저임금을 확보하는 데에 노력하는 것이 하나의 중요한 방법으로 되는 것은 분명하다. 만약, 그것이 임금통제령과 같이 입법에 의한 직접적 통제의 수단에 의해 실현시킬 수 없는 정치정세가 존재하고 있다고 하면, 공무원노동자에 대해 단결을 규제하기도 하고 파업을 금지하는 것이 유효한 방법으로 될 수 있을 것이다. 어떻든 자주적 단결에 의한 노사대등의 입장에서 교섭은 그것에 의해 부정되고, 민주적 그리고 「근대적」인 임금결정방식을 부정하고, 노동자 측의 교섭력은 완전히 저하시킬 수 있기 때문이다. 또 합리화의 촉진의 일환으로서 혹은 고도경제성장을 지지하는 경제기구의 일환으로서, 공무원노동자에 희생을 요구할 수밖에 없는 한, 파업을 봉쇄하는 것이 권력 측에 있어서 권리로 되는 것은 다언을 요하지 않는다.

경제투쟁을 전국적으로 왕성하게 하는 노동운동 중에 공무원노동조합의 추진력을 억제한다고 하는 것이 노동력 측의 전략전술상 중요한 의미를 가질 것이다. 오늘날과 같은 자본주의핵심부로 점점 편입되어 가는 한국경제에서 특히 FTA협정이 체결되어 지배층 특히 몇몇의 독점재벌과 일체가 되어 있는 국가경제체제하에서 사적 독점기업의 국민경제에 대한 지도력이 현저히 높아지고, 관공노동정책이 영위하는 경제적 기능은 상대적으로는 저하하였다고 할 수 있을지도 모른다. 그러나 반면에 있어서 경제적 모순이 점점 심각화해감에 따라, 공무원노동자 자체에 의한 「공무」 내지 「공공적 업무」를 통해, 경제에 대한 국가권력의 개입이 일단 깊어지고, 광범한 분야에 미치는 것은 의심이 없다. 그렇다고 한다면, 권력 측의 공무원노동정책이 단지 노동법의 과거의 족적에 각인되어 있다고 할 수 없을 뿐만 아니라, 바로 현재의, 아니 장래의 노동법이나 노동정책의 중요한 일환이라는 것은 분명하다.

(3) 이데올로기적 계기

위와 같은 공무원노동자의 노동단체권을 제한하기 위한 정치적 및 경제적 계기를 은폐하기 위해서 이데올로기가 동원된다. 이들 이데올로기 중 대표적인 것이 "전체봉사자로서 공무원"과 "공공복리"이다.

공무원을 "전체의 봉사자"로서 내세워서 관공노동자의 단체행동을 억제하는 것이 기도된다. 이와 동시에 관공노사관계를 사기업의 노사관계와 준별하도록 해서 관공노동자들이 사업기업의 노동자와 의식적으로 양분되도록 한다.

「공공의 복지」라는 이데올로기는 관공노동자의 조합운동을 억압하는 의미를 강하게 포함하는 입법정책을 정당화한다. 그 대표적인 입법이 공무원의 노동조합설립 및 운영 등에 관한 법률이다. 이 법률은 사법 및 행정 분야의 공무원의 단체행동권을 박탈하고 있다.

3) 공무원의 노동단체권제한의 이론적 근거

(1) 서

공무원도 근로자이기 때문에 헌법이 근로자 일반에게 보장하고 있는 노동단체권의 향유주체가 된다. 그렇지만 공무원의 근로자성을 인정한다고 한다는 의미가 공무원관계에 인정되는 특수성을 부인하여 일반근로자의 그것과 동일하게 취급해야 한다는 것은 아니다.

그렇다면 여기에서 근로자로서 공무원의 노동단체권의 제한을 정당화하는 공무원관계에 인정되는 특수성의 근거가 무엇인가? 이에 문제에 대해서는 학설은 나누어져 있다.

(2) 학 설

A. 특별권력관계설

공무원은 그의 자유의사에 의하여 국가와의 특별권력관계에서 포괄적 지배를 받는 지위에 있으므로 국가와 일반국민간의 일반권력관계에서 보장되는 기본권은 그 범위에서 제한되며, 공무원의 노동단체권은 이러한 이유에서 제한된다고 하는 견해이다. 법률에 의한 기본권제한의 일반원칙을 무시하고 기본권을 제한할 수 있는 이론적 근거는 특별권력성립에 대한 당사자의 동의와 그 동의에 내포되어 있다고 믿는 기본권의 포기라고 한다.

이와 같은 특별권력관계설은 19세기 도이칠란트에서 공법이론에서 비롯된 것으로서 그 당시에는 특별권력관계와 기본권이 양립할 수 없다는 견해가 지배적이었지만, 오늘날에 와서는 오히려 그 정반대의 주장이 지배적인 위치를 차지하게 되었고, 전통적인 특별권력관계설을 취하는 자는 없는 듯하다. 이러한 관점에서 보면, 특별권력관계는 이제 기본권의 주체의 문제가 아니라 기본권의 효력의 문제라고 할 것이다.

B. 국민전체봉사자설

공무원의 노동단체권제한근거를 전체의 봉사자라는 그 지위에서 구하는 입장이다. 현행 헌법 제7조는 공무원은 국민전체에 대한 봉사자이며 국민에 대하여 책임을 지고 있기 때문에 공무원의 신분보장 및 정치적 중립성이 확보되어야 한다는 것을 전제로 하고 있다.

공무원의 국민전체의 봉사자성과 공무원의 노동단체권보장과는 결코 대립되는 성질의 것이 아니며, 또 전체봉사자설은 결국 공무원이 국민전체의 봉사자라는 지위에 있기 때문에 국민전체에 대하여 절대적인 충성의무를 지고 있다는 입장인데, 이것이 근로자로서의 공무원의 노동단체권에 대하여 국가권력의 의사결정이 무조건 우선한다는 것도 수긍하기 어렵다.

C. 공공복리설

공무원이 가지는 특수성으로서의 공공적 성격으로 인하여 공공복리의 이념하에 근로자인 공무원의 노동단체권을 제한할 수 있다는 입장이다. 국민의 모든 자유와 권리는 공공복리에 반하지 않는 한 입법 기타 행정상 절대로 침해할 수 없는 것이지만, 정부의 기능을 저해하고 국민생활의 행복과 질서를 해치는 공공사업근로자의 쟁의행위는 일반근로자와는 달리 특별한 취급을 하는 것은 당연하므로 그 노동단체권을 제한하기 위한 법률을 제정하는 것은 공공복리를 위하여 필요하다는 것이다.

이 설은 종래 일본의 통설로서 공공복리의 이념이 현실적으로 기본권의 제한을 위한 안이하고 편의적인 도구가 될 위험성이 큰데, 공공복리라는 말 자체가 개괄적이고 소위 백지규정이라고 할 수 있을 만큼 추상적인 개념이어서 그 해석 여하에 따라 다양한 내용을 포함할 수 있는 개괄조항의 성질을 가지고 있어 논자의 세계관, 국가관, 법률관에 따라 상당히 자의적으로 해석되기 쉽다는 비판이 제기되고 있다.

D. 대상조치설

노동단체권은 그 자체가 목적이 아니라 근로조건의 유지·개선 기타 경제적·사회적 지위를 향상하기 위한 수단적 권리이기 때문에, 다른 제도상의 기술에 의해 임금 기타 근로조건이 보장되는 조치가 이루어지는 경우에는 그 제한이 가능하다는 견해로서, 공무원법상의 각종 특별한 보호, 배려, 근무조건에 관한 행정조치 등에 의하여 대상조치가 이루어진다면, 근로자인 공무원의 노동단체권을 제한할 수 있다는 것이다.

노동단체권은 단순히 수단적 권리가 아닐 뿐만이 아니고, 설령 수단적 권리이어서 대상조치가 가능하다고 하더라도, 그러한 대상조치가 노동단체권에 대한 충분한 대상기능을 할 수 있을 것인지, 또 그러한 대상기능이 제대로 작동하지 않는다면, 그 때에는 어떠한 권리나 절차에 의해서 구제받을 수 있는가라는 문제가 제기된다. 공무원이 노동단체권을 통하지 않고 다른 제도를 통해 공무원의 근로조건이 충분히 보장된다고 하더라도 그것으로써 공무원의 노동단체권을 법적으로 제한할 수 없다. 그러므로 근로조건의 유지·향상 등의 목적이 충족될 가능성이 있고 또 현실적으로 그것이 충족되어 공무원은 노동단체권을 실제로 필요로 하지 않을 경우에도 이는 권리행사의 사실상의 유보이지 권리 자체의 법률상의 부인이나 제한을 할 수 있는 근거는 될 수 없다고 할 것이다.

E. 필수사업유지설

공공사업은 일반국민의 건강, 안전, 복지 등 필수적인 서비스를 제공하고 있으며, 공무원은 이러한 공공사업의 주요부분을 담당하고 있다. 이러한 서비스가 중단되지 않도록 하기 위해서 공무원의 파업은 금지되어야 한다는 것이다. 이는 주로 아메리카합중국에서 공공부문(Public sector)에서 동맹파업금지를 정당화하기 위해서 주장된 것이다. 정부에 고용된 근로자의 경우, 필수적 사업의 유지를 위해서뿐만 아니라 주권행사기관에 대항하는 것이 되므로 어떠한 동맹파업도 허용되어서는 아니 된다는 것이다.

그러나 모든 공공사업이 똑같이 필수적인 것은 아니라고, 다소의 필수적인 사업성이 인정되는 경우에도 보다 긴 안목으로 보아서는 어떠한 사업도 필수적인 것으로 생각되는 것은 없다. 따라서 모든 공공근로자도 사기업분야에서의 근로자와 마찬가지로 파업권을 포함한 일체의 노동단체권을 누려야 한다는 주장이 제기되고 있다.

(3) 정 리

위 학설이 공무원의 노동단체권 제한의 근거로서 제시한 것은 모두 충분한 법리성과 타당성을 가지고 있다고 볼 수 없다. 따라서 현대민주주의국가에서 공무원의 노동단체권을 전면적으로 부정하거나 금지하는 데에는 충분한 논거는 없다고 할 것이다.

공무원의 노동단체권의 일정한 부분을 제한할 수 있다고 한다면, 그것은 공무원이라는 신분에서 기인하는 논리필연적인 것이 아니라 직무성질상의 특수성에 기인한다고 보아야 할 것이다.[462] 공무원이 가지고 있는 성격이라는 직무상의 특

462) 이와 관련하여 헌재 1992.4.28. 90헌바 27내지34, 36내지42, 44내지46, 92헌바15(병합) 결정 참조.

수성은 각 공무원의 근무의 태양과 내용에 따라 차이가 많으므로 일률적으로 규제하는 것은 부당하고 구체적으로 각 직무의 성질을 검토하여 필요한 최소한에 그치는 예외적인 제한만 정당화될 수 있다.

이렇게 본다면, 공무원의 노동단체권을 제한하기 위한 합리적인 근거는 노동단체권보장의 본래의 취지로 돌아가서 고찰해야 할 것이다. 노동단체권이 국민의 다수를 차지하고 있는 근로자의 인간다운 생활확보를 필요불가결한 수단으로서 특별히 보장되고 있는 헌법상 우월적 가치를 승인받고 있다는 의의에 비춰, 이에 대한 제한은 가치적으로 이와 동등 또는 그 이상의 것이어야 한다. 이를테면, 다른 국민의 생존권 또는 생존적 이익 구체적으로 말하면 생명 신체의 안전과 건강, 생존에 불가결한 기본적 재산확보 등이 근로자의 노동단체권을 제한할 수 있는 정당화근거로 될 것이다. 이러한 정당화근거는 일반근로자의 경우나 공무원인 근로자의 경우에도 아무런 차이가 없다고 할 것이다. 일반근로자의 경우에도 오늘날 산업구조가 고도의 자본집중과 산업관련효과로 인하여 특정산업의 파업은 전국적으로 전국민생활에 영향을 미친다는 점에 있어서 공무원의 경우와 다를 바 없다.

이와 같이 공무원은 일반근로자에 대한 질적인 차이가 없다. 노동단체의 제한은 공무원의 직무성질에 비춰 그 보장의 정도를 달리할 수는 있겠으나 모든 근로자에게 공통되는 노동단체권의 본질적인 내용을 침해해서는 아니 될 것이다.

가령 군인 · 경찰관 · 소방관 등과 같이 그 직무의 특수성에 비춰 노동단체권의 특수적 제한은 가능할 것이다. 왜냐하면 이들의 파업은 그야말로 공적 위협을 야기할 수 있기 때문에 그 직무의 특수성에 비례해서 제한할 수밖에 없을 것이다. 그러나 그 외에 근로자인 공무원이 그들 자신의 봉사의 가치와 상응하는 보상을 받지 못하는 경우 특히 그들과 유사한 업무를 수행하는 일반기업의 근로자들이 받는 것과 같은 수준의 보상을 받지 못하는 때에 공무원이라도 근로자인 이상 그들에게도 파업권은 필요할 것이다.

이와 같은 생각을 전제로 할 때, 헌법 제33조 2항과 같이 공무원 근로자의 노동단체권에 대한 헌법직접적인 제한을 통해 근로자인 공무원에 대해서 노동단체권을 전면적으로 부정하는 것은 너무나 과도하여, 헌법의 기본적 가치인 기본권존중주의의 이념에 배치되므로 향후 헌법개정을 통해 이를 삭제하고, 일반법률유보(헌법 제37조 2항)에 의하여 적절하고 합리적인 보장한계를 정할 수 있게 하는 것이 바람직할 것이다.

3. 방위산업체종사근로자의 노동단체권

헌법 제33조 3항은 남북분단 및 대치상황을 전제로 한 특수한 예외적인 규정이라고 하겠다. 위에서 이미 살펴보았듯이, 헌법 제37조 2항은 주요방위산업체에 종사하는 근로자의 단체행동권을 제한하는 데에 있어서 그 한계조항이기 때문에 국가안전보장 등을 위해서 필요한 범위에서만 그들의 단체행동권을 제한할 수 있을 뿐이다. 그러므로 주요방위산업체 종사근로자의 단체행동권을 전면적으로 부정하는 입법권의 행사는 전시(戰時) 또는 이와 상응하는 특수상황이 아니고서는 정당화될 수 없다고 할 것이다.

주요방위산업체가 남북대치상황에서 국방과 국민경제 및 국민생활에 미치는 직접적인 의미를 아무리 충분히 고려한다고 하더라도 국방과 국민경제의 발전 및 국민생활의 안정이 주요방위산업체 종사근로자의 일반적인 희생 위에서 이루어져서는 아니 된다. 방위산업체 종사근로자의 인간다운 생활과 근로조건을 보장하고 향상하기 위한 단체행동권의 행사를 전면적으로 부인하는 입법은 위헌이라고 할 것이다.

4. 기타의 제한

계엄법 제9조 1항은 계엄사령관의 특별조치로서 비상계엄지역 안에서 계엄사령관은 군사상 필요한 때에는 단체행동에 대해서 특별한 조치를 할 수 있다고 규정하고 있다. 단체행동에 대해서만 특별조치가 가능하므로 단결권과 단체교섭권에 대한 특별조치는 이루어질 수 없음에 주의해야 한다.

Ⅷ. 노동단체권침해에 대한 구제

단결권은 사인 간에도 직접 적용된다. 그러므로 사용자가 단결을 방해하거나 간섭하는 경우 행정구제절차에 의한 시정조치인 부당노동행위 구체절차와 민법상의 반사회질서를 이유로 한 무효(민법 제103조)나 불법행위에 기한 손해배상(민법 제750조)을 청구할 수 있겠다.

사용자의 단결방해행위에 대하여 방해배제 내지 예방청구권을 인정할 것인가에 대하여 견해가 나누어져 있으나, 단결권침해가 계속되거나 현재에 침해행위는 없더라도 장래에 침해행위가 명확하게 예상되는 경우에는 예방청구권이 인정된다고 할 것이다. 왜냐하면 헌법 제33조 1항이 보장하는 구체적인 권리로 보아야 하기 때문이다.

사용자에 대한 근로자의 단체교섭이 거부된 경우 부당노동행위 구제절차에 의해서 구제받는 것은 별론으로 하더라도, 법원에 의한 구제방법으로서 단체교섭응낙가처분이 가능할 것인가가 문제이다. 이것은 구체적인 단체교섭에 있어서 단체교섭권에 의하여 사용자에 대하여 근로자의 단체교섭청구권을 인정할 수 있는가에 달려 있다. 단체교섭권에는 사인인 사용자에 대하여 구체적인 행위를 청구할 수 있는 권리가 포함되어 있기 때문에 이를 인정해야 할 것이다. 사용자에 대하여 성실교섭이라고 하는 구체적 행위를 요구할 수 있는 권리, 즉 단체교섭청구권이 가처분의 피보전권리(被保全權利)이다.

사용자에 의한 부당한 단체교섭의 거부는 불법행위로서 손해배상청구권의 대상이 된다.

Ⅸ. 여론(餘論)

1. 사용자의 대항행위의 인정여부

근로자의 노동단체권에 대하여 사용자의 대항적 권리를 인정할 것인가? 단체행동권은 노사 간에 있어서 사회력의 균형을 위해서 적극적으로 인정된다. 그러므로 단체행동권은 재산권에 기초하고 있는 사용자의 사회력에 대하여 단결에 기초한 노동자의 대항력을 법적으로 행사할 수 있게 해준다. 현실적인 노사의 힘의 상황에 따라 대항행위의 허용 또는 보장의 정도가 달라진다.

2. 노동단체권의 실상(實像)

헌법상의 권리들이 모두 다 그렇지만, 자본주의주적인 헌법질서에 있어서 노동단체권은 다른 어떠한 권리보다 상징적 의미가 크다. 노동단체권이 규범논리에 의해서 보장될 수 있는가? 헌법상의 모든 권리들이 그렇듯이, 단체행동권은 미시적 또는 표면적으로 그것이 갖고 있는 법리적 성격에 의해서 보장이 이루어지는 것처럼 보이지만 사실은 근본적으로 규범논리의 배후에 있는 그것에 선행하는 사회정책적인 고려와 목적에 의한 것이다. 자세히 들여다보면 노동단체권의 법리는 사회정책적인 고려와 목적을 합리화하기 위한 명분적인 역할을 할뿐이다.

3. 노동단체권의 한계와 노동운동

1) 역사적 실체

우리 헌법은 우리 국민이 쟁취한 것이 아니다. 그래서 그 역사적 실체가 없다. 헌법은 있지만, 그 내용은 계속 변하고 있다. 특히 노동단체권의 내용은 노사정의 역학관계에서 그 내용이 결정된다. 노동기본권의 내용은 한국노동자의 역량에 달려 있는 것이다.

2) 노동법이론과 노동운동

노동의 기본권은 헌법에 규정되어 있다는 것만으로 그것이 지켜지는 것이 아니라는 것을 알 수 있다. 이것을 보장해야 할 권리의 주체가 실질적으로 정립되지 않는 것이 현실이다.

민중의 부단한 노력의 일환으로서의 노동운동도, 좁은 이익을 대표하고, 진정으로 한 사람 한 사람의 국민이 인간답게 생존, 인간의 존엄을 목적으로 하는 운동으로 되었을 때, 그러한 정치스트라이크도 국민의 반발이 아니라, 지지를 받고, 현실의 보장을 실현할 수 있다고 생각한다.

[참고문헌]

≪서 및 제1편≫

* 강희원, 「노동과 국가 · 잉글랜드에 있어서 노동운동과 노동입법을 중심으로」, 『노동법학』, 제32호(2009년).
* _____, 『노동법 기초이론(제3판)』, 법영사, 2011.
* 이진경, 『사회구성체론과 사회과학방법론』(증보판), 그린비, 2008.
* 마이클 노박(Michael Novak, 김진현 감역), 『소명으로서의 기업』, 한국경제신문사 1997.
* 프랑스와 발르 외(민희식 옮김), 『구조주의란 무엇인가』, 교려원, 1985.
* 레비-스트로스(荒川幾男/生松敬三/川田順造/佐佐木明/田島節夫(공역), 『構造人類學』, みみず書房, 1972.
* 레비-스트로스(안정남 옮김), 『야생의 사고』, 한길사, 1999.
* 막스 베버(박성환 옮김), 『경제와 사회 1』(Wirtschaft und Gesellschaft, 초판: 1922년), 문학과지성사, 1997.
* 須藤博忠, 『ヨロツパ近代政治史』, 信山社, 1994,
* 한경구, 『공동체로서의 회사』, 서울대학교출판부, 1994.
* 佐竹 寛, 『參加民主主義の理想と實踐』, 中央大學出版社, 1993.
* 제레미 리프킨(Jeremy Rifkin, 이영호 역), 『노동의 종말』, 민음사, 1996년 Otto Brunner/Werner Conze/Reinahart Koselleck(Hrsg.), Geschichtliche Grundbegriffe (3. Aufl.) Band 6, Stuttgart, 1992.
* 칼 마르크스(Karl Marx, 김호균 역), 『정치경제학 비판을 위하여』 서문, 중원문화, 1988.
* 篠原一, 『ヨロツパの政治』, 東京大學出版會, 1986.
* 칼 만하임(Karl Manheim, 황성모 역), 『공동사회와 이익사회』(Gemeinschaft und Gesellschaft, 초판: 1887 초판, 제8판: 1935) (상성사상전집 30권), 삼성출판사, 1982.
* R. Dworkin(高橋秀治 譯), 「ｉ) ベラルな 共同體」, 現代思想, 22호 5호 117면.
* 富澤賢治, 『勞働と 生活』世界書院 1987
* 勝田吉太郎 외 2人(편), 『 現代デモクラシ一論』, 有斐閣 1979.
* 羽島卓也, 『市民革命思想の展開』(증보판), 御茶の水書房, 1976.
* 大塚久雄, 『歐洲經濟史』 岩波書店 1973.
* Kang Hee-Won, Gesetzesflut und Rechtsfreier Raum, Freiburg a. M. 1990.
* Rainer Erd, Verrechtlichung industrieller Konftikte, Normative Rahmenbedingungen des dualen Systems der Interessenvertretung, Frankfurt/New York 1978.
* Hans F. Zacher u.a., Verrechtlichung von Wirtschaft, Arbeit und sozialer Solidarität(suhrkamp taschenbuch wissenschaft 537) Frankfurt a.M. 1985.

≪제2 편≫

* 강희원, 『노동법 기초이론(제3판)』, 법영사, 2010.
* ______, 「법과 폭력 - 폭력의 존재론적 연구」, 『경희법학』, 제44권 1호(2008년).
* A. Smith(박세일/민경국 공역), 『도덕감정론(개역판)』, 비봉출판사, 2009.
* _______(최호진/정해동 역), 『國富論 上』(범우고전선29), 범우, 1992.
* _______(ed., R. L. Meek, D. S. Raphael and D. G. Stein), Lectures on Jurisprudence Oxford, 1978.
* 今村仁司, 『現代の 思想構造』, 人文書院, 1998.
* 앙드레 모로아(신용석 옮김), 『미국사』, 기린원, 1994.
* 황적인, 『로마법 서양법제사』, 박영사, 1993.
* 大陽寺順, 「社會政策論の 廣義化と その 背景・西ドイツ社會國家를 手がかりとして」 『變貌する 産業社會と 社會政策學』, 啓文社, 1987.
* 服部文男(편), 『社會思想史入門』(개정판), 青木書店, 1985.
* Th. Hobbes(한승조 역), 『리바이던』(삼성판세계사상전집 9권), 삼성출판사, 1982.
* 헬무트 쉬나이더 외 6인공저(한정숙 역), 『노동의 역사 - 고대이집트에서 현대산업사회까지』, 한길사, 1982.
* Max Weber(김덕영 옮김), 『프로테스탄티즘의 윤리와 자본주의의 정신』, 도서출판 길, 2010.
* 니체(Friedrich Nietzsche, 정진웅 역), 『도덕의 계보』제2논문(니체 전집 2권), 백문당, 1980.
* H. Sinzheimer, Die Demokratisierung des Arbeitsverhältnisses, ders., Arbeitsrecht und Rechtssoziologie, Bd I, 1976.
* M. Kaser, Das Römische Privatrecht, Erster Abschnitt 2. Aufl. 1971.
* Jean Pierre Vernant, Myth et Pensee chez les Grecs, I, II, Maspero, 1971.
* 大塚久雄, 「共同體の基礎理論」 岩波書店 1970.
* 加田哲二, 『社會經濟思想史』 慶應通信株式會社 昭和39년(1964).
* 石濱知幸行, 「資本主義の 成立とその以後における 經濟の發展」 山川均/石濱知行/河野密 『唯物史觀經濟史』改造社 1929.
* 羽島卓也, 『市民革命思想の展開(增補版)』, 御茶の水書房, 1976.
* Niklas Luhmann, Vertauen, ein Mechanismus der Reduktion sozialer Komplexität, 2. erweiterte Auflage, 1973.
* H. Sinzheimer, Die Demokratisierung des Arbeitsverhältnisses, ders., Arbeitsrecht und Rechtssoziologie, Bd I, 1976.
* M. Kaser, Das Römische Privatrecht, Erster Abschnitt 2. Aufl. 1971.
* Jean Pierre Vernant, Myth et Pensee chez les Grecs, Ⅰ, Ⅱ, Maspero, 1971.

≪제 3 편≫

* 강희원, 『노동법 기초이론(제3판)』, 법영사, 2011.
* ______ 「노동과 국가」『노동법학』(한국노동법학회), 제32권(2009).
* ______ 「법과 폭력: 법의 존재론적 탐구」『경희법학』, 44권 1호(2009).
* ______, 현행노조법 제81조 2호 단서의 해석문제, 『노동법학』(한국노동법학회) 제28권 (2008년).
* ______, 『부당노동행위제도 연구』, 동림사, 2005.
* ______, 「노동3권의 법적 성격과 노동단체법」『헌법실무연구』 제1권(2000).
* ______, Gesetzesflut und rechtsfreier Raum, Freiburg Diss. 1990.
* 김형배, 『노동법』(신판제5판), 박영사, 2009.
* 정상우, 『헌법상 용어의 연원과 의미 및 순화방안 연구』, 한국법제연구원, 2007.
* 상탈 무페(Chantal Mouffe, 이보경 옮김), 『정치적인 것의 귀환(The Return of the Political)』, 후마니타스, 2007.
* 박찬표, 『한국의 국가형성과 민주주의: 냉전자유주의와 보수적 민주주의의 기원』, 후마니타스, 2007.
* 이원보, 『한국노동운동사 100년의 기록』, 한국노동사회연구, 2005.
* 김경일, 『한국근대노동사와 노동운동』, 문학과지성사, 2005.
* 김영곤, 『한국의 노동사와 미래 Ⅰ,Ⅱ,Ⅲ』, 선인, 2005.
* 이병태, 『노동법(제6정정판)』, 중앙경제사, 2005.
* 임종률, 『노동법』, 박영사, 2007.
* ______, 『쟁의행위와 형사책임』, 경문사, 1982.
* 허 영, 『한국헌법론(신3판)』, 박영사, 2003.
* ______, 『憲法理論과 憲法(상, 중)』, 박영사, 1980.
* 구해근(신광영 옮김), 『한국노동계급의 형성』, 창작과비평사, 2002.
* 박준서(편집대표),『주석 민법:[채권각칙(7)]』(3판), 한국사법행정학회, 2000.
* Anthony Giddens/Will Hutton(편저: 박찬욱/형선호/홍윤기/최형익 공역), 『기로에선 자본주의』, 생각의 나무, 2000.
* 김유성, 『노동법 II』, 법문사, 1996.
* 김형기, 『한국의 독점자본과 임노동』, 까치, 1988.
* 박홍규, 『노동법론』, 삼영사, 1995.
* 맹용길, 『폭력과 비폭력』, 쿰란출판사, 1994.
* G. v. Rimlinger(한국사회복지학연구회 역), 『사회복지의 사상과 역사』, 한울, 1991.
* 노동문제연구소(편), 『한국의 노동문제』, 1991.
* 박상필, 『한국노동법(전정판 재판)』, 대왕사, 1990.
* 주종환(편), 『한국자본주의론』, 한울, 1990.
* 신인령, 『노동기본권연구』, 미래사, 1989.
* 이승욱, 「노조법상 유니온숍제도(단결강제제도)의 위헌여부」「헌법실무연구』 4권(2003년).
* 이영희, 『한국노사관계와 노동운동』, 영학출판사, 1989.

* 이홍재, 『노동법의 제정과 전진한의 역할』, 서울대학교출판문화원, 2010.
* 조형제 외 7인, 『오늘의 한국자본주의와 국가』, 1988.
* 전진한, 『건국이념』, 서울 단기4281년(서기 1948년).
* 윌리엄 포스터(William. Z. Forster: 정동철 역), 『세계노동운동사』, 백산서당, I 권:1986; II 권: 1987.
* 박현채 외 2인, 『한국자본주의와 사회구조』, 1985.
* 최장집(편), 『한국자본주의와 국가』, 1985.
* 문홍주, 『한국헌법』, 해암사, 1984.
* 구병삭, 『헌법학 I』, 박영사, 1983.
* 소로우(Henry David Thoreau, 장기홍 역), 『시민의 불복종』(삼성판 세계사상전집 제32권), 삼성출판사, 1982.
* 슘패터(Joseph Alois Schumpeter, 이상구 역), 『자본주의 · 사회주의 · 민주주의』(삼성판세계사상전집 38권), 삼성출판사, 1982.
* 김철수, 『신한국헌학개론』, 박영사, 1982.
* 심태식, 『노동법개론』, 법문사, 1982.
* 박일경, 『제5공화국헌법』, 일명사, 1981.
* 김병태 외 10인, 『한국경제의 발전과정』, 돌배개, 1981.
* 권영성, 『한국헌법원론』, 법문사, 1981.
* 칼 슈미트(Carl Schmitt, 尹謹植 역), 『政治의 概念』(위성문고 No. 64), 법문사, 단기4294.
* J. H. Hallowell(한기식 역), 『자유주의이념의 몰락』(위성문고 15), 법문사, 1960.
* 俞鎭午, 『憲法解義』, 探究堂, 檀紀4285.
* 한홍구, 「한홍구 교수가 쓰는 사법부 - 회한과 오욕의 역사」(한겨레신문 2009.5.19부터 매주 화요일, 2010년부터는 매주 월요일 각 연재).
* 五十嵐淸, 『人格權』, 一粒社, 1989.
* 堀部政男, 『Privacyと 高度情報社會』, 岩波書店, 1988.
* 情報公開 · Privacyの 比較法』, 日本評論社, 1996.
* 竹田稔, 『Privacy侵害と 民事責任』, 判例情報社, 1998.
* 藤岡康宏, 「人格權」, 『新 · 現代損害賠償法 講座 2』, 日本評論社, 1996.
* 道幸哲也, 『職場における 自立と Privacy』, 日本評論社, 1995.
* 角田邦重, 「勞使關係における勤勞者の 人格的 利益の 保障」 季刊勞働法 143호(1987년) 20頁 이하.
* 角田邦重, 「勞使關係における精神的 人格價値の 法的 保護について」, 勞働旬報 1279, 1289號(1992년) 47면 이하.
* 角田邦重, 「職場における勤勞者の 人格の 保護」, 勞働判例 688號(1996년) 6면 이하.
* 角田邦重, 「企業社會における勤勞者人格の 展開」, 日本勞働法學會誌 78號(1991년) 5면 이하.
* 山田省三, 「職場における 勤勞者の privacy 保護」 日本勞働法學會誌 78號(1991년) 33면 이하.
* 渡寬基, 「企業社會における 人格權侵害の 法的 救濟」, 日本勞働法學會誌 78號(1991년) 61면 이하.

* 竹地潔, 「Netswork時代における 勤労者の 個人情報保護」, 季刊労働法 187號(1998년) 34 이하.
* 砂押以久子, 「勤労者のPrivacy權の 保護について (1)ー(3)」, 季刊労働法 184號(1997) 133頁 이하, 185號 165頁이하, 186號(1998) 195頁 이하.
* 前 田達男 외 2인(편), 『労働法學の 理論と 課題』, 有斐閣, 1988.
* 清正寬 『雇用保障法の研究』 法律文化社 1987
* 林迪廣 외, 『保障法研究序說』 法律文化社 1978
* 佐藤昭夫(편), 『労動基本權』, 三省堂, 1977.
* 佐藤昭夫(편), 『政治スト論-團體行動權の 保障のために(改訂版)』, 一粒社, 1975.
* 片岡昇, 『労動法の基礎理論』, 日本評論社, 1974.
* ______, 『團結と 労動契約の 研究』, 有斐閣, 1959.
* ______, 『英國労動法理論史』, 有斐閣, 1956.
* 石井照久, 『新版労働法』, 弘文堂, 1971.
* ________, 『労働法總論』, 有斐閣, 1957.
* ________, 『労動基本權』, 有信堂, 1957.
* 本多淳亮, 「政治罷業과 憲法」(季刊労働法 76호 1970), 38면 이하.
* 宮島尙史, 「純粹政治罷業』の 法理」(季刊労働法 74호, 1969), 54면 이하.
* 片岡昇, 「罷業の法律問題」(労働旬報社 1968), 215면 이하.
* 淺井淸信, 『集團的 労働法理の 展開』, 法律文化史, 1968.
* 磯田進, 『労働法(3판)』, 岩波書店, 1959.
* 吾妻光俊, 『労働法』, 青林書院, 1956.
* 渡辺洋三, 「労動法の 基本問題」(社會科學研究 18권 1호 1966), 17면 이하.
* ________, 「政治罷業と労働運動-憲法と労働法の 接點」(法律時報 39권1호, 1967년), 25면 이하.
* 宮澤俊義, 『憲法Ⅱ』(法律學全集 4), 有斐閣, 1976.
* 東京大學社會科學研究所(편), 『基本的 人權 1~5』, 東京大學出版會, 1968.
* 沼田稻次郎, 『團結權擁護論』(제1판 4쇄), 勁初書房, 1975.
* __________, 『労働基本權』勁草書房, 1969.
* __________, 『労働法要論』法律文化社, 1967.
* 戸塚秀夫, 『イキリシ工場法成立史』, 未來社, 1966.
* 小川/蓼沼(편), 『現代法と労動』(岩波講座現代法 제10권), 岩波書店, 1967.
* 大脇雅子, 「組織强制と 團體自治の 法理(二)」, 名大法政論集 16호(1961년) 66면 이하.
* 日本労動法學會(편), 『労動法講座』(제3권), 有斐閣, 1957.
* 橋本文雄, 『社會法と市民法』, 有斐閣, 1957.

* Arnold Künzli, Menschenmarkt. Die Humangenetik zwischen Utopie, Kormmerz und Wischenschaft, Hamburg 2001.
* Heinrich Kaiser/ Friedrich Heither/Gerd Engels/Ingrid Schmidt, Betriebsverfassungsgesetz (Handkommentar begründet v. Karl Fitting), München 2000.
* K.-H. Fezer, Teihlhabe und Verantwortung. Die personale Funktionsweise des subsubjektiven

* __________, Theorie des kommunikativen Handelns, Bd. 2, 4. Aufl., Frankfurt, 1987.
* __________, Die neue Unünersichtlichkeit, Frankfurt, 1985.
* F. Kübler(Hrsg.), Verrechtlichung von Wirtschaft, Arbeit und sozialer Solidaritat, Frankfurt, 1985.
* N. Luhmann, Politische Theorie im Wohlfahrtstaat, Opladen, 1981.
* __________, Gesellschaftsstruktur und Semantik Bd. 2, 1981.
* __________, Zur Funktion der Subjektiven Rechte, in: Jahrbuch für Rechtssoziologie und Rechtstheorie Bd. 1, 1970.
* R. Voigt(Hrsg.), Verrechtlichung. Analysen zu Funktionen und Wirkung von Parlsmentarisierung, Bürokratisierung und Justizisierung sozialer, politischer und ökonomischer Prozesses, Königstein, 1980.
* U. K. Preuß, Die Internalisierung des Subjekts, Zur Kritik der Funktionenweise des subjektiven Rechts, Frankfurt, 1979.
* P. Hofmann, Subjektives Recht und Wirtschaftsordnug, Stuttgart, 1968.
* Kasper, Das Subjektive Recht - Begriffsbildung und Bedetungsmehrheit, Karlsruhe, 1967.
* P. Häberle, Die Menschenwürde als Grundlage der staatlichen Gesellschaft, in : Isense/Kirchhof(Hrsg.), Handbuch des Staatrechts Bd. I.
* Ernst Bloch, 「Naturrecht und menschliche Würde」, Frankfurt a.M. 1972(Suhrkamp Taschenbuch 49).
* F. Wieacker, Privatrechtsgeschichte der Neuzeit, 2. Aufl., 1967.
* F. Kasper, Das Subjektive Recht – Begriffsbildung und Bedetungsmehrheit, Karlsruhe, 1967
* Kahn-Freund, “Legal Framework”, in Flanders and Clegg, The System of industrial relations in Great Britain.
* H. Höffner/A. Verdross(Hrsg.), Naturordnung in Gesellschaft, Staat, Wirtschaft hrsg. von 또 F. Vito, Innsbruck 1962 S. 345-362.
* Ernst Bloch, 「Naturrecht und menschliche Würde」, Frankfurt a.M. 1972(Suhrkamp Taschenbuch 49).
* Johannes Messner Was ist Menschenwürde in: Internationale katholische Zeitschrift 6. Jhg. 3/1977.
* Ludwig Schnor von Carolsfeld, Arbeitsrecht, 1954.
* Babrowski, Das Arbeitsrecht.
* Rewolle, Der Betriebsberater. Zehntagdienst für Wirtschafts-Steuer und Sozialrecht, Verlagsges, Recht und Wirtschrift m.b.H. 1950.
* H. Coing, Gesammelte Aufsätze zu Rechtsgeschichte, Rechtsphilosophi und Zivilrecht 1947-1975, Bd. I, Frankfurt, 1982.
* Klaus Tenfelde(Hrsg.) Geschichte der deutschen Gewerkschaften, Köln 1987.
* Kritisches Wörterbuch des Marxes Bd. 6 "Recht" Hamburg 1987.
* B. Klees, Das Recht auf Arbeit, 1984.
* I. Kant, Die Metaphysik der Sitten, Werkausgabe VIII hrsg. v. W. Weisschedel (suhrkamp taschenbuch 190), Frankfurt 1979.

* M. Martiny, Das Recht auf Arbeit in historischer Sicht, in: Gewerkschaftliche Politik: Reform aus Solidarität, Zum 60. Geburtstag von Heinz O. Vetter, 1977, S. 450.
* H. Sinzheimer, Arbeitsrecht und Rechtssoziologie, Bd. 1, 2.
* Maunz/Dührig Grundgesetz-Kommentar, München 1983.
* Heinz-Gehard Haupt u.a (Hrsg.), Politischer Streik, Frankfurt a.M 1981.
* Hermann Heller, Politische Demokratie und soziale Homogenität, in: Grundproblemen der Demokratie, Darmstadt 1973.
* Wolfgang Abendroth, Arbreiterklasse, Staat und Verfassung, Frankfurt a.M 1975.
* ________________, Antagonische Gesellschaft und politsche Demokratie, Neuwied 1972.
* ________________, Sozialgeschichte der europäische Arbeiterbewegung, 1965.
* ________________, Der Kampf um das Streikrecht, in Gewerkschter, 2/1953, Frankfurt a.M.
* ________________, Zur Funktion der Gewerkschaften in der westdeutschen Demokratie, in: Gewerkschaftliche Monatshefte, 11/1952, Franfurt a.M.
* Beck-Texte, Grundgesetz der Bundesrepublik Deutschland, 1971.
* Arthur Nikisch, Arbeitsrecht Bd. I, 3. Aufl. Tübingen 1961; Bd. II 2. Aufl. Tübingen 1959; Bd. III 2. Aufl. Tübingen 1966.
* Rolf Dietz, Koalitionsfreiheit und Arbeitskampf(Gutachten), München 1960.
* Bernd Rüthers, Streik und Verfassung, Köln 1960.
* Gerhard Anschütz, Die Verfassung des deutschen Reiches vom 11. August 1919, 14. Aufl. Berlin, 1933 Nachdruck, Bad Homburg vor der Höhe, 1960.
* Werner Weber, Die rechtliche Bewertung der Verfassungsbeschwerde der IGM. Göttingen 1959.
* Wolfgang Tillmann, Politischer Streik und Verfassung, Bonn 1958.
* Hueck-Nipperdey, Lehrbuch des Arbeitsrechts, Berlin/Frankfurt 1957.
* Fritz Bauer, Nochmal: Streik und Strafrecht, Arbeit und Recht 1955, S. 70ff.
* ________, Streik und Strafrecht, Juristenzeitung 1953, S. 649ff.
* Alfred Weber, Staat und gewerkschaftliche Aktion, Köln 1954.
* Josef H. Kaiser, Der politische Streik Berlin 1955.
* Richard Schmid, Zum politischen Streik, in: Gewerkschaftliche Monatshefte, 1/1954, Franfurt.
* Ludwig Schnor von Carolsfeld, Arbeitsrecht, 1954.
* Hans-Carl Nipperdey, Die soziale Markwirtschaft in der Verfassung der BRD, Karlruhe 1954.
* ________________, Die Ersatzansprüche für die Schaden, die durch den von den Gewerkschaften gegen das gesplante Betriebsverfassungsgegetz geführten Zeitungsstreik vom 27-29 Mai 1952 entstanden sind, Rechtsgutachten, Köln 1953.
* Viktor Agartz, Zur Stiation der Gewerkschaften in liberal-kapitalistischen Staat, in: Gewerkschaftliche Monatshefte, 8/1952, Franfurt a.M.
* Hermann Grote, Der Streik - Taktik und Strategie, 1952.
* Ernst Forsthoff Zur verfassungsrechtlichen Stellung und inneren Ordnung der Parteien, in: Die politischen Parteien im Verfassungsrecht, Tübingen 1950.
* Mckean, Party and Pressure Politics 1949.

* Key, Politics, Parties and Pressure Group, Graoups 1947.
* Blaisdell, Economic Power and Political Pressures, TNEC Monograph Nr. 26(1940).
* F. Tönnies, Das Recht auf Arbeit, Archive für Rechts- und Sozialforschung, Jg. IV(1935).
* Hermann Heller, Staatslehre, Leiden 1932.
* Gerg Jellinek, Allgemeine Staatslehre München 1932.
* Walter Kaskel, Arbeitsrecht 3. Aufl., Berlin 1928.
* Hugo Sinzheimer, Grundzüge des Arbeitsrecht, 1927.
* Friedrich Wieser, Das Gesetz der Macht, 1926, S. 295; Vierkandt, Der geistig-sittliche Gehalt des neueren Naturrechtes, 1927.
* Bernstein, Der Streik, 1906.
* Karl Marx, Kritik des Hegelischen Staatsrechts: Debatten über die Preßfreiheit, Marx-Engels-Werke(MEW) Bd 1.
* ________, Die Deutsche Ideologie, MEW Bd 3.
* ________, Kritik ses Gothaer Programms, MEW Bd 19.
* ________, Thesen über Feuerbach, MEW Bd 21.
* R. v. Jhering, Geist der römischen Rechts auf den verschieden Stufen einer Entwicklung, 5.Aufl., 1906.
* Gerog Jellinek, System der subjektiven öffentlichen Rechte, 2. durchgesehene und vermehrte Auflage, Tübingen, 1905, 1 anadtatischer Nachdruck, 1919, 2. unveränderter Nachdruck, Darmstadt, 1963.
* Anton Menger, Das Recht auf den vollen Arbeitsertrag in geschichtlicher Darstellung, 1886.
* F. C. v. Savigny, System des heutigen Römischen Rechts, Bd.1, 1840.

판 례 색 인

인 명 색 인

【 ㅇ 】

【 ㅈ 】

【 ㅊ 】

【 ㅋ 】

【 ㅌ 】

【 ㅍ 】

【 ㅎ 】

사 항 색 인

【ㄱ】

【ㄷ】

【ㅇ】

【ㅈ】

【 ㅎ 】

[저자 약력]

경희대학교 법과대학 졸업
동 대학원 수료
제24회 사법시험 합격
제15기 사법연수원 수료(변호사)
도이칠란트 Freiburg대학교 법학부(법학박사)
대한변호사협회 총무위원/로스쿨대책위원 역임
경기지방노동위원회/서울지방노동위원회 공익위원 역임
현 대한변호사협회 로스쿨특별위원회 위원
현 사법시험위원 · 행정고시위원 · 공인노무사시험위원
현 경희대학교 법과대학 교수
현 경희법학전문대학원 교수

■ 저서 · 역서 및 주요논문

Gesetzesflut und rechtsfreier Raum
노동법
근로자의 경제적 공동결정 I, II
노동법에 새로운 모색 I
노동철학(크반트 저, 번역)
근로자개념과 계약의 자유(공저)
부당노동해위제도에 관한 연구
노동법 기초이론
「현행 노조법 제81조 2호 단서의 해석문제」
「법률가의 도구로서 언어와 그 문제」
「법의 녹색화와 녹색법학」
「환경위기시대에 있어서 "위험"에 대한 법학적 계몽」
「손해배상법에 있어서 손해의 개념과 인간의 존엄성」
「복제인간을 위한 미래지향적 법률기획」
「배아복제와 인간존엄성의 정치학」 등 80여 편

※ 2012년 문화체육관광부 선정 우수학술도서

노동 헌법론

2011년 10월 20일 초판1쇄발행
2012년 7월 10일 초판2쇄발행

저 자 강 희 원
발 행 인 고 준 영
발 행 처 **법 영 사**

135-835 서울시 강남구 대치동 611
전화 (501)8898(대) Fax (501)8895
등록 1987. 5. 11. 제3-125호(윤)
Homepage : www.bubyoungsa.co.kr
E-mail : bypuco@chol.com

※ 파본은 교환해 드립니다. 정가 **32,000원**

ISBN 978-89-7032-278-0